JOANNIS CALVINI

OPERA SELECTA

Ediderunt

PETRUS BARTH

GUILELMUS NIESEL

VOLUMEN III

Institutionis Christianae religionis 1559
libros I et II continens

Editio secunda emendata

WIPF & STOCK · Eugene, Oregon

Wipf and Stock Publishers
199 W 8th Ave, Suite 3
Eugene, OR 97401

Joannis Calvini Opera Selecta vol. III
Institutionis Christianae religionis 1559, libros I et II continens
By Calvin, John and Barth, Petrus
ISBN 13: 978-1-60899-444-1
Publication date 1/25/2011
Previously published by Christian Kaiser, 1928

INSTITUTIO CHRISTIANAE RELIGIONIS 1559

Quibus accessionibus per singulas editiones ab anno 1536 usque ad annum 1559 locupletata sit, apparatu critico oculis subicitur, loci theologorum et aliorum scriptorum a Calvino allati unde hausti sint demonstratur.

Huius operis libros I et II secundum editiones principes

ediderunt

PETRUS BARTH

GUILELMUS NIESEL

Index huius tertii voluminis.

Descriptio et historia editionum Institutionis latinarum et gallicarum Calvino vivo emissarum	VI
I. Recensio 1536	VI
II. Recensio 1539	IX
III. Recensio 1543	XVIII
IV. Recensio 1550	XXVI
V. Recensio 1559	XXXVI
VI. De singulis Institutionis partibus seorsum editis	XLVIII
De editione nostra	LI
I. Textus editionis nostrae cum editione Rob. Stephani anni 1559 comparatus	LI
II. Quam rationem in reliquis editionibus ab anno 1536—1561 et in translationibus gallicis adhibendis secuti simus	LII
Apparatus criticus noster	LVI
III. Loci scriptorum a Calvino allati unde deprompti sint indicatur	LVII
Index librorum a nobis allatorum	LIX
Index compendiorum quorundorum a nobis adhibitorum	LXIV
Institutio Christianae religionis 1559	1
Praecipua capita eorum quae in hoc Institutionis Christianae opere continentur	2
Iohannes Calvinus Lectori	5
Praefatio ad regem Galliae	9
Institutionis Christianae religionis liber primus	31
liber secundus	228
Addenda	516

Descriptio et historia editionum Institutionis latinarum et gallicarum Calvino vivo emissarum.

I. Recensio 1536.

1. Editio latina 1536, Platteri et Lasii Basileensis.

p. [1]: CHRISTIA || NAE RELIGIONIS INSTI- || tutio, totam ferè pietatis fummā, & quic || quid eſt in doctrina ſalutis cognitu ne= || ceſſarium, complectens: omnibus pie= || tatis ſtudioſis lectu digniſſi= || mum opus, ac re || cens edi= || tum. || PRAEFATIO AD CHRI || *stianißimum* REGEM FRANCIAE, *qua* || *hic ei liber pro confeßione fidei* || *offertur.* || IOANNE CAL- VINO || *Nouiodunenſi autore.* || BASILEAE, || M.D.XXXVI. ||

p. [2]: CAPITA ARGVMENTO- || rum, quæ in hoc libro tra- || ctantur. ||; p. 3 (–41): POTENTISSIMO || ILLVSTRISSIMOQVE || *Monarchæ*, FRANCISCO FRANCO- || RVM REGI *Chriſtianißimo, Principi ac Do-* || *mino ſuo ſibi obſeruando, Ioannes Cal* || *uinus pacem ac ſalutem in* || *Domino.* ||; p. 41, lin. 5: || me ac illuſtriſſime Rex. BASILEAE, || X. Calendas Septem || bres. ||; p. 42 (–514): [Taenia e ligno exsculpta titulo superposita] || CHRISTIANAE || RELIGIONIS INSTITV || *tio*, IO. CALVINO *autore.* ||; p. 514, lin. 12: FINIS. ||; p. [515] (–[519]): INDEX LOCORVM INSIGNIVM || qui in hoc libro tractantur. ||; p. [519], lin. 15: ERRATA. ||; lin. 27: BASILEAE, PER THOMAM || *Platterū & Balthaſarem Laſium, Men* || *ſe Martio, Anno* 1536. ||; p. [520]: [emblema]

Forma: 8º. — 514 p. + 3 f., non numerata, (32½ quaterniones), 24 lineae; Sign. a2—z5, A—l7. Errata numerorum pag.: legitur 106 pro 98, 107 pro 99, 125 pro 115, 207 pro 270, 205 pro 285, 280 pro 296, 382 pro 384.

p. 3–41: typi romani, p. 42–514 cursivi. Compendia non rara. Principia vocabulorum grandibus litteris e ligno exsculptis scripta in initio epist. et capitum. Adnotationes margini adscriptae.

Emblema, p. [520]: vide Heitz, Paul, Basler Büchermarken, 1895, n. 167 (inscriptio marginis: TV NIHIL INVITA FACIES'VE DICES'VE MINERVA.)

p. [2] (vide supra) tituli singulorum capitum cum suis numeris exstant. Index (p. [515]–[519], vide supra), non alphabeticus, nonnullas materias theologicas, paucis exceptis secundum ordinem libelli dispositas, exhibet. Index erratorum (p. [519], vide supra) 26 errata enumerat, permultis mendis a correctore non indicatis.

Exemplaria exstant: Basel (Univ.-Bibl.); Berlin (Staatsbibl.); Bern (Stadtbibl.); Dresden (Landesbibl.); Genève (Bibl. publ. et univ.; Musée hist. de la Réf.); Königsberg (Univ.-Bibl.); London (Brit. Mus.); Marburg (Univ.-Bibl.); Neuchâtel (Bibl. de la Ville); Paris (Bibl. nat.; Bibl. Sainte-Geneviève; Bibl. de la Soc. de l'hist.

du protest. fr., 2 ×); Schaffhausen (Minister.-Bibl.; Stadtb.bl.);
Straßburg (Bibl. nat.); Utrecht (Bibl. der Rijksuniv.); Zürich (Zentralbibl.).
Cetera omnia vide: volumen I 11 sqq.

2. Versio gallica (1536).

Primam formam epistulae ad Franciscum I datae etiam gallica lingua scriptam fuisse quoniam Marmelstein homo doctissimus exemplis huius epistulae inter se discrepantibus in comparationem vocatis arguit (Étude comparative, 1921, p. 26 sqq.), nos quidem totius Institutionis verbis variarum editionum inter se collatis in ephemeride, quae „Theologische Blätter" inscribitur, 1928, col. 1 sqq., fuisse non solum illius epistulae, verum etiam totius primae Institutionis exemplum gallica lingua conscriptum certis argumentis probavimus. In conversione enim gallica anno 1541 confecta, ubicumque verba latina editionis anni 1536 continua in editionem a. 1539 recepta sunt, non, id quod opineris, ea orationis forma, qualis anno 1539 constituta est, exprimitur, sed ea, quae anno 1536 contexta est, retinetur (Haec omnia in apparatu critico nostro accuratius adnotata inveniuntur.). Inde apparet Calvinum in conversione a. 1541 conficienda exemplo gallico prioris formae, quae ei ad manum erat, usum esse idque ita correxisse, ut hic illic cum alias mutationes, quas Institutio anni 1539 subierat, reciperet tum maiora additamenta adiceret. Ex mendis, quae hac ratione irrepserunt, efficitur etiam gallicum exemplum primae Institutionis exstitisse (cf. Theol. Blätter, 1928, col. 4 sq.).

Id autem exemplum gallicum translationem fuisse Institutionis a. 1536 e plurimis locis exempli latini anni 1536 in libro gallico ad commune iudicium popularemque intelligentiam accommodatis patet. Iam cum praefationem ad lectorem, quam Institutio a. 1541 prae se fert (infra p. 7 sq.), simillimis verbis iam primo exemplo gallico praefixam fuisse sit verisimile, id tamquam ipsius Calvini testimonium existimandum est, quo latinum exemplum a. 1536 gallico priorem fuisse probetur (cf. infra p. 7, 40—8, 2 et Theol. Blätter, col. 5).

Haec prima translatio gallica, si non prius, at certe extremo anno 1536 confecta erat; nam primo Catechismo Genevensi anno 1536 exeunte vel 1537 ineunte in gallicum translato subiacet (Theol. Blätter, col. 5 sq.). Sed hic non agi de translatione manu scripta, sed typis excusa his argumentis probatur (cf. Theol. Blätter, col. 7 sqq.): 1. Calvinus 13. die mensis Octobris 1536 Danieli amico Aurelianensi, postquam complures causas, quibus prius scribere prohibitus sit, enume-

VIII DESCRIPTIO ET HISTORIA EDITIONUM

ravit, haec scribit: „Quia tamen singulis momentis de gallica libelli nostri editione cogitabamus, et spes prope certa iam esse coeperat, literas eius accessione dotatas venire ad vos malebam, quam inanes. Antequam vero deliberatio (sic Cod. Bern. 141, ep. 44; cod. Bern. 450, fasc. 48, ep. 65 ‚deliberāo‘) illa conciderat, disputationum Lausannensium dies iam impendebat, quibus me interesse oportebat" (CR X 2, 63; Herminjard IV 88). Cum hic sine dubio de gallica tantum Institutionis editione agatur, eam illo ipso tempore iam iamque e praelo exituram fuisse apparet. — 2. Quod in indice librorum prohibitorum a facultate theologica Parisina anno 1544 proposito (H. Reusch, Die Indices librorum prohibitorum des sechzehnten Jahrhunderts, 1886, p. 113) Institutio gallica iam bis notatur, id nisi ad hanc conversionem a. 1541, quae aetatem tulit, et illam amissam anni 1536 pertinere non potest. — 3. Initio epistulae ad Franciscum I (vide infra p. 9, 6–13) id sibi, ut olim fuerit, ita nunc quoque propositum esse profitetur, ut populares evangelicos intra fines Galliae habitantes ad veram pietatem formaret, id quod, nisi post ipsam Institutionem latinam etiam gallicam in lucem emittendo assequi non poterat. — 4. Ex eo quod exstitit olim haec conversio nunc amissa, cui aeque ac proximis conversionibus gallicis epistulae, qua opus Francisco I dedicatur, annum 1535 subscriptum fuisse consentaneum sit, cum hic anni numerus in editione principe latina omissus sit, intellegitur, unde profecta sit vetusta illa quidem sed minus accurata traditio, qua ante editionem principem latinam anno 1536 vulgatam gallica editio anno 1535 excusa prodisse fertur. Ut paucis complectamur, his omnibus de causis veri simillimum est iam anno 1536 conversionem gallicam e praelo exisse (cf. praeterea infra p. XLVIII, 12 sqq.). Cuius utinam aliquando exemplum inveniatur!

Atque Calvinus orationem latinam editionis principis a. 1536, quae ei ad manum erat, non ad sensum tantum interpretatus est, sed proprie e latino in gallicum transtulit, quamquam non verbum e verbo expressit (de qua quaestione aliter iudicatur CR III, p. XXVIII et in Institutione gallica a. 1541, anno 1911 Parisiis denuo edita, p. 18*), sed in singulis verbis convertendis magna libertate usus est. Nonnumquam etiam orationem latinam parvis adiectionibus explanavit, non raro ad popularem intelligentiam accommodavit. Quanto accuratius et propius verba exemplaris sequi potuerit, facile cognosces, si eas partes Catechismi gallici anno 1537 editi (vol. I 378 sqq.), quibus verba Institutionis latinae anni 1536 exprimuntur, cum iisdem partibus translationis primae huius

Institutionis comparaveris. Atque in Catechismo exemplar latinum multo accuratius atque, ut ita dicamus, paene totidem verbis exprimitur multaeque partes Catechismi ex Institutione depromptae de integro conversae sunt, quia in translatione gallica Institutionis iam absoluta, qua uti poterat, maiore libertate res gesta esse videbatur, quam ad id quod auctori propositum erat assequendum utile et idoneum erat. Hac eadem ratione exemplar latinum interpretandi Calvinus etiam in proximis translationibus gallicis usus est.

II. Recensio 1539.

1. Editio latina 1539, Rihelii Argentoratensis.

f. [α1]ʳ: INSTITVTIO CHRI ‖ STIANAE RELIGIONIS NVNC ‖ uerè demum ſuo titulo reſpondens. ‖ *Autore Ioanne Caluino,* ‖ *Nouiodunenſi.* ‖ Cum Indice locupletiſſimo. ‖ *Habcc.* 1. ‖ Quouſq[ue] Domine⸗ ‖ [emblema] ‖ *Argentorati per Vuendelinum Rihelium.* ‖ Menſe Auguſto ‖ ANNO M.D.XXXIX. ‖

f. [α1]ᵛ: Epiſtola ad Lectorem. ‖ lin. 26: *Argentorati Calend. Auguſt. Anno.* ‖ 1539. ‖; f. α2ʳ (-β3ʳ): POTENTISSIMO ILLV ‖ STRISSIMOQVE MONARCHAE FRANCISCO ‖ Francorum Regi Chriſtianiſsimo, Principi ac Domi ‖ no ſuo ſibi obſeruando, Ioannes Caluinus ‖ pacem ac ſalutem in Domino. ‖; f. β3ʳ, lin. 11: ‖ ſime ac illuſtriſsime Rex. Baſileæ Calen. ‖ Auguſti. Anno 1536. ‖; lin. 13(–39): SVMMA EORVM QVAE IN HOC ‖ opere continentur. ‖; f. β3ᵛ (-[β6]ᵛ): INDEX INSIGNIVM LO ‖ CORVM, QVI HOC OPERE ‖ tractantur. ‖; p. 1(-434): CHRISTIANAE ‖ RELIGIONIS INSTITVTIO, ‖ *per Ioannem Caluinum.* ‖; p. 434, lin. 48: FINIS. ‖; f. [o3]ʳ: ERRATA QVAE INTER RELEGENDVM DEPRE ‖ hendimus, hoc modo ſunt corrigenda. ‖; lin. 21: *Argentorati per Vuendelinum Rihelium.* ‖ Menſe Auguſto. ‖ ANNO MDXXXIX. ‖; f. [o3]ᵛ[o4]ʳ inania; f. [o4]ᵛ: emblema.

Forma: 2⁰.—12 f., non numerata (2 terniones), 41 lineae; 434 p. + 2 f., non numerata, (36²/₃ terniones), 49 (vel etiam 48) lin.; Sign. α2—β4, A—Z4, a—o2. Errata numerorum pag.: p. 4ε non signata est; legitur 18 pro 81, 103 pro 123, 107 pro 167, 191 pro 190, 258 pro 259, 330 pro 332, 331 pro 333, 326 pro 335, 350 pro 351; post p. 224—225 iterum exstant p. 224—225 (ergo revera 436 p. numeratae exstant; vide supra).

f. [α1]ᵛ: typi cursivi; f. α2ʳ—β3ʳ: typi romani, elegantes; p. 1— 434: iidem, paulo minores. Compendia pauca. Principia vocabulorum grandibus litteris e ligno exculptis scripta in initio epist. et capitum. Adnotationes margini adscriptae.

Emblema, f. [α1]ʳ: vide Heitz, Paul, Elsässische Büchermarken, 1892, p. 58 n. 4; f. [o4]ᵛ: ib. p. 58 n. 1.

Summa (f. β3ʳ, vide supra) continet titulos singulorum capitum et in nonnullis capitibus inscriptiones sectionum cum eorum numeris

X   DESCRIPTIO ET HISTORIA EDITIONUM

et paginarum, a quibus incipiunt, indice. Index (f. β3ᵛ—[β6]ᵛ, vide supra) locos theologicos alphabetico ordine septemque paginis sive quatuordecim columnis complectitur, multo locupletior illo, qui primae editionis calci additus est. In indice erratorum (f. [o3]ʳ, vide supra) 67 errata enumerantur, plurimis mendis a correctore non indicatis.
Exemplaria exstant: Basel (Univ.-Bibl.); Berlin (Staatsbibl.); Bonn (Univ.-Bibl.); Breslau (Univ.-Bibl.); Cambridge (Univ. Libr.); Genève (Bibl. publ. et univ.); Göttingen (Univ.-Bibl.); Jena (Univ.-Bibl.); München (Staatsbibl.); Neuchâtel (Bibl. de la Soc. des past. et min.); Paris (Bibl. de la Soc. de l'hist....); Straßburg (Bibl. nat.); Zürich (Zentralbibl.).
Recens editio: CR Calv. opp. I 253 sqq.

In titulo nonnullorum exemplorum huius editionis pro „Autore Ioanne Calvino, Nouiodunenſi": „Autore Alcuino" legitur, epistulae autem ad Franciscum I aliter atque in reliquis exemplis praescribitur: f. α2ʳ: POTENTISSIMO ILLV ∥ STRISSIMOQVE MONARCHAE MAGNO ∥ Francorum Regi Principi ac Domino ∥ ſuo, Alcuinus. ∥
Ceteris in rebus haec exempla cum eo, quod modo descripsimus, congruunt, velut in pag.1 item Calvini nomen inscriptum est (vide supra p. IX, 26). Illi duo loci dubium non est quin ideo in parte exemplorum mutati sint, quo facilius in Gallia distraherentur. Nam e titulo epistulae aliquis coniciat agi de aliquo libro Alcuini ad Carolum Magnum misso. De huius modi exemplo Institutionis in epistula Petri Plateani ad Calvinum data mentio fit, quam anno 1540 scriptam esse veri simile est (Herminjard VI 247; CR XIII 681). Praeterea cf. CR I, p. XXIII sq.; Doumergue, Jean Calvin I, p. 563 sq.
Exempla haec exstant: Berlin (Univ.-Bibl.); Genève (Musée hist. de la Réf.); Paris (Bibl. de l'Arsenal); Straßburg (Bibl. nat.); Stuttgart (Landesbibl.).

Prima editio Institutionis latina anni 1536 eo omnium piorum favore excepta est, quem ne Calvinus quidem ipse sperare ausus erat (vide infra p. 5, 2-7), adeo ut intra annum paene nullum superesset exemplum, quod non venierit. Itaque die 25. Martii 1537 J. Oporinus, qui inde ab aestate 1535 cum Roberto Wintero affine, Th. Plattero, B. Lasio eam officinam possidebat, in qua Institutio anni 1536 typis excusa erat (Herminjard IV 206, n. 1), in litteris ad Calvinum datis haec scribit: „De Catechismo tuo scias, mi Calvine, magnam esse expectationem, quando eum recognitum denuo editurus sis. Cupiunt hoc plerique, et exemplarium antea a nobis excusorum nullum nobis superest amplius, hic saltem Basileae; Francofordiae autem vix 50 adhuc habere nos puto. Itaque feceris rem gratissimam et sacrae Theologiae studiosis, si editionem aut recognitionem illam tuam matures, et nobis imprimis, si in recudenda illa opera nostra uti non dedigneris" (Herminjard IV

208; CR X 2, 91). Quem librum Catechismum hic nominat, is
Institutio intellegendus est, quam hoc vocabulo appellare
alias quoque in usu fuisse ex epistula cognoscitur a M.
Bertschio Basileensi 28. die mensis Martii ad Vadianum scripta: „Qui
5 libri ex officinis nostris iam recentes prodierint, quando te
scire iuvat, non piguit eorum indicem annotare... Platerus
impressit:... Catechismus Galli cuiusdam ad Regem Franciae."
etc. (Herminjard IV 23, n. 9). Nam Catechismus proprie dictus
paucis hebdomadibus ante e praelo prodierat idque gallice
10 et Genevae (vol. I 367; CR XXII 5 sqq.). Institutionis autem
recentem editionem non solum omnes pii et typographi ex-
spectabant, sed etiam Calvinus ipse iam tum de hoc opere
recognoscendo cogitabat, id quod ex postremis verbis epistulae
Oporini supra allatis apparet, quam gratiam se adeo propensis
15 in se studiis ac suam industriam invitantibus rependere debere
existimabat (cf. praefationem, infra p. 5, 8-11). Sed ab eo tempore,
quo editio princeps prodiit, usque dum Argentoratum demi-
gravit, tot et tantis malis vexatus est,ut consilium suum minus
cito quam malebat ad effectum adducere posset (cf. praef.
20 infra p. 5, 36-38). In epistula demum Calvini Calendis Octobribus
1538 ad Antonium Pignetum data (Herminjard V 126, n. 1)
legimus: „Catechismi nostri editio valde me anxium habet,
praesertim cum iam instet dies. Quae ad me nuper missa
sunt, perversissime sunt transscripta. Hic fidem tuam, mi
25 frater, implorare cogor, ut non mihi modo, sed piis omnibus te
totum impendas" (Herminj. V 134; CR X 2, 261). Rursus
vocabulo Catechismi non nova aliqua editio recens huius
libelli nobis incognita significatur, sed Institutio. Id ita se
habere cum ex aliis epistulis huc pertinentibus tum maxime
30 ex epistula Pigneti 4. die Octobris 1539 scripta, quam infra
afferemus, apparet. Cum alter dies, quo tum libri in lucem
emitti solebant, nundinae Septembres Francofurtenses, iam
praeterisset, „dies qui instat" is dies tantum intellegi potest,
quo Calvinum primam partem libri manu scripti Roberto
35 Wintero typographo Basileensi, quem supra nominavimus (vide
infra p. XII, 30 sqq.), mittere oportebat, ut ad alteras nundinas,
quae brevi ante festum Paschalem Francofurti habebantur,
suo tempore absolveretur (Herminjard V 134, n. 18). Tum
ipsum liber Calvini manu scriptus in usum typographi trans-
40 scribebatur, cuius libri transscribendi transscriptique recogno-
scendi cura Pigneto amico Calvini permissa erat (Herminjard
l. c. n. 19). Sed quae ad Calvinum nuper missa erant, iam
perverse transscripta erant, ut propter diem instantem valde
anxius esset. Quanta pars libri tunc ipsius manu iam scripta

fuerit, nusquam dicitur, sed quia Institutionem ante diem
Paschalem a. 1539 typis descriptam proditoram esse confidit,
ab ipso iam propemodum totam scriptam fuisse putandum
est, e quo sequitur, cum ineunte demum Septembri Argentoratum venisset, eum illic extremam tantum manum operi
imposuisse. Maiorem partem huius alterius Institutionis ab
eo antea Basileae, ubi inde ab ineunte mense Iunio anni 1538
versatus erat (cf. Herminjard V 19, n. 1; CR X 2, 201 sq., n. 1),
et Genevae compositam esse necesse est. Oporini epistulae si
credimus, factum esse potest, ut iam initio anni 1537 Genevae
huius Institutionis recognoscendae initium fecerit.

Transscriptionem e libro manu scripto in usum typographi
factam die 5. Ianuarii nondum absolutam fuisse ex hoc loco
epistulae patet: „Quoniam literae tuae postremae nihil habebant quod responsum desideret, illas praeteribo, nisi quod
obiter abs te flagitare pergam, ut in operis nostri correctionem
diligenter sis intentus, vel ut diligentiam tuam, si ultro per
se incitata est, magis etiamnum acuam, vel ut securitatem
tuam, si qua tibi obrepit, expergefaciam" (Calvinus Pigneto.
Herminjard V 211; CR X 2, 307). In extrema hac epistula
rem etiam maioris momenti commemoratam invenimus: „Operis
mei editionem in alteras nundinas differri necesse erit. Haec
est fides!" (Herminjard V 214; CR X 2, 310). Haec verba
quid significent ex epistula discimus a Calvino mense Ianuario
1539 exeunte ad Farellum scripta: „Haberes a me longiores
literas, nisi me ita distringeret animi dolor, ut nec mens nec
manus suo muneri obeundo sufficiat. Cum operis mei editionem
procedere securus putarem, ecce mihi a fratre exemplar redditur
quale miseram. Itaque in alteras nundinas differetur. Haec
gratia mihi a Roberto rependitur. Quanquam mea privatim
causa nihil est quod doleam, sed quia publici boni putabam
interesse, ut quam citissime exige[re]tur, non possum non
magnopere conturbari, quod spem ac desiderium tot bonorum
virorum unius hominis morositas frustrata sit. Nihil enim
volo gravius dicere" (Herminjard V 227 sq.; CR X 2, 314 sq.).
Calvinus igitur Roberto Wintero, qui una cum Oporino affine
anno 1537 cum reliquis sociis Plattero et Lasio divortium
fecerat, in cuius officina mense Martio 1538 Catechismus
latinus praelum subierat (Herminjard V 227, n. 4; CR V,
p. XLII); recentem Institutionis editionem typis describendam
mandaverat, quae ut sibi permitteretur, Oporinum iam mense
Martio 1537 ab eo petivisse supra ostendimus. Iam mense
Octobri vel Novembri 1538 ei primam partem libri de suo
exemplari transscripti, ut typis excuderetur, suo tempore

miserat. Sed cum Antonius Calvini frater Geneva Argentoratum iter faciens circa Natalicium Domini per Basileam veniret (Herminjard V 204, n. 8; 214 n. 8), liber, cum excudi nondum coeptus esset, in nundinas Paschales Francofurtenses absolvi
5 non poterat. Itaque R. Winter, cuius culpa haec mora intercesserat, per illum librum manu scriptum Calvino remisit. Is Wendelino Rihelio typographo Argentoratensi Institutionem exprimendam tradidit, quae Septembribus demum nuncinis, postquam illius neglegentia sex menses perierunt, in lucem edi
10 poterat. Die 20. Aprilis Calvinum primas viginti plagulas relegere videmus: „Non memini hoc toto anno fuisse diem unum quo magis obrutus fuerim variis negotiis. Nam cum hic nuncius voluerit principium libri mei secum auferre, circiter viginti folia relegere me oportuit" (Calvinus Farello. Herminjard V
15 286 sq.; CR X 2, 337). Tum Cal. Aug. praefationi ad lectorem nomen suum subscripsit (vide infra 7, 11) et medio mense exemplar perfectum Institutionis, cui ipsi inscriptum est eam mense Augusto absolutam esse (vide supra p. IX, 29), cum epistula ad Farellum misit: „Librum meum ad te mitto, cum tuam
20 benignitatem nullius ἀντιδώρου vicissitudine remunerer" (Herminjard V 373; CR X 2, 361)[1].

---

1) Collado et Beza quamquam in vita Calvini (Beza in altera) hanc retractationem Institutionis commemorant, nihil accuratius de ea referunt (CR XXI 61 et 130). — In epistula 4. die mensis Octobris
25 scripta Pignetus, qui libro manu scripto transscribendo praefuerat, recentis editionis, cuius exemplum a Calvino accepisse videtur, mentionem facit: „Catechismi tui felicem editionem tibi gratulor: sed interim dolemus secundam impressionem nobis denegari. Conquestus est enim apud me Michaël Sylvius se hactenus pependisse a tuis exemplari-
30 bus, tempusque protraxisse, quo primitias calcographiae suae libris tuis nominique tuo dedicaret ac veluti consecraret. Habet quidem varios, idque exquisitos characteres, non inferiores certe typis Germanicis. Nec dubito quin accuratius et magis elaborate prodeant libri ex eius officina (absit tamen dicto invidia) quam ex alia qualibet Typo-
35 graphia. Quicquid enim ad artem calcographicam pertinet, hic revera potest egregie praestare. Proinde, Calvine frater, obtestatum te velim ut Gallus Gallis tuas lucubrationes commendare non dedigneris. Id enim debes et iuri patriae. Quod si felix Germania nos tuo privarit consortio, non tamen sumus adeo tygres, ut iure nos Calvinus abie-
40 cisse videatur. Age ergo, et libellum tuum adversus hypnosophistas mittito. ... Si quid praeterea erit sub incude, Michaëli servato, qui certe tantus quantus est studet expoliendae typographiae: quo nomine omnes pii bene debent illi cupere" (Herminj. VI 37 sq.; CR X 2, 373 sq.). Michael Sylvius (du Bois) igitur Institutionem, quae tunc e praelo
45 Rihelii, typographi Germani, exierat, in sua officina excudi arden-

XIV DESCRIPTIO ET HISTORIA EDITIONUM

Hanc alteram Institutionis formam a priore plurimum mutatam esse ipsa inscriptione indicatur, in qua ad explicationem alluditur a bibliopola sollertissimo inscriptioni editionis anni 1536 annexam (supra p. VI, 6-8), et haec recens editio „nunc vere demum suo titulo respondens" dicitur.

Quam si cum editione anni 1536 comparaveris (infra p. 9, 4-20), propositum et finem scriptoris alium factum esse reperies; nunc enim vult „sacrae Theologiae candidatos ad divini verbi lectionem ita praeparare et instruere, ut et facilem ad eam aditum habere, et inoffenso in ea gradu pergere queant" (infra p. 6, 18-21). His verbis Calvinus se hac editione theologiae studio prodesse et Scripturis sacris interpretandis quam uberrimum fructum afferre velle profitetur.

Libello nunc praefatio ad lectorem praefixa, epistula ad Franciscum I data nonnullis additamentis aucta est. Capita ipsius libelli haec exstant:

De Cognitione Dei.	Caput primum.
De cognitione hominis, et libero arbitrio.	Caput II.
De lege.	Caput III.
De fide ubi et symbolum, quod apostolicum vocant, explicatur.	Caput IIII.
De poenitentia.	Caput V.
De iustificatione Fidei, et meritis operum.	Caput VI.
De similitudine ac differentia veteris et novi testamenti.	Caput VII.
De praedestinatione et providentia Dei.	Caput VIII.
De oratione ubi et oratio Dominica enarratur.	Caput IX.
De sacramentis.	Caput X.
De baptismo.	Caput XI.
De coena Domini.	Caput XII.
De libertate Christiana.	Caput XIII.
De potestate Ecclesiastica.	Caput XIIII.
De politica administratione.	Caput XV.
De quinque falso nominatis Sacramentis. Ubi Sacramenta non esse quinque reliqua, quae pro Sacramentis hactenus vulgo habita sunt, declaratur: tum qualia sint, ostenditur.	Caput XVI.
De vita hominis Christiani.	Caput XVII.

Caput I. praeter similitudinem quandam, quae ei est cum principio Institutionis primae, totum novum est, item c. II., quo paucae sententiae ex veteribus capitibus 1. et 4. continentur.

---

tissime cupiverat. Quod negotium sibi negatum esse aegre ferens parum operae dabat libris excusis vendendis, quos ut Rihelii nomine venundaret, Calvinus eum oraverat (cf. Herminjard VI 156. 255 sq. 295 sq.; CR X 2, 441. XI 63 sq. 80 sq.).

In cap. III. (= 1536 cap. 1.) vetus textus prorsus retractatus est. Idem cadit in cap. IV. (= 1536 cap. 2). Plurima pars argumenti cap. V. ad verbum ex illo loco veteris cap. 5. (quod est de quinque falso nominatis sacramentis), quo de sacramento
5 paenitentiae agitur, sumptum est. Capite VI. nonnulla membra veterum cap. 1. et 2. continentur. Argumentum cap. VII. et VIII. novum est. Cap. IX. verba veteris cap. 3. repraesentantur retractata et aliqua accessione dotata. Sequitur ad verbum, sed nonnullis adiectionibus auctum vetus cap. 4., nunc X.—XII.
10 (caput quod est de baptismo maxime amplificatum est). Minus etiam mutata capita XIII.—XV. vetus cap. 6. referunt. Nunc demum sequitur vetus cap. 5., excepta ea materia, quae in novum caput V. transiit, paene integrum, numero XVI. signatum. Caput XVII., quo opus clauditur, omnino novum est.
15 In hac Institutione componenda Calvinus etiam primo Catechismo latino Genevensi usus est, qui ab ipso primum hac lingua, non gallica anno 1536 exeunte vel 1537 ineunte conscriptus (cf. Herminjard IV 185. 240; CR X 2, 83. 107) mense Martio demum 1538 typis descriptus prodiit. Multa
20 membra huius Catechismi retractata aut ad verbum in Institutionem recepta sunt. Quae integra manserunt, haud scimus an ex exemplo Catechismi excisa foliis Institutionis manu scriptis inserta sint, id quod mendis probari videtur, quae frustis e priore textu in hunc librum receptis orta sunt (infra
25 p. 54, 40 sq.).

Materies huius Institutionis paene triplo maius est quam editionis anno 1536 emissae.

2. Versio gallica 1541.

f. [A1]ʳ: INSTITV ‖ TION DE LA RELI- ‖ GION CHRE-
30 STIENNE: EN LA- ‖ quelle eſt comprinſe vne ſomme de pieté, ‖ & quaſi tout ce qui eſt neceſſaire a congnoi- ‖ ſtre en la doctrine de ſalut. ‖ Compoſée en latin par IEAN CAL-VIN, & ‖ tranſlatée en francois, par luymeſme. ‖ AVEC LA PREFACE ADDRES- ‖ ſée au Treſchreſtien Roy de France,
35 Françoys ‖ premier de ce nom: par laquelle ce preſent liure ‖ luy eſt offert pour confeſsion de Foy. ‖ *Habac. 1.* ‖ IVSQVES A QVAND ‖ SEIGNEVR? ‖ M. D. XLI. ‖

f. [A1]ᵛ (–A2ᵛ): ARGVMENT DV PRESENT LIVRE. ‖; f. A3ʳ (–[E5]ᵛ): A TRESHAVLT, TRES- ‖ PVISSANT, ET TRESIL- ‖
40 luſtre Prince, FRANCOYS Roy de Fran- ‖ ce treſchreſtien, ſon Prince & ſouuerain ‖ Seigneur, ‖ Iean Caluin paix & ſalut en Dieu. ‖; f. [E5]ᵛ, lin. 20: De Baſle le vingttroyſieſme D'aouſt ‖ mil cinq cent trente cinq. ‖; f. [E6]ʳ: SVMMAIRE ET BRIEF RECVEIL ‖ des

XVI DESCRIPTIO ET HISTORIA EDITIONUM

principaux poinctz & Chapitres, conte ‖ nuz en ce prefent liure. ‖,
f. [E6]^v inane ‖; p. 1 (-822): INSTITVTION DE LA ‖ RELIGION
CHRESTIENNE. ‖ PAR IEAN CALVIN. ‖; p. 112 inanis ‖; p. 822,
lin. 30: FIN. ‖; f. [LLL l 4] inane ‖
  Forma: 8⁰.—22 f. non numerata (4 bin. + 1 tern.), 27 lin. (f.[A1]^v-
A2^v: 33 lin.); 822 p. numeratae + 1 f. non numeratum (103 bin.),
40 lin.; Sign.: A2-E3, a-z3, A-Z3, Aa-Zz3, AAa-ZZz3, AAAa-
LLLl3 (male exprimitur lz pro k, Iz pro K). Errata numerorum pag.:
legitur 3 pro 31, 203 pro 302, 4 3 pro 304, 583 pro 358, 95 pro 395,
598 pro 498, 541-542 pro 502-503, 655 pro 565, 996 pro 596, 761 pro
671, 978 pro 678, 681 pro 683, 636 pro 686, 678 pro 687, 742 pro 724,
74 pro 741, 734 pro 743; p. 112 et 572 non numeratae.
  Typorum forma praeter epistulam ad Franciscum I parva et
prava. Compendia pauca. Initiale ligno exsculptum in initio epist.
ad Franc. Adnotationes margini adscriptae.
  SVMMAIRE (f. [E6]^r, vide supra) continet titulos capitum cum
eorum numeris et paginarum, a quibus incipiunt, indice. Errata plurima; vide ex. gr. edit. Parisiensem, 1911, p. 838-841; Marmelstein,
Étude comp., p. 6-8.
  Si iis, qui hanc conversionem anno 1911 denuo ediderunt, fides
habenda est, typis iam praelo paratis, dum liber excuditur, nonnulla mutata sunt. Exemplar quidem bibliothecae Argentoratensis, quod contulimus, caret ex. gr. notis corruptis margini
epistulae ad Franciscum I adscriptis, quae in exemplari societatis
historiae Protestantismi gallici explorandae, ex quo illa editio typis
transscripta est, inveniri dicuntur. Quodsi sic res se habet, exemplari
Argentoratensi, id quod primo statim obtutu cognoscas, posterior
pars correcta illius editionis repraesentatur.
  Exemplaria exstant: Genève (Bibl. publ. et univ.); Paris (Bibl. de
la Soc. de l'hist. ...); Straßburg (Bibl. nat.); Toulouse (Bibl. de l'Univ.
[in thesauro Facultatis Montalbanensis]); Bôle, Ct. de Neuchâtel
(apud Emeryum verbi div. ministrum. Hoc exemplo pro inscriptione
et epistola ad Franciscum I, quae in ceteris editionibus Institutionis
praemittitur, ea huius epistolae forma continetur, quae separatim
edita infra p. XLVIII, 26 sqq. describetur)[1].
  Recens editio: Institution de la religion chrestienne, texte de la
première édition française (1541) réimprimé sous la direction de A.
Lefranc par H. Châtelain et J. Pannier, Paris 1911 (Bibliothèque de
l'École des Hautes Études, fasc. 176 et 177). — Societas Calvinistica
Francogalliae editionem novam tribus voluminibus hunc librum
continentem ab exeunte anno 1928 emissura est.

  Haec igitur translatio non prima est, id quod adhuc vulgo
putaverunt. Quae quando aut ubi confecta sit, nihil usquam
traditum est. Id quidem certe affirmare possumus ei Argentorati extremam manum accessisse. Nam etiamsi exeunte
demum anno 1541 edita esset, tamen librum manuscriptum

1) cf. Jacobi Pannieri editionem huius epistolae, p. XXIX sq.

maximam partem in usum typographi iam paratum fuisse necesse est, quo tempore Calvinus Argentorato decessit. — Pannier typorum formis inter se comparatis librum a Gerardo Genevensi typis descriptum esse existimat (Épître au roy, 1927 p. XXI). Ac profecto typis aliqua similitudo est cum litteris Gerardianis, maxime cum typis Summarii Farelli anno 1542 editi, quae editio adhuc omnium doctorum notitiam fugisse videtur; quam infra in Addendis describemus (p. 516 sq.).[1]

Institutio partim tantum de integro translata est. In epistula quidem ad Franciscum I et in capitibus IX.—XVI., in quibus Institutio latina anni 1539 orationem editionis anni 1536 continuam praebet, prior translatio anni 1536 adhibita est, cuius tamen verba Calvinus non inexplorata assumpsit. Maiora potissimum membra, quibus liber anno 1539 locupletatus est, de integro conversa inserta sunt. Sed paene passim vetus textus ita retinetur, ut omnes mutationes exiles, quibus Institutio 1539 ab editione 1536 discrepat, neglegantur. Maiores adiectiones aut mutationes si quando praetermissae sunt, translatio his locis postea 1545 aut 1551 in similitudinem textus latini redacta est. In rebus vero minoris momenti hac ratione verba prima Institutionis 1536 usque in postremam translationem a. 1560 conservata sunt. — Vetera capita 1. et 2. cum admodum mutilata et disiecta in Institutionem latinam 1539 transierint, mirum non est, quod hae partes textus veteris plerumque de integro translatae sunt. — Praefationem ad lectorem non totam novam, sed huius primam formam iam libro primum anno 1536 translato praemissam fuisse verisimile est. Nam cur liber Gallicus anno 1541 editus non praefationem Institutionis latinae a. 1539, sed aliam prae se ferat, intellegimus, si opinamur iam primum textum gallicum praefatione instructum fuisse (prius igitur quam latinum, cui anno demum 1539 addita est) eamque paulum mutatam editioni anni 1541 adiunctam esse. Postea autem haec praefatio ad lectorem aliena a proposito visa, sed anno 1560 demum praefatio latina in gallicum translata eius loco posita est.

---

1) Marmelstein (Étude comparative, p. 3 sq.) hunc librum in gallicum translatum Neocomi (Neuchâtel) praelo subiectam esse e loco quodam actorum litis Bolseco intentae conicit. Sed id perperam opinatur, quia illo loco (CR VIII 148) per imprudentiam non de Institutione agitur, sed de Scriptura sacra ab Olivetano in gallicum translata, quem librum Neocomi primum in lucem editum esse constat, quamquam Bolsecus non hunc, sed Institutionem impugnaverat (vide l. c.).

XVIII DESCRIPTIO ET HISTORIA EDITIONUM

Quod vulgo semper praedicant hunc librum eo emendatiorem esse, quod caput 15. Institutionis 1539, quod de quinque falso nominatis sacramentis inscribitur, numero XIII. signatum capiti XII., quod est de coena Domini, subiciatur, non emendatio est, sed vetus ordo capitum anni 1536 retentus. Quamquam 5 eum errorem esse inde natum non putandum est, quod prior conversio gallica anni 1536 in exemplum conversionis anni 1541 praelo destinatum inserta sit; nam idem ordo capitum in omnibus editionibus latinis posterioribus inde ab anno 1543, secus atque in editione 1539, servatur. At tamen concedendum 10 est fieri potuisse, ut illud caput, quod est de quinque falso nominatis sacramentis, eum locum, quem in editione anni 1539 habet, errore typothetae obtineret. — Item quod in hac editione epistulae ad Franciscum I non falsus dies, Calendae Aug. 1536, sed cum textu archetypo latino 23. dies Augusti et praeterea 15 aeque recte annus 1535 (cf. infra p. 30, 23 sq.) subscribitur, nihil aliud est nisi lectio prioris translationis anni 1536 servata, nisi quod verus dies et annus in posterioribus editionibus latinis servari desiti sunt.

III. Recensio 1543. 20

A. Editiones latinae.

1. Editio latina 1543, Rihelii Argentoratensis.

f.[α1]ʳ: INSTITVTIO CHRI= ‖ STIANAE RELIGIONIS NVNC ‖ uerè demum fuo titulo refpondens. ‖ *Authore Ioanne Caluino.* ‖ Ioannes Sturmius. ‖ Ioannes Caluinus homo acutif= 25 simo iudicio fummaq[ue] doctrina et egre ‖ gia memoria præditus eft: & fcriptor eft uarius, copiofus, purus: cuius ‖ rei teftimonium eft inftitutio Chriftianæ religionis, quam primo in= ‖ choatam, deinde locupletatam hoc uere anno abfolutam edidit: ne= ‖ que fcio an quicquam huius generis extet, per- 30 fectius ad docendam re= ‖ ligionem: ad corrigendos mores, & tollendos errores: & fe ‖ optime inftitutum exiftimet, qui, que in eo uolu= ‖ mine traduntur, eft affecutus. ‖ *Habacuc.* 1. ‖ Quoufq[ue] Domine- ‖ [emblema] ‖ *Argentorati per Vuendelinum Rihelium.* ‖ Menfe Martio. ‖ ANNO M. D. XLIII. ‖ 35

f. [α1]ᵛ: Epiftola ad Lectorem. ‖; lin. 31: ‖ Dominum adiuua. Argentorati ‖ Calend. Auguft. Anno ‖ 1539 ‖ *Auguftinus Epiftola* 7. ‖ *Ego ex eorum numero me effe profiteor, qui fcribunt* ‖ *proficiendo, & fcribendo proficiunt.* ‖; f.α2ʳ (-β2ʳ): POTENTISSIMO IL= ‖ LVSTRISSIMOQVE MONARCHAE ‖ Francifco Francorum Regi Chri- 40 ftianifsimo, Prin= ‖ cipi ac Domino fuo fibi obferuando, ‖ Ioannes

DESCRIPTIO ET HISTORIA EDITIONUM XIX

Caluinus pacem ac fa= || lutem in Domino. ||; f. β2ʳ, lin. 41: || Rex.
Bafileæ Calen. Augufti. || ANNO 1536. ||; f. β2ᵛ (-β3ʳ [exftat falfo: 2]):
SVMMA EORVM QVAE IN HOC || opere continentur. ||; f. β3ʳ,
lin. 40: Hæc omnia, perfpicuè ac folidè in hifce inftitutionibus tractan-
5 tur, & quic= || quid aduerfarij contra obijciunt, ita confutatur, ut
cuiuis pio lecto= || ri ita fatisfiat, ut pofthac nihil huiusmodi fophifta= ||
rum fucos fit curaturus. ||; f. β3ᵛ (-δ3ᵛ): INDEX INSIGNIVM ||
LOCORVM QVI HOC OPERE || tractantur. ||; f. δ3ᵛ, lin. 24:
ERRATA. ||; f. [δ4] inane ||; p. [1] (-505): CHRISTIANAE || RELI-
10 GIONIS INSTITVTIO, || per Ioannem Caluinum. ||; p. 505, lir. 41:
FINIS. || *Argentorati per Vuendelinum Rihelium.* || Menfe Martio. ||
ANNO M. D. XLIII. || ; p. [506]–[508] inanes.

Forma: 2⁰. — 22 f., non numerata, (3²/₃terniones), 45 lineae; 505 p.
+ 3 p., non numeratae, (41 + 2 × ²/₃ terniones), 54 lineae; Sign. α2–
15 δ3, A—Ziiij, a–vij. Errata numerorum pag.: legitur 25 pro 33, 103 pro
116, 336 pro 136, 168 bis, 155 pro 175, 160 pro 190, 295 pro 195, 297
pro 197, 254 pro 224, 237 pro 233, 238 pro 234, 258 pro 257, 282 pro
281, 288 pro 289, 292 pro 293, 351 pro 361, 397 pro 379, 401 pro 402,
402 pro 403, 403 pro 404, 384 pro 434, 408 omissa est; numeri pessime
20 exarati sunt.

Typi romani; f. [α1]ᵛ et p. 1–105: paulo minores quam f. α2ʳ–β2ʳ;
iidem ac 1539. Compendia pauca. Principia vocabulorum grandibus
litteris e ligno exsculptis scripta in initio epist. et capitum. Adnotationes margini adscriptae.

25 Emblema, f. [α1]ʳ: vide Heitz, Paul, Elsässische Büchermarken,
1892, p. 58 n. 4.

Summa (β2ᵛ–β3ʳ, vide supra) aliter ac 1539, non titulos solos
singulorum capitum continet, sed praeterea ex unoquoque capite
plura argumenta selecta. In indice (f. β3ᵛ–δ3ᵛ, vide supra) multo
30 uberius quam in indice editionis anni 1539 25 paginis vel 50 columellis loci theologici ordine alphabetico, sub singulis autem litteris
ordine paginarum digesti enumerantur. Sed cum, qui eum confecit, singularum litterarum materiam in compluribus foliis scribere
cogeretur, haec sub litteris A.C.E.L.P.T. errore typographi perverso
35 ordine typis descripta sunt, ut exempli gratia sub A primum ei loci
afferantur, qui a pagina 134 Institutionis agmen claudunt, deinde ii,
qui ab initio usque ad paginam 133 leguntur. — In indice erratorum
(f. δ3ᵛ, vide supra) 93 errata enumerantur. Menda, non indicata,
rariora quam 1539, iis capitibus exceptis, quae 1543 ex schedis manu
40 scriptis operi inserta sunt.

Exemplaria exstant: Basel (Univ.-Bibl.); Berlin (Staatsbibl.);
Bern (Stadtbibl.); Breslau (Univ.-Bibl.); Genève (Bibl. publ. et univ.;
Bibl. de la Comp. des past.; Musée hist. de la Réf.); Königsberg (Univ.-
Bibl.); München (Staatsbibl.); Neuchâtel (Bibl. de la Soc. des past.);
45 Schaffhausen (Minist.-Bibl.; Stadtbibl.); Straßburg (Bibl. nat.);
Winterthur (Stadtbibl.); Zürich (Zentralbibl.).

Recens editio: CR Calv. opp. I 253 sqq.

Haec Institutionis retractatio quando confecta sit, ex epistula
Calvini extremo mense Ianuario anni 1542 scripta cognoscimus,

in qua, postquam omnia, quae ei Genevam reverso suscipienda erant, enumeravit, haec dicit: „Non memini ex quo hic sum, duas horas sine interpellatione mihi datas esse. Adde quod Institutionem latinam absolvere oportuit, in qua, postquam exierit, videbis me non leviter sudasse" (Herminjard VII 410; CR XI 364). Quamvis tot et tantis aliis laboribus districtus intra primos menses, dum iterum Genevae versatur, etiam tertiam editionem Institutionis lucubravit et, ut videtur, absolvit. Sed cum mense Septembri demum 1541 Genevam venisset, fieri poterat, ut iam quo tempore etiamdum Argentorati habitabat, in ea retractanda elaborare inciperet. Quamquam mirum est hunc librum, id quod e nota Rihelii typographi patet, anno demum post, mense Martio anni 1543 absolutum esse (vide supra p. XIX, 11 sq.). Nam cum Calvinus ei exeunte mense Ianuario 1542 extremam manum attulisset, facile fieri poterat, ut nundinis autumnalibus eiusdem anni prodiret. Itaque aut in typographo eligendo — fortasse typographis Genevensibus et Rihelio aemulantibus (vide supra p. XIII, 24 sqq.) — aut in libro typis exscribendo mora facta est, quominus prius ederetur. Ne id quidem prorsus absonum a vero videtur, Calvinum, cum eum de opere suscepto dubitatio subisset, iterum ei manum imposuisse et aliquamdiu in eo perpoliendo versatum esse.

Etiam huic editioni Institutionis ab auctore magnus cumulus additus est. Verbis quidem Iohannis Sturmii gymnasii Argentoratensis rectoris in inscriptione eius positis, quamquam sine dubio bibliopola auctore inscripta sunt ad librum commendandum, tamen verissimum iudicium de eo fertur. Qui quanto in melius mutatus sit, recte ostenditur, cum illic de Calvino et eius Institutione praedicatur: „primo inchoatam, deinde locupletatam, hoc vero anno absolutam edidit" (vide supra p. XVIII, 28–30). Haec retractatio quam necessaria fuerit, scriptor ipse indicavit, cum in calce praefationis ad lectorem illud Augustini posuit: „Ego ex eorum numero me esse profiteor, qui scribunt proficiendo, et scribendo proficiunt."

De praefatione nihil aliud mutavit, epistulae ad Franciscum I paucas adiectiones breves addidit. Capita nunc haec sunt:

De cognitione Dei, quae primum est religionis fundamentum: et unde vera eius regula sit petenda.	Caput primum.
De cognitione hominis, ubi de peccato originali, de naturali hominis corruptione, de liberi arbitrii impotentia, item de gratia regenerationis et auxilio Spiritus sancti disputatur.	Caput II.
De lege ubi primum ostenditur officium ususque ipsius legis: tum de vero cultu Dei, de imaginibus, de iuramento, de feriis, de votis monasticis tractatur.	Caput III.

De votis ubi de monachatu agitur.	Caput IIII.
De fide, ubi et symbolum, quod apostolicum vocant, explicatur.	Caput V.
Explicatio primae partis symboli, ubi de fidei materia, de trinitate, de omnipotentia Dei, et rerum creatione tractatur.	Caput VI.
Explicatio secundae partis symboli, ubi de incarnatione, morte, resurrectione Christi, ac de toto mysterio. Item tertio: ubi de Spiritu sancto agitur.	Caput VII.
Quartae partis Symboli expositio: ubi de Ecclesia, eiusque gubernatione, ordine, potestate, ac disciplina agitur: item de clavibus, peccatorum remissione, et ultima resurrectione.	Caput VIII.
De poenitentia.	Caput IX.
De iustificatione fidei et meritis operum.	Caput X.
De similitudine ac differentia veteris et novi testamenti.	Caput XI.
De libertate Christiana.	Caput XII.
De traditionibus humanis.	Caput XIII.
De praedestinatione et providentia Dei.	Caput XIIII.
De oratione ubi et oratio Dominica enarratur.	Caput XV.
De sacramentis.	Caput XVI.
De baptismo.	Caput XVII.
De coena Domini.	Caput XVIII.
De quinque falso nominatis Sacramentis. Ubi Sacramenta non esse quinque reliqua quae pro Sacramentis hactenus vulgo habita sunt, declaratur: tum qualia sint, ostenditur.	Caput XIX.
De politica administratione.	Caput XX.
De vita hominis Christiani.	Caput XXI.

Capita cum I. tum II. et III. nonnulla accessione dotata sunt, cap. IV. novum est. Caput V. nonnihil auctum exordium veteris cap. 4. cum eius extrema parte exhibet, quae quidem neglegentia scribentis etiam vetere loco, nunc in extremo cap. 8., iterum legitur. In caput VI. ex priore capite 4. exordium symboli et explanatio primi articuli, quae doctrina de angelis valde aucta est, recepta sunt. Capite VII. e vetere cap. 4. explanatio secundi et tertii articuli aliquid aucta refertur, capite VIII. reliqua pars illius veteris cap. 4., magna pars cap. 14., nonnulla membra e cap. 5. et 16. continentur. Materies huius tanti capitis plus quam triplo crevit. Quod incrementum ad doctrinam de ecclesia pertinet. Cap. IX.—XI. eadem sunt quae vetera cap. 5.—7, nisi quod aliqua addita sunt. Nunc demum vetus cap. 13. sequitur paucis adiectionibus auctum, numero XII. signatum. Dimidia pars cap. XIII. e priore cap. 14. desumpta est, quod nunc omnino exhaustum est, altera pars est nova. In proximis capitibus vetus ordo servatur. Atque

cap. XIII.—XV. paria sunt prioribus capitibus 8.—9. cum
paucissimis additamentis, quae cap. XVI. (= 1539 cap. 10.)
paulo plura exhibet. Cap. XVII. rursus (= 1539 cap. 11.) vix
amplificatum est. Cap. XVIII. (= 1539 cap. 12.) singulis locis
retractatum complures partes novas exhibet. Nunc vetus caput
16. sub numero XIX. sequitur nonnullis frustis auctum secundum veterem seriem capitum anni 1536 iam in versione gallica
1541 restitutam. Cap. XX. cum exiguo incremento priori
cap. 15. respondet. Extremum denique caput, XXI., idem est
quod vetus cap. 17. omnino immutatum.

Huius retractationis quarta fere pars nova est.

Quod quidam suspicati sunt (CR I, p. XXXIV), Iohannem
Sturmium, cuius verba librum commendantis in prima pagina
posita sunt, nonnihil ad huius Institutionis formam contulisse,
velut „summam" cum clausula (supra p. XIX, 3-7) et novum
indicem locupletissimum, non abhorrere a vero videtur.

2. Editio latina 1545, Rihelii Argentoratensis.

f. [α1]ʳ: INSTITVTIO CHRI= ‖ STIANAE RELIGIONIS
NVNC ‖ uerè demum fuo titulo refpondens. ‖ *Authore Ioanne
Caluino.* ‖ Ioannes Sturmius. ‖ IOANNES CALVINVS HOMO
ACVTISSIMO IV= ‖ dicio fummaq[ue] doctrina & egregia memoria præditus eft: & fcriptor ‖ eft uarius, copiofus, purus:
cuius rei teftimoniũ eft Inftitutio Chriftia ‖ næ religionis,
quam primo inchoatam, deinde locupletatam hoc uero ‖ anno
abfolutam edidit: neque fcio an quicquam huius generis extet, ‖
perfectius ad docendam religionem: ad corrigendos mores, ‖ &
tollendos errores: & fe optime inftitutum exifti= ‖ met, qui,
quæ in eo uolumine tradun= ‖ tur, eft affecutus. ‖ *Additus
eft Index locupletiβimus.* ‖ *Habacuc.* 1. ‖ Quoufq[ue] Domine. ‖
[emblema] ‖ *Argentorati per Vuendelinum Rihelium.* ‖ *Menfe*
Martio. ‖ ANNO M. D. XLV. ‖

f. [α1]ᵛ-β2ʳ: vide supra p. XVIII, 36—XIX, 1 ‖; f. β2ʳ, lin. 36: ‖
tate, fortifsime ac illuftrifsime Rex. Bafileæ Calen. Augufti. anno ‖
1536. ‖; f. β2ᵛ(-β3ʳ[exstat falso: 2]): SVMMA EORVM QVAE IN ‖
hoc opere continentur ‖; f. β3ʳ, lin. 42: Hæc omnia, perfpicuè ac folidè
in hifce Inftitutionibus tractantur, & quic= ‖ —; lin. 45: ‖ rum fucos
fit curaturus. ‖; f. β3ᵛ(-[δ4]ʳ): INDEX INSIGNIVM ‖ LOCORVM
QVI HOC OPERE ‖ tractatur (lege: tractantur). ‖; f. [δ4]ʳ, lin. 47:
ERRATA. ‖; f. [δ4]ᵛ inane ‖; p. 1(-505): CHRISTIANAE ‖ RE-
LIGIONIS INSTITVTIO. ‖ per Ioannem Caluinum. ‖; p. 505, lin.
40: FINIS. ‖ *Argentorati per Vuendelinum Rihelium.* ‖ Menfe Martio. ‖
ANNO M. D. XLV. ‖; p. [506]-[508] inanes.

Forma: 2⁰. — etc. vide supra p. XIX, 13-15. Errata numerorum pag.:
legitur 18 pro 14, 91 pro 19, 36 pro 26, 43 pro 47, 74 pro 90, 106 pro

DESCRIPTIO ET HISTORIA EDITINNUM XXIII

116, 150 pro 160, 249 pro 259, 276 bis, 298 pro 295, 367 pro 361, 309
pro 369, 392 pro 393, 395 pro 396, 497 pro 467, 312 omissa est; numeri
pessime exarati sunt.
    Typi etc.: vide supra p. XIX, 21-24.
    Emblema f.[α1]^r: vide Heitz, Paul, Elsässische Büchermarken,
1892, p. 58 n. 3.
    Summa (f. β2^v-β3^r, vide supra) nunc alphabetico ordine exstat,
qua de re praeterea quoque paulum mutata. Index (f. β3^v-[δ4]^r,
vide supra) locos theologicos 26 paginis sive 52 columnis complectitur,
rubricis litterarum quoque singulis ad ordinem alphabeticum nunc
dispositis. Index erratorum (f.[δ4]^r, vide supra) 5 errata notat, compluribus mendis non indicatis.
    Exemplaria exstant: Budapest (Bibl. Ráday); Gießen (Univ.-
Bibl.); Göttingen (Univ.-Bibl.); Greifswald (Univ.-Bibl.); London
(Brit. Mus.); Paris (Bibl. Mazarine); Straßburg (Bibl. nat.); Wien
(Nat.-Bibl.); Zürich (Zentralbibl.).
    Recens editio: CR Calv. opp. I 253 sqq.

    Haec editio (1545) quo tempore praeparata et inchoata sit,
ex litteris a Wendelino Rihelio die 5. Novembris anni 1544 ad
Calvinum datis discimus, in quibus haec scripta leguntur:
„Proxime misisti partem Institutionis Christianae per dominum
Crispum, unum ex praeceptoribus nostrae Scholae: de qua re
valde gaudebam, et cum nunc iterum aliquid in eo opere
perfeceris, commode per hunc nostrum civem mittere poteris.
Ego, volente Domino, pergam" (Herminjard IX 351 sq.; CR XI
762). Ex his litteris apparet Calvinum ipsum hanc editionem
Institutionis praeparavisse. Atque partem huius operis iam
Rihelio miserat. Is eam iam typis describere coeperat et, cum
aliquid in eo opere perfectum sit, sibi missum iri sperat. Typographi labor nulla mora interposita processit; nam liber, ut
e nota typographi patet, mense Martio 1545 absolutus est,
ut nundinis Paschalibus emitti posset (vide supra p. XXII,
41 sq.).

    Haec Institutionis editio non retractata illa quidem est,
sed, priusquam praelum subiret, relecta et percensa. Errata
typographica correcta, minores mutationes ad singula vocabula
aut phrases complurium vocabulorum pertinentes adhibitae,
plures notae margini adscriptae sunt. In tertio tantum capite
duo enuntiati frusta, in cap. 7 frustulum (quinque fere
linearum nostrae editionis), in cap. 18. enuntiatum et duo
frusta addita sunt, quorum maius in editione anni 1543 per
imprudentiam tantum omissum esse videtur (alterum est
viginti fere linearum nostrae editionis, alterum undecim). Itaque cum haec recens editio libro anno 1543 edito tam propinqua sit, non mirum est, quod etiam librorum typis excusorum

singulae lineae saepissime inter se congruunt. Magis mireris quod verba posterioris editionis saepius spatiis et intervallis distincta sunt. Sed hae mutationes omnes non magni sunt momenti. Magis memorabile nobisque acceptius est, quod ex illo loco epistulae supra allato textum a Calvino ipso correctum esse fortasse conici potest, qui minutiarum causa ipse editionem praecedentem perlegere non dedignabatur.

B. Versio gallica.
3. Versio gallica 1545, Gerardi Genevensis.

f. [A1]^r: INSTITVTION ‖ DE LA RELIGION CHRE- STIEN- ‖ NE: COMPOSEE EN LATIN PAR IEHAN CAL- ‖ uin, & tranſlatée en Francoys par luymeſme: en laquelle eſt ‖ compriſe vne ſomme de toute la Chreſtienté. ‖ Auec la Preface adreſſée au Roy: par laquelle ce preſent Liure luy ‖ eſt offert pour confeſſion de Foy. ‖ [emblema] ‖ *Habac.* 1. ‖ Iuſques à quand, Seigneur? ‖ A GENEVE, ‖ PAR IEHAN GIRARD. ‖ 1545. ‖

f. [A1]^v: IEHAN STVRMIVS. ‖ Iehan Caluin, c'eſt vn homme d'vn iugement ‖ qui ... ‖ ; f. A2^r (-A2^v): ARGVMENT DV PRE- ‖ ſent Liure. ‖; f. A3^r(-[B8]^r): AV ROY DE FRANCE TRES- ‖ CHRESTIEN FRANCOIS PREMIER ‖ DE CE NOM, SON PRINCE ET SOVVE- ‖ RAIN SEIGNEVR, ‖ Iehan Caluin paix & ſalut en Dieu. ‖; f. [B8]^r, lin. 27: De Baſle, le vingttroiſieſme d'Aouſt, ‖ mil cinq cens trente cinq. ‖; f. [B8]^v inane ‖; f. C^r (-C2^r): LA SOMME DES CHOSES ‖ CONTENVES EN CE LIVRE. ‖; f. C2^v inane ‖; p.1 (-1027): INSTITVTION DE LA ‖ RELIGION CHRESTIENNE. ‖ PAR IEAN CALVIN. ‖; p. 1027, lin. 8: FIN. ‖ ACHEVE D'IMPRIMER LE DIXIESME DE ‖ FEVRIER, MIL CINQ CENS ‖ QVARANTE CINQ. ‖; p. [1028] inanis ‖; f. vv^r(-yy3^v): INDICE DES ‖ PRINCIPALES ‖ matieres contenues ‖ en ce Liure. ‖; f. [yy 4] inane ‖

Forma: 8^0. — 18 f. non numerata (2$^1/_4$ quatern.), 35 lin.; 1027 p. numeratae + 1 p. non numerata (64$^1/_4$ quatern.), 40 lin.; 12 f. non numerata (3 bin.); Sign.: A2-C2, a-z5, A-Z5, aa-yy 3 (male exprimitur lz pro k, Iz pro K). Errata numerorum pag.: legitur 30 pro 20, 122-123 pro 142-143, 366 pro 376, 701 pro 710; numeri 14 et 44 corrupti.

Typi romani, elegantes; f. A3^r-[B8]^r: maiores reliquis. Compendia rara. Principia vocabulorum grandibus litteris e ligno exsculptis scripta in initio epist. ad. Franc. et capitum exceptis literis C, M, O. Adnotationes margini adscriptae.

Emblema, f. [A1]^r: vide Heitz, Paul, Genfer Buchdrucker- und Verlegerzeichen, 1908, n. 107 (inscriptio marginis: NON VENI PACEM MITTERE, SED GLADIVM. MATTH. X. VENI IGNEM MITTERE. LVC XII.)

DESCRIPTIO ET HISTORIA EDITIONUM XXV

Sturmii iudicium (f. [A1]ᵛ, vide supra): vide supra p. XVIII, 25-33; CR Calv. opp. III, p. XXXI. Summa (f. Cʳ-C2ʳ, vide supra) eadem ac.1543, vide supra p. XIX, 27-29; CR III, p. XXXI—XXXIII. Index (f. vvʳ-yy3ᵛ, vide supra) in quadraginta quattuor columellis non totidem capita exhibet, quot index 1543, sed omnia in ordinem alphabeticum redacta.

Exemplaria exstant: Genève (Bibl. publ. et univ.); Paris (Bibl. Mazarine; Bibl. de la Soc. de l'hist. ..., 2 ×); Straßburg (Bibl. nat.).

De hoc opere absoluto testimonium Vireti habemus die 7. Februarii 1545 ad Calvinum scribentis: „Girardus non ita dudum petiit a me ut ad se mitterem meam Necromantiam excudendam, postquam absolutae erant tuae Institutiones et liber in Libertinos" (CR XII 29 sq.). Haec tamen relatio de Institutione absoluta non satis accurata est; nam eam 10. demum die Februarii e praelo exisse nota typographi documento est (supra p. XXIV, 27-29). Quod dies inter se discrepant, non inde repetendum est, quod in indicibus componendis nonnihil temporis consumptum sit; nam dies 10. Februarii in ultima pagina textus impressus est.

Proxima editio latina mense fere post, Martio 1545, absoluta est. Neque tamen ex hoc pro certo concludi potest a Calvino translationem gallicam paulo ante finitam esse, quam hanc editionem latinam praeparare coepit.

Hic textus gallicus e latino anni 1543 conversus est. De integro translatae sunt eae tantum partes, quae anno 1543 ad Institutionem additae sunt. In reliquis tribus partibus scriptor conversionem anni 1541 retinuit, nisi quod ad hanc partem veterem eae particulae adiectae sunt, quae anno 1539 ad Institutionem accesserant, sed in translatione anni 1541 praetermissae erant, quia auctor prima conversione anni 1536 exemplari usus erat. Etiam in hac editione, quia Calvinus conversionem anni 1541 secutus est, nonnunquam accidit, ut neglegentia scriptoris parvae adiectiones, quae in textu 1539 nondum leguntur, sed 1543 additae sunt, omitterentur. Sed aliqua re hic textus aeque ac posterior editio latina anni 1545 exemplari anno 1543 scripto antecellit. Nam ei iam pars eorum verborum in capite 18. adiecta est, quae anno 1543 per errorem praetermissa in editionem latinam a. 1545 prolixius inserta sunt, et illud enuntiatum (p. XXIII, 40). Alteram enim textus particulam errore typographi anno 1543 omissam esse Calvinum paulo post sensisse et in libro suo adnotavisse putandum est. Deinde cum librum in gallicum transferret, hunc locum addidit, sed alia forma atque quam editio latina anni 1545 praebet. Cogitari potest illud enuntiatum a Calvino in transferendo demum libro additum simulque in eo exemplo latino

XXVI DESCRIPTIO ET HISTORIA EDITIONUM

inscriptum esse, quo typographus in editione latina anno 1545 typis excudenda exemplari usus est. Haec res si ita se habet, hoc loco textus gallicus latino anterior fuerit. Vide praeterea lib. IV 17, 46 (init.).

IV. Recensio 1550.

A. Editiones latinae.

1. Editio latina 1550, Gerardi Genevensis.

f. [α1]ʳ: INSTITVTIO TOTIVS CHRISTIANAE || RELIGIONIS, NVNC EX POSTREMA AV || THORIS RECOGNITIONE, QVIBVSDAM || LOCIS AVCTIOR, INFINITIS VERO' CA- || STIGATIOR. || Ioanne Caluino authore. || ADDITI SVNT INDICES DVO LOCVPLETISSIMI. || VNVS RERVM INSIGNIVM: ALTER VERO LOCO- || RVM OMNIVM, QVOS PARTIM EX SACRIS BIBLI- || IS, PARTIM EX ALIIS THEOLOGIAE DOCTORI- || BVS, AVTHOR, TANQVAM EX DIVITE PENV, IN || SVVM VSVM VEL APTE TRANSTVLIT, VEL DO- || CTE INTERPRETATVS EST. || SINGVLA OPERIS HVIVS CAPITA, (IN HOC ME- || moriae tuae confultum cupientes lector) numeris ad marginem diftin- || ximus. || CATECHISMVM PRAETEREA, INSTITVTIONIS || huius veluti epitomen, magno piorum confenfu huic operi annectere || nobis vifum eft. || [emblema] || GENEVAE, || EX OFFICINA IOANNIS GERARDI || TYPOGRAPHI, || 1550. ||

f. [α1]ᵛ inane ||; f. α2ʳ: EPISTOLA AD LECTOREM. ||; lin. 33: Argentorati Calend. Auguft. Anno || 1539. || Auguftinus Epiftola 7. || ... proficiunt. ||; f. α2ᵛ: IOANNES STVRMIVS. ||; lin. 10: || tur, eft affecutus. ||; f. α3ʳ(-δ3ʳ): POTENTISSIMO ILLUSTRISSIMOQVE || MONARCHAE, FRANCISCO, FRANCO- || RVM REGI CHRISTIANISSIMO, PRIN- || CIPI AC DOMINO SVO SIBI OBSER- || VANDO: IOANNES CALVINVS PACEM || AC SALVTEM IN DOMINO. ||; f. δ3ʳ, lin. 29: || fime ac illuftriffime Rex. Bafileae Calen. Augufti. || anno. 1536. ||; f. δ3ᵛ(-[δ4]ᵛ): SVMMA EORVM QVAE IN || hoc opere continentur. || DE ||; f.[δ4]ᵛ, lin.13: || fit curaturus. ||; p. 1 (-678): CHRISTIANAE RELIGIONIS || INSTITVTIO, PER IOAN- || NEM CALVINVM. ||; p. 678, lin. 29: CHRISTIANAE INSTITV- || TIONIS FINIS. ||; p. 679 (-735): CATECHISMVS ECCLESIAE GENEVEN- || SIS, HOC EST, FORMVLA ERVDIENDI || PVEROS IN DOCTRINA CHRISTI. ||; p. 735, lin. 13: CATECHISMI FINIS. ||; p. [736] inanis ||; f. Aaʳ: CHRISTIANO LECTORI, S. || INdices iftos duos, Chriftiane Lector, quum in ftudiorum tuorum gratiam || contexere decreuiffem, in ipfo ftatim limine haefitandum mihi fuit. Quum || enim Ioannes Caluinus (vt eft omnium Linguarum peritiffimus) quos ex fa || cris Bibliis

locos vel doctè interpretatus eſt, vel aptè in ſuum vſum huc tranſtu ||
lit, ex Hebræo ſumma fide purioribus verbis Latinè conuerterit,
veritus ſum, ſi || eos ipſos locos iiſdem verbis annotarem, ne, qui
in communi & vulgata tan- || tùm interpretatione verſati ſunt, prop-
5 ter Hebraicæ linguæ inſcitiam, hoc indi- || ce in conferendis locis
commodè minus vti poſſent. Itaque adhibito amicorum || conſilio,
viſum eſt à communi inquam & trita verſione non diſcedere. Quod ||
factum facilè docti excuſabunt: dum enim multorum imbecillitati
conſulitur, || iis de ſuo iure nihil eripitur, qui vtriuſque verſionis
10 beneficio vti poſſunt, quod || non omnibus datum eſt. Præterea
admonitione non indignum putaui (quod || tamen ſine pudore aliquo
dici non poteſt) bonam partem locorum qui ad mar- || ginem annotati
ſunt, mendoſè legi. Quod etſi culpa noſtra non euenit, veniam ||
tamen petere, quàm culpam excuſare malo. Impoſuit nobis Argen-
15 tinenſe || exemplar. Cui quum nimiam fidem adiungeremus, & in
conferendis nu- || meris, poſt illius editionem tempus fruſtra teren-
dum non putaremus, tibi, tuiſ'- || que vigiliis in hac parte non ſatis
dignè proſpectum ac conſultum eſt. Sed vt || huic morbo mederi
aliqua tandem ratione queas, habes in hoc indice vnde || mendoſos
20 numeros in integrum reſtituas. Vale Chriſtiane Lector, & hunc no- ||
ſtrum laborem æqui boni'que facito. || INDEX LOCORVM OM-
NIVM QVOS PAR- || tim ex Bibliis, partim ex nonnullis Eccleſia-
ſticis doctoribus, Inſtitutionis hu- || ius author, vel paſſim inter-
pretatus eſt, vel appoſitè ad ſenſum ſuum accom- || modauit. ||;
25 f. [Bb4]ʳ: INDEX RERVM, ET SENTEN- || TIARVM INSIGNIVM
QVAE HOC || opere continentur. ||; f. Kk3ᵛ: LOCORVM IN MAR-
GINE ANNOTA- || torum corruptos numeros ſic reſtitue. ||; lin. 23:
ERRATA QVAE VEL EXEMPLARIS VI- || tio, vel per imprµden-
tiam nobis exciderunt, ſic corrigito. ||; f. [Kk4] inane.
30 Forma: 4°. — 16 f. non numerata (4 bin.), 32 lineae; 735 p. — 1 p.
non numerata (46 quaterniones), 46 lin.; 40 f. non numerata (10 bin.);
Sign. α2–δ3, a–z5, A–Z5, Aa–Kk3 (male exprimitur lz pro k; L bis,
littera K omissa; Izlz pro Kk). Errata numerorum pag.: legitur 320 pro
302, 466 pro 496, 595 pro 597, 598 pro 600, 599 pro 601, 602 pro 604.
35 Typi romani, mali; f. α3–δ3: maiores reliquis. Compendia pauca.
Principia vocabulorum grandibus litteris e ligno exsculptis scripta
in initio epist. et capitum. Adnotationes margini adscriptae.

Emblema, f. [α1]ʳ: vide Heitz, Paul, Genfer Buchdrucker- und
Verlegerzeichen, 1908, n. 106 (sine inscriptione marginis).

40 Summa (f. δ3ᵛ–[δ4]ᵛ, vide supra) eadem ac 1545 (vide supra
p. XXIII, 7 sq.); sed praepositio „De" antea omnibus articulis praefixa
nunc semel initio posita est, quo facilius articulorum series alpha-
betica pateat. In indice novo (f. Aa sqq.; vide supra) loci ex Bibliis
et Patribus enumerantur, quorum illi ad verbum exscribuntur, horum
45 breve argumentum praebetur. Index rerum ipse quoque novus
(f. Bb4 sqq.; vide supra) et multo locupletior quam anni 1545 locos
theologicos in 65 paginis sive 130 columellis exhibet. Index erratorum alter (f. Kk3ᵛ, vide supra) 69 locos in margine annotatos
corruptos corrigit plurimis mendis non indicatis; alter (l. c.) 79 er-

rata notat, neque vero omnia. Catechismus Genevensis, 1545, huic
editioni primum additus, exstat: CR Calv. opp. VI 5 sqq.
Exemplaria exstant: Amsterdam (Univ.-Bibl.); Basel (Univ.-Bibl.);
Berlin (Staatsbibl.); Bern (Stadtbibl.); **Burgdorf (Stadtbibl.)**; Cam-
bridge (Univ. Libr.); Genève (Bibl. publ. et univ.; Musée hist. de
la Réf.); Gießen (Univ.-Bibl.); Göttingen (Univ.-Bibl.); Königsberg
(Univ.-Bibl.); London (Brit. Mus.); München (Staatsbibl.); Oxford
(Bodleian Libr.); Paris (Bibl. nat.; Bibl. de la Soc. de l'hist. . . .);
Straßburg (Bibl. nat.); Utrecht (Bibl. der Rijksuniv.); Wien (Nat.-
Bibl.); Würzburg (Univ.-Bibl.); Zürich (Zentralbibl.).
Recens editio: CR Calv. opp. I 253 sqq.

De hac editione praeparanda memorabile est quod Pollanus
minister verbi divini Argentoratensis 15. die Februarii 1549
ad Calvinum scribit: „Intelligo te novam editionem cogitare
Institutionum. Ego quas habeo diligenter legi et emendavi
typographi errata et etiam annotavi locos ad marginem.
Deinde etiam excerpsi in indicem locos omnes scripturae
vel allegatos vel expositos, in usum studiosorum, ut discant
et habeant quasi in promptu rationem applicandi scripturas.
Si quid praeterea possem obsequi polliceri aut praestare,
rogo tibi de me sic persuadeas, me eum esse quem totus velim
immori servitio ecclesiae Dei. Rogo deinceps redeam in
vestram familiaritatem" (CR XIII 192). Nobis nunc quidem
maxime notabile videtur Calvinum initio anni 1549 de Institutione denuo edenda cogitavisse. Qui quando lucubrationes
ad hanc editionem praeparandam absolverit, ex epistula ad
Farellum die 2. Februarii 1550 data conicere licet, ubi haec
scribit: „Quod liber tuus [sc. Le Glaive de la Parolle veritable,
tiré contre le Bouclier de défense; vide CR XIII 520] nondum
prelo subiectus est, pigritiane Ioannis Gerardi factum fuerit,
an quod res habet domi confusas, an quod parum consulte
multa agit, asserere non audeo. Certe saepius cum eo de hac
re egi, et serio obtestatus est. . . . Ita Institutio quae ante
mensem absoluta esse debuerat, nondum ad finem perducta
est. Hoc tibi breviter testatum volui, ut scires nihil a me
fuisse praeteritum. Quum obiurgo, parum movetur, nisi quod
se facturum primo quoque subinde promittit" (CR l. c.).
Ex hoc apparet Institutionem, cum initio Ianuarii 1550 in
publicum edi potuerit, Augusto fere mense a. 1549 typis
describi coeptam esse et Calvinum, si non prius at certe sub id
tempus lucubrationes ad hanc editionem pertinentes absolvisse.
Liber ipse vere anni 1550 e praelo prodisse videtur.

Textus iterum diligentissime recensus est. Multae emendationes minores inveniuntur, subinde etiam novae textus
particulae additae, testimonia Patrum plerumque nova ad

sententias prolatas probandas allata sunt. Novis partibus
maioribus tria potissimum capita amplificata sunt, cap. I.,
quod ad doctrinam de Scriptura sacra pertinet, caput III.,
quo de sanctis et imaginibus colendis agitur, caput XIII.,
5 quo de conscientia disseritur. Notandum est librum capitibus
nunc primum in sectiones divisis multo faciliorem et commodiorem ad usum legentium factum esse. Hac dispositione
haec editio a superioribus vel maxime differt. Itaque cum
conicere liceat textum pluribus intervallis distinctum, id
10 quod iam in editione anni 1545 animadverti potest, non a
typographo sed Calvino ipso auctore sic ordinatum esse,
recte opineris etiam novam dispositionem materiae intra singula
capita, quam omnes editiones posteriores retinuerunt, ab
ipso Calvino ortam esse.
15 Haec editio prima omnium indice locorum Scripturae
ornata est, qui cur additus sit epistula supra allata docet.
Hunc indicem secundum aliquam editionem superiorem — anni
1545, opinamur — contextum Pollanus Calvino in usum
tradidit. Idem indicem locorum Patrum, fortasse etiam indicem
20 rerum conscripsisse videtur, quippe qui Calvino, si quid postea
posset servire, se praestaturum pollicitus sit. Praefationem autem
indicum (supra p. XXVI, 41 sqq.) vix scripsit, certo non posteriorem partem. Eum librum, quem ei obtulit, a typographi erratis
a se purgatum esse affirmat. Itaque non habebat, cur, ut
25 in praefatione fit, se excusaret, quod bona pars locorum,
qui ad marginem adnotati essent, mendose legerentur, quia
exemplari Argentoratensi in usum adhibito nimia fides habita
esset. (Id qui scripsit silentio praetermittit multa errata re-
centia accessisse.) Praefatio ergo ab aliquo alio scripta est, qui
30 tabulas erratorum confecit et fortasse etiam in reliquis indicibus
faciendis editorem adiuvit. Sed porro Pollanum Calvino non
modo indicem, sed etiam textum emendatum in usum tradi-
turum fuisse accepimus, quem Calvinum in textu recensendo
adhibuisse arbitramur. Exemplari autem typographus libro
35 Calvini usus est, non Pollani; nam editio anni 1550 veteres adnotationes in editione anni 1545 margini adscriptas exhibet,
quas Calvinus neglexit. Quodsi Pollani liber a typographo usur-
patus esset, fieri non potuit, quin plurima errata typographica
in margine corrigerentur; accedit, quod, si Pollano credimus,
40 in veteribus textus partibus novae adnotationes margini adscriptae invenirentur. At res ita se non habet. Id quoque memorandum est in hac editione prima, in indice saltem, in locis
Scripturae laudandis non solum numeros capitum indicari, sed
etiam litteras sectionum a. b. c. d. etc., in quas distribuebantur.

XXX DESCRIPTIO ET HISTORIA EDITIONUM

2. Editio latina 1553, Stephani Genevensis.

f. [a. i.]ʳ: INSTITVTIO CHRI- ‖ ſtianæ religionis. ‖ Iohanne Caluino authore. ‖ INDICES DVO LOCVPLETISSIMI: ALTER RE- ‖ rum inſignium: alter verò locorum ſacræ Scripturæ qui in his Inſtitutionibus obi- ‖ ter explicantur. ‖ [emblema] ‖ Oliua Roberti Stephani. ‖ M. D. LIII. ‖
f. [a. i.]ᵛ: IOHANNES CALVINVS LECTORI. ‖; lin. 25: ‖ me precibus tuis apud Dominum adiuua. Argentorati, Calend. Auguſt. ANN. M. D. ‖ XXXIX. ‖ Auguſtinus Epiſtola 7. ‖ . . . proficiunt. ‖;
f. a. ii.ʳ (–[a. vii]ᵛ): Potētiſſimo illuſtriſſimóque mo ‖ narchæ, Francifco, Francorum Regi Chriſtianiſſimo, principi ac domino ‖ ſuo ſibi obſeruando: Iohannes Caluinus pacem ac ſalutem in Domino. ‖; f. [a. vii]ᵛ, lin. 44: & folium tuum æquitate, fortiſſime ac illuſtriſſime Rex. Baſilææ Calen. Au- ‖ guſti, AN. M. D. XXXVI. ‖;
f. [a. viii]ʳ: PRAECIPVA CAPITA EORVM QVAE IN HOC IN- ‖ ſtitutionis Chriſtianæ opere continentur. ‖; lin. 53: ‖ ſit curaturus. ‖;
f. [a. viii]ᵛ inane ‖; f. 1ʳ(–211ʳ): Chriſtianæ religionis Inſtitutio, ‖ PER IOHANNEM CALVINVM. ‖; f. 211ʳ, lin. 13(–224ʳ): Catechiſmus Eccleſiæ Geneuēſis, ‖; f. 224ᵛ inane ‖; f. G. i.ʳ(–G. iiii.ᵛ): INDEX LOCORVM QVOS PARTIM EX BI- ‖ bliis, partim ex nonnullis Eccleſiaſticis doctoribus, Inſtitutionis huius author, vel ‖ paſſim interpretatus eſt, vel appoſitè ad ſenſum ſuum accommodauit. Quem in- ‖ dicem ideo contexuimus, quòd eorum locorum, qui in hoc continentur, inter- ‖ pretationes inſtar parui commentarii, Scripturæ ſanctæ ſtudioſis eſſe poſſint. ‖; f. G. iiii.ᵛ, lin. 16: INDEX RERVM ET SENTENTIARVM INSI- ‖ gnium quæ . . . . ‖; f. [K.v]ᵛ, lin. 27: EXCVDEBAT ROBERTVS STEPHANVS IN ‖ SVA OFFICINA ANNO M. D. LIII. ‖ PRIDIE NON. FEBRVARII. ‖; f. [K.vi] inane ‖

Forma: 2⁰. — 8 f. non numerata (1 quaternio), 45 lineae; 224 f. numerata (28 quaterniones), 57 lin.; 28 f. non numerata (2 quatern. +2 terniones); Sign.: a. ii.–z. iiii., A. i.–K. iiii. Errata numerorum fol.: legitur 26 pro 25, 51 pro 50, 63 omiſſum eſt, legitur 83 pro 82, bis 88, 109 pro 105, 302–304 pro 202–204, 305–308 pro 205–208.

Typi romani, elegantes; f. a. ii.ʳ–[a. vii]ᵛ: maiores reliquis. Compendia pauca. Principia vocabulorum grandibus litteris e ligno exſculptis ſcripta in init. epiſt. ad Franc. et capitum. Adnotationes margini adſcriptae.

Emblema, f. [a. i.]ʳ: vide Heitz, Paul, Genfer Buchdrucker- und Verlegerzeichen, 1908, n. 90.

PRAECIPVA CAPITA (f. [a. viii.]ʳ, vide supra) duabus columnis notantur eadem ac Summa 1550; vide supra p. XXVII, 40 sqq. Indices praefatione omissa (vide supra p. XXVI, 41 sqq.) iidem sunt ac 1550, neque tamen notant, in qua pagina et sectione res inveniantur, sed, in quo capite et in qua sectione. Errata non indicantur; menda rara exstant. Catechismus Genev.: vide supra p. XXVIII, 1 sq.

Exemplaria exstant: Basel (Univ.-Bibl.); Berlin (Staatsbibl.); Breslau (Univ.-Bibl.); Dresden (Landesbibl.); Erlangen (apud Prof. D.

DESCRIPTIO ET HISTORIA EDITIONUM XXXI

E. F. K. Müllerum); Genève (Bibl. publ. et univ.; Musée hist. de la Réf.); Gießen (Univ.-Bibl.); Göttingen (Univ.-Bibl.); Jena (Univ.-Bibl.); Lausanne (Bibl. cant.); Leiden (Bibl. der Rijksuniv.); München (Staatsbibl.); Oxford (Bodleian Libr.); Paris (Bibl. de la Soc. de l'hist...., 2×); Straßburg (Bibl. nat.); Stuttgart (Landesbibl.); Tübingen (Univ.-Bibl.); Utrecht (Bibl. der Rijksuniv.).
Recens editio: CR Calv. opp. I 253 sqq.

Haec editio, quam e nota Roberti Stephani die 4. Februarii 1553 absolutam esse apparet (supra p. XXX, 28 sq.), recensio superioris est. Sed hae editiones inter se non prorsus in eadem ratione sunt, quae inter editiones anni 1545 et 1543 intercedit, quod, quamquam hic quoque multa menda minora correcta sunt, tamen additamenta prorsus desunt, nisi quod in cap. VIII 207, X 14, XI 6, XV 17 singula enuntiata minora addita sunt. Ut editionem anni 1545 ita hanc quoque a Calvino ipso correctam esse fortasse putandum est. In emendandis adnotationibus in margine scriptis magna cura et diligentia collocata est. Errata typographi, quibus archetypum inquinabatur, correcta, multi novi loci Scripturae sanctae margini adscripti sunt, qui hic primum praeter numerum capitis, litteram sectionis et numerum versus exhibent.

3. Editio latina 1554, Riveriorum Genevensium.

f.[*i.]^r: INSTITVTIO || Chriſtianæ religionis. || Iohanne Caluino authore. || *INDICES DVO LOCVPLETISSIMI:* || *alter rerum inſignium: alter verò locorum ſacræ Scriptu* || *ræ qui in his Inſtitutionibus obiter explicantur.* || [emblema] | *Per Adamum & Iohannem Riuerios,* || *fratres.* || *M. D. LIIII.* ||

In exemplaribus quibusdam (ex. gr. in eo, quod exstat in Bibl. Genevensi) sub emblemate praeterea legitur: *GENEVAE* ||; lin. 32: || *iuua.* f. [*i.]^v: *IOHANNES CALVINVS LECTORI.* ||; lin. 32: || *iuua. Argētorati, Calend. Auguſt. ANN. M. D. XXXIX.* || *Auguſtinus Epiſtola 7.* || *... proficiunt.* ||; f. *ij.^r(-[**iij.]^r): Potentiſſimo illuſtriſſimó- || *que monarchæ, Franciſco, Francorum* || *Regi Chriſtianiſſimo, principi ac domino* || *ſuo ſibi obſeruando: Iohannes Caluinus* || *pacem ac ſalutem in Domino.* ||; f. [**iij.]^r, lin. 11: || *Rex. Baſilææ Calen. Augusti, AN. M. D. XXXVI.* ||; f. [**iij.]^v (-[**iiij.]^r): *PRAECIPVA CAPITA EORVM QVAE* || *in hoc institutionis Chriſtianæ opere continentur.* ||; f. [**iiij.]^r, lin. 33: || *poſthac nihil huiuſmodi ſophiſtarū fucos ſit curaturus.* ||; f. [**iiij.]^v inane ||; p. 1(–976): CHRISTIANAE || religionis Inſtitutio, per || *Ioannem Caluinum.* ||; p. 977(–1031): Catechiſmus Eccleſiæ Ge- || *neuenſis,* ... ||; p. [1032] inanis ||; f. Aaa.i.^r (–Bbb.v.^v): *INDEX LOCORVM QVOS* || *partim ex Bibliis, partim ex nonnullis Eccle-* || *ſiaſticis doctoribus,* ... ||; f. [Bbb.vi]^r(–[Lll. iij.]^r): *INDEX RERVM ET SENTEN-* || *tiarum inſignium* ... ||; f. [Lll. iij.]^v: *ERRATA SIC CORRIGITO.* ||; f.[Lll. iiij.] inane ||

XXXII DESCRIPTIO ET HISTORIA EDITIONUM

Forma: 8º min. — 12 f. non numerata (1½ quatern.), 1031 p. numeratae + 1 p. non numerata (64½ quatern.), 84 f. non numerata (10½ quatern.); 39 lineae; Sign.: *ij.–**ij., a.i.–z.v., A.i.–Z.v., Aa.i.–Tt.iij., Aaa.i.–Lll.ij. (pro k, Kk, Kkk male exprimitur: lz, Klz, Klzlz). Errata numerorum pag.: legitur 02 pro 302, 176 pro 576, 180 pro 580, 108 pro 618, 798 pro 799, 1012 pro 1013.

Typi minuti cursivi. Compendia pauca. Principia vocabulorum grandibus litteris e ligno exsculptis scripta in initio epist. ad Franc. et capitum. Adnotationes margini adscriptae.

Emblema, f. [*i.]^r: vide Heitz, Paul, Genfer Buchdrucker- und Verlegerzeichen, 1908, n. 134 (inscriptio marginis: *Iam fecuris ad radicem arborum pofita eft. omnis igitur arbor quæ non facit fructum bonum,. exciditur, & in ignem mittitur Mat 3.*)

PRAECIPVA CAPITA (f. [**iij.]^v–[**iiij.]^r), Indices (f. Aaa.i.^{r}– [Lll.iij.]^r), Catechismus (p. 977–1031), (vide supra): omnia eadem ac 1553 (vide supra p. XXX, 41 sqq.). Index erratorum 18 errata notat; menda, non indicata, rara.

Exemplaria exstant: Berlin (Staatsbibl.); Breslau (Univ.-Bibl.); Bruxelles (Bibl. Roy.); Genève (Bibl. publ. et univ.; Musée hist. de la Réf.); Gießen (Univ.-Bibl.); Königsberg (Univ.-Bibl.); London (Brit. Mus.); München (Staatsbibl.); Paris (Bibl. Sainte-Geneviève; Bibl. de la Soc. de l'hist. . . .); Straßburg (Bibl. nat.).

Recens editio: CR Calv. opp. I 253 sqq.

Textum huius editionis Calvinum non curavisse ex eo ipso apparet, quod typographus initio non Institutionem anni 1553 paulo ante recognitam, sed anni 1550 exemplar delegit, quod typis imitaretur (cf. praeterea p. XLI, 18–21). Inde a capite I 1 usque in sectionem 57. capitis II. haec editio nihil aliud est quam textus anni 1550 iteratus. In adnotationes tantum margini adscriptas nonnihil laboris impensum est et aliquot nova testimonia Scripturae sanctae adnotata sunt. Editioni anni 1550 eo quoque praestat, quod siglis non solum numeri capitum, verum etiam litterae sectionum indicantur.

Inde a novo paginae principio, quod initio illius sectionis 57. occurrit, textus melior anni 1553 typographo ad imitandum proponitur (qui locus in apparatu critico infra p. 286, not. g, significatur) et usque ad finem ad verbum exprimitur.

Initio Institutionis, quod ex editione 1550 descriptum est (I 1–II 57), in indice erratorum correctiones adduntur, quas editio anni 1553 illic exhibet. Omissi sunt omnino numeri versuum in siglis locorum Scripturae, qui in margine editionis 1553 adnotati sunt, quos propterea praetermissos esse verisimile est, quod forma minuta libri in margine parum spatii relinquebatur, aut eo consilio, ut sigla cum compendiis initio usurpatis congruerent.

DESCRIPTIO ET HISTORIA EDITIONUM XXXIII

B. Versiones gallicae.
4. Versio gallica 1551, Gerardi Genevensis.

f. [a. i]^r: INSTITVTION ‖ de la religion Chre- ‖ ſtienne: ‖ COMPOSEE EN LATIN PAR ‖ Iean Caluin, & tranſlatée en François par luymeſme, & ‖ puis de nouueau reueuë & augmentée: en laquelle eſt ‖ comprinſe vne ſomme de toute la Chreſtienté. ‖ AVEC LA PREFACE ADRESSEE AV ‖ Roy: par laquelle ce preſent Liure luy eſt offert pour confeſſion de Foy. ‖ SEMBLABLEMENT Y SONT ADIOVSTEES ‖ deux Tables: l'vne des paſſages de l'Eſcriture, que l'Autheur expoſe en ce ‖ liure: l'autre des matieres principales contenues en iceluy. ‖ *$_*$* ‖ [emblema] ‖ Habac. 1. ‖ Iuſques à quand, Seigneur? ‖ A GENEVE, ‖ PAR IEAN GERARD. ‖ M. D. LI. ‖

f. [a i]^v inane ‖; f. a ii^r: ARGVMENT DV PRE- ‖ ſent Liure. ‖; f. a ii^v: IEAN STVRMIVS. ‖ Iean Caluin, c'eſt vn homme d'vn iugement qui pene ‖ tre ... ‖; f. a iii^r(-c ii^r): AV ROY DE FRANCE TRESCHRE ‖ STIEN FRANCOIS PREMIER DE CE NOM, ‖ SON PRINCE ET SOVVERAIN SEIGNEVR, ‖ Iean Caluin paix & ſalut en Dieu. ‖; f. c ii^r, lin. 35: ‖ ... en equité. De ‖ Basle, le premier iour d'Aouſt, mil cinq cens trente cinq. ‖; f. c ii^v inane ‖; p. 1 (-648): INSTITVTION DE LA ‖ RELIGION CHRESTIENNE. ‖ Par Iean Caluin. ‖; p. 648, lin. 41: FIN. ‖ ACHEVE D'IMPRIMER LE VINGTIESME ‖ D'OCTOBRE, MIL CINQ CENS ‖ CINQVANTE ET VN. ‖; f. mm^r(-[nn4]^v): INDICE DES LIEVX PRINCIPAVX ‖ DE L'ESCRITVRE, LESQVELZ L'AV- ‖ THEVR DV PRESENT LIVRE A IN- ‖ terpretez ou proprement appliquez à ſon propos. ‖; f. oo^r(-[qq5]^r): INDICE SECOND, QVI EST DES PRINCIPALES ‖ matieres contenues en ce Liure. ‖; f. [qq5]^r, lin. 14: *VOVS CORRIGEREZ AINSI* ‖ *les fautes*, ‖; f. [qq5]^v-[qq6]^v inania ‖

Forma: 4°. — 14 f. non numerata (36 lin.), 648 p. numeratae (52 lin.), 22 f. non numerata (56 tern. + 6 bin. [kk-pp]); Sign.: aii-z4, A-Z4, aa-qq4 (male exprimitur lz pro k, Iz pro K). Errata numerorum pag.: legitur 78 pro 88, 102-103 pro 112-113, 195 pro 203, 245-246 pro 257-258, 304 pro 340, 343 pro 355, 393-394 pro 395-396, 402 pro 420, 448 pro 484, 851 pro 518, 592-593 pro 593-594.

Typi iidem ac 1545; f. aii^v-c2^r: maiores reliquis. Compendia rara. Principia vocabulorum grandibus litteris e ligno exsculptis scripta in init. epist. et capitum. Adnotationes margini adscriptae.

Emblema, f. [ai]^r: vide Heitz, Paul, Genfer Buchdrucker- und Verlegerzeichen, 1908, n. 107 (inscriptio marginis: NON VENI VT MITTEREM PACEM IN TERRAM, SED GLADIVM. MATTH. X. LVCAE XII.)

Index biblicus (f. mm1^r-[nn4]^v, vide supra) idem ac 1550, sed eiusdem altera pars omissa est, nempe: Loci aliquot scripturae ad

XXXIV DESCRIPTIO ET HISTORIA EDITIONUM

argumenti alicuius probationem passim in turba adducti (1550:
f. Bb3ʳ). Index theologicus (f. ooʳ-[qq5]ʳ, vide supra) 50 columnis
multo minorem numerum articulorum complectitur quam 1550. Uterque index non indicat, in qua pagina et sectione res inveniantur, sed,
in quo capite et in qua sectione. Index erratorum (f. [qq. 5]ʳ, vide
supra) 19 errata notat. Summa, quae 1550 invenitur (vide supra
p. XXVI, 33 sq.) omissa est, item Catechismus Genevensis (vide supra
p. XXVI, 37 sqq.), praefatio ad indices (ib. 40 sqq.), index locorum ex
patribus allatorum indici biblico 1550 subiunctus.

Exemplaria exstant: Genève (Bibl. publ. et univ.); Metz (Bibl. de
la Ville); Straßburg (Bibl. nat.); Wien (Nat.-Bibl.); Zofingen (Stadtbibl.).

E nota typographi cognoscitur hanc editionem die 20. Octobris 1551 e praelo exisse (supra p. XXXIII, 22-24).

Praeterquam quod textus partes anno 1550 Institutioni
adiectae denuo translatae sunt, hac editione textus gallicus
anni 1545 continetur, sed diligenter recognitus et editioni
latinae anni 1550 accommodatus, ad cuius verba regredi
iis potissimum locis oportebat, quibus adiectiones aut mutationes editionum latinarum in conversionibus 1541 et 1545
factis, quod semper superiorem translationem secutae erant,
praetermissae aut neglectae erant. Haec translatio sic recognita editionem latinam anni 1550 etiam eo imitatur, quod
capitibus et sectionibus distinguitur, recedit ab ea, quod
nonnunquam proprium et novum textum habet. Velut cum
de resurrectione mortuorum agitur, post caput VIII 220 tres
sectiones, 221—223, intercalantur, quae in editione latina anni
1559 demum (lib. III 25, 7 sq.) quamvis in aliam formam redactae inveniuntur; qua de re vide ibidem.

In epistola Colladonis ad Blasium Marcuardum theologum
Bernensem scripta, quam editioni latinae Institutionis anno
1576 Lausannae vulgatae praemisit, haec verba exstant:
„Nondum expleto postea anno, initio scilicet anni 1553, cum
eidem Normandio recuderet Gerardus Calvini Gallicam institutionem, rogatus, Indicem confeci: qualis eius libri non
extiterat antea. In quo contexendo, Calvini etiam iudicio
multis in locis uti me solitum non nego. Imo ut omnia mihi
tyroni adhuc essent faciliora, memini eum aliquando vesperi
a coena apud eundem Normandium, assumpto Indice, qui
tum erat in Latino exemplari Institutionis suae, quum calamum poposcisset, percurrisse, et supervacanea multa, imo
perperam et inepte annotata (unde fit ut multi reperiantur
decepti Indicibus librorum) induxisse ac delevisse, ut mihi
meliorem quandam viam quam sequerer commonstraret.
Postea quum in publicum prodiisset Gallicus ille Index,

placuit sane multis" (Institutio a. 1576 Lausannae edita, f. **.j.^{v}
—**. ij.^{r}). Quod indices versionis gallicae a. 1553 editae et
editionis praecedentis a. 1551 vulgatae a nobis collatos paucis
verbis exceptis inter se non discrepare exploravimus, inde
5 apparet Colladonem in anno erravisse et, quod Gerardus post
annum 1553 nullam editionem gallicam Institutionis excudit,
eius verba ad indices versionis gallicae a. 1551 pertinere. Re
vera in hac editione gallica prima index biblicus exstat et
index theologicus novus. Sed Colladonem nihil fecisse nisi
10 indicem biblicum editionis latinae a. 1550, quem Pollanus
contexuit, emendatum in linguam gallicam transtulisse, item
indicem locorum theologicorum a Calvino ipso emendatum
atque contractum, ex utroque indice cognosci potest. Indicis
gallici forma eo pressior et concisior facta est quam latini,
15 e quo manavit, quod Calvinus complures articulos vel versus
ad eandem personam aut rem pertinentes communi titulo
superposito in unum contraxit (vide Addenda p. 516, 28–35). —
Praeterea Laurentium Normandium, sororium Colladonis, ami-
cum Calvini, aut ipsum effecisse, ut haec versio gallica a. 1551
20 ederetur, aut certe negotia huius editionis excudendae suscepisse
ex verbis Colladonis cognoscere nostra aliquid interest.

5. Versio gallica 1553, Gerardi Genevensis.

Descriptionem libri vide: CR Calv. opp. III XXXV sq.[1]
Exemplaria exstant: Berlin (Staatsbibl.); Paris (Bibl. Mazarine;
25 Bibl. de la Soc. de l'hist. . . ., 2×); Schaffhausen (Minist.-Bibl.);
Straßburg (Bibl. nat.); Wien (Nat.-Bibl.).

6. Versio gallica 1554, Hamelini Genevensis.

Descriptionem libri vide: CR III XXXVI.
Exemplaria exstant: Genève (Bibl. publ. et univ.); Le Havre
30 (Bibl. publ.); München (Staatsbibl.); Paris (Bibl. nat.; apud N. Weiss,
verbi div. ministrum); Straßburg (Bibl. nat.).

7. Versio gallica 1557, Francisci Jaquy, Antonii Davodeau, Jacobi Bourgeois Genevensium.

Descriptionem libri vide: CR IV VII sq.
35 Exemplaria exstant: Genève (Bibl. publ. et univ.); Paris Bibl.
nat.; Bibl. de la Soc. de l'hist. . . .); Straßburg (Bibl. nat.).

Praeterea versionem gallicam anno 1559 Genevae editam in bibliotheca Argentoratensi asservari ab editoribus Corporis Ref. in CR
Calv. opp. LIX 475 indicatur; quod tamen a veritate abhorrere a
40 praefecto huius bibliothecae interrogantibus nobis, qua est benignitate, affirmatur.

---

[1] Ex editionibus gallicis nullas describimus, nisi quibus usi sumus.

XXXVI DESCRIPTIO ET HISTORIA EDITIONUM

V. Recensio 1559.

A. Editiones latinae.

1. Editio latina 1559, Stephani Genevensis.

f. [q. i.]ʳ: INSTITVTIO CHRI- ‖ ſtianæ religionis, in libros qua- ‖ tuor nunc primùm digeſta, certíſque diſtinĉta capitibus, ad aptiſſimam ‖ methodum: auĉta etiam tam magna acceſſione vt propemodum opus ‖ nouum haberi poſſit. ‖ IOHANNE CALVINO AVTHORE. ‖ [emblema] ‖ Oliua Roberti Stephani. ‖ GENEVAE. ‖ M. D. LIX. ‖

f. [q. i.]ᵛ: PRAECIPVA CAPITA EORVM QVAE IN HOC IN- ‖ ſtitutionis Chriſtianæ opere continentur. ‖; lin. 59: Hæc omnia perſpicuè ac ſolidè in hiſce Inſtitutionibus traĉtantur: & quicquid aduerſa- ‖ rii contrà obiiciunt, ita confutatur, vt cuiuis pio leĉtori ita ſatiſfiat, nequid eū poſt- ‖ hac morentur ſophiſtarum fuci. ‖; f. q. ii.ʳ Iohannes Caluinus Leĉtori. ‖; f. q. ii.ᵛ, lin. 11: Geneuæ. Calend. Auguſt. ANNO M. D. LIX. ‖ Quos animus fuerat . . . ‖; lin. 16: ‖ . . . proficiunt. ‖; f. q. iii.ʳ(-[q. viii.]ᵛ): Potētiſſimo, illuſtriſſimóque mo- ‖ narchæ, Franciſco, Francorum Regi Chriſtianiſſimo, principi ſuo, Io- ‖ hannes Caluinus pacem ac ſalutem in Chriſto precatur. ‖; f. [q. viii.]ᵛ, lin. 29: Baſileæ, Calend. Auguſti, AN. M. D. XXXVI. ‖; p. [1]: INSTITVTIONIS CHRI ‖ ſtianæ religionis Liber primus. ‖; p. 562, lin. 7: LAVS DEO. ‖ Quæ quatuor libris huius Inſtitu- ‖ TIONIS CONTINENTVR. ‖; p. 564 in fine: EXCVDEBAT ROBERTVS STEPHANVS GE- ‖ NEVAE, ANNO M. D. LIX. XVII ‖ CAL. SEPTEMBR. ‖; f. N.i.ʳ(-[O. vi.]ʳ): Index in Inſtitutionem Chriſtianæ ‖ religionis à Iohanne Caluino conſcriptam. ‖ TYPOGRAPHVS LECTORI. ‖ Quum librum hunc (præſertim in hac poſtrema editione) tam accuratè di- ‖ ſtinctum támque apto ordine compoſitum videremus vt attento leĉtori ſingula ‖ doĉtrinæ capita ſuis reperire locis difficile futurum non ‖ eſſet, indicem ei addere ‖ minimè neceſſarium eſſe putabamus: quia tamen à pleriſque requiri eum intel- ‖ leximus, aliquid etiam receptæ conſuetudini dandum exiſtimauimus. ‖; f. [O.vi.]ᵛ inane ‖

Forma: 2⁰. — 8 f. non numerata (1 quatern.), 46 lin.; 564 p. numeratae (34 quatern. + 1 quint.), 58 lin.; 14 f. non numerata (1 quatern. + 1 tern.); Sign.: q. ii.-q. iiii., a. i.-z. iiii., A. i.-O. iii. (male exprimitur lz pro k). Errata numerorum pag.: legitur 232 pro 132, 220 pro 224, 202 pro 229, 280-281 pro 312-313, 412 pro 415, 545 pro 455.

Typi romani, elegantes; f. q. ii.ʳ—[q. viii.]ᵛ: maiores reliquis; iidem ac 1553. Compendia pauca. Principia vocabulorum grandibus litteris e ligno exsculptis scripta in init. epist. et capitum. Adnotationes margini adscriptae.

Emblema, f. [q. i.]ʳ: vide Heitz, Paul, Genfer Buchdrucker- und Verlegerzeichen, 1908, n. 90.

PRAECIPVA CAPITA (f. [q.i.]ᵛ, vide supra): ad seriem capitum, quae 1545-54 exstat, nonnulla addita sunt. Haec igitur series ca-

pitum, qua 1539 capita Institutionis enumerabantur, cui postea
nonnulla addebantur, hic retinetur, sed novus index capitum quattuor librorum Institutionis (p. 562—64, vide supra) ordine capitum
digestus adiungitur. Novus index locorum theologicorum (f. N. i.r–
[O. vi.]r, vide supra), in formam indicis versionis gallici a. 1551 redactus (vide p. XXXV, 13-17), in 54 columellis aliquanto minorem
numerum exhibet quam indices annorum 1550—54, sed singuli loci
sunt longiores. Indices locorum Patrum et Scripturae et Catechismus
Genevensis omissi sunt. Item, quamquam nonnulla errata typographi
occurrunt, tabula erratorum deest.

    Dum haec editio praelum subit, typis iam ad excudendum collocatis, pauca correcta et mutata esse, maxime in notis margini adscriptis, statuimus. Velut quod in libro bibliothecae Scaphusiensis,
quem nos typis transscribimus, (infra p. 7, 4) in fine vocabuli „August."
littera i lineam excedens non exstat, quae in exemplari bibliothecae
publicae et universitatis Genevensis, quod contulimus, invenitur;
quod ibi (infra p. 91, 10 sq.) recte scribitur: „Iesa. 6. a. 2.", non
corrupte et vitiose: „Iesa 6 2, b. 6" et (p. 188, 10 sq.): „Psal. 33.
a. 6", pro quo illic vitiose: „33. a. 6" scriptum est; quod illic (p.196,4)
mendose legitur: „Psal. 12. a. 5", in exemplari Genevensi lacuna
inter duos priores numeros distinguitur: „Psal. 1 2. a. 5", unde numerum intercidisse et recte: „Psal. 112. a. 5" legendum esse apparet:
ex his omnibus causis efficitur has mutationes in ea parte editionis
factas esse, quae exemplari bibliothecae Genevensis repraesentatur,
librum bibliothecae civitatis Scaphusiensis, quem nos transscribimus,
specimen esse partis posterioris et correctae. Quae mutationes tam
levis sunt momenti, ut non Calvino, sed typographo vel correctori esse
tribuendae videantur. — Exemplaria illa editionis, quae prima nundinis autumnalibus Francofurtensibus sine indice venierunt (vide infra
p. XLIII, 2 sqq.), partim cum verbis exemplaris bibliothecae Genevensis, partim cum verbis exemplaris bibliothecae Scaphusiensis congruunt. Nam exemplum bibliothecae universitatis Friburgensis Brisg.,
quod nobis ad manus erat, praeterquam, quod in eo (infra p. 7, 4)
„Augusti." legitur, eadem verba praebet quae exemplum bibliothecae Scaphusiensis; sed exemplar bibliothecae Oxfordensis praeterquam, quod in eo (infra p. 7, 4) „August." inveniatur, cum verbis
exemplaris bibliothecae Genevensis congruere a praefecto bibliothecae Bodleianae Oxfordensis interrogantibus nobis, qua est benignitate, affirmatur. — Quod neutrum horum exemplarium indice carentium neque cum bibliothecae Genevensis neque Scaphusiensis exemplari in omnibus verbis congruit, ex eo sequitur, ut quae verba in
exemplari Genevensi·a typographo correcta et mutata sunt, non
eodem tempore correcta sint neque semper in uno exemplari omnia
inveniantur. Itaque fieri potest, ut in bibliothecis, quas enumeraturi
sumus, etiam alia exemplaria reperiantur, quae non omnia verba
sive exemplaris bibliothecae Genevensis, sive exemplaris bibliothecae Scaphusiensis praebent.

    Exemplaria exstant: Aarau (Kantonsbibl.); Berlin (Staatsbibl.);
Cambridge (Univ. Libr.); Freiburg i. Br. (Univ.-Bibl.); Genève (Bibl.

publ. et univ.); Gent (Bibl. der Univ.); Gießen (Univ.-Bibl.); Heidelberg (Univ.-Bibl.); Königsberg (Univ.-Bibl.); Leiden (Bibl. der Rijksuniv.); London (Brit. Mus.); München (Staatsbibl.); Neuchâtel (Bibl. de la Ville); Oxford (Bodleian Libr.); Paris (Bibl. de l'Arsenal; Bibl. nat.; Bibl. de la Soc. de l'hist. . . . .); Schaffhausen (Stadtbibl.); St. Gallen (Stadtbibl.); Straßburg (Bibl. nat.); Stuttgart (Landesbibl.).

Recens editio: CR Calv. opp. II.

Calvinus, quando hanc retractationem Institutionis confecerit, in Praefatione ad lectorem docet: ,,— proxima hyeme dum existimabam a febre quartana mortem mihi denuntiari, quo magis urgebat morbus, eo minus mihi peperci, donec librum superstitem relinquerem, —" (infra p. 5, 18—21). Itaque cum praefationem Calendis August. anni 1559 nominis sui subscriptione signavisset (infra p. 7, 4), hanc Institutionis retractationem hieme anni 1558/59 aegrotans scripsit. Quamdiu domo exire non potuerit, e diario Consistorii discimus, in quo eum a die 20. Oct. 1558 usque ad diem 3. Febr. 1559 ab omnibus sessionibus afuisse notatum est (CR XXI 707). Qui status rerum publicarum fuerit et quantis corporis doloribus cruciatus sit, cum Institutionem in ultimam formam redegit, Collado in vita Calvini accuratius tradit: ,,Environ le mois de Septembre, il fut assailli d'une longue et fascheuse fievre quarte, durant laquelle force luy fut à son grand regret de s'abstenir de lire et de prescher. Mais il ne laissoit de travailler en la maison, quelque remonstrance qu'on luy fist de s'espargner: tellement que durant ce temps-là, outre infinies lettres qu'il escrivoit à diverses personnes, et les responses qui'il donnoit de bouche de plusieurs affaires dont on luy demandoit conseil, il commença, et paracheva sa derniere Institution Chrestiene, Latine et Françoise, de laquelle nous parlerons en la conclusion. Cependant ainsi qu'on imprimoit la preface dudit livre, il receut nouvelles certaines d'Auspourg, où les estats de l'Empire se tenoyent, que là avoit couru un grand bruit qu'il s'estoit revolté à la Papauté: lequel avoit esté recueilli par les cours des Princes avec trop grande facilité. Ce qui toutesfois ne le peut descourager de tousiours persister vertueusement en sa vocation" (CR XXI 87 sq.). Confer cum hac relatione Bezae vitam Calvini priorem l. c. p. 33 et 41 et hunc locum alterius: ,,Sed extremus hic annus initium nobis maioris luctus attulit, correpto quartana Calvino mense Octobri, quem morbum experti tandem sumus nimium vere dicere medicos senibus letalem esse. Etsi enim morbus ille Calvino octimestris tantum fuit, sic tamen corpusculum illud macilentum et laboribus ac viribus attritum confecit, ut nunquam postea penitus convaluerit.

DESCRIPTIO ET HISTORIA EDITIONUM XXXIX

Interim ille, quantumvis monentibus medicis et obtestantibus nobis ut sese tandem aliquando respiceret, abstinere quidem necessario a concionibus et praelectionibus, interea vero literis undiquaque dictandis et variis scribendis dies ac noctes impendere, nec aliud habere frequentius in ore, quam sibi acerbam esse vitam ut ipse aiebat otiosam, quum nos interim valentes prae illo otiosi videri possemus. Cuius rei testes sunt Christianae Institutionis ultima editio tum latina tum gallica, —" (CR XXI 156). Librum, in quo conficiendo Calvinus febris aestu et vehementissimis doloribus vexatus laborem et industriam collocavit, vere a. 1559 absolvit. Nam die 2. mensis Maii Antonius frater a senatu petivit, ut librum praelo subicere liceret. „Antoine Calvin a presente supplication aux fins dobtenir privilege pour trois ans de imprimer linstitution de M. Calvin son frere tant en latin quen françoys quil a renouvellee et recogneue et augmentee tellement que cest oeuvre excellente et dont sondit frere luy a donnees les copies. A este arreste quon luy outroye le contenu de sa requeste" (CR XXI 715). Fratrem Calvini, quod ipse illo tempore iterum cubabat, illa negotia suscipere iussum esse apparet. E diario enim Consistorii cognoscitur eum a die 13. Apr. usque ad Calendas Iunias sessionibus non interfuisse (CR XXI 714). — Paulo antequam liber emissus est, actum esse audimus de Institutione Friderico Electori Palatino e gente Simmern dedicanda, qui, cum esset Lutheranus, pacis et amicitiae cum Reformatis servandae studiosus erat. Ad huius consiliorum ministrum, comitem de Erbach, Calvinus pridie Calendas Iulias has litteras dat: „Interea quoniam mea Institutio retexta et in operis novi faciem plane mutata nunc excuditur ut proximis nundinis exeat, suggerebant quidam ex amicis ut Apologia quidem ad regem Franciscum praefixa in testimonium patri et filio maneret: librum vero ipsum, qui inter omnes meas lucubrationes praecipuum et maxime conspicuum gradum tenet, Illustrissimi Electoris nomini dicarem. Ego vere neque rem tanti momenti aggredi ausus sum, nisi annueres consilium tibi probari, et nunc si inconsiderate apud te verba feci ut confidentiae meae ignoscas rogo" (CR XVII 578). Is in epistula die 8. Augusti scripta dedicationem dissuadet: „Porro, quod ad Institutionem tuam de novo retextam attinet, laudo sane tam honestos et pios labores, et editionem tuarum lucubrationum avide exspecto: nam et tuam docendi rationem et doctrinam mihi probari satis ex aliis cognoscere potuisti. Sed consilium tuum, quo Illustrissimi Electoris nomini hoc tempore dicandam censes, etsi non improbo, putarem tamen consultius fore si aut Reginae Scotiae, quae iam ut accepimus

Reformationem ecclesiae instituit, aut Galliae regi qui et ipse amplecti veritatem dicitur, dedicaretur. Timendum enim est ne si quidam importuni et suspiciosi homines intelligant principi tuos conatus et labores placere, minus prompto animo ad eam de qua dixi collationem sint venturi" (CR XVII 593). Hac de 5 causa Institutioni nova dedicatio praemissa non est. Praefationi Calvinus iam nomen suum subscripserat, cum illo de se rumore a Colladone memorato Augusta allato (supra p. XXXVIII, 31 sqq.) inductus est, ut praefationi aliqua de ea re adderet (infra p. 6, 5 sqq.), unde Collado, quae refert, hausisse videtur. Insti- 10 tutionem die 15. Aug. in officina Roberti Stephani typis descriptam esse ipsius nota documento est (p. XXXVI, 23–25). Sed ei excudendae Henricum filium praefuisse ex epistula Macarii ad Wolphium die 9. Sept. 1559 data cognoscimus: „De Roberto Stephano quod quaerebas, nudius tertius e vita 15 decessit postquam testamento iniunxit Henrico filio, ut typographiam exerceret, qui nuper absolvit Institutionem Calvini" (CR XVII 628). Id postea etiam a Colladone confirmatur (vide infra p. XLII, 21 sq.).

Hanc novam Institutionis retractationem quanti Calvinus 20 aestimaverit, ipsum initium illius epistulae ad comitem de Erbach scriptae docet (supra p. XXXIX, 27 sq.). Accuratius de ea re in Praefatione ad lectorem disserit: „. . . quoties deinde excusum fuit opus, nonnulla accessione locupletatum fuit. Etsi autem laboris tunc impensi me non poenitebat: nunquam 25 tamen mihi satisfeci, donec in hunc ordinem qui nunc proponitur digestum fuit. Nunc me dedisse confido quod vestro omnium iudicio probetur" (infra p. 5, 12—16). In titulo igitur Institutio, quantum quidem ad formam attinet, iure „propemodum opus novum" vocatur. 30

Praefatio ad lectorem retractata est, in epistula ad Franciscum I exigua retractationis vestigia cernuntur. Institutio ipsa in libros quattuor nunc primum digesta est, qui rursus in capita dividuntur. Atque libri 1. et 2. tertiam partem materiae complectuntur, liber 3. et 4. singulas tertias partes. Libro I., 35 cuius 18 capitibus „De cognitione Dei creatoris" agitur, superius caput 1. continetur, e 3. capite ille locus, quo invocatio sanctorum et cultus imaginum impugnatur, e 6. capite loci de trinitate, creatione, angelis, e 2. capite loci de creatione hominis, e 6. et 14. loci de gubernatione mundi et de providentia. Liber II. 40 („De cognitione Dei redemptoris in Christo") 17 capitibus maiorem partem prioris veteris capitis 2. complectitur, doctrinam de lege e vetere capite 3., caput olim 11., ubi de Testamento vetere et novo disseritur, locum de Christo (olim cap. 7.). Liber III., qui

"De modo percipiendae Christi gratiae" inscribitur, 25 capitibus e vetere cap. 7. doctrinam de spiritu sancto iterat, definitionem fidei (cap. 5), doctrinam de paenitentia (cap. 9. et partes e cap. 2. et 8.), tractatum de vita Christiana (cap. 21.), de iustificatione (cap. 10), de libertate Christiana (cap. 12.), de oratione (cap. 15.), de praedestinatione (eam partem cap. 14., quae huc spectat), de resurrectione (e cap. 8.). Liber IV., quo 20 capitibus "De externis mediis [ad salutem]" agitur, doctrinam de ecclesia (maiorem partem capitis 8., capita 13. et 4.), de sacramentis (cap. 16.—19.), tractatum de politica administratione (cap. 20.) complectitur. Plenus conspectus capitum novorum Institutionis (vide supra p. XXXVI, 22 sq.) in fine editionis nostrae proponetur. Quomodo vetus textus singillatim in novam editionem intextus sit, infra in libro nostro accurate et distincte oculis subicietur.[1]

Maior pars veteris textus paene ad verbum recepta, altera magis retractata est, paucae sectiones et textus particulae omissae sunt. Exemplari ad excudendum usus est auctor editione Stephani anni 1553, non fratrum Riveriorum anni 1554, quod rursus documento est Calvinum hanc editionem (anni 1554) haud ita magni fecisse. Ad hanc novam editionem procurandam Calvinus praeterea libellos prius scriptos et responsa ad certas quaestiones litteris consignata adhibuit, e quibus partim integras partes ad verbum transscripsit; confer exempli gratia in hoc volumine, quemadmodum responso ad Laelium Socinum (infra p. 509, sqq.), ad Georgium Blandratam (infra p. 134, 2 sqq. 462, 14 sqq.), sententia de Mennone Simonis lata (infra p. 448 sqq.) usus sit. Partim e talibus scriptis frusta valde retractata inveniuntur; cf. quae infra p. 139 sqq. de responso ad Valentinum Gentilem disseruntur. Nonnunquam eum eiusmodi scriptis, quamvis levia vestigia e textu novo perluceant, usum esse pro certo statui potest; vide, quomodo libellum in Servetum in hunc usum adhibuerit (p. 465. 470 sq.) In hac Institutione nova e partibus editionis anni 1553, e locis scrip-

---

[1] Quomodo per varias editiones Institutionis ab anno 1536 hoc opus fundatum sit et paulatim creverit, donec anno 1559 absolutum est, quomodo tota disciplina per haec incrementa exstructa et in formam extremam redacta sit, quorum aliorum scriptorum libri ad Institutionem componendam et exaedificandam valuerint, hoc loco nondum explanare possumus. Lectores curiosi interim nonnulla huc pertinentia in dissertatione J. Köstlini inveniunt, quae inscripta est: "Calvins Institutio nach Form und Inhalt, in ihrer geschichtlichen Entwicklung" (Theol. Studien und Kritiken, 1868, p. 7 sqq. 410 sqq.).

torum, e novo textu manu scripto contexenda tamquam in opere tessellario e variis lapillis componendo quemadmodum sit elaboratum, ex epistula Colladonis ad Blasium Marcuardum theologum Bernensem scripta videmus, quam editioni ipso curante anno 1576 vulgatae praemisit: ,,Praecipue vero, quum librum hunc postremo recognovisset Calvinus, et pene novum methodo quadam accuratiori, ac multa accessione fecisset, crevit etiam haec industria nostra [scilicet in collatione operum Calvini posita et conficiendis indicibus]. Nam quum ille ad novae tum futurae editionis instar, Gallicam Institutionis versionem compararet, et excipiente partim unico fratre Antonio, partim amanuensi famulo dictasset multa: paginas etiam ex priori Gallico exemplari impresso inseruisset non paucis in locis: glutinatoribus sane ei saepe utendum fuit, inspectore etiam tandem totius operis omnino res egebat. Immutatio enim quam plurimis in locis magna facta erat: ut lituris, et additamentis pleraque essent implicita valde, et lectu obscura, atque etiam mendosa, quemadmodum ab excipientibus non semper intelliguntur verba dictantis. Ego rogatus ab Antonio fratre, cuius sumptibus Ioannes Crispinus, hospes quondam noster, versionem illam Gallicam paulo post erat excusurus (ut Henrico Stephano Latinum exemplar mandabatur) chartas illas omnes, et Latinas, et Gallicas, ut erant in authoris adversariis, relegendas, emendandas, et inter se conferendas suscepi, ut operis typographicis omnia essent securiora, explicatiora, et faciliora, minus saltem intricata. Et haec quidem utriusque exemplaris veluti praelectio quaedam, et collatio non indiligens in gratiam impressoriae officinae (neque enim levi tantum percurrendi labore defungi volui) eiusmodi fuit, ut non modo magnam inde voluptatem caperem, sed et utilitatem maximam postea etiam reportasse me senserim. Quo factum est ut, quum aliquot post mensibus de Indice conficiendo ageretur (nam advertebatur id plerosque desiderare emptores, cum primis Francfordiensibus nundinis recens impressi libri promercales habebantur) mihi etiam hoc detulerit ipsius autoris voluntate Antonius frater. Et hic quidem sic laborasse me confido, ut non multis nostra displicuerint, aliquibus saltem valde sint probata: quod et tu de te confirmasti mihi, doctissime Marcuarde, cum ignorares tamen me esse authorem" (Institutio a. 1576 Lausannae edita, f. **.ij.^{r}; CR I, p. XLI.). Similiter atque editionem gallicam, quae quomodo contexta sit hic narratur, etiam latinam compositam esse arbitramur. In qua re memoratu dignissimum est totam materiam ad textum latinum quoque pertinentem, priusquam praelum subiret, a Colladone percensam esse.

DESCRIPTIO ET HISTORIA EDITIONUM XLIII

Plus quam quarta pars materiae huius Institutionis nova est. Quod Collado, qui iam indicem versionis anni 1551 secundum praecepta Calvini contexuerat (p. XXXIV, 33 sqq.), affirmat, indicem, quia ab emptoribus exigeretur, Calvino rogante com-
5 pluribus mensibus, postquam liber e praelo exierat, a se scriptum esse (p. XLII, 31 sqq.), verum est; nam re vera novus index ad exemplum illius gallici confectus est, et quod Collado dicit, consentit cum verbis a typographo indici praemissis (p. XXXVI, 27 sqq.). In editione anni 1576 a Colladone pro-
10 curata haec verba superscripta sunt: „Typographus lectori initio anni 1560, cum ederetur hic Index, aliquot mensibus post librum vendi coeptum contextus a. N. Colladone" (Inst. a. 1576 Lausannae edita, f. Cc. j.ʳ). Quod si ita se habeat, alteram partem exemplorum huius editionis initio autumni
15 1559 nundinis Francofurtensibus sine indice venisse, alteram partem ab initio anni 1560 cum indice venundatam esse putandum sit. Haec re vera comprobantur; nam exemplar bibliothecae universitatis Friburgensis Brisg., quod nobis ad manus erat, indice caret. Idem e bibliotheca Bodleiana Oxfordensi de
20 exemplo Institutionis anni 1559 ibi asservato nobis scribitur. Cum hac de re non ab omnibus bibliothecis, in quibus singula exemplaria Institutionis anni 1559 exstant, edocti simus, esse potest, ut praeterea etiam in qualibet illarum bibliothecarum exemplar Institutionis, quod indice caret, asservetur.

25   2. Editio latina 1561, Rebulii Genevensis.

f. [*.i.]ʳ: Inſtitutio Chriſtianæ reli- ‖ GIONIS, IN LIBROS QVATVOR ‖ nunc primùm digeſta, certísque di- ‖ ſtincta capitibus, ad aptiſsimam me- ‖ thodum: aucta etiam tam magna ac- ‖ ceſsione vt propemodum opus no- ‖ uum haberi poſsit: ‖
30 *Iohanne Caluino authore.* ‖ [emblema] ‖ *Excudebat Antonius Rebulius.* ‖ 1561. ‖

f. [*. i.]ᵛ inane ‖; f. *.ii.ʳ (-*.ii.ᵛ): Iohannes Caluinus lectori. ‖;
f. *.ii.ᵛ, lin. 32: *Gene. Calen. Augu.* ANNO M. D. LIX. ‖; lin. 37: ... proficiunt. ‖; f. *. iii.ʳ (-**.v.ᵛ): *POTENTISSIMO, IL-* ‖ *luſtris-*
35 *ſimoque monarchæ, Franciſco, Fran-* ‖ *corum Regi Chriſtianiſsimo, principi ſuo,* ‖ *Iohannes Caluinus pacem ac ſalutem in* ‖ *Chriſto precatur.* ‖; f. **.v.ᵛ, lin. 20: ‖ æquitate, illuſtriſsime Rex. Baſileæ, Calend. Au-* ‖ guſti, AN. M. D. XXXVI. ‖; f. [**. vi.]ʳ (—[**. vii.]ᵛ): PRAECIPVA CAPITA ‖ EORVM QVAE IN HOC INSTI- ‖ tutio-
40 nis Chriſtianæ opere continentur. ‖; f. [**.vii.]ᵛ, lin. 14: ‖ poſthac morentur ſophiſtarū fuci. ‖; f. [**. viii.] inane ‖; p. 1: INSTITVTIONIS CHRI- ‖ STIANAE RELIGIONIS ‖ Liber primus. ‖; f. 980, lin. 38: LAVS DEO. ‖; f. qq.iii.ʳ: QVAE QVATVOR LIBRIS ‖

XLIV DESCRIPTIO ET HISTORIA EDITIONUM

HVIVS INSTITVTIONIS || continentur. ||; f. qq.v.ʳ: INDEX IN INSTITVTIO- || NEM CHRISTIANAE RELIGIO- || nis à Iohanne Caluino confcriptam. || *TYPOGRAPHVS LECTORI.* ||; f.[vv.iiii.]ʳ, lin. 27: ERRATA SIC CORRIGENDA. ||; f. [vv.iiii.]ᵛ: Ex officina Antonii Rebulii, || Anno poft Chriftum natum, || M. D. LXI. ||

Forma: 8°. — 16 f. non numerata (2 quatern.), 36 lin.; 980 p. numeratae (46 lineae) + 34 f. non numerata (65½ quatern.); Sign.: *.ii.–**.v., a.i.–z.v., A.i.–Z.iiii, aa.i.–vv.iii. Errata numerorum pag.: legitur 37 pro 63, 262 pro 282, 263 pro 293, 357 pro 387, 404 pro 406, 460 pro 461, 463 pro 464, 50 pro 502, 355 pro 535.

Typi romani; f. *.iii.ʳ–**.v.ᵛ: maiores reliquis; f. *.ii.: cursivi. Compendia pauca. Principia vocabulorum grandibus litteris e ligno exsculptis scripta in init. epist. et capitum. Adnotationes margini adscriptae.

Emblema, f. [*.i.]ʳ: vide Heitz, Paul, Genfer Buchdrucker- und Verlegerzeichen, 1908, n. 126 (inscriptio marginis: *Introite per angustam portam, quoniam lata eft porta, & fpatiofa via quae abducit in exitium. Matth. 7. b. 13*).

PRAECIPVA CAPITA (f. [**.vi.]ʳ–[**.vii.]ᵛ, vide supra), Index capitum (f. qq.iii.ʳ–qq.iiii.ᵛ, vide supra), Index in Institutionem (f. qq.v.ʳ–[vv.iiii.]ʳ, vide supra): omnia eadem ac 1559 (vide supra p. XXXVI, 45 sqq.). Index erratorum 4 errata notat; sed exstant praeterea complura non indicata.

Exemplaria exstant: Amsterdam (Univ.-Bibl.); Augsburg (Staats-, Kreis- und Stadtbibl.); Basel (Univ.-Bibl.); Budapest (Bibl. Ráday); Genève (Bibl. de la Comp. des past.; Bibl. publ. et univ.); Heidelberg (Univ.-Bibl.); Münster i. W. (Univ.-Bibl.); Neuchâtel (Bibl. de la Ville); Paris (Bibl. de l'Arsenal; Bibl. Mazarine; Bibl. nat.; Bibl. de la Soc. de l'hist. . . ., 2×); Straßburg (Bibl. nat.).

Haec editio transscripta est ex Institutione anni 1559, idque ex aliquo exemplo prioris partis editionis (vide p. XXXVII, 11 sqq.); sed editio superior in ea ita corrigitur, ut sectio I 3, 3 (p. 39 sq.), quae in editione anni 1559 contexenda in folio singulari scripta et alieno loco in fine cap. 2 inserta erat, suo loco collocetur et pars enuntiati neglegentia omissa (infra p. 206, 30 sq.) adiciatur. In translatione anni 1560, quippe quae non ex exemplari typis descripto editionis anni 1559 confecta sit, sed ex exemplari, quo typographus in hac editione anni 1559 typis describenda usus est, illi errores non inveniuntur, quos a correctore Institutionem anno 1559 typis excusam relegente paulo post animadversos et statim adnotatos esse arbitramur, ut in editione latina redintegranda corrigerentur. Sed ex his erratis correctis conicere librum a Calvino, priusquam editio anni 1561 praelo subiceretur, de industria relectum et recognitum esse vix liceat neque errata hic illic correcta aut notae in margine auctae huic opinioni ansam praebent, cum Calvinum ipsum eas nunquam curavisse e numero aucto mendarum, quae adnotationibus in margine editionum 1539—1550 scriptis inspersae sunt, appareat. Alioquin haec editio propter crebra errata typographica deterior est quam anni 1559.¹

B. Versiones gallicae.
3. Versio gallica 1560, Crispini Genevensis.

f. [* i]ʳ: INSTITVTION ‖ de la religion Chreſtienne. ‖ *NOV-VELLEMENT MISE*‖*en quatre Liures: & diſtinguée par Chapitres,* ‖ *en ordre & methode bien propre:* ‖ ¶ *Augmentée auſſi de tel accroiſſement, qu'on la peut* ‖ *preſque estimer vn liure nouueau.* ‖ PAR IEAN CALVIN. ‖ [emblema] ‖ A GENEVE, ‖ CHEZ JEAN CRESPIN, ‖ M. D. LX. ‖

f. [*i]ᵛ: Iean Caluin au Lecteur. ‖; lin. 58: ‖ que vous receurez de mes labeurs. A Geneue, ce premier iour d'Aouſt, M. D. LIX. ‖ S. Augustin en *l'Epistre 7.* ‖; lin. 61: ‖ . . . en eſcriuant. ‖; f. *ii ʳ (-[**iiii]ᵛ): AV ROY DE FRANCE ‖ *TRESCHRESTIEN, FRAN-* COIS PREMIER DE CE NOM, SON PRINCE ‖ *& ſouuerain Seigneur, Jean Caluin paix & ſalut en noſtre* ‖ *Seigneur Jeſus Chriſt.* ‖; f. [**iiii.]ᵛ, lin. 10: ‖ iuſtice, & voſtre Siege en equité. De Baſle, le premier iour d'Aouſt, ‖ mil cinq cens trente cinq. ‖; p. 1: [Taenia e ligno exsculpta titulo superposita] ‖ Le premier liure de l'Inſtitu- ‖ TION CHRESTIENNE, ‖; p. 684, lin. 49: *LOVANGE A DIEV.* ‖; f AA.ʳ (-[CC. viii.]ʳ): TABLE, ‖ *OV* ‖ *BRIEF SOMMAIRE DES* ‖ *principales matieres contenues en ceſte Inſtitution de la reli-* ‖ *gion Chreſtienne, dreſſé ſelon l'ordre de l'Alphabet.* ‖ L'IMPRIMEVR ‖ au Lecteur. ‖ CE liure a deſia tant de fois eſté rimprimé non ſeulement en Latin, mais auſſi en ‖ François, qu'il eſt bien à preſumer que ceux qui l'ont vn peu attentiuemēt fueilleté, ‖ pourroyent ſans grande difficulté trouuer les principaux poincts de doctrine, chacun ‖ en ſon endroit, ſans eſtre aydez de ceſte Table. Et meſme l'Autheur en ceſte der- ‖ niere edition, le diuiſant en quatre liures ou parties principales, a puis apres comprins chacune en ‖ pluſieurs chapitres, & aſſez brief, & ſi clairement & familiairemēt, qu'on ſe pourroit mieux que ‖ iamais paſſer de Table. Toutesfois pource que pluſieurs ne ſe peuuent contenter d'vn liure, s'il n'y ‖ en a vne: i'ay bien voulu en cecy me conformer à l'vſage commun, eſperant que prendrez la choſe ‖ en gré, & ferez tant mieux voſtre profit du liure, à l'honneur de Dieu & edification de ſon Egli- ‖ ſe, Ainſi ſoit-il. ‖; f. [CC. viii.]ʳ, lin. 62: ADVERTISSEMENT AV LECTEVR. ‖ Pource que la copie de l'Inſtitution preſente eſtoit difficile & faſcheuſe à ſuyure à cauſe des ‖ additiōs eſcrites les vnes en marge du liure, les autres en papier à part: il ne s'eſt peu faire encore ‖ (f. [CC. viii.]ᵛ) que nous y prin-

---

1) De editione latina Rihelii Argentoratensis anni 1561 vide infra p. LV, 7–12.

ſions garde de pres, qu'il ne ſoit demeuré quelques fautes & omiſsions leſquel- ‖ les vous excuſeres & corrigeres ainſi. ‖ ... ‖ [emblema] ‖ M. D. LX. ‖

Forma: 2°. — 10 f. non numerata (1 tern. + 1 bin.), 44 lin.; 684 p. numeratae (57 tern.), 60 lin.; 20 f. non numerata (2 tern. + 1 quatern.); Sign.: *ii-*iii. (lege: **iii.), a.-z. iiii., A.-Z. iiii., Aa.-Ll. iiii., AA.-CC.v. Errata numerorum pag.: legitur 138 pro 142, 123 pro 223, 66 pro 266, 40 pro 399, 144 pro 441.

Typi romani, elegantes; f. *ii^r-[**iiii]^v: maiores reliquis. Maior numerus compendiorum quam 1551. Principia vocabulorum grandibus litteris e ligno exsculptis scripta in initio epist. et capitum. Taeniae e ligno exsculptae titulis librorum superpositae. Adnotationes margini adscriptae.

Emblema, f. [*i]^r: vide Heitz, Paul, Genfer Buchdrucker- und Verlegerzeichen, 1908, n. 44 (sed cum litteris: I C; cf. n. 53); f. [CC. viii.]^v: Parva ancora, per cuius anulum anguis sinuatur.

Index (f. AA.^{r}-[CC. viii.]^r, vide supra), multo locupletior quam 1559, locos theologicos 78 columnis complectitur. In indice erratorum (f. [CC. viii.]^v, vide supra) erratum typographi notatur et duae textus particulae in 1. (sic legendum!) et 2. libro omissae adiciuntur. Index praecipuorum capitum, qui 1559 invenitur (vide supra p. XXXVI, 10 sqq.), omissus est, item index capitum secundum ordinem quatuor librorum (vide ib. 22 sq.).

Exemplaria exstant: Genève (Bibl. publ. et univ.); Le Havre (Bibl. publ.); London (Brit. Mus.); Paris (Bibl. de la Soc. de l'hist. ...); Straßburg (Bibl. nat.).

Quae de hac translatione, quando facta sit, tradita sunt, iam supra rettulimus, cum statuendum erat, quando editio latina anni 1559 perfecta esset. Ex omnibus his testimoniis apparet conversionem a Calvino eadem hieme anno 1558 exeunte et 1559 ineunte, dum aegrotat, retractatam esse. Ad rem accuratius explicandam haec statuimus:

1. Calvinus ipse huius translationis auctor est (supra p. XXXVIII, 29 sq. XXXIX, 7 sq. XLII, 9 sqq.); cf. etiam hunc locum e priore vita Bezae: „il a ... basti sa derniere Institution Chrestienne au plus fort de ceste maladie et qui plus est traduite en François d'un bout à l'autre. Pareillement en ses dernieres maladies ... il a traduit luy-mesmes de bout en bout ce gros volume de ses Commentaires sur les quatre derniers livres de Moyse ... de sorte qu'il n'a iamais cessé de dicter que huict iours devant sa mort, la voix mesme luy defaillant" (CR XXI 33 sq.).

2. A Calvino ea verba, quae de integro convertenda erant, fratri et alii laboris ministro dictata (supra p. XLII, 11 sqq.), eae partes conversionis superioris, quae integrae recipiendae erant, ex illa editione vetere typis descripta aut ab ipso aut saltem ipso curante excisae sunt.

3. Haec conversio tota absoluta demum Institutione latina confecta est.

4. Hoc exemplum sic contextum, priusquam praelum subiret, recognoscendum erat; nam facile fieri poterat, ut in foliis plurimis componendis aliquod a suo loco aberraret. Alia difficilia erant ad legendum, maxime additamenta de integro conversa in margine editionis veteris manu adscripta, alia in dictando auribus scribentis perperam excepta erant (supra p. XLII, 15 sqq.); cf. etiam supra p. XLV, 39 sqq., quae typographus ad indicem erratorum praefatus est. Haec omnia excutere Collado ab Antonio Calvini fratre iussus est (supra p. XLII, 19 sqq.).

5. Die 2. mensis Maii is opere sibi iniuncto perfunctus erat; nam illo die Antonius Calvinus a senatu petivit, ut Institutionem et latinam et in gallicum translatam praelo subicere liceret (supra p. XXXIX, 12 sqq.), quarum haec anno 1560 ex officina Crispini prodiit.

Haec testimonia cum omnia inter se consentiant et plana et perspicua sint, mirum videtur fuisse, qui dicerent, si quidquam, septem tantum capita prima Institutionis a Calvino ipso translata esse (CR III p. XXV). Nam si quis dicat ea de causa, quod exemplum translationis, priusquam typis describi coeptum sit, a Colladone recognitum sit, opus ab ipso auctore translatum esse negandum esse, idem etiam in editionem latinam anni 1559 cadat, quae eodem modo recognita est (supra p. XLII, 22 sqq.). Cum in utroque exemplari hoc opus absolutum esset, Antonius a senatu petere potuit, ut libros praelo subicere liceret.

Qui Corpus Reformatorum ediderunt, quod textum maximam partem a Calvino abhorrere dixerunt, eo potissimum argumento probaverunt, quod locos quosdam absonos et ineptos ibi occurrere dicerent (CR III p. XXVI sq.). Hac de re Marmelstein nuper iterum disputans (Étude comparative, p. 11 sqq.) hos locos ad illam sententiam confirmandam minime sufficere et similes errores iam in conversione gallica anni 1541 inveniri, quin etiam verba recte conversa ab editoribus Corporis Reformatorum reprobari ostendit. Textus gallicos prave et mendose typis exscribi Calvinus semper habebat quod quereretur (cf. quae de ea re Marmelstein l. c. p. 10 sq. collegit), haec vero editio cum maxime difficilis erat ad excudendum. Si quis hanc translationem separatim edat et errata typographica, quod nullo negotio fieri possit, corrigat, textum habeamus non minus vere Calvinianum, quam quem priores translationes exhibent.

In hanc extremam editionem Institutionis gallicae passim textus superioris translationis receptus est, sed ita a Calvino recognitus, ut multae mutationes minores inveniantur, quibus textui latino adsimulatus est. De integro translata sunt praeter partes anno 1559 additas non modo septem capita prima libri primi, sed etiam aliae textus partes, quas, quia anno 1559 non mediocriter mutatae erant, de integro convertere commodius erat quam veterem textum gallicum imitari. Quae conversio anni 1560 qualis sit, accuratius exposuit Marmelstein in ea, quam supra diximus, dissertatione.

4. Versiones gallicae reliquae Calvino vivo editae,

quippe quae ad genesin textus Institutionis cognoscendam nihil valeant, hic non enumeratae, describuntur: CR III XXXVIII sqq., IV VII.

VI. De singulis Institutionis partibus seorsum editis.

1. De epistola ad Franciscum I (anno 1536) seorsum edita.

Epistolae ad Franciscum I iam antiquissimam formam gallicam separatim editam esse verisimillimum est. In indice quidem librorum a facultate theologica Parisina prohibitorum (H. Reusch, Die Indices librorum prohibitorum des sechzehnten Jahrhunderts, 1886, p. 113) epistola ad Franciscum anno 1544 nominatur et alia numero anni 1541 expresse signata in additamentis anni 1547. Is index cum diligentissime contextus sit, epistolam anno 1544 enumeratam exemplum esse ex prima conversione gallica, quam anno 1536 factam esse demonstravimus (cf. dissertationem nostram in ephemeride, quae „Theologische Blätter" inscribitur, 1928, col. 1 sqq.; supra p. VII sqq.), exscriptum verisimillimum est.

2. De epistola ad Franciscum I anno 1541 seorsum edita.

Epistolae ad Franciscum I hoc exemplum seorsum editum exstat:

f. [A 1]ʳ: EPISTRE ‖ AV TRESCHRESTIEN ‖ ROY DE FRANCE, FRANCOYS PRE- ‖ mier de ce nom: en laquelle ſont demon- ‖ ſtrées les cauſes dont procedent les trou- ‖ bles qui ſont auiourd'huy en l'Egliſe. ‖ Par Iean Caluin. ‖ *Habac. 1.* ‖ IVSQVES A QVAND ‖ SEIGNEVR? ‖ M. D. XLI. ‖

f. [A1]ᵛ inane ‖; f. A2ʳ: A TRESHAVLT ... (vide supra p. XV, 39–41) ‖; f. [E5]ᵛ, lin. 6: De Baſle le XXIII. D'aouſt ‖ M. D. XXXV. ‖ FIN. ‖; f. [E6] inane ‖

Forma: 8° (eadem atque Inst. 1541). — 22 f. non numerata (4 bin. + 1 tern.), 26 lin; Sign. A2–E3.

DESCRIPTIO ET HISTORIA EDITIONUM XLIX

Typi etc.: omnia eadem atque in Inst. 1541 (supra p. XVI, 13–15).
Exemplaria exstant: Paris (Bibl. nat.); Wien (Nat.-Bibl.); Zürich
(Zentralbibl.); Bôle, Ct. de Neuchâtel (apud Emeryum verbi div.
ministrum; vide supra p. XVI, 32–35).[1]

Recentiores editiones: 1) Herminjard IV 3—23 (editio huius epistolae optima, sed sine verbis margini adscriptis). 2) Œuvres choisies de Iean Calvin publiées par la Compagnie des Pasteurs de Genève, Genève 1909, p. 31—57 (textus Herminjardi descriptus).
3) Épître au roi François Ier, publ. avec introduction et notes par J. Pannier, Paris 1927.

Haec epistola ad Franciscum I separatim typis exscripta (quam littera E notamus) paene singulis lineis cum forma epistolae Institutioni praefixae (E I) consentit, ut alteram ex altera transscriptam esse necesse sit, praeterquam quod E I in singulis paginis singulis lineis abundat. Si quando lineae inter se non respondent, parvae textus discrepantiae in causa sunt, imprimis eae, quae inde repetendae sunt, quod epistola alias Institutioni praemissa, alias separatim edita erat. 1) Eiusmodi varietates hae inveniuntur (priore loco lectiones editionis E I, deinde libri E cum numero paginarum et linearum afferimus et legentes ad textum latinum editionis nostrae reicimus): EI: A 3^r, 9 sq. ce present livre ~ E: A 2^r, 9–11 mon livre intitule l'Institution chrestienne (infra p. 9, 4). — EI: A 3^v, 6 ce present livre ~ E: A 3^v, 7 ce dict livre (infra p. 9, 16). — EI: E 5^r, 9 sq. ceste preface ~ E: E 5^r, 3 sq. ceste Epistre (infra p. 29, 35). — EI: E 5^v, 1 ceste nostre confession ~ E: E 5^r, 12 sq. nostre confession, qu'avons faicte, (infra p. 30, 5). 2) Praeterquam quod principia vocabulorum nonnunquam hic grandibus, illic minutis litteris scribuntur, E I et E undetriginta vocabulis paulum mutatis ita inter se differunt, ut E maiorem numerum vetustiorum formarum habeat quam E I. 3) Interdum in adnotationibus in libro E I margini adscriptis formae latinae inveniuntur, quibus in E gallicae respondent. 4) E I in textu et adnotationibus in margine scriptis viginti duas levissimas mendas typographicas exhibet, quibus E caret. Rursus in E quindecim levissima et dua graviora errata typographica occurrunt, quibus E I vacat. Accedit, quod in E duae adnotationes in margine positae omittuntur et praeterea haec tria errata in margine inveniuntur, quibus E I libera est: E: B 1^r Psal. 71 ~ E I: B 2^r Psal. 72 (recte, sed numerus 2 male expressus est) (infra p. 12, 41). — E: C 4^r Home. 1 ~ EI: C 4^v Home 11 (recte, sed prior numerus 1 cerni vix potest) (infra p. 19, 33). — E: C 4^v Paphuntius ~ E I: D 1^r: Phaphūtius (lege: Paphnutius) (infra p. 21, 11).

---

1) cf. Pannieri editionem huius epistolae, p. XXX sq.

DESCRIPTIO ET HISTORIA EDITIONUM

Ex his tribus erratis typographicis apparet librarium codicis E scriptura non satis clara libri E I in errores inductum, vel librum E ex E I descriptum esse. Idem ex argumentis sub numero 3 positis colligitur. Exempla autem sub numero 2 collecta, quamquam adversari videntur, documento sunt, quantum tum afuerit, ut librarii in rebus orthographicis certas leges sequerentur. Itaque, ut opinamur, illae discrepantiae maximam partem typothetae aut correctori tribuendae sunt, qui librum manu scriptum adeo non corrigebant, ut in peius mutaverint. Quodsi in utroque exemplari totidem errata ita sibi respondere deliberaverimus, ut E graviora exhibeat, non poterimus non concludere archetypo E I, non libro E, qui ex eo descriptus est, meliorem textum epistulae repraesentari. Etsi res ita se habet, fieri non potest, quin Calvino ipso adiuvante liber E editus sit et mutationes sub numero 1 collectas subierit, quae quaestio non magni est momenti.

3. **De praedestinatione et providentia Dei, libellus. De libertate Christiana, libellus.** 1550, Genevae, apud Joh. Crispinum. — Eo libello capita 14. et 12. Institutionis anni 1550 transscribuntur, de quo fusius agitur CR Calv. opp. VIII xii—xiv.

4. **De vita hominis Christiani.** 1550, Genevae, apud Ioh. Crispinum. — Exemplum est capitis 21. Institutionis anni 1550, de quo agitur CR VIII xiv sq.

5. **Exposition sur l'oraison de nostre Seigneur Iesus Christ.** 1551. — Ex Institutione verba capitis XV 30—47, quibus explanatio Orationis Dominicae continetur, e conversione anni 1545 exscripta sunt. Cf. CR VIII xvi.

6. **Disputatio de cognitione hominis.** 1552, Genevae, apud Ioh. Crispinum. — Cap. 2. Institutionis anni 1550 typis transscriptum est. Cf. CR VIII xvi sq.

(De conversione capitis 17. Institutionis anni 1539 a Petro Plateano manu scripta, quae inscribitur „La vie de l'Homme Chrestien" vide Herminjard VI 247 sqq. [CR XIII 681]).

De editione nostra.

I. Textus editionis nostrae cum editione Rob. Stephani anni 1559 comparatus.

Hac editione forma postrema textus Institutionis exprimitur, qualem Calvinus summa manu imposita posteris tradi voluit. Textus igitur noster ex editione Stephaniana anni 1559 accurate transscriptus est idque ex exemplo bibliothecae Scaphusiensis[1]. Editione Genevensi anni 1561, quamquam Calvino etiamtum vivo prodiit, cum e superiore anni 1559 mendose expressa sit (vide supra p. XLV, 2 sqq.) in hoc opere recudendo usi non sumus.

Atque hic textus ab exemplari anno 1559 typis excuso his rebus differt:

a. Littera u pro vocali tantum u usurpatur, v pro consonante v. Alioquin u in v mutatur, v in u.

b. Compendia scripturae explicantur.

c. Ligaturae non respiciuntur.

d. Accentus omittuntur.

e. Pro ſ semper s ponitur.

f. Pro puncto, insequente littera minuta in principio proximi vocabuli, semicolon (;) usurpamus.

g. Adnotationes margini adscriptae uncinis quadratis inclusae in textum ipsum transponuntur idque in calcem verborum, ad quae referuntur.

h. Si complures eiusmodi adnotationes nulla interpunctione distinctae se sequuntur, semicolone (;) dirimuntur.

i. Errata procul dubio typographica in textu corriguntur, in apparatu critico tum tantum notantur, cum vocabula mendose scripta per se posita non omnino absurda sunt.

In ceteris rebus exemplar vetus ad litteram exprimitur; velut etiam litterae grandes retinentur, quemadmodum in exemplari secundum leges prorsus probabiles adhibentur. Nam cum usus litterarum maiuscularum indicium sit naturae textus non minus proprium et peculiare quam ratio singula verba scribendi a nostra abhorrens, eas servare non minoris est momenti quam illam veterem scribendi rationem. Si quando in archetypo principia verborum minutis litteris signantur, quae plerumque grandibus scribuntur, intacta reliquimus, ne apparatum criti-

---

[1] Hoc volumen III Io. Calvini operum selectorum libros I et II Institutionis complectitur; liber III volumine IV continebitur, liber IV volumine V.

cum eiusmodi notis nimis oneraremus. — Iam interpungendi rationem retinuimus, iis exceptis, quae sub f et h litteris memoravimus. In eam idem cadit, quod modo de litteris grandibus diximus. Illius veteris interpunctionis proprium est, quod colon (:) saepissime adhibetur, quod virgula (,) in enuntiatis relativis crebro omittitur, quod eadem sententiis aliorum scriptorum ad verbum allatis ita praeponitur, ut principium primi vocabuli littera grandi distingui soleat, quod eadem adhibetur, ut indicetur, utrum aliqua vox cum vocabulo praecedente an cum subsequente coniungenda sit. Hac vetere interpunctione sensus certo non obscuratur; at interpunctione mutata periculum erat, ne interdum sensus mutaretur. Qua de re hanc veterem rationem observavimus, quamquam ex iis, qui nos auctoritate et consilio adiuverunt, Professor D. Köhler postulabat, ut secundum leges hodie usitatas interpungeretur.

Varietates scripturae, quas ea prior pars editionis anni 1559 exhibet, cuius exemplum in bibliotheca reipublicae et universitatis Genevensis asservatur (vide p. XXXVII, 11 sqq.), in apparatu critico notantur, eae quidem, quae ad vocabula, non eae, quae ad orthographiam et interpunctionem pertinent.

Index, qui in calce editionis anni 1559 invenitur, quia non a Calvino ipso, sed a Colladone confectus est (vide p. XLIII, 2 sqq.), in hac editione praetermittitur. Accedit, quod consilii nostri est novum indicem componere.

II. Quam rationem in reliquis editionibus ab anno 1536—1561 et in translationibus gallicis adhibendis secuti simus.

1. Superioribus editionibus latinis quomodo usi simus.

Institutionem anno 1536 primum emissam a Calvino, quotiens postea foras data est, totiens accessionibus et emendationibus auctam et amplificatam esse in parte historica praefationis explicavimus. Quae cum ita sint, in hac editione nostra non modo textus anno 1559 absolutus typis transscribitur, sed etiam, quomodo ab initio, usque dum in ultimam formam redactus est, paulatim creverit et in melius transformatus sit, primum oculis subicitur.

Ad id assequendum editiones latinae, quae ab anno 1536 usque ad annum 1559 prodierunt, ad verbum inter se comparatae sunt praeter editionem anni 1554, quam neglegere iuris nostri esse existimabamus, cum nonnullis locis diligenter examinatis hunc textum Calvino non curante transscriptum esse (vide p. XXXII, 24 sqq.) statuissemus. Nihilominus notas apparatus critici etiam ad huius regulam exegimus. Quae libris, quos supra diximus, inter se collatis effecta sunt, hoc modo in editione nostra indicantur:

A. **Numeris annorum in margine exteriore textus nostri positis** significatur, quando singulae partes vel membra ad Institutionem adiecta sint.

a. Numerus anni ad duas lineolas derectas (||) intra lineam positas et ad verba eas sequentia aut ad initium sectionis et verba ab eo incipientia referendus est. Numero anni significatur, quando verba proxima composita et ad Institutionem addita sint. Ad numerum 1536 semper numerum paginarum voluminis I Operum selectorum adscripsimus, quo facilius membrum vel pars textus huc pertinens in editione Institutionis anni 1536 illic excusa reperiatur.

b. Si talis numerus anni in margine asterisco signatus eique alius numerus uncinis inclusus suppositus est, hoc sibi vult, membrum proximum ea forma, qua excusum est, eo anno scriptum esse, qui numero cum asterisco indicatur, eo autem anno non de integro scriptum, sed membrum vetustius in novam formam redactum esse. Quo anno illud membrum vetustius confectum sit, altero numero uncinis incluso in margine indicatur. — In calce membri eiusmodi littera apposita in eum locum apparatus critici reicitur, quo illius membri forma principalis, qua primum in Institutione occurrit, typis expressa est. — Si tale membrum iam anno 1536 natum anno 1539 in aliam formam redactum est, in apparatu critico non iteratur, cum in volumine I Operum selectorum facile a legentibus reperiatur (vide supra lin. 10 sqq.). Tum tantum, cum aliqua textus pars editionis 1536 post annum 1539 retractata est, in apparatu critico transscribitur, cum ea etiam aliarum editionum textus repraesentetur. — Si quae pars textus, quod rarissime usu venit, bis aliam formam accepit, numero cum asterisco semper posterior retractatio significatur, intra uncinos priore numero supposito monstratur, quando prius mutata sit, posteriore, quando primum in Institutione legatur.

c. Si in qua recensione Institutionis particula intercidit, illo textus loco littera apposita in apparatum criticum reicitur, ubi illa particula omissa excusa est. — Eae textus partes editionis anni 1536, quae in proxima (1539) omnino non inveniuntur, id est prorsus interciderunt, in fine voluminis V cum numeris paginarum et linearum voluminis I Operum selectorum adnotabuntur.

d. In Institutione anno 1559 postremum retractanda textus vetus non semper continuus in recentem editionem relatus est, sed saepissime textus veteris partes e contextu demptae in

alium locum transpositae sunt. Superiores editiones annorum
1543—1554 eandem seriem textus et ordinem capitum eaedem-
que inde ab editione anni 1550 capita pariter in sectiones divisa
exhibent. Itaque ut demonstraremus, quibus locis hic textus
vetus in editionibus annorum 1543—54 collocatus fuerit et 5
quo ordine in editionem 1559 receptus sit, semper interiori
margini textus nostri numeros capitum et sectionum
textus veteris virgula separatos adscripsimus. Ut numeri
annorum exterioris marginis sic hi numeri capitum et sectionum
interioris ad lineolas duplices (||) intra lineas positas aut ad 10
initia sectionum referendi sunt iisque indicatur, in quo capite
et in qua sectione verba proxima, quae quidem iam veterum
editionum usque ad annum 1554 emissarum sint, in illis editionibus veteribus inveniantur. In fine voluminis V tabula proponetur, qua versa vice monstrabitur, ubi in Institutione anni 15
1559 vetus textus superiorum editionum continuus inveniatur,
ut etiam hic textus vetus in editione nostra continuus legi
queat. — Sed hac ratione nihil dilucidatur, nisi qua cognatione
compositio editionum annorum 1543—1554 et editionis ex-
tremae inter se coniunctae sint. Editio superior anni 1539 multo 20
brevior propriam seriem capitum habet, et aliquae partes textus
eius non continuae in textum editionis anni 1543 insertae sunt
vide p. XXI, 31 sqq.). Itaque peculiari tabula in extremo volumine V, haec editio quomodo composita sit, sub aspectum subicietur. — Editio anni 1536 quemadmodum composita sit, cum 25
in volumine I Operum selectorum excusa sit, facile cognoscas.

B. Omnibus editionibus Institutionis ab anno 1536 usque ad
annum 1559 ad verbum inter se collatis omnes differentiae
vocabulorum, quibus singuli textus inter se discrepant, in apparatu critico enotantur. 30

2. Quomodo alia textus subsidia a Calvino adhibita
a nobis tractentur.

Calvinus hic illic partes ex aliis scriptis a se compositis in
Institutionem inseruit. Quod quotiens usu venit, quae pars
Institutionis ex quo scripto deprompta sit et ubi in CR aut alibi 35
suo loco, quem primitus obtinuit, inveniatur, in apparatu critico nostro explanatur. Varietas lectionum, quibus prima forma
earum partium ab Institutione dissidet, secundum leges infra
afferendas notatur, si verba in Institutionem recepta non nimis
retractata aut mutata sunt. Comparatio nostra semper editi- 40
onibus principibus illorum scriptorum aut, si quando res ita
fert, manu scriptis nititur.

3. Editionibus posterioribus qua ratione usi simus.

Praeter editiones, quas supra diximus, cum editione anni 1559 etiam editionem Genevensem a. 1561 contulimus, qua editio
5 anni 1559 paucissimis locis corrigitur. Lectionum discrepantias secundum leges infra afferendas notavimus.

At Institutionem anno 1561 Argentorati typis transscriptam, quamquam nobis ad manus erat, non contulimus. Nam Calvinum eius edendae participem non fuisse hoc ipso cernitur,
10 quod emendationes, quas recensio Genevensis exhibet, hic frustra quaeras. De qua editione Calvino aliena accuratius agitur CR I, p. XLII.

Non magis habebamus, cur alias editiones Calvino demum mortuo emissas in comparationem vocaremus; quae enumeran-
15 tur CR LIX 484 sqq.

Inutile erat apparatum criticum erratis typographicis onerare, quae Institutio anni 1559 in CR II edita et editiones annorum 1539—54 in CR I exscriptae exhibent. Id si quis exigat, eodem fere iure postulet, ut etiam Institutionis a Tholuck editae rati-
20 onem habeamus, praesertim cum saepe meliorem textum praebeat quam CR. Cum Institutio crebro secundum CR afferatur, in margine interiore textus nostri numeros columellarum CR II uncinis quadratis inclusos posuimus, quo editio nostra etiam hac re ad usum aptior fiat. Lineola (¹) in textu nostro indicatur,
25 unde quaeque columella CR incipiat.

4. Translationes gallicae quomodo a nobis adhibeantur.

E translationibus gallicis editionum annis 1541, 1545, 1551, 1560 emissarum rationem habuimus, quibus textus latini maio-
30 ribus adiectionibus aucti exprimuntur. Lectiones selectas harum translationum fere eas tantum in apparatu critico notavimus, quae ad textum latinum illustrandum idoneae esse videbantur aut memorabilem in modum a textu latino abhorrebant. Omnes discrepantias adnotare nec poteramus nec volebamus,
35 cum hac editione nostra non gallicum textum vulgarem Institutionis tractare nobis propositum esset, sed latinum. Sed ubicumque translatione a. 1541 edita textus latinus anni 1536, non anni 1539, exprimitur (vide p. VII 14 sqq.), adnotationibus margini adscriptis exceptis in apparatu critico memoravimus.
40 In textu gallico excudendo easdem leges secuti sumus quas in latino.

DE EDITIONE NOSTRA

Apparatus criticus

ex his omnibus, quae adhuc diximus, efficitur his legibus constitutus:

1. Litteris adscriptis a textu ad adnotationes apparatus critici reicitur.
2. Quaecumque in apparatu critico a nobis addita non ad textum pertinent, ad quem notae referuntur, litteris cursivis scripta sunt.
3. Eae textus partes, quae in aliqua recensione posteriore Institutionis retractatae sunt (vide p. LIII, 14 sqq.), hic prima forma exscribuntur,
4. item eae, quae in aliqua editione praetermissae sunt (vide p. LIII, 35 sqq.).
5. Lectiones editionum annorum 1536—1561 ab editione anni 1559 discrepantes notantur.
6. De aliis textus subsidiis a Calvino adhibitis vide supra p. LIV, 31 sqq.
7. Translationum gallicarum quam rationem habuerimus, vide p. LV, 26 sqq.
8. Neque varietas orthographiae et interpunctionis, quam textus, neque compendia in editionibus singulis usurpata, quae adnotationes margini adscriptae exhibent, notantur.[1]
9. Si quod siglum loci Scripturae non eo anno margini textus adscriptus est, quo hic textus compositus est, sed posteriore anno, non notatur.
10. Si quando in editionibus annorum 1539 et 1543 sigla locorum Scripturae uncinis inclusa in textu occurrunt, quae in posterioribus in margine typis expressa sunt, id non commemoratur.
11. Si quando in editionibus annorum 1539—45 nomina hominum margini adscribuntur, qui iam in textu nominati sunt, non adnotatur.
12. Errata typographica fere non notantur (sed vide, quae p. LI, 27-29 de editione anni 1559 dicta sunt); sed in dubiis rebus paene veremur ne nimii fuerimus.
13. Lectiones variantes ea forma exprimuntur, qua in textu primum occurrunt. — Notandum est ad sigla locorum Scripturae sanctae, quae iam textus annorum 1536—1550 exhibent, a nobis litteras sectionum et numeros versuum addita esse

---

1) Quomodo ratio singulorum vocabulorum scribendorum in variis editionibus inter se discrepet, conspectum proponere, cum haec varietas typographis, non Calvino tribuenda sit neque quidquam valeat ad theologiam eius cognoscendam, possumus supersedere.

secundum editionem anni 1553, si adnotatio etiam hanc complectitur. — Denique retinendum est in editione anni 1554 in locis Scripturae laudandis non, sicut in editione anni 1553 fit, versuum numeros indicari, sed capita tantum et sectiones. Sic nos exempli gratia adnotamus: 1553—54 + [Gen. 1. a. 1.] neque commemoramus numerum versus „1." in editione anni 1554 deesse.

14. Quae supra p. LI, 14-24 de nostra scribendi ratione a scriptura editionis anni 1559 recedente diximus, ea etiam in reliquas recensiones typis transscriptas cadunt. Denique „ij", quod in editionibus annorum 1536—45 et 1554 invenitur, in „ii" mutavimus.

III. Loci scriptorum a Calvino allati unde deprompti sint indicatur.

1. Numeris e textu ad adnotationes biblicas et theologicas reicitur.

2. Sigla locorum Biblicorum ad normam translationis Lutheranae exacta sunt; si qua non accurate vel mendose scripta erant, in adnotationibus correcta sunt (errata sine dubio typographica secundum leges supra p. LI, 27-29 constitutas correximus); quae ad Vulgatam referuntur, ubi in conversione Lutheri reperiantur, indicatum est. — Sigla in apparatu critico posita ibi amplificantur aut corriguntur. — Si quod siglum loci Biblici in editionibus veteribus deest, unde ille locus depromptus sit, monstramus, quod fere non fit, nisi locum ex sancta Scriptura allatum esse in textu expressis verbis significatur.

3. Loci scriptorum antiquorum, Patrum, Scholasticorum in margine notati a nobis explorati sunt et, unde hausti sint, in adnotationibus demonstratum est. Loci Patrum quo commodius reperiantur, editiones optimas, quae nunc in usu sunt, evolvimus. Quae in hoc genere in CR inveniuntur, admodum manca sunt.

4. Accedit quod, quaecumque in textu ut sententiae aliorum afferuntur, unde manaverint, explorare tentavimus, sive auctores nominibus vocantur, sive non nominantur. Cui rei investigandae in CR paene nihil laboris insumptum est.

Pars harum lucubrationum ad libros supra sub numero 3. nominatos pertinet. Quod in hoc volumine ibi, ubi Calvinus ad Scholasticos spectat, demonstramus, apud quos Scholasticos illae sententiae aut similes inveniantur, Calvinum ipsum ex illis Scholasticorum operibus nulla nisi Petri Lombardi, Thomae Aquinatis, Anselmi legisse veri simillimum est. Quamquam non absonum a vero videtur ei aliquem explanatorem Petri Lombardi in manibus fuisse et eum in Institutione hic illic ad eum alludere. Sed in maximo numero horum explanatorum facere non potuimus, ut, quis ei quoque loco obversatus esset, exploraremus.

Altera pars harum investigationum nostrarum ad aequales Calvini pertinet. Hic Calvini disceptationes cum Papistis, Anabaptistis, Quintinistis (Libertinis), Antitrinitariis, aliis adversariis, philosophis antiquitatis renascentis, Lutheranis, aliis illustrantur. In hoc genere memorandum est semper rationem esse habendam Calvinum saepe non ipsa verba adversariorum impugnare, sed in notitiam opinionum eorum, cum quibus disceptat, commercio linguae aut relationibus venire potuisse.[1] Accedit quod nonnunquam verisimile est eum cum libris disceptare, qui ad aetatem nostram non manserunt. Atque in Papistarum opinionibus impugnandis numquam satis exploratum est, num cum certo aliquo theologo ei res sit, cum plerumque de iis rebus agatur, de quibus tum vulgo disserebatur. Itaque scripta eorum theologorum a nobis ascita sunt, quae maxime in notitiam Calvini venisse putandum est. — Horum Calvini cum aequalibus certaminum testimonia, quoad eius fieri poterat, a nobis e scriptis eorum exhibita sunt, idque, in quantum editiones recentiores praesto non erant, ex editionibus principibus aut iis, quas Calvino ad manum fuisse putandum est. Loci ex iis libris, conspicue distributis, quorum complures editiones in usu sunt, ex nulla certa editione exhibentur. Idem in locos ex aliis libris allatos cadit.

5. Supervacuum est commemorare alienum esse a proposito huius editionis, ubi verba et sententiae Institutionis e scriptis aliorum pendeant, demonstrare. Id, nisi cum aut ab aliis doctis aliqua pro certo explorata erant aut ipsi in hoc opere conficiendo aliquid certi in hoc genere repperimus, non tentavimus. Ex ambitu igitur harum animadversionum, cum fortuitus sit, quae ratio inter Calvinum et aliquem alium scriptorem intercedat, coniectura capi non potest. Id tantum plenius indagavisse videmur, ubi in Institutione scriptorum antiquorum vestigia appareant. Ut autem quae cognatio Calvino sit cum aliis scriptoribus, velut cum Augustino, Bernardo Claravallensi, Thoma Aquinate, Luthero, Melanchthone, Bucero, Zwinglio, Erasmo, plane illustretur, lucubrationibus opus est diuturnis, intentis, copiosis.

---

[1] Maxime noli neglegere omnia germanice conscripta Calvinum ipsum legere non potuisse.

Index librorum a nobis allatorum[1].

Abraham ibn Esra, Commentarii.
Albertus Magnus, Compendium veritatis theologicae. Venetiis 1485.
5 Alesius Alex., Summa universae theologiae. Nurenberge 1481—1482.
Aretius, Bened., Valentini Gentilis iusto Capitis Supplicio Bernae affecti brevis historia: et contra eiusdem blasphemias orthodoxa defensio articuli de sancta Trinitate. Genevae 1567.
Augustinus, Enchiridion ed. O. Scheel. Tübingen und Leipzig
10   1903 (Sammlung ausgewählter Quellenschriften ed. Krüger. 2. Reihe, 4. Heft).
— Opera ed. Des. Erasmus. Basileae 1543.

Biel Gabriel., Epythoma pariter et collectorium circa quattuor sententiarum libros, s. l. et a.
15 Bonaventura, Opera omnia. Ad Claras Aquas (Quaracchi) 1882—1902.
Bucerus Mart., Enarrationes perpetuae, in sacra quatuor Evangelia, recognitae nuper et locis compluribus auctae. Argentorati 1530.
— In sacra quatuor Evangelia, Enarrationes perpetuae, secundum
20   recognitae. Basileae 1536.
— Metaphrases et enarrationes perpetuae epistolarum D. Pauli Apostoli . . . Tomus primus. Continens metaphrasim et enarrationem in epistolam ad Romanos. Argentorati 1536.
Bullingerus Heinr., De scripturae sanctae authoritate, certitudine,
25   firmitate et absoluta perfectione, deque Episcoporum, qui verbi dei ministri sunt, institutione et functione, contra superstitionis tyrannidisque Romanae antistites, ad Sereniss. Angliae Regem Heinrychum VIII. Tiguri 1538.
— Utriusque in Christo naturae tam divinae quam humanae, contra
30   haereses, pro confessione Christi catholica, Assertio orthodoxa. Tiguri 1534.

Calvinus Io., Catechismus, sive Christianae Religionis Institutio, communibus renatae nuper in Evangelio Genevensis Ecclesiae suffragiis recepta et vulgari quidem prius idiomate, nunc vero
35   Latine etiam quo de Fidei illius synceritate passim aliis etiam Ecclesiis constet, in lucem edita. Basileae 1538.

---

1) Scriptores, quorum opera in collectionibus velut corpore scriptorum ecclesiasticorum latinorum, Patrologia Mignii vel aliis edita sunt, hic non nominantur, nisi quatenus etiam alias editiones eorum
40 citare necesse erat. Noli neglegere, libros multorum scriptorum, qui non nominantur, collectionibus hic allatis contineri. Scriptores antiquos in hoc indice praetermisimus. In vol. IV et V supplementa ad hunc indicem addentur. Scriptores universi a Calvino allati in indice generali afferentur.

LX INDEX LIBRORUM A NOBIS ALLATORUM

Calvinus Io., Defensio orthodoxae fidei de sacra Trinitate, contra prodigiosos errores Michaelis Serveti Hispani: ubi ostenditur haereticos iure Gladii coercendos esse, et nominatim de homine hoc tam impio iuste et merito sumptum Genevae fuisse supplicium. Oliva Roberti Stephani 1554.
— Ioannis Calvini epistolae et responsa. Genevae 1575.
— Épitre au roi François Ier, Texte publié ... avec introduction et notes par J. Pannier. Paris 1927 (Publications de la Société Calviniste de France. No. 1).
— Impietas Valentini Gentilis detecta, et palam traducta, qui Christum non sine sacrilega blasphemia Deum essentiatum esse fingit. 1561.
— Institutio christianae religionis ... Lausannae 1576.
— Institution de la Religion Chrestienne, texte de la première edition française (1541) réimprimé sous la direction de A. Lefranc par H. Châtelain et J. Pannier. Paris 1911 (Bibliothèque de l'École des Hautes Études, fasc. 176 et 177).
Camerarius Barth., De gratia et libero arbitrio, cum Ioanne Calvino, Disputatio. Parisiis 1556.
Carolstat Andreas, Von dem Newen und Alten Testament. 1525.
Castro Alfonsus de, Adversus omnes haereses Lib. XIIII. [Parisiis] 1534.
CC = Corpus Catholicorum. Werke katholischer Schriftsteller im Zeitalter der Glaubensspaltung. Münster i. W. 1919 sqq.
Chartularium Universitatis Parisiensis ed. Denifle-Châtelain. Paris. 1889—1897.
Chrysostomus Io., Opera ed. Des. Erasmus. Basileae 1530.
— Opera omnia ed. Bernh. de Montfaucon, editio altera, emendata et aucta. Paris. 1834–40.
Clichtoveus Iudoc., Antilutherus. Parisiis 1524.
— Propugnaculum ecclesiae, adversus Lutheranos. Parisiis 1526.
Cochlaeus Io., De authoritate ecclesiae et scripture, Libri Duo ... Adversus Lutheranos. 1524.
— De Canonicae scripturae et Catholicae Ecclesiae Autoritate, ad Henricum Bullingerum ... Libellus. 1543.
— De libero arbitrio hominis, adversus locos communes Philippi Melanchthonis, libri duo. 1525.
— Philippicae quatuor Iohannis Cochlei, in Apologiam Philippi Melanchthonis ad Carolum V. Lipsiae 1534.
— De sacris reliquiis Christi et sanctorum eius, Brevis contra Ioannis Calvini calumnias et blasphemias Responsio. 1549.
— De sanctorum invocatione et intercessione, deque imaginibus et reliquiis eorum pie riteque colendis ... adversus Henric. Bullingerum. Ingolstadii 1544.
— De veneratione et invocatione sanctorum ac de honorandis eorum reliquiis brevis Assertio. 1534.
Conf. Aug. = Confessio Augustana.
Corpus Apologetarum christianorum saeculi secundi ed. Otto. Jenae 1847 sq.

INDEX LIBRORUM A NOBIS ALLATORUM   LXI

Corpus Ignatianum ed. W. Cureton. Lond. 1849.
Corpus iuris canonici ed. Aem. Friedberg. Lipsiae 1879—1881.
CR = CR Calv. opp.
CR Calv. opp. = Corpus Reformatorum. Ioannis Calvini opera
    quae supersunt omnia. Brunsvigae, Berolini 1863—1900.
CR Mel. opp. = Corpus Reformatorum. Philippi Melanchthonis
    opera quae supersunt omnia. Brunsvigae 1834—1860.
CR Zw. opp. = Corpus Reformatorum. Huldreich Zwinglis sämtliche Werke. Berlin, Leipzig 1905 sqq.
CSEL = Corpus scriptorum ecclesiasticorum latinorum. Vindobonae, Lipsiae 1866 sqq.
Curio Coelius Secundus, De amplitudine beati regni dei, dialogi sive libri duo. 1554.

Dietelmaier Joh. Aug., Historia dogmatis de descensu Christi ad inferos litteraria. Norimbergae 1741.
Doumergue E., Jean Calvin, t. I. Lausanne 1899.
Duns Scotus Io., Opera omnia. Parisiis 1891—1895.

EA op. lat. var. arg. = D. Martini Lutheri opera latina varii argumenti. Frankofurti et Erlangae 1865—1873.
Eckius Io., Enchiridion locorum communium ... adversus Martinum Lutherum et asseclas eius, aliquot nunc adauctum materiebus. Coloniae 1532.
— Opera ... contra Ludderum. 2 Part. Augustae Vindelicorum 1530—1531.
Epistolae Romanorum pontificum genuinae rec. A. Thiel, tom. I., Brunsb. 1868.
Erasmus Des., De libero arbitrio ΔΙΑΤΡΙΒΗ sive collatio ed. v. Walter. Leipzig 1910 (Quellenschriften zur Geschichte des Protestant. ed. C. Stange. 8. Heft).
— Omnia opera. Basileae 1540.
— Opus epistolarum ed. P. S. Allen. Oxonii 1906—1924.
Eusebius Caesariensis, Opera rec. Guil. Dindorfius. Lipsiae 1867.

Faber Io., Opuscula quaedam. Lipsiae 1537.
Farel Guill., Le glaive de la parolle veritable, tiré contre le Bouclier de defense: duquel un Cordelier Libertin s'est voulu servir, pour approuver ses fausses et damnables opinions. Genève 1550.
— Sommaire: c'est, une brieve declaration d'aucuns lieux fort necessaires à un chacun Chrestien, pour mettre sa confiance en Dieu, et à ayder son prochain. ... Avec une Epistre, en laquelle, le dit autheur en raison, pourquoy cest œuvre a esté fait: et puis corrigé, reveu et augmenté. [Genève] 1552.
— Le sommaire de Guillaume Farel réimprimé d'après l'édition de l'an 1534 et précédé d'une introduction par J.-G. Baum. Genève 1867.
— Summaire. C'est, une briefve declaration d'aucuns lieux fort necessaires à un chacun Chrestien, pour mettre sa confiance en Dieu, et à ayder son prochain: corrigé, reveu, et augmenté. [Genève] 1542.

LXII INDEX LIBRORUM A NOBIS ALLATORUM

Fazy H., Procès de Valentin Gentilis et de Nicolas Gallo (1558), publié d'après les documents originaux, Genève 1879 (Mémoires de l'Institut National Genevois, Tome 14).
Franck Sebast., Paradoxa Ducenta octoginta [1535].
Friedberg: vide Corpus iuris canonici.

GCS = Die griechischen christlichen Schriftsteller der ersten drei Jahrhunderte, herausgegeben von der Kirchenväter-Commission der Berliner Akademie der Wissensch. Leipzig 1897 sqq.
V. Gentilis teterrimi haeretici impietatum ac triplicis perfidiae et periurii, brevis explicatio, ex actis publicis Senatus Genevensis optima fide descripta. Genevae 1567.

Hahn A., Bibliothek der Symbole und Glaubensregeln der alten Kirche. Breslau 1897³.
Heitz P., Basler Büchermarken. 1895.
— Elsässische Büchermarken. 1892.
— Genfer Buchdrucker- und Verlegerzeichen. 1908.
Herminjard A.-L., Correspondance des réformateurs dans les pays de langue française. Genève 1866—1897.

Jaujard G., Essai sur les Libertins spirituels de Genève d'après de nouveaux documents. Thèse prés. à la Fac. de Théol. protest. de Paris. Paris 1890.
Iosephus, Opera ed. B. Niese. Berolini 1887—1895.
Irenaeus, Opera ed. Des. Erasmus. Basileae 1526.
— Quae supersunt omnia ed. A. Stieren. Lipsiae 1848—1853.
Iustinianus, Institutiones; Digesta.

Kimchius Dav., Commentarii.

Lutherus Mart., Enchiridion piarum precationum, cum Calendario et passionali, ut vocant etc. Vuittembergae 1529.[1]
— Die Disputationen Dr. Martin Luthers ed. P. Drews. Göttingen 1895.

Mandonnet, Siger de Brabant et l'Averroisme latin au XIII. siècle. Fribourg 1899 (Collectanea Friburgensia fasc. 8).
Mansi = Sacrorum conciliorum nova et amplissima collectio ed. J. D. Mansi. Florent., Venet. 1759 sqq.
Marmelstein J.-W., Étude comparative des textes latins et français de l'Institution de la religion chrestienne par Iean Calvin. Groningen, Den Haag 1921 (Neophilologiese Bibliotheek, No. 5).

---

1) Utrum Calvinus hac editione, in qua Catechismus minor Lutheri primum latinus typis expressus est, an alia usus sit, explorare non potuimus. — Versio latina Enchiridii piar. prec. iam a. 1525 Argentorati emissa est; vide: N. Weiss, La littérature de la Réforme française, Bulletin de la Société de l'histoire du protestantisme français, 1888, p. 502.

INDEX LIBRORUM A NOBIS ALLATORUM LXIII

Melanchthon Phil., Annotationes... in Evangelium Matthaei iam recens in gratiam studiosorum editae. 1523 Mense Maio.
— Die Loci communes Philipp Melanchthons in ihrer Urgestalt ed. Th. Kolde. 4. Aufl. Leipzig, Erlangen 1925.[1]
— S. Pauli, ad Colossenses, Epistola, cum commentariis Philippi Melanchthonis, iam ultimo ab ipso multis in locis recognitis atque locupletatis. Haganoae 1529.
Menno Simonis, Een gants duytlijck ende bescheyden antwoort An. 1556. wt waerheyt ende cracht der H. Godlicker Schrift grondelijc vervatet / op Martini Microns Antichristische leere / ende onwarachtige valsche verhael / vanden handel oft Besprec Anno 53. minder getal tusschen hem ende my / van die Alderheylichste Menschwerdinghe ons Heeren Jesu Christi voor vele getuygen gheschiet. Met noch een hertgrondelijcke scherpe Sendtbrief oft vermaninge aem hem selven / om hem selven recht te leeren kennen / dat hy boete doe / ende eewich salich werde.
— Opera omnia theologica. Amsterdam 1681.
Monumenta Germaniae historica. Leges, sect. III. concilia, tom. 2 suppl. ed. Bastgen. Hann. 1924.
MSG = J. P. Migne, Patrologiae cursus completus. Series Graeca. Parisiis 1857—1866.
MSL = J. P. Migne, Patrologiae cursus completus. Series Latina. Parisiis 1844—1864.
Museum Helveticum ad iuvandas Literas in publicos Usus apertum. Particula 28. Turici 1753.

Ockam Guil. de, Quotlibeta septem una cum tractatu de sacramento altaris. Argentine 1491.
— Super quattuor libros sententiarum subtilissime quaestiones earundemque decisiones. Centilogium theologicum. Lugduni 1495.
Origenes, Opera ed. C. H. E. Lommatzsch. Berolini 1831—1848.
Osiander Andr., An Filius Dei fuerit incarnandus, si peccatum non introvisset in mundum. Item. De imagine Dei quid sit. Monteregio Prussiae 1550.

Picus Mirandulanus, Opera omnia. Basileae 1557.
Pighius Albert., De libero hominis arbitrio et divina gratia, Libri decem. Coloniae 1542.
Pomponatius P., De fato, libero arbitrio, et de praedestinatione. 1520.
— Tractatus de immortalitate animae. Bononiae 1516.
Prophetarum vitae fabulosae ed. Schermann. Lipsiae 1907.

---

1) Calvino non una ex prioribus Locorum editionibus ad manum erat, sed una ex posterioribus recognitis, quarum prima a. 1522 emissa est (CR Mel. opp. XXI 66 sqq.); vide infra p. 349, not. 5.

Raschius, Commentarii.
RE³ = Realencyklopädie für protestantische Theologie und Kirche.
   3. Auflage ed. A. Hauck. Leipzig 1896—1913.
Reusch H., Die Indices librorum prohibitorum des sechzehnten
   Jahrhunderts. Tübingen 1886.
Roffensis Ioannes [Fisher], Assertionis Lutheranae Confutatio.
   1523.

Schlüsselburg C., Haereticorum Catalogus. Francofurti 1597 sqq.
Seehawer J., Zur Lehre vom Gebrauch des Gesetzes und zur Geschichte des späteren Antinomismus. Dissert. Rostock 1887.
Servetus M., Christianismi Restitutio M. D. LIII. (in fine, p. 734, legitur: 1790).
— Dialogorum de Trinitate libri duo. De iusticia regni Christi, Capitula Quatuor. 1532.
— De Trinitatis erroribus libri septem. 1531.

Tertullianus, Quae supersunt omnia ed. F. Oehler. Lipsiae 1854.
Theologische Blätter, Leipzig 1928
Theologische Studien und Kritiken, Gotha 1868.
Thiel: vide Epistol. Rom. pont.
Thomas Aquinas, Summa theologica.
Trechsel F., Die protestantischen Antitrinitarier vor Faustus Socin.
   2 vol. Heidelberg 1839—1844.

Valla Laurent., Opera. Basileae 1540.

WA = D. Martin Luthers Werke. Kritische Gesamtausgabe. Weimar 1883 sqq.

Zwinglius Huldr., Opera ed. M. Schulerus et Io. Schulthessius.
   Turici 1828—1842.

Index compendiorum quorundorum a nobis adhibitorum.

vg, *vg*   = versio latina vulgata
VG   = versio gallica Institutionis
1559 (Genev.) = exemplar editionis latinae anni 1559, quod exstat
                in biblioth. publ. et universit. Genevensis
1559 (Scaph.) = exemplar editionis latinae anni 1559, quod exstat
                in biblioth. civitatis Scaphusiensis
+   = addit (-unt)
>   = plus quam, deest in
[ ]   = annotatio in editionibus veteribus margini adscripta

   Noli neglegere versiones gallicas annorum 1553, 1554, 1557 a nobis cum ceteris non collatas in apparatu critico non apparere, sed eas omnibus fere locis eadem verba praebere, quae versio anni 1551, verisimile esse.

INSTITUTIO CHRISTIANAE RELIGIONIS,

in libros quatuor nunc primum digesta, certisque distincta capitibus, ad aptissimam methodum: aucta etiam tam magna accessione ut propemodum opus novum haberi possit.

IOHANNE CALVINO AUTHORE.

Oliva Roberti Stephani.

GENEVAE.

M. D. LIX.

Praecipua capita eorum quae in hoc Institutionis Christianae opere continentur.

de Abnegatione nostri.	lib. 3. cap. 7
de Adae lapsu.	lib. 2. cap. 1
de Angelis.	lib. 1. cap. 14
de Ascensu Christi in caelum.	lib. 2. cap. 16
de Baptismo.	lib. 4. cap. 15
de Charitate proximi.	lib. 2. cap. 8
de Caelibatu Sacerdotum.	lib. 4. cap. 12
de Coena Christi.	lib. 4. cap. 17
de Conciliis, et eorum authoritate.	lib. 4. cap. 9
de Confessione Papali, et satisfactione.	lib. 3. cap. 4
de Confirmatione Papali.	lib. 4. cap. 19
de Conscientia.	lib. 3. cap. 19
Christus ad quid missus.	lib. 2. cap. 15
de Christi divinitate.	lib. 2. cap. 14
Quomodo Christi persona una sit in duabus naturis.	lib. 2. cap. 14
de Descensu Christi ad inferos.	lib. 2[a]. cap. 16
Quomodo Christus mediator.	lib. 2. cap. 12
Christum nobis meritum esse vitam aeternam.	lib. 2. cap. 17
Christus Propheta, Rex et Sacerdos.	lib. 2. cap. 15
de Crucis tolerantia.	lib. 3. cap. 8
de Dei notitia.	lib. 1. cap. 1, et sequentibus.
Cognosci Deum naturaliter ab omnibus.	lib. 1. cap. 3
Cognitio Dei quorsum tendat.	lib. 1. cap. 2
Dei cognitionem suffocari vel inscitia vel malitia hominum.	lib. 1. cap. 4
de unica Dei essentia, et tribus personis.	lib. 1. cap. 13
Impiorum operibus quomodo utatur Deus.	li. 1. cap. 18
de Diabolis.	lib. 1. cap. 14
de Ecclesia.	lib. 4. cap. 1
Ecclesiae verae et falsae comparatio.	lib. 4. cap. 2
de Ecclesiae iurisdictione et disciplina.	lib. 4. ca. 11. 12
de Ecclesiae potestate quoad leges ferendas.	li. 4. c. 10
de Ecclesiae potestate quoad fidei dogmata.	l. 4. c. 8
de veteris Ecclesiae statu.	lib. 4. cap. 4
de Electione aeterna.	lib. 3. cap. 21
Vocatione sanciri aeternam Dei electionem.	lib. 3. cap. 24
de Fide.	lib. 3. cap. 2
de Haereticis et schismaticis.	lib. 4. cap. 1
de Hominis creatione.	lib. 1. cap. 15
de Idolis.	lib. 1. cap. 11 et 12

---

a) *sic 1561; 1559 falso 3.*

de Ieiunio.	lib. 4. cap. 12
de Iesu nomine.	lib. 2. cap. 15
de Imagine Dei.	lib. 1. cap. 15
Imaginem Deo affingere, nefas esse.	lib. 1. cap. 11
de Impositione manuum.	lib. 4. cap. 19
de Indulgentiis.	lib. 3. cap. 5
de Iudiciis forensibus.	lib. 4. cap. 20
de Iuramento.	lib. 2. cap. 8
de Iustificatione fidei.	lib. 3. cap. 11
de Iustificationis initio et progressu.	lib. 3. cap. 14
In iustificatione quae observanda.	lib. 3. cap. 13
de Lege.	lib. 2. cap. 7
de Lege, ipsius fine, officio et usu.	lib. 2. cap. 7
Legis moralis explicatio.	lib. 2. cap. 8
de Legibus.	lib. 4. cap. 20
de Libero arbitrio.	lib. 1. cap. 15, et lib. 2. cap. 2 et 5
de Libertate Christiana.	lib. 3. cap. 19
de Matrimonio.	lib. 4. cap. 19
de Mediatore Christo.	lib. 2. cap. 12
Ex mercede male colligi operum iustitiam.	l. 3. c. 18
de Meritis operum.	lib. 3. cap. 15
de Missa Papali.	lib. 4. cap. 18
de Monachatu.	lib. 4. cap. 13
de Morte Christi.	lib. 2. cap. 16
Mundum a Deo conditum, ab eodem foveri ac gubernari.	lib. 1. cap. 16
de Mundi gubernatione.	lib. 1. cap. 16
de Oratione.	lib. 3. cap. 20
de Ordinibus Ecclesiasticis Papae.	lib. 4. cap. 19
de Ordine et ministeriis Ecclesiae.	lib. 4. cap. 3
de Paedobaptismo.	lib. 4. cap. 16
de Pastorum electione et officio.	lib. 4. cap. 3
de Peccato in Spiritum sanctum.	lib. 3. cap. 3
de Peccato originali.	lib. 2. cap. 1
de Poenitentia vera.	lib. 3. cap. 3
de Poenitentia papali.	lib. 4. cap. 19
de Politica administratione.	lib. 4. cap. 20
de Praedestinatione Dei.	lib. 3. cap. 21
Promissionum Legis et Evangelii conciliatio.	lib. 3. cap. 17
de Providentia Dei.	lib. 1. cap. 16
de Purgatorio.	lib. 3. cap. 5
Redemptor Christus.	lib. 2. cap. 16
de Regeneratione.	lib. 3. cap. 3
de Romanae sedis primatu et Romani papatus exordio.	lib. 4. cap. 6.7
Reprobos sua culpa accersere sibi interitum ad quem sunt praedestinati.	lib. 3. cap. 24
de Resurrectione Christi.	lib. 2. cap. 16
de Resurrectione ultima.	lib. 3. cap. 25

de Sacramentis.	lib. 4. cap. 14
de falso nominatis Sacramentis.	lib. 4. cap. 19
de Sanctorum intercessione.	lib. 3. cap. 20
de Satisfactione Papali.	lib. 3. cap. 4
de Scandalo.	lib. 3. cap. 19
Scripturae sacrae authoritas.	lib. 1. cap. 6
Scripturae doctrinam necessariam nobis esse.	l. 1. c. 9
de Spiritu sancto, et illius officiis.	lib. 3. cap. 1
de Spiritus arcana operatione.	lib. 3. cap. 1
Testamenti veteris et novi similitudo.	lib. 2. cap. 10
de Traditionibus humanis.	lib. 4. cap. 10
de Trinitate.	lib. 1. cap. 13
de Vita hominis Christiani.	lib. 3. cap. 6
de Vitae futurae meditatione.	lib. 3. cap. 9
Vita praesenti quomodo utendum.	lib. 3. cap. 10
Vocatione sanciri aeternam Dei electionem.	lib. 3. cap. 24
de Vocatione sua diligenter cuique inspicienda.	lib. 3. cap. 7
de Votis.	lib. 4. cap. 13
de Unctione ultima Papali.	lib. 4. cap. 19

1543 Haec omnia perspicue ac solide in hisce Institutionibus tractantur: et quicquid adversarii contra obiiciunt, ita confutatur, ut cuivis pio lectori ita satisfiat, nequid eum posthac morentur sophistarum fuci[a].

---

a) nequid — fuci: *1543-54* ut posthac nihil huiusmodi sophistarum fucos sit curaturus

Iohannes Calvinus Lectori.[a]

IN prima huius nostri operis editione, quia eum quem pro immensa sua bonitate[b] Dominus successum dedit minime expectabam, leviter, maiori ex parte (ut in minutis operibus fieri solet) defunctus eram: verum quum intelligerem, eo piorum fere omnium favore exceptum esse quem nunquam voto expetere, nedum sperare ausus fuissem: ut mihi plus multo deferri ex animo sentiebam quam essem promeritus, ita magnae ingratitudinis fore putavi nisi adeo propensis in me studiis, ac meam industriam sponte invitantibus, respondere saltem pro mea tenuitate conarer. ‖ Neque id secunda tantum editione tentavi: sed quoties deinde excusum fuit opus, nonnulla accessione locupletatum fuit. Etsi autem laboris tunc impensi me non poenitebat: nunquam tamen mihi satisfeci, donec in hunc ordinem qui nunc proponitur digestum fuit. Nunc me dedisse confido quod vestro omnium iudicio probetur. Certe quanto studio ad operam hanc Ecclesiae Dei praestandam incubuerim, luculentum testimonium proferre licet, quod proxima hyeme dum existimabam a febre quartana mortem mihi denuntiari, quo magis urgebat morbus, eo minus mihi peperci, donec librum superstitem relinquerem, qui tam benignae piorum invitationi gratiam aliquam rependeret. Maluissem equidem citius[c], ‖ verum sat cito si sat bene. Opportune autem prodisse tunc putabo ubi sensero uberiorem adhuc quam antehac[d] fructum aliquem Ecclesiae dei[e] attulisse; ‖ hoc mihi unicum votum. Et sane mecum male ageretur nisi unius Dei approbatione contentus, vel stulta et perversa imperitorum hominum, vel iniqua et maligna improborum iudicia contemnerem. Nam quanvis Deus et propagandi regni sui, et adiuvandae publicae utilitatis studio animum meum penitus addixerit: mihi quo-

---

a) *1539-50* Epistola ad Lectorem   b) quem — bonitate: *1539-54* quem sua benignitate
c) Non igitur aliam a studiosis gratiam novo operi postulo, quam qua me adhuc immerentem iam ante prosecuti sunt. Sic enim eorum benignitati sum obstrictus, ut mihi abunde futurum sit, si debitam gratiam non male rependere videar. Et facturus id quidem eram aliquanto maturius, nisi totum fere biennium Dominus me miris modis exercuisset   d) uberiorem — antehac > *1539-54*   e) *1539-54* Domini

IOHANNES CALVINUS LECTORI

que probe conscius sim, ipsum et angelos testes habeam, nihil ex quo officium doctoris in Ecclesia suscepi, mihi fuisse propositum quam Ecclesiae prodesse, sinceram pietatis doctrinam asserendo: neminem tamen esse puto qui pluribus impetatur, mordeatur et laceretur calumniis[a]. Quum iam sub prelo esset epistola, certo rescivi, Augustae, ubi conventus ordinum Imperii agebatur, sparsum fuisse de mea ad Papatum defectione rumorem, et cupidius quam par erat in aulis Principum exceptum[b]. Haec est scilicet eorum gratitudo quos certe non latent plurima constantiae meae experimenta, quae ut calumniam adeo foedam respuunt, ita ab ea me apud omnes aequos et humanos iudices tueri debuerant. Fallitur autem cum tota sua caterva Diabolus, si me putidis mendaciis obruendo, hac indignitate fractiorem vel magis lentum fore putat: quia Deum pro immensa sua bonitate daturum mihi confido ut in cursu sanctae suae vocationis aequabili tolerantia perseverem. Cuius rei novum in hac editione documentum piis lectoribus exhibeo. ‖ Porro hoc mihi in isto labore propositum fuit, sacrae Theologiae candidatos ad divini verbi lectionem ita praeparare et instruere, ut et facilem ad eam aditum habere, et inoffenso in ea gradu pergere queant; siquidem religionis summam omnibus partibus sic mihi complexus esse videor, et eo quoque ordine digessisse, ut siquis eam recte tenuerit, ei non sit difficile statuere et quid potissi¹mum quaerere in Scriptura, et quem in scopum quicquid in ea continetur referre debeat. Itaque, hac veluti strata via, siquas posthac Scripturae enarrationes edidero, quia non necesse habebo de dogmatibus longas disputationes instituere, et in locos communes evagari: eas compendio semper astringam. Ea ratione, magna molestia et fastidio pius lector sublevabitur: modo praesentis operis cognitione, quasi necessario instrumento, praemunitus accedat. Sed quia huius instituti ratio in tot meis commentariis quasi in speculis clare apparet[c], re ipsa malo declarare quale sit, quam

---

a) *VG 1560* (par fausses detractions,) + tant des ennemis manifestes de la verité de Dieu, que de beaucoup de canailles qui se sont fourrez en son Eglise: tant des Moynes qui ont apporté leurs frocs hors de leurs cloistres pour infecter le lieu où ils venoyent, que d'autres vilains qui ne vallent pas mieux qu'eux b) *VG 1560* + ce qui monstroit que beaucoup de meschans hypocrites faisans profession de l'Evangile, eussent bien voulu qu'ainsi fust c) ratio — apparet: *1539-54* specimen praebebunt commentarii in Epistolam ad Romanos[1]

1) vide p. 8, not. 1, et Herminjard VI 74 sqq. (CR X 2, 402 sqq.).

verbis praedicare. Vale amice Lector, et siquem ex meis laboribus fructum percipis, me precibus tuis apud Deum patrem nostrum^a adiuva.
Genevae. Calend. August.^b ANNO M. D. LIX^c.

Quos animus fuerat tenui excusare libello,   1559
Discendi studio magnum fecere volumen^d.
                Augustinus Epist. 7   1543
Ego ex eorum numero me esse profiteor qui scribunt proficiendo, et scribendo proficiunt[1] ^e.

a) *apud — nostrum: 1539-54 apud Dominum*   b) *1559 (Genev.) Augusti.*   c) *1539-54 Argentorati Calend. August. Anno 1539*   d) Quos — vol. > *VG 1560*   e) *loco huius praefationis demum 1560 in ling. Gall. versae in VG 1541-51 haec exstant:*

[CR III, XXIII]

ARGUMENT DU PRESENT LIVRE.

A FIN que les Lecteurs puissent mieux faire leur proffit de ce present livre, ie leur veux bien monstrer en brief, l'utilité qu'ilz auront a en prendre. Car, en ce faisant, ie leur monstreray le but, auquel ils devront tendre et diriger leur intention, en le lisant. Combien que la saincte Escriture contienne une doctrine parfaicte, a laquelle on ne peut rien adiouster: comme en icelle nostre Seigneur a voulu desployer les Thresors infiniz de sa Sapience: toutesfois une personne, qui n'y sera pas fort exercitée, a bon mestier de quelque conduicte et addresse, pour sçavoir ce quelle y doibt cercher: a fin de ne s'esgarer point cà et là, mais de tenir une certaine voye, pour attaindre tousiours a la fin, ou le Sainct Esprit l'appelle. Pourtant l'office de ceux qui ont receu plus ample lumiere de Dieu que les autres, est, de subvenir aux simples en cest endroict: et quasi leur prester la main, pour les conduire et les ayder a trouver la somme de ce que Dieu nous a voulu enseigner en sa parolle. Or cela ne se peut mieux faire par Escritures, qu'en traictant les matieres principales et de consequence, lesquelles sont comprinses en la Philosophie Chrestienne. Car celuy qui en aura l'intelligence, sera preparé a proffiter en l'eschole de Dieu en un iour, plus qu'un autre en trois mois: d'autant qu'il sçait a peu pres, ou il doibt rapporter une chascune sentence: et ha sa reigle pour compasser tout ce qui luy est presenté. Voyant donc que cestoit une chose tant necessaire, que d'ayder en ceste façon ceux qui desirent d'estre instruictz en la doctrine de salut, ie me suis efforcé, selon la faculté que le Seigneur m'a donnée, de m'employer a ce faire: et a ceste fin i'ay composé ce present livre. Et premierement l'ay mis en latin: a ce qu'il peust servir a toutes gens d'estude, de quelque nation qu'ilz feussent: puis apres desirant de communiquer ce qui en pouoit venir de

---

1) Augustinus, Epist. 143, 2; MSL 33, 585; CSEL 44, 251.

fruict a nostre Nation Françoise: l'ay aussi translaté en nostre
langue. Ie n'ose pas en rendre trop grand tesmoignage, et declairer
combien la lecture en pourra estre proffitable, de peur qu'il ne
semble que ie prise trop mon ouvrage: toutesfois ie puis bien promettre cela, que ce pourra estre comme une clef et ouverture, 5
pour donner acces a tous enfans de Dieu, a bien et droictement
entendre l'Escriture saincte[a]. Parquoy si doresenavant nostre
Seigneur me donne le moyen et opportunité de faire quelques
commentaires[1]: ie useray de la plus grande brieveté qu'il me sera
possible: pource qu'il ne sera pas besoing de faire longues digressions, 10
veu que i'ay icy desduict, au long, quasi tous les articles qui appar-
tiennent a la Chrestienté[b]. Et puis qu'il nous fault recongnoistre,
toute verité et saine doctrine proceder de Dieu: i'oseray hardiment
protester, en simplicité, ce que ie pense de cest œuvre, le recongnois-
sant estre de Dieu, plus que mien: comme, a la verité, la louenge 15
luy en doibt estre rendue. C'est que i'exhorte tous ceux qui ont
reverence a la parolle du Seigneur, de le lire, et imprimer diligemment
en memoire, s'ilz veulent, premierement auoir une somme de la
doctrine Chrestienne: puis une entrée a bien proffiter en la lecture
tant du vieil que du nouveau Testament. Quand ilz auront cela 20
faict: ilz congnoistront, par experience, que ie ne les ay point voulu
abuser de parolles. Si quelqu'un ne peut comprendre tout le contenu,
il ne fault pas qu'il se desespere pourtant: mais qu'il marche tousiours oultre, esperant qu'un passage luy donnera plus familierement
exposition de l'autre. Sur toutes choses, il fauldra auoir en recom- 25
mandation, de recourir a l'Escriture, pour considerer les tesmoignages que i'en allegue.

---

a) *cf. supra p. 6, 19-21.* b) Parquoy si — Chrest.: *haec verba iis,
quae supra p. 6, 21-29 in praefatione latina Institutionis anni 1539
inveniuntur, tam similia sunt, ut altera ex alteris manasse appareat.* 30
*Cum autem praefationem gallicam iam primae translationis gallicae,
cuius vestigia indagavimus, praepositam fuisse sit verisimillimum
(cf. Theol. Blätter, 1928, col. 5), haec verba praefationis gallicae
eorum, quae in praefatione latina editionis anni 1539 exstant, fons
et exemplar fuisse videntur. Hic quaestio oritur, utrum, quae iis* 35
*continentur, iam in praefatione primae Institutionis gallicae posita
fuerint, an hoc loco praefatio gallica a Calvino anno 1541 ad exemplum latinae anni 1539 mutata sit.*

1) Quantum scimus, primus commentarius latinus Calvini (in epist.
ad Rom.) anno 1540 editus est, primus gallicus (Exposition sur l'epistre 40
de saincte Iudas) anno demum 1542 (cf. CR Calv. opp. XLIX, p. V).

Potentissimo, illustrissimoque monarchae, Francisco, $_{(I\ 23\ sqq.)}^{1536}$
Francorum Regi Christianissimo, principi suo[a], Iohannes
Calvinus pacem ac salutem in Christo precatur[b].

[9] QUUM huic operi manum primum admoverem, nihil minus
cogitabam, Rex clarissime, quam scribere quae maiestati tuae
postea[c] offerrentur. Tantum erat animus rudimenta quaedam
tradere, quibus formarentur ad veram pietatem qui aliquo
religionis studio tanguntur. Atque hunc laborem Gallis nostris
potissimum desudabam, quorum permultos esurire et sitire
Christum intelligebam: paucissimos autem videbam[d] qui
vel modica eius cognitione rite[e] imbuti essent. Hanc mihi
fuisse propositam rationem liber ipse loquitur, ad simplicem
scilicet rudemque docendi formam compositus[f]. Verum quum
perspicerem usque eo quorundam improborum furorem invaluisse in regno tuo, ut nullus sanae doctrinae sit istic locus[1]:
facturus mihi operaepretium visus sum[2] si eadem opera et
institutionem iis darem,[g] et confessionem apud te ederem,
unde discas qualis sit doctrina in quam tanta rabie exardescunt furiosi illi, qui ferro et ignibus regnum tuum hodie turbant. Neque enim verebor fateri, hic me summam fere eius
ipsius doctrinae complexum esse quam illi carcere, exilio,
proscriptione, incendio mulctandam, quam terra marique exterminandam vociferantur. Equidem scio quam atrocibus delationibus aures animumque tuum impleverint, ut causam
nostram tibi quam odiosissimam redderent: sed id tibi pro
tua clementia perpendendum est, nullam neque in dictis, neque

---

a) *1536–54* Principi ac Domino suo sibi observando   b) > *1536
–54*   c) > *1536, VG 1541 sqq.*   d) intelligebam — videbam: *1536
–39* videbam: paucissimos,   e) > *1536*   f) *1536–54* appositus
g) *1536* + quos erudiendos susceperam: ; *VG 1541 sqq.* + que premierement i'avoye deliberé d'enseigner:

1) cf. epistolam Francisci I. ad principes Germaniae die 1. Febr.
1535 datam (Herminjard III 249 sqq.). Edicto in oppido Coucy
d. 16. Iul. 1535 edito, ut sex mensibus sequentibus errorem abiurarent, Evangelici non iam vexabantur (Herminjard III 322 n. 32;
Germanice CR opp. Melanchth. II. 828 sqq.); sed noli negligere ipso die
22. Aug. 1535, pridie quam Calvinus epistolae ad regem subscripsit,
nuntium Farelli et Vireti Valdenses Provinciales crudelissime vexari
Geneva Basileam allatum esse (cf. Herminjard III 327 sqq. et epist.
Capitonis d. 23. Aug. 1535 Basileae ad Farellum datam, Herminj. III
335 sqq.).   2) cf. Livii praef. init.

in factis innocentiam fore, si accusasse sufficiat. Sane siquis faciendae invidiae causa, doctrinam hanc, cuius^a rationem tibi¹ reddere conor, omnium ordinum calculis damnatam, multis fori praeiudiciis confossam iamdudum fuisse causetur, nihil aliud dixerit quam partim adversariorum factione et potentia violenter deiectam: partim mendaciis, technis, calumniis, insidiose fraudulenterque oppressam. Vis est, quod indicta causa sanguinariae sententiae adversus illam feruntur: fraus, quod seditionis et maleficii praeter meritum insimulatur. Nequis haec iniuria nos queri existimet, ipse nobis testis esse potes, Rex nobilissime, quam mendacibus calumniis quotidie apud te traducatur, quod non aliorsum spectet nisi ut Regibus sua sceptra e manibus extorqueat, tribunalia, iudiciaque omnia praecipitet, subvertat ordines omnes et politias, pacem et quietem populi perturbet^b, leges omnes abroget, dominia et possessiones dissipet, omnia denique sursum deorsum volvat.^c Et tamen minimam portiunculam audis; horrenda enim quaedam in vulgus sparguntur: quae si vera essent, merito illam cum suis authoribus mille ignibus ac crucibus dignam universus^d mundus iudicet. Quis iam miretur publicum odium in illam accensum esse, ubi iniquissimis istis criminationibus fides habetur? En cur in nostram ipsorum^e doctrinaeque nostrae damnationem omnes ordines consentiant ac conspirent. Hoc affectu correpti, qui ad iudicandum sedent, praeiudicia quae domo attulerunt, pro sententiis pronuntiant: et se rite perfunctos suis partibus putant si neminem ad supplicium trahi iubeant^f, nisi aut sua confessione, aut solidis testi¹moniis convictum. At cuius criminis? Damnatae, (aiunt) istius doctrinae. At quo iure damnata est? Id autem erat defensionis praesidium: non doctrinam ipsam abnegare, sed pro vera tueri. Hic mussitandi quoque facultas praeciditur. Quare non inique postulo, Rex invictissime, ut integram causae istius cognitionem suscipias: quae perturbate hactenus nulloque iuris ordine, et impotenti aestu magis quam legitima gravitate tractata est, vel quoquomodo exagitata^g. Neque hic me privatam defensionem

---

a) *1536* + nunc   b) Regibus— perturbet: *1536* regna omnia et politiae subvertantur, pax perturbetur; *1539-45* regibus — extorqueantur *(1539-43* praeripiantur*)*, — praecipitentur, subvertantur — politiae, pax et quies populi perturbetur; *VG 1541 sqq.* reddunt textum *1536*   c) *1536-45* leges omnes abrogentur, — dissipentur, — volvantur; *VG 1541 sqq. reddunt textum 1536*   d) > *1536*   e) > *1536-39, VG 1541 sqq.*   f) *1536-43* iubent   g) vel — exagitata > *1536;* legitima — exagitata: *VG 1541 sqq.* par une moderation et gravité iudiciaire

meditari existimes, qua salvum in patriam reditum mihi conficiam: quam tametsi quo decet humanitatis affectu prosequor, ut nunc tamen res sunt, ea non moleste careo. Verum communem piorum omnium, adeoque ipsam Christi causam complector, quae modis omnibus hodie in regno tuo proscissa ac protrita, velut deplorata iacet, Pharisaeorum id quidem quorundam tyrannide magis quam tua conscientia. Sed qui id fiat, hic dicere nihil attinet; afflicta certe iacet. Hoc enim profecerunt impii, ut Christi veritas, si non ut fugata dissipataque intereat[a], certe ut sepulta et ignobilis lateat: paupercula vero Ecclesia aut crudelibus caedibus absumpta sit, aut exiliis abacta, aut minis ac terroribus perculsa ne hiscere quidem audeat. Et instant etiamnum qua solent insania et ferocitate, fortiter in parietem iam inclinatum, et ruinam quam fecerunt incumbentes. Nullus interim prodit qui talibus furiis patrocinium suum opponat. Quod siqui veritati maxime favere videri volunt, ignoscendum esse censent errori et imprudentiae imperitorum hominum. Sic enim modesti homines[b] loquuntur, errorem et imprudentiam vocantes quam norunt[c] certissimam esse[d] Dei veritatem: imperitos homines, quorum ingenium non adeo despicabile Christo[e] fuisse vident, quin caelestis suae[f] sapientiae mysteriis dignatus sit[g]. Adeo omnes pudet Evangelii. Tuum autem erit, serenissime Rex, nec aures, nec animum a tam iusto patrocinio avertere: praesertim ubi de re tanta agitur: nempe quomodo Dei gloriae sua constet in terris incolumitas, quomodo suam dignitatem Dei veritas retineat, quomodo regnum Christo sartum tectumque inter nos[l] maneat.[1] Digna res auribus tuis, digna tua cognitione, digna tuo tribunali. Siquidem et verum Regem haec cogitatio facit, agnoscere se in regni administratione Dei ministrum. Nec iam regnum ille sed latrocinium exercet qui non in hoc regnat ut Dei gloriae serviat. Porro fallitur qui diuturnam prosperitatem expectat eius regni, quod Dei sceptro, hoc est, sancto eius verbo, non regitur: quando caeleste oraculum excidere non potest, quo edictum est dissipatum iri populum ubi defecerit prophetia [Pro. 29. c. 18]. Nec te ab hoc studio abducere debet humilitatis nostrae contemptus. Nos quidem quam pauperculi simus et

---

a) *1539-54 interiret; 1536 ac dissipata periret*   b) *modesti homines > 1536, VG 1541 sqq.*   c) quam norunt > *1536, VG 1541 sqq.*   d) > *1536, VG 1541 sqq.*   e) *1539-54 Domino*   f) > *1536-54*   g) *quorum ingenium — sit: 1536 quos Dominus, coelestis sapientiae mysteriis dignatus est; sic quoque VG 1541 sqq.*

1) cf. Plauti Trinummum 317.

abiecti homunciones, probe nobis conscii sumus: coram Deo,
scilicet[a], miseri peccatores, in hominum conspectu despectissimi: mundi (si vis) excrementa quaedam et reiectamenta,
aut siquid adhuc vilius nominari potest; ut, quo apud Deum
gloriemur, nihil restet, praeter unam eius misericordiam[b], qua
in spem aeternae salutis nullo nostro merito asciti simus[c]:
apud vero homines[d] non ita multum[e], praeter nostram infirmitatem[f], quam vel nutu[g] confiteri, summa inter eos ignominia est[h]. Sed doctrinam nostram supra omnem mundi
gloriam, sublimem: supra omnem potestatem, invictam stare
oportet: quia non nostra est, sed Dei viventis, ac Christi eius,
quem Pater Regem constituit, ut a mari usque ad mare dominetur, et a fluminibus usque ad terminos orbis terrarum[1].
Et sic quidem dominetur, ut totam terram, cum ferreo suo
atque aereo robore, cum splendore aureo et argenteo, sola
oris sui virga percussam non secus comminuat quam figulina
vascula: quemadmodum de magnificentia regni ipsius vaticinantur Prophetae [Dani. 2. c. 32; Iesa. 11. a. 4; Psal. 2. c. 9].
Reclamant quidem adversarii, falso nos praetendere verbum
Dei, cuius sceleratissimi simus corruptores[1]. Haec vero quam
sit non modo malitiosa calumnia, sed insignis quoque impudentia, ipse, confessionem nostram legendo, pro tua prudentia
iudicare poteris. Nonnihil tamen hic etiam dicendum est quod
tibi ad lectionem ipsam, vel studium attentionemque excitet,
vel certe[k] viam sternat. Paulus, quum ad fidei analogiam omnem
prophetiam for'matam esse voluit [Rom. 12. b. 6], certissimam
amussim posuit qua probari Scripturae interpretatio debeat.
Ad hanc itaque fidei regulam si nostra exigantur, in manibus
est victoria. Quid enim melius atque aptius fidei convenit
quam agnoscere nos omni virtute nudos, ut a Deo vestiamur?
omni bono vacuos, ut ab ipso impleamur? nos peccati servos,
ut ab ipso liberemur? nos caecos, ut ab ipso illuminemur?
nos claudos, ut ab ipso dirigamur? nos debiles, ut ab ipso
sustentemur? nobis omnem gloriandi materiam detrahere, ut

---

a) > *1536-45*   b) *VG 1541-51* + [2 Cor. 10 *(17 sq.)*]   c) qua—
simus: *1536-54* qua salvi nullo nostro merito facti sumus; *VG
1541-51* + [Tite 3. *(5-7)*]   d) *1536-43 et 1561* homines vero
e) non ita multum > *1536, VG 1541 sqq.*   f) *VG 1541-51* + [2 Cor.
11 *(30)* et 12. *(5 et 9)*]   g) > *1536*   h) quam — est: *VG 1541 sqq.*
c'est a dire, ce que tous estiment grande ignominie   i) *VG 1541-51*
+ [Psal. 72 *(8)*]   k) vel studium — certe > *1536-39, VG 1541 sqq.*

1) Alfonsus de Castro, Adversus omnes haereses, [Parisiis] 1534,
lib. I c. 4 f. 8 E sqq.

solus ipse gloriosus emineat^a et nos in ipso gloriemur? Haec atque id genus reliqua quum a nobis dicuntur, interpellant illi, quiritanturque hoc modo subverti caecum nescio quod lumen naturae¹, fictas praeparationes^{b 2}, liberum arbitrium³, et
5 meritoria salutis aeternae opera⁴, cum suis etiam supererogationibus^{c 5}: quia ferre non possunt integram omnis boni, virtutis, iustitiae, sapientiae laudem ac gloriam apud Deum residere. At non legimus reprehensos qui nimium e fonte aquae vivae hauserint: contra graviter obiurgantur qui foderunt sibi puteos,
10 puteos contritos, et qui continere aquam non valent [Ierem. 2. c. 13]. Rursum quid fidei convenientius quam Deum sibi polliceri propitium Patrem, ubi Christus frater ac propitiator agnoscitur? quam omnia laeta ac prospera secure ab eo expectare, cuius inenarrabilis erga nos dilectio eo progressa est
15 ut proprio Filio non pepercerit quin pro nobis ipsum traderet [Rom. 8. f. 32]? quam in certa expectatione salutis et vitae aeternae acquiescere, ubi Christus a Patre datus cogitatur, in quo tales thesauri sunt absconditi? Hic nobis manum iniiciunt, et illam fiduciae certitudinem arrogantia et prae-
20 sumptione non carere clamant. At, ut nihil de nobis, ita omnia de Deo praesumenda sunt; nec ulla ratione vana gloria spoliamur nisi ut in Domino discamus gloriari^d. Quid ultra? Percurre, fortissime Rex, omnes nostrae causae^e partes, et quovis sceleratorum hominum genere nequiores nos existima, nisi
25 plane comperias, in hoc nos laborare, et probris affici quia spem reponimus in Deo vivo [1. Tim. 4. c. 10]: quia hanc credimus esse vitam aeternam, nosse unum verum^f Deum, et quem ille misit Iesum Christum [Iohan. 17. a. 3]. Propter hanc spem, alii nostrum vinculis constringuntur, alii virgis cae-
30 duntur, alii in ludibrium circumducuntur, alii proscribuntur, alii saevissime torquentur, alii fuga elabuntur: omnes rerum angustia premimur, diris execrationibus devovemur, maledictis

[14]

a) gloriosus emineat: *1536–39* glorificetur   b) fict. praep.: *VG 1551 sqq.* leur preparation qu'ilz ont forgée pour nous disposer à venir
35 à Dieu   c) et meritoria — supererogationibus: *1536* merita   d) discamus gloriari: *1536–45* gloriemur; *VG 1541–51* + [2. Co. 10 *(17)* Iere. 9 *(22 sq.)*]   e) *1536–54* causae nostrae

1) Io. Cochlaeus, De libero arbitrio, adv. locos communes Philippi Melanchthonis 1525 I E 4 b.   2) ibid. II L 6 b; cf. I F 6 a.   3) ibid.
40 I B 3a; C 5a; II I 2a. — Io. Eck, Enchiridion locorum communium adv. Martinum Lutherum et asseclas eius 1532 c. 31. L 4 b.   4) Cochlaeus, De lib. arb. I F 8 a; cf. C 3 b; C 4 a. — Eck, Enchir. c. 5. C 6 b; D 1 a.   5) Eck, Enchir. c. 24. I 5 a; I 6 b.

laceramur, indignissimis modis tractamur. Intuere iam in adversarios nostros (de ordine sacrificorum loquor, quorum nutu et arbitrio alii nobiscum inimicitias exercent) et mecum paulisper reputa quo studio ferantur. Veram religionem, quae Scripturis tradita est, quaeque inter omnes constare debuerat, facile et sibi et aliis ignorare, negligere, despicere permittunt: parumque referre putant quid quisque de Deo et Christo teneat, vel non teneat, modo implicita, ut aiunt,^a fide¹, suam mentem Ecclesiae iudicio submittat; nec valde afficiuntur si Dei gloriam manifestis blasphemiis pollui contingat, ‖ modo nequis adversus sedis Apostolicae primatum et^b sanctae matris Ecclesiae authoritatem digitum tollat. ‖ Cur ergo^c tanta saevitia et acerbitate pro Missa, Purgatorio, peregrinationibus, et id genus nugis belligerantur, ut sine eorum explicatissima^d, ut ita dicam, fide salvam fore pietatem negent, quum tamen nihil eorum a verbo Dei esse probent? Cur? nisi quia illis Deus venter est, culina religio: quibus sublatis, non modo non^e Christianos, sed ne homines quidem futuros se credunt? Tametsi enim alii splendide se ingurgitant, alii tenuibus crustulis victitant, omnes tamen ex eadem vivunt olla, quae sine illis fomentis non frigeret modo, sed penitus conglaciaret. Ideo ut quisque eorum pro ventre est maxime solicitus, ita pro sua fide deprehenditur^f bellator acerrimus. Denique huc ad unum omnes incumbunt, vel ut regnum incolume, vel ut ventrem confertum retineant: nemo vel minimam synceri zeli dat significationem. Nec sic tamen desinunt doctrinam nostram incessere et quibus possunt nominibus criminari et infamare, quo vel invisam vel suspectam reddant. Novam appellant et nuper natam, dubiam esse et incertam cavillantur²: rogant quibus confirmata sit miraculis³: quaerunt an sit aequum ut contra tot sanctorum Patrum consensum⁴, et vetustissimam consuetudinem obtineat⁵: urgent ut schismaticam esse fateamur, quae contra Ecclesiam praelium moveat⁶: vel Ecclesiam multis seculis intermortuam fuisse,

---

a) ut aiunt > *1536*   b) sedis — et > *VG 1541*   c) > *1536, VG 1541 sqq.*   d) *1536-39* explicitissima   e) > *1536*   f) > *1536, VG 1541 sqq.*

1) Thomas Aquinas, Summa theol. II, 2 qu. 2 art. 5—8. — Gabr. Biel, Collectorium in sent. III. Dist. 25 qu. unica E sqq.   2) de Castro, l. c. c. 14. f. 29 D E.   3) de Castro, l. c. c. 14. f. 29 F.   4) de Castro, l. c. c. 7. f. 15 E.   5) cf. Iudoci Clichtovei Antilutherum, Parisiis 1524, lib. I c. 12. f. 24 sq.   6) Ioh. Eck, Enchir. c. 1. A 5 b.

quibus nihil tale auditum fuit[1]. Postremo nihil opus esse
aiunt multis argumentis: qualis enim sit iudicari a fructibus
posse: utpote quae tantum sectarum acervum[2], tot seditionum
turbas[3], tantam vitiorum licentiam[4] peperit[a]. Scilicet per-
quam illis facile est apud credulam imperitamque multitudinem
desertae causae insultare; verum si nobis quoque mutuae[b]
essent dicendi vices, deferveret profecto haec acrimonia qua
sic in nos plenis buccis, ac tam licenter[c] quam impune, de-
spumant[d]. Principio novam quod appellant, Deo sunt vehementer
iniurii, cuius sacrum verbum novitatis insimulari non merebatur.
Illis quidem novam esse minime dubito, quibus et Christus
novus est et Evangelium novum: sed qui illam Pauli con-
cionem veterem esse noverunt, Iesum Christum mortuum propter
peccata nostra, resurrexisse propter iustificationem nostram
[Rom. 4. d. 25], nihil apud nos deprehendent novum. Quod
diu incognita sepultaque latuit, humanae impietatis crimen
est: nunc quum Dei benignitate nobis redditur, saltem post-
liminii iure suam antiquitatem recipere debebat. Ex eodem
ignorantiae fonte pro dubia incertaque habent; hoc profecto
est quod Dominus per Prophetam suum conqueritur, Bovem
cognovisse possessorem suum, et asinum praesepe dominorum
suorum: se non agnosci a populo suo [Iesa. 1. a. 3]. Verum
utut in eius incertitudinem ludant, si sua illis proprio sanguine
vitaeque dispendio obsignanda esset, liceret spectare quanti
ab illis fiat. Longe alia nostra fiducia est, quae nec mortis
terrores, nec adeo ipsum[e] Dei tribunal formidat. Quod miracula
a nobis postulant, improbe faciunt; non enim recens aliquod
Evangelium cudimus, sed illud ipsum retinemus cuius con-
firmandae veritati serviunt omnia quae unquam et Christus
et Apostoli miracula ediderunt[f]. At id prae nobis habent
singulare, quod assiduis in hunc usque diem miraculis fidem
suam confirmare possunt. Imo potius allegant miracula, quae
animum alioqui bene compositum[1] labefactare queant: adeo
aut frivola sunt et ridicula, aut vana et mendacia. Nec tamen,
etiamsi valde prodigiosa essent, contra Dei veritatem ullius
momenti esse oportebat: quando et nomen Dei sanctificari

---

a) *1536* pepererit b) > *1536-39* c) ac tam licenter > *1536*
d) qua — despum.*: VG 1541 sqq.* dont ilz escument si asprement
contre nous e) adeo ipsum > *1536, VG 1541 sqq.* f) *1536* ediderunt miracula

1) Eck, Enchir. c.1. A 5 a — de Castro, l. c. c.14. f. 29 F. 2) Eck,
Enchir. c. 1. A 5 b. 3) Epist. Francisci I. ad princ. Germ. (Herminj. III 251 sq.). 4) Clichtoveus, Antilutherus c. 1. f. 4.

ubique et semper convenit, sive portentis, sive naturali rerum ordine. ‖ Speciosior forsan esse fucus poterat, nisi de fine usuque miraculorum legitimo Scriptura nos admoneret. Signa enim quae Apostolorum praedicationem sequuta sunt, in eius confirmationem edita fuisse docet Marcus[a] [Marc. 16. d. 20]; sic et Lucas Dominum sermoni gratiae suae reddidisse testimonium narrat, quum signa et portenta fierent per Apostolorum manus [Act. 14. a. 3.]. Cui simillimum est illud Apostoli, Salutem annuntiato Evangelio fuisse confirmatam, contestante Domino signis et portentis et variis virtutibus[b] [Heb. 2. a. 4][1]. Quae vero audimus Evangelii esse signacula, eane ad diruendam Evangelii fidem convertemus? quae veritati tantum obsignandae sunt destinata an mendaciis confirmandis accommodabimus? Proinde doctrinam, quae praecedere ab Evangelista dicitur, priore loco examinari explorarique par est; quae si probata fuerit, tum demum a miraculis iure confirmationem sumere debet. Probae autem doctrinae, authore Christo, isthaec nota est, si non in hominum sed Dei gloriam quaerendam vergit [Ioan. 7. c. 18, et 8. f. 50][c]. Hanc quum doctrinae probationem Christus asserat, perperam censentur miracula quae alio quam ad illustrandum unius Dei nomen trahuntur[d]. ‖ Et meminisse nos decet, sua esse Satanae miracula, quae tametsi praestigiae sunt magis quam verae virtutes, sunt tamen eiusmodi quae imprudentes et imperitos deludant[e]. Magi et incantatores miraculis semper claruerunt; idololatriam stupenda miracula aluerunt: quae tamen nec Magorum, nec idololatrarum superstitionem nobis approbant. Atque hoc olim ariete vulgi simplicitatem concutiebant Donatistae, quod miraculis pollerent. Idem ergo nunc nostris adversariis respondemus quod tunc Donatistis Augustinus, Dominum contra istos mirabiliarios, cautos nos fecisse: quum[l] praedixit venturos pseudoprophetas, qui signis mendacibus variisque[f] prodigiis in errorem electos, si fieri posset, inducant [In Iohan. tra. 13[g] [2]; Matth. 24. b. 24]. Et Paulus admonuit, Antichristi regnum futurum cum omni potentia et signis et prodigiis mendacibus

---

a) *1536–54* Marcus docet   b) *1543–45* + [Roma. 15. *(18 sq.)*], *1550* falso [Rom. 10.]   c) *VG 1541–51* Jean 5. *(41–44)*   d) *VG 1541–51* + [Levit. 13 *(lege: Deut. 13, 2 sqq.)*]   e) *VG 1541–51* + [2. Thessalo. 2. *(9 sq.)*]   f) mendacibus variisque: *1536–39* ingentibus et; sic quoque *VG 1541 sqq.*   g) tra. 13 > *1536–43, VG 1541*

1) Hebr. 2, 3 sq.   2) Augustinus, In Ioh. tract. 13, 17 MSL 35, 1501.

[2ᵃ. Thess. 2. c. 9]. At haec (inquiunt) miracula non ab idolis, non a maleficis, non a pseudoprophetis, sed a sanctis fiunt. Quasi vero non noverimus hanc esse Satanae artem, transfigurare se in Angelum lucis [2. Cor. 11. d. 14]. Olim Aegyptii
5 sepultum apud se Ieremiam sacrificiis aliisque divinis honoribus prosequuti sunt [Hier. in praef. Ieremiae.ᵇ]¹; nonne sancto Dei Propheta ad idololatriam abutebantur? et tamen tali sepulchri veneratione consequebantur, ut curationem a tactu serpentum putarent iustam illius mercedem esseᶜ. Quid
10 dicemus? nisi fuisse hanc semperque fore iustissimam Dei vindictam, iis qui dilectionem veritatis non receperunt, mittere efficaciam illusionis, ut credant mendacio [2. Thess. 2. c. 11ᵈ]? Miracula ergo nobis minime desunt, eaque certa nec cavillis obnoxia. Quae autem illi pro se obtendunt, merae sunt Satanae
15 illusiones, quando a vero Dei sui cultu ad vanitatem populum abducuntᵉ. Praeterea calumniose nobis Patres opponunt² (antiquos et melioris adhuc seculi scriptores intelligo) acsi eos haberent suae impietatis suffragatores; quorum authoritate si dirimendum certamen esset, melior victoriae pars (ut mode-
20 stissime etiam loquar)ᶠ ad nos inclinaret. Verum quum multa praeclare ac sapienter ab illis Patribus scripta sint, in quibusdam vero iis acciderit quod hominibus solet: isti pii scilicet filii, qua sunt et ingenii et iudicii et animi dexteritate, eorum tantum lapsus et errores adorant: quae bene dicta sunt vel non obser-
25 vant, vel dissimulant, vel corrumpunt: ut dicas prorsus illis curae fuisse, in auro legere stercora³. Tum improbis clamoribus nos obruunt, ceu Patrum contemptores et adversarios. Nos vero adeo illos non contemnimus, ut si id praesentis instituti esset, nullo negotio mihi liceat meliorem eorum partem quae
30 hodie a nobis dicuntur, ipsorum suffragiis comprobare. Sicˡ
[18] tamen in eorum scriptis versamur, ut semper meminerimus,

a) *1559-61 falso* 1   b) Ier. > *1536, VG 1541-51; 1539-43* in Hieremi   c) ut — esse: *1536-54* ut curarentur a tactu serpentum
d) *1553 rectius* c. 10, et 11.   e) *VG 1541-51* + [Deut. 13 *(2 sqq.)*]
35 f) ut — loquar > *1536, VG 1541 sqq.*

1) Apud Hieronymum non exstat; sed refertur apud Isidorum Hispal., De ortu et obitu patrum c. 38, 74 MSL 83, 143. — cf. De prophetarum vita et obitu in rec. pri. Epiphanii, Dorothei et altera Epiphanii. (Prophet. vitae fabulosae ed. Schermann, p. 9. 44. 61).
40 2) Clichtoveus, Propugnaculum ecclesiae adv. Lutheranos, Parisiis 1526, lib. III. c. 2, f. 133. — de Castro, I c. 7, f. 15 C. sqq.— Cochlaeus, De lib. arbitrio I B 1 b.   3) Cassiodorus, De institutione divinar. literar. c. 1. MSL 70, 1112.

PRAEFATIO AD REGEM GALL.

omnia nostra esse, quae nobis serviant, non dominentur: nos autem unius Christi, cui per omnia, sine exceptione, parendum sit [1. Cor. 3. d. 21]¹. Hunc delectum qui non tenet, nihil in religione constitutum habebit; quando multa ignorarunt sancti viri illi[a]: saepe inter se conflictantur, interdum etiam secum ipsi[b] pugnant. Non sine causa (inquiunt) a Solomone admonemur ne transgrediamur antiquos terminos quos posuerunt patres nostri² [Prov. 22. d. 28]. At non eadem est regula in agrorum limitibus et obedientia fidei: quam sic comparatam esse oportet ut obliviscatur populum suum et domum patris sui [Psal. 45. c. 11.]. Quod si tantopere gestiunt ἀλληγορίζειν, cur non Apostolos potius, quam alios quosvis, Patres interpretantur, a quibus praescriptos terminos nefas sit revellere? sic enim interpretatus est Hieronymus, cuius verba in suos canones retulerunt³. Quod si eorum, quos intelligunt, fixos volunt esse[c] terminos: cur ipsi, quoties libet, adeo licenter transgrediuntur? Ex Patribus erant, quorum alter dixit, Deum nostrum non edere neque bibere: itaque non habere opus calicibus neque discis [Acatius in li. 11. cap. 16.[d] tripert. histor.]⁴: alter, sacra aurum non quaerere, neque auro placere quae auro non emuntur [Amb. lib. 2. de off. c. 28.[e]]⁵. Transgrediuntur ergo limitem quum in sacris[f] tantopere auro, argento, ebore, marmore, lapillis, sericis delectantur: nec rite Deum coli putant nisi omnia exquisito splendore vel potius insano[g] luxu diffluant[h ⁸]. Pater erat qui dixit, ideo se libere carnes edere quo die caeteri abstinebant, quia Christianus esset [Spiridion tri. histor. lib. 1. cap. 10.]⁶. Itaque fines transiliunt quum diris animam devovent quae per quadragesimam carnem gustaverit⁷. Patres erant, quorum unus dixit, monachum, qui manibus suis non laboret, violento, aut si mavis

---

a) *1536-54* sancti illi viri   b) *> 1536*   c) *1536-54* fixos esse volunt   d) li. 11. cap. 16. *> 1536-39, VG 1541*   e) *1536-39 (et VG 1541)* li. 1. de offi   f) *1536* + suis; *sic quoque VG 1541 sqq.*   g) exquisito — insano *> 1536-39, VG 1541 sqq.*   h) *iubente correctore 1536 legendum:* diffluunt

1) 1. Cor. 3, 21-23.   2) Cochlaeus, De lib. arb. I B 4 b. — Eck, Enchir. c. 1. B 2 a.   3) Decr. Gratiani II. C. 24 Q. 3. c. 33, Corpus iuris canonici I ed. Friedberg p. 999 (ex Hier. lib. II. Comment. ad cap. 5. Oseae).   4) Cassiodor., Historia tripartita XI. c. 16. MSL 69, 1198.   5) Ambrosius, De officiis ministrorum II. c. 28, 138. MSL 16, 140.   6) Cassiod., Hist. trip. I c. 10. MSL 69, 894 sq.   7) cf. Clichtovei Propugnaculum, lib. III. c. 2, 3, 22, 33; f. 131. 133. 169. 193.   8) Clicht. f. 56.

latroni^a, iudicari aequalem [Trip. histor. lib. 8.^b cap. 1.]¹:
alter, non licere monachis ex alieno vivere, etiamsi assidui
sint in contemplationibus, in orationibus, inⁱ studiis [August.
de opere mona. cap. 17.^c]². Et hunc limitem transgressi
sunt, quum otiosos ac doliares^d monachorum ventres in
lustris ac^e fornicibus collocarunt, qui aliena substantia saginarentur*⁹*. Pater erat qui dixit horrendam esse abominationem,
videre depictam vel Christi vel sancti ullius^g imaginem in
Christianorum templis [Epiph. epist. ab Hie. versa.]³. ‖ Neque 1543
id hominis unius voce pronuntiatum est, sed ab Ecclesiastico
etiam Concilio decretum, ne quod colitur, in parietibus depingatur [Conc. Eleber. c. 36.]⁴. ‖ Plurimum abest quin se intra 1536
hos fines contineant, quando non relinquunt angulum imaginibus vacuum. Alius Pater consuluit ut officio humanitatis
erga mortuos in sepultura defuncti, sineremus eos quiescere
[Ambr. lib. de Abra. 1. c. 9.^h]⁵. Hos limites perrumpunt quum
perpetuam mortuorum sollicitudinem incutiunt. Ex Patribus
erat ‖ qui substantiam panis et vini testaturⁱ in Eucharistia 1543*
ita permanere et non desinere, sicut manet in Christo Domino (1536 I 28)
substantia et natura hominis, iuncta divinae [Gelasius Papa
in Concil. Rom.]⁶. Igitur modum praetereunt qui fingunt^k
desinere substantiam panis et vini verbis Domini recitatis,
ut in corpus ac sanguinem transsubstantietur¹⁸. ‖ Patres 1543

a) aut — latroni > *1536–39;* viol.— latr.: *VG 1541 sqq.* comme un
brigand   b) *1536–39 (et VG 1541–51) falso* li. 5   c) cap. 17 >
1536, VG 1541–51   d) ac doliares > *1536, VG 1541 sqq.*   e) *1536 &;*
1539 in   f) *1536–39* saturarentur   g) depictam — ullius > *1536*
h) *sic 1539–53; 1559–61 falso* 1. c. 7; 1. c. 9 > *1536, VG 1541–51;* Amb.
— 9. > *1554*   i) *1543* qui testatur substantiam et naturam panis
et vini   k) *1543* + transmutari ac
l) qui negavit in sacramento coenae esse verum corpus, sed 1536
mysterium duntaxat corporis: sic enim ad verbum loquitur [Autor (I 28)
operis imperfecti in Matthaeum Homi. 11. est inter opera Chryso.]⁷.
Igitur modum praetereunt: cum localiter illic circumscriptum contineri fingunt *(*cum — fing.: *1536* cum faciunt reale et substantiale;

1) Cassiod., Hist. trip. VIII. c. 1. MSL 69, 1103 sq.   2) Aug., De
opere monachorum c. 17. MSL 40, 564; CSEL 41, 564.   3) Epiphanius, Ep. ad Io. Ierosolymitanum, ab Hier. versa; Hieron. Ep.
51, 9. CSEL 54, 411.   4) Concil. Illiberitanum (Elvira a. 306) can. 36.
Mansi, concil. collectio II, 264.   5) Ambrosius, De Abraham I
c. 9, 80. CSEL 32 I, 553.   6) Gelasius, De duabus naturis in Christo
adv. Eutychem et Nestorium, tract. III c. 14. Thiel, Ep. Rom. pont. I,
541 sq.   7) Opus imperfectum in Matth. hom. 11, inter opp. Chrysostomi ed. Paris. 1834 sqq. t. VI 796.   8) Conc. Lateran. IV
(a. 1215) c. 1. Mansi XXII, 982.   9) Clicht., Antiluth. f. 186 sqq.

20   PRAEFATIO AD REGEM GALL.

erant qui uti universae Ecclesiae[a] unam duntaxat Eucharistiam exhibebant, atque ut inde arcebant[b] flagitiosos et sceleratos, ita gravissime damnabant omnes eos qui praesentes ea non[c] communicarent [Chryso. in primo ca. Ephe.[1] Calixtus papa de consecrat. distin. 2.[2]]. Hos fines quam procul[d] submoverunt? quum[e] non templa tantum, sed etiam privatas domos Missis suis replent[f], ad eas[g] spectandas quosvis admittunt, et eo quenque libentius, quo largius quisque numerat[h], quantumvis impuri sint et scelesti: ad fidem in Christum, et fidelem Sacramentorum communionem invitant neminem: quin potius suum opus pro gratia et merito Christi venditant[1]. ||
1536 Patres erant, quorum unus ab usu sacrae Christi Coenae in
(I 28 sq.) totum submovendos decrevit qui alterius speciei participatione contenti, ab altera abstinebant [Gelas. Can. Comperimus, de consecr. dist. 2][3]: alter fortiter pugnat, non denegandum populo Christiano Domini sui sanguinem[i], pro cuius confessione sanguinem suum effundere iubetur [Cypr. epist. 2. lib. 1.[4] de lapsis[5]]. Hos quoque[k] terminos sustulerunt, quum inviolabili lege idipsum iusserunt quod ille excommunicatione puniebat, hic valida ratione improbabat[6]. Pater erat qui te- [20]

VG 1541 sqq. quand ilz disent que le corps de Christ est la contenu, et le font adorer d'une façon charnelle, comme s'il estoit /la — est. > *VG 1541]* la encloz localement*); hunc textum, qui 1536–39 invenitur, VG 1545 sqq. non delent, sed loco eorum verborum, quae ab anno 1543 hinc sequuntur (*Patres erant qui uti— Christi venditant.*), reddunt. — ut in corpus — transsubst. > *1543*

a) uti— Ecclesiae*: 1543* vel populo in uno templo coacto,   b) atque — arcebant*: 1543* ad quam, ut non admittebant*; 1545* nec ad eam admittebant   c) *1543–45* + vera in Christum fide   d) quam procul*: 1543* falso odio*; 1545* adeo   e) *1543–45* ut   f) *1543–45* repleant   g) *1543* et ad illas*; 1545* ad quas   h) et eo — numerat*: 1543* eosque libentius, qui largius numerant   i) quin — venditant*: 1543* pro gratia et merito Christi, suum opus venditantes*; 1545* suum opus pro gratia et merito Christi, venditantes. — *1543 hic falso in marg. inserit:* Autor ope. imperfe. in Matth. Homil. 2. *(sic falso 1539 quoque)* est inter oper. Chrysosto.; vide supra p. 19, not. l   k) > *1536–45*

1) Chrysostomus, In epistolam ad. Eph. Comment., in cap. I. hom. III, 4. 5, ed. Paris. 1834 sqq. t. XI, 26 sqq.   2) Decr. Grat. III. De consecrat. Dist. 2. c. 18 (ex Concil. Martini Papae c. 83), Friedberg p. 1320.   3) Decr. Grat. III. De consecr. Dist. 2. c. 12 (Gelasius Papa Maiorico et Iohanni Episcopis), Friedberg p. 1318. Cf. Conf. Aug. p. II art. 1.   4) Cyprianus, Ep. 57, 2. CSEL 3 II, 652.   5) Cypr., De lapsis c. 22 et 25. CSEL 3 I, 253. 255.   6) Conc. Constant. Sess. XIII, Definitio de communione sub utraque specie (a. 1415), confirmata a Martino V. per Bullam „In eminentis" a. 1418. Mansi, XXVII, 727 sq.; 1215. 1219. - Clicht., Propugnaculum, f. 51.

meritatem esse asseruit, de re obscura in utramvis partem definire sine claris atque evidentibus Scripturae testimoniis [August. lib. 2. De peccat. mer. cap. ult.]a¹. Hunc terminum obliti sunt quum tot constitutiones, tot Canones, tot magi-
5 strales determinationes sine ullo Dei verbo statuerunt. Pater erat qui Montano inter alias haereses exprobravit quod primus ieiuniorum leges imposuisset [Apollon. de quo Eccles. histo. lib. 5. cap. 18.ᵇ]³. Hunc quoque terminum longe excessere quum ieiunia strictissimis legibus sanxerunt⁴. Pater erat qui negavit
10 Ecclesiae ministris interdicendum coniugium,ᶜ castitatem pronuntiavit, cum propria uxore concubitum [Paphnu. Tr.pert. hist. lib. 2. cap. 14]⁵; et Patres erantᵈ qui eius authoritati assenserunt⁶. His finibus egressi sunt quum suis sacrificis caelibatum severe indixerunt⁷. Pater erat ͤ qui censuit unum
15 Christum audiendum esse, de quo dictum sit, Ipsum audite⁸: nec respiciendum quid alii ante nos aut dixerint aut fecerint, sed quid (qui primus omnium est) Christus praeceperit ᶠ [Cypr. epist. 3ᵍ. lib. 2.]⁹. Hunc finem neque ipsi sibi praestituunt, neque aliis praestitutum habere permittunt, dum quosvis po-
20 tius ʰ et sibi et aliis magistros quam Christum¹ praeficiunt¹⁰. ||
Pater erat qui contendit Ecclesiam non debere se Christo prae- 1543 ponere, quia ille semper veraciter iudicet: Ecclesiastici autem iudices, sicut homines, plerunque fallantur [August. cap. 2. cont. Cresconium grammaticum.]¹¹. Hoc etiam fineᵏ perrupto,
25 asserere non dubitant totam Scripturae authoritatem ab Eccle-

a) *1536 (et VG 1541–51) falso* [Aug. lib. 1. de gratia novi test. c. ult.]²   b) *sic recte VG 1541–51; 1536–61 falso* 12.   c) *1536–39 +* et d) *> 1536–45*   e) *VG 1560* Celuy   f) *VG 1560 +* cestuy-la, dy-ie, estoit des plus anciens Peres   g) *1550–61 falso* 2   h) *1536* dum
30 alios   i) quosvis — Christ.*: VG 1541 sqq.* tant par dessus eux que par dessus les autres, autre maistre que Christ *(1551 sqq.* autres maistres —*; 1560* des m. nouveaux outre Christ*)*   k) *1543* fune

1) Aug., De peccatorum meritis et remissione et de baptismo parvulorum II. c. 36. MSL 44, 186; CSEL 60, 128.   2) In libro
35 Aug. „De gratia Novi Test.", nunc epist. 140, non exstat.   3) Eusebius, Historia ecclesiastica V, 18. GCS 9 I, 472.   4) cf. Decr. Grat. III De consecr. Dist. 3. c. 9 (ex conc. Agat. a. 506), c. 3 (ex conc. Aurel. a. 511), c. 7 (ex Conc. Martini Papae a. 649), Friedberg p. 1353 sqq. etc.   5) Cassiod., Hist. trip. II, 14. MSL 69, 933.   6) cf.
40 Decr. Grat. I Dist. 28. c. 15 (ex concilio Gangrensi a. 343), Friedberg p. 105.   7) cf. RE³ IV, 204 sqq. (Friedberg).   8) Matth. 17, 5. 9) Cyprian., Ep. 63, 14 (ad Caecilium). CSEL 3 II, 712.   10) cf. exempli gratia Clichtovei Propugnaculum III c. 4, f. 135 sqq. — de Castro, Adv. omnes haer. I c. 5, f. 10 D.   11) Aug., Contra Cresconium
45 Grammaticum Donatistam lib. II c. 21. MSL 43, 482; CSEL 52, 385.

1536
(I 29 sq.) siae arbitrio pendere^{a 1}. ‖ Patres omnes uno pectore execrati sunt et uno ore detestati, sanctum Dei verbum sophistarum argutiis contaminari et dialecticorum rixis implicari[2]. An isti iis limitibus se continent, dum nihil aliud in tota vita moliuntur[b], quam infinitis contentionibus et plusquam sophisticis iurgiis Scripturae simplicitatem involvere et im¦pedire? ut si nunc Patres suscitentur, et huiusmodi iurgandi artem audiant quam speculativam theologiam appellant isti[c], nihil minus credant quam de Deo haberi disputationem. Verum latius iustis spatiis[d] sese oratio nostra effunderet, si recensere vellem quam petulanter isti Patrum iugum, quorum observantes filii videri volunt, excutiant. Menses profecto atque anni me deficerent. Et adeo perdita sunt deplorataque impudentia, ut nos castigare ausint quod terminos antiquos transgredi non dubitemus[e]. Iam vero quod nos ad consuetudinem vocant nihil efficiunt. Iniustissime enim nobiscum ageretur si consuetudini cedendum esset. Equidem si recta essent hominum iudicia, consuetudo a bonis petenda erat; verum longe aliter saepiuscule agi contingit[f]; quod enim a multis fieri conspectum est, consuetudinis ius mox obtinet[g]. Atqui vix unquam tam bene habuerunt res humanae ut pluribus placerent meliora. Ergo ex privatis multorum vitiis publicus error plerunque factus est, vel potius communis vitiorum consensus: quem nunc boni isti viri pro lege esse volunt. Vident qui oculos habent, non unum mare malorum inundasse, multas sonticas pestes invasisse orbem, omnia in praeceps ruere: ut aut prorsus res humanae deplorandae sint, aut tantis malis iniicienda manus, vel potius vis afferenda. Et abigitur remedium, non alia ratione nisi quia iampridem malis assuevimus. Sed locum sane habeat in hominum societate publicus error: in regno tamen Dei sola eius aeterna veritas audienda et spectanda est, cui nulla annorum serie, nulla consuetudine, nulla coniuratione praescribi potest [Decret. dist. 8. cap. fi.[3] Ex. de consue.[h 4]]. Sic

[21]

---

a) Pater erat qui cont. — pend. > *VG 1545–51*   b) *1536 agunt; VG 1541 sqq.* font   c) >*1536–45*   d) *1536* Verum quam late *quod reddunt VG 1541 sqq.*   e) *1536–39* transgrediamur   f) *1536* contigit; agi cont.: *VG 1541 sqq.* il en est — advenu   g) *1536–54* ius obtinuit   h) fi. — cons.: *VG 1560 emendat* si consuetudinem; — *1536 male* fl. *(sic quoque 1539–61; VG 1541–51* fin.*) extra (1539* exa.; *1543–54* ex.*) de consue. (sic quoque ceterae)*

1) Ioh. Eck, Enchiridion c. 1, A 6 b. — de Castro, l. c. I c. 2, f. 5 D sqq.   2) Tert., De praescriptione haereticorum 7, ed. Oehler p. 8 sqq. — Aug., De doctrina christiana II, 31. MSL 34, 57 sq. etc.   3) Decr. Grat. I Dist. 8. c. 5 (Si consuetudinem), c. 9 (Si solus); Friedberg p. 14 sqq.; cf. Conf. Aug. p. II art. 1.   4) vide Addenda.

quondam electos Dei docebat Iesaias ne dicerent Conspiratio, ad omnia in quibus populus dicebat Conspiratio [Iesaiae 8. c. 12]; hoc est, ne in sceleratum populi^a consensum una ipsi conspirarent, neve timorem eius timerent, ac formidarent: sed potius ut Dominum exercituum sanctificarent, et ipse esset timor eorum et pavor^b. Nunc itaque, ut volent, et praeterita secula et praesentia exempla nobis obiectent: si Dominum exer|cituum sanctificaverimus, non valde terrebimur. Sive enim in similem impietatem multa secula consenserint, fortis est qui ultionem in tertiam et quartam generationem faciat: sive totus simul orbis in eandem nequitiam conspiret, experimento docuit quis sit eorum exitus qui cum multitudine delinquunt, quum universum hominum genus diluvio perdidit, servato Noe cum modica familia, qui per suam unius fidem totum orbem condemnaret [Gen. 7. a. 1; Heb. 11. b. 7]. Denique prava consuetudo non secus ac publica quaedam est pestis, in qua non minus pereunt qui in turba cadunt. ‖ Adhaec expendere decebat quod alicubi dicit Cyprianus, eos qui ignoratione peccant, etsi non possint omni se culpa eximere, videri tamen posse quoquomodo excusabiles: oblatam autem Dei beneficio veritatem qui pertinaciter respuunt, nihil habere quod obtendant [Epist. 3. lib. 2.[1] et in Epist. ad Iulianum de haeret. baptizand.[2]]. ‖ Dilemmate suo non adeo vehementer nos premunt ut fateri adigant vel Ecclesiam fuisse aliquandiu intermortuam, vel nunc cum Ecclesia nobis litem esse. Vixit sane Christi Ecclesia, et vivet quandiu Christus regnabit ad dexteram Patris: cuius manu sustinetur, cuius praesidio defend:tur^c, cuius virtute suam incolumitatem retinet^d. Praestabit enim ille indubie quod semel recepit, se affuturum suis usque ad consummationem seculi [Matt. 28. d. 20]. Adversus eam nulla nunc nobis pugna est; siquidem Deum unum et Christum Dominum^e uno consensu, cum omni fidelium populo, colimus et adoramus, qualiter semper ab omnibus piis adoratus est. Sed non parum a vero ipsi aberrant, dum Ecclesiam non agnoscunt nisi quam praesenti oculo cernant, et eam iis finibus circunscribere conantur quibus minime inclusa est. In his cardinibus controversia nostra vertitur: primum quod Ecclesiae formam semper apparere et spectabilem esse contendunt[3]:

---

a) in — populi: *1536–54* in populi conspirationem et   b) *1536–43* + eorum   c) *1536–54* armatur   d) suam — retinet: *1536–54* roboratur   e) *VG 1541–51* + [1. Cor. 8 *(6)*]

1) Cyprian., Ep. 63 (ad Caecilium) c. 17 sq. CSEL 3 II, 715.
2) Cyprian., Ep. 73 (ad Iubaianum) c. 13. CSEL 3 II, 787.   3) Eck, Enchir. c. 1. B 1 a. — de Castro, Adv. omnes haer. I. c. 6. f. 12 A.

deinde quod formam ipsam in sede Romanae Ecclesiae et Praesulum suorumª ordine constituunt¹. Nos contra asserimus, et Ecclesiam nulla apparente forma constare posse, nec formam externo illo splendoreⁱ, quem stulte admirantur, sed longe alia nota contineri: nempe pura verbi Dei praedicatione, et legitima sacramentorum administratione². Fremunt nisi Ecclesia digito semperᵇ ostendatur. Sed quam saepe in populo Iudaeorum sic deformari contigitᶜ ut nulla species emineret? quam putamus formam resplenduisse quum Helias solum se relictum deploraret [1. Reg. 19. b. 11]³? quandiu ab adventu Christi deformis latuit? quoties ab eo tempore bellis, seditionibus, haeresibus sic oppressa est ut nulla parte fulgeret? An si eo tempore vixissent, credidissent ullam esse Ecclesiam? sed audivit Helias salva esse septem milliaᵈ virorum qui non curvaverant genu coramᵉ Baal. Nec dubium nobis esse debet quin semper in terris regnaverit Christus ex quo caelum ascendit; notabilem vero aliquam formam si tum pii oculis requisiissent, nonne protinus concidissent animis? || Et sane id iam summi vitii loco in suo seculo ducebat Hilarius, quod stulta Episcopalis dignitatis admiratione occupati, latentem sub ea larva exitialem lernam non animadverterent; sic enim loquitur, Unum moneo, cavete Antichristum; male enim vos parietum amor cepit: male Ecclesiam Dei in tectis aedificiisque veneramini: male sub iis Pacis nomen ingeritis. Anne ambiguum est in iis Antichristum esse sessurum? Montes mihi, et sylvae, et lacus, et carceres, et voragines sunt tutiores; in iis enim Prophetae aut manentes aut demersi prophetabant [Contra Auxentium.]⁴. Quid autem hodie in cornutis suis Episcopis mundus veneratur, nisi quoniam sanctos esse religionis praesules autumat quos celebribus urbibus videt praesidere? Apagesis ergo tam stupidam aestimationem. Quin potius || permittamusᶠ hoc Domino, ut quando ipse solusᵍ novit qui sui sint [2. Tim. 2. c. 19], interdum etiam Ecclesiae suae exteriorem notitiam ab hominum aspectu auferat. Est, fateor, horribilis illa Dei vindicta super terram; sed si ita meretur hominum impietas, cur iustae Dei ultioniʰ obsistere nitimur? Sic anteactis seculis Dominus hominum ingratitudinem ultus est; nam quia veri-

---

a) > *1536, VG 1541-45*   b) *1536* semper digito   c) *1550* contingit   d) *1536-54* milia   e) *1536-45* ante   f) *1536* + igitur   g) *1536* solus/ipse   h) *1536-45* cur divinae iustitiae

1) Eck, l.c. c.3. B 5a sqq.   2) Conf. Aug. p. I art. 7.   3) 1. Reg. 19, 10.   4) Hilarius, Contra Arianos vel Auxentium Mediolanensem c. 12. MSL 10, 616.

tati suae obedire noluerant, etl lucem suam extinxerant, eos excaecatos sensu, et absurdis mendaciis ludi, et altis tenebris immergi passus est, ut nulla verae Ecclesiae facies extaret; interim tamen suos et dispersos et delitescentes, in mediis erroribus et tenebris ab exitio[a] servavit. Nec mirum: didicit enim servare et in ipsa confusione Babylonis, et flamma fornacis ardentis. Quod autem formam Ecclesiae nescio qua vana pompa censeri volunt, id quam periculosum sit paucis indicabo magis quam enarrabo, ne orationem in immensum extraham. Pontifex, inquiunt[b], qui sedem Apostolicam tenet, et qui ab eo[c] antistites sunt inuncti et consecrati, infulis modo et lituis insigniti sint[d], Ecclesiam repraesentant, et pro Ecclesia haberi debent; ideo nec errare possunt. Qui sic? quia pastores sunt Ecclesiae, et consecrati Domino. Et Aaron caeterique praefecti Israel nonne[e] pastores erant? Aaron vero[e] et filii eius iam Sacerdotes designati erraverunt tamen, quum vitulum fabricaverunt [Exod. 32. a. 4]. Cur[f] secundum hanc rationem Ecclesiam non repraesentassent quadringenti[g] illi Prophetae qui Ahab mentiebantur [1. Reg. 22. b. 12[h]]? At Ecclesia stabat a partibus Micha, solius quidem et contemptibilis, sed ex cuius ore verum egrediebatur. Nonne et nomen et faciem Ecclesiae prae se ferebant Prophetae, quum uno impetu adversus Ieremiam insurgerent, et minaces iactarent fieri non posse ut periret Lex a Sacerdote, consilium a sapiente, verbum a Propheta [Ierem. 18. c. 18]? Adversus totam[i] Prophetarum nationem solus Ieremias mittitur qui a Domino denuntiet fore ut Lex pereat a Sacerdote, consilium a sapiente, verbum a Propheta[k] [Iere. 4. c. 9.]. Nonne talis splendor refulgebat in eo concilio[l] quod Pontifices, Scribae et Pharisaei collegerunt, consilia de interficiendo Christo captaturi [Iohan. 12. b. 10[m]]? Eant nunc, et in externa larva haereant, ut Christum et omnes Dei[n] Prophetas faciant schismaticos: Satanae rursum ministros faciant Spiritus sancti organa. Quod si ex animo loquuntur, respondeant mihi bona fide, ubinam gentium ac locorum Ecclesiam residere existiment ex quo Basiliensis Concilii decreto deiectus et abdicatus est Pontificatu Eugenius[1],

---

a) ab exitio > *1536, VG 1541 sqq.* b) *1536 (et VG 1541 sqq.)* Papa (inquiunt) Romanus c) *1539–54* + in d) et qui — sint: *1536 (et VG 1541 sqq.)* et episcopi alii e) > *1536–39* f) *1536–45* Cui g) *1539 falso* quadraginta h) *sic recte 1561, 1559 falso* 11 i) *1539* tantam k) Adversus — Proph. > *VG 1541* l) *1543–50* consilio m) *1536–45 recte* [Ioan. 11 *(47 sqq.)*] n) *1536 (et VG 1541 sqq.)* + vivi

1) d. 25. Iul. 1439.

subrogato in eius locum Amedaeo[1]? Negare, vel si rumpantur¹, nequeunt, Concilium, quantum ad externos ritus attinet, fuisse legitimum: nec ab uno tantum Pontifice, sed a duobus indictum[2]. Damnatus est illic Eugenius schismatis, rebellionis, pertinaciae, cum toto Cardinalium et Episcoporum grege qui cum eo Concilii dissolutionem admoliti erant. Postea tamen Principum favore sublevatus, salvum Pontificatum recepit[3]. Illa Amedaei electio[a], generalis et sacrosanctae Synodi authoritate rite peracta, in fumum abiit: nisi quod ipse galero Cardinalitio, ceu canis latrans iniecta offa, placatus est. Ex illorum haereticorum rebellium, pertinacium gremio prodiit quicquid postea Paparum, Cardinalium, Episcoporum, Abbatum, Presbyterorum fuit. Hic deprehensi haereant necesse est. Utram enim in partem Ecclesiae nomen conferent? negabuntne Concilium generale fuisse, cui nihil ad exteriorem maiestatem deerat? nempe quod duobus diplomatibus solenniter indictum, praesidente Romanae sedis Legato consecratum, rerum omnium ordine bene compositum, eadem semper dignitate ad extremum perseveravit. Fatebuntur schismaticum Eugenium cum tota sua cohorte, a qua omnes sanctificati sunt? Aut igitur Ecclesiae formam aliter definiant: aut quotquot sunt, habebuntur a nobis schismatici, qui scientes volentes ab haereticis ordinati sunt. Quod si nunquam antea compertum fuisset, externis pompis non alligari Ecclesiam, ipsi prolixo documento nobis esse possunt, qui sub specioso illo Ecclesiae titulo tandiu se orbi superciliose venditarunt, quum tamen essent exitiales Ecclesiae pestes. De moribus non loquor, et tragicis illis facinoribus, quibus scatet tota eorum vita: quando Pharisaeos se esse aiunt, qui sint audiendi non imitandi[4]. Ipsam, ipsam doctrinam, cui id deberi aiunt quod sunt Ecclesia, exitialem animarum carnificinam, facem, ruinam, et excidium Ecclesiae esse non obscure cognosces, si legendis nostris aliquantum otii tui decidas. Postremo non satis candide faciunt quum invidiose commemorant quantas turbas, tumultus, contentiones secum traxerit nostrae doctrinae praedicatio, et quos nunc in multis fructus ferat; nam horum malorum culpa indigne in ipsam derivatur, quae in Satanae malitiam torqueri debuerat. Est hic divini verbi quidam quasi genius, ut nunquam emergat, quieto ac dormiente Satana; haec certissima et in primis fidelis nota, qua discernitur a mendacibus doc-

a) *1539-45 falso* eiectio

1) d. 5. Nov. 1439.   2) sc. a Martino V. et Eugenio IV.   3) d. 7. Febr. 1447.   4) Matth. 23, 3. — Eck, Enchir. c. 2. B 5 a.

trinis, quae se facile produnt dum aequis omnium auribus recipiuntur, et a mundo plaudente audiuntur. Sic seculis aliquot, quibus profundis tenebris submersa fuerunt omnia, huic[a] mundi domino cuncti fere mortales[b] ludus erant ac iocus, nec secus
5 ac Sardanapalus[c] aliquis in alta pace desidebat ac deliciabatur; quid enim aliud quam risisset ac lusisset, tranquilla ac pacata[d] regni possessione? At vero ubi lux e supernis affulgens tenebras eius aliquantum discussit, ubi fortis[e] ille regnum eius turbavit ac perculit[1], tum vero solitum suum torporem
10 excutere coepit, et arma corripere. Et primum quidem hominum manus concitavit, quibus illucescentem veritatem violenter opprimeret; per quas ubi nihil profectum est, ad insidias se convertit: dissidia et dogmatum contentiones per Catabaptistas suos et alia nebulonum portenta excitavit, quibus eam
15 obscuraret, tandem et[f] extingueret. Et nunc utraque machina ipsam tentare perseverat; siquidem et verum illud semen vi ac manu hominum evellere conatur, et suis zizaniis (quantum in se est) nititur occaecare, ne crescat, et fructum reddat. Id tamen ipsum frustra, si monitorem Dominum audimus qui et
20 eius artes multo ante nobis aperuit, ne incautos deprehenderet, et contra omnes eius machinas, satis firmis praesidiis armavit. Caeterum, in ipsum Dei verbum invidiam conferre, aut seditionum, quas improbi et rebelles: aut sectarum, quas impostores contra excitant: quanta est malignitas? Novum tamen
25 exemplum non est. Interrogabatur Elias annon is esset qui turbabat Israel[g]. Christus seditiosus Iudaeis erat[h]. Apostolis crimen impingebatur commotionis popularis[i]. Quid aliud agunt qui hodie omnes turbas, tumultus, contentiones, quae in nos ebulliunt, nobis imputant? Talibus autem quid respondendum
30 sit, docuit nos Elias, non nos esse qui vel errores spargimus, vel tumultus commovemus: sed eos ipsos qui Dei virtuti obluctantur [1. Reg. 18. c. 18]. Verum ut illud unum ad retundendam eorum temeritatem[1] satis est: ita rursum aliorum imbecillitati occurrendum[k], quos talibus offendiculis commo-
35 veri, ac perturbatos vacillare non raro contingit. Illi[1] vero ne hac perturbatione labascant, ac de gradu deiiciantur, sciant eadem expertos esse suo seculo Apostolos quae nunc usu nobis veniunt. Erant indocti et instabiles, qui ad suam ipsorum

---

a) *1536–54* isti   b) cuncti — mortales: *1536–54* homines   c) *1543*
40 + puto   d) *1536–45* pacifica   e) *1536–54* fortior   f) *1536–54* et tandem   g) *1536–39* + [3. Reg. 18 *(1. Reg. 18, 17)*]   h) *1536–39* + [Luc. 23 *(5)* Ioan. 19 *(7 sqq.)*]   i) *1536–39* + [Act. 24 *(5 sqq.)*]
k) *1536* + est   l) *1536–43* Ii   1) Luc. 11, 22.

perniciem depravarent quae a Paulo divinitus scripta erant, ut ait Petrus [2. Petr. 3. d. 16]. Erant Dei contemptores, qui quum audiebant abundasse peccatum ut gratia exundaret, statim ingerebant, Manebimus in peccato, ut gratia abundet. Quum audiebant fideles non esse sub Lege, protinus occine- bant, Peccabimus, quia non sumus sub Lege, sed sub gratia [Rom. 6. a. 1. c. 15.]a. Erant qui illum mali suasorem arguebant. Subintrabant multi pseudapostoli, qui diruerent Ecclesias quas ipse aedificaveratb. Quidam per invidiam et contentionem, nec syncere Evangelium praedicabant, malitiose etiam: cogitantes se pressuram suscitare vinculis eius [Philipp. 1. b. 15.]. Alicubi non multus erat Evangelii profectusc. Omnes quae sua erant, quaerebant, non quae Iesu Christid. Alii retrorsum abibant, canes ad vomitum, et sues ad volutabrum lutie. Plerique libertatem Spiritus rapiebant adf licentiam carnisg. Insinuabant sese multi fratresh, a quibus deinde piis imminebant pericula.[1] Inter ipsos fratres variae concertationes suscitabanturk. Quid hic Apostolis agendum erat? an non vel ad tempus dissimulandum, vel potiusl omittendum illudm Evangelium ac deserendum erat, quod tot litium videbant esse seminarium, tot periculorum materiam, tot scandalorum occasionem? At in huiusmodi angustiis succurrebat, Christum esse lapidem offensionis, et petram scandali, positum in ruinam et resurrectionem multorum, et in signum cui contradiceretur [Luc. 2. e. 34]n; qua fiducia armati per omnia tumultuum offensionumque discrimina audacter progrediebantur. Eadem et nos cogitatione sustentari decet, quando hunc perpetuum Evangelii genium esseo testatur Paulus, ut sit odor mortis in mortem iis qui pereunt [2. Cor. 2. d. 16]: tametsi in hunc potius usum nobisp destinatum erat et odor esset vitae in vitam, ac potentia Dei in salutem fideliumq1; ‖ lquod ipsum nos quoque certe experiremur, nisi nostrar ingratitudine corrumperemus hoc tam singu-

---

a) *1536–39* + [Rom. *(1536 et)* 3 *(5–8)*]   b) *1536–39* + [1. Corin. 1 *(10 sqq.)* 2. Corin. 11 *(3 sqq.)* Galat. 1 *(6 sqq.)*]   c) *1536–39* + [In epistolis ad Corint. et ad Timoth.]   d) *1536–39* + [Philip. 2 *(21)*]   e) *1536–39* + [2. Pet. 2 *(22)*]   f) *1536* in; *VG 1541 sqq.* en   g) *VG 1541–51* + [Au dict lieu. *(2. Pet. 2, 18 sq.)*]   h) *iubente correctore 1536 addendum* falsi; *VG 1541 sqq.* faux freres   i) *VG 1541–51* + [2. Cor. 11 *(3 sqq.)*]   k) *VG 1541–51* + [Act. 6. 11 et 15]   l) *1536* prorsus; *VG 1541 sqq.* du tout   m) *1536* istud   n) *1536–39* + [Iesaiae 8 *(14)* Roma. 9 *(33)* 1. Pet. 2 *(8)*]   o) *1536–39* quando hoc Evangelii esse *(esse > 1539)* perpetuum   p) *1543–61 male* vobis   q) tametsi — fidelium: *1536–39* odor vitae in vitam iis, qui salvi fiunt   r) *1543* vestra

1) Rom. 1,16.

lare Dei beneficium, ac in exitium nostrum verteremus quod
nobis unicum salutis praesidium esse debuerat[a]. || Sed ad te revertor, o[b] Rex. Nihil te moveant vanae illae delationes, quibus
terrorem tibi iniicere nituntur nostri adversarii, Non aliud hoc
novo Evangelio, (sic enim appellant,) captari ac quaeri, nisi
seditionum opportunitatem, ac vitiorum omnium impunitatem[1]. Neque enim divisionis Deus noster[c] author est, sed pacis[d]: et Filius Dei non peccati minister est[e], qui venit ad dissolvenda opera diaboli[f]. Et nos talium cupiditatum immerito
accusamur, quarum ne minimam quidem suspicionem unquam
dedimus. Scilicet nos regnorum inversionem meditamur: quorum nulla unquam factiosa vox audita est, et vita semper
quieta simplexque cognita fuit, quum sub te viveremus: et
qui nunc etiam domo profugi, tibi tamen regnoque tuo fausta
omnia precari non desinimus. Scilicet nos impunitam vitiorum
petulantiam aucupamur, quorum in moribus etsi[g] multa reprehendi possunt, nihil tamen tanta insultatione[h] dignum;
nec tam infoeliciter (gratia Dei) in Evangelio profecimus quin
istis obtrectatoribus vita nostra, castitatis, benignitatis, misericordiae, continentiae, patientiae, modestiae, et virtutis cuiusvis exemplum esse possit. Nos sane Deum syncere timere et
colere reipsa palam est[i], quando tum vita tum morte nostra
nomen eius sanctificari petimus, et ipsa invidia coacta est quibusdam nostrum innocentiae et civilis integritatis testimonium dare: in quibus id unum morte plectebatur quod singulari in laude ponendum erat. Quod siqui sub praetextu Evangelii tumultuantur[2] (quales hactenus aliquos in regno tuo
fuisse non compertum est) siqui vitiorum suorum licentiae,
libertatem gratiae Dei praetexunt (quales permultos novi) sunt
leges et legum poenae, quibus pro meritis graviter coerceantur:
modo ne interim Evangelium Dei ob scelestorum hominum
nequitiam male audiat. Habes, Rex[k], satis multis expositam
calumniatorum virulentam iniquitatem, ne in eorum delationes
ultra modum credula aure propendeas; vereor etiam[l] ne nimis
multis: quando haec iam[l] praefatio ad iustae pene apologiae

a) quod ips. — deb. > *VG 1545*   b) *1536-54* + magnanime
c) > *1536-54*   d) *1536-43* + [1. Cor. 14 *(33)*]   e) *1536-43* +
[Galat. 2 *(17; 1543 falso* Galat. 4*)*]   f) *1536-43* + [1. Ioan. 3 *(8)*]
g) *1539-43 falso* ut si; *1545* et si   h) *1536* insectatione   i *1536*
res ipsa testatur; *1539-43* reipsa testatur; *VG 1541 sqq.* la verité
tesmoigne evidemment   k) *1536-54* + magnificentissime   l) *1536*
iam haec

1) vide supra p. 14, 29—15, 4.   2) Ad Anabaptistas Monasterienses
spectat.

PRAEFATIO AD REGEM GALL.

modum accedit: qua non defensionem texere, sed duntaxat ad ipsam causae actionem audiendam animum tuum praemollire[a] studui, aversum quidem nunc et alienatum a nobis, addo etiam inflammatum: sed cuius gratiam recolligere nos posse confidimus, si hanc nostram confessionem, quam pro defensione apud tuam maiestatem esse volumus, placidus compositusque semel legeris. Sin vero ita aures tuas occupant malevolorum susurri, ut nullus sit reis pro se dicendi locus: importunae vero illae furiae, te connivente,[1] semper vinculis, flagris, equuleis, sectionibus, incendiis saeviunt: nos quidem, velut oves mactationi destinatae, ad extrema quaeque redigemur: sic tamen, ut in patientia nostra possideamus animas nostras[b], et manum Domini fortem expectemus: quae indubie tempore aderit, et sese armata exeret tum ad pauperes ex afflictione eruendos, tum etiam[c] ad vindicandos qui tanta securitate nunc exultant[d], contemptores. Dominus Rex regum, thronum tuum iustitia stabiliat, et solium tuum aequitate[e], illustrissime Rex[f].

Basileae, Calend. Augusti, AN. M. D. XXXVI.[g][1]

a) *1539-43* permollire   b) *1536* + [Luc. 21 *(19)*]   c) > *1536*, *VG 1541 sqq.*   d) qui — exultant > *1536*, *VG 1541-51*   e) *1536-54* + fortissime ac   f) ill. R. > *VG 1560*   g) *1536* BASILEAE, X. Calendas Septembres; *VG 1541-45* De Basle le vingttroysiesme D'aoust mil cinq cent trente cinq.; *VG 1551 sqq.* De Basle, le premier iour d'Aoust, mil cinq cens trente cinq

1) In editione prima Institutionis huic praefationi subscriptum est: „Basileae, X. Calendas Septembres", anni significatione omissa. In omnibus posterioribus editionibus Latinis inde ab editione Argentoratensi anno 1539 confecta adicitur: „Anno MDXXXVI". Sed potius „anno MDXXXV" supplendum fuisse ex eo apparet, quod totus liber mense Martio anni 1536 e prelo exiit. Nam in fine libri haec subscriptio invenitur: „Basileae, per Thomam Platterum et Balthasarem Lasium, Mense Martio, Anno 1536". Qua congruunt VG 1541 et 1545, quae habent: „De Basle le vingttroysiesme D'aoust mil cinq cent trente cinq". Sic quoque omnes posteriores versiones Gallicae annum 1535 afferunt. Sed cum editionibus posterioribus Latinis peccant eo, quod diem 1. Aug. pro die 23. Aug. subiciunt, quem errorem ob id immersum esse coniciendum est, quod Calvinus praefationi ad lectorem editioni Argentoratensi a. 1539 primum additae die 1. Augusti subscripsit.

Institutionis Christianae religionis
Liber primus.
DE COGNITIONE DEI CREATORIS.ᵃ

Dei notitiam et nostri res esse coniunctas, et quomodo inter se cohaereant.   CAP. I.

1. TOTA fere sapientiae nostrae summa, quae vera demum ac solida sapientia censeri debeat, duabus partibus constat, Dei cognitioneᵇ et nostri¹. ‖ Caeterum quum multis inter se vinculis connexae sint, ‖ utra tamenᶜ alteram praecedat, etᵈ ex se pariat, non facile est discernere. ‖ Nam primo, se nemo aspicere potest quin ad Dei in quo vivit et movetur², intuitum sensus suos protinus convertat: quia minime obscurum est, dotes quibus pollemus, nequaquam a nobis esse; imo ne id quidem ipsum quod sumus, aliud esse quam in uno Deo subsistentiam. Deinde ab his bonis quae guttatim e caelo ac nos stillant, tanquam a rivulis ad fontem deducimur. Iam vero ex nostra tenuitate melius apparet illa, quae in Deo residet bonorum infinitas. Praesertim miserabilis haec ruina, in quam nos deiecit primi hominis defectio, sursum oculos cogit attollere, non modo ut inde ieiuni et famelici petamus quod nobis deest, sed metu expergefacti, humilitatem discamus. ‖ Nam ut in homine reperitur quidam miserarum omniumᵉ mundus, ‖ ac ex quo spoliati sumus divino ornatu, pudenda nuditas immensam probrorum congeriem detegit: propriae infoelicitatis conscientia unumquenque pungi necesse est, ut in aliquam saltem Dei notitiam veniatᶠ. ‖ Ita ex ignorantiaeᵍ, vanitatis, inopiae, infirmitatisʰ, pravitatis denique et corruptionis propriae sensu recognoscimus, non alibi quam in Domino sitam esse veram sapientiae lucem, solidam virtutem, bonorumⁱ

---

a) *VG 1560* QUI EST DE COGNOISTRE Dieu en tiltre et qualité de Createur, et souverain Gouverneur du monde   b) *1536–54* cogn. Dei   c) *1539–54* autem   d) *1539–54* ac   e) *1539–54* omn. miser.

f) intueri nos recte non possumus, quin propriae infoelicitatis conscientia feriamur ac pungamur: quo statim ad Dominum tollamus oculos, ac in aliquam saltem eius noticiam veniamus   g) *1539–54* ex tenuitatis, hebetudinis   h) inop., infirm. *>1539–54*

1) cf. Clem. Alex., Paed. III, 1. GCS t. 12, p. 235.   2) Act. 17, 28.

omnium perfectam affluentiam, iustitiae puritatem^a; atque adeo malis nostris ad consideranda Dei bona^b excitamur: nec ante ad illum serio aspirare possumus, quam coeperimus nobisipsis^c displicere. Quis enim hominum non libenter in se requiescat? quis etiam non requiescit quandiu sibi est incognitus, hoc est, suis dotibus est contentus, et inscius suae miseriae vel immemor^d? Proinde unusquisque sui agnitione non tantum instigatur ad quaerendum Deum, sed etiam ad reperiendum quasi manu ducitur.

2. Rursum, hominem in puram sui notitiam nunquam pervenire constat nisi prius Dei faciem sit contemplatus, atque ex illius intuitu^e ad seipsum inspiciendum descendat. Nam (quae ingenita est omnibus nobis superbia) iusti semper nobis videmur et integri^f, et sapientes, et sancti: nisi manifestis argumentis, iniustitiae, foeditatis^g, stultitiae, et impuritatis nostrae convincamur. Non autem convincimur si in nos duntaxat ipsos respicimus, et non in Dominum quoque: qui unica est regula ad quam exigendum est istud iudicium. Quia enim ad hypocrisim natura propensi sumus omnes, ideo inanis quaedam iustitiae species pro iustitia ipsa nobis abunde satisfacit. Et quia nihil inter nos vel circum apparet quod non sit^h plurima obscoenitate inquinatum: quod paulo minus foedum est, pro purissimo arridet quandiuⁱ mentem nostram intra humanae pollutionis fines continemus. Non secus atque oculus, cui nihil alias obversatur nisi nigri coloris, candidissimum esse iudicat quod tamen subobscura est albedine, vel nonnulla etiam fuscedine aspersum. Quin ex corporeo sensu propius adhuc discernere licet quantum in aestimandis animae virtutibus hallucinemur. Nam si vel terram despicimus medio die, vel intuemur quae aspectui nostro cir|cumcirca patent, validissima perspicacissimaque acie videmur nobis praediti: at ubi in solem suspicimus, atque arrectis oculis contemplamur, vis illa quae egregie in terra valebat, tanto fulgore protinus perstringitur et confunditur, ut fateri cogamur, illud nostrum in considerandis terrenis acumen, ubi ad solem ventum est, meram esse hebetudinem[1]. Ita et in reputandis spiritualibus

---

a) veram — purit.: *1539-54* veram magnitudinem, sapientiam, veritatem, iustitiam, et puritatem   b) *1539-54* Dei bona cons.   c) *1539-54* + prorsus   d) vel imm. > *1539-54*   e) *1539-54* consideratione   f) *1539-54* veraces   g) *1539-54* mendacii   h) nihil — sit: *1539-50, 1554* nihil non est inter nos,; *1553* nihil est inter nos, quod non sit   i) arr. quan.: *1539-54* recipimus, si

[1] cf. Platonis Politiam, VII, 514 A sqq.

nostris bonis contingit; quantisper enim extra terram non respicimus, propria iustitia, sapientia, virtute pulchre contenti, nobis suavissime blandimur, et tantum non semidei videmur; at si semel coeperimus cogitationem in Deum erigere, et ex-
5 pendere qualis sit, et quam exacta iustitiae, sapientiae, virtutis eius perfectio, ad cuius amussim conformari nos oportet: quod antea in nobis falso iustitiae praetextu arridebat, pro summa iniquitate mox sordescet: quod mirifice imponebat sapientiae titulo, pro extrema stultitia foetebit: quod virtutis
10 faciem prae se ferebat, miserrima impotentia esse arguetur: adeo divinae puritati male respondet quod videtur in nobis vel absolutissimum.

3. Hinc horror ille et stupor, quo passim Scriptura recitat perculsos atque afflictos fuisse sanctos quoties Dei praesentiam
15 sentiebant. Quum enim eos videamus, qui absente ipso[a] securi firmique consistebant, ipso gloriam suam manifestante, sic quatefieri ac consternari ut mortis horrore concidant, imo[b] absorbeantur, et pene nulli sint: colligendum inde[c] est, hominem humilitatis suae agnitione nunquam satis tangi et affici,
20 nisi postquam se ad Dei maiestatem comparavit. Eius autem consternationis exempla crebra habemus tum in Iudicibus, tum in Prophetis: adeo ut vox illa in Dei populo usitata foret, Moriemur, quia Dominus apparuit nobis [Iudic. 13. d. 22; Iesa. 6. b. 5; Ezech. 2. a. 1[d], et alibi.][e]. Ideo et historia Iob
25 ad prosternendos suae stultitiae, impotentiae, pollutionis conscientia homines, potissimum semper argumentum a divinae sapientiae, virtutis, puritatis descriptione ducit. Neque frustra; videmus enim ut Abraham melius se terram et pulverem agnoscat, ex quo propius ad conspiciendam Domini gloriam
30 accessit [Gene. 18. d. 27]: ut Elias retecta facie, eius accessum expectare non sustineat: tantum est in aspectu formidinis [1. Reg. 19. c. 13]. Et quid faciat homo putredo ac vermis[f], quum ipsos quoque Cherubim velare, ipso pavore, faciem suam oporteat[g]? Hoc scilicet est quod dicit propheta Iesaias[h],
35 Erubescet sol, et confundetur luna quum Dominus exercituum regnaverit [Iesa. 24. d. 23]: hoc est, Ubi claritatem suam extulerit, ac propius admoverit, lucidissimum quodque prae illa tenebris[i] obscurabitur [Iesa. 2. c. 10, et d. 19][k]. Utcunque

a) *1539–54* Domino   b) concid., imo > *1539–54*   c) > *1539*
40 d) *1539–50* [Ezech. 1. *(28)*]   e) *1554* + [Iudicum 6. e. *(22 sq.)*]
f) *1554* + [Iob 7. b. *(8)* et 13. d. *(28)* Psal. 22. a. *(7)*]   g) *1539–50* + [Iesa. 6. *(2)*]   h) > *1539*   i) tenebris: *1539–54* obtenebrescet, et
k) *1553–54 falso* + [4. c. 13. *(Ies. 4, 5?)*]; *1554* + [6. b. *(Ies. 6, 4)* Ioel 2. *(10)* et 3. c. *(4, 15 = vg 3. c. 15)*]

tamen Dei nostrique notitia mutuo inter se nexu sint colligatae, ordo recte docendi^a postulat ut de illa priore disseramus loco, tum ad hanc tractandam postea descendamus.

Quid sit Deum cognoscere, et in quem finem tendat eius cognitio. CAP. II.

1. IAM vero Dei notitiam intelligo, qua non modo concipimus aliquem esse Deum^b, ‖ sed etiam tenemus quod de eo scire nostra refert, quod utile est in eius gloriam, quod denique expedit. Neque enim Deum, proprie loquendo, cognosci dicemus ubi nulla est religio nec pietas. Atque hic nondum attingo eam notitiae speciem qua homines in se perditi ac maledicti Deum redemptorem in Christo mediatore apprehendunt: sed tantum de prima illa et simplici^c loquor, ad quam nos deduceret genuinus naturae ordo si integer stetisset Adam. Nam etsi nemo iam in hac humani generis ruina Deum vel patrem, vel salutis authorem, vel ullo modo propitium sentiet donec ad eum nobis pacificandum medius occurat Christus: aliud tamen est sentire Deum fictorem nostrum sua nos potentia fulcire, providentia regere, bonitate fovere, omnique benedictionum genere prosequi: aliud vero, gratiam reconciliationis in Christo nobis propositam amplecti. Quia ergo Dominus primum simpliciter creator tam in mundi opificio, quam in generali Scripturae doctrina, deinde in Christi facie redemptor apparet: hinc duplex emergit eius cognitio: quarum nunc prior tractanda est, altera deinde suo ordine sequetur. Quanquam autem Deum apprehendere mens nostra non potest quin illi cultum aliquem tribuat: non tamen simpliciter tenere sufficiet ‖ illum esse unum quem ab omnibus oporteat coli et adorari: nisi etiam persuasi simus fontem omnium bonorum esse: nequid alibi quam in ipso quaeramus. Hoc ita accipio, non solum quod mundum hunc, ut semel condidit, sic immensa potentia sustineat, sapientia moderetur, bonitate conservet, humanum genus praesertim iustitia iudicioque regat, misericordia toleret, praesidio tueatur: sed quia nusquam vel sapientiae ac lucis, vel iustitiae, vel potentiae, vel rectitudinis, vel syncerae veritatis gutta reperietur quae non ab ipso fluat, et cuius ipse non sit causa^d: ‖ ut haec scilicet omnia ab ipso

---

a) *1539-45* dicendi   b) *vide infra not. d.*   c) *VG 1560* de ceste pure et saincte

d) Illa *(cognitio)* scilicet, quae non modo unum esse Deum ostendat, quem ab omnibus oportet coli et adorari: sed simul etiam do-

expectare et petere discamus, eique cum gratiarum actione accepta referre^a. || Nam hic virtutum Dei sensus nobis idoneus est pietatis magister, ex qua religio nascitur. Pietatem voco coniunctam cum amore Dei reverentiam quam beneficiorum eius notitia conciliat. Donec enim sentiant homines, Deo se omnia debere, paterna se eius cura foveri, eum sibi omnium bonorum esse authorem, ut nihil extra ipsum quaerendum sit, nunquam ei se voluntaria observantia subiicient; imo nisi solidam in eo foelicitatem sibi constituant, nunquam se illi vere et ex animo totos addicent.

2. Itaque frigidis tantum speculationibus ludunt quibus in hac quaestione insistere propositum est, quid sit Deus[1]: quum intersit nostra potius, qualis sit, et quid eius naturae conveniat scire. Quorsum enim attinet, Deum aliquem cum Epicuro fateri, qui abiecta mundi cura se otio tantum oblectet[2]? Quid denique iuvat Deum cognoscere quocum nihil sit nobis negotii? || Quin potius huc valere debet eius notitia, primum ut ad timorem ac reverentiam nos instituat: deinde ut ea duce ac magistra omne bonum ab illo petere, et illi acceptum ferre discamus^b. || Quomodo enim mentem tuam subire queat Dei cogitatio, quin simul extemplo cogites, te^c, quum figmentum illius sis, eiusdem imperio^d esse ipso creationis iure addictum et mancipatum? vitam tuam illi deberi? quicquid instituis, quicquid agis, ad illum referri oportere? Id si est, iam profecto sequitur vitam tuam prave corrumpi nisi ad obsequium eius^e componitur^f: quando nobis vivendi lex esse debet eius voluntas^g.

---

ceat, illum unum omnis veritatis, sapientiae, bonitatis, iustitiae, iudiciae, misericordiae, potentiae, sanctitatis fontem esse. — *1536* +
[Baruch 3 *(12)* Iacobi 1 *(17)*]
a) Ut ab ipso et expectare et petere universa ista discamus, praeterea cum laude et gratiarum actione accepta illi referre:
b) In hoc valere oportet Dei noticiam, iam attigimus, primum ut ad timorem et reverentiam nos instituat, deinde ut omne bonum et ab illo petendum et illi acceptum esse *(esse > 1539-45)* ferendum, doceat.   c) > *1553, 1559*   d) eiusd. imp.: *1539-54* imp. illius
e) *1539-54* sanctae eius voluntatis   f) *1539-50, 1554* compcnatur
g) quando — vol. > *1539-54*

1) His et similibus terminis scholasticos theologos argute philosophantes de essentia Dei reicere solet; cf. Praelectiones in Ezech. CR Calv. opp. XL 57. Sed forsitan gravamen quoque quoddam contra theologiam nimis speculativam Zwinglii, cuius libro de providentia non favebat, subaudiendum sit. Cf. Zwinglium, De providentia c. 2 ed. Schuler et Schulthess IV. 84, et CR opp. Calv. XIV 253.   2) Cicero, De natura deorum I. 2, 3; 17, 45; 19, 51.

Rursum nec ad liquidum perspicere[a] ipsum potes, nisi ut bonorum omnium fontem esse et originem agnoscas: unde et desiderium illi adhaerendi, et fiducia in ipsum nasceretur si non sua mentem hominis pravitas[b] a recta investigatione abduceret[c]. || Nam[d] initio pia mens Deum non quemlibet sibi somniat, sed unicum et verum duntaxat intuetur: neque illi quodcunque visum fuerit, affingit, sed talem habere contenta est qualem se manifestat ipse[e], summaque[f] diligentia semper cavet[g] ne audaci temeritate ultra voluntatem eius egressa, perperam vagetur[h]. Ita cognitum quia[1] cuncta moderari intelligit, tutorem sibi esse confidit ac protectorem, ideoque in eius fidem totam[k] se confert; || quia bonorum omnium intelligit esse authorem[l], siquid premit, siquid deest, mox se recipit in eius praesidium, opem ab eo expectans; quia bonum et misericordem esse persuasa est, in eum certa fiducia recumbit, nec dubitat malis suis omnibus semper in eius clementia paratum fore remedium; quia dominum ac patrem agnoscit, eum quoque dignum statuit esse cuius imperium in omnibus intueri, maiestatem suspicere, gloriam promovendam curare, mandatis obsequi debeat; quia iustum esse iudicem videt, suaque severitate armatum ad vindicanda scelera, eius tribunal semper in conspectu sibi proponit, ac ipsius metu se retrahit ac cohibet ab ira eius provocanda[l]. || Neque tamen iudicii eius sensu ita[m] terretur ut subducere se velit, etiam siquod pateat effugium: quin illum non minus[n] amplectitur

---

a) *1539-45* apprehendere   b) ment. — prav.: *1539-54* pravitate mens hominis   c) *1539-54* abduceretur; verum in utroque apparet mira omnium nostrum vanitas et vecordia.   d) > *1539-54*   e) > *1539-54*   f) *1539-54* summa   g) *1539-54* cavens   h) ultra — vag.: *1539-54* extra eius voluntatem egrediatur   i) *1539-54* + sua providentia   k) *1539-54* in fidem eius

l) Quia intelligit, esse cuiusvis boni sibi autorem, si quid deest, si quid premit, mox se recipit in eius praesidium, et invocato eius nomine, expectat, dum opem ferat, quia bonum esse ac benignum persuasa est, in eius clementiam certa fiducia recumbit: nec dubitat, quin habitura sit semper in eius misericordia paratum omnibus suis malis remedium; quia Dominum ac patrem agnoscit, dignum esse iudicat, cuius imperium in omnibus intueatur, maiestatem suspiciat, gloriam promovendam curet, voluntati obsequatur. Quia iustum esse iudicem videt, qui sit in transgressores omnes severe vindicaturus, eius tribunal semper in conspectu sibi proponit, quo ab iis omnibus retrahatur, quibus ira eius provocari potest.   m) sensu ita: *1539-54* cogitatione sic   n) *1539-54* + libenter

1) cf. Cic., nat. deor. I. 2, 4 et Senecam, De beneficiis IV. 3, 2 sqq.

malorum ultorem, quam erga pios beneficum[a], quando ad eius gloriam non minus pertinere[b] intelligit[c], impiis et sceleratis apud eum[d] repositam esse poenam, quam iustis[e] vitae aeternae mercedem. Praeterea[f] non sola vindictae[g] formidine se coercet a peccando[h], sed quia Deum loco patris amat et reveretur, loco domini observat et colit[i], etiamsi nulli essent inferi, solam tamen eius offensionem horret. En quid sit pura germanaque religio, nempe fides cum serio Dei timore coniuncta[1]: || ut timor et voluntariam reverentiam in se contineat, et secum trahat legitimum cultum qualis in Lege praescribitur[k]. || Atque hoc diligentius notandum est, quod omnes promiscue venelrantur Deum, paucissimi reverentur, dum ubique magna est in ceremoniis ostentatio, rara autem cordis[l] synceritas.

Dei notitiam hominum mentibus naturaliter esse inditam. CAP. III.

1.[m] QUENDAM inesse humanae menti, et quidem[n] naturali instinctu, divinitatis sensum, extra controversiam ponimus[2]: siquidem, nequis ad ignorantiae praetextum confugeret, quandam sui numinis intelligentiam universis Deus[o] || ipse indidit, cuius memoriam assidue renovans, novas subinde guttas || instillat: ut quum ad unum omnes[p] intelligant Deum esse, et suum esse opificem, suo ipsorum testimonio damnentur quod non et illum coluerint, et eius voluntati vitam suam consecrarint. Sane sicubi Dei ignorantia quaeratur, nusquam magis extare posse eius exemplum verisimile est, quam inter

---

a) erga — benef.: *1539-54* remuneratorem bonorum   b) *1539-54* pert. non minus   c) quando — intell.: *VG 1560* veu qu'elle cognoist qu'il luy est autant convenable, entant qu'il est Dieu   d) *1539-54* apud eum impiis et flagitiosis   e) *1539-54* fidelibus   f) *ad sqq.*
(lin. 4—8 et not. k) cf. *Catechismum, sive Christianae religionis institutionem, communibus renatae nuper in Evangelio Genevensis Ecclesiae suffragiis receptam et vulgari quidem prius idiomate, nunc vero Latine etiam quo de Fidei illius synceritate passim aliis etiam Ecclesiis constet, in lucem editam. Ioanne Calvino Autore. Basileae, Anno MDXXXVIII, CR Calv. opp. V 324 et 323*   g) *1539-54* ultionis   h) *1539-54* coercetur, ne peccet   i) obs. et col.: *1539-54* honorat
k) Ut sub timoris nomine, tum sincera eius, quae per legem praescribitur, iustitiae dilectio, tum voluntaria divinae maiestatis reverentia compraehendatur.   l) sic *1559 (Genev.); (Scaph.)* cordibus
m) *ad sqq.* (— *p. 38, 6*) cf. *Catechismum 1538, CR V 323*   n) et quid. > *1539-54*   o) *1539-54* Dominus   p) > *1539*

1) cf. Melanchthonis Locos comm. (1521) ed. Kolde⁴, p. 199.   2) Cic., nat. deor. I. 16, 43; 17, 45.

obtusiores populos, et ab humanitatis cultu remotiores. Atqui
nulla est etiam, ut Ethnicus ille ait, tam barbara natio, nulla
gens tam efferata, cui non insideat haec persuasio, Deum esse
[Cic. de Nat. deorum.[1]]. Et qui in aliis vitae partibus minimum
videntur a belluis differre, quoddam tamen perpetuo religionis
semen retinent; adeo penitus omnium animos occupavit, adeo
tenaciter omnium visceribus inhaeret communis ista prae-
sumptio. Nulla ergo quum ab initio mundi regio, nulla urbs,
nulla denique domus fuerit quae religione carere posset: in eo
tacita quaedam confessio est, inscriptum omnium cordibus divinitatis sensum. Quin et idololatria, huius conceptionis amplum
est documentum. Quam enim non libenter se deiiciat homo,
ut alias prae se creaturas suspiciat, scimus. Proinde quum
lignum potius et lapidem colere[a] malit, quam ut nullum putetur habere Deum: constat vehementissimam istam esse[b] de
numine impressionem, quae adeo ex hominis mente obliterari
nequeat, ut facilius sit naturae affectum frangi: quemadmodum[c] certe frangitur, dum homo ex illa naturali inflatione
ad infima quaeque sponte se demittit, quo Deum revereatur.

2. Quare vanissimum est quod a quibusdam dicitur: paucorum vafritia et calliditate excogitatam esse religionem, ut
hac arte simplicem populum in officio continerent: quum tamen ipsi, qui aliis authores erant Dei colendi, nihil minus crederent quam aliquem esse Deum[2]. Fateor quidem plurima in
religione commentos esse astutos homines, quibus reverentiam
plebeculae iniicerent, et terrorem incuterent, quo haberent
obsequentiores eius animos;[1] sed id nusquam obtinuissent nisi
iam prius constanti illa de Deo persuasione imbutae fuissent
hominum mentes, ex quo velut semine emergit ad religionem
propensio. Ac ne illos quidem ipsos[d] qui religionis titulo callide
rudioribus imponebant, Dei notitia[e] prorsus vacasse credibile
est[f]. Tametsi enim extiterunt olim nonnulli, et hodie non pauci
emergunt[g] qui Deum esse negent[3]: velint tamen nolint, quod

---

a) *1539-50, 1554* lign. et lap. col. potius   b) *1539-43* esse istam
c) *1539-50* ut   d) *1539-54* illi ipsi quidem   e) *1539-54* conceptione
f) *1539-54* credendi sunt   g) *1539-54* comperiuntur

1) Cic., De nat. deor. I. 16, 43 (cf. 23, 62); Tusc. I, 13. 30; cf.
Lact. div. inst. III, 10, 7 CSEL 19, 203.   2) Cic., De nat. deor. I, 42,
118. — Plato, Leges X. 889 E. — Critiae fragm. ap. Sextum Emp.
adv. math. IX. 54. — Polyb. VI. 56.   3) Ut a Calvino ipso docearis,
quos aequales a. 1550 atheismi insimulaverit, cf. CR Calv. opp. VIII
44 sqq. (De scandalis): Agrippam [sc. a Nettesheim], Villanovanum,
Doletum, et similes vulgo notum est tanquam Cyclopas quospiam

nescire cupiunt, subinde sentiscunt. Nemo in audaciorem aut
effraenatiorem numinis contemptum prorupisse legitur quam
C. Caligula: nemo tamen miserius trepidavit, quum aliquod
irae divinae indicium se proferebat: ita Deum quem studebat
ex professo contemnere, invitus exhorrescebat[1]. Hoc passim
eius quoque similibus evenire videas; ut enim quisque est au-
dacissimus Dei contemptor, ita vel ad folii cadentis strepitum
maxime perturbatur; unde id, nisi ex divinae maiestatis ultione:
quae illorum conscientias eo vehementius percellit, quo magis
eam refugere conantur? Omnes quidem latebras respectant,
quibus se abdant a Domini praesentia[a], et eam rursum ex
animo suo deleant: sed velint nolint, irretiti semper tenentur.
Utcunque interdum videatur evanescere ad momentum aliquod, subinde tamen recurrit, et novo impetu irruit; ut siqua
illis remissio est a conscientiae anxietate, non multum absimilis
sit a somno ebriosorum aut phreneticorum, qui ne dormientes
quidem placide conquiescunt: quia diris et horrificis insomniis
continenter vexantur[b]. Ergo impii quoque ipsi exemplo sunt,
vigere semper in omnium hominum animis aliquam Dei no-
tionem[c].

3[d]. Hoc quidem recte iudicantibus semper constabit, insculptum mentibus humanis esse divinitatis sensum, qui celeri
nunquam potest[2]. Imo et naturaliter ingenitam esse omnibus
hanc persuasionem, esse aliquem Deum, et penitus infixam
esse quasi in ipsis medullis, locuples testis est impiorum contu
macia, qui furiose luctando, se tamen extricare e Dei metu nequeunt. Iocose licet eludant Diagoras et similes, quicquid omnibus seculis de religione creditum fuit[3]: subsannet Dionysius

a) *ad sqq. (lin. 11—14) cf. Catechismum 1538, CR V 323*   b) *1539-54
solicitantur*   c) *1539-54 agnitionem*   d) *haec sect. 3. 1559 ex confusione quadam schedarum ad Cap. II. relata legitur, sed iam in VG
1560 et in ed. 1561 suo loco restituta est.*

evangelium semper fastuose sprevisse ... Alii, ut Rabelaysus. De-
perius et Goveanus, gustato evangelio, eadem caecitate sunt percussi. ... Paucos nomino ... impietatis suae venenum huc illuc
profundunt, ut atheismo orbem repleant. ... Ita in conviviis et
sermonibus suaviter iocando omnia religionis principia convellunt.
Ac primum quidem obliquis facetiis se insinuant. Hic tamen finis
est, ut omnem Dei timorem obliterent ex animis hominum. Nam eo
tandem perrumpunt, religiones omnes ex hominum cerebro natas
esse: Deum esse, quia sic credere libeat: futurae vitae opem lactandis
simplicibus inventam esse: metum iudicii puerile esse terriculamentum.
1) Sueton., Calig. 51.   2) Cic., De nat. deor. I, 17, 45; II. 4, 12.
3) Cic., nat. deor. I. 1, 2; 23, 63; 42, 117; III. 37, 89.

caeleste iudicium[1]: Sardonius hic risus est, quia intus eos mordet conscientiae vermis cauteriis omnibus acrior. Non dico quod Cicero, vetustate obsolescere errores, religionem in dies magis crescere et meliorem fieri[2]. Nam mundus (ut paulo post dicendum erit) omnem Dei notitiam, quantum in se est, excutere conatur, et eius cultum modis omnibus corrumpere. Hoc tantum dico, quum stupida quam impii ad Deum spernendum cupide accersunt, durities in eorum animis tabescat, vigere tamen, ac subinde[i] emergere quem maxime extinctum cuperent, deitatis sensum. Unde colligimus non esse doctrinam quae in scholis primum discenda sit, sed cuius sibi quisque ab utero magister est, et cuius neminem oblivisci, natura ipsa patitur, quanvis huc multi nervos omnes intendant. || Porro[a] si ea conditione nati sunt[b] omnes ac vivunt[c] ut Deum cognoscant[d]: Dei autem notitia nisi hucusque processerit, fluxa est ac[e] evanida: eos omnes a creationis suae lege degenerare palam est qui non ad hunc scopum universas suae vitae cogitationes actionesque destinant. Quod nec Philosophos ipsos latuit. Non enim aliud est quod voluit Plato, dum saepius [In Phaedone et Theaeteto.[3]] docuit, summum animae bonum Dei esse similitudinem[f], ubi[g] percepta eius[h] cognitione[i], in ipsum tota transformatur. Proinde scitissime[k] quoque ille apud Plutarchum Gryllus ratiocinatur, dum homines affirmat, si ab eorum vita semel absit religio, non modo brutis pecudibus nihil excellere, sed multis partibus longe esse[l] miseriores, ut qui tot malorum formis obnoxii, tumultuariam et irrequietam vitam perpetuo trahant. Unum ergo esse Dei cultum, qui superiores ipsos reddat[m], per quem solum ad immortalitatem aspiratur[4].

Eandem notitiam partim inscitia, partim malitia vel suffocari vel corrumpi.   CAP. IIII.

1. SICUT autem omnibus inditum esse divinitus religionis semen experientia testatur: ita vix centesimus quisque reperi-

---

a) *1539-54* Ergo   b) *1539-54* sumus   c) ac viv. > *1539-54*
d) *1539-54* recognoscamus   e) *1539-54* &   f) *1539-54* similit. esse
g) *1539-50, 1554* dum,   h) *1539-54* + vera   i) *1539-50, 1554* contemplatione   k) *1539-54* sapientissime   l) *1539-54* esse longe
m) *1539-54* faciat

1) Cic., nat. deor. III. 34, 83.   2) Cic., nat. deor. II. 2, 5.   3) Platon, Phaedon 107. C; Theaetet. 176. B   4) Calvino obversari videtur Plutarch., brut. anim. rat. (Gryllus) c. 7, ubi, si non verborum congruentia, certe similitudo sententiarum occurrit.

tur qui conceptum in suo corde foveat, nullus autem in quo maturescat: tantum abest ut fructus appareat suo tempore. Porro sive alii evanescant in suis superstitionibus, sive alii data opera malitiose a Deo desciscant, omnes tamen degenerant a vera eius notitia. Ita fit ut nulla in mundo recta maneat pietas. Quod autem errore aliquos in superstitionem labi dixi, non ita accipio quasi sua eos simplicitas a crimine liberet: quia caecitas qua laborant, semper fere et superba vanitate, et contumacia implicita est. Vanitas et quidem superbiae coniuncta, in eo deprehenditur || [a]quod neque miseri homines in Deo quaerendo supra se ipsos, ut par erat, conscendunt, sed pro carnalis sui stuporis modo ipsum metiuntur: et neglecta solida investigatione ad vanas speculationes curiose transvolant. Itaque non apprehendunt qualem se offert[b], || sed qualem pro sua temeritate fabricati sunt, imaginantur. Quo gurgite aperto, quaquaversum pedem moveant, in exitium praecipites semper ruere[c] necesse est. Quidquid enim[1] postea in cultum aut obsequium Dei moliantur, impensum illi[d] ferre nequeunt: quia non ipsum, sed cordis sui figmentum potius et somnium, pro ipso colunt. || Hanc pravitatem diserte notat Paulus, infatuatos esse dicens, quum sapientes esse appeterent [Rom. 1. c. 22]. Prius dixerat evanuisse in suis cogitationibus: sed nequis eos culpa eximeret, subiicit, merito eos excaecari, quia sobrietate non contenti, sed plus sibi arrogando quam fas sit, tenebras ultro accersunt, imo inani ac perverso fastu se ipsos infatuant. Unde sequitur, non esse excusabilem eorum stultitiam cuius causa est non vana modo curiositas, sed libido plus sciendi quam par sit, cum falsa confidentia.

2. Quod autem David impios et vesanos dicit sentire in cordibus suis, non esse Deum [Psal. 13. a. 1[1]], primo ad eos restringitur qui suffocata naturae luce, consulto seipsos obstupefaciunt, ut paulo post iterum videbimus. Quemadmodum multos videmus, postquam audacia peccandi et consuetudine obduruerint, furiose repellere omnem Dei memoriam, quae tamen illis sponte a naturae sensu intus suggeritur. Iam quo magis detestabilem eorum furorem reddat, eos inducit praecise ne-

---

a) *ad sqq. (lin. 10—20) cf. Catechismum 1538, CR V 324*
b) atque hic bifariam praecipue peccatur. Primum quod miseri homines, in vestiganda Dei veritate, non supra seipsos, ut par erat, conscendunt, sed ipsum: carnalis sui stuporis modo, metiuntur, nec qualem se cognoscendum exhibet apprehendunt   c) *1539-54* semper praecip. ruant   d) *1539-54* ei

1) Ps. 14, 1 = vg. 13, 1.

gantes Deum esse, quanvis essentiam illi suam non adimant, sed quia spoliantes eum suo iudicio et providentia, otiosum caelo includunt[1]. Nam quum nihil minus Deo conveniat quam abiectam mundi gubernationem fortunae permittere, caecutire ad hominum scelera, ut impune lasciviant: quisquis extincto caelestis iudicii metu secure sibi indulget, Deum esse negat[2]. Atque haec iusta Dei vindicta est, pinguedinem obducere cordibus, ut impii postquam oculos suos clauserunt, videndo non videant. Et David alibi optimus suae sententiae est interpres, ubi dicit timorem Dei non esse prae oculis impiorum [Psal. 36. a. 2]: item sibi in maleficiis superbe plaudere, quia Deum non aspicere, sibi persuadeant [Psal. 10. c. 11]. Quanquam ergo coguntur aliquem Deum agnoscere, eius tamen gloriam exinaniunt, potentiam illi detrahendo; sicut enim (teste Paulo) Deus seipsum abnegare nequit [2. Tim. 2. b. 13], quia sui perpetuo similis manet: ita isti[a] mortuum et inane idolum fingendo, Deum negare vere dicuntur. Adhaec notandum est, quanvis luctentur cum proprio sensu, et Deum non solum inde excutere, sed in caelo quoque abolere cupiant, nunquam tamen eousque invalescere stuporem quin retrahat Deus ipsos interdum ad suum tribunal. Sed quia nullo metu retinentur quominus violenter contra Deum ruant: quandiu illos ita rapit caecus impetus, brutam Dei oblivionem in ipsis regnare certum est.

3. Sic inane illud patrocinium quod superstitioni suae praetexere multi solent, evertitur; putant enim studium qualecunque religionis, quanlibet praeposterum, satis esse: sed non animadvertunt, veram religionem ad Dei nutum, ceu ad perpetuam regulam, debere conformari: Deum vero ipsum semper sui similem manere: non spectrum esse aut phantasma, quod pro uniuscuiusque libidine transformetur. Et sane videre est quam mendacibus fucis Deo illudat superstitio, dum gratificari tentat. Nam ea fere sola, quae sibi curae non esse testatus est, arripiens, quae praescribit, ac sibi placere docet, aut contemptim habet, aut etiam non dissimulanter reiicit. Sua ergo deliria[b] colunt et adorant quicunque cultus Deo commentitios erigunt: quia nequaquam ita cum Deo nugari auderent nisi Deum prius nugarum suarum ineptiis[c] consentaneum

---

a) *VG 1560* ces canailles   b) *1539–54* deliramenta   c) nug. — inept.: *1539–54* suis nugamentis

1) Cic. nat. deor. I. 2, 3; 17, 45; 19, 51; 24, 67.   2) Cic. nat. deor. I. 20, 54; 30, 85 sq.; 44, 123.

finxissent^a. Quare Apostolus, vagam illam et erraticam de numine opinionem, Dei esse ignorantiam pronuntiat. Quum Deum, inquit, nesciretis, serviebatis iis qui natura dii non erant [Galat. 4. a. 8]. Et alibi sine Deo fuisse tradit Ephesios quo tempore a recta unius Dei cognitione aberrabant [Ephes. 2. c. 12]. Nec multum interest, hac saltem in parte, Deumne unum, an plures concipias: quia semper a vero Deo discedis, et deficis: quo relicto, nihil tibi restat nisi execrabile idolum. Superest ergo ut cum Lactantio constituamus, nullam esse legitimam^b religionem nisi cum veritate coniunctam[1].

4. Accedit et secundum peccatum, quod neque Dei rationem unquam habent nisi inviti: nec ad ipsum appropinquant donec renitentes pertrahantur, nec tum quoque voluntario imbuuntur timore, qui ex divinae maiestatis reverentia fluat, sed tantum servili et coacto, quem illis Dei iudicium extorquet^c: quod quia effugere nequeunt, exhorrent^d, sic tamen ut etiam abominentur. Siquidem convenienter in impietatem, atque in hanc solam, competit illud Statii, Timorem primum, fecisse in orbe deos.[2] Qui animum a Dei iustitia alienum gerunt, tribunal, quod ad vindicandas eius transgressiones stare sciunt, eversum magnopere cupiunt. Quo affectu, adversus Dominum belligerantur, qui sine iudicio esse non potest: sed dum eius potentiam sibi inevitabilem imminere intelligunt, quia nec amoliri, nec effugere valent, reformidant. Itaque ne ubique videantur eum contemnere cuius maiestas eos urget^e, qualicunque religionis specie defunguntur: interim tamen non desinunt omni vitiorum genere se polluere^f, et flagitia flagitiis copulare, donec sanctam Domini Legem omni ex parte violarint, et universam eius iustitiam dissiparint: vel certe non ita retinentur simulato illo Dei timore, quin suaviter in peccatis suis acquiescant, et sibi blandiantur, et carnis suae intemperantiae indulgere malint, quam Spiritus sancti fraeno eam cohibere. Sed quando inanis ea est et mendax religionis umbra, vix

---

a) *1539-45* confinx.   b) > *VG 1560*
c) Secundum peccatum est, quod ad habendam Dei rationem, inviti et renitentes pertrahuntur, nec eo imbuuntur timore, qui ex reverentia maiestatis eius procedat, sed ex timore *(1553* metu*)* iudicii eius   d) *cf. Catechismum 1538, CR V 324*   e) eum — urget: *1539-54* maiestatis eius contemptores   f) *1539-54* conspurcare

1) Hic Calvinus non ipsa Lactantii verba afferre, sed sensum horum similiumve locorum complecti videtur: Divin. Instit. I. 1, 6; 1, 25; IV. 2, 5; 3, 6 sq.; 5, 1; Epit. 36, 1. 5. CSEL 19, 2. 6. 278 sq. 284. 711 sq.   2) Stat. Thebaid. III. 659.

etiam digna quae umbra nominetur: ‖ hinc rursus facile elicitur quantum ab hac confusa Dei notitia differat quae solis fidelium pectoribus instillatur pietas, ex qua demum religio nascitur[a]. ‖ Et tamen hoc per flexuosos circuitus consequi volunt hypocritae, ut Deo quem fugiunt, propin|qui appareant. ‖ Ubi enim perpetuus obedientiae tenor in tota vita esse debuerat, in cunctis fere[b] operibus secure[c] illi rebellantes, pauculis tantum[d] sacrificiis placare eum student[e]: ubi sanctimonia vitae et cordis integritate[f] illi serviendum erat, frivolas nugas comminiscuntur[g], et nihili observatiunculas quibus eum sibi concilient[h]. ‖ Imo maiore licentia in faecibus suis torpent, quia confidunt expiationum ludicris se posse erga illum defungi: ‖ deinde ubi in illum defixa esse fiducia debuerat, in se vel creaturis subsidunt, eo posthabito. Tandem se tanta errorum congerie implicant, ut scintillas illas quae micabant ad cernendam Dei gloriam suffocet, ac demum extinguat malitiae caligo[i]. ‖ Manet tamen[k] semen illud quod revelli a radice nullo modo potest, aliquam esse divinitatem: sed ipsum adeo corruptum, ut non nisi pessimos ex se[l] fructus producat. ‖ Imo inde certius elicitur quod nunc contendo, naturaliter insculptum esse Deitatis sensum humanis cordibus, quia reprobis quoque ipsis eius confessionem extorquet necessitas. Rebus tranquillis facete illudunt Deo, imo ad extenuandam eius potentiam dicaces sunt ac garruli; desperatio siqua eos urget, ad eundem quaerendum extimulat, dictatque concisas preces, ex quibus pateat non prorsus ignaros fuisse Dei, sed quod citius emergere debuerat, fuisse pervicacia suppressum.

Dei notitiam in mundi fabrica et continua eius gubernatione lucere. CAP. V.

1. ADHAEC quia ultimus beatae vitae finis in Dei cognitione positus est[m]: necui praeclusus esset ad foelicitatem aditus,

---

a) paucis expediendum est, qualis sit illa singularis, quae solis fidelium pectoribus instillatur, Dei notitia *(1539-45* Dei notitia, quae — instillatur*)*: qualis etiam, qui inde consequitur, pietatis affectus   b) *1539-54* prope   c) *1539-54* securissime   d) > *1539-54*   e) *1539-54* illum studemus   f) *1539-54* innocentia   g) *1539-54* comminiscimur   h) *1539-54* illum demereamur

i) Deinde ubi in illum fiducia nostra defixa esse debuerat, vel in nobis vel in creaturis aliis desidet. Tandem tot erroribus perversisque opinionibus implicamur, ut scintilla illa, quae ad contemplandam Dei maiestatem nobis praelucebat, suffocetur et extinguatur, ne ad veram usque notitiam nos deducat.   k) *1539-54* Tamen man.
l) ex se > *1539-54*   m) *1554* + [Ioan. 17. a. *(3)*]

non solum hominum mentibus indidit illud quod diximus
religionis semen, sed ita se patefecit in toto mundi opificio,
ac se quotidie palam offert, ut aperire oculos nequeant quin
aspicere eum cogantur. Essentia quidem eius incomprehensibilis est, ut sensus omnes humanos procul effugiat eius
numen: verum singulis operibus suis certas gloriae suae rotas
insculpsit, et quidem adeo claras et insignes ut sublata sit
quanlibet rudibus et stupidis ignorantiae excusatio[a]. ‖ Ideo
optimo iure Propheta exclamat, luce quasi vestimento ipsum
esse amictum [Psal. 104. a. 2]: acsi diceret, coepisse tunc
demum visibili ornatu insignem prodire ex quo in mundi
creatione sua insignia protulit, quibus nunc quoties oculos huc
vel illuc circunferimus, decorus apparet. Ibidem etiam scite
idem Propheta caelos ut expansi sunt regio illius tentorio
comparat, coenacula[1] dicit contignasse in aquis, nubes eius
esse vehicula, equitare super alas ventorum, ventos et fulgetra
celeres esse eius nuntios[1]. Et quoniam plenius sursum refulget
potentiae et sapientiae eius gloria, passim vocatur caelum eius
palatium. ‖ Ac primum, quaquaversum oculos coniicias, nulla
est mundi particula in qua non scintillae saltem aliquae gloriae
ipsius emicare cernantur[b]. Amplissimam vero hanc et pulcherrimam machinam, quam late patet, uno intuitu lustrare
nequeas quin vi immensa fulgoris totus undique obruaris.
Quare eleganter author Epistolae ad Hebraeos secula nuncupat,
invisibilium rerum spectacula [Heb. 11. a. 3.]: quod nobis vice
speculi sit tam concinna mundi positio[c], in quo invisibilem
alioqui Deum contemplari liceat[d]. Qua ratione Propheta
caelestibus creaturis idioma attribuit, nullis nationibus incognitum [Psal. 19. a. 1.[2]]: quod evidentior illic extat divinitatis
testificatio quam ut praeterire gentis ullius vel obtusissimae

---

a) Quoniam ultimum beatae vitae finem in sui cognitione repositum esse voluit Dominus: ne quibus ad foelicitatem aditum prae-
cludere velle videatur: universis se palam manifestat, ac conspicuum
exhibet. Nam cum sit natura incomprehensibilis, et ab humana intelligentia procul absconditus *(cf. Catechismum 1538, CR V 324):* certas suae maiestatis notas, quibus, pro tenuitatis nostrae modulo, com-
praehendi queat, singulis suis operibus impressit; sed adeo claras et
illustres: ut sublata sit, quamlibet caecis ac stupidis, ignorantiae excusatio. Ergo utcunque eius essentia lateat: virtutes tamen, quae assidue nobis obversantur, talem delineant, qualem a nobis ipsum percipi,
salutis nostrae interest.   b) *1539* conspiciantur   c) tam — pos.:
1539-54 mundi compositio   d) *1539-54* contemplemur

1) Ps 104, 2-4.   2) Ps. 19, 2 sqq.

considerationem debeat. Quod clarius enarrans Apostolus, patefactum esse hominibus dicit quod de Deo cognosci operaepretium erat: quia[a] invisibilia eius, ad aeternam usque eius virtutem et divinitatem, a creatione mundi intellecta, omnes ad unum conspiciunt[b] [Rom. 1. c. 19.].

2.[c] Mirificam eius sapientiam quae testentur, innumera sunt tum in caelo, tum in terris documenta: non illa modo reconditiora, quibus propius observandis astrologia, medicina, et tota physica scientia[d] destinata est: sed quae rudissimi cuiusque idiotae aspectui se ingerunt, ut aperiri oculi nequeant quin eorum cogantur esse testes. Equidem qui liberales illas artes vel imbiberunt, vel etiam degustarunt, earum subsidio adiuti, longe altius provehuntur ad introspicienda divinae sapientiae arcana[1]: nemo tamen earum inscitia impeditur quominus artificii satis superque pervideat in Dei operibus, unde in opificis admirationem prorumpat. Nempe ad disquirendos astrorum motus, distribuendas sedes, metienda intervalla, proprietates notandas, arte ac exactiore industria opus est: quibus perspectis, ut Dei providentia explicatius se profert, ita in eius gloriam conspiciendam, animum par est aliquanto sublimius assurgere. Sed quum ne plebeii quidem et rudissimi[e] qui solo oculorum adminiculo instructi sunt, ignorare queant divinae artis excellentiam, ultro se in ista innumerabili, et tamen adeo distincta et disposita caelestis militiae varietate exerentem[f]: constat neminem esse cui non abunde sapientiam suam Dominus patefaciat. Similiter in humani corporis structura connexionem, symmetriam, pulchritudinem, usum, ea quam Galenus [Libris de usu partium.[2]] adhibet, solertia[g] pensiculare, eximii est acuminis.[l] Sed omnium tamen confessione, prae se fert corpus humanum tam ingeniosam compositionem[3], ut ob eam merito admirabilis opifex iudicetur.

3. Ac proinde quidam ex philosophis olim hominem non immerito vocarunt μικρόκοσμον[4], quia rarum sit potentiae,

a) *1539–54* quod   b) omnes — consp.: *1539–54* conspiciuntur
c) *ad hanc sect. et sect. 6—7 cf. Catechismum 1538, CR V 324 sq.*
d) phys. sc.: *1539–54* physionomia   e) ne — rud.: *1539–54* ne ii quidem,   f) *1539–54* ostentantem   g) *1539–54* industria

1) cf. Senec. ep. Lucil. 102, 28.   2) Galenus, Περὶ χρείας μορίων libri XVII ed. Helmreich.   3) cf. Laur. Vallam, De voluptate I c. 10. Opp. p. 906.   4) Eadem fere exstant in Petr. Pomponatii Tract. de immortalitate animae, Bon. 1516, c. 14, p. 123; cf. Democriti fragm. 34 (Diels Fragm. II, 72); Aristot. phys. Θ 2, 252 b, 24 sqq.; Cic. republ. VI. 26.

bonitatis et sapientiae Dei specimen, satisque miraculorum in se contineat occupandis nostris mentibus, modo ne attendere pigeat. Qua ratione Paulus, ubi admonuit, Deum palpando a caecis quoque posse deprehendi, mox procul quaerendum non
5 esse adiungit [Act. 17. f. 27], quia scilicet intus singuli caelestem gratiam qua vegetantur, indubie sentiunt. Si vero ut Deum apprehendamus, extra nos egredi opus non est, quam veniam merebitur eius socordia, qui ut Deum inveniat, in se descendere gravabitur? Eadem etiam ratio est cur David, ubi
10 breviter celebravit admirabile Dei nomen et decus quae ubique refulgent, statim exclamet, Quid est homo cuius memor es? [Psal. 8. a. 5.]. Item, Ex ore infantium et lactentium stabilisti robur[1]; siquidem non tantum in genere humano clarum operum Dei speculum extare pronuntiat, sed infantibus dum a matrum
15 uberibus pendent, satis disertas esse linguas ad praedicandam eius gloriam, ut minime opus sit aliis rhetoribus. Unde etiam eorum ora in aciem producere non dubitat tanquam valide instructa ad refellendam eorum amentiam qui Dei nomen pro diabolica sua superbia extinguere cuperent. Unde et illud
20 emergit quod ex Arato citat Paulus, nos esse Dei progeniem [Act. 17. g. 28][2]: quia tanta praestantia nos exornans, se patrem nobis esse testatus est. Sicuti etiam ex communi sensu et quasi dictante experientia profani Poetae eum vocarunt hominum patrem[3]. Neque vero se quisquam ultro et libenter
25 Deo addicet in obsequium, nisi qui gustato paterno eius amore vicissim ad eum amandum et colendum [a] illectus fuerit.

4. Hic autem detegitur foeda hominum ingratitudo, qui dum in se continent officinam innumeris Dei operibus nobilem, et simul tabernam inaestimabili opum copia refertam, cum
30 erumpere deberent in laudes, tanto maiore fastu contra inflantur ac turgent. Quam miris modis in ipsis operetur Deus, sentiunt: quantam etiam donorum varietatem ex eius liberalitate possideant, usu ipso docentur. Haec divinitatis signa esse, coguntur scire velint nolint: intus tamen supprimunt. Non
35 opus quidem est extra seipsos egredi, modo ne sibi arrogando quod e caelis datum est, defodiant in terra quod eorum mentibus ad Deum clare videndum praelucet. Imo prodigiosos hodie multos spiritus terra sustinet, qui totum divinitatis semen in natura humana sparsum[4] conferre non dubitant ad obruendum

40 a) et col. > *VG 1560*

1) Ps. 8, 3.   2) Aratus, Phaenomena 5.   3) Cic. nat. deor. I. 2, 4.
4) fortasse Servetus; cf. eius Christianismi Restitutionem, 1553: De Trin. lib. III, p. 145 sq., De Trin. dialog. I, p. 213 sqq.

Dei nomen. Quam detestabilis est, obsecro, haec vesania, ut homo in corpore suo et anima centies Deum reperiens[1], hoc ipso excellentiae praetextu Deum esse neget? Non dicent se fortuito a brutis animantibus distinctos: tantum obducto naturae velo,[1] quae illis rerum omnium est artifex, Deum subducunt. Vident tam exquisitum artificium in singulis suis membris ab ore et oculis usque ad infimos unguiculos. Hic quoque naturam substituunt in locum Dei[2]. Sed in primis tam agiles animae motus, tam praeclarae facultates, tam rarae dotes divinitatem prae se ferunt, quae se non patitur facile celari: nisi Epicurei tanquam Cyclopes, ex hac altitudine bellum Deo protervius inferrent. Itane vero ad regendum quinque pedum vermiculum toti caelestis sapientiae thesauri concurrunt? universitas mundi hac praerogativa carebit? Primo statuere aliquid organicum in anima[a] quod singulis partibus respondeat[3], adeo nihil ad obscurandam Dei gloriam facit, ut potius eam illustret. Respondeat Epicurus, quis atomorum concursus[4] cibum et potum coquens, partem in excrementa, partem in sanguinem digerat, ac efficiat ut singulis membris tanta sit industria ad praestandum officium acsi totidem animae communi consilio corpus unum regerent?

5. Sed mihi nunc cum illa porcorum hara[5] negotium non est: eos magis compello qui praeposteris argutiis dediti, frigidum illud Aristotelis dictum libenter obliquo flexu traherent tam ad immortalitatem animae abolendam, quam ad eripiendum Deo ius suum. Nam quia organicae sunt animae facultates[b 6], hoc praetextu alligant eam corpori, ut sine eo non subsistat: naturae vero elogiis, quantum in se est, Dei nomen supprimunt[7]. Atqui longe abest quin potentiae animae in functionibus quae corpori serviunt inclusae sint. Quid hoc ad corpus ut caelum metiaris, numerum stellarum colligas, teneas cuiusque magnitudinem, scias quo spatio inter se distent, qua celeritate vel tarditate conficiant suos cursus, quot gradibus huc vel illuc

---

a) *VG 1560* De dire selon Aristote, comme ils font, que l'ame est douée d'organes ou instrumens   b) Nam — fac.: *VG 1560* Car sous ombre que les vertus de l'ame sont instrumentales, pour s'appliquer d'un accord avec les parties exterieures

1) cf. ib. p. 216.   2) Cic. nat. deor. I. 20, 56. — cf. Lact. div. inst. III. 28, 4. CSEL 19, 264. — Laur. Valla, de volupt. I c. 13. Opp. p. 909.   3) cf. Aristot. de anima II 1, 412 a 28, b 6.   4) Cic. nat. deor. I. 20, 54; 24, 66; II. 37, 93 sq. cf. Tusc. I. 11, 22.   5) cf. Horat. Epist. I. 4, 15 sq.   6) cf. Aristot. l. c.   7) Pomponatius, de immort. animae c. 4. 8. 9. 10, p. 10. 34. 47 sqq. 72 sq.

deflectant? Fateor quidem esse aliquem Astrologiae usum[a][1]: sed tantum ostendo, in hac tam alta disquisitione rerum caelestium non esse organicam symmetriam, sed suas animae esse partes a corpore separatas[b]. Exemplum unum proposui, ex quo reliqua sumere, lectoribus promptum erit. Multiplex sane animae agilitas qua caelum et terram perlustrat: praeterita futuris coniungit: retinet memoriter quae pridem audivit: imo quidlibet sibi figurat: solertia etiam qua res incredibiles excogitat, et quae tot mirabilium artium mater est, certa sunt divinitatis insignia in homine[2]. Quid quod dormiendo non tantum se circumagit et versat, sed multa utilia concipit, de multis ratiocinatur, futura etiam divinat? Quid hic dicendum est, nisi deleri non posse quae in homine impressa sunt immortalitatis signa? Nunc quae ratio feret ut sit homo divinus[3], et creatorem non agnoscat? Nos scilicet[c], iudicio quod nobis inditum est discernemus inter iustum et iniustum, nullus autem erit in caelo iudex? Nobis etiam in somno manebit aliquid residuum intelligentiae, nullus Deus excubias aget in mundo regendo? Tot artium rerumque utilium inventores censebimur ut fraudetur Deus sua laude? quum[1] tamen experientia satis doceat disparibus modis aliunde distribui quod habemus[4]. Quod autem de arcana inspiratione quae vegetat totum mundum quidam blaterant[5], non modo dilutum, sed omnino profanum est. Placet illis[6] celebre dictum Virgilii,

Principio caelum ac terras, camposque liquentes
Lucentemque globum Lunae, Titaniaque astra

---

a) *VG 1560* Je confesse que l'astrologie est utile et sert à ceste vie caduque, et que par ce moyen quelque fruict et usage de ceste estude de l'ame revient au corps   b) in hac — separ.: *VG 1560* que l'ame a ses vertus à part, qui ne sont point liées à telle mesure qu'on les puisse appeler organiques ou instrumentales au regard du corps, comme on acouple deux bœufs ou deux chevaux à trainer une charrue   c) *VG 1560* + qui ne sommes que fange et ordure

1) ib. c. 14, p. 112 sqq.   2) Calvino ille locus Ciceronis, Tusc. I. 24, 56—27, 66, obversatus est, ubi similiter ex divinis animi viribus, memoria, excogitatione, inventione, cognitione stellarum, inventione plurimarum artium, animum ipsum esse divinum et aeternum efficitur.
3) cf. Pomponat. l. c. c. 14, p. 123.   4) Cic. nat. deor. II. 7, 18. 19.
5) sc. Libertini, quo nomine Calvinus Coppinum, Quintinum, Bertrandum, Claudium Persevalum, Antonium Pocquetum in libello suo: Contre la secte phantastique et furieuse des Libertins, a. 1545 edito (CR Calv. opp. VII 145 sqq.), cap. 4, l. c. p. 159 sq., appellavit; cf. ib. cap. 9, p. 178 sq.   6) cf. Farelli: Le glaive de la parolle, 1555, p. 223.

Spiritus intus alit: totamque infusa per artus
Mens agitat molem, et magno se corpore miscet.
Inde hominum, pecudumque genus, vitaeque volantum,
Et quae marmoreo fert monstra sub aequore pontus,
Igneus est ollis vigor, et caelestis origo, etc. [Aeneid. 6][1]

Nempe ut mundus[a] qui in spectaculum gloriae Dei conditus est, suus ipse sit creator. Sic enim idem alibi communem Graecis et Latinis sententiam sequutus,

Esse apibus partem divinae mentis, et haustus
Aetherios, dixere Deum; nanque ire per omnes
Terrasque tractusque maris, caelumque profundum.
Hinc pecudes, armenta, viros, genus omne ferarum,
Quenque sibi tenues nascentem arcessere vitas:
Scilicet huc reddi deinde, ac resoluta referri
Omnia: nec morti esse locum, sed viva volare
Syderis in numerum, atque alto succedere caelo. [Georg. 4][2]

En quid ad gignendam fovendamque in cordibus hominum pietatem valeat ieiuna illa speculatio[b] de universa mente quae mundum animat ac vegetat. Quod etiam ex sacrilegis impuri canis Lucretii vocibus melius liquet quae a principio illo deductae sunt[3]. Hoc vero est, ut procul facessat verus Deus quem timeamus et colamus, umbratile numen facere. Fateor quidem pie hoc posse dici, modo a pio animo proficiscatur, naturam esse Deum[4]: sed quia dura est et impropria loquutio quum potius Natura sit ordo a Deo praescriptus, in rebus tanti ponderis, et quibus debetur singularis religio, involvere confuse Deum cum inferiore operum suorum cursu, noxium est[5].

6[c]. Meminerimus ergo, quoties quisque naturam suam considerat, unum esse Deum qui sic gubernat omnes naturas ut velit nos in se respicere, fidem nostram ad se dirigi, coli et

---

a) *VG 1560* Voire, mais c'est pour revenir à un poinct diabolique, assavoir que le monde   b) *VG 1560* ceste speculation maigre et fade   c) *1559–61 hinc usque ad fin. cap. falso numerant: 5. etc.* — *Vide supra p. 46, 36*

1) Verg. Aeneis 6, 724 sqq.   2) Verg. Georgica 4, 220 sqq.   3) Lucretius, Carm. de rer. nat. I, 54 sqq.; I, 629; cf. Lact. div. inst. VI, 10; VII. 3. 12. CSEL 19, 514 sqq. 587 sqq. 618 sqq.   4) Seneca, de benef. IV. 7, 1; fragm. 122 (ed. Haase III, 444); nat. quaest. II. 45, 3. — cf. Lact. div. inst. II. 8, 23. CSEL 19, 134. — Zwinglius, de providentia c. III (ed. Schuler et Schulthess IV 87. 90 sq.).   5) cf. Lact. div. instit. III. 28, 5. CSEL 19, 264.

invocari a nobis: quia nihil magis praeposterum quam frui tam praeclaris dotibus quae in nobis divinitatem spirant, et authorem negligere qui precario nobis eas largitur. ‖ Iam potentia quam praeclaris speciminibus nos in considerationem sui rapit? nisi forte latere nos potest, cuius sit virtutis, infinitam hanc caeli ac terrae molem suo verbo sustentare: solo nutu, nunc fragore tonitruum caelum concutere, fulminibus quidlibet exurere, fulgetris aerem accendere: nunc variis tempestatum formis conturbare, eundem ipsum statim, ubi libuit, uno momento serenare: mare, quod assiduam terrae vastationem minari sua altitudine videtur, quasi in aere suspensum, coercere: et nunc¹ horrendum in modum tumultuoso ventorum impetu concitare, nunc sedatis undis, pacatum reddere. ‖ Huc pertinent quae passim occurrunt potentiae Dei elogia ex naturae testimoniis, praesertim vero in libro Iob et apud Iesaiam: quae nunc consulto praetereo, quia commodiorem alibi locum reperient ubi ex Scripturis de mundi creatione disseram¹. Tantum nunc attingere volui, exteris et domesticis communem hanc esse viam quaerendi Dei, si lineamenta sequantur quae sursum ac deorsum vivam eius effigiem adumbrant. ‖ Iam ipsa potentia nos ad cogitandam eius aeternitatem deducit: quia aeternum esse, et a seipso principium habere necesse est unde omnia trahunt originem². Porro si causa quaeritur qua et ad creanda haec semel omnia inductus sit, et nunc ad conservanda moveatur: solam illi suam bonitatem comperiemus pro causa esse. Quinetiam haec si una sit, plus satis tamen sufficere debet ad nos in amorem eius alliciendos: quando nulla est creatura, ut Propheta monet, in quam non effusa sit eius misericordia [Psal. 145. b. 9].

7. In secundo quoque genere operum eius, quae scilicet praeter ordinarium naturae cursum eveniunt, nihilo obscuriora se proferunt virtutum eius argumenta. Nam in administranda hominum societate ita providentiam suam temperat, ut quum sit erga omnes innumeris modis benignus ac beneficus: apertis tamen ac quotidianis indiciis, suam piis clementiam^a, improbis ac sceleratis severitatem^b declaret. Non enim dubiae sunt quas de flagitiis sumit ultiones: quemadmodum non obscure tutorem, ac etiam vindicem se innocentiae esse demonstrat, dum bonorum vitam sua benedictione prosperat, necessitati opitulatur, dolores lenit ac solatur, calamitates^c sublevat,

a) *1539–54* iustitiam   b) *1539–54* iudicium   c) *1539* adversitates

1) I 14, 1 sq. 20 sqq.; p. 152 sqq. 170 sqq.   2) Platon, Phaedr. 245 C. sq.; Cicero, Tusc. I. 23, 53 sq.

saluti per omnia consulit. Neque vero perpetuam iustitiae eius regulam obscurare debet, quod improbos et sontes ad tempus impunitos saepiuscule exultare[a] sinit, probos autem et immerentes multis rebus adversis[b] iactari, impiorum etiam malitia et iniquitate premi sustinet. Quin potius longe diversa cogitatio subire mentem debet: quando in flagitium unum manifesto irae indicio animadvertit, omnia ipsum odisse[c]: quando multa inulta praetermittit, aliud fore iudicium quo punienda differuntur[d]. Similiter misericordiae suae considerandae quantam materiam nobis suppeditat, dum saepius miseros peccatores indefessa tamen benignitate prosequitur, donec eorum pravitatem, benefaciendo fregerit, plusquam paterna indulgentia ad se revocando?

8. In hunc finem Propheta commemorans in rebus desperatis repente et mirabiliter ac praeter spem Deum miseris ac fere perditis succurrere, sive per deserta vagantes a feris protegat, et tandem reducat in viam, sive egentibus ac famelicis victum suppeditet, sive captivos ex tetris foveis et ferreis custodiis emittat, sive naufragos in portum adducat incolumes, sive a morbis sanet semimortuos, sive aestu et siccitate exurat terras, sive occulta irrigatione gratiae foecundet, sive attollat contemptissimos e vulgo, sive proceres deiiciat ex alto dignitatis gradu [Psal. 107.]: propositis eiusmodi exemplis colligit, qui censentur esse fortuiti casus, totidem esse providentiae caelestis testimonia, praesertim vero paternae clementiae: atque hinc piis dari materiam laetitiae, impiis vero et reprobis ora obstrui. Sed quia maior pars erroribus suis imbuta, in tam illustri theatro caecutit, exclamat rarae et singularis esse sapientiae, prudenter expendere haec Dei opera, quorum aspectu nihil proficiunt qui alioqui videntur esse acutissimi. Et certe quantumvis splendeat Dei gloria, vix centesimus quisque verus est eius spectator. ‖ Nihilo magis aut potentia, aut sapientia in tenebris latent; quarum altera praeclare emergit dum impiorum ferocia, omnium opinione insuperabilis momento uno retunditur, arrogantia domatur, diruuntur validissima praesidia, tela et arma comminuuntur, vires infringuntur, machinationes evertuntur, et sua ipsarum mole concidunt: quae supra caelos se efferebat audacia, in centrum usque terrae prosternitur: rursum eriguntur humiles e pulvere, et inopes e stercore suscitantur [Psal. 113. b. 7]: oppressi et afflicti, ab extremis angustiis eruuntur: deplorati, in spem bonam restituuntur: inermes de

---

a) *1539–54* exult. saep.   b) reb. adv.: *1539* adversitatibus   c) ips. od.: *1539–54* execrari   d) *1539–54* differantur

armatis, pauci de plurimis, imbecilles de validis victoriam referunt[a]. Sapientia vero ipsa[b] manifeste excellit dum optima unamquanque rem opportunitate dispensat: quamlibet mundi perspicaciam[c] confundit, deprehendit astutos in astutia sua [1. Cor. 3. d. 19.][d]: nihil denique non optima ratione attemperat.

1, 14   9. Videmus non longa nec laboriosa demonstratione opus esse ad eruenda quae illustrandae asserendaeque divinae maiestati serviunt, testimonia: siquidem ex paucis quae delibavimus, quocunque incideris, adeo prompta et obvia esse constat, ut oculis designari, ac digitis notari facile queant. Atque hic rursus[e] observandum est[f], invitari nos ad Dei notitiam, non quae inani speculatione contenta in cerebro tantum volitet[g], sed quae solida futura sit et fructuosa si rite[h] percipiatur a nobis, radicemque agat in corde[i]. A suis enim virtutibus manifestatur Dominus: quarum vim quia sentimus intra nos, et beneficiis fruimur, vividius multo hac cognitione[k] nos affici necesse est quam si Deum imaginaremur cuius nullus ad nos sensus perveniret. Unde intelligimus hanc esse rectissimam Dei quaerendi viam et aptissimum ordinem: non ut audaci curiositate penetrare tentemus ad excutiendam eius essentiam, quae adoranda potius est, quam scrupulosius disquirenda: sed ut illum in suis operibus contemplemur quibus se propinquum nobis familiaremque reddit, ac quodammodo communicat.

[48]   Quo respiciebat Apostolus quum diceret non longe[l] quaeritandum esse, quippe qui praesentissima sua virtute habitet in unoquoque nostrum [Act. 17. f. 27.]. Proinde David, inenarrabilem eius magnitudinem ante confessus, postquam ad operum commemorationem descendit, eam ipsam se enarraturum profitetur [Psal. 145.][1]. Quare et nos in eam Dei investigationem incumbere decet[l], quae sic suspensum admiratione ingenium teneat ut efficaci sensu penitus simul afficiat. ‖ Et 1543 quemadmodum docet alicubi Augustinus, quia illum non possumus capere, velut sub eius magnitudine deficientes, ad opera respicere convenit[m], ut eius reficiamur bonitate [August. in Psal. 144.][2].

---

a) *VG 1560* + ie vous prie ne devons nous point là considerer une puissance autre qu'humaine, et qui sort du ciel pour estre cogneue icy bas?   b) Sap.—ipsa: *1539–54* Altera autem   c) *1539–54* sapientiam   d) *1554* +[Iob 5. b. *(13)*]   e) *1539–54* quidem   f) *ad sqq. (lin. 11—31)* cf. Catechismum 1538, CR V *324*   g) contenta — vol.: *1539–54* contineatur   h) > *1539–54*   i) radic. — corde > *1539–54*   k) *1539–54* recognitione   l) *1539–54* incumbamus   m) *1543–54* respiciamus

1) Ps. 145, 3. 5.   2) Aug., In Psal. 144, 6. MSL 37, 1872.

10. Deinde[a] eiusmodi notitia non modo ad Dei cultum excitare nos debet, sed ad spem quoque futurae vitae expergefacere, et erigere. Quum enim animadvertamus quae Dominus tum clementiae, tum severitatis suae specimina edit, inchoata duntaxat et semiplena esse: haud dubie ad maiora sic ipsum praeludere reputemus oportet[b], quorum manifestatio plenaque exhibitio in aliam vitam differtur[c]; econverso, pios ab impiis quum videamus afflictionibus gravari, iniuriis concuti, calumniis opprimi, contumeliis probrisque lacerari: scelestos contra florere, prosperari, quietem cum dignitate obtinere, idque impune: protinus colligendum est, alteram fore vitam, in qua, et sua iniquitati vindicta, et merces iustitiae reposita sit. Adhaec quum observemus, Domini ferulis saepius fideles castigari, certo certius constituere licet, multo minus impios eius flagella olim evasuros. ‖ Scitum enim est illud Augustini, Si nunc omne peccatum manifesta plecteretur poena, nihil ultimo iudicio reservari putaretur [Lib. 1. de Civitate Dei, capite 8.][1]. Rursus, si nullum peccatum nunc aperte Deus puniret, nulla esse divina providentia crederetur. ‖ Fatendum est igitur, in singulis Dei operibus, praesertim autem ipsorum universitate, non secus atque in tabulis depictas esse Dei virtutes, quibus in eius agnitionem, et ab ipsa in veram plenamque foelicitatem invitatur atque illicitur[d] universum hominum genus. Porro[e] lucidissimae[f] quum illic[g] appareant: quorsum tamen potissimum spectent, quid valeant, quem in finem a nobis sint[h] reputandae[i], tum demum assequimur dum in nos ipsos descendimus, ac consideramus quibus modis suam in nobis vitam, sapientiam, virtutem Dominus exerat: suam iustitiam, bonitatem, clementiam erga nos exerceat. ‖ Nam etsi iuste conqueritur David, incredulos desipere, quia in humani generis gubernatione profunda Dei consilia non expendunt [Psal. 92. b. 7]: est tamen hoc verissimum quod idem alibi dicit, admirabilem Dei sapientiam hac in parte excedere

---

a) *1539—54* Porro   b) sic — oport.: *1539-45* sic praeludere reputandus est   c) *1539-50, 1554* diffundatur   d) veram — illic.: *1539-54* foelicitatis possessionem, invitetur   e) *sequentia (lin. 24—29) verbo tenus fere exstant in Catech. 1538, CR V 325*   f) *1539-45* lucidissime   g) Porro — illic: *Catech. 1538* Atque istac quidem omnia tametsi in singulis coeli ac terrae partibus lucidissime   h) *1539-45* sint a nob.   i) *1545-54* intelligendae; *1539-43* falso intelligenda, quod sic in Catech. 1538 — recte; vide not. g — legitur.

1) Aug., De civ. Dei I. 8, 2. MSL 41, 20; CSEL 40. I. 14.

capillos capitis nostri [Psal. 40. c. 13]. Sed quia hoc argumentum posthac suo ordine plenius tractandum erit[1], nunc omitto.

11.[a] Atqui quantacunque claritate et se et immortale suum regnum Dominus in operum suorum speculo repraesentet: qui tamen est noster stupor, ad tam perspicuas testificationes[b] semper hebescimus, ut sine profectu effluant.[c] Nam quantum ad mundi fabricam et pulcherrimam positionem[d] attinet, quotusquisque est nostrum, qui dum oculos vel in caelum attolit, vel per regiones terrae varias circunfert, mentem ad Creatoris memoriam referat[e], ac non magis, praeterito authore in operum aspectu desideat? Quantum vero attinet ad ea quae praeter naturalis decursus ordinem quotidie eveniunt, quotusquisque non magis reputat, caeca potius fortunae temeritate rotari et volutari homines quam Dei providentia gubernari? Quod siquando istarum rerum ductu ac directione, ad Dei considerationem adigimur (quod omnibus evenire necessarium est) tamen[f] ubi temere divinitatis alicuius sensum concepimus, extemplo ad carnis nostrae deliria vel prava commenta[g] delabimur, ac puram Dei veritatem nostra corrumpimus vanitate. In eo quidem dissimiles, quod quisque sibi privatim aliquid peculiaris erroris accersit: in hoc tamen simillimi, quod ad unum omnes, ab uno vero Deo ad prodigiosa nugamenta deficimus. Quo morbo non plebeia modo et obtusa[h] ingenia, sed praeclarissima, et singulari alioqui acumine praedita, implicantur. Quam prolixe suam in hac parte stoliditatem ac insulsitatem prodidit tota Philosophorum natio? Nam ut aliis parcamus, qui multo absurdius ineptiunt: Plato inter omnes religiosissimus, et maxime sobrius, ipse quoque in rotundo suo globo[1] evanescit.[2][k] Et quid aliis non eveniret, quum ita primores, quorum erat reliquis praelucere, hallucinentur et impingant? Similiter, ubi rerum humanarum gubernatio providentiam manifestius arguit quam ut abnegari queat,

---

a) *ad sqq. (lin. 3—20) cf. Catech. 1538, CR V 325* b) *1539-54* + caeci c) *ut — effl.* > *1539-54* d) *fabr. — posit.: 1539-54* compositionem e) *1539* referi f) > *1539-54* g) *vel — comm.* > *1539-54* h) *1539-54* obtusiora i) *in — globo* > *1539-54* k) *1539-45* + Quaerit enim corporeum Deum, quod divina maiestate alienissimum indignissimumque est [Timaeo].

1) lib. I 16, 6–9; p. 196 sqq.   2) Plato, Tim. 33 B; cf. Cic. nat. deor. I. 10, 24. — Emendationis eorum, quae ibi antea scripserat, Philippus Melanchthon Calvino auctor fuisse coniciendum est, qui in editione novissima Locorum comm. anni 1543 Platonis de Deo notionis spiritualis accurate commonefecerat. — vide CR Mel. opp. XXI 610.

nihilo tamen inde plus proficitur ᵃ, quam si temeraria fortunae voluntate ᵇ crederentur omnia sursum deorsum versari: tanta est nostra in vanitatem et errorem propensio. De excellentissimis semper loquor, non vulgaribus illis, quorum in profananda Dei veritate processit in immensum insania.

12.ᶜ Hinc immensa illa errorum colluvies, qua totus orbis refertus ac coopertus fuit; suum enim cuique ingenium instar labyrinthi est, ut mirum non sit singulas Gentes in varia commenta diductas esse; neque id modo, sed singulis prope hominibus proprios fuisse deos; nam ut ad inscitiam et tenebras accedit temeritas et lascivia, vix unus unquam repertus est qui non sibi idolum vel spectrum Dei loco fabricaret. Certe non secus atque ex vasta amplaque scaturigine aquae ebulliunt, immensa deorum turba ab hominum mente profluxit, dum quisque nimis licentiose vagando, perperam hoc vel illud de ipso Deo comminiscitur. Neque tamen hic superstitionum quibus implicitus fuit mundus, catalogum texere necesse est: quia nec ullus ᶦ esset finis: et ut verbum nullum fiat, satis ex tot corruptelis apparet quam horribilis sit humanae mentis caecitas. Rude et indoctum vulgus omitto. Sed inter Philosophos qui ratione et doctrina penetrare in caelum conati sunt, quam pudenda est varietas?[1] ut quisque altiore ingenio praeditus fuit, arteque et scientia limatus, ita speciosos colores suae sententiae inducere visus est: quos tamen omnes si propius inspicias, evanidos esse fucos reperies. Argute sibi visi sunt dicere Stoici,ᵈ posse elici ex cunctis naturae partibus varia Dei nomina, neque tamen propterea lacerari unum Deum.[2] Quasi vero non iam plus satis ad vanitatem proclives simus, nisi multiplex deorum copia nobis obiecta, longius et violentius nos in errorem abstraheret.[3] Mystica etiam Aegyptiorum theologia[4] ostendit, sedulo in hoc omnes incubuisse ne absque ratione desipere viderentur. Ac primo forte intuitu aliquid tanquam probabile simplices et incautos deciperet: sed nihil unquam excogitavit ullus mortalium, quo non turpiter corrupta fuerit religio. Atque haec tam confusa varietas Epicureis[5]

---

a) *1539-43* perficitur   b) *1539* volubilitate   c) *haec sect. in VG 1560 ad sect. 11 relata legitur.*   d) *VG 1560* Les St. ont pensé avoir trouvé la feve au gasteau, comme on dit,

1) cf. Cic. nat. deor. I. 6, 14.   2) Cic. nat. deor. I. 14, 36—15, 41; cf. Diog. Laërt. VII, 147.   3) cf. Cic. nat. deor. I. 15, 39; II. 23 sq.   4) cf. Plutarch. De Iside et Osiri. — Euseb. De praep. evang. lib. III. 4, 3 ed. Dindorf I 112 sq. — Aug., De civ. Dei VIII. 27, 2 et VIII. 23. MSL 41, 256 et 247 sqq.; CSEL 40. I, 406. 392 sqq.   5) Cic. nat. deor. I. 30, 85; 43, 121; 44, 123.

et crassis aliis pietatis contemptoribus[1] audaciam addidit ut
omnem Dei sensum abiicerent. Nam quum prudentissimos
quosque certare viderent contrariis opinionibus, ex eorum dissi-
diis, et frivola etiam, vel absurda cuiusque doctrina colligere
non dubitarunt, frustra et stulte tormenta sibi accersere homines
ubi deum qui nullus est investigant: idque se impune facere
duxerunt, quia praestaret brevi compendio prorsus Deum negare, quam fingere incertos deos, et deinde lites movere quae
nullum haberent exitum. Ac nimis quidem inscite ratiocinantur
illi, vel potius tegendae suae impietati nebulam inducunt ex
hominum inscitia, ex qua Deo quidquam decedere minime
aequum est. Sed quum fateantur omnes[a] nullam esse rem de
qua tantopere docti simul et indocti dissentiant,[2] hinc colligitur, plusquam hebetes ac caecas in caelestibus mysteriis esse
hominum mentes quae in Dei investigatione sic errant. Laudatur
ab aliis Simonidis responsum, qui rogatus ab Hierone tyranno
quid esset Deus, diem sibi ad cogitandum dari petiit. Quum
idem quaereret postridie tyrannus, biduum postulavit: ac saepius duplicato numero dierum, tandem respondit, Quanto diutius considero, tanto res mihi videtur obscurior.[3] Prudenter
sane ille sententiam de re sibi obscura suspenderit: hinc tamen
apparet, si naturaliter tantum edocti sint homines, nihil
certum, vel solidum, vel distinctum tenere: sed confusis tantum
principiis esse affixos, ut Deum incognitum adorent.

13. Iam tenendum quoque est, quicunque puram religionem
adulterant (ut omnibus accidere necesse est opinioni suae de-
ditis) discessionem facere ab uno Deo[b]. Aliud quidem sibi in
animo esse iactabunt: sed quid intendant, vel quid sibi persuadeant, non multum ad rem facit: quando Spiritus sanctus
pronuntiat omnes esse apostatas, qui pro mentis suae caligine
daemonia supponunt in Dei locum. Hac ratione Paulus[l] sine
Deo fuisse pronuntiat Ephesios donec ex Evangelio didicis-
sent quid esset verum Deum colere [Ephes. 2. c. 12.]. Neque
hoc ad gentem unam duntaxat restringere oportet, quum
generaliter alibi asserat evanuisse cunctos mortales in suis
cogitationibus [Rom. 1. c. 21.], postquam in mundi fabrica illis
patefacta erat Creatoris maiestas. Ideoque Scriptura ut vero

---

a) *VG 1560* Mais puis que les payens ont confessé   b) *VG 1550* +
et s'en revoltent

1) sicut Diagorae, Theodoro, Protagorae apud Cic. nat. deor. I.
1, 2; 23, 63; 42, 117.   2) cf. Cic. nat. deor. I. 2, 5.   3) Cic. nat.
deor. I. 22, 60.

et unico Deo locum faciat, quidquid divinitatis olim celebratum fuit inter Gentes, falsitatis et mendacii damnat: nec ullum numen relinquit nisi in monte Sion ubi peculiaris vigebat Dei cognitio [a] [Habac. 2. d. 18. 20]. Certe inter Gentiles Christi aetate proxime ad veram pietatem accedere visi sunt Samaritae; audimus tamen ex ore Christi eos nescisse quid colerent [Johan. 4. c. 22]; unde sequitur, vano errore fuisse delusos. Denique etiamsi non omnes laboraverint crassis vitiis, aut in apertas idololatrias prolapsi sint: nulla tamen pura et probata fuit religio quae tantum in communi sensu fundata esset. Quanvis enim pauci quidam non insanierint cum vulgo, manet tamen fixa Pauli doctrina. Non apprehendi sapientiam Dei a principibus mundi huius [1. Cor. 2. b. 8]. Quod si excellentissimi quique in tenebris errarunt, quid de faecibus ipsis dicendum erit? Quare nihil mirum si cultus omnes hominum arbitrio excogitatos tanquam degeneres repudiet Spiritus sanctus: quia in caelestibus mysteriis opinio humanitus concepta, etsi non semper magnam errorum congeriem pariat, erroris tamen est mater. Atque ut nihil deterius accedat, hoc tamen vitium non leve est, fortuito adorare Deum incognitum: cuius tamen rei fiunt Christi ore quicunque ex Lege edocti non sunt quem Deum colere oporteat [Johan. 4. c. 22]. Et certe non longius progressi sunt qui optimi fuerunt legislatores, quam ut in publico consensu fundata esset religio. Quin etiam apud Xenophontem laudat Socrates [b] Apollinis responsum, quo praecepit ut quisque ritu patrio et pro urbis suae consuetudine deos coleret.[1] Unde autem hoc ius mortalibus ut sua authoritate definiant quod mundum longe superat? vel quis ita maiorum placitis, vel populi scitis acquiescere poterit, ut Deum absque dubitatione recipiat humanitus sibi traditum?[2] Potius iudicio quisque suo stabit, quam se alieno arbitrio subiiciet.[3] Quum ergo nimis infirmum ac fragile sit pietatis vinculum, vel urbis consuetudinem, vel antiquitatis consensum in colendo Deo sequi, restat ut de se testetur e caelo ipse Deus.

14. Ergo frustra nobis in mundi opificio collucent tot accensae lampades ad illustrandam authoris gloriam: quae sic nos undique irradiant, ut tamen [c] in rectam viam per se nequa-

---

a) *VG 1560* + pour tenir les hommes en pureté   b) apud — Socr.: *VG 1560* Xenophon philosophe bien estimé, loué et prisé   c) > *1539-45*

1) Xenoph. Mem. IV. 3, 16.   2) Cic. nat. deor. III. 4, 9; cf. Lact. div. inst. II. 6, 7 sqq. CSEL 19, 122 sqq.   3) cf. Lact. div. inst. II. 7, 1—6. CSEL 19, 124 sq.

DE COGNIT. DEI CREATORIS. CAP. V

quam possint perducere. Et scintillas certe quasdam excitant: sed quae ante praefocantur quam pleniorem effundant fulgorem. Quamobrem Apostolus, eo ipso loco, ubi secula, simulachra vocat rerum invisibilium: subiungit, per fidem intelligi esse verbo Dei aptata [Heb. 11. a. 3]: ita significans, [52] invisibilem divinitatem repraesentari[1] quidem talibus spectaculis: sed ad illam perspiciendam non esse nobis oculos nisi interiore Dei revelatione per fidem illuminentur. Neque Paulus, ubi tradit patefieri quod cognoscendum est de Deo ex mundi creatione [Rom. 1. c. 19], talem manifestationem designat quae hominum perspicacia comprehendatur: quin potius eam ostendit non ultra procedere nisi ut reddantur inexcusabiles. Idem quoque, tametsi alicubi negat Deum procul vestigandum, utpote qui intra nos habitet [Act. 17. f. 27]: alio tamen loco docet quorsum valeat eiusmodi propinquitas, In praeteritis, inquit, generationibus permisit Dominus Gentes ingredi viis suis [Act. 14. c. 16.], non tamen seipsum sine testimonio reliquit, benefaciens e caelo, dans pluvias, et tempora fructifera, implens cibo et laetitia corda hominum.[1] Utcunque ergo non destituatur testimonio Dominus, dum plurima et varia benignitate homines in sui cognitionem suaviter allicit: vias tamen suas, hoc est exitiales errores, propterea sequi non desinunt.

1, 18   15. Quanquam autem naturali facultate deficimur quominus ad puram usque et liquidam Dei cognitionem conscendere liceat[a]: quia tamen hebetudinis vitium intra nos est, praecisa est omnis tergiversatio. Neque enim ignorantiam sic praetexere licet quin semper et ignaviae et ingratitudinis vel conscientia ipsa nos convincat[b]. Digna scilicet quae admittatur defensio, si homo ad audiendam veritatem aures sibi defuisse obtendat, ad quam enarrandam suppetunt mutis creaturis plusquam canorae voces: si oculis se non posse videre causetur quod sine oculis creaturae demonstrant: si mentis imbecillitatem excuset, ubi omnes sine ratione creaturae erudiunt. Quare omni prorsus excusatione merito excludimur, quod vagi et palantes aberramus: quum omnia rectam viam demonstrent. Sed enim, utcunque hominum vitio imputandum sit, quod semen notitiae Dei, ex mirabili naturae artificio mentibus suis inspersum, mox corrumpunt, ne ad frugem bonam ac synceram perveniat: verissimum tamen est, nuda ista et simplici testificatione, quae

---

a) *1539-50, 1554* conscendamus   b) vel — conv.: *1539-54* convincamur

1) Act. 14, 17.

Dei gloriae^a a creaturis magnifice^b redditur, nequaquam nos sufficienter erudiri. Simul enim ac modicum divinitatis gustum ex mundi speculatione delibavimus: vero Deo praetermisso, eius loco somnia et spectra cerebri nostri erigimus: ac^c iustitiae, sapientiae, bonitatis, potentiae laudem ab ipso fonte huc et illuc traducimus^d. Quotidiana porro eius facta ita aut obscuramus aut invertimus prave aestimando, ut et suam illis gloriam, et authori debitam laudem praecripiamus.

Ut ad Deum creatorem quis perveniat, opus esse Scriptura duce et magistra. CAP. VI.

1. ERGO quanquam hominum ingratitudinem satis superque omni patrocinio spoliat fulgor ille qui in caelo et in terra omnium oculis ingeritur: sicuti Deus ut genus humanum involvat eodem reatu, cunctis sine exceptione numen suum delineatum in creaturis^e proponit: aliud tamen et melius adminiculum accedere necesse est quod nos probe ad ipsum mundi creatorem dirigat.^f || Itaque non frustra verbi sui lumen addidit, quo innotesceret in salutem; atque hac praerogativa dignatus est quos voluit propius, et magis familiariter ad se colligere. Nam quia vaga et instabili agitatione circunferri videbat omnium animos, postquam Iudaeos sibi elegit in gregem peculiarem, cancellos illis circundedit, ne aliorum more evanescerent; nec frustra eodem remedio nos in pura sui notitia continet: quia mox alioqui diffluerent etiam qui videntur prae aliis firmi stare; nempe sicuti senes, vel lippi, et quicunque oculis caligant, si vel pulcherrimum volumen^g illis obiicias, quanvis agnoscant esse aliquid scriptum, vix tamen duas voces contexere poterunt: specillis autem interpositis adiuti, distincte legere incipient: ita Scriptura confusam alioqui Dei notitiam in mentibus nostris colligens, discussa caligine liquido nobis verum Deum ostendit. Hoc igitur singulare donum est, || ubi ad erudiendam Ecclesiam^h non mutis duntaxat magistrisⁱ Deus^k utitur, sed os

---

a) *1539-54* magnificentiae   b) > *1539-54*   c) > *1539-54*
d) ab ipso — trad.: *1539-54* ad ipsa derivando   e) numen — creat.: *VG 1560* sa maiesté
f) Ergo ut Deus, ad spoliandam omni patrocinio hominum impietatem, numinis sui fulgorem, in creaturis delineatum, sine exceptione, universis proponit, ita quibus se destinavit in salutem manifestare, eorum imbecillitati, efficatiore remedio, succurrit.
g) *VG 1560* + et de caracteres bien formez   h) ubi — Eccl.: *1539-54* Nam in eorum eruditionem   i) *VG 1560* + dont nous avons parlé, assavoir ses ouvrages qu'il nous produit   k) > *1539-54*

quoque sacrosanctum reserat: neque tantum promulgat colendum esse aliquem^a Deum, sed eum se esse simul pronuntiat qui colendus sit^b: nec electos^c docet modo in Deum respicere, sed se quoque exhibet in quem respiciant. Hunc^d ordinem ab initio erga Ecclesiam suam^e tenuit, ut praeter communia^f illa documenta verbum quoque adhiberet: quae^g rectior est et certior^h ad ipsum dignoscendum nota. ‖ Nec dubium est quin Adam, Noe, Abraham, et reliqui patres hoc adminiculo penetraverint ad familiarem notitiamⁱ, ‖ quae illos ab incredulis quodammodo discrevit^k. Nondum loquor de propria fidei doctrina qua fuerunt illuminati in spem aeternae vitae; nam ut transirent a morte in vitam, Deum non modo creatorem agnoscere necesse fuit, sed redemptorem quoque: ut certe utrunque adepti sunt ex verbo. Ordine enim praecessit illa notitiae species qua tenere datum fuit quisnam sit Deus ille a quo mundus est conditus, et gubernatur. Deinde adiuncta fuit altera interior^l, quae sola mortuas animas vivificat, qua Deus non tantum mundi conditor, et omnium quae fiunt unicus author et arbiter cognoscitur, sed^l etiam redemptor in Mediatoris persona. Caeterum quia nondum ad mundi lapsum et naturae corruptionem^m ventum est, de remedio etiam tractare supersedeo. Meminerint ergo lectores, meⁿ nondum de foedere illo disserere, quo sibi Deus adoptavit Abrahae filios: et de illa doctrinae parte qua proprie segregati semper fuerunt fideles a profanis gentibus: quia in Christo fundata fuit: sed tantum quomodo ex Scriptura discere conveniat, Deum qui mundi creator est, certis notis ab omni commentitia deorum turba discerni. Opportune deinde series ipsa ad Redemptionem nos deducet. Quanquam autem multa ex Novo testamento testimonia adhibebimus, alia etiam ex Lege et Prophetis, ubi expressa fit Christi mentio: in hunc tamen finem tendent omnia, Deum mundi opificem nobis patefieri in Scriptura, et quid de eo sentiendum sit exponi, ne per ambages incertum aliquod numen quaeramus.

---

a) *1539–54* aliqu. esse   b) sed — sit: *VG 1560* mais aussi qu'il est cestuy-là   c) *1539–54* ipsos   d) *1539–54* + enim   e) erga — suam: *1539–54* Dominus in servorum suorum vocatione   f) *1539–54* omnia   g) *1539–54* + multo   h) est — cert.: *1539–54* et familiarior est,
i) Sic Adam, sic Noah, sic Abraham et reliqui patres in cognitionem eius interiorem, verbo illuminati penetrarunt   k) quae — discr.: *cf. p. 62, 36 sq.*   l) *VG 1560* + et qui emporte pleine foy avec soy   m) ad — corrupt.: *VG 1560* à la cheute de l'homme et à la corruption de nostre nature   n) *VG 1560* qu'en traitant comment Dieu est cogneu par sa parolle, ie ...

2. Sive autem per oracula et visiones[a] Patribus innotuit Deus, sive hominum opera et ministerio suggessit quod deinde per manus posteris traderent: indubium tamen est insculptam fuisse eorum cordibus firmam doctrinae certitudinem, ut persuasi essent, atque intelligerent a Deo profectum esse quod didicerant. Semper enim Deus indubiam fecit verbo suo fidem, quae omni opinione superior esset[b]. ‖ Tandem ut continuo progressu doctrinae veritas seculis omnibus superstes maneret in mundo, eadem oracula quae deposuerat apud Patres, quasi publicis tabulis consignata esse voluit[c]. ‖ Hoc consilio Lex promulgata fuit, cui postea interpretes additi sunt Prophetae. Etsi enim multiplex fuit Legis usus, ut melius videbitur suo loco[1]: praesertim vero Mosi et omnibus Prophetis propositum fuit, modum reconciliationis inter Deum et homines docere (unde etiam Paulus Christum vocat finem Legis [Rom. 10. a. 4]) iterum tamen repeto, praeter doctrinam fidei et poenitentiae propriam, quae Christum Mediatorem proponit, Scripturam unicum et verum Deum quatenus mundum creavit et gubernat, certis notis et insignibus ornare, ne misceatur cum falsa deorum turba. Ergo quanvis hominem serio oculos intendere conveniat ad consideranda Dei opera, quando in hoc splendidissimo theatro locatus est ut eorum esset spec-

---

a) *VG 1560* + c'est à dire tesmoignages celestes,
b) sive illis instillabatur per oracula et visiones, sive prioribus ita revelatum, eorum ministerio, quasi per manum posteris *(1539* illis*)* tradebatur. Neque tamen intererat, quo tandem modo fierent eius verbi participes, modo a Deo profectum esse intelligerent, cuius rei Deus indubiam semper fidem fecit, quoties eius revelationi voluit esse locum. — *1539–54* + Ergo peculiariter se paucis evidenti praesentiae suae dato signo insinuavit, ac salvificae doctrinae thesaurum apud eos deposuit, cuius ipsi rursum ad posteritatem dispensatores forent. Qualiter Abrahamum videmus foedus aeternae vitae, apud se coelesti oraculo depositum, et propagasse in totam familiam, et in longam generationem transmittendum curavisse *(1553* + [Gene. 18. b. 10. *(recte 18, 19)*]*; 1554* + [Gen. 22. c. *(16–18)* Gal. 3. c. *(16)*]). Atque hoc quidem interstitio, iam tum a reliquis nationibus distinguebatur Abrahae progenies, quod singulari dei beneficio, in istam verbi communionem admissa erat.
c) Porro ubi Ecclesiam aliquanto adhuc selectiorem erigere Domino visum est, illud ipsum verbum et solenniore ritu promulgatum, et tabulis consignatum voluit. Tunc ergo scriptis commendari coeperunt Dei oracula, quae antea de manu in manum tradita, in populo Dei asservabantur.

1) lib. II 7; p. 326 sqq.

tator[1]: aures tamen praecipue arrigere convenit ad verbum, ut melius proficiat. Ac proinde mirum non est, magis ac magis in stupore suo obdurescere qui in tenebris nati sunt: quia paucissimi ut se intra metas contineant, verbo Dei se praebent dociles, sed potius exultant in sua vanitate. Sic autem habendum est, ut nobis affulgeat vera religio, exordium a caelesti doctrina fieri debere, nec quenquam posse vel minimum gustum rectae sanaeque doctrinae[a] percipere, nisi qui Scripturae fuerit discipulus; unde etiam emergit verae intelligentiae principium. ubi reverenter amplectimur quod de se illic testari Deus voluit.

Neque enim perfecta solum, vel numeris suis completa fides, sed omnis recta Dei cognitio ab obedientia nas[l]citur. ‖ Et sane hac in parte singulari providentia consuluit mortalibus Deus in omnes aetates[b].

3. Nam si reputamus quam lubricus sit humanae mentis lapsus in Dei oblivionem, quanta in omne genus erroris proclivitas, quanta ad[c] confingendas identidem novas et factitias religiones libido: perspicere licebit quam necessaria fuerit talis caelestis doctrinae consignatio, ne vel oblivione deperiret, vel errore evanesceret, vel audacia hominum corrumperetur. Quum itaque palam sit, Deum erga eos omnes quos unquam erudire cum fructu voluit, subsidium verbi adhibuisse, quod effigiem suam in pulcherrima mundi forma[d] impressam, parum esse efficacem provideret: hac recta via contendere expedit[e], si ad synceram Dei contemplationem serio aspiramus. [f]Ad verbum, inquam, est veniendum[g], ubi probe, et ad vivum[h], nobis a suis operibus describitur Deus, dum opera ipsa non ex iudicii nostri pravitate, sed aeternae veritatis regula aestimantur. Ab eo si deflectimus, ut nuper dixi[i], quamlibet strenua enitamur celeritate, quia tamen extra viam cursus erit, nunquam ad metam pertingere continget[k]. Sic enim cogitandum est: fulgorem divini vultus, quem et Apostolus inaccessum vocat

---

a) rect. — doctr.: *VG 1560* de saine doctrine pour savoir que c'est de Dieu,

b) Qua in re singulari providentia Deus posterorum saluti consuluit. 1539
c) *1539-50, 1554* in   d) in — forma: *1539-54* in mundi compositione; *VG 1560* par tout   e) *1539-54* contendendum nobis est   f) sequentia (lin. 25—28) verbo tenus fere exstant in Catech. 1538, CR V 325   g) *Cat. 1538* Veniendum ergo ad Dei verbum   h) et ad viv. > *Cat. 1538*   i) ut — dixi > *1539-54*   k) *1539-54* pertingemus

1) cf. Cic. Tusc. I. 28, 69; nat. deor. II. 14, 37; 56, 140; Lact. div. inst. III. 9, 9 sqq. CSEL 19, 200.

[1. Tim. 6. d. 16], esse nobis instar inexplicabilis labyrinthi, nisi verbi linea in ipsum dirigamur; ut satius sit in hac via claudicare quam extra eam celerrime currere[1]. ‖ Itaque saepius David superstitiones e mundo tollendas docens, quo pura vigeat religio, Deum regnantem inducit [Psalmis 93. 96. 97. 99, et similibus.]: regnandi nomine non potestatem significans qua praeditus est, et quam in universa naturae gubernatione exercet: sed doctrinam qua sibi legitimum principatum asserit[a]: quia nunquam evelli queunt ex hominum cordibus errores donec plantata fuerit vera Dei cognitio.

4. Proinde idem Propheta[b], ubi commemoravit gloriam Dei a caelis enarrari, opera manuum enuntiari a firmamento, ab ordinata dierum noctiumque serie maiestatem eius praedicari [Psalm. 19. a. 1], deinde ad verbi mentionem descendit: Lex, inquit, Domini immaculata, convertens animas: testimonium Domini fidele, sapientiam praestans parvulis: iustitiae Domini rectae, laetificantes corda: praeceptum Domini lucidum, illuminans oculos[2]. ‖ Etsi enim alios quoque Legis usus comprehendit, significat tamen in genere, quum frustra Deus omnes populos ad se invitet caeli terraeque intuitu, hanc esse peculiarem filiorum Dei scholam[c]. ‖ Eodem spectat Psalmus 29, ubi Propheta concionatus de terribili Dei voce, quae in tonitru, ventis, imbribus, turbinibus et procellis terram concutit, tremefacit montes, cedros confringit: in fine tandem subiicit, cani eius laudes in Sanctuario, quia ad omnes Dei voces quae in aere resonant, surdi sunt increduli. Sicut alium Psalmum, ubi descripsit terribiles fluctus maris, ita claudit, Testimonia tua verificata sunt: decor templi tui, sanctitas in longitudinem[l] dierum [Psal. 93. b. 5]. ‖ Hinc et illud emanat[d] quod Samaritanae mulieri dicebat Christus, gentem eius et reliquos omnes populos adorare quod nescirent: solos Iudaeos Deo vero cultum exhibere [Iohan. 4. c. 22]. Nam quum humana mens pro sua imbecillitate pervenire ad Deum nullo modo queat nisi sacro[e] eius verbo adiuta et sublevata, omnes tunc mortales, exceptis Iudaeis, quia Deum sine verbo quaerebant, necesse fuit in vanitate atque errore versari.

---

a) *VG 1560* + à ce qu'on s'assuiettisse à luy. b) id. Proph.: *1539-54* David
c) significans illam universalem esse omnium institutionem: hanc vero peculiarem filiorum Dei scholam   d) *1543-54* emanavit
e) *1543-54* sancto

1) Aug., In Psal. 31, enarr. 2, 4. MSL 36, 260.   2) Ps. 19, 8 sq.

Quo testimonio Scripturam oporteat sanciri, nempe Spiritus: ut certa constet eius authoritas: atque impium esse commentum[a], fidem eius pendere ab Ecclesiae iudicio. CAP. VII.

1. VERUM antequam longius progrediar, quaedam inserere operaepretium est de Scripturae authoritate, quae non modo animos praeparent ad eius reverentiam, sed omnem dubitationem eximant. Porro || ubi sermonem Dei esse qui proponitur, in confesso est, nemo est tam deploratae audaciae, nisi forte et sensu communi, et humanitate quoque ipsa destitutus, qui fidem loquenti derogare ausit. Sed quoniam non quotidiana e caelis redduntur oracula, et[b] Scripturae solae extant[c] quibus visum est Domino suam perpetuae memoriae veritatem consecrare: || non alio iure plenam apud fideles authoritatem obtinent, quam ubi statuunt e caelo fluxisse[d], || acsi vivae ipsae Dei voces illic[e] exaudirentur. Res sane dignissima quae et tractetur fusius, et accuratius expendatur. Sed dabunt veniam lectores, si magis respiciam quid ferat operis instituti ratio, quam huius rei amplitudo requirat[1]. Invaluit autem apud plerosque perniciosissimus error, Scripturae tantum inesse momenti quantum illi Ecclesiae suffragiis conceditur[2]: acsi vero aeterna inviolabilisque Dei veritas, hominum arbitrio niteretur[f3]; sic enim magno cum ludibrio Spiritus sancti quaerunt, Ecquis nobis fidem faciat, haec a Deo prodiisse?[4] Ecquis salva et intacta ad nostram usque aetatem pervenisse, certiores reddat?[5] Ecquis persuadeat, librum hunc reverenter excipien-

---

a) *VG 1560* et que c'a esté une impieté maudite b) > *1539-50, 1554* (sed *1554* iubente correctore addendum) c) *1554* + [Ioan. 5. g *(39)*]
d) obiter attingendum est, quo iure eandem apud fideles autoritatem obtineant e) > *1539-54* f) hom. — nit.: *VG 1560* estoit apuyée sur la fantasie des hommes

1) Ad sequentem disputationem conferendus est I. Cochlaeus, De authoritate ecclesiae et scripture, Libri Duo.... Adv. Lutheranos 1524; Io. Eck., Enchiridion locorum communium adv. Lutherum aliquot adauctum materiebus 1532; Henr. Bullinger., De scripturae sanctae authoritate... 1538; Cochlaeus, De Canonicae scripturae et Catholicae Ecclesiae Autoritate, ad Henricum Bullingerum... Libellus 1543. 2) Cochlaeus, De authoritate eccl. 1524. E 4 b, F 2 a, I 1 a; Eck, Ench. 1532 A 6 b. Vide tamen, quae Cochlaeus Bullingero respondens a. 1543 satis caute hac de re disputaverit: De Canonicae script.... Autorit. 1543. cap. 3, B 3 b. 3) cf. Bullingerum, l. c. fol. 4 a. 4) cf. Cochl., l. c. F 2 a. 5) cf. Cochl., l. c. H 4 a.

dum, alterum numero expungendum: nisi certam istorum omnium regulam Ecclesia praescriberet?[1] Pendet igitur, inquiunt, ab Ecclesiae determinatione et quae Scripturae reverentia debeatur, et qui libri in eius catalogo censendi sint [a][2]. Ita sacrilegi homines, dum sub Ecclesiae praetextu volunt effraenatam tyrannidem invehere, nihili curant quibus se et alios absurditatibus illaqueent, modo hoc unum extorqueant apud simplices, Ecclesiam nihil non posse. Atqui si ita est, quid miseris conscientiis fiet, solidam vitae aeternae securitatem quaerentibus, si quaecunque extant de ea promissiones, solo hominum iudicio[b] fultae, consistant? An accepto tali responso fluctuari et trepidare desinent[c]? Rursum quibus impiorum sannis subiicitur fides nostra, quantam apud omnes in suspicionem vocatur, si credatur, hominum beneficio, non secus ac precariam habere authoritatem?

2. Sed eiusmodi rabulae[d], vel uno Apostoli verbo pulchre refelluntur. Ecclesiam ille testatur, Prophetarum et Apostolorum fundamento sustineri [Ephes. 2. d. 20]. Si fundamentum est Ecclesiae Prophetica et Apostolica doctrina: suam huic certitudinem ante constare[e] oportet, quam illa extare incipiat[3]. Neque est quod cavillentur, etiamsi inde primum exordium ducat Ecclesia, manere tamen dubium quae Prophetis et Apostolis sint adscribenda, nisi iudicium ipsius intercedat[4]. Nam si Christiana Ecclesia Prophetarum scriptis, et Apostolorum praedicatione initio fundata fuit, ubicunque reperietur[f] ea doctrina, Ecclesiam certe praecessit eius approbatio: sine qua nunquam Ecclesia ipsa extitisset[g]. Vanissimum est igitur commentum, Scripturae iudicandae potestatem esse penes Ecclesiam: ut ab huius nutu illius certitudo pendere intelligatur[h][5]. Quare dum illam recipit, ac suffragio suo obsignat, non ex dubia aut alioqui controversa[i] authenticam reddit: sed quia

---

a) qui — sint: *VG 1560* le congé de discerner entre les livres Apocriphes   b) *VG 1560* bon plaisir   c) *1539–43* desinunt   d) *1539–54* nugatores   e) *1539* const. ante   f) *1539–54* reperiatur   g) sine — ext.: *VG 1560* comme le fondement va devant l'edifice   h) ut — intell.: *VG 1560* tellement qu'on se tienne à ce que les hommes auront ordonné, pour savoir que c'est de la parolle de Dieu ou non   i) *1539–54* nutabunda

1) ibid. F 1 b; Eck., Enchir. 1532 A 6 b.   2) Cochlaeus, l. c. F 1 a—b, H 4 a; Eck., Enchir. 1532 A 6 b sq.   3) cf. Bullingerum, l. c. 4 a.   4) Cochlaeus, l. c. D 4 b, F 2 a.   5) idem, l. c. E 4 b, F 2 a; Eck., Ench. 1532 A 7 a; cf. Bullingerum l. c. cap. 3 fol. 8 b sqq.

veritatem esse agnoscit Dei[a] sui, pro pietatis officio, nihil cunctando veneratur. Quod autem[b] rogant, Unde persuadebimur a Deo fluxisse, nisi ad Ecclesiae decretum confugiamus[1]? perinde est acsi quis roget, Unde discemus lucem discernere a tenebris, album a nigro, suave ab amaro? Non enim obscuriorem veritatis suae sensum ultro Scriptura prae se fert, quam coloris sui res albae ac nigrae: saporis, suaves et amarae.

3. Scio equidem vulgo citari Augustini sententiam, ubi se Evangelio crediturum negat nisi Ecclesiae ipsum moveret authoritas [Locus est contra epistolam fundamentalem, cap. 5.][2]. Sed quam perperam et calumniose citetur in eum sensum, ex contextu facile est deprehendere. Negotium illi erat cum Manichaeis, qui absque controversia credi sibi volebant, quum veritatem se habere pollicerentur, non ostenderent. Quia vero ut Manichaeo suo fidem astruerent, obtendebant Evangelium, rogat quidnam facturi sint si in hominem incidant qui ne Evangelio quidem credat: quo genere persuasionis eum sint in suam sententiam adducturi. Postea subiicit, Ego vero non crederem Evangelio, etc. significans se, quum alienus esset a fide, non aliter[1] potuisse adduci ut Evangelium amplecteretur pro certa Dei veritate, quam Ecclesiae authoritate victum[c]. Et quid mirum, siquis nondum Christo cognito, hominum respectum habeat? Non ergo illic docet Augustinus fundatam esse piorum fidem in Ecclesiae authoritate: nec Evangelii certitudinem inde pendere intelligit: verum simpliciter nullam fore Evangelii certitudinem infidelibus, ut inde Christo lucrifiant, nisi Ecclesiae consensus eos impellat. Atque id paulo post[d] non obscure confirmat, ita loquendo, Quum ego laudavero quod credo, et quod credis[e] irriseris, quid putas nobis esse iudicandum, quidve faciendum, nisi ut eos relinquamus qui nos invitant certa cognoscere, et postea imperant ut incerta credamus: et eos sequamur qui nos invitant prius credere quod nondum valemus intueri, ut ipsa fide valentiores facti, quod credimus intelligere

---

a) *1539–54* Domini   b) *VG 1560* + ces canailles   c) *VG 1560* + que c'estoit une doctrine à laquelle on ne pouvoit faillir d'adiouster foy   d) *sic recte 1550–54, sc. eiusd. lib. cap. 14; sed quod 1550–54 in marg. falso exstabat:* Eiusd. lib. cap. 4, *1559–61 in textu perperam corrigunt: ante*   e) *VG 1560* que vous croyez, Manichées

1) Cochlaeus, l. c. F 2 a.   2) Aug., Contra ep. Manichaei quam vocant Fundamenti c. 5. MSL 42, 176. CSEL 25, 197. — Cochlaeus, l. c. D 4 b; Eck., Enchir. 1532 A 7 a; sed cf. Cochlaeum, De Canonicae script. . . . Autoritate 1543, B 3 b.

mereamur[a]: non iam hominibus, sed ipso Deo intrinsecus mentem nostram firmante atque illuminante [Eiusdem libri cap. 14.[b]][1]? Haec certe sunt Augustini verba: ex quibus cuivis colligere promptum est, non hanc sancto viro fuisse mentem, ut fidem quam Scripturis habemus, a nutu arbitriove Ecclesiae suspenderet: sed tantum ut indicaret quod nos quoque verum fatemur, eos qui nondum Spiritu Dei sunt illuminati, Ecclesiae reverentia ad docilitatem induci, ut Christi fidem ex Evangelio discere sustineant: atque ita hoc modo Ecclesiae authoritatem isagogen esse qua ad fidem Evangelii praeparamur[c]. Nam, ut videmus, piorum certitudinem longe alio fundamento vult esse suffultam[d]. Alioqui non nego quin saepe Manichaeos Ecclesiae universae consensu urgeat, dum Scripturam, quam illi repudiabant, vult approbare. Unde illa adversus Faustum[e] [Lib. 32.][2] exprobratio: quod se Evangelicae veritati non subdat, tam fundatae, tam stabilitae, tanta gloria diffamatae, et a tempore Apostolorum per certas successiones commendatae. Sed nusquam eo spectat, ut pendere doceat quam Scripturis authoritatem deferimus, ab hominum definitione aut decreto: tantum, quod in causa plurimum valebat, universale Ecclesiae iudicium profert, in quo adversarii[f] erat superior[g]. Siquis pleniorem huius approbationem desiderat, libellum eius legat De utilitate credendi[3]: ubi reperiet, non aliam credendi facilitatem ab ipso commendari[h] nisi[i] quae nobis aditum modo praebeat, sitque opportunum inquirendi exordium, ut ipse loquitur: non tamen in opinione acquiescendum esse, sed certa et solida veritate nitendum.

4. Tenendum quod nuper dixi[4], non ante stabiliri doctrinae fidem, quam nobis indubie persuasum sit, authorem eius esse Deum. Itaque summa Scripturae probatio passim a Dei lo-

---

a) *VG 1560* + [Colos. 1 *(4-11. 23)*]   b) *1550-61 falso 4*   c) *VG 1560* + ce que nous confessons estre vray   d) piorum — suff.: *VG 1560* requiert bien une autre fermeté en la foy, que celle qu'on prendroit de la determination des hommes   e) *VG 1560* + un de leur secte,   f) *1550-54* adversarius; *sed iam 1554 iubente correctore legendum* adversariis   g) in quo — sup.: *VG 1560* pour monstrer l'authorité qu'a tousiours eu la parolle de Dieu   h) non aliam — comm.: *VG 1560* qu'il ne nous commande pas d'estre credules, ou aisez à recevoir ce qui nous est enseigné des hommes   i) > *1550, 1554; 1553* quam, *sic quoque 1554 iub. correctore.*

1) Aug., Ctr. ep. Fund. c. 14. MSL 42, 183. CSEL 25, 210 sq.
2) Aug., Adv. Faustum Manich. 32, 19 MSL 42, 509. CSEL 25, 781.
3) Aug., De utilitate credendi MSL 42, 65 sqq. CSEL 25, 2 sqq.
4) p. 65, 14 sqq.

[59] quentis persona sumitur.¹ Non iactant Prophetae et Apcstoli vel acumen suum, vel quaecunque fidem loquentibus conciliant, neque insistunt rationibus: sed sacrum Dei nomen proferunt, quo ad obsequium cogatur totus mundus. Nunc videndum quomodo non opinione tantum probabili, sed liquida veritate pateat, non temere, nec fallaciter obtendi Dei nomen. ||

1, 24 Iam[a] si conscientiis optime consultum volumus, ne instabili 1539 dubitatione perpetuo circunferantur, aut[b] vacillent, ne etiam haesitent ad minimos quosque scrupulos[c], altius[d] quam ab humanis vel rationibus, vel iudiciis[e], vel coniecturis petenda est haec persuasio, nempe ab arcano testimonio Spiritus[f]. || Verum quidem est, si argumentis agere libeat, multa posse in 1559 medium proferri quae facile evincant, siquis est in caelo Deus, Legem, et Prophetias, et Evangelium ab eo manasse. Imo quanvis docti homines et summo iudicio praediti contra insurgant, et omnes ingenii vires conferant atque ostentent in hac disceptatione: nisi tamen ad perditam impudentiam obduruerint, extorquebitur illis haec confessio, manifesta signa loquentis Dei conspici in Scriptura, ex quibus pateat caelestem esse eius doctrinam; ac paulo post videbimus, omnes Scripturae sacrae libros quibusque aliis scriptis longissime praecellere. Imo si puros oculos, et integros sensus illuc afferimus, statim occurret Dei maiestas, quae subacta reclamandi audacia, nos sibi parere cogat. Praepostere tamen faciunt qui disputando contendunt solidam Scripturae fidem adstruere[1].[g] Equidem tametsi nec summa dexteritate, nec facundia polleo: si tamen mihi certamen esset cum vaferrimis quibusque Dei contemptoribus, qui in labefactanda Scriptura solertes et faceti videri appetunt, non difficile mihi fore confido obstreperas eorum voces compescere; ac si utilis in refellendis eorum cavillis esset labor, non magno negotio quas in angulis iactantias mussitant discuterem. Verum siquis sacrum Dei verbum asserat ab hominum maledictis, non protinus tamen quam requirit pietas certitudinem cordibus infiget. Quia opinione tantum stare videtur religio profanis hominibus, nequid stulte aut leviter credant, ratione probari sibi cupiunt ac postulant Mosen et Pro-

---

a) *1539–45* Quanquam; *1550–54* Quare   b) circunf. aut > *1539–54*
c) ne — scrup. > *1539–54*   d) *1539–54* + petenda   e) *1539–54* indiciis   f) petenda — Spir.: *1539–54* scripturae authoritas. Nempe ab interiori spiritussancti testificatione,   g) *VG 1560* + Il est vray qu'il y aura tousiours assez de quoy rembarrer les ennemis:

1) cf. Lact. div. inst. III. 1, 6 CSEL 19, 178.

phetas divinitus loquutos esse[1]. Atqui testimonium Spiritus omni ratione praestantius esse respondeo. Nam sicuti Deus solus de se idoneus est testis in suo sermone[2]: ita etiam non ante fidem reperiet sermo in hominum cordibus quam interiore Spiritus testimonio obsignetur. Idem ergo Spiritus qui per os Prophetarum loquutus est, in corda nostra penetret necesse est, ut persuadeat fideliter protulisse quod divinitus erat mandatum. Atque haec connexio aptissime ab Iesaia ponitur in his verbis, Spiritus meus qui in te est, et verba quae posui in ore tuo et seminis tui, in perpetuum non deficient [Jesa. 51. c. 16][3]. Bonos quosdam male habet quod dum impune obmurmurant impii contra Dei verbum, non ad manum suppetat clara probatio. Quasi vero non ideo vocetur Spiritus et sigillum, et[I] arrha[4] ad confirmandam piorum fidem, quia donec mentes illuminet, semper inter multas haesitationes fluctuant.

5. Maneat ergo hoc fixum, quos Spiritus sanctus intus docuit, solide acquiescere in Scriptura, et hanc quidem esse αὐτόπιστον, neque demonstrationi et rationibus subiici eam fas esse: quam tamen meretur apud nos certitudinem, Spiritus testimonio consequi. ‖ Etsi[a] enim reverentiam sua sibi ultro maiestate conciliat, tunc tamen demum serio nos afficit quum per Spiritum obsignata est cordibus nostris[b]. Illius ergo virtute illuminati, iam non aut nostro, aut aliorum iudicio credimus, a Deo esse Scripturam: sed supra humanum iudicium, certo certius constituimus (non secus acsi ipsius Dei numen illic intueremur) hominum ministerio, ab ipsissimo Dei ore ad nos fluxisse[c]. Non argumenta, non verisimilitudines quaerimus quibus iudicium nostrum incumbat: sed ut rei extra aestimandi aleam positae, iudicium ingeniumque nostrum subiicimus. Non id quidem qualiter solent quidam interdum rem incognitam arripere, quae mox perspecta displicet: sed quia inexpugnabilem nos veritatem tenere, probe nobis conscii sumus. Neque qualiter superstitionibus solent miseri homines

---

a) *1539-45* et si   b) *1554* + [2. Cor. 1. d *(22)*]   c) *1539-54* emanasse

1) Illos Parisienses, de quorum sententiis a Capnio litteris exitu a. 1542 vel initio a. 1543 datis (Herminjard 8, 228 sqq. [CR Calv. opp. XI 490 sqq.]) certior factus erat, et similes Calvinus et hoc loco et infra cap. 8, 5. 9-11 refellit; cf. l. c. p. 230 sq. (p. 491). — Iac. Gruetum quoque similes sententias protulisse verisimile est; vide, quae in libello eius m. Aprili 1550 demum invento exstitisse dicantur: CR Calv. opp. XIII 567, 569, 571.   2) Hilarius, de Trinitate I, 18 MSL 10, 38.   3) recte: Ies. 59, 21.   4) 2. Cor. 1, 22.

captivam mentem addicere: sed quia non dubiam vim numinis illic sentimus vigere ac spirare, qua ad parendum, scientes quidem ac volentes, vividius tamen et efficacius quam pro humana aut voluntate, aut scientia trahimur et accendimur. ‖
Itaque optimo iure per Iesaiam clamat Deus Prophetas cum toto populo sibi esse testes quia vaticiniis edocti, indubie tenebant absque fallacia vel ambiguitate loquutum esse Deum [Iesa. 43. b. 10]. ‖ Talis ergo est persuasio quae rationes non requirat: talis notitia, cui optima ratio constet, nempe in qua securius constantiusque mens quiescit quam in ullis rationibus: talis denique sensus, qui nisi ex caelesti revelatione nasci nequeat. Non aliud loquor quam quod apud se experitur fidelium unusquisque, nisi quod longe infra iustam rei explicationem verba subsidunt. ‖ Pluribus nunc supersedeo, quoniam hac de re alibi tractandi locus iterum se offeret: tantum nunc sciamus, veram demum esse fidem quam Spiritus Dei cordibus nostris obsignat. ‖ Imo una hac ratione contentus erit modestus ac docilis lector: promittit Iesaias omnes renovatae Ecclesiae filios, Dei fore discipulos [Ies. 54. e. 13]. Singulari privilegio illic Deus solos electos dignatur, quos a toto humano genere discernit. Etenim quodnam verae doctrinae initium est nisi prompta alacritas ad audiendam vocem Dei? Atqui Deus audiri postulat per os Mosis, sicuti scriptum est, Ne dicas in corde tuo, quis ascendet in caelum, aut quis descendet in abyssum? ecce sermo est in ore tuo [Deut. 30. c. 10][1]. Si hunc intelligentiae thesaurum filiis suis reconditum esse Deus voluit, nihil mirum vel absurdum si in hominum[1] vulgo cernitur tanta inscitia et stupiditas. Vulgus nomino praecipuos etiam cuosque, donec in Ecclesiae corpus insiti fuerint. Adde quod Iesaias non extraneis modo, sed Iudaeis etiam qui domestici censeri volebant, Propheticam doctrinam incredibilem fore admonens, simul causam addit, Quia non revelabitur omnibus brachium Dei [Iesa. 53. a. 1]. Quoties ergo nos conturbat credentium paucitas, ex opposito veniat in mentem, non alios comprehendere Dei mysteria nisi quibus datum est.

Probationes, quatenus fert humana ratio, satis firmas suppetere ad stabiliendam Scripturae fidem.
CAP. VIII.

1. HAEC nisi certitudo adsit quolibet humano iudicio et superior et validior, frustra Scripturae authoritas vel argu-

---
1) accuratius: Deut. 30, 12 sqq.

mentis munietur, vel Ecclesiae consensu stabilietur, vel aliis praesidiis confirmabitur; siquidem, nisi hoc iacto fundamento, suspensa semper manet. Sicuti contra, ubi semel communi sorte exemptam religiose ac pro dignitate amplexi sumus, quae ad eius certitudinem animis nostris inserendam et infigendam non adeo valebant, tunc aptissima sunt adminicula. Mirum enim quantum confirmationis ex eo accedat, dum intentiore studio reputamus quam ordinata et disposita illic appareat divinae sapientiae dispensatio, quam caelestis ubique et nihil terrenum redolens doctrina, quam pulchra partium omnium inter se consensio, et eiusmodi reliqua quae ad conciliandam scriptis maiestatem conveniunt. Tum vero solidius adhuc confirmantur corda nostra dum cogitamus rerum magis dignitate quam verborum gratia, in eius admirationem nos rapi. Nam et hoc non sine eximia Dei providentia factum est, ut sublimia regni caelestis mysteria sub contemptibili verborum humilitate bona ex parte[a] traderentur: ne si splendidiore eloquentia illustrata forent, cavillarentur impii, solam eius vim hic regnare. Nunc quum inculta illa, et tantum[b] non rudis simplicitas maiorem sui reverentiam excitet quam ulla rhetorum facundia, quid iudicare licet nisi potentiorem Scripturae sacrae vim veritatis constare, quam ut verborum arte indigeat? Non ergo absque ratione Apostolus Dei virtute, non humana sapientia, fundatam esse fidem Corinthiorum arguit, quod sua inter eos praedicatio, non persuasoriis humanae sapientiae verbis, sed ostensione Spiritus et potentiae commendabilis fuisset [1. Cor. 2. a. 4];[1] siquidem ab omni dubitatione vindicatur veritas, ubi non alienis suffulta praesidiis, sola ipsa sibi ad se sustinendam sufficit. Haec autem virtus quam propria sit Scripturae, inde liquet, quod ex humanis scriptis quamlibet artificiose expolitis, nullum omnino perinde ad nos afficiendos valet. Lege Demosthenem, aut Ciceronem: lege Platonem, Aristotelem, aut alios quosvis ex illa cohorte: mirum in modum, fateor, te allicient, oblectabunt, movebunt, rapient: verum inde si ad sacram istam lectionem te conferas, velis nolis ita vivide te afficiet, ita cor tuum penetrabit, ita medullis insidebit, ut prae istius sensus efficacia, vis illa Rhetorum ac Philosophorum prope evanescat; ut promptum sit, perspicere, divinum quiddam spirare sacras Scripturas, quae omnes humanae industriae dotes ac gratias tanto intervallo superent.

2. Fateor quidem Prophetis nonnullis elegans et nitidum, imo etiam splendidum esse dicendi genus: ut profanis scrip-

---

a) bona ex parte > *1539-45*   b) *1539-43* tamen

toribus non cedat eorum facundia¹; ac talibus exemplis voluit
ostendere Spiritus sanctus non sibi defuisse eloquentiam dum
rudi et crasso stylo alibi usus est. Caeterum sive Davidem,
Iesaiam et similes legas, quibus suavis et iucunda fluit oratio,
sive Amos hominem pecuarium, Ieremiam et Zachariam, quorum asperior sermo rusticitatem sapit, ubique conspicua erit
illa quam dixi Spiritus maiestas. Nec me latet, ut Satan in
multis est Dei aemulus, quo se fallaci similitudine melius in-
sinuet in animos simplicium, ita impios errores quibus miseros
homines fallebat, astute sparsisse inculto sermone et fere bar-
baro, et saepe obsoletis loquendi formis usum esse, ut sub hac
larva tegeret suas imposturas; sed quam inanis et putida sit
affectatio, vident omnes mediocri sensu praediti. Quantum
vero ad sacram Scripturam attinet, quanvis multa arrodere
conentur protervi homines, constat tamen sententiis refertam
esse quae humanitus concipi non potuerint. Inspiciantur singuli Prophetae: nemo reperietur qui non longe excesserit humanum modum: ut palato prorsus carere censendi sint quibus
insipida est eorum doctrina.

3. Tractarunt alii hoc argumentum copiose²: quo fit ut
pauca tantum delibare in praesens sufficiat quae ad summam
totius causae maxime faciunt. Praeter ea quae iam attigi, non
parum habet ponderis ipsa Scripturae antiquitas³. Nam utcunque Graeci scriptores de Aegyptiaca theologia multa fabu-
lentur, nullum tamen cuiusquam religionis monumentum extat quod non sit Mosis seculo longe inferius⁴. Neque Moses
novum Deum comminiscitur: sed quod de aeterno Deo longa
temporum serie a patribus quasi per manus traditum ac-
ceperant Israelitae, proponit. Quid enim aliud agit, quam
ut ad foedus ipsos revocet cum Abrahamo initum? Quod si
rem inauditam attulisset, nullus erat accessus: sed oportuit
liberationem a servitute, in qua¹ detinebantur, rem omnibus
notam ac tritam esse: ut audita eius mentio protinus omnium
animos erigeret. Quinetiam de quadringentorum annorum numero probabile est fuisse edoctos.ᵃ Nunc reputandum est, si
a tam alto exordio Moses (qui tamen ipse tanto intervallo

---

a) *1554* +[Gene. 15. c *(13)* Exo. 12. f *(40)* Gal. 3. c *(17)*]

1) cf. Aug., De doctrina christiana IV. c. 6 sqq. MSL 34, 92 sqq. et
Bullingerum, De scripturae sanctae authoritate c. 11 fol. 32a sqq.
2) Ad librum Henr. Bullingeri modo citatum spectare videtur.
3) H. Bullinger, l. c. c. 11. fol. 26 b sqq.   4) cf. Aug., De civ. Dei
18, 37 MSL 41, 596 sq., CSEL 40. II, 326 sq., et Lact. div. inst. IV.
5, 8 CSEL 19, 285.

74 INSTITUTIONIS LIB. I

temporum superat alios omnes scriptores) repetit doctrinae suae traditionem[a], quantum vetustate Scriptura sacra inter alias omnes emineat.

4. Nisi forte Aegyptiis credere libeat vetustatem suam extendentibus ad sex annorum millia ante creatum mundum[1]. Sed quum profanis etiam quibusque semper ludibrio fuerit eorum garrulitas, non est cur in eius refutatione laborem. Citat autem Iosephus contra Apionem testimonia memoratu digna ex antiquissimis scriptoribus, unde colligere licet, gentium omnium consensu doctrinam in Lege proditam ab ultimis seculis fuisse celebrem, quanvis neque lecta neque vere cognita fuerit[2]. Iam nequa haereret apud malignos suspicio, nequa etiam improbis cavillandi esset ansa, utrique periculo optimis remediis Deus occurrit. Dum refert Moses quid trecentis fere ante annis caelesti afflatu pronuntiasset Iacob de posteris suis, quomodo tribum suam nobilitat? Imo eam notat aeterna infamia in persona Levi. Simeon, inquit, et Levi vasa iniquitatis: in consilium eorum non veniat anima mea, nec in arcanum eorum lingua mea [Gen. 49. a. 5.[b]]. Certe potuit dedecus illud silere, non tantum ut patri suo parceret, sed ne seipsum cum tota familia aspergeret eiusdem ignominiae parte. Quomodo suspectus esse poterit qui primum familiae ex qua oriundus erat, authorem Spiritus sancti oraculo detestabilem fuisse ultro praedicans, neque privatim sibi consulit, neque recusat subire invidiam apud gentiles suos, quibus haud dubie hoc molestum erat? Quum etiam impium Aharonis germani fratris et Mariae sororis murmur commemorat [Nume. 12. a. 1], dicemusne ex carnis suae sensu loqui, an parere Spiritus sancti imperio? Adhaec quum summa eius esset authoritas, cur saltem ius summi Sacerdotii non relinquit filiis suis, sed in ultimum locum eos ablegat? Pauca tantum ex multis delibo: sed in ipsa Lege passim occurrent multa argumenta quae vendicent plenam fidem, ut absque controversia Moses quasi Dei Angelus e caelo prodeat.

5. Iam vero tot ac tam insignia quae refert miracula, totidem sunt Legis ab ipso latae proditaeque doctrinae sanctiones. Nam quod nube abreptus fuit in montem: quod illic usque ad diem quadragesimum humano contubernio exemptus fuit [Exod. 24.

---

a) Moses — tradit.: *1550-54* repetit Moises doctr. suae tradit., qui — temporum alios omn. script. superat,   b) *1559 (Genev.) -61* + 9 *(lege: 6)*

1) cf. Aug. De civ. Dei 18, 40 MSL 41, 599. CSEL 40. II, 330 sq.
2) cf. Flav. Iosephum, Contra Apionem I. 22, 165 sqq.; II. 34, 257 sqq.; II. 39, 280 sqq.; CSEL 37, 36. 132. 137 sqq.

d. 18]: quod in ipsa Legis promulgatione facies eius tanquam solaribus radiis fulgebat [Exod. 34. d. 29]: quod undique micabant fulgetra: tonitrua et fragores toto aere exaudiebantur: tuba etiam nullo humano ore inflata clangebat [Exod. 19. c. 16]: quod tabernaculi^a ingressus nube opposita excipiebatur a conspectu populi [Exo. 40. d. 34]: quod horrendo Core, Dathan et Abiron, totiusque impiae factionis exitio[l] tam mirifice vindicata fuit eius authoritas [Num. 16. d. 24][1]: quod lapis virga percussus flumen protinus eiecit [Num. 20. b. 10][2][b]: quod man e caelo ad eius precationem depluit [Nume. 11. b. 9][c]: nonne hinc Deus ipsum caelitus commendabat tanquam indubium Prophetam? Siquis obiiciat, me sumere pro confessis quae controversia non careant[3], huius cavilli facilis est solutio. Nam quum haec omnia pro concione publicaverit Moses, quis fingendi locus fuit apud ipsos rerum gestarum oculatos testes? Scilicet prodiisset in medium, ac populum infidelitatis, contumaciae, ingratitudinis aliorumque scelerum coarguens, suam doctrinam sub ipsorum conspectu iactasset sancitam fuisse iis miraculis quae ipsi nunquam vidissent.

6.^d Nam et hoc notatu dignum, quoties narrat de miraculis, simul odiose coniungi quae totum populum stimulare ad reclamandum poterant si vel minima fuisset occasio; unde apparet non aliter ut subscriberent fuisse adductos, nisi quia plus satis convicti erant sua experientia. Caeterum quoniam res erat illustrior quam ut profanis scriptoribus liberum esset negare edita fuisse a Mose miracula, calumniam illis suggessit pater mendacii, ea magicis artibus adscribens [Exod. 7. b. 11]. Sed qua coniectura magum fuisse insimulant qui tantopere ab hac superstitione abhorret, ut lapidibus obruere iubeat qui tantum consuluerit magos et ariolos [Levit. 20. a. 6]? Certe nemo impostor praestigiis ludit qui non obstupefacere vulgi animos studeat captandae famae causa. Quid autem Moses? se et fratrem Aharonem nihil esse clamans, sed tantum exequi quae Deus praescripsit [Exod. 16. b. 7], satis abstergit omnem sinistram notam. Iam si res ipsae considerentur, quaenam incantatio facere potuit ut man e caelo quotidie pluens, ad populum alendum sufficeret: siquis plus iusta mensura repositum haberet,

---

a) *1550, 1554* tabernaculum b) *1554* + [Exo. 17. b *(6)* 1. Co. 10. a *(4)*] c) *1554* + [Exo. 16. c *(13)*] d) *haec sectio in VG 1560 ad sect. 5 relata legitur.*

1) Num. 16, 24–35. 2) Num. 20, 10 sq. 3) vide supra p. 70 not. 1; cf. exempli gratia Herminj. VIII 230, 36, 30, 15 (CR Calv. opp. XI 491, 39 sq., 32, 13); CR Calv. opp. VIII 30, 16 sq. (De scandalis, 1550).

ex ipsa putredine disceret incredulitatem suam divinitus puniri? Adde quod multis seriis probationibus sic examinari passus est Deus servum suum, ut nunc obstrependo nihil proficiant improbi. Quoties enim superbe et petulanter nunc surrexit totus populus, nunc quidam inter se conspirando, sanctum Dei servum evertere conati sunt, eorum furorem praestigiis eludere qui potuit? Et eventus palam docet, hoc modo sancitam in omnia secula fuisse eius doctrinam.

7. Adhaec quod tribui Iuda in persona Patriarchae Iacob assignat principatum [Gen. 49. b. 10], quis neget spiritu Prophetico factum esse: praesertim si rem ipsam, ut eventu comprobata fuit, cogitationi nostrae subiicimus? Finge Mosen primum esse vaticinii authorem: ex quo tamen scriptum hoc memoriae prodidit, praetereunt anni quadringenti quibus nulla est in tribu Iuda sceptri mentio. Post Saulem inauguratum [1. Sam. 11. d. 15] videtur regia potestas in tribu Beniamin residere. Quum a Samuele ungitur David [1. Sam. 16. c. 13], quaenam eius transferendae ratio apparet? Quis regem sperasset ex plebeia hominis pecuarii domo exiturum? Et quum illic septem essent fratres, quis minimo natu honorem destinasset? Qua deinde ratione ad spem regni pervenit? Quis humana arte vel industria vel prudentia gubernatam fuisse unctionem dicat, ac[a] non potius vaticinii caelestis complementum esse? Similiter quae de Gentibus in foedus Dei cooptandis, obscure licet, praedicit, quum post duo fere annorum millia[b] evenerint, an non divino afflatu ipsum locutum esse palam faciunt? Omitto alias praedictiones, quae divinam revelationem ita plane spirant ut sanis hominibus constet Deum esse qui loquitur. Breviter, unum canticum [Deut. 32] illustre speculum est in quo Deus evidenter apparet.

8. In reliquis autem Prophetis multo etiamnum clarius id cernitur. Pauca tantum exempla deligam, quia in omnibus colligendis nimius esset labor. Quum Iesaiae tempore pacatum esset regnum Iuda, imo quum in Chaldaeis aliquid praesidii sibi repositum putaret, de excidio urbis populique exilio concionabatur Iesaias[c]. Ut demus nondum satis clarum specimen fuisse[d] divini instinctus, multo ante praedicere quae tunc videbantur fabulosa, tandem vera apparuerunt: quae tamen simul de redemptione vaticinia edit, unde nisi a Deo profecta fuisse dicemus? Cyrum nominat [Iesa. 45. a. 1], per quem subigendi erant Chaldaei, et populus in libertatem asserendus. Elapsi

---

a) *1550, 1554* an *(1554 iub. correctore* ac*)*   b) *1550, 1554* milia
c) *1554* + [Iesa. 39. d *(6 sq.)*]   d) *1550, 1554* fuisset

sunt anni plus centum ex quo ita vaticinatus est Propheta, priusquam nasceretur Cyrus; nam hic centesimo demum anno aut circiter post illius mortem natus est. Nemo divinare tunc poterat fore aliquem Cyrum cui cum Babyloniis bellum futurum esset: qui tam potenti monarchia sub manum suam redacta, finem Israelitici populi exilio imponeret. Nuda haec narratio, sine ullo verborum ornatu, nonne indubia esse Dei oracula, non hominis coniecturas, quae Iesaias loquitur, plane demonstrat? Rursus quum Ieremias prius aliquanto quam populus abduceretur, annis septuaginta finiret tempus captivitatis, reditumque et libertatem indiceret [Iere. 25. c. 11, 12][a], nonne a Spiritu Dei gubernari eius linguam oportuit? Cuius impudentiae erit negare talibus documentis sancitam fuisse Prophetarum authoritatem, adeoque impletum esse quod ipsi iactant ad vindicandam sermonibus suis fidem? Priora ecce venerunt, nova annuntio: antequam oriantur, nota vobis faciam [Iesa. 42. b. 9]. Omitto quod Ieremias et Ezechiel, quum tam procul essent dissiti, tamen eodem tempore prophetantes, in dictis omnibus perinde consentiebant acsi mutuo alter alteri dictasset verba. Quid Daniel? annon usque ad annum fere sexcentesimum de rebus futuris prophetias ita contexit acsi historiam de rebus gestis et passim notis scriberet? Haec si prope meditata habeant pii homines, ad compescendos impiorum hominum latratus[b] abunde instructi[1] erunt; clarior enim est ista demonstratio quam ut ullis cavillis sit obnoxia.

9. Scio quid in angulis obstrepant quidam nebulones, ut in oppugnanda Dei veritate acumen ingenii sui ostentent. Quaerunt enim, quis nos certiores fecerit a Mose et Prophetis haec fuisse scripta quae sub eorum nominibus leguntur[1]. Quinetiam quaestionem movere audent fueritne unquam aliquis Moses. At siquis in dubium revocet fueritne unquam vel Plato aliquis, vel Aristoteles, vel Cicero, quis non colaphis aut flagellis castigandam talem insaniam dicat?[c] Fuit Lex Mosis caelesti magis providentia, quam hominum studio mirabiliter conservata[d]. Et quanquam negligentia Sacerdotum ad breve tempus sepulta iacuit, ex quo pius rex[e] Iosias eam in-

---

a) *1554* + [29. c. *(Ier. 29, 10)*] b) ad — latrat.: *VG 1551 sqq.* pour repousser ces chiens mattins, qui abbayent contre la verité tant certaine et infallible c) *VG 1551 sqq.* + Car c'est se déborder par trop, de mettre en question ce que chacun voit à l'œil. d) *1554* + [2. Re. 21. b *(8)*] e) *1559 falso* res

1) ad hoc et ad omnes has sententias, quae sect. 9 et 10 refelluntur, vide supra p. 70 not. 1; cf. Herminj. VIII 230, 13-16 (CR XI 491, 11-15).

venit, per continuas aetatum successiones inter manus hominum versata est. Neque vero quasi rem ignotam aut novam protulit Iosias, sed quae semper vulgata fuerat, et cuius tunc celebris erat memoria. Dicatum erat templo volumen prototypon: dicatum regiis archivis descriptum inde exemplar; tantum hoc acciderat quod Sacerdotes Legem ipsam ex solenni more publicare desierant, et populus etiam ipse usitatam lectionem neglexerat. Quid quod nullum fere seculum praeteriit quo non confirmata renovataque fuerit eius sanctio? an iis incognitus erat Moses qui Davidem tractabant? Verum, ut de omnibus simul loquar, certo certius est ipsorum scripta non aliter pervenisse ad posteros quam de manu in manum, ut ita loquar, perpetua annorum serie a patribus tradita, qui partim loquentes audierant, partim recenti memoria discebant ab auditoribus, fuisse ita locutos.

10. Imo quod ex Machabaeorum historia obiiciunt ad elevandam Scripturae fidem, tale est ut nihil ad eam stabiliendam excogitari possit aptius. Primum tamen quem obtendunt colorem diluamus: deinde in eos retorquebimus quam in nos machinam erigunt. Quum Antiochus, inquiunt, libros omnes iusserit concremari, unde prodierunt quae nunc habemus exemplaria [1. Mac. 1. g. 59]? Ego autem vicissim interrogo in qua officina tam cito fabricari potuerint. Constat enim post sedatam saevitiam mox extitisse, et a piis omnibus qui in eorum doctrina educati familiariter eos noverant, sine controversia fuisse agnitos. Quinetiam quum omnes impii, quasi facta coniuratione, Iudaeis tam proterve insultaverint, nemo unquam illis obiicere ausus est falsam librorum suppositionem. Nam qualiscunque, eorum opinione, sit religio Iudaica, Mosen tamen ipsius esse authorem fatentur. Quid ergo aliud quam proterviam suam plusquam caninam produnt isti blaterones, dum supposititios libros esse mentiuntur, quorum sacra vetustas historiarum omnium consensu approbatur^a? Sed ne refellendis tam putidis calumniis frustra plus operae impendam, potius hinc re|putemus quantam Dominus conservandi verbi sui curam habuerit, quando ipsum ex truculentia saevissimi tyranni, quasi ex praesenti incendio praeter spem omnium eripuit: quod pios Sacerdotes aliosque tanta constantia instruxit, ut non dubitaverint thesaurum hunc vitae suae dispendio, si opus foret, redemptum, ad posteros transmittere: quod acerrimam tot praesidum ac satellitum conquisitionem

---

a) *VG 1551 sqq.* + voire par la bouche de leurs propres ennemiz et detracteurs

frustratus est^a. Quis insigne ac mirificum Dei opus non agnoscat, quod sacra illa monumenta quae prorsus interiisse sibi impii persuaserant, mox quasi postliminio redierunt, et quidem maiore cum dignatione? Sequuta est enim Graeca interpretatio quae per totum orbem ea vulgaret. Neque in eo tantum apparuit miraculum quod foederis sui tabulas Deus a sanguinariis Antiochi edictis vindicavit, sed quod inter tam multiplices gentis Iudaicae clades, quibus subinde attrita et vastata, mox prope ad internecionem redacta fuit, salvae tamen superstitesque manserunt^b. Lingua Hebraea non ignobilis modo, sed prope incognita iacebat: et certe, nisi religioni consultum voluisset Deus, in totum periisset. ‖ Quantum enim ex quo reversi sunt ab exilio Iudaei, a linguae patriae genuino usu desciverint, ex eius seculi Prophetis apparet: quod ideo notatu utile est, quia ex hac comparatione clarius elicitur Legis et Prophetarum antiquitas^c. ‖ Et per quos salutis doctrinam in Lege et Prophetis comprehensam nobis Deus servavit. ut Christus suo tempore patefieret^d? Per infestissimos Christi ipsius hostes Iudaeos: quos merito Ecclesiae Christianae librarios Augustinus ideo appellat quia nobis subministrarunt lectionem cuius ipsi usum non habent[1].

11. Porro si ad Novum testamentum venitur, quam solidis fulturis nititur eius veritas? Historiam humili abiectoque sermone tres Evangelistae recitant; fastidio est multis superbis ista simplicitas[2]: nempe quoniam ad praecipua doctrinae capita non attendunt, ex quibus colligere facile esset eos supra humanum captum de caelestibus mysteriis disserere. Certe quicunque ingenui pudoris gutta praediti erunt, lecto primo capite Lucae pudefient^e. Iam Christi conciones, quarum summa a tribus illis Evangelistis perstringitur, omni contemptu eorum scripta facile eximunt. Iohannes autem e sublimi tonans, quos non cogit in obsequium fidei, eorum pervicaciam quolibet fulmine validius prosternit. Prodeant in medium omnes isti nasuti censores, quibus summa voluptas est Scripturae reverentiam ex suis et aliorum cordibus excutere^f; legant Ioannis

a) *VG 1551 sqq.* + ne pouvant abolir, comme ilz pensoyent, ceste verité immortelle   b) *VG 1551 sqq.* + combien qu'on pensoit bien qu'ilz deussent cent fois perir   c) *haec verba (*Quantum — antiqu.*) in VG 1560 in fin. huius sect. ponuntur.*   d) *1554* + [Mat. 22. d. (37–40)]   e) *Porro — pudef.* > *VG 1560*   f) *VG 1560* + qu'ils se baudent hardiment pour maintenir leur querelle

1) Aug., Enarr. in Psal. 56, 9 MSL 36, 366.   2) vide supra p. 70 not. 1; cf. Herminj. VIII 230, 37—231, 3 (CR XI 491, 41–44); CR VIII 14 sq. (De Scandalis).

Evangelium: velint nolint, illic reperient mille sententias quae saltem eorum socordiam expergefaciant: imo quae eorum conscientiis ad cohibendos eorum risus horribile inurant cauterium. Eadem Pauli et Petri ratio est, in quorum scriptis quanvis maior pars caecutiat, ipsa tamen caelestis maiestas devinctos sibi omnes et quasi constrictos tenet. Unum vero hoc[1] eorum doctrinam supra mundum satis superque attollit, quod Matthaeus ad mensae suae quaestum antea affixus, Petrus et Iohannes in naviculis suis versati, omnes crassi idiotae nihil didicerant in hominum schola quod aliis traderent. Paulus vero non tantum ex professo hoste, sed etiam saevo et sanguinario, conversus in novum hominem, subita et insperata mutatione ostendit caelesti imperio se compulsum doctrinam quam oppugnaverat asserere. Negent canes isti Spiritum sanctum super Apostolos delapsum esse, vel saltem historiae fidem abrogent[1]: res tamen palam clamitat a Spiritu fuisse edoctos, qui ante in ipsa plebe contemptibiles, repente de caelestibus mysteriis tam magnifice disserere coeperunt.

12. Adde quod aliae quoque sunt optimae rationes cur pondere suo non careat Ecclesiae consensus[a]. || Neque enim pro minimo ducendum est, ex quo Scriptura publicata fuit, tot seculorum voluntates constanter in eius obedientiam consensisse: et utcunque miris modis eam vel opprimere, vel evertere, vel inducere prorsus et ex hominum memoria obliterare Satan cum toto mundo conatus sit, semper tamen instar palmae superiorem evasisse, et inexpugnabilem perstitisse[2]. Siquidem nemo fere excellentiore ingenio, vel sophista, vel rhetor olim fuit, qui vim suam adversus ipsam[b] non intenderet: nihil tamen profecerunt omnes. In eius excidium universa terrae potentia se armavit: et in fumum abierunt omnes eius conatus. Quomodo tam valide undequaque impetita restitisset, nonnisi humano freta praesidio? Quin magis hoc ipso a Deo esse convincitur, quod reluctantibus humanis omnibus studiis, sua tamen virtute usque emerserit. Adde etiam huc, quod non una civitas, non gens una in eam recipiendam et amplexandam conspiravit: sed quam longe lateque patet terrarum orbis, variarum gentium, quibus alioqui nihil inter se commune erat, sancta conspiratione suam authoritatem adepta est. Porro quum plurimum nos

---

1539 a) Nec suo etiam pondere caret ecclesiae consensus   b) *1539-54* qui advers. ips. vim suam

1) vide supra p. 70 not. 1; cf. Herminj. VIII 230, 6-13, 15 (CR XI 491, 2-11, 13).   2) cf. Bullingerum, l. c., c. 9 fol. 21 b sqq.

movere debeat talis convenientia tam diversorum animorum, et rebus omnibus alioqui inter se dissidentium, quando eam nonnisi caelesti numine conciliatam apparet: non parum tamen gravitatis illi accrescit, dum intuemur in eorum pietatem qui sic conveniunt, non omnium quidem, sed quibus, ceu luminibus, fulgere Ecclesiam suam Dominus voluit^a.

13. Iam quanta securitate nos ei doctrinae nomen dare par est, quam tot sanctorum virorum sanguine sancitam ac testificatam videmus? Illi pro semel suscepta non dubitarunt mortem animose et intrepide, atque adeo magna alacritate oppetere: nos cum tali arrhabone ad nos transmissam, qui non certa et inconcussa persuasione susciperemus? Non ergo est mediocris Scripturae approbatio, tot testium sanguine fuisse obsignatam: praesertim dum reputamus, eos mortem ad reddendum fidei[1] testimonium oppetiisse, non fanatica intemperie, qualiter interdum erratici spiritus solent, sed firmo constantique, sobrio tamen Dei zelo. Aliae sunt nec paucae nec invalidae rationes, quibus sua Scripturae dignitas ac maiestas non modo asseratur piis pectoribus, sed adversus calumniatorum technas egregie vindicetur: sed quae non satis per se valeant ad firmam illi fidem comparandam, donec eius reverentiam caelestis Pater, suo illic numine patefacto, omni controversia eximit. Quare tum vere demum ad salvificam Dei cognitionem Scriptura satisfaciet, ubi interiori Spiritus sancti persuasione fundata fuerit eius certitudo. Quae vero ad eam confirmandam humana extant testimonia, sic inania non erunt, si praecipuum illud et summum, velut secundaria nostrae imbecillitatis adminicula, subsequantur. || Sed inepte faciunt qui probari volunt infidelibus, Scripturam esse verbum Dei: quod nisi fide, cognosci nequit. Merito itaque Augustinus, qui pietatem et pacem mentis debere praecedere admonet, ut de tantis rebus aliquid homo intelligat [De utilitate credendi.][1].

Omnia pietatis principia evertere fanaticos, qui posthabita Scriptura, ad revelationem transvolant.
CAP. IX.

1. PORRO qui repudiata Scriptura, nescio quam ad Deum penetrandi viam imaginantur, non tam errore teneri quam rabie exagitari putandi sunt. Emerserunt enim nuper vertigi-

---

a) *VG 1541 sqq.* + par la lumiere de leur saincteté

1) Aug. De utilitate credendi c. 18, 36 MSL 42, 92; CSEL 25, 47.

nosi quidam, qui Spiritus magisterium fastuosissime[a] obtendentes, lectionem ipsi omnem respuunt, et eorum irrident simplicitatem qui emortuam et occidentem, ut ipsi vocant, literam adhuc consectantur[1]. Sed velim ab ipsis scire quisnam sit iste spiritus cuius afflatu eo sublimitatis evehuntur, ut Scripturae doctrinam ceu puerilem et humilem despicere ausint. Nam si Christi Spiritum esse respondent, perquam ridicula est eiusmodi securitas: siquidem Apostolos Christi, aliosque in prima Ecclesia fideles non alio spiritu illuminatos fuisse, ut opinor, concedent[b]. Atqui nullus eorum verbi Dei contemptum inde didicit, sed unusquisque potius maiore reverentia imbutus fuit: quemadmodum eorum scripta luculentissime testantur. || Et sane sic per os Iesaiae praedictum fuerat. Neque enim ubi dicit, Spiritus meus qui in te est, et verba quae posui in ore tuo non discedent ab ore tuo, neque ab ore seminis tui in perpetuum [Iesa. 59. d. 21],[1] veterem populum externae doctrinae astringit acsi elementarius esset: quin potius veram hanc et plenam sub Christi regno foelicitatem novae Ecclesiae fore docet, ut non minus voce Dei quam Spiritu regatur; unde colligimus, nefando sacrilegio divelli ab istis nebulonibus quae inviolabili nexu Propheta coniunxit. Huc adde quod Paulus in tertium usque caelum raptus, non destitit tamen proficere in doctrina Legis et Prophetarum: sicuti et Timotheum singularis praestantiae doctorem hortatur ut lectioni attendat [1. Tim. 4. d. 13]. Ac memoratu dignum est elogium illud quo Scripturam ornat, utilem esse ad docendum, monendum, arguendum, quo perfecti reddantur servi Dei [2. Tim. 3. d. 16]. Quam diabolici furoris est caducum vel temporalem Scripturae usum fingere[2], quae[c] ad ultimam usque metam filios Dei deducit? || Deinde et hoc mihi responderi ab ipsis velim, an alium hauserint spiritum ab eo quem discipulis suis Dominus promittebat. Tametsi extrema insania vexantur, non tamen eos tanta vertigine puto raptari ut id iactare ausint. Qualem autem fore

---

a) *1543* sanctissime   b) *1543* concedunt   c) *VG 1560* veu que tesmoin le S. Esprit elle

1) sc. Libertini, quorum scripta, ad quae Calvinus tum, cum hanc partem Institutionis conscribebat, spectare poterat, non ad nos venerunt; cf. tamen Calvini libellum: Contre la secte phantastique et furieuse des Libertins, 1545, cap. 9, CR Calv. opp. VII 173 sq. et Jaujardi: Essai sur les libertins spirituels, p. 42 et 44. — Illius libelli a Calvino a. 1545 editi caput 9 (CR VII 173—176) eundem fere tenorem praebet quem hoc cap. 9. Institutionis.   2) sicut Libertini; cf. Jaujardum l. c. p. 44 sq.; 30.

DE COGNIT. DEI CREATORIS. CAP. IX

promittendo denuntiabat? nempe qui non a seipso loqueretur, sed suggereret eorum animis et instillaret quae ipse per verbum tradidisset [Iohan. 16. b. 13]. Non ergo promissi nobis Spiritus officium est, novas et inauditas revelationes confingere, aut novum doctrinae genus procudere, quo a recepta Evangelii doctrina abducamur[1]: sed illam ipsam quae per Evangelium commendatur, doctrinam mentibus nostris obsignare.

2. Unde facile intelligimus, Scripturae et lectioni et auscultationi esse studiose incumbendum, siquem a Spiritu Dei usum ac fructum percipere libet || (sicuti etiam laudat Petrus eorum studium qui attenti sunt ad Propheticam doctrinam, quae tamen videri poterat loco cessisse post exortam Evangelii lucem [2. Pet. 1. d. 19]) || contra vero, siquis spiritus, praeterita verbi Dei sapientia, aliam doctrinam nobis ingerit, eum merito vanitatis ac mendacii suspectum esse debere[a]. Quid enim? quum se Satan in angelum lucis transfiguret[b], cuam authoritatem habebit apud nos Spiritus, nisi certissima nota discernatur? Et sane perspicue nobis designatus est voce Domini: nisi quia sponte in suum exitium errare affectant miseri isti, dum Spiritum a seipsis potius quam ab ipso quaerunt. At vero indignum esse causantur[2], Spiritum Dei, cui subiicienda sunt omnia, Scripturae subiacere. Quasi vero sit hoc ignominiosum Spiritui sancto, sibi esse ubique parem et conformem, sibi per omnia constare, nusquam variare. Equidem si ad humanam, vel angelicam vel alienam quamvis regulam exigeretur, censendus tum esset, in ordinem, adde etiam si placet, in servitutem redigi; sed dum sibi ipsi comparatur, dum in seipso consideratur, quis ideo dicet irrogari ei iniuriam? Atqui ita ad examen revocatur: fateor: sed quo suam apud nos maiestatem sanciri voluit. Nobis abunde[1] esse debet, simul atque se nobis insinuat. Verum ne sub titulo suo Satanae spiritus obrepat, in sua imagine quam Scripturis impressit, vult a nobis recognosci. Scripturarum author est: varius dissimilisque[c] esse non potest. Qualem igitur se illic semel procidit, talis perpetuo maneat oportet. Hoc contumeliosum illi non est: nisi forte honorificum ducamus a seipso desciscere et degenerare.

3. Quod vero literae occidenti nos incubare cavillantur[3], in eo poenas luunt contemptae Scripturae. Satis enim constat Paulum illic [2. Cor. 3. b. 6] adversus pseudoapostolos contendere, qui quidem Legem citra Christum commendantes, a Novi

---

a) *1554* + [Gal. 1. d. *(6–9)*]   b) *1554* + [2. Corint. 11. d. *(14)*]
c) *1539* + sibi

1) cf. CR. VII 174.   2) sc. Libertini.   3) vide p. 82 not. 1.

testamenti beneficio populum avocabant, quo paciscitur Dominus se Legem suam in fidelium viscera insculpturum, et cordibus inscripturum[a]. Emortua est igitur litera, et suos lectores necat[b] lex Domini, ubi et a Christi gratia divellitur[c], et intacto corde, auribus tantum insonat. Verum si per Spiritum efficaciter cordibus imprimitur, si Christum exhibet: verbum est vitae, convertens animas, sapientiam praestans parvulis[d], etc. Quinetiam eodem loco praedicationem suam Apostolus ministerium Spiritus vocat [2. Corin. 3. b. 8]: nimirum significans, ita suae quam in Scripturis expressit, veritati inhaerere Spiritum sanctum, ut vim tum demum suam proferat atque exerat ubi sua constat verbo reverentia ac dignitas. Nec his repugnat quod nuper dictum est[1], verbum ipsum non valde certum nobis esse nisi Spiritus testimonio confirmetur. Mutuo enim quodam nexu Dominus verbi Spiritusque sui certitudinem inter se copulavit: ut solida verbi religio animis nostris insidat, ubi affulget Spiritus qui nos illic Dei faciem contemplari faciat: ut vicissim nullo hallucinationis timore Spiritum amplexemur, ubi illum in sua imagine, hoc est in verbo, recognoscimus. Ita est sane. Non verbum hominibus subitae ostentationis causa in medium protulit[e] Deus, quod Spiritus sui adventu extemplo aboleret, sed eundem Spiritum cuius virtute verbum administraverat, submisit, qui suum opus efficaci verbi confirmatione absolveret. In hunc modum Christus discipulis duobus sensum aperiebat [Luc. 24. d. 27]: non ut abiectis Scripturis, per se saperent: sed ut Scripturas intelligerent. Similiter Paulus, dum hortatur Thessalonicenses ne Spiritum extinguant [1. Thess. 5. c. 19. 20.], non sublimiter eos arripit[f] ad inanes sine verbo speculationes: sed continuo subiicit, non spernendas prophetias. Quo proculdubio innuitur, Spiritus lucem praefocari simul atque in contemptum veniunt prophetiae. Quid ad haec tumidi isti ἐνθουσιασταί, qui hanc unam reputant eximiam illuminationem, ubi secure omisso ac valere iusso Dei[g] verbo, quicquid stertendo conceperint, non minus confidenter quam temere arripiunt? Filios certe Dei longe alia decet sobrietas: qui ut omni veritatis[l] luce, sine Dei Spiritu, orbatos se vident, ita non ignorant, verbum esse organum quo Spiritus sui illuminationem fidelibus Dominus dispensat. Alium

a) *1554* + [Iere. 31. f. *(33)*]   b) *1550-54* negat; *1554 iub. correctore* necat   c) *1554* + [2. Cor. 3. b *(6)*]   d) *1554* + [Psal. 19. b. *(8)*]   e) subit. — prot.: *1539-54* communicavit   f) *1539* abripit   g) *1550, 1554 falso* Deo

1) cap. 7; supra p. 65 sqq.

enim Spiritum nesciunt quam qui in Apostolis habitavit et
loquutus est: cuius oraculis assidue ad verbi audientiam revocantur.

Scripturam, ut omnem superstitionem corrigat, verum Deum exclusive opponere diis omnibus Gentium. CAP. X.

1. SED enim quoniam Dei notitiam, quae in mundi machina universisque creaturis non obscure alioqui proponitur, familiarius tamen etiamnum et clarius verbo docuimus explicari: iam operaepretium est expendere ecquid se talem Dominus in Scriptura nobis repraesentet qualem in operibus suis delineari, prius visum est. Longa certe materia: siquis in ea diligentius tractanda immorari velit. At ego velut indicem proposuisse contentus ero, quo monitae piae mentes, quid potissimum in Scripturis de Deo investigandum sit norint, et ad certum eius inquisitionis scopum dirigantur. || ᵃ Nondum attingo peculiare foedus quo genus Abrahae a reliquis Gentibus distinxit. Nam gratuita adoptione recipiens in filios qui hostes erant, Redemptor iam tunc apparuit: nos autem adhuc in ea notitia versamur quae in mundi creatione subsistit, neque ascendit ad Christum Mediatorem. Etsi autem paulo post quosdam ex Novo testamento locos citare operaepretium erit (sicuti etiam inde et potentia Dei creatoris, et providentia in primae naturae conservatione probatur) lectores tamen monitos volo quid nunc agere mihi propositum sit, ne fines sibi praescriptos transiliant; denique tenere in praesentia sufficiat quomodo Deus caeli et

---

a) *pro his, quae usque ad fin. sect. sequuntur (in VG 1560 = sect. 2), verbis 1539-54 legebantur:*
Initio ergo Dominus eum esse se Deum declarat: qui postquam coelum et terram creavit, universum hominum genus immensa beneficentia complexus, ac prosecutus quidem fuerit: sed peculiari gratia pios semper, ac perpetua serie aluerit, sustentarit, servarit, atque ab illis vicissim agnitus fuerit, ac religiose cultus. Tum historiis omnium saeculorum, quasi typis quibusdam, ob oculos ponit, quanta sit bonitatis suae erga fideles constantia: quanta providentiae sedulitas: quanta beneficentiae promptitudo: quanta auxilii virtus: quantus dilectionis ardor: quam indefessa in ignoscendis delictis patientia: quam paterna in puniendis castigatio: quam perpetuus veritatis tenor. Rursum, quanta in peccatores ultionis severitas: quam horrenda, post longam tolerantiam, irae suae inflammatio: quanta manus suae, ad eos prosternendos proterendosque, potentia. Hactenus pulchre convenit ista Dei effigies, cum illa, quam in mundi universitate apparere, nuper ostendimus.

terrae opifex mundum a se conditum gubernet. Passim vero celebratur et paterna eius bonitas, et voluntas ad beneficentiam proclivis: et exempla traduntur severitatis, quae iustum scelerum ultorem esse ostendunt, praesertim ubi tolerantia sua contra obstinatos nihil proficit.

2. Certis quidem[a] locis dilucidae magis[b] descriptiones nobis proponuntur, quibus εἰκονικῶς visenda exhibetur germana eius facies[c]. Nam quum eam describeret Moses, videtur sane voluisse breviter comprehendere quicquid de ipso intelligi ab hominibus fas esset. Iehovah, inquit, Iehovah, Deus misericors et clemens, patiens, et multae miserationis, ac verax, qui custodis miseri[l]cordiam in milia[d], qui aufers iniquitatem et scelera, apud quem innocens non erit innocens, qui reddis iniquitatem patrum filiis ac nepotibus [Exod. 34. a. 6][1]. Ubi animadvertamus eius aeternitatem καὶ αὐτουσίαν, magnifico illo nomine bis repetito[e], praedicari: deinde commemorari eius virtutes, quibus nobis describitur[f] non quis sit apud se, sed qualis erga nos: ut ista eius agnitio vivo magis sensu, quam vacua et meteorica speculatione constet. Virtutes porro easdem hic enumerari audimus quas notavimus[g] in caelo et terra relucere: clementiam, bonitatem, misericordiam, iustitiam, iudicium, veritatem. Nam virtus et potentia sub titulo Elohim[h] continetur. Iisdem etiam epithetis illum insigniunt Prophetae, quum ad plenum volunt sanctum eius nomen illustrare. Ne multa congerere cogamur, in praesentia nobis Psalmus unus[i] sufficiat: in quo tam exacte summa omnium eius virtutum recensetur, ut nihil omissum videri queat [Psal. 145[k]]. Et nihil tamen illic ponitur quod non liceat in creaturis contemplari. Adeo talem sentimus, experientia magistra, Deum, qualem se verbo declarat. Apud Ieremiam, ubi pronuntiat qualis agnosci a nobis velit, descriptionem proponit non ita plenam, sed eodem plane recidentem. Qui gloriatur, inquit, in hoc glorietur, quod me noverit Dominum qui facio misericordiam, iudicium,

---

a) *1539–54* tamen   b) *1539–54* eius   c) *1539–54* + unde melius perspicietur ista convenientia   d) *1561* millia   e) bis repet.: *VG 1541 sqq.* lequel est deux fois repeté en Hebrieu: qui vault aultant à dire, comme celuy qui est seul   f) *1539–45* describatur   g) *1539–54* notabamus   h) sub — El.: *VG 1541 sqq.* soubz le mot hebraique, qui luy est donné pour son troisiesme tiltre, qui vaut autant à dire, comme contenant les vertus en soy   i) *1545* + centesimus quadragesimus quintus   k) *1554* + b. c.

1) Exod. 34, 6 sq.

et iustitiam in terra [Iere. 9ᵃ. g. 24]¹ᵇ. Tria certe haec apprime
nobis cognitu sunt necessaria: Misericordia, qua sola consistit
nostra omnium salus: Iudicium, quod in flagitiosos quotidie
exercetur, et gravius etiam eos manet in aeternum exitium:
Iustitia, qua conservantur fideles, et benignissime foventur.
Quibus comprehensis, te abunde habere vaticinium testatur
quo possis in Deo gloriari. Neque tamen ita omittuntur aut
veritas eius, aut potentia, aut sanctitas, aut bonitas. Quomodo
enim constaret, quae hic requiritur iustitiae, misericordiae,
iudicii eius scientia, nisi veritate eius inflexibili niteretur? Et
quomodo crederetur terram iudicio et iustitia moderari, nisi
intellecta eius virtute? Unde autem, nisi ex bonitate, misericordia? Si denique viae omnes eius sunt misericordiaᶜ, iudicium,
iustitia, in illis quoque et sanctitas conspicua est. Porro non
in alium scopum destinatur, quae in Scripturis nobis proponitur
Dei notitia, quam quae in creaturis impressa nitet: nempe ad
Dei timorem primum, deinde ad fiduciam nos invitat: quo
scilicet et perfecta vitae innocentia, et non simulata obedientia
colere illum discamus: tum ab eius bonitate toti dependereᵈ.

3. Sed hic summam generalis doctrinae colligere propositum
est; ac primo quidem observent lectores, Scripturam ut ad
verum Deum nos dirigat, diserte exⁱcludere ac reiicere mores
omnes Gentium, quia seculis fere omnibus passim adulterata
fuit religio. Verum quidem est, unius Dei nomen ubique fuisse
notum ac celebre. Nam qui ingentem deorum turbam colebant,
quoties ex genuino naturae sensu loquuti sunt, acsi unico Deo
contenti essent, simpliciter usi sunt Dei nomine; atque hoc
prudenter notavit Iustinus martyr, qui in hunc finem librum
composuit De monarchia Dei, ubi ex plurimis testimoniis
ostendit unitatem Dei fuisse omnium cordibus insculptam².
Idem etiam Tertullianus ex communi sermone probat³. Sed
quia omnes ad unum vanitate sua vel tracti vel prolapsi sunt
ad falsa commenta, atque ita evanuerunt eorum sensus,

---

a) *sic 1539–54; 1559–61 falso* 6   b) *1554* + [1. Cor. 1. d. *(31)*]
c) *1554* + [Psal. 25. b. *(10)*]
d) *1539–54* + Verum quia se Dominus propinquiore intuitu
contemplandum non exhibet, quam *(1539–43* nisi*)* in facie Christi
sui: quae ipsa fidei tantum oculis conspicitur: quod de notitia Dei
dicendum restat, in eum locum melius differetur, quo tractabitur
fidei intelligentia⁴.

1) Ier. 9, 23 = vg. 9, 24.   2) Iustinus, De monarchia c. 1. 2.
Corp. Apologetarum Christ. saec. sec. ed. Otto Vol. III p. 122 sqq.
3) Tert., De testimon. animae c. 2. CSEL 20, 136.   4) lib. III 2, 2. 14.

quicquid naturaliter senserunt de unico Deo non ultra valuit nisi ut essent inexcusabiles. Nam et sapientissimi quique eorum vagum mentis suae errorem palam aperiunt, ubi Deum quempiam sibi adesse cupiunt: et ita votis invocant incertos deos. Adde quod multiplicem Dei naturam imaginando, licet minus absurde quam rude vulgus de Iove, Mercurio, Venere, Minerva et aliis sentirent, non fuerunt ipsi quoque immunes a Satanae fallaciis; ac iam alibi diximus[1], quaecunque effugia argute excogitarunt Philosophi, crimen defectionis non diluere quin ab omnibus corrupta fuerit Dei veritas. Hac ratione Habacuc, ubi idola omnia damnavit, Deum in templo suo quaerere iubet [Habac. 2. d. 20], ne alium admitterent fideles quam qui se verbo suo patefecerat.

1559

Deo tribuere visibilem formam nefas esse, ac generaliter deficere a vero Deo quicunque idola sibi erigunt. CAP. XI.

1. VERUM ut Scriptura, rudi crassoque hominum ingenio consulens, populariter loqui solet, ubi verum Deum a falsis discernere vult, idolis praecipue eum opponit; non quod probet quae subtilius et elegantius a Philosophis traduntur, sed quo melius detegat mundi stultitiam, imo amentiam in quaerendo Deo, quandiu suis quisque speculationibus adhaeret. Exclusiva igitur definitio quae passim occurrit, in nihilum redigit quicquid divinitatis propria opinione sibi fabricant homines: quia Deus ipse solus est de se idoneus testis[2]. Interea quum hic brutus stupor totum orbem occupaverit, ut visibiles Dei figuras appeterent, atque ita ex ligno, lapide, auro, argento, aliave mortua et corruptibili materia formarent deos, tenendum nobis est hoc principium, impio mendacio corrumpi Dei gloriam quoties ei forma ulla affingitur. Itaque Deus in Lege[1] postquam sibi uni asseruit deitatis gloriam, ubi docere vult quem cultum probet, vel repudiet, mox adiungit, Non facies tibi sculptile, neque similitudinem ullam [Exod. 20. a. 4]: quibus verbis licentiam nostram coercet, ne ipsum ulla visibili effigie repraesentare tentemus; ac formas omnes breviter enumerat, quibus iam olim coeperat eius veritatem in mendacium convertere superstitio. Scimus enim Solem adoratum fuisse a Persis; quotquot etiam astra in caelo cernebant stultae Gentes, totidem sibi finxerunt deos. Iam nullum prope animal fuit quod

[75]

---

1) I 5, 11; supra p. 55, 25 sqq.   2) Hilarius, De Trinitate I. 18 MSL 10, 38.

Aegyptiis non esset dei figura[a]. Graeci vero supra alios sapere visi sunt, quod sub humana forma Deum colerent [Maximus Tyrius Platonic. Serm. 38][1]. Atqui imagines Deus inter se non comparat, quasi altera magis, altera minus conveniat: sed absque exceptione repudiat simulachra omnia, picturas, aliaque signa quibus eum sibi propinquum fore putarunt superstitiosi.

2. Id colligere promptum est ex rationibus quas prohibitioni adiungit. || Primum apud Mosen[b], Memento quod Iehovah loquutus tibi[c] sit in valle Horeb: vocem audisti, corpus non vidisti; observa ergo teipsum, ne forte deceptus, facias tibi ullam[d] similitudinem, etc. [Deut. 4. c. 15][2]. || Videmus ut aperte vocem suam opponat Deus omnibus figuris: ut sciamus a Deo desciscere quicunque visibiles eius formas appetunt. Ex Prophetis sufficiet unus || Iesaias qui[e] in hac demonstratione plurimus est, ut doceat indecora et absurda fictione foedari Dei maiestatem, dum[f] incorporeus materia corporea, invisibilis visibili simulachro, spiritus re inanimata, immensus exigui[g] ligni, lapidis, vel auri frusto assimilatur[h] [Iesa. 40. d. 18[3], et 41. b. 7, g. 29 et 45. b. 9, et 46. b. 5[4]]. In eundem quoque modum ratiocinatur Paulus[i], Genus quum simus Dei, non existimandum auro, et argento, aut lapidi arte sculpto, aut[k] invento hominis Divinum esse simile [Act. 17. g. 29]. Unde constat, || quicquid statuarum erigitur vel imaginum pingitur ad Deum figurandum[l], || simpliciter ei[m] displicere ceu quaedam maiestatis suae dedecora[n]. || Et quid mirum si haec e caelo Spiritus sanctus oracula detonet, quum ad talem confessionem e terra edendam miseros quoque et caecos idololatras cogat? Nota est illa Senecae querimonia, quae apud Augustinum legitur: Sacros (inquit) immortales, inviolabilesque deos in materia vilissima, atque ignobili dedicant, illisque' hominum et ferarum habitus induunt[o]: || quidam vero mixto sexu, et diversis corporibus: ac numina vocant quae si accepto spiritu

---

a) *VG 1560* + voire iusques aux oignons et pourreaux   b) *1539–54* Prioris partis ratio apud Mosen extat.— *ad haec (lin. 8—11, 14—18)* cf. *Catech. 1538, CR V 328*   c) Ieh.— tibi: *1539–54* Dominus tibi loqu.
d) *1539–54* aliquam   e) *1539–54* quoque   f) *1539–54* + ipse
g) *1539–54* exiguo   h) *1539–45* assimulatur   i) In— Paul.: *1539–54* Atque hanc eandem ratiocinationem usurpabat Paulus apud Athenienses   k) *1539–54* et
l) statuas, quae ad Deum figurandum eriguntur   m) *1539–54* illi
n) *1539–54* dehonestamenta   o) *VG 1560* + à la poste d'un chacun

1) Maximus Tyrius, Philosophumena II, 3.   2) Deut. 4, 15 sq.
3) Ies. 40, 18–20.   4) Ies. 46, 5–7.

occurrerent, monstra haberentur [Lib. 6. de Civit. Dei, ca. 10][1]; unde rursus palam apparet, frivolo cavillo elabi imaginum patronos, qui obtendunt Iudaeis fuisse vetitas quod ad superstitionem proclives essent[2]. Quasi vero ad gentem unam pertineat quod Deus ex aeterna sua essentia, et con|tinuo naturae ordine adducit. Neque vero Iudaeos Paulus alloquebatur, sed Athenienses, quum errorem in Deo figurando refelleret.

3. Exhibuit quidem interdum Deus[a] certis signis numinis[b] sui praesentiam[c], ut diceretur spectari facie ad faciem: sed omnia quae unquam edidit signa, || apte quadrabant ad rationem docendi, et simul aperte monebant homines de incomprehensibili eius essentia. Nubes enim et fumus et flamma, quanquam symbola erant caelestis gloriae, quasi iniecto fraeno cohibebant omnium mentes ne penetrare altius tentarent [Deut. 4. b. 11][d]. || Quare ne Moses quidem[e] (cui tamen[f] prae aliis familiarissime se patefecit[g]) precibus adeptus est[h] ut faciem illam cerneret; quin responsum accepit, non esse hominem tanti fulgoris capacem [Exod. 33. d. 20][i]. || Apparuit Spiritus sanctus sub specie columbae [Matth. 3. d. 16]: sed dum protinus evanuit, quis non videt, unius momenti symbolo admonitos esse fideles Spiritum invisibilem credendum esse? ut eius virtute et gratia contenti, nullam sibi externam figuram accerserent. Nam quod sub forma hominis Deus interdum apparuit, praeludium fuit futurae in Christo revelationis. Itaque hoc praetextu minime licuit Iudaeis abuti ut sibi deitatis symbolum erigerent sub humana figura. || Propitiatorium quoque, unde praesentiam virtutis suae sub Lege exeruit Deus[k], sic compositum erat ut innueret optimum divinitatis aspectum hunc esse, dum animi supra se admiratione efferuntur[l]. Cherubim siquidem alis extentis illud[m]

a) *1539-54* Dominus b) *1539* nominis c) *1539-54* + ita perspicuam d) ad testandam suam praesentiam significationes dabant incomprehensibilis eius essentiae. Nubes enim et fumus et flamma admonebant, hominis aspectum ad liquidam eius contemplationem non penetrare e) *1539-54* Quare et Moses f) > *1539-54* g) *1539-54* communicavit h) prec. — est: *1539-54* obtinere non potuit i) *sic 1553 sq.; 1559-61 falso* c. 13 k) virt. — Deus: *1539-54* suae virt. excrebat l) *1539* offeruntur m) alis — ill.: *1539-54* alis ipsum

1) Aug., De civ. Dei VI, 10 MSL 41, 190; CSEL 40. I. 294 (Aug. librum Senecae non iam exstantem, cui inscriptum erat: Contra superstitiones, h. l. citat.). 2) Ioh. Eck., De non tollendis Christi et Sanctorum imaginibus 1522. Opera I. Eckii contra Ludderum 1531, Secunda pars R 7 a.

operiebant: velum obtegebat: locus ipse procul reconditus satis
per se occulebat [Exod. 25. b. 17. 18. 21.]. Proinde insanire eos
minime obscurum est^a qui simulachra Dei et Sanctorum
exemplo illorum Cherubim defendere conantur^{b 1}. Quid enim^c
obsecro volebant^d imagunculae illae, nisi imagines repraesen-
tandis Dei mysteriis non esse idoneas? quando in hoc formatae
erant, ut alis velantes^e propitiatorium, ‖ non oculos modo humanos, sed omnes sensus prohiberent a Dei intuitu: atque ita
temeritatem corrigerent^f. ‖ Huc accedit quod Prophetae Sera-
phim sibi in visione ostensos velata facie nobis pingunt^g [Iesa. 6.
a. 2.^h]: quo significant tantum esse divinae gloriae fulgorem
ut Angeli quoque ipsi a rectoⁱ intuitu arceantur^k, et tenues
eius scintillae, quae in Angelis emicant, ab oculis nostris
sint subductae. Quanquam Cherubim de quibus nunc agitur,
ad veterem Legis^l paedagogiam pertinuisse agnoscunt quicunque recte iudicant. Ita in exemplum eos^m trahere quod nostrae
aetati serviat, absurdum est. Praeteriit enim seculum illud
puerile, ut ita loquar, cui eiusmodi rudimentaⁿ destinata erant^{o 2}. ‖
Ac sane pudendum est, profanos scriptores magis dextros
esse Legis Dei interpretes quam Papistas. Iudaeis per ludibrium
exprobrat Iuvenalis, quod puras nubes et caeli numen adorent³.
Perverse quidem et impie: verius tamen loquitur, Dei effigiem
apud illos extare^l negans, quam Papistae, qui visibilem aliquam Dei effigiem fuisse garriunt⁴. Quod autem populus ille
fervida celeritate subinde ad idola sibi quaerenda prorupit,
non aliter quam aquae ex magna scaturigine violento impetu
ebulliunt: hinc potius discamus quanta sit ingenii nostri ad
idololatriam propensio, ne vitii communis culpam regerendo
in Iudaeos, sub vanis peccandi illecebris mortiferum somnum
dormiamus^p.

---

a) eos — est: *1539-54* eos apparet   b) *1539-54* moliuntur
c) > *1543-54*   d) obs., vol.: *1539-54* indicabant   e) *1539-54*
obvelantes
f) oculi humani temeritatem a Dei contemplatione coercerent 1539
g) *1550-54* + et velatis pedibus   h) *1559 (Genev.)-61 male* + b. 6
i) *1550-54* + eius   k) *1550-54* prohibeant   l) > *1550-54*   m) >
1550-54   n) *1550-54* + a Domino   o) *VG* 1560 + comme en cela
S. Paul nous discerne d'avec les Iuifs²   p) *VG 1560* + comme si nous
n'estions point coulpables, ressemblans à ceux que nous condamnons

1) Io. Eck., De non tollendis ... imaginibus, Opp. II. R 2 b. —
Idem, Enchiridion ed. 1532 c. 16. G 4 a. — cf. Cochlaeum, De Sanctorum invocatione et intercessione, deque imaginibus et reliquiis
eorum pie riteque colendis. 1544. E 1 a.   2) Gal. 4, 3.   3) Iuvenal. sat. V sat. 14 v. 96 sq.   4) Eck., Enchir. G 4 b.

4. Eodem tendit illud, Simulachra Gentium argentum et aurum, opera manuum hominum [Psal. 115. b. 4, et 135. c. 15.]: quia et ex materia colligit Propheta, non esse deos quorum effigies aurea est vel argentea: et pro confesso sumit, quidquid proprio sensu concipimus de Deo, insipidum esse figmentum. Aurum potius et argentum nominat, quam lutum vel lapidem, ne vel splendor vel pretium idolis reverentiam conciliet. Concludit tamen in genere, nihil minus esse probabile quam ex mortua qualibet materia conflari deos. Interea non minus in altero insistit, nimis vesana temeritate efferri mortales, qui evanidum spiritum in singula momenta precario trahentes, Dei honorem conferre audent idolis. Fateri cogetur homo se animal esse ephemeron, et pro Deo tamen haberi volet metallum cui deitatis originem dedit. Unde enim idolis principium, nisi ex hominum arbitrio? Iustissima est profani illius poetae subsannatio,

> Olim truncus eram ficulnus, inutile lignum,
> Quum faber, incertus scamnum faceretne, etc.
> Maluit esse Deum [Horat. 1. Ser. Saty. 8.][1];

scilicet terrenus homuncio qui singulis fere momentis vitam exhalat, suo artificio Dei nomen et honorem ad mortuum truncum transferet[2]. Sed quia Epicureus ille facete ludendo, nullam religionem curavit, omissis eius et similium dicteriis, pungat nos, imo transfodiat obiurgatio Prophetae, Nimium esse vecordes qui ex eodem ligno se calefaciunt, furnum accendunt coquendo pani, assant carnem vel elixant, deumque fabricant coram quo supplices ad precandum se prosternunt [Iesa. 44. b. 12][3]. Itaque alibi non tantum ex Lege reos peragit, sed exprobrat quod ex fundamentis terrae non didicerint [Iesa. 40. e. 21]: quando scilicet nihil minus consentaneum, quam velle Deum qui immensus est ac incomprehensibilis, redigere ad quinque pedum mensuram. Et tamen portentum hoc quod palam naturae ordini repugnat, consuetudo ostendit esse hominibus naturale. Tenendum porro est, hac loquendi forma passim notari superstitiones, quod opera sint manuum hominum, quae Dei authoritate carent [Iesa. 2. b. 8, et 31. c. 7, et 57. c. 10. Oseae 14. b. 4, Mich. 5. d. 13.[4]]: ut hoc fixum sit, detestabiles esse omnes cultus quos a seipsis homines excogitant. Furorem exaggerat Propheta in[1] Psalmo, quod auxilium implorent a rebus mortuis, sensuque carentibus qui intelligentia

---

1) Horat. satir. I. 8, 1 sqq.   2) cf. Lact. div. inst. II. 4, 1 CSEL 19, 107.   3) Ies. 44, 12–17.   4) Mich. 5, 12.

ideo praediti sunt ut sciant sola Dei virtute omnia moveri. Sed
quia tam populos omnes quam privatim unumquenque rapit
naturae corruptela ad tantam dementiam, dira imprecatione
tandem fulminat Spiritus, Similes illis fiant qui faciunt ea, et
quicunque illis fidunt [Psal. 115. d. 8.]. ‖ Notandum autem, non
minus similitudinem vetari quam sculptile: quo inepta Graecorum cautio refutatur. Belle enim defunctos se putant si Deum
non sculpant, dum in picturis licentiosius quam ullae aliae
gentes lasciviunt[a]. Atqui Dominus non a statuario modo sibi
erigi effigiem, sed a quolibet artifice effingi[b] prohibet: quia
perperam et cum maiestatis suae contumelia sic assimilatur[c].

5. Scio quidem illud vulgo esse plusquam tritum, Libros
idiotarum esse imagines[d]. Dixit hoc Gregorius[1]: at longe aliter
pronuntiat Spiritus Dei, in cuius schola si edoctus fuisset hac
in parte[e], nunquam ita loquutus foret. Nam quum Ieremias
lignum esse doctrinam vanitatis pronuntiat [Ierem. 10. a. 3.]:
quum Habacuc docet conflatile esse doctorem[f] mendacii [Habac.
2. b. 18]: certe hinc generalis colligenda est doctrina, futile
esse, adeoque mendax, quicquid de Deo ex imaginibus homines
didicerint. Siquis excipiat, eos a Prophetis reprehendi qui simulachris ad impiam superstitionem abutebantur[2]: fateor id
quidem: sed addo, quod omnibus conspicuum est, in totum
damnari ab illis quod Papistae pro certo axiomate sumunt,
imagines esse pro libris. Opponunt enim vero Deo simulachra,
tanquam res contrarias, et quae nunquam simul convenire
possint. Haec, inquam, comparatio, in locis illis quos nuper
citavi, statuitur: quum unus sit verus Deus quem colebant
Iudaei, perperam et falso confingi visibiles figuras quae Deum
repraesentent: ac misere deludi omnes qui Dei cognitionem
inde petunt. Denique nisi ita res haberet, fallacem esse et
adulterinam quaecunque ex simulachris petitur Dei cognitio,
non ita generaliter damnarent eam Prophetae. Saltem hoc
habeo[g]: quum vanitatem et mendacium esse docemus, quod[h]
simulachris Deum effingere homines tentant, nihil aliud

---

a) Notandum—lasciv. > *VG 1560*   b) *1539-50* + sibi   c) *1539-53*
assimulatur   d) *vide infra p. 95, 25*   e) hac in parte: *1559-54*
Gregorius   f) *1550-54* demonstrationem   g) *iub. correctore 1550*
habeto   h) *1550* cum

1) Gregorius, Epist. 9, 105 (Ad Serenum Massil.) et 11, 13 (ad
eundem); MSL 77, 1027 et 1128. — Io. Eck., De non tollendis...
imaginibus, Opp. Eckii II. R 3 a. — Idem, Enchir. ed. 1532 c. 16
G 4 b.   2) Io. Eck., De non tollendis . . . imag., Opp. Eckii
II. R 7 a.

INSTITUTIONIS LIB. I

quam de verbo ad verbum nos referre quod Prophetae tradiderunt.

6. Legantur^a praeterea^b quae de hac re Lactantius et Eusebius scripserunt^c, qui pro certo assumere non dubitant, mortales fuisse omnes quorum simulachra visuntur^d[1]. Nec aliter Augustinus, qui secure pronuntiat nefas esse non modo adorare simulachra, sed Deo collocare^e[2]. || Neque tamen aliud dicit quam quod multis ante annis in Concilio Elibertino decretum fuerat: cuius hoc est tricesimum sextum^f caput, Placuit in templis non haberi picturas: ne quod colitur vel adoratur, in parietibus pingatur^g[3]. || Sed in primis memorabile quod ex Varrone alibi citat idem^l Augustinus, suaque subscriptione confirmat, Qui primi deorum simulachra induxerunt, eos et metum dempsisse, et errorem addidisse [Lib. 4. de Civit. Dei cap. 9. et 31.].[4] Hoc si solus Varro diceret, parum fortasse haberet authoritatis: pudorem tamen nobis merito incutere deberet, quod homo Ethnicus, quasi in tenebris palpans, ad hanc lucem pervenerit, ideo indignas esse Dei maiestate corporeas imagines, quia metum eius diminuant hominibus, erroremque augeant. Res certe ipsa testatur vere hoc non minus quam prudenter fuisse dictum: sed Augustinus a Varrone mutuatus, tanquam ex suo sensu profert. Ac primum quidem admonet, primos de Deo errores, quibus homines sunt impliciti, non coepisse a simulachris, sed nova materia superaddita, crevisse. Deinde ideo imminui aut etiam tolli Dei timorem interpretatur, quia facile possit eius numen in simulachrorum stultitia ineptoque et absurdo figmento contemni; quod secundum utinam non tam

---

a) *1539-43* Legant   b) > *1539-45*   c) *1539-45* tradiderunt
d) *1539-54* constituuntur; *1539* +[Euseb. lib. 3. de praepar. cap. 2.][1], *quod falso post illud* [De ... cap. 7.] *(vide not. e) in margine exstat.*
e) *1539* + [De fide et sym. cap. 7.][2]   f) *1543-45* 36.   g) *1543-45* deping.

1) Euhemeri (vel Ennii) Sacram Historiam secuti Lactantius (div. inst. I. 8, 8—17; CSEL 19, 29—67) et Eusebius (de praep. evang. III, 2, cf. II, 4, ed. Dindorf I, 106 et 84 sq.) probare student, eos, qui dei nuncupentur, fuisse mortales reges. Cf. Lact. div. inst. II. 17, 6 CSEL 19, 30 sq. et Aug. De civ. Dei VI. 7, 1; 8, 1; VIII. 5 et 26 MSL 41, 184. 186. 229/30. 253 sq.; CSEL 40 I. 284, 287, 361 sq., 402 sq.   2) Aug. De fide et symbolo 7, 14 MSL 40, 188. CSEL 41, 16. — cf. De divers. quaest. 83 c. 78 MSL 40, 90.   3) Conc. Illib. (Elvira a. 306) can. 36. Mansi, II, 264.   4) Aug. De civ. Dei IV. 9 et 31, 2 (ex libro perdito Varronis De antiquitatibus rerum humanarum divinarumque) MSL 41, 119 et 138; CSEL 40. I. 174 et 204.

verum esse experiremur. Quisquis ergo rite doceri cupiet, aliunde quam ex simulachris discat quod de Deo sciendum est.

7. Quare siquid frontis habent Papistae, ne posthac effugio isto utantur, libros esse idiotarum imagines[1]: quod tam aperte pluribus Scripturae testimoniis refellitur. Tametsi ut hoc illis concedam, ne sic quidem multum profecerint pro idolis suis tuendis. Cuiusmodi portenta pro Deo obtrudant notum est[a]. ‖ Quas vero sanctis picturas vel statuas[b] dicant[c], quid sunt nisi perditissimi luxus et obscoenitatis exemplaria? ad quae siquis formare se[d] vellet, fustuario dignus sit. Equidem lupanaria pudicius et modestius cultas meretrices ostendunt quam templa eas quas volunt censeri[e] virginum[f] imagines. ‖ Martyribus nihilo decentiorem fingunt habitum. ‖ Componant ergo sua idola[g] vel ad modicum saltem pudorem, ut paulo verecundius mentiantur alicuius sanctitatis libros esse. Sed tum quoque[h] respondebimus, non hanc esse in sacris locis[i] docendi fidelis populi[k] rationem: quem[l] longe alia doctrina quam istis naeniis illic[n] institui vult[n] Deus[o]. In verbi sui praedicatione et sacris mysteriis communem illic[p] omnibus doctrinam proponi iussit[q]: ‖ in quam parum sedulo intentum sibi animum esse produnt qui oculis ad idola contemplanda circumaguntur. ‖ Quos ergo[r] vocant Papistae[s] idiotas, quorum ruditas solis imaginibus doceri sustineat[t]? Hos scilicet, quos pro suis discipulis agnoscit Dominus[u]: ‖ quos caelestis suae philosophiae revelatione dignatur:

a) Ultimum effugium est, quod aiunt esse libros idiotarum. Id ut concedamus (quanquam vanissimum est, cum certo certius sit, in toto papae regno *[in — reg. > 1536]* non in alium usum prostare, quam ut adorentur) non tamen video quem fructum afferre possint idiotis imagines (*[1536 + praesertim]* quibus Deum effigiare volunt) nisi ut reddant *(1536* faciant*)* anthropomorphitas. — *haec verba 1539-45 ad fin. sect. 10 translata sunt.* b) pict. — stat. > *1536-45* c) *1536* statuunt; *1539-45* Quae — statuuntur; *VG 1541-45* Celles qu'on faict — d) *1536* se form. e) *1536-45* videri f) *1536* virg. vid. g) *1536 (et VG 1541 sqq.)* suas imagines h) *1536* etiam i) in — loc. > *1536* k) fid. pop.: *1536* populi Dei; *VG 1541-45* peuple Chrestien l) *1543-45* + illic m) > *1536-45* n) *1536* voluit; *VG 1541-45* a voulu o) *1536-45* Dominus p) In — illic: *1536-45* Verbi sui praedicationem et sacrorum mysteriorum celebrationem illic *(et — illic > 1536)* communem q) *1536* proposuit; In — iussit: *VG 1541-45* Car il a voulu que — fust là *(> 1541)* proposée — r) *1536-39* Et quos quaeso; *1543-45* Deinde quos s) > *1536-45* t) quorum — sust. > *1536* u) *1543-45* Deus; pro — Dom.: *1536-39* dominus theodidactos agnoscit; *1536* + [Ioan. 6 *(45)*]; *haec verba:* Et quos quaeso — agnoscit, *1536-39 ad fin. huius sect. translata sunt.*

1) vide p. 93, 39 sqq.

quos salutaribus regni sui mysteriis vult erudiri. Fateor quidem, ut res habent, hodie esse non paucos qui talibus libris carere nequeant[a]. Sed unde quaeso, isthaec stupiditas, nisi quod ea doctrina fraudantur quae sola erat ad eos[b] formandos idonea? ‖ Neque enim[1] alia de causa, qui praeerant Ecclesiis, resignarunt idolis docendi vices, nisi quia ipsi muti erant. ‖ Christum vera Evangelii praedicatione[c] depingi, et quodammodo ob oculos nostros crucifigi testatur Paulus [Galat. 3. a. 1.]. ‖ Quorsum igitur[d] attinebat[e] tot passim in templis[f] cruces erigi[g], ligneas, lapideas, argenteas[h] et aureas, si probe et fideliter illud[i] inculcaretur, Christum esse mortuum[k] ut in cruce maledictionem nostram sustineret[1], [l]peccata nostra[m] expiaret corporis sui sacrificio[2], sanguineque[n] ablueret[3], ‖ nos denique reconciliaret Deo Patri[4]? ‖ Ex quo uno[o] plus discere poterant quam ex mille crucibus ligneis aut lapideis[p]; nam in aureas et argenteas avari mentes et oculos tenacius forte defigunt, quam in ulla Dei verba.

8. Porro, de idolorum origine, publico fere consensu receptum est quod in libro Sapientiae habetur: primos scilicet extitisse eorum authores, qui hunc honorem detulerunt mortuis[q], ut ipsorum memoriam superstitiose colerent [Sapien. 14. b. 15.]. Et sane fateor perversum hunc morem fuisse vetustissimum: nec facem fuisse nego qua accensus hominum ad idololatriam furor magis exarsit: non tamen concedo hunc fuisse primum mali fontem. Idola enim iam fuisse prius in usu quam ista in consecrandis mortuorum imaginibus ambitio invaluisset, (cuius apud profanos scriptores crebra fit mentio[r]) constat ex Mose. Quum Rachelem narrat [Gene. 31. c. 19.] furatam esse patris sui idola, non secus ac de communi vitio loquitur. Unde colligere licet, hominis ingenium perpetuam, ut ita loquar, esse idolorum fabricam. A diluvio quaedam erat mundi palingenesia: atqui non multi anni fluunt quin sibi homines pro libidine deos fingant. ‖ Ac credibile est, superstite adhuc sancto Patriarcha, idololatriae deditos fuisse nepotes, ut oculis suis non sine acerbissimo dolore cerneret idolis foedari terram, cuius cor-

---

a) *1543–45* non possint   b) *1543–45* + rite   c) *1543–45* + nobis
d) *1536* itaque   e) *1536–39* pertinebat erigi   f) pass. — temp. >
1536–39   g) > *1536–39*   h) *1536* + etiam   i) probe — illud:
1536 illud saepe; *1539* illud bene riteque; *1543–45* illud probe ac
fideliter   k) *1536–45* traditum propter delicta nostra,   l) *1536–45*
+ et   m) > *1543–45*   n) expiaret — sang. > *1536–45*   o) *1536–39*
+ verbo   p) *1543–45* vel lign. vel lap.   q) *VG 1551 sqq.* + qu'ilz
avoyent aymez   r) cuius — ment. > *VG 1551 sqq.*

1) Gal. 3, 13.   2) Hebr. 10, 10.   3) Apoc. 1, 5.   4) Rom. 5, 10.

ruptelas nuper Deus tam horribili iudicio purgaverat. Nam Thare et Nachor iam ante natum Abraham falsorum deorum cultores erant, sicuti testatur Iosue [Iosue 24. a. 2]. Quum tam cito desciverit progenies Sem, quid de posteris Cham iudicabimus qui in patre suo pridem fuerant maledicti? || Ita est sane. || Mens hominis, ut[a] superbia et temeritate est referta[b], Deum pro captu suo imaginari audet: ut hebetudine laboret, imo crassissima ignorantia est obruta[c], pro Deo vanitatem et inane spectrum concipit. Ad haec mala accedit nova improbitas, quod homo qualem intus concepit Deum, exprimere opere tentat. Mens igitur idolum gignit: manus parit. Hanc esse idololatriae originem, quod homines Deum sibi adesse non credunt nisi carnaliter exhibeat se praesentem, prodit Israelitarum exemplum [Exod. 32. a. 1]. || Nescimus, dicebant, quid isti Mosi contigerit: fac nobis deos qui nos praecedant. Deum quidem esse noverant, cuius experti virtutem erant in tot miraculis: sed propinquum sibi esse non confidebant nisi oculis cernerent corporeum vultus eius symbolum, quod sibi testimonium esset gubernantis[d] Dei. A praeeunte ergo imagine volebant cognoscere Deum itineris sibi esse ducem[e]. Id quotidiana experientia docet, inquietam semper esse carnem, donec sibi simile figmentum nacta est in quo se pro Dei imagine inaniter soletur. Omnibus fere a condito mundo seculis, || huic caecae cupiditati ut[f] obsequerentur homines[g], erexerunt signa in quibus Deum sibi prae oculis carnalibus obversari[h] credebant[i].

9. Tale figmentum sequitur protinus adoratio: || quum enim[k] Deum se homines in simulachris[l] intueri arbitrarentur, et ipsum quoque illic[m] coluerunt. Tandem toti et animis et oculis illic affixi, magis obrutescere coeperunt: et quasi aliquid divinitatis inesset, obstupescere et admirari. || Iam constat, homines ad simulachrorum cultum non ante prorumpere, quam crassiore aliqua opinione sint imbuti: non quidem ut deos existiment, sed quia vim aliquam divinitatis illic inhabitare imaginantur. Itaque sive Deum sive creaturam tibi in simulachro repraesentes, ubi ad venerationem prosterneris, iam superstitione aliqua fascinatus es. Hac ratione, Dominus[n] non statuas modo erigi ad se effigiandum fabrefactas, sed titulos etiam quoslibet et lapides

---

a) *1539-45* + est   b) est ref.: *1539-45* infecta   c) imo — obr.: *1539-45* et crass. ign.   d) *1539-54* praecedentis   e) A — duc.: VG   f) *1551 sqq.* En somme, ilz vouloyent avoir quelque image qui les menast à Dieu   f) *1536* Ut huic caec. cup.   g) > *1536*   h) *1545* observari   i) *1536-50* crederent   k) *1536-45* vero   l) hom. — simul.: *1536-45* in illis   m) *1536* in illis   n) > *1539-50*

consecrari vetuit qui in adorationem prostarent. || ᵃEadem quoque ratione in praecepto Legisᵇ altera pars de adoratione subiicitur. Nam simulatque efficta est Deo visibilis forma, huic quoque alligatur illius virtus. Ita stupidi sunt homines ut Deum affigant ubicunque affingunt; ac proindeᶜ fieri non potest quin adorent. Neque interest idolumne simpliciter colant, an Deum in idolo: haec semper idolatria est, quum idolo, qualicunque colore, exhibentur divini honores. Et quia superstitiose coli non vult Deus, illi eripitur quicquid confertur in idola. || Huc animumᵈ advertant qui ad defensionem execrabilis idololatriaeᵉ, qua multis antehac seculis vera religio submersa subversaque fuitᶠ, miseros praetextus aucupanturᵍ. Non reputantur, inquiunt, pro diis imagines[1]. Nec tam prorsus incogitantes erant Iudaei ut non meminissent Deum fuisse cuius manu educti essent ex Aegyptoʰ antequam fabricarent vitulum. || Quin Aaroni dicenti, illos esse deos a quibus liberati essent e terra Aegypti, intrepide annuebant, non dubia significatione, velle se retinere illum Deum liberatorem, modo praeeuntem in vitulo conspicerent. || Nec ita stupidi fuisse Ethnici credendi sunt ut non intelligerent Deum alium[1] esse quam ligna etᵏ lapides. Mutabant enim pro arbitrio simulachra, deos semper eosdem[1] animo retinebant: et multa erant uni deoᵐ simulachra, nec pro multitudine complures tamen deos sibi fingebantⁿ: praeterea nova quotidie consecrabant, nec putabant tamen se novos facere deos. || Legantur excusationesˡ quas ab idolatris sui seculi fuisse praetextas refert Augustinus: nempe quum arguerentur, respondebant vulgares, se non visibile illud colere, sed numen quod illic invisibiliter habitabat. Qui vero purgatioris, ut ipse loquitur, religionis erant, nec simulachrum nec daemonium se colere aiebant: sed per effigiem corpoream intueri eius rei signum quam colere deberent [In Psalmum 113.][2]. || Quid

a) *loco horum verborum 1539-45 supra p. 97 ante lin. 6 (*Mens hominis, ...*) haec exstant:* Sequitur pars secunda de oratione: quae in dei simulacris nefaria, in aliis quoque sacrilegio non caret. Hi enim sunt gradus idololatriae.   b) > *1550-54*   c) ac pr.: *1550-54* ita   d) > *1536*   e) ad — idol.: *1536* execrabilem idololatriam; *VG 1551 sqq.* + de la Papauté   f) *VG 1551 sqq.* + et toutesfois telles abominations trouvent des advocatz tant et plus, pour les maintenir   g) *1536* misero praetextu defendere conantur   h) *1539-45* + [Levit. 26. *(13)*]   i) *1536* aliud   k) *1536* aut   l) *1536* eosd. semp. Deos   m) erant — deo: *1536* uni Deo dicata erant   n) pro — fing.: *1536* tamen tot sibi Deos fingebant, quot simulacra essent

1) Ioh. Eck., De non tollendis ... imaginibus, Opp. Eckii II R 7 b.
2) Aug., In Ps. 113 sermo 2, 3. 4 MSL 37, 1483.

ergo? Omnes idololatrae, sive ex Iudaeis, sive ex Gentibus, ||
non aliter quam dictum est fuerunt animati; spiritualiᵃ
intelligentia non contenti, certiorem ac propiorem ex simulachris impressum iri sibi putabant. Postquam semel placuit
5 praepostera ista Dei assimulatio, nullus finis factus, donec novis
subinde praestigiis delusi, in imaginibus Deum vim suam ex-
erere opinarentur. || Nihilominus et Deum aeternum Iudaei,
unum verumque caeli ac terrae Dominum, sub talibus simulachris persuasi erant se colereᵇ: et Gentes, suos licet falsos
10 deos, quos tamen inᶜ caelo habitare fingerent.

10. Hoc qui antehac factum, et nostra etiam memoria fieri
negant, impudenterᵈ mentiuntur. Cur enim coram illis proster-
nuntur? Cur sese ad illa, precaturi, tanquam ad Dei auresᵉ,
convertunt? || Siquidem verum est quod ait Augustinus, Ne-
15 minem orare vel adorare sic intuentem simulachrum, qui non
sic afficiatur ut ab eo exaudiri se putet, vel sibi praestari quod
desiderat, speret [In Psalmum 113.]¹. || Cur inter eiusdem Dei
simulachra tantum discrimen ut altero praeterito, aut vulgariter honorato, alterum omni solenni honore prosequantur?
20 Cur in visendis simulachris, quorum similia domi suae habent,
votivis peregrinationibus se fatigant? || Cur pro illis hodieᶠ,
tanquam pro aris et focis, ad caedes usque et strages digladian-
tur, ut facilius laturi sint unicum Deumᵍ sibi eripi quam sua
idola? Et tamen nondum crassos vulgi errores (qui pene in-
25 finiti sunt, et omnium fere corda occupant) enumero: tantum
indico quod ipsi profitentur quum se maxime ab idololatria
purgare volunt. Non vocamus, inquiunt, nostros deos². Neque
illi aut Iudaei, aut Gentiles olimʰ vocabant:¹ et tamen Pro-
phetaeᵏ passimˡ illis fornicationes cum ligno et lapide expro-
30 brare non desinebant: tantum ob ea quae quotidie ab iisᵐ fiunt
qui Christiani haberi volunt, nempe quod Deum in ligno et
lapide carnaliter venerabanturⁿ.

11. Quanquam non ignoro, nec dissimulandum est, distinc-

---

a) *1539-45* + Dei   b) pers. — col.: *1536* se col. arbitrabantur
35 c) > *1539-43*   d) *1536-39* imprudenter; *iub. correctore 1539* impud.;
VG 1541 faulsement   e) *1536* aur. Dei   f) > *1536*   g) *1536* Deum
unum; *VG 1541* Dieu   h) > *1536*   i) *1536* + sed signa duntaxat,
et Deorum simulacra.   k) *1536* + et omnes scripturae; *1539-43* +
scripturaque; *VG 1541-45* + et mesme toute l'Escriture   l) > *1536*
40 m) *1536* his   n) *1536* + [Iesa. 40 *(19 sq.)* Iere. 2 *(27)* Iezech. 6 *(ᵃ sqq.)*
Hab. 2 *(18 sq.)* Deuter. 32 *(37)* etc.]; *1539* + [Vide praecipue Iere. et
Ezech.]

1) Aug., In Ps. 113 sermo 2, 5 MSL 37, 1484.   2) vide p. 93, 43.

tione ipsos elabi magis arguta, cuius paulo post iterum plenior fiet mentio[a][1]. Cultum enim quem simulachris suis impendunt, εἰδωλοδουλείαν esse obtendunt, εἰδωλολατρείαν esse negant[2]. Sic enim loquuntur, dum cultum quem appellant duliae, sine Dei iniuria statuis et picturis posse communicari docent[b]. Ergo innoxios se arbitrantur si tantummodo servi[l] sint idolorum, non etiam cultores. Quasi vero non aliquanto levius sit colere quam servire[c]. Et tamen dum in Graeca voce latebras captant, secum ipsi pugnant admodum pueriliter. Nam quum λατρεύειν nihil aliud Graecis significet quam colere: perinde valet quod dicunt, acsi imagines suas fateantur se colere, sed absque cultu. Nec est quod obiiciant, aucupia me in verbis tendere: sed ipsi dum tenebras conantur offundere simplicium oculis, inscitiam suam produnt. Quamlibet tamen sint diserti, nunquam sua eloquentia consequentur ut rem unam et eandem nobis duas esse probent. In re, inquam, ostendant discrimen, ut habeantur veteribus idololatris dissimiles. Sicuti enim reatum non effugiet adulter aut homicida, si aliud ascititium sceleri suo nomen imposuerit: ita istos subtili nominis commento absolvi absurdum est, si causa nihil ab idololatris differunt, quos damnare ipsi etiam coguntur. Atqui tantum abest ut ab illorum causa suam seiungant, ut potius fons totius mali sit praepostera aemulatio, qua cum illis certarunt, dum symbola quibus Deum sibi figurent, et suo ingenio sibi comminiscuntur, et suis manibus confingunt.

12. Neque tamen ea superstitione teneor ut nullas prorsus imagines ferendas censeam. Sed quia sculptura et pictura Dei dona sunt, purum et legitimum utriusque usum requiro: ne quae Dominus in suam gloriam et bonum nostrum nobis contulit, ea non tantum polluantur praepostero abusu, sed in nostram quoque perniciem convertantur. Deum effingi visibili specie nefas esse putamus, quia id vetuit ipse, et fieri sine aliqua gloriae eius deformatione non potest[d]. Ac ne in hac

---

a) paulo — ment.: *1550-54* ante memini *(sc. III 21, nunc infra XII 2)* b) Sic — doc.: *VG 1551 sqq.* Comme s'ilz disoyent, que c'est service, et non pas honneur c) *1550-54* + ut paulo ante ostensum a nobis est *(sc. III 21, nunc infra XII 2)* d) fieri — potest: *VG 1551 sqq.* aussi pource que sa gloire est d'autant defigurée, et sa verité falsifiée

1) cap. 12, 2; p. 106 sq. 2) Io. Cochlaeus, De sacris reliquiis Christi et sanctorum eius, Brevis contra Ioannis Calvini calumnias et blasphemias Responsio 1549, C 2 a et 3 b. — cf. Decr. Synodi VII oecum. Nicaenae II. a. 787. Mansi XII, 378.

opinione nos solos esse putent[a], omnes sanos scriptores id semper improbasse reperient qui in eorum monumentis versati fuerint.[b] Si ne figurare quidem Deo corpoream effigiem fas est, multo minus ipsam pro Deo, vel Deum in ipsa colere licebit.
5 Restat igitur ut ea sola pingantur ac sculpantur quorum sint capaces oculi: Dei maiestas, quae oculorum sensu longe superior est, ne indecoris spectris corrumpatur. In eo genere partim sunt historiae ac res gestae, partim imagines ac formae corporum, sine ulla rerum gestarum notatione. Priores, usum in
10 docendo vel admonendo aliquem habent: secundae, quid praeter oblectationem afferre possint non video. Et tamen constat tales fuisse omnes propemodum imagines quae hactenus in templis prostiterunt. Unde iudicare licet, non iudicio aut delectu, sed stulta et inconsiderata cupiditate illic fuisse excitatas.
15 Omitto quam perperam et indecenter magna ex parte sint effictae, quam licentiose hic pictores et statuarii lascivierint, quam rem paulo ante attigi[c][1]: tantum dico, etiamsi nihil vitii inesset, nihil tamen habere ad docendum momenti.

3,35
[84]
   13. Verum illo quoque discrimine omisso, an[l] ullas omnino
20 imagines, sive quae res gestas, sive quae hominum corpora figurent, habere in templis Christianis expediat, obiter expendamus. Principio, siquid nos movet veteris Ecclesiae authoritas, meminerimus quingentis circiter annis, quibus magis adhuc florebat religio, et syncerior doctrina vigebat, Christiana
25 templa fuisse communiter ab imaginibus vacua[2]. Ergo tunc primum in ornamentum templorum ascitae sunt quum ministerii synceritas nonnihil degenerasset. Non disputabo ecquid rationis habuerint qui primi fuerunt eius rei authores: verum si aetatem cum aetate conferas, videbis illos[d] multum declinasse
30 ab eorum integritate qui imaginibus caruerant. Quid? an passuros fuisse putamus sanctos illos patres Ecclesiam tandiu ea re carere quam utilem ac salutarem esse iudicarent? At certe quia videbant in ea aut nihil aut minimum utilitatis, plurimum autem subesse periculi, repudiarunt magis consilio
35 et ratione, quam ignoratione aut negligentia praetermiserunt. Quod etiam Augustinus claris verbis testatur, Quum his sedi-

---

a) *1543-54* putes   b) *VG 1551 sqq.* + Car ilz ont reprouvé toutes figures de Dieu, comme déguisemens prophanes.   c) quam — attigi > *1543-45*   d) *1543-54* eos

40 1) cap. 11, 7; p. 95 sq.   2) Irenaeus, Adv. haer. I. 25, 6 Stieren I p. 253. — Conc. Illiberit. (Elvira a. 306) can. 36 Mansi II, 264. — Epiph., Ep. ad Io. Ierosol., ab Hieron. versa; Hier. Ep. 51, 9. CSEL 54, 411. — Euseb., Ep. ad Constantiam MSL 20, 1545.

bus locantur, inquit, honorabili sublimitate, ut a precantibus atque immolantibus attendantur, ipsa similitudine animatorum membrorum atque sensuum, quanvis sensu et anima careant, afficiunt infirmos animos, ut vivere ac spirare videantur, etc. [Epist. 49.][1]. Et alibi, Hoc enim facit et quodammodo extorquet illa figura membrorum, ut animus in corpore vivens magis arbitretur sentire corpus, quod suo simillimum videt, etc. Paulo post, Plus valent simulachra ad curvandam infoelicem animam, quod os, oculos, aures, pedes habent: quam ad corrigendam, quod non loquuntur, neque vident, neque audiunt, neque ambulant [In Psal. 113][2]. Haec sane videtur causa esse cur Iohannes non tantum a simulachrorum cultu sed ab ipsis quoque simulachris cavere nos voluerit [1. Iohan. 5. d. 21]. || Et nos horribili insania, quae ad totius fere pietatis interitum orbem antehac occupavit, plus nimio sumus experti, simulatque in templis collocantur imagines, quasi signum idololatriae erigi: quia sibi temperare non potest hominum stultitia, quin protinus ad superstitiosos cultus delabatur. Quod si nec tantum periculi immineret, quum tamen expendo in quem usum destinata sint templa, nescio quomodo indignum mihi videtur eorum sanctitate, ut alias recipiant imagines quam vivas illas et iconicas, quas verbo suo Dominus consecravit: Baptismum intelligo et Coenam Domini, cum aliis ceremoniis quibus oculos nostros et studiosius detineri, et vividius affici convenit quam ut alias hominum ingenio fabrefactas requirant. || En incomparabile imaginum bonum, quod nulla pensatione resarciri potest, || si Papistis creditur.[1]

14. Iam satis multa, opinor, de hac re dicta forent, nisi manum quodammodo mihi iniiceret Synodus Nicena[a], non illa celeberrima quam coegit Constantinus Magnus[b], sed quae Irenes Imperatricis iussu et auspiciis[c] ante annos octingentos habita est. Decrevit enim non habendas modo in templis esse imagines, sed etiam adorandas[3]. Quicquid enim dixerim, magnum ex adverso praeiudicium afferet Synodi authoritas. Etsi, ut verum

---

a) nisi — Nic.: *VG 1551 sqq.* n'estoit que les Papistes nous barbouillent, mettans en avant le concile de N.   b) *VG 1551 sqq.* + afin que personne ne s'abuse au nom   c) sed — ausp.: *VG 1551 sqq.* mais un autre qu'assembla une meschante Proserpine nommée Irene, du temps de Charlemaigne

1) Aug., Ep. 102 q. 3, 18 (ad Deogratias) MSL 33, 377; CSEL 34, 560.   2) Aug., In Ps. 113 sermo 2, 5. 6 MSL 37, 1484.   3) Mansi XIII, 377.

DE COGNIT. DEI CREATORIS. CAP. XI

fatear, non tam hoc me movet, quam ut appareat lectoribus, quorsum evaserit eorum furor qui imaginum magis fuerunt cupidi quam Christianos decebat. Sed hoc primum expediamus. Qui hodie simulachrorum usum tuentur, Nicenae illius Synodi patrocinium allegant. Extat autem refutatorius liber sub Caroli Magni nomine, quem ex dictione colligere licet eodem fuisse tempore compositum[1]. Illic Episcoporum sententiae qui concilio interfuerunt recitantur, et argumenta quibus pugnarunt. Dixit Iohannes legatus Orientalium, Creavit Deus hominem ad imaginem suam: atque inde collegit habendas igitur esse imagines[2]. Idem commendari nobis putavit imagines hac sententia, Ostende mihi faciem tuam, quia speciosa est[3]. Alius, ut probaret collocandas esse in altaribus, hoc testimonium citavit, Nemo accendit lucernam, et ponit eam sub modio[4]. Alius, ut earum aspectum nobis utilem monstraret, adduxit versum ex Psalmo, Signatum est super nos lumen vultus tui, Domine[5]. Alius similitudinem hanc arripuit, Sicut Patriarchae usi sunt Gentium sacrificiis, ita Christianis habendas esse sanctorum imagines pro idolis Gentium[6]. Eodem torserunt illud, Domine, dilexi decorem domus tuae[7]. Sed in primis ingeniosa est ista interpretatio, Ut audivimus, ita et vidimus[8]. Deum igitur non solo verbi auditu cognosci, sed etiam imaginum aspectu. Simile Theodori episcopi acumen. Mirabilis, inquit, Deus in sanctis suis: Atqui alibi habetur, Sanctis qui sunt in terra: Ergo ad imagines hoc referri debet[9]. Denique tam putidae sunt insulsitates, ut eas referre me quoque pigeat.

15. Ubi de adoratione disputant, illic adoratio et Pharaonis[10], et virgae Ioseph[11], et tituli quem erexit Iacob[12], in medium adducitur. Quanquam in hoc postremo non tantum depravant Scripturae sensum, sed arripiunt quod nusquam legitur. Tum illa, Adorate scabellum pedum eius[13]. Item, Adorate in monte sancto eius[14]. Item, Vultum tuum deprecabuntur omnes divites

---

1) Noli neglegere, hanc disputationem a. 1550, Libris Carolinis contra imagines anno praecedente a Ioh. Tilleto editis a Calvino additam esse. 2) Gen. 1, 26. — Libri Carolini I. 7. Monum. Germ. Hist. leges, sect. III. concilia Tom. 2 suppl. ed. Bastgen p. 22 (G. in nomine Iohannis legati errat) 3) Cant. 2, 14. — ibid. II. 10. p. 70. 4) Mtth. 5, 15. — ib. II. 12. p. 72. 5) Ps. 4, 7. — ib. I. 23. p. 50. 6) ib. IV. 18. p. 206. 7) Ps. 26, 8. — ib. I. 29. p. 57. 8) 1. Ioh. 1, 1. — ib. I. 30. p. 60. 9) Ps. 68, 36 et 16, 3. — ib. III. 10. p. 122. 10) Gen. 47, 10. — ib. I. 9. p. 27. I. 14. p. 33. 11) Gen. 47, 31. — ib. I. 13. p. 32. 12) Gen. 28, 18. — ib. I. 10. p. 28 (Argum. Iohannis legati Orient.). 13) Ps. 99, 5. — ib. II. 5. p. 66. 14) Ps. 99, 9. — ib. II. 6. p. 68.

plebis¹: firmae admodum et appositae illis videntur probationes. Siquis per ludibrium attribuere imaginum patronis ridiculam personam vellet, possetne maiores et crassiores colligere ineptias? Ac nequa amplius restaret dubitatio ᵃ, Theodosius Mirensis episcopus adorandas esse imagines Archidiaconi sui somniis tam serio confirmat acsi oraculum caeleste in promptu haberet². Eantᶦ nunc simulachrorum fautores, et Synodi decreto nos urgeant. Quasi vero non omnem sibi fidem abrogent venerandi illi patres, scripturas vel tam pueriliter tractando, vel tam impie foedeque ᵇ lacerando.

16. Venio nunc ad impietatum portenta, quae evomere ausos esse ᶜ mirum est: non fuisse autem illis reclamatum cum summa omnium detestatione, bis mirum. Atque hancᵈ flagitiosam amentiam traduci expedit, ut saltem fucus antiquitatis quem Papistae obtendunt, simulachrorum cultui detrahatur ᵉ. Theodosius Amori episcopus anathema crepat adversus omnes qui imagines nolunt adorari³. Alius omnes Graeciae et Orientis calamitates huic sceleri imputat, quod non fuerint adoratae⁴. Quibus ergo poenis digni Prophetae, Apostoli, Martyres, quorum tempore nullae extiterunt? Addunt postea, si imagini imperiali cum suffitu et thymiamate obviam proceditur: multo magis hunc honorem Sanctorum simulachris deberi⁵. Constantius autem Constantiae Cypri episcopus se imagines reverenter amplecti profitetur, cultumque honoris qui vivificae Trinitati debetur, illis se exhibiturum confirmat: quisquis idem facere recusaverit, eum anathematizat, et cum Manichaeis et Marcionitis amandat⁶. Ac ne putes privatam esse unius hominis sententiam, assentiuntur reliqui. Imo Iohannes legatus Orientalium, calore ultra provectus, praestare admonet lupanaria omnia in urbem admitti, quam imaginum cultum abnegare⁷. Tandem omnium consensu statuitur, haereticis omnibus deteriores esse Samaritanos: at ipsis Samaritanis εἰκονομάχους⁸. Caeterum ne suo solenni Plaudite fabula careat⁹, additur clau-

---

a) Ac — dub.: *VG 1551 sqq.* Mais encor pour faire la bonne bouche
b) > *1550-54*   c) *1550-54* fuisse   d) *1550-54* + tam   e) *VG 1551 sqq.* + mais afin que tous soyent admonnestez de l'horrible vengeance de Dieu, laquelle est tombée sur ceux qui ont introduit les idoles

1) Ps. 45, 13. — ib. I. 24. p. 52.   2) ib. III. 26. p. 158.   3) ib. III. 7. p. 119.   4) cf. ib. I. 28. p. 56 sq.   5) ib. III. 15. p. 133.   6) ib. III. 17. p. 138.   7) ib. III. 31. p. 167 sq. (C. in nomine Iohannis errat).   8) ib. IV. 6. p. 184.   9) Solemnis clausula omnium fabularum Terentianarum et plerarumque Plautinarum; cf. etiam Hor. art. poet. v. 154 sq.

sula, Gaudeant et exultent qui Christi habentes imaginem sacrificium illi offerunt[1]. Ubi nunc latriae et duliae distinctio, qua Dei et hominum oculos solent perstringere? Nam concilium sine exceptione tantundem simulachris ac Deo vivo largitur.

Deum ab idolis discerni, ut solus in solidum colatur. CAP. XII.

1559

1. DIXIMUS autem initio[2], Dei notitiam non esse pos*t*am in frigida speculatione, sed secum trahere eius cultum; ac obiter attigimus quomodo rite colatur: quod aliis locis fusius explicandum erit[3]; nunc tantum breviter repeto, quoties asserit Scriptura unicum esse Deum, non pugnare de nudo nomine, sed hoc etiam praecipere, ne alio transferatur quidquid in divinitatem competit; unde etiam patet quid a superstitione differat pura religio. Εὐσέβεια certe Graecis[1] tantundem valet ac rectus cultus: quia semper caeci ipsi in tenebris palpando, senserunt tenendam esse certam regulam, ne praepostere colatur Deus. Religionis nomen etsi vere sciteque Cicero a relegendo deducit [2. de Nat. deorum][4], coacta est tamen, et longe petita quam assignat ratio, quod probi cultores saepius relegerent, ac diligenter retractarent quid verum esset [a]. Potius existimo vagae licentiae opponi hoc nomen: quia maior pars mundi quicquid obvium est temere arripit: imo etiam huc et illuc transvolat:[b] pietas autem[c], ut in firmo gradu consistat, sese intra fines suos relegit[5]; sicuti inde mihi dicta videtur superstitio, quod modo et praescripta ratione non contenta, supervacuam rerum inanium congeriem accumulet. Caeterum ut voces omittamus, aetatum omnium consensu receptum semper fuit, vitiari pervertique religionem falsis erroribus; unde colligimus, ubi zelo inconsiderato quidvis nobis permittimus, frivolum esse quem superstitiosi obtendunt praetextum. Quanvis tamen in omnium ore personet haec confessio, turpis interim se prodit inscitia, quod neque adhaerent uni Deo, neque delectum adhibent in eius cultu, sicuti antehac docuimus[6]. Atqui Deus, ut sibi ius suum vendicet, clamat se esse aemulum, ac severum

---

a) quid — ess.: *VG 1560* ce qui estoit de faire   b) *VG 1560* + Religion donc emporte autant comme une retraite et discretion meure et bien fondée;   c) *VG 1560* car la vraye pieté

1) Lib. Carol. IV. 14. p. 198/99.   2) I 2, 2; p. 35 sqq.   3) I 5, 6.9 sq., p. 50 sq. 53 sq.; II 8, p. 343 sqq.   4) Cic., nat. deor. II. 28, 72. — cf. Lact. div. inst. IV. 28, 4 sqq. CSEL 19, 389.   5) cf. Lact. div. inst. IV. 28, 12 CSEL 19, 391.   6) cap. 4; supra p. 40 sqq.

fore ultorem si cum ullo deo fictitio misceatur; deinde legitimum cultum definit, ut genus humanum sub obsequio contineat. Utrunque complectitur Lege sua, ubi primo sibi addicit fideles, ut illis sit unus legislator: deinde regulam praescribit qua rite ex suo arbitrio colatur. De Lege quidem, quia multiplex est eius usus ac finis, suo loco disseram: nunc partem hanc duntaxat attingo, fraenum illic impositum esse hominibus, ne ad vitiosos cultus declinent. Quod autem priore loco posui, tenendum est, nisi in uno Deo resideat quicquid proprium est divinitatis, honore suo ipsum spoliari, violarique eius cultum. || Atque hic[a] intentiore cura animadvertere convenit quibus astutiis ludat superstitio[b]. Neque enim ad alienos deos sic desciscit ut videatur summum Deum deserere, vel in aliorum ordinem redigere: sed dum supremum locum illi concedit, turbam minorum deorum circundat, inter quos propria eius officia partitur; ita (licet dissimulanter et callide) divinitatis gloria, ne apud unum tota maneat, dissecatur. Sic veteres olim, tam ex Iudaeis quam Gentibus, deorum patri et arbitro ingentem illam turbam subdiderunt, quibus communis esset, pro ordinis ratione, caeli et terrae cum summo Deo administratio. Sic aliquot retro seculis, Sancti qui hac vita excesserant, in Dei societatem evecti sunt, ut pro illo et colerentur et invocarentur et celebrarentur. Tali abominatione ne offuscari quidem putamus Dei maiestatem[c], quum magna ex parte supprimatur et extinguatur: nisi quod frigidam retinemus de suprema eius potentia opinionem; || interea involucris decepti, diducimur in varios deos.

2. Quinetiam in hunc finem inventa est la|triae et duliae, quam appellant, distinctio, quo impune viderentur Angelis et mortuis transcribi divini honores[1]. Quem enim Sanctis cultum deferunt Papistae, nihil reipsa differre a Dei cultu palam est; promiscue enim et Deum et illos adorant: nisi quod dum urgentur, exceptione hac evadunt, Deo se illibatum servare quod suum est, quia latriam illi relinquant. Atqui de re non de voce quum sit quaestio, quis illis permittat tam secure in re omnium maxima ludere? Verum (ut hoc quoque omittamus) non

---

a) *1539–54* + quidem   b) animad. — superst.: *1539–54* animadvertendum est tectae impietatis ingenium, ut suis involucris nos dicipiat   c) *1539–54* magnificentiam

1) P. Lomb. Sent. III Dist. 9, 1 MSL 192, 775 sq. — Coll. in ep. ad Phil. c. 3 MSL 192, 242. — Thomas, S. theol. II, 2 q. 84. a. 1. ad 1; qu. 103 a. 3. — I. Eck, Enchir. 1532 c. 15. F 6 a — Cochlaeus, De veneratione et invocatione sanctorum 1534, A 5 a — Cochlaeus, De sanctor. invoc. et intercess. ... 1544, B 3 b sq. et passim.

aliud tandem consequentur sua distinctione, quam cultum ab ipsis uni Deo praestari, aliis autem servitium; λατρεία enim apud Graecos valet quantum apud Latinos cultus: δουλεία vero proprie servitutem sonat; et tamen in Scripturis interdum con-
5 funditur hoc discrimen. Porro ut demus esse perpetuum, nempe inquirendum est quid utrunque valeat; δουλεία quidem servitus est, λατρεία cultus. Iam quin maius quiddam sit servire quam colere, nemo dubitat. Nam ei servire durum esset saepenumero quem colere non recusares; ita iniqua esset distributio, Sanctis
10 assignare quod maius est, Deo quod minus est relinquere. At complures ex veteribus hac distinctione usi sunt. Quid tum, si omnes eam perspiciunt non modo impropriam esse, sed penitus frivolam?

3,22   3. Omissis argutiis rem expendamus. Paulus quum Galatis
15 reducit in memoriam quales fuerint priusquam essent illuminati in Dei notitia, dicit eos duliam exhibuisse iis qui natura non erant dii [Gal. 4. a. 8]. Utcunque latriam non nominet, an ideo excusabilis est eorum superstitio? Ipse quidem nihilominus perversam illam superstitionem damnat, cui nomen duliae imponit,
20 quam si exprimeret latriae nomen. Et quum Christus Satanae insultum repellit hoc clypeo, scriptum esse, Dominum Deum tuum adorabis [Matth. 4. b. 10], non veniebat nominatim in quaestionem latria. Satan enim nonnisi προσκύνησιν exigebat. Similiter quum reprehenditur Iohannes ab Angelo quod in
25 genua coram eo procidisset [Apocal. 19. b. 10], non debemus intelligere Iohannem tam fuisse amentem ut debitum soli Deo honorem vellet ad Angelum transferre. Sed quia fieri aliter nequit quin divinum aliquid sapiat cultus qui cum religione coniunctus est, προσκυνεῖν ille Angelum non potuit quin ex
30 Dei gloria detraheret. Legimus quidem saepe, adoratos fuisse homines: sed ille fuit civilis honor, ut ita dicam: religio autem aliam habet rationem, quae simulatque coniuncta est cum cultu, divini honoris profanationem secum trahit. Idem et in Cornelio videre licet [Act. 10. d. 25.]; neque enim tam male pro-
35 fecerat in pietate, quin summum cultum uni Deo tribueret. Quod ergo se coram Petro prosternit, non facit certe hoc animo ut eum adoret loco Dei; severe tamen Petrus ne hoc faciat
[89] prohibet. Cur, nisi[1] quia nunquam tam articulate homines inter Dei et creaturarum cultum discernunt, quin promiscue trans-
3,23 40 ferant ad creaturam quod erat Dei proprium? || Proinde si vo- 1539 lumus unum Deum habere, meminerimus ne tantulum[a] quidem ex eius gloria delibandum quin retineat quod sibi pro

---

a) *1539-54* tantillum

1559 prium est^a. || Itaque Zacharias, ubi de Ecclesiae reparatione concionatur, diserte exprimit non modo unum fore Deum, sed unum quoque fore eius nomen [Zach. 14. b. 9]: nequid scilicet cum idolis commune habeat. Qualem vero cultum exigat Deus, alibi suo ordine videbitur. Nam Lege sua voluit praescribere hominibus quid fas sit ac rectum, et ideo ad certam normam eos astringere, ne quisque sibi permitteret cultum quemlibet comminisci. Sed quia non expedit multa miscendo onerare lectores, partem illam nondum attingo; hoc tenere sufficiat, quaecunque pietatis officia alio transferuntur quam ad unicum Deum, sacrilegio non carere. Ac primum quidem superstitio divinos honores vel Soli et aliis stellis, vel idolis affinxit: deinde sequuta est ambitio, quae mortales Dei spoliis ornando, quicquid sacrum erat profanare ausa est; et quanquam stabat principium illud, colere summum numen, Geniis tamen, diisque minoribus, aut heroibus mortuis promiscue sacrificia offerre usu receptum fuit. Adeo in hoc vitium proclivis est lapsus, ut quod sibi uni severe vendicat Deus, communicetur cum magna turba.

1559 **Unicam Dei essentiam ab ipsa creatione tradi in Scripturis, quae tres in se personas continet.**
CAP. XIII.

1.^b QUOD de immensa et spirituali Dei essentia traditur in Scripturis, non modo ad evertenda vulgi deliria, sed etiam ad refutandas profanae Philosophiae argutias valere debet. Scite sibi unus ex Veteribus dicere visus est, Deum esse quicquid videmus, et quicquid non videmus[1]. Atqui hoc modo in singulas mundi partes divinitatem transfusam esse finxit. Etsi autem Deus, ut nos in sobrietate contineat, parce de sua essentia disserit, duobus tamen illis quae dixi epithetis tam crassas imaginationes tollit quam reprimit humanae mentis audaciam. Nam certe eius immensitas terrere nos debet, ne eum sensu nostro metiri tentemus: Spiritualis vero natura quicquam de

---

a) retin. — est: *1539–54* apud ipsum, quaecunque illi propria sunt, resideant — *praecedentia (*Proinde — resideant*) verbo tenus fere rursus in lib. II 8, 16, p. 358 invenientur.*   b) *pro his omnibus (lin. 23–p. 109, 6) 1539–54 tantum haec exstant:*

1539 Deum esse unum aeternae, infinitae, spiritualis essentiae, apertius scriptura passim pronunciat, quam ut in probatione diutius sit laborandum.

1) Seneca, nat. quaest. prol. I, 13.

eo terrenum aut carnale speculari vetat. Eodem pertinet quod saepius domicilium sibi in caelo assignat. Etsi¹ enim, ut est incomprehensibilis, terram quoque ipsam implet: quia tamen mentes nostras pro sua tarditate subsidere in terra videt, merito, ut pigritiem et inertiam excutiat, supra mundum nos attollit. ‖ Atque hinc concidit Manichaeorum error, qui duo principia statuendo ᵃ, ‖ diabolum fere Deo parem fecerunt. Certe hoc fuit et Dei unitatem abrumpere, et restringere immensitatem. ‖ Nam quod abuti testimoniis quibusdam ausi sunt, turpis inscitiae fuit: sicuti ipse error, execrabilis insaniae ᵃ. ‖ Anthropomorphitae etiam ᵇ, qui Deum corporeum ex eo sunt imaginati quod os, aures, oculos, manus, et pedes Scriptura illi saepe ascribit, facile refutantur ᶜ. Quis enim vel parum ingeniosus non intelligit Deum ita nobiscum, ceu nutrices solent cum infantibus ᵈ, quodammodo balbutire? Proinde tales loquendi formae non tam ad liquidum exprimunt qualis sit Deus, quam eius notitiam tenuitati nostrae accommodant; quod ut fiat, longe infra eius altitudinem descendere ᵉ necesse est.

2. Sed alia quoque speciali nota qua propius possit dignosci ᵍ, se designat; nam ita se praedicat unicum esse, ut distincte in tribus personis considerandum proponat, quas nisi tenemus, nudum et inane duntaxat Dei nomen sine vero Deo in cerebro nostro volitat. Porro nequis triplicem Deum somniet¹, aut putet tribus personis lacerari simplicem Dei essentiam², quaerenda hic nobis erit brevis et facilis definitio quae nos ab omni errore

---

a) Nam quod abuti testimoniis quibusdam Manichaei ad statuenda duo principia ausi sunt, merae fuit insaniae   b) *1539-54* quoque   c) oculos — refut.: *1539-54* oculi, manus, pedes, illi saepe adscribuntur, nimia imperitia et ruditate impegerunt   d) *1539-54* ceu cum inf. consueverunt nutr.   e) alt. desc.: *1539-54* maiestatem descendatur   f) *1539-54* + Unde apparet eos vehementer delirare, qui Dei essentiam eiusmodi descriptionibus metiuntur. Pro confesso igitur, citra longiorem disceptationem, assumimus, quod de uno Deo, essentiaque eius infinita, aeterna, spirituali dictum est.   g) qua — dign.: *VG 1560* pour discerner Dieu d'avec les idoles

1) sicut Matth. Gribaldus, Georg. Blandrata, Io. Paul. Alciatus, Valent. Gentilis; cf. infra sect. 23 sqq. et Gribaldi scriptum ad Italic. eccles. Genev., CR Calv. opp. XV 247 et Blandratae quaestiones (vide infra p. 134, not. 1), CR XVII 171 et Gentilis II. confessionem epistolamque (vide infra p. 139, not. 5), Fazy p. 65 et 66 (CR IX 390 et 391). — cf. Aug., De Trin. VI c. 7, 9 MSL 42, 929.   2) sicut Mich. Servetus; cf. infra p. 137, not. 2 et eiusdem Christianismi Restitutionem MDLIII: De Trinitate lib. I, p. 17, et De Trinitatis Erroribus Libros Septem MDXXXI, lib. I, f. 36a.

expediat. Caeterum quia vocem personae odiose exagitant nonnulli quasi humanitus inventam¹, qua aequitate id faciant prius videndum. || Filium Dei Apostolus characterem hypostaseos Patris nominans [Heb. 1. a. 3], haud dubie aliquam Patri subsistentiam² assignat in qua differat a Filio. Nam pro Essentia accipere (sicuti fecerunt quidam interpretes, acsi Christus, velut sigillo impressa cera, Patris in se substantiam repraesentaret)³ non durum modo, sed absurdum quoque esset. Nam quum simplex et individua sit essentia Dei, qui totam in se continet, neque portione aut defluxu, sed integra perfectione, improprie, imo inepte dicetur eius character. Sed quia Pater, quanvis sua proprietate distinctus, se totum in Filio expressit, optima ratione dicitur suam hypostasin reddidisse in eo conspicuam[a]. || Cui apte convenit quod mox additur, esse splendorem gloriae.[b] Certe ex Apostoli verbis colligimus propriam esse in Patre hypostasin quae in Filio refulgeat. Unde etiam rursus facile elicitur Filii hypostasis, quae eum a Patre distinguat. Eadem in Spiritu sancto ratio: quia et Deum esse statim probabimus, et tamen alium a Patre censeri necesse est. Haec porro distinctio non est essentiae, quam nefas est facere multiplicem. Ergo si fidem

a) Etsi nomen hypostaseos extat apud Apostolum, eodem nisi fallor significatu, quo veteres usurparunt, ubi filium vocat characterem hypostaseos Dei patris [Hebr. 1. a. 3.]. Neque enim iis assentior, qui eo loco hypostasin, essentiam, interpretantur: ac si Christus, velut sigillo impressa caera, patris substantiam in se repraesentaret: sed potius id voluisse dicere epistolae authorem existimo, patrem, quamvis sua proprietate distinctum: sic tamen se totum in filio expressisse, ut ipsa quoque illius hypostasis in hoc refulgeret. Siquidem et improprie diceretur essentiae paternae character, qui totam Dei essentiam in se continet: non portione aut defluxu, sed integra perfectione.
b) *pro his, quae sequuntur, 1536–54 haec verba exstant:*
Rursum, tres nominantur, tres describuntur, tres distinguntur. Unus itaque, et tres: unus Deus, una essentia. Qui tres? Non tres dii, non tres essentiae. Utrunque ut significarent orthodoxi veteres, dixerunt unam esse οὐσίαν, tres ὑποστάσεις: id est, substantiam unam, tres in una substantia subsistentias. Latini, cum per omnia sensu convenirent, alterum tantum nomen reddiderunt, in altero quiddam aliud expresserunt. Dixerunt enim unam essentiam (quod nomen Graeco illi respondet) tres vero personas; quo relationem quandam indicare voluerunt.

1) Servetus, De Trin. Error., lib. I, f. 35 b; Blandrata, quaestiones, CR Calv. opp. XVII 170; Alciatus, CR XIX 40 (Calvinus ministris Vilnensibus de Blandrata, 9. X. 1561); Gentilis, II. confess. et epist., Fazy p. 64 sq. et 67—69 (CR IX 389 sq. et 392 sq.).   2) cf. Thomae Aq. Summam th. I q. 29. a. 2.   3) cf. vers. vulg.

DE COGNIT. DEI CREATORIS. CAP. XIII

obtinet Apostoli testimonium, sequitur tres in Deo esse hypostases. Idem quum expresserint Latini personae voce[1], nimii fastidii atque etiam pervicaciae est de re clara rixari[2]. Si verbum de verbo transferre libeat, subsistentia dicetur. Multi ecdem sensu substantiam[1] dixerunt[3]. Nec vero solis Latinis in usu fuit Personae nomen, sed Graeci similiter forte testandi consensus causa, docuerunt tria πρόσωπα in Deo esse. Qui tamen, sive Graeci sive Latini verbo inter se differunt: probe consentiunt in rei summa.

3. Nunc ut de persona oblatrent haeretici[4], vel quidam nimis morosi obstrepant[5] se non admittere hominum arbitrio confictum nomen, quum nobis excutere non possint tres dici, quorum quisque in solidum sit Deus, nec tamen plures esse deos, quaenam est ista improbitas[a] || improbare verba quae non aliud explicant quam quod Scripturis testatum consignatumque est? Satius foret, inquiunt, non modo sensa nostra, sed verba etiam intra Scripturae fines continere, quam exoticas voces spargere, quae dissensionum ac iurgiorum seminaria futura sint; sic enim languetur circa verborum pugnas: sic veritas altercando amittitur: sic charitas odiose rixando[b] dissolvitur[6]. Si verbum exoticum appellant[7] quod totidem syllabis compositum in Scriptura ostendi non possit, iniquam sane legem nobis imponunt, qua damnatur omnis interpretatio[c] quae Scripturae contextu

---

a) Oblatrant haeretici, fremunt etiam non mali quidam viri, sed impendio simpliciores: (frem. — simpl. > 1536) quod οὐσία, ὑποστάσεις, essentia, personae, conficta sunt hominum arbitrio nomina, nusquam in scripturis lecta aut visa. Sed cum hoc nobis excutere non possint, tres dici, qui unus Deus sunt: qualis est istaec morositas   b) od. rix. > 1536, VG 1541 sqq.   c) 1536–54 damnantur omnes conciones,

1) cf. Aug., De Trin. V, 9, 10; VII, 4, 7 sqq. MSL 42, 917 sq. 939 sqq. 2) cf. Serveti: De Trin. Error., lib. I, f. 36b—37a.   3) cf. Orig. De principiis I, 2. 2. GCS t. 22. p. 28. — cf. Aug., De Trin. V, 8, 10 MSL 42, 917.   4) vide supra p. 110, not. 1; cf. praeterea Claudii Sabaudi opinionem in epistola Halleri ad Bullingerum 7. Maii 1534 data (Museum Helveticum XXVIII, p. 669) et in libello: Utriusque in Christo naturae ... Assertio orthodoxa, per H. Bullingerum. 1534, f. 15b. 5) fortasse Bullingeri et similes; cf. eius epist. ad Myconium 23. Iul. 1537 datam, Herminj. IV 264 sq., CR Calv. opp. X 2, 116 sq. 6) haec Claudium Sabaudum crimini dedisse ex libello Bullingeri not. 4 commemorato, f. A 2b—3a, conici potest; cf. Serveti quoque De Trin. Error., lib. I, f. 35b sqq.   7) cf. opinionem Claudii in illo Bullingeri libello, f. 15b et Serveti l. c.

non consarcinatur^a. Sin exoticum illud^b est quod curiose excogitatum superstitiose defenditur, quod ad contentionem magis quam ad aedificationem valet, quod vel importune vel nullo fructu usurpatur, quod sua asperitate pias aures offendit, quod a verbi Dei simplicitate abstrahit: eorum sobrietatem toto animo amplector; non enim minori religione de Deo nobis loquendum quam cogitandum sentio: quando et quicquid de eo a nobis cogitamus stultum est, et quicquid loquimur, insulsum. Est autem^c modus^d aliquis servandus: petenda certa^e ex Scripturis et cogitandi et loquendi regula, ad quam^f et mentis cogitationes omnes et oris verba exigantur^g. Sed quid vetat quo minus quae captui nostro perplexa in Scripturis impeditaque sunt, ea verbis planioribus explicemus^h quae tamen religiose et fideliter ipsius Scripturae veritati serviant, et parce modesteque, nec citra occasionem usurpentur[1]? Cuius rei non desunt^k satis multa^l exempla. ‖ Quid autem, ubi Ecclesiam summa^m necessitate urgeri ad usurpandas Trinitatis et Personarum vocesⁿ comprobatum fuerit, ‖ siquis verborum novitatem^l tum^o reprehendat, nonne merito iudicetur lucem veritatis indigne ferre? ut qui tantum hoc reprehendat^p, veritatem planam ac dilucidam reddi.

4. Huiusmodi autem verborum novitas (si ita appellanda est) tum potissimum usu venit dum adversus calumniatores asserenda est veritas, qui tergiversando ipsam eludunt[2]. Quod hodie plus satis experimur, quibus plurimum est negotii in expugnandis purae sanaeque doctrinae^q hostibus: adeo obliquo et volubili flexu lubrici isti angues effugiunt nisi fortiter premantur, et deprehensi urgeantur. Sic veteres variis pravorum dogmatum certaminibus[1] exagitati, quid sentirent^r coacti sunt exquisita perspicuitate edisserere, ne obliqua subterfugia impiis relinquerent, quibus verborum involucra errorum erant latebrae. Arrius fatebatur Christum Deum, et Filium Dei, quia evidentibus oraculis^s reluctari non poterat, et quasi probe de-

---

a) *1536–54* consarcinantur   b) *1536–54* illis   c) *1536* tamen; VG *1541 sqq.* Neantmoins   d) VG *1541 sqq.* moyen   e) *1536–43, 1554* certe   f) *1536–54* hanc amussim,   g) *1536–54* exigenda sunt   h) *1536–54* edisseramus?   i) *1539–45 falso* usurpatur; *1543–45 iub. correctore, 1550* usurpantur   k) Cuius — des.: *1536* Occurrunt; *1539–54* Cuius — des. nobis   l) sat. multa: *1536–50* quotidiana; > *1553–54*   m) *1539–54* multa   n) *1539–54* usurpanda — vocabula   o) > *1536*   p) *1539–50* reprehenderet   q) pur. — doct.: *1536–54* veritatis   r) quid. sent.: *1536–54 post* edisserere   s) *1536–54* scripturis

1) Servetus l. c. f. 35 b.   2) cf. Aug., De Trin. VII, 4, 9 MSL 42, 941.

functus consensum aliquem cum aliis simulabat. At interim
non desinebat iactare Christum creatum esse et initium habuisse,
ut reliquas creaturas. Quo flexilem hominis vafritiem e latebris
extraherent veteres, ultra progressi sunt[a], Christum pronun-
tiantes[b] aeternum Patris Filium, Patrique consubstantialem[c].
Hic efferbuit[d] impietas, dum nomen ὁμοουσίου pessime odisse
et execrari Arriani[e] coeperunt. Quod si principio[f] confessi
essent sincere et ex animo Deum, non inficiati essent Patri
esse consubstantialem. Quis probos illos viros insectari audeat
quasi rixatores et contentiosos, quod ob voculam unam tanto
disceptandi fervore incaluerint, et Ecclesiae quietem turba-
verint ? At vocula illa distinguebat inter purae fidei Christianos
et sacrilegos Arrianos. Surrexit postea[1] Sabellius, qui Patris,
Filii, et Spiritus sancti nomina fere pro nihilo ducebat, non[g]
distinctionis alicuius causa posita esse disputans[h], sed diversa
esse Dei attributa, cuiusmodi plurima habentur. Si in certamen
ventum esset, fatebatur se credere Patrem Deum, Filium Deum,
Spiritum Deum; sed postea elabi promptum erat[i], nihil se
aliud dixisse quam si Deum fortem, et iustum, et sapientem
vocasset. Itaque recinebat aliam cantilenam, Patrem esse Filium, et Spiritum sanctum esse Patrem, nullo ordine, nulla
distinctione. Probi doctores[k], quibus tum pietas cordi erat,
ut hominis improbitatem frangerent,[l] reclamabant vere agno-
scendas esse in Deo uno tres proprietates. Atque ut se contra
tortuosas versutias aperta simplicique veritate[m] munirent, af-
firmarunt vere in uno Deo subsistere, seu (quod idem erat) in
Dei unitate subsistere personarum Trinitatem.

6, 23   5.[n] Si ergo temere non sunt inventa nomina, cavendum est
ne ea repudiatio superbae temeritatis arguamur[o]. Utinam
quidem[p] sepulta essent, constaret modo haec[q] inter omnes fides,
Patrem, et[r] Filium, et Spiritum[s] esse unum[t] Deum: nec tamen

---

a) *1536–54* + et declararunt   b) > *1536–54*   c) *1536–54* + esse
d) *1536–54* + Arrianorum   e) > *1536–54*   f) *1536–54* + Christum
g) fere — non: *1536–54* vana esse disputabat: nec   h) esse disp.
> *1536–54*   i) el. — erat: *1536–54* elabebatur   k) Pr. doct.:
1536–54 Ii   l) *1536* + contra   m) Atque — verit.: *1536–54*
Et, ut se simplici veritate adversus tortuosas versutias   n) *1559–61*
falso 7.   o) caven. — arg.: *1536* temere repudiantur; *1539–54* cav.
est ne tem. arg., ea repud.   p) > *1536*   q) *1536* haec modo
r) > *1536*   s) *1536* + sanctum; VG *1541 sqq.* le Sainct Esprit
t) *1536–54* unum esse

1) sic!

aut Filium esse Patrem^a, aut Spiritum^b Filium, sed proprietate quadam esse distinctos. || Neque vero tam praecisa sum austeritate ut ob nudas voculas digladiari sustineam. Animadverto enim veteres, multa alioqui religione de iis rebus loquentes, nec inter se, nec singulos etiam secum ubique consentire. Quas enim Hilarius formulas a Conciliis usurpatas excusat[1]? Quo licentiae interdum prosilit Augustinus[2]? Quam absimiles sunt Graeci Latinis? Sed huius variationis exemplum unum sufficiat. Nomen ὁμοούσιον quum reddere Latini vellent, dixerunt Consubstantialem, unam esse Patris et Filii substantiam indicantes, atque ita Substantiam usurpantes pro Essentia. || Unde[l] et Hieronymus ad Damasum^c, sacrilegium esse dicit, tres in Deo substantias praedicare[3]. || Atqui plus centies apud Hilarium reperies, tres esse in Deo substantias[4]. || In vocabulo autem Hypostaseos quam perplexus est Hieronymus? Venenum enim subesse suspicatur, quum nominantur tres in Deo hypostaseis. Et siquis pio sensu hac voce utatur, impropriam tamen loquutionem esse non dissimulat[5]; || si tamen syncere ita loquutus sit: ac non potius quos oderat Episcopos Orientis sciens ac volens gravare studuerit iniusta calumnia. Certe hoc parum ingenue asserit, in omnibus profanis scholis οὐσίαν nihil aliud esse quam hypostasin[6], quod ex communi tritoque usu passim refellitur. Modestior et humanior Augustinus, qui etsi nomen Hypostaseos in hoc sensu Latinis auribus novum esse dicit: adeo tamen Graecis suam loquendi consuetudinem non eripit, ut Latinos etiam qui phrasin Graecam imitati fuerant, placide toleret [Lib. 5. de Trinit. cap. 8 et 9][7]. || Et quod etiam a Socrate^d de ipsa scribitur libro sexto Historiae tripartitae, eo tendit quasi ab imperitis hominibus sit perperam ad hanc rem accommodata[8]. || Quin idem Hilarius magno crimini ducit haereticis, quod eorum improbitate cogatur subiicere periculo humani eloquii quae mentium religione contineri oportuerat, non dissimulans quin id sit agere illicita, ineffabilia loqui, inconcessa praesumere. Paulo post multis adhuc excusat quod audet pro-

---

a) *1536* patr. esse   b) *1536* + sanctum,   c) ad D.: *VG 1545 sqq.* escrivant à l'Evesque de Rome D.   d) *VG 1545 sqq.* + historien Ecclesiastique

1) Hilarius, De synodis c. 12 sqq. MSL 10, 489 sqq.   2) cf. Aug., Soliloq. I. 1, 4. MSL 32, 871; Retract. I. 4, 3. MSL 32, 590. CSEL 36, 23; De Trin. VII. 6, 11. MSL 42, 945.   3) Hieronymus, ep. 15, 4 (ad Damasum) CSEL 54, 65.   4) cf. Hilarium, De synodis c. 27, 67—71 MSL 10, 525 sqq.   5) Hieron., ep. 15, 3 CSEL 54, 64 sq.   6) Hieron., ep. 15, 4 CSEL 54, 65.   7) Aug., De Trin. V, 8. 9 MSL 42, 916 sq.   8) Cassiod., Hist. trip. VI, 21 MSL 69, 1042.

ferre nova nomina; nam ubi posuit naturae nomina, Patrem, Filium, et Spiritum: subnectit, extra significantiam sermonis esse, extra sensus intentionem, extra intelligentiae conceptionem, quicquid ultra quaeritur [Lib. 2. de Tri.]¹. Ac alibi foe-
5 lices Galliae Episcopos praedicat, qui aliam nec excudissent, nec recepissent, nec omnino novissent confessionem, quam veterem illam et simplicissimam quae ab aetate Apostolorum apud omnes Ecclesias recepta fuerat [De conciliis.]². ‖ Nec absimilis est Augustini excusatio, necessitate extortam fuisse hanc vocem
10 propter humani eloquii in re tanta inopiam, non ut exprimeretur quod est, sed ne taceretur quomodo tres sint, Pater, Filius, et Spiritus³. Atque ‖ haec sanctorum virorum ᵃ modestia monere nos debet ne tam severe velut ᵇ censorio stylo protinus notemus eos qui in verba a nobis concepta iurare nolint⁴: ‖ modo ne
15 aut fastu, aut protervia, aut malitioso astu id faciant: ‖ sed expendant ipsi vicissim quanta necessitate adacti sic loquamur, ut paulatim utili loquendi formae tandem assuefiant. Cavere etiam discant ᶜ, ‖ ne ᵈ, ubi occurrendum est ex una parte Arrianis, ex altera Sabellianis, dum ᵉ utrisque tergiversandi ansam
20 praecidi stomachantur ᶠ,⁵ nonnullam suspicionem iniiciant ᵍ vel Arrii se esse discipulos, vel Sabellii. Dicit Arrius Christum esse Deum⁶: sed ʰ mussitat factum esse et initium habuisse⁷. Dicit unum cum Patre: sed clam in suorum aures insusurrat, unitum esse ʰ ut caeteros ⁱ fideles, quanquam singulari praerogativa⁸.
25 Dic consubstantialem, detraxeris versipelli larvam, et tamen nihil addis Scripturis. Dicit Sabellius, Patrem, Filium, et Spiritum ᵏ nihil in Deo distinctum sonare⁹. Dic tres esse, vociferabitur te nominare tres deos¹⁰. Dic in una Dei essentia personarum ˡ Trinitatem: dixeris uno verbo quod Scripturae loquun-

30   a) *1539–54* sancti viri   b) tam — vel.: *1539–54* confidenter, veluti
   c) Sed docendi sunt, quanta necessitate adacti sic loquamur: ac paulatim tandem assuefaciendi: comiter etiam admonendi   d) *1536* Verum   e) > *1539–54; 1536* qui   f) *1539–54* stomachantes   g) *1536* iniiciunt,   h) > *1536–54*   i) *1536* reliquos   k) *1536–54*
35 + sanctum   l) *1536* + esse

   1) Hilarius, De Trinitate II, 2 MSL 10, 51.   2) Hilarius, De synodis c. 27, 63 MSL 10, 522 sq.   3) Aug., De Trin. VII, 4, 7 MSL 42, 939.   4) Calvinus hic controversiae, quam Petrus Carolus contra eum de trinitate moverat, meminisse videtur.   5) cf. Serveti De
40 Trin. Error., lib. I, fol. 22 b; sequentia non modo ad Arium et Sabellium, sed etiam ad Servetum pertinere videntur.   6) cf. l. c. f. 9 b sqq.   7) cf. l. c. lib. II, f. 51 b sqq.   8) cf. l. c. lib. I, f. 23 b sqq. 9) cf. l. c. lib. III, f. 80 a—b, lib. IV, f. 85 a—b.   10) cf. l. c. lib. I, f. 21 a—b.

tur, et inanem loquacitatem compresseris. || Porro siquos^a tam anxia constringit superstitio^b ut haec nomina non ferant: nemo tamen iam, vel si rumpatur, inficiari poterit^c, || quum unum audimus, intelligendam esse substantiae unitatem: quum tres audimus in una essentia, personas notari in hac Trinitate^d. Quo non fraudulenter confesso, verba nihil moramur.^e || Sed expertus pridem sum, et quidem saepius, quicunque de verbis pertinacius litigant, fovere occultum virus: ut magis expediat eos ultro provocare quam in eorum gratiam obscurius loqui.

6. Caeterum omissa de vocibus disputatione, iam de re ipsa dicere aggrediar. Personam igitur voco subsistentiam in Dei essentia, quae ad alios relata, proprietate incommunicabili distinguitur. Subsistentiae nomine aliud quiddam intelligi volumus quam essentiam. Si enim sermo simpliciter esset Deus, interea non haberet aliquid proprium, perperam dixisset Iohannes fuisse semper apud Deum [Ioh. 1. a. 1]. Ubi continuo post addit, Deum quoque fuisse ipsum Sermonem, ad unicam essentiam nos revocat. Sed quia apud Deum esse non potuit quin resideret in Patre, hinc emergit illa subsistentia, quae etsi individuo nexu cum essentia coniuncta est, nec potest separari, specialem tamen habet notam qua ab ipsa differat. Iam ex tribus subsistentiis unamquanque dico ad alias relatam proprietate distingui. Relatio hic diserte exprimitur: quia ubi simplex fit Dei mentio et indefinita, non minus ad Filium et Spiritum pertinet nomen hoc quam ad Patrem. Simul autem atque Pater cum Filio confertur, sua quenque proprietas ab altero discernit. Tertio quicquid singulis proprium est, incommunicabile esse assero, quia in Filium competere vel transferri non potest quicquid ad notam discretionis tribuitur Patri. Neque vero mihi displicet Tertulliani definitio, modo dextre sumatur: esse quandam in Deo dispositionem vel oeconomiam quae de essentiae unitate nihil mutet [Lib. contra Praxeam.]¹.

7. Priusquam tamen longius progrediar, probanda erit et Filii et Spiritus sancti deitas; deinde ut inter se differant videbimus.

---

a) *1539-54* Quod si qui   b) *1539-54* constringuntur superstitione   c) Et si haec nomina non ferunt, concedat *(sic!)* saltem nobis, quod inficiari, vel si rumpantur, non possunt   d) essentia— Trinit.: *1536* hac essentia distinguendas tamen tres proprietates; *1539-54* hac essentia, trinitatem proprietatum esse considerandam   e) *1539** *(1536 I 75)* + Nunc ad simplicem symboli enarrationem veniendum.

1) Tert., Adv. Praxeam c. 2 et 9 CSEL 47, 229. 239.

DE COGNIT. DEI CREATORIS. CAP. XIII 117

[95] Certe[a] || quum Dei verbum nobis proponitur in Scriptura[b], absurdissimum fuerit imaginari fluxam duntaxat et evanidam[1] vocem, quae in aerem emissa prodeat extra ipsum Deum[c]: cuiusmodi et oracula Patribus edita, et prophetiae omnes fuerunt[1]: quum perpetua magis Sapientia indicetur apud Deum residens, unde et oracula et prophetiae omnes prodierunt. Non enim minus (teste Petro) loquuti sunt Spiritu Christi veteres Prophetae quam Apostoli [1. Pet. 1. b. 11]: et quicunque postea caelestem doctrinam[d] administrarunt. || Quia vero nondum manifestatus erat Christus, necesse est Sermonem intelligere ante secula ex Patre genitum. Quod si Sermonis fuit ille Spiritus, cuius organa fuerunt Prophetae, indubie colligimus verum fuisse Deum. Atque hoc in mundi creatione satis clare docet Moses, Sermonem illum intermedium statuens. Cur enim diserte narrat Deum singulis operibus creandis dixisse, Fiat hoc vel illud[e], nisi ut impervestigabilis Dei gloria in imagine sua reluceat? Nasutis et garrulis hoc eludere promptum esset, vocem accipi pro iussu et imperio[2]; sed meliores interpretes Apostoli, qui tradunt per Filium secula esse condita, et portare omnia potenti suo verbo [Heb. 1. a. 2]. Hic enim videmus verbum pro nutu vel mandato Filii accipi, qui ipse aeternus et essentialis est Patris[f] Sermo. || Nec vero sanis et modestis obscurum est quod dicit Solomon, ubi[g] Sapientiam inducit a Deo ante secula genitam, et rerum creationi et cunctis Dei operibus praesidentem[3] [Eccli. 24. b. 14][4]. || Nam temporarium quendam Dei nutum fingere, stultum ac frivolum esset: quum tunc exerere voluerit Deus fixum aeternumque suum consilium, atque etiam aliquid occultius[h]. || Quo etiam spectat dictum illud Christi,

---

a) Hanc ergo quaestionem partiamur in duo capita: et primo quidem suam filio et spiritui divinitatem asseramus: deinde modum distinctionis breviter expendamus. Neque vero ad utrumque confirmandum desunt solida scripturae testimonia. Nam b) nob. — Script.: *1539–54* illic audimus nominari c) emissa — Deum: *1539–54* emittatur d) cael. doctr.: *1539–54* Dei veritatem hominibus e) *VG 1560* + [Genes. 1.] f) *1559–61 falso* Patri g) Nec — ubi: *1539–54* si cui tamen id dubium vel obscurum adhuc foret, multo explicatius a Solomone exprimitur: dum h) Etsi enim Moses satis declarat non fuisse temporariam quendam Dei nutum, quo condita sunt universa, sed fixum aeternumque consilium: et, si *(1539 + ita)* loqui liceat, pectus ipsum Dei perpetuo sibi constans et immutabile

1) Servetus, De Trin. Error., lib. II, f. 47a.   2) cf. Abrahami Ibn Esra commentarium in Gen. 1.   3) cf. Serveti De Trin. Error., lib. II, f. 48 a.   4) Ecclesiasticus (Iesus Sirach) 24, 14.

Pater meus et ego usque ad hunc diem operamur [Iohan. 5. c. 17]. Se enim a primo mundi exordio assiduum in opere cum Patre fuisse affirmans, apertius explicat quod brevius attigerat Moses. Sic ergo Deum fuisse loquutum colligimus ut Sermoni in agendo suae essent partes, atque ita utriusque communis esset operatio. || Multo autem omnium clarissime Iohannes, quum Sermonem illum qui ab initio Deus[a] apud Deum erat, rerum omnium causam simul cum Deo Patre statuit [Iohan. 1. a. 3][b]. Nam et[c] solidam permanentemque Verbo attribuit essentiam[d], || et aliquid peculiare assignat, et dilucide ostendit quomodo Deus loquendo mundi fuerit creator. || Ergo ut omnes divinitus profectae revelationes verbi Dei titulo rite insigniuntur, ita verbum illud substantiale summo gradu locare[e] convenit, oraculorum omnium scaturiginem, quod nulli varietati[f] obnoxium, perpetuo unum idemque[g] manet apud Deum, et Deus ipse est.

8. Hic obstrepunt nonnulli canes[h], qui quum suam illi divinitatem palam eripere non ausint, aeternitatem clam[i] suffurantur. Dicunt enim, tum demum Sermonem esse coepisse quum Deus in mundi creatione sacrum suum os aperuit[1]. Sed nimis inconsiderate substantiae Dei novationem quandam affingunt[k]. Nam ut quae externum opus respiciunt Dei nomina attribui ei coeperunt ab existentia operis ipsius[l] (quale est quod caeli et terrae creator vocatur) ita nullum nomen agnoscit pietas vel admittit[m] quod Deo aliquid novum in seipso accidisse significet. || Nam siquid fuisset adventitium, concideret illud Iacobi, manare desursum omne donum perfectum, et descendere a Patre luminum, apud quem non est transmutatio, vel conversionis obumbratio [Iac. 1. c. 17]. Nihil ergo minus ferendum quam principium fingere illius Sermonis qui et Deus semper fuit, et postea mundi opifex. || Sed argute[n] scilicet[o] ratiocinantur, Mosen, narrando Deum tunc primum loquutum

---

a) > *1539-54*   b) rerum — stat.: *1539-54* Deum quoque esse testatur [Ioannis. 1. a. 1.]   c) Nam et: *1539-54* Utraque enim particula   d) *1539-54* ess. attr.   e) sum. — loc.: *1539-54* cogitare   f) *1539-54* variationi   g) > *1539-54*   h) Hic — can.: *1539-54* Non desunt tamen   i) *1539-54* clanculum   k) subst. — aff.: *1539-54* in Dei maiestatem impingunt, eius substantiae novationem quandam affingendo   l) *1539-54* illi attribui coepta sunt ab op. ips. exist.   m) vel adm. > *1539-54*   n) *1539-54* arguti   o) *1539-54* + homines

1) cf. Serveti De Trin. Error., lib. II, f. 47a; Dial. De Trin. lib. II 1532, lib. I. A 3 a sqq.

esse[a], simul innuere nullum[b] in ipso fuisse sermonem[1]; quo nihil magis est nugatorium[c]. Neque enim[d] quia manifestari aliquid certo tempore incipit, colligendum propterea erat, nunquam prius fuisse. Ego[e] vero longe secus concludo; quum in ipso momento quo dixit Deus, Fiat lux [Gen. 1. a. 3], Sermonis virtus emerserit et extiterit, ipsum multo ante fuisse. Quam dudum autem, siquis inquiret, nullum exordium reperiet. Neque enim certum temporis spatium terminat quum dicit ipse, Pater illustra Filium gloria quam apud te initio possedi, antequam iacerentur mundi fundamenta[f] [Johan. 17. a. 5]. ‖ Neque hoc praeteriit Iohannes: quia antequam ad mundi creationem descendat, principio Sermonem apud Deum fuisse dicit[2]. ‖ Constituimus ergo rursum, Sermonem extra temporis initium a Deo conceptum, apud ipsum perpetuo resedisse: unde et aeternitas, et vera essentia, et divinitas eius comprobatur.

9. Etsi autem Mediatoris personam nondum attingo, sed differo usque in eum locum ubi de redemptione agetur[3]: quia tamen sine controversia inter omnes constare debet, Christum esse illum Sermonem carne indutum, huc optime convenient quaecunque deitatem Christo asserunt testimonia[g]. ‖ Quum dicitur Psalmo 45, Solium tuum Deus in seculum et usque[4], tergiversantur Iudaei, nomen Elohim competere etiam in Angelos et summas potestates[5]. Atqui nusquam extat similis in Scriptura locus, qui thronum aeternum creaturae erigat[h]; ‖ neque enim simpliciter Deus vocatur, sed aeternus quoque dominator. Deinde nemini defertur hic titulus[i], nisi cum adiec-

---

a) Mos. — esse: *1539-54* Cum Moses narrat tunc primum locutum Deum fuisse   b) *1539-54* + ante   c) quo — nug. > *1539-54*   d) Neque en.: *1539-54* Quid audio? An   e) *1539* Ergo   f) *1539-54* fund. mundi: sed ultra omne tempus nos revocat   g) pro his verbis *1539-54* haec exstant:

Nunc ad divinitatem eius affirmandam descendamus: quae duplici probationis genere confirmanda est. Siquidem et disertis scripturae elogiis evidenter Deus esse asseritur, filius Dei: et talis operum virtute declaratur.

h) Principio sic illum alloquitur psalmographus. Thronus tuus Deus in seculum seculi, virga directionis virga regni tui [Psal. 45. b. 7.]. Tergiversabitur hic forte impius, quod nomen Elohim angelis quoque et potestatibus attribuitur. At certe nullus in scriptura locus extat, ubi thronus aeternus creaturae sic erigatur   i) nem. — tit.: *1539-54* uni alicui titulus hic nunquam defertur

1) cf. De Trin. Error. l. c.; Dialog. De Trin. lib. I, A 4 a—b.
2) Ioh. 1, 1.   3) lib. II 14.   4) Ps. 45, 7.   5) cf. Raschii et Abrahami Ibn Esra commentarios in Ps. 45, 7.

tione, qualiter Moses fore dicitur Pharaoni in Deum[a] [Exod. 7. a. 1]. ‖ Alii in genitivo casu legunt, quod nimis insipidum est[1]. Fateor quidem saepe divinum vocari quod singulari praestantia eximium est: sed ex contextu satis liquet durum illud esse et coactum, imo nequaquam quadrare. Verum si non cedat eorum pervicacia, certe non obscure ‖ a Iesaia idem Christus inducitur et Deus, et summa potentia ornatus, quod unius Dei proprium est[b]. ‖ Hoc est, inquit, no!men quo[c] vocabunt eum, Deus fortis, Pater futuri seculi, etc.[d] [Iesa. 9. b. 6][2]. Oblatrant hic quoque[e] Iudaei, et sic lectionem invertunt[f], Hoc est nomen quo[g] vocabit[h] eum Deus fortis, Pater futuri, etc.[1] ‖ ut hoc duntaxat Filio reliquum faciant, Principem vocari pacis[3]. Sed quorsum tot epitheta in Deum Patrem hoc loco congesta forent[k] ? quum Prophetae consilium sit Christum insignibus notis quae fidem in eo nostram aedificent, ornare ?[l] ‖ Quare dubium non est quin eadem ratione Deus fortis' nunc vocetur, qua paulo ante Immanuel. ‖ Nihil autem dilucidius Ieremiae loco quaeri potest[m], hoc fore nomen quo vocabitur germen Davidis[n], Iehovah iustitia nostra [Ierem. 23. a. 6][o]. Nam quum doceant ipsi Iudaei ultro[p] alia[q] Dei nomina nihil quam epitheta esse,

---

a) *1539-54* Moses dic. Ph. in DEUM fore; *pro sequentibus 1539-54 haec exstant:*
Ut piae aures hic nisi verum DEUM concipere nequeant. Porro de filio intelligendum esse, palam fit ex sequentibus. Propterea unxit te DEUS deus tuus oleo laetitiae.[4] DEUS est ergo qui DEUM habeat: quoniam hic in sua humanitate describitur nobis CHRISTUS, in qua formam servi prae se fert.
b) Ab altero autem propheta, et Deus, et potentia ornatus, quod unius Dei proprium est, inducitur   c) *1539-54* quod   d) > *1539-54*   e) Obl. — quoque: *1539-54* Nec est quod oblatrent   f) *1539-54* invertant   g) *1539-54* quod   h) *1539-45 falso* vocabunt   i) *1539-54* fut. saeculi   k) *VG 1560* + veu qu'il n'est question que de l'office et des vertus de Iesus Christ, et des biens qu'il nous a apportez
l) ac demum hoc unum filio reliquum faciant, ut sit princeps pacis. Quorsum enim tot epitheta in Deum hoc loco congesta forent? cum prophetae potius sit propositum, insignibus notis Christum ornare?   m) Iere. — pot.: *1539-54* esse poterit *(1539-50* poterat*)*, quam illud Ieremiae   n) *1539-54* germ. illud David, in populi salutem excitatum   o) *1550-54* + [33. c. 16.]   p) doc. — ult.: *1539-54* iudaei ipsi ultro depraedicent   q) *1539-54* + omnia

---

1) cf. Abrahami Ibn Esra in Ps. 45, 7 commentarium.   2) Ies. 9, 5 sq. = vg. 9, 6 sq.   3) cf. Davidi Kimchii et Raschii commentarios in Ies. 9, 5.   4) Ps. 45, 8.

hoc solum quod ineffabile dicunt[1], esse substantivum[a] ad exprimendam eius essentiam[2]: colligimus Filium unicum esse Deum[b] et aeternum, qui alibi pronuntiat se gloriam suam non daturum alteri[c] [Iesa. 42. b. 8]. || Latebras quidem hic captant, quia[d] et altari a se extructo nomen istud imposuerit Moses, et Ezechiel civitati novae Ierusalem[3]. Sed quis non videt altare extrui in monimentum quod Deus sit exaltatio Mosis? nec Hierosolymam[e] insigniri Dei nomine nisi ad testandam Dei praesentiam[f]? Sic enim Propheta loquitur, Nomen civitatis ex illa die, Iehovah[g] ibi [Ezec. 48. d. 35[h]]. Moses vero in hunc modum[i], Aedificavit altare[k], et vocavit eius nomen, Iehovah exaltatio mea [Exod. 17. d. 15].[1] Sed maius scilicet certamen restat ex alio Ieremiae loco[m], ubi hoc ipsum elogium ad Ierusalem refertur his verbis, Hoc est nomen quo vocabunt[n] eam, Iehovah iustitia nostra [Iere. 33. c. 16]. Atqui[o] tantum abest quin hoc testimonium officiat veritati[p] quam defendimus[q], ut magis suffragetur. Quum enim antea Christum esse verum Iehovah testatus esset, unde fluit iustitia[r], nunc pronuntiat, Ecclesiam Dei hoc vere ita[s] sensuram, ut nomine ipso gloriari queat. || Itaque priore loco fons et causa iustitiae ponitur: deinde additur effectus.

10. Quod si non satisfaciunt haec Iudaeis, tam frequenter Iehovam statui in Angeli persona, non video quibus cavillis eludant. Angelus apparuisse sanctis Patribus dicitur. Idem sibi nomen aeterni Dei vendicat [Iudic. 6 et 7]. Si excipiat quispiam, personae quam sustinet respectu hoc dici, minime ita solvitur nodus. Neque enim servus, sacrificium offerri sibi permittens, suum Deo honorem eriperet. Atqui Angelus panem

---

a) esse sub.: *1539–54* sub. esse nomen doceant, b) collig. — Deum: *1539–54* habemus filium esse Deum un. c) *1539–54* suam alt. non dat. d) capt., quia: *1539–54* captat iudaeorum versutia: quando e) *1539–54* civitatem f) nisi — praes.: *1539–54* sed inscriptione divinae praesentiae g) *1539–54* Dominus h) *sic 1553; 1559–61 falso* e. 36 i) *1539–54* + habet k) *1539–54* + Domino
l) *1539–54* + Ille vero quid sibi vult, nisi Ierusalem esse locum ubi Dominus habitet? Huius autem verba quid sonant, nisi Dominum esse exaltationem suam, cuius rei testem aram aedificavit? m) alio — loc.: *1539–54* capite .33. eiusdem prophetae n) *1539–54* nominabunt o) > *1539–54* p) *1539–54* causae veritatis q) *1539–54* agimus r) *1539–54* fluat iustitia nostra s) *1539–54* adeo

1) vide not. 2 et Raschii comm. in Exod. 3, 15. 2) cf. Abrahami Ibn Esra comm. in Exod. 3, 15. 6, 3. 3) cf. comm. Kimchii in Ierem. 23, 6.

se manducaturum negans, iubet offerri sacrificium Iehovae [Iudic. 13. c. 16]. Deinde vero se illum Iehovam esse reipsa probat. Itaque Manuah et eius uxor ex hoc signo non Angelum modo, sed Deum se vidisse colligunt. Unde vox illa, Moriemur quia Deum vidimus. Dum vero respondet uxor, Si voluisset nos occidere Iehovah, non suscepisset e manu nostra sacrificium: certe Deum fatetur qui Angelus ante dictus est [Ibidem, d. 22, et 23]. Adde quod ipsa Angeli responsio dubitationem [98] tollit, Cur de nomine meo interrogas quod est mirabile [Ibidem, c. 18]? Quo magis detestabilis fuit Serveti impietas, dum asseruit Deum nunquam patefactum fuisse Abrahae et aliis Patribus, sed eius loco adoratum fuisse Angelum[1]. Recte autem et prudenter orthodoxi Ecclesiae Doctores Sermonem Dei esse interpretati sunt principem illum Angelum, qui iam tunc praeludio quodam fungi coepit Mediatoris officio[2]. Etsi enim nondum erat carne vestitus, descendit tamen quasi intermedius, ut familiarius ad fideles accederet. Propior igitur communicatio dedit ei Angeli nomen: interea quod suum erat, retinuit, ut Deus esset ineffabilis gloriae. Idem sibi vult Oseas, qui postquam recensuit luctam Iacob cum Angelo, Iehovah, inquit, Deus exercituum, Iehovah, memoriale nomen eius [Oseae 12. b. 5][3]. Iterum oggannit Servetus, Deum gestasse personam Angeli[4]. Quasi vero non confirmet Propheta quod a Mose dictum fuerat, Utquid interrogas de nomine meo? Et confessio sancti Patriarchae satis declarat non fuisse creatum Angelum, sed in quo plena deitas resideret, quum dicit, Vidi Deum facie ad faciem [Gen. 32. g. 29. 30][5]. Hinc etiam illud Pauli, Christum fuisse populi ducem in deserto [1. Cor. 10. a. 4]; quia etsi nondum advenerat humiliationis tempus, figuram tamen proposuit aeternus ille Sermo eius officii cui destinatus erat. Iam si absque contentione expenditur caput Zachariae secundum, Angelus qui alterum Angelum mittit, idem mox pronuntiatur Deus exercituum, et ei summa potentia adscribitur[6]. Innumera testimonia omitto in quibus tuto acquiescit fides nostra, quanvis Iudaeos non admodum moveant. Nam quum dicitur apud Iesaiam, Ecce Deus noster iste: hic est Iehovah: expectabimus eum, et servabit nos:

---

1) cf. Serveti Christ. Restit.: De Trin., dial. I, p. 218 sq.   2) Iustinus, Dial. cum Tryph. c. 56. 58 sq. 127 sq., Corp. apol. Christ. saec. sec. ed. Otto vol. II p. 176, 196, 200, 430 sq.; Tert. Adv. Marc. III, 9 CSEL 47, 391.   3) Hos. 12, 6.   4) cf. Serveti Christ. Restit.: De Trin. lib. I, p. 27; lib. III, p. 101; dial. I, p. 219.   5) Gen. 32, 30 sq.   6) Sach. 2, 7. 12.

oculatis patet monstrari Deum^a qui in salutem populi denuo exurgit [Iesa. 25. c. 9]. Et emphaticae demonstrationes bis positae non alio sinunt hoc trahi quam ad Christum. Apertior etiamnum et solidior locus Malachiae, ubi venturum domina-
5 torem, qui tunc expetebatur, ad templum suum promittit [Malach. 3. a. 1]. Certe nonnisi uni summo Deo sacrum fuit templum, quod tamen Propheta Christo vendicat. Unde sequitur, eundem esse Deum qui semper adoratus fuit apud Iudaeos.

10 11. Novum autem testamentum innumeris testimoniis scatet. Ideo danda est opera ut breviter potius seligamus pauca quam omnia congeramus. ‖ Quanvis autem de eo loquuti sint Apostoli, ex quo iam extiterat Mediator in carne: quicquid tamen adducam, probandae eius aeternae deitati apte conveniet. ‖ In
15 primis istud est singulari animadversione dignum, quod Apostoli, quae de aeterno Deo praedicta erant, in Christo vel iam exhibita, vel olim repraesentanda docent. Nam ubi Iesaias Dominum exercituum Iudaeis et Israelitis in petram scandali et lapidem offensionis fore vaticinatur [Iesa. 8. c. 14], id Paulus
20 asserit in Christo esse impletum [Rom. 9. g. 32^b]. Dominum ergo illum exercituum Christum[1] esse declarat. Similiter alibi, Oportet, inquit, nos omnes semel sisti ad tribunal Christi [Rom. 14. b. 10]. Scriptum est enim, Mihi flectetur omne genu, et omnis lingua iurabit mihi [Iesa. 45. d. 23]. Id quum apud Ie-
25 saiam de se Deus praedicet, Christus reipsa in se exhibeat, consequitur illum ipsum Deum esse cuius gloria traduci alio non potest. Quod etiam ad Ephesios ex Psalmis citat, in Deum unice competere liquet, ascendens in altum duxit captivitatem [Ephes. 4. b. 8; Psal. 67. c. 19]; tum ascensionem eiusmodi adum-
30 bratam fuisse intelligens quum insigni adversus exteras gentes^c victoria, potentiam suam exeruit Deus, in Christo plenius exhibitam significat. Sic Iohannes gloriam Filii fuisse testatur, quae Iesaiae per visionem revelata fuit [Iohan. 1. b. 14^d; Iesa. 6. a. 1]: quum tamen Propheta ipse Dei maiestatem sibi visam
35 scribat. Illa vero quae Apostolus ad Hebraeos in Filium confert, non obscurum est esse clarissima Dei elogia: Tu in principio Domine fundasti caelum et terram, etc. Item, Adorate eum omnes Angeli eius [Hebr. 1. c. 10, et b. 6][1][e]. Neque tamen illis abutitur,

a) ocul. — Deum: *VG 1560* toutes gens de sens rassis voyent qu'il
40 est notamment parlé du Redempteur,   b) *sic 1553; 1559–61 falso* 23
c) ext. gent.: *1539–54* Allophylos   d) *sic male 1553, 1559–61; VG 1541 sqq. recte* Iean. 12. f. 41.; *1554* Iohan. 12. b   e) *1543* + [Ephe. 1.]

1) Ps. 102, 26 et 97, 7.

quum ad Christum trahit; siquidem quaecunque in Psalmis illis canuntur, solus ipse implevit. Ille enim fuit qui exurgens misertus est Sion[1]: ille qui omnium gentium et insularum regnum sibi asseruit[2]. Et cur dubitasset Iohannes Dei maiestatem ad Christum referre, qui praefatus fuerat, verbum semper fuisse Deum [Iohan. 1. a. 1, et b. 14]? Quid formidasset Paulus Christum in Dei tribunali collocare [2. Cor. 5. b. 10], tam aperto praeconio eius divinitatem ante prosequutus[a], ubi dixerat esse Deum in secula benedictum [Rom. 9. a. 5]? Atque ut appareat quam sibi bene in hac parte consentiat, alibi etiam Deum in carne manifestatum esse scribit [1. Tim. 3. d. 16]. Si Deus est in secula laudandus, ille est igitur cui soli omnem gloriam et honorem deberi, alio loco idem affirmat [1. Tim. 1. d. 17]. Neque vero id dissimulat: quin palam clamat, Quum in forma Dei esset, non fuisse ducturum rapinae loco si aequalem Deo se praebuisset: sed ultro seipsum exinanivisse [Philip. 2. a. 6][3]. Ac ne factitium quempiam Deum esse impii obstreperent, ultra progreditur Iohannes: Ipse, inquit, est verus Deus, et vita aeterna [1. Iohan. 5. d. 20]. Quanquam satis superque nobis esse debet, Deum nominari: praesertim ab eo teste qui diserte nobis non plures esse deos asseverat, sed unum[b]. Ille autem Paulus est, qui sic loquitur, Utcunque multi nominentur dii, sive in caelo, sive in terra: nobis tamen unus est Deus, ex quo omnia [1. Cor. 8. b. 5][4]. Ex eodem ore quum audiamus Deum in carne manifestatum [1. Tim. 3. d. 16], Deum suo sanguine acquisivisse sibi Ecclesiam [Act. 20. f. 28]: quid secundum Deum imaginamur, quem ille nequaquam agnoscit? Et[c] minime dubium est quin idem piis omnibus fuerit sensus. Thomas certe similiter Dominum et Deum suum aperte praedicando [Iohan. 20. g. 28], uni[c]cum illum esse Deum profitetur quem semper adoraverat.

12. Iam si ab operibus eius divinitatem censemus quae illi in Scripturis ascribuntur, evidentius inde adhuc elucescet. Quum enim se ab initio una cum Patre hactenus operari diceret [Iohan. 5. c. 17], Iudaei ad alia eius dicta stupidissimi, senserunt tamen eum sibi divinam potentiam usurpare. Ac propterea (ut Iohannes refert) magis eum quaerebant interficere, quod non sabbathum modo solvebat, sed et Patrem suum dicebat Deum, aequalem se faciens Deo[5]. Qualis ergo erit stupor noster, nisi

---

a) *1539–53* pers.   b) *cf. 1536 I 70,* 41 sq.   c) *1539–43* Si

1) Ps. 102, 14.   2) Ps. 97, 1.   3) Phil. 3, 6–8.   4) 1. Cor. 8, 5 sq.
5) Ioh. 5, 18.

hinc eius divinitatem plane astrui sentiamus? Et sane providentia et virtute mundum administrare, nutuque propriae virtutis omnia moderari, (quod illi dat Apostolus [Hebr. 1. a. 3]) non est nisi Creatoris. Neque solam gubernandi orbis provinciam cum Patre participat: sed alia quoque singula officia, quae creaturis communicari nequeant. Clamat Dominus per Prophetam, Ego sum, ego sum qui deleo iniquitates tuas propter me [Iesa. 43. d. 25]. Secundum hanc sententiam quum iniuriam irrogari Deo Iudaei existimarent, eo quod peccata Christus remittebat, hanc potestatem sibi competere non tantum verbis asseruit, sed miraculo etiam comprobavit [Matth. 9. a. 6]. Ergo[a] peccatorum remissionis non ministerium, sed potestatem penes ipsum esse conspicimus, quam a se ad alium transituram Dominus negat. Quid?[b] tacitas cordium cogitationes percontari et penetrare, an non solius Dei est? At eam quoque habuit Christus [Matth. 9. a. 4][c]: unde colligitur[d] eius divinitas.

13. In miraculis autem quam perspicue luculenteque apparet? Quibus etsi paria et similia tum Prophetas tum Apostolos edidisse fateor: in hoc tamen plurimum est discriminis, quod hi dona Dei suo ministerio dispensarunt: ille suam ipsius virtutem exeruit. Usus est quidem interdum precatione, quo gloriam ad Patrem referret[e]: sed videmus ut plurimum propriam eius virtutem nobis ostensam[f]. Et quomodo non esset verus author miraculorum, qui dispensationem aliis sua authoritate committit? Narrat enim Evangelista illum dedisse Apostolis potestatem mortuos suscitandi, leprosos curandi, eiiciendi daemones, etc. [Matth. 10. a. 8; Marc. 3. b. 15, et 6. a. 7]. Illi autem sic ministerio eiusmodi defuncti sunt ut satis ostenderent virtutem non aliunde esse quam a Christo. In nomine Iesu Christi (inquit Petrus) surge et ambula [Act. 3. a. 6]. Non mirum ergo si miracula sua obiecerit Christus, ad revincendam Iudaeorum incredulitatem: utpote quae virtute eius edita, amplissimum divinitatis testimonium reddebant [Iohan. 5. f. 36 et 10. g. 37, et 14. b. 11]. Praeterea si extra Deum nulla est salus, nulla iustitia, nulla vita, Christus autem in se haec omnia continet, Deus certe ostenditur. Neque mihi quispiam obii|ciat, diffusam a Deo in ipsum vitam aut salutem[1]; non

---

a) *1539–54* Dispensandae ergo b) *1559–61* Quid c) *1539–43* +[Ioannis. 2. *(25)*] d) *1539–45* arguitur e) *1545–54* +[Ioan. 11. e. 41.] f) *1539–54* declaratam

1) ad Claudium Sabaudem spectare videtur: cf. Bullingeri Utriusque in Christo naturae Assertionem, f. 30b—31a; cf. Serveti quoque De Trin. Error., lib. III. f. 77a sqq.

enim salutem accepisse, sed ipse salus esse dicitur. Et, si nemo bonus nisi solus Deus [Matth. 19. c. 17], quomodo esset purus[a] homo, non dico bonus ac iustus, sed ipsa bonitas et iustitia? Quid, quod a primo creationis exordio, teste Evangelista, in ipso vita erat: et ipse vita iam tum existens, erat lux hominum [Iohan. 1. a. 4]? || Proinde talibus documentis[b] freti[c] fidem in ipso nostram et spem reponere audemus: quum sciamus tamen sacrilegam esse impietatem sicuius fiducia in creaturis haereat.[d] Creditis in Deum? inquit, et in me credite [Iohan. 14. a. 1].[e] Atque ita Paulus[f] duos Iesaiae locos interpretatur, Quicunque sperat[g] in eo non pudefiet. Item[h], Erit ex radice Isai[i] qui consurget ad regendos populos: in ipso Gentes[k] sperabunt [Iesa. 28[1]. d. 16, et 11. c. 10; Rom. 10. b. 11, et 15. c. 12]. Et quid de ea[m] re plura[n] Scripturae[o] testimonia persequamur, quum toties occurrat[p] haec sententia, Qui credit in me habet vitam aeternam?[q] Iam quae ex fide pendet invocatio, illi etiam competit, quae tum[r] divinae maiestatis propria est siquid aliud proprium habet. Dicit enim Propheta, Quicunque invocaverit nomen Iehova, salvus erit [Ioel. 2. g. 32][1]. Alter vero[s], Turris fortissima nomen Iehova: ad ipsam confugiet iustus, et servabitur [Prov. 18. b. 10]. Atqui in salutem invocatur nomen Christi; sequitur ergo ipsum esse Iehova. Porro invocationis exemplum habemus in Stephano, quum dicit, Domine Iesu, suscipe spiritum meum [Act. 7. g. 59][2]; deinde in universa Ecclesia, quemadmodum Ananias testatur eodem libro, Domine, inquit, scis quanta hic intulerit mala sanctis omnibus qui invocant nomen tuum [Act. 9. b. 13]. Ac quo apertius intelligatur totam divinitatis plenitudinem in Christo corporaliter habitare[t], fatetur Apostolus nullam inter Corinthios aliam doctrinam prae se tulisse quam eius cognitionem, nec aliud quam ipsam[u] praedicasse [1. Cor. 2. a. 2]. Quale istud quaeso

---

a) > *1539* b) *1539-54* + divinae eius maiestatis c) *1539-54* + confidenter d) *1539-54 (et VG)* + Neque id temere facimus: sed ita eius mandato instituti. e) *1539-54* + Paulus autem: Nos in Iesum Christum credimus, ut iustificemur ex fide Iesu [Galatas. 2. c. 16.]. f) > *1539-54* g) *1539-54* credit h) *1539-54* + alterum i) ex — Is.: *1539-54* radix Iesse, et k) *VG 1541 sqq.* les Gens l) *1553-61 falso* 26 m) *1539-54* hac n) *1539* plurima o) > *1539-54* p) *1539-54* asseratur q) *1539-54* + Ut credamus in nomine unigeniti filii eius *(1539-43* + : et similibus locis*)* [Iohan. 6. e. 47. 1. Iohan. 3. d. 23 *(1539-50* In Evan. et Episto. Io*)*] r) *1539-54* tamen s) *VG 1541 sqq.* Item, Salomon t) *1553-54* + [Coloss. 2. b. 9.] u) *1539-50* ipsum

1) Ioel 3, 6 = vg. 2, 32. 2) Act. 7, 58.

et quantum est Filii duntaxat nomen annuntiari nobis[a] quos Deus[b] iubet in sui solius cognitione gloriari [Ierem. 9. g. 24[c]]? Quis meram[d] creaturam ipsum iactare ausit, cuius notitia unica est nostra gloriatio? Huc accedit ǁ quod salutationes Pauli epistolis praefixae eadem a Filio precantur beneficia quae a Patre[1]: quo docemur non modo illius intercessione ad nos pervenire quae largitur caelestis Pater, sed potentiae communione Filium ipsum esse authorem[e]. ǁ Quae practica notitia certior haud dubie solidiorque est qualibet otiosa speculatione[2]. Illic enim pius animus Deum praesentissimum conspicit et pene attrectat, ubi se vivificari, illuminari, servari, iustificari, ac sanctificari sentit.

14. Quare iisdem etiam e fontibus praecipue ad deitatem Spiritus asserendam petenda est probatio[f]. ǁ Est quidem minime obscurum illud testimonium Mosis in creationis historia, Spiritum Dei[1] expansum fuisse super abyssos [Gen. 1. a. 2], vel materiam informem; quia ostendit non modo pulchritudinem mundi quae nunc cernitur, vigere salvam Spiritus virtute: sed antequam accederet hic ornatus, iam tunc in fovenda illa confusa mole Spiritum fuisse operatum. Nullis etiam cavillis obnoxium est quod dicitur apud Iesaiam, Et nunc Iehovah misit me et Spiritus eius [Iesa. 48. c. 16]: quia summum in mittendis Prophetis imperium cum Spiritu sancto communicat: ex quo relucet divina eius maiestas; sed optima, ut dixi, confirmatio nobis erit ex familiari usu. ǁ Longe enim a creaturis alienum est quod illi Scripturae tribuunt: et nos ipsi certa pietatis experentia discimus. Ille enim est qui ubique diffusus omnia sustinet, vegetat et vivificat in caelo et in terra. Iam hoc ipso creaturarum numero eximitur, quod nullis circumscribitur finibus; sed suum in omnia vigorem transfundendo, essentiam, vitam, et motionem illis inspirare[g], id vero plane divinum est. Deinde si

---

a) *1539–54* Christianis: b) *1539–54* Dominus   c) *1561* 23 = vg 24   d) *1539–54* puram
 e) quod in salutationibus, quas solenni quodam ritu epistolis suis praefigere solent Apostoli, eadem a filio beneficia comprecantur quae a patre. Unde non modo declarant ipso intercedente et mediante ad nos pervenire, quae largitur nobis pater coelestis: sed etiam potentiae communionem indicant   f) deit. — prob.: *1539–54* confirmandam spiritussancti divinitatem, probatio petenda est   g) *1539–54* adspirare

1) Rom. 1, 17; 1. Cor. 1, 3; 2. Cor. 1, 2; Gal. 1, 3 etc.   2) Similem sententiam Melanchthon protulit in Locis 1521, ed. Kolde 1925[4], p. 61—64.

regeneratio in vitam incorruptibilem quavis praesenti vegetatione superior est et multo excellentior, quid de eo censendum est cuius ex virtute procedit? Ipsum autem non mutuatitio, sed proprio vigore regenerationis esse authorem Scriptura multis locis docet: neque eius modo, sed futurae quoque immortalitatis. Denique in ipsum omnia, ut in Filium, conferuntur quae maxime propria sunt divinitatis officia. Siquidem etiam profunda Dei scrutatur, cui nullus est inter creaturas consiliarius [1. Cor. 2, c. 10, et d. 16]; sapientiam et loquendi^a facultatem largitur [1. Cor. 12. b. 10]: quum tamen Dominus Mosi pronuntiet, id facere suum esse solius [Exod. 4. c. 11]; sic per ipsum in Dei participationem venimus, ut eius virtutem sentiamus erga nos quodammodo vivificam; iustificatio nostra, eius opus est; ab ipso est potentia, sanctificatio, veritas, gratia, et quicquid boni cogitari potest: quoniam unus est Spiritus a quo profluit omne donorum genus^b. ‖ Nam digna in primis notatu est sententia illa Pauli, Quanvis diversa sint dona, et multiplex variaque distributio, eundem tamen esse Spiritum[1]: quia ipsum non modo principium vel originem statuit, sed etiam authorem;^c quod etiam clarius exprimitur paulo post his verbis, Omnia distribuit unus et idem Spiritus prout vult [1. Cor. 12. b. 11, et seq.]. Nisi enim esset aliquid in Deo subsistens, minime ei daretur arbitrium et voluntas. Clarissime ergo Paulus Spiritum insignit divina potentia, et in Deo hypostatice residere demonstrat.

15. Nec vero quum de ipso Scriptura loquitur, a Dei appellatione abstinet. Paulus enim nos esse templum Dei ex eo colligit quia Spiritus eius habitat in nobis [1. Cor. 3. d. 17, et 6. d. 19, et 2. Cor. 6. d. 16]. Quod non est leviter praetereundum; siquidem quum toties promittat Deus^d se electurum nos sibi in templum^e, non aliter impletur ea promissio quam eius Spiritu in nobis habitante. ‖ Certe ut praeclare^f dicit Augustinus, Si ex lignis et lapidibus templum Spiritui facere iuberemur, quia cultus hic soli Deo debetur^f, clarum esset divinitatis eius argumentum; nunc ergo quanto clarius istud est, quod non templum illi facere, sed nosipsi esse debemus [Aug. ad Maxi-

---

a) *1539-54* eloquendi   b) *1539-54* + [1. Corint. 12. b. 11.]   c) *VG 1560* + Sainct Paul n'eust iamais ainsi parlé, s'il n'eust cognu la vraye divinité au sainct Esprit.   d) *1539-54* recipiat Dominus   e) *1539-54* + ac tabernaculum   f) cult. — deb.: *1543-54* hic cult. est soli D. debitus

1) 1. Cor. 12, 4.

mumª,Epist. 66¹]? || Et Apostolus ipse nunc templum nos Dei 1539
esse, nunc Spiritus sancti eodem significatu scribit. Petrus vero
Ananiam reprehendens quod Spiritui sancto mentitus esset,
non hominibus mentitum esse dicebat, sed Deo [Act. 5. a. 3. 4].
5 Atque ubi Iesaias Dominum exercituum loquentem inducit, Paulus Spiritum sanctum esse docet qui loquitur [Ies. 6. c. 9; Act.
28. f. 25. 26]. || Imo quum passim dicant Prophetae, verba quae 1559
proferunt, esse Dei exercituum, Christus et Apostoli ad Spiritum sanctum referunt; unde sequitur, verum esse Iehovah, qui
10 praecipuus est Prophetiarum author. Rursus || ubi Deusᵇ se 1539
ad iram populi contumacia provocatum conqueritur, pro eo
Iesaias Spiritum eius sanctum contristatum scribitᶜ [Iesa. 63.
c. 10]. || Postremo si blasphemia in Spiritum neque in hoc seculo 1559
neque in futuro remittitur, quum veniam obtineat qui in Filium
15 blasphemavit [Matth. 12. c. 31; Marc. 3. d. 29; Luc. 12. b. 10],
palam hinc asseritur divina eius maiestas, quam laedere vel imminuere, crimen inexpiabile est. Sciens ac volens supersedeo a
multis testimoniis quibus usi sunt veteres. Plausibile illis visum est
citare ex Davide, Verbo Domini caeli firmati sunt, et Spiritu oris
20 eius omnis virtus eorum [Psal. 33. b. 6], ut probarent non minus
Spiritus sancti opus esse mundum quam Filii. Sed quum in
Psalmis usitatum sit bis idem repetere, et quum apud Iesaiam
Spiritus oris idem valeat atque sermo [Iesa. 11. a. 4], infirma
illa ratio fuit. Itaque tantum parce attingere volui quibus
25 solide inniterentur piae mentes.

    16. Quia autem Christi adventu clarius se patefecit Deus, 1559*
6, 17 ita etiam in tribus personis familiarius innotuit. || Sed ex multis (1539/36
testimoniis unum hoc nobis sufficiatᵈ². || Namᵉ Paulus haec tria 1536 I 71)
sic connectit, Deum, fidem, et Baptismum [Ephes. 4. a. 5] ut (I 71)
30 ab uno ad aliudᶠ ratiocinetur: nempeᵍ quia una est fides, ut
indeʰ unum esse Deum demonstret: quia unus est Baptismus,
inde quoque unam esse fidem ostendat. || Ergoⁱ si in unius 1539

---

    a) *1550–54 recte* Maxi.; *1543–45* maxi.; *1559–61* Maximinum
  b) *1539–54* Dominus   c) *1553 male* + [Iesa. 5. f. 25], *quod 1539–50*
35 *paulo ante loco* [Ies. 6. c. 9] *falso exstat.*
    d) *Porro, ut aliquando finiamus, ad confirmandam et filii et* 1539*
spiritus divinitatem, unum quod subiiciemus argumentum satis su- (1536 I 71)
perque erit   e) > *1536; haec verba (*Nam — ostendat*) 1539–54
infra post:* baptisamur *(p. 130, 39), exstant.*   f) *1536–54* alterum
40 g) *1536–54* ut   h) ut inde: *1536–54* ex eo   i) *1539–54* Etenim

    1) Aug., Ep. 170, 2 (ad Maximum medicum) MSL 33, 749; CSEL
44, 623 sq.   2) cf. M. Lutheri Enchiridion piarum precationum,
Vuittembergae 1529, C 7 b; WA X 2, 389.

130　INSTITUTIONIS LIB. I

Dei fidem ac religionem initiamur per Baptismum, nobis necesse est verum censere Deum[a] in cuius nomen baptizamur. ‖ Nec vero dubium est quin hac solenni nuncupatione perfectam fidei lucem iam esse exhibitam testari voluerit Christus quum diceret, Baptizate eos in nomen Patris, et Filii, et Spiritus sancti [Matt. 28. d. 19]; siquidem hoc perinde valet atque baptizari in unius Dei nomen qui solida claritate apparuit in Patre, Filio, et Spiritu; unde plane constat in Dei essentia residere tres personas in quibus Deus unus cognoscitur[b]. ‖ Et sane quum fides non circunspicere huc et illuc debeat, neque per varia[l] discurrere[c], ‖ sed in unum Deum spectare, in eum conferri, in eo haerere: ex eo facile constituitur quod si varia sint fidei genera[d], plures etiam esse deos oporteat. Iam[e] quia sacramentum est fidei Baptismus[f], Dei[g] unitatem nobis confirmat ex eo quod unus est. ‖ Hinc etiam conficitur, ut nonnisi in unum Deum baptizari liceat: quia eius amplectimur fidem in cuius nomen baptizamur. Quid ergo sibi vult Christus, quum in nomine Patris et Filii et Spiritus sancti baptizari praecepit[h], nisi una fide in Patrem, et[i] Filium, et Spiritum credendum esse? ‖ id vero quid aliud est, quam clare testari Patrem, Filium et Spiritum unum esse Deum[k]? ‖ Itaque quum fixum illud maneat Deum unum esse non plures, Verbum et Spiritum non aliud esse quam ipsam Dei essentiam constituimus. Et vero stolidissime ineptiebant Arriani, qui Filii divinitatem confitentes Dei substantiam illi adimebant. Nec absimilis Macedonianos rabies vexabat, qui per Spiritum dona gratiae duntaxat in homines effusa intelligi volebant. Nam ut sapientia, intelligentia, prudentia, fortitudo, timor Domini, ab ipso proficiscuntur: ita unus ipse est sapientiae, prudentiae, fortitudinis, pietatis Spiritus. Nec secundum gratiarum distributionem ipse dividitur: sed utcunque illae varie dividantur, idem tamen et unus manet, inquit Apostolus [1. Cor. 12. b. 11].

17. Rursum et quaedam Patris a Verbo, Verbi a Spiritu distinctio Scripturis demonstratur[l]. In qua tamen excutienda,

---

a) initiam. — Deum: *1539-54* per bapt. init.: eum nos profitemur habere Deum
b) Ex quo patrem, filium, et spiritum in una Dei essentia contineri plane constat: quando in nomine patris et filii et spiritussancti baptisamur
c) Cum enim fides non huc atque illuc circumspicere, neque per varia discurrere debeat   d) var. — gen.: *1536* plures sunt fides; VG *1541-51* il y avoit diverses Foyz   e) *1536* Rursum,   f) *1536* bapt. sacr. est fid.   g) *1536-54* ipsius   h) *1539-43* praecipit   i) > *1539-54*   k) *1536* D. esse   l) cf. *1536 I 71*, 31 sq.

quanta religione ac sobrietate versandum sit, ipsa mysterii magnitudo nos admonet. Ac mihi sane vehementer istud Gregorii Nazianzeni arridet, οὐ φϑάνω τὸ ἓν νοῆσαι, καὶ τοῖς τρισὶ περιλάμπομαι· οὐ φϑάνω τὰ τρία διελεῖν, καὶ εἰς τὸ ἓν ἀναφέρομαι: Non 5 possum unum cogitare quin trium fulgore mox circunfundar: nec tria possum discernere quin subito ad unum referar [In Serm. de sacro Baptis.][1]. Proinde et nos eam personarum Trinitatem ne imaginari in animum inducamus quae cogitationem seorsum distractam detineat, ac non ad illam mox 10 unitatem reducat. Veram certe distinctionem insinuant Patris, Filii, et Spiritus vocabula, nequis nuda epitheta esse putet quibus a suis operibus varie designetur Deus[2], sed distinctionem, non divisionem. || Proprietatem Filio a Patre esse distinctam ostendunt loci[a] || quos iam citavimus: quia Sermo non fuisset 15 apud Deum nisi alius esset a Patre: neque gloriam suam habuisset apud Patrem nisi ab eo distinctus. || Similiter[b] Patrem a se distinguit, quum alium esse dicit qui testimonium sibi perhibet [Iohan. 5. e. 32, et 8. b. 16, et alibi.]. || Atque huc tendit quod alibi[c] dicitur Patrem per Verbum omnia creasse[3]: quod 20 non poterat nisi ab ipso quodammodo distinctus. Praeterea non descendit Pater in terram, sed is qui a Patre exiit: non mortuus est, nec resurrexit, sed qui ab eo missus fuerat. Neque ab assumpta carne exordium habuit haec distinctio[4], sed antea quoque unigenitum in sinu Patris fuisse manifestum est [Iohan. 25 1. c. 18]. Quis enim asserere sustineat, tum demum sinum Patris ingressum Filium quum e caelo descendit ad suscipiendam humanitatem? Erat ergo ante in sinu Patris[5], et suam apud Patrem gloriam obtinebat. Spiritus sancti a Patre distinctionem Christus innuit, quum dicit eum a Patre procedere [Iohan. 30 14. b. 6[d][6], et 15. d. 26]: a seipso autem quoties alium vocat: ut quum alium consolatorem ab se mittendum denuntiat [Iohan. 14. b. 16], et alibi saepius.

---

a) Proprietatem sibi a filio distinctam ostendit pater, dum per Zachariam socium vel propinquum vocat [Zacha. 13. c. 7]. Ut enim 35 nulla est creaturis cum Deo cognatio, ita socius aut cognatus sibi ipsi non diceretur: nisi quadam distinctionis notatione; cf. 1536 I 71, 35–40 b) 1539–54 vicissim filius c) > 1539–54 d) 1553–54 [Iohan. 14. b. 16], quod 1559–61 infra apto loco positum est.

1) Gregor. Nazianz. Oratio 40, 41 In sanctum baptisma MSG 40 36, 418. 2) cf. Serveti De Trin. Error., lib. I, f. 6 a, 29 a; Dialogorum De Trin. lib. I, A 4 a. 3) Hebr. 11, 3. 4) cf. Serveti De Trin. Error., lib. I, f. 7a sqq., lib. IV, f. 85 a—b; Claudii Sabaudi opinionem (Museum Helveticum XXVIII p. 669). 5) Ioh. 1, 18. 6) Ioh. 14, 26.

18. Enimvero ad vim distinctionis exprimendam, similitudines a rebus humanis mutuari nescio an expediat. Solent id quidem interdum facere veteres: sed simul fatentur plurimum differre quicquid pro simili in medium afferunt[1]; quo fit ut omnem audaciam hic reformidem: ne siquid intempestive productum fuerit, aut malignis calumniae, aut rudibus hallucinationis ansam praebeat. Quam tamen Scripturis notatam distinctionem animadvertimus, subticeri non convenit. Ea autem est, quod Patri principium agendi, rerumque omnium fons et scaturigo attribuitur: Filio sapientia, consilium, ipsaque in rebus agendis dispensatio: at Spiritui virtus et efficacia assignatur actionis. Porro quanquam Patris aeternitas, Filii quoque et Spiritus aeternitas est, quando nunquam Deus sine sapientia virtuteque sua esse potuit, in aeternitate autem non est quaerendum prius aut posterius: non est tamen inanis aut supervacua ordinis observatio, dum primus recensetur Pater, deinde ex eo Filius, postea ex utroque Spiritus. Nam et mens uniuscuiusque eo sponte inclinat ut primo Deum consideret, deinde emergentem ex eo sapientiam[a], tum postremo virtutem qua consilii sui decreta exequitur. Qua ratione, a Patre duntaxat existere dicitur Filius: a Patre simul et Filio Spiritus; multis id quidem locis, || sed nusquam clarius quam cap. 8.[b] ad Romanos, ubi scilicet idem Spiritus, nunc Christi, nunc eius qui suscitavit Christum a mortuis, promiscue vocatur[2]: || neque iniuria. Nam et Petrus Spiritum Christi fuisse testatur, quo vaticinati sunt Prophetae [2. Pet. 1. d. 21][c]: quum toties Scriptura doceat Spiritum fuisse Dei Patris.

19. Porro simplicissimam Dei unitatem adeo non impedit ista distinctio, || ut Filium inde probare liceat unum esse cum Patre Deum, quia uno simul cum eo Spiritu constet: Spiritum autem non aliud esse a Patre et Filio diversum, quia Patris et Filii sit Spiritus. || Siquidem in unaquaque hypostasi tota intelligitur natura, cum hoc, quod subest sua unicuique proprietas. Pater totus in Filio est, totus in Patre Filius, quemadmodum ipse quoque asserit, Ego in Patre, et Pater in me [Iohan. 14. b. 10]: nec ulla essentiae differentia seiungi alterum ab al'tero scriptores Ecclesiastici concedunt [Augustinus Homil.

---

a) em. — sap.: *VG 1541 sqq.* sa sapience   b) *1539* 8. capite; *1543-45* 8. cap.   c) *VG 1541* [1. Pier. 1. *(11)*]

1) cf. Aug., De fide et symbolo c. 9, 17 MSL 40, 189 sq.; CSEL 41, 18 sqq.; Tert. Adv. Prax. c. 8. 13 CSEL 47, 238. 249; Aug. De Trin. VI, 1 MSL 42, 925; Cyrill. Alex. De Trin. dial. III. MSG 75, 600 sq.
2) Rom. 8, 9.

de temp. 38. de Trinit. et col.¹ Cyril. lib. 7. de Trinit. Idem lib. 3. Dialog.ᵃ²]. ‖ His appellationibus quae distinctionem denotant (inquit Augustinus) hoc significatur quod ad se invicem referuntur, non ipsa substantia qua unum sunt [ad Pascentium Epist. 174³]. ‖ Quo sensu conciliandae sunt inter se veterum sententiae, quae pugnare alioqui nonnihil viderentur. Nunc enim Patrem Filii principium esse tradunt: nunc Filium a seipso et divinitatem et essentiam habere asseverant, ‖ adeoque unum esse cum Patre principium [Aug. in Psalmum 109⁴, et Tract. in Iohan. 39⁵]. Eius diversitatis causam bene ac perspicue explicat Augustinus alibi, quum ita loquitur, Christus ad se Deus dicitur, ad Patrem Filius dicitur. Rursusque, Pater ad se Deus dicitur, ad Filium dicitur Pater. Quod dicitur ad Filium Pater, non est Filius: quod dicitur Filius ad Patrem, non est Pater: quod dicitur ad se Pater, et Filius ad se, est idem Deus [Aug. in Psalmum 68]⁶. Ergo quum de Filio sine Patris respectu simpliciter loquimur, bene et proprie ipsum a se esse asserimus: et ideo unicum vocamus principium: quum vero relationem quae illi cum Patre est notamus, Patrem Filii principium merito facimus.ᵇ ‖ In huius rei explicatione quintus liber Augustini de Trinitate totus versatur⁷. Longe vero tutius est in ea quam tradit relatione subsistere, quam subtilius penetrando ad sublime mysterium, per multas evanidas speculationes evagari.

20.ᶜ Ergo, quibus cordi erit sobrietas, et qui fidei mensura

a) *1539* + *de Sabellianis.;* Cyr. — Dial.: *1543-61 falso infra post: 174 (lin. 5), exstat.*

b) *1539-54* + *Quod autem Sabelliani cavillantur, non alia ratione Deum nunc patrem, nunc filium, nunc spiritum appellari, quam qua et fortis, et bonus, et sapiens, et misericors nominatur: Inde facile revincuntur, quod haec epitheta esse apparet, quae ostendunt qualis erga nos sit Deus: illa, nomina quae declarant, qualis apud semetipsum vere sit.* c) *ad init. huius sect. cf. haec* Vident non contentiosi, nec pervicaces, contumacissimi etiam quique inficiari nequeunt in simplicissima Dei essentia, patrem cum verbo suo seu filio et spiritu comprehendi, Deus enim pater, et filius, et spiritus: nec potest nisi unus esse Deus.

1) Sub tit. „Homil. de tempore 38 de Trinitate et columba" olim inserebatur inter opp. Augustini pars libri Alcuini, cui inscriptum est: De fide Sanctae Trinitatis, lib. I—II, 3 MSL 101, 13—25 (cf. Aug. opera Basileae 1543 Tom. X. p. 637—646). 2) Cyrillus, De sancta et consubstantiali Trinitate, Dial. VII (Περὶ τοῦ ἁγίου Πνεύματος, ὅτι Θεὸς καὶ ἐκ Θεοῦ κατὰ φύσιν.) MSG 75, 1075 sqq. — Dial. III. (Ὅτι Θεὸς ἀληθινὸς ὁ Υἱός, καθὰ καὶ ὁ Πατήρ.) MSG 75, 787 sqq. 3) Aug., Ep. 238, 14 (ad Pascentium) MSL 33, 1043; CSEL 57, 543. 4) Aug., In Ps. 109, 13 MSL 37, 1457. 5) Aug., Tract. in Ioh. 39, 1 MSL 35, 1682 sq. 6) Aug., In Ps. 68, 5 MSL 36, 845. 7) MSL 42, 911 sqq.

contenti erunt, breviter quod utile est cognitu accipiant[1]: nempe quum[a] profitemur nos credere in unum Deum, sub Dei nomine intelligi[b] unicam et simplicem essentiam, in qua comprehendimus tres personas vel hypostaseis: ideoque[c] quoties Dei nomen indefinite ponitur, non minus Filium et Spiritum, quam Patrem designari[d]; ubi autem adiungitur Filius Patri, tunc in medium venit relatio: atque ita distinguimus inter personas. Quia vero proprietates in personis ordinem secum ferunt, ut in Patre sit principium et origo: quoties mentio fit Patris et Filii simul, vel Spiritus, nomen Dei peculiariter Patri tribuitur; hoc modo retinetur unitas essentiae, et habetur ratio ordinis, quae tamen ex Filii et Spiritus deitate nihil minuit.[e] Et certe quum ante visum fuerit Apostolos asserere Filium Dei[f] illum esse quem Moses et Prophetae testati sunt esse Iehovah, semper ad uni-

a) *sequentia ab hoc verbo in „Ad quaest. G. Blandr. resp." exstant,* CR IX 325; *exemplar responsionis manu C. Ionvillaei scriptum, quod exstat in Bibl. Genev. cod. 145, f. 74 sqq., contulimus.* b) *resp.* intelligimus c) *resp.* Ergo d) *resp.* + credimus e) *resp. hic nonnulla inserit.* f) Et — Dei: *resp.* Iam, quum Apostoli Filium dei asserant

1) hac sectione Calvinum ex Antitrinitariis in primis Georgium Blandratam impugnare inde apparet, quod quae sequuntur verba, eadem fere in eo responso (CR Calv. opp. IX 325 sqq.) exstant, quo ipsum Blandratae ad eam seriem quaestionum, quae sola ad nos venit (CR XVII 169 sqq.), — editores Corporis Ref. hac de re perperam iudicant (CR IX, XXXII) — respondisse perspicuum est. Hoc responsum quando conscriptum sit, cognoscimus ex hoc loco alterius epistolae, qua idem Calvinus m. Iul. a. 1558 ad literas quasdam V. Gentilis respondit (vide infra p. 139 not. 5; Fazy p. 76, CR IX 404): „Tergiversationem vocas (sc. Gentilis) quod scripserat Calvinus docendi tui causa: Si quaeritur annon tutior precandi forma sit, dum invocamus Patrem in nomine Filii: respondeo, sicut iam dixi (CR IX 404 respondemus, sicut iam diximus), hanc esse ordinariam... Nec valet illa obiectio, Frustra Deum invocari absque Mediatore: quia etsi fixum est illud principium, Non exaudiri nos nisi per gratiam Mediatoris: non tamen semper in promptu occurrere necesse est. Iam praeteriit annus, ex quo scriptum hoc cum tuis condiscipulis legisti: et adhuc discendi studium simulas..." Nam haec verba, quae Calvinus hic ex scripto quodam anno ante emisso ea de causa affert (Si quaeritur — necesse est), quod propter ea tergiversationis a Gentile insimulatus est (vide infra p. 139 not. 5; Fazy p. 67, CR IX 392), inveniuntur in responso Blandratae (et „condiscipulis" eius) reddito (CR IX 329). Hoc ergo aestate a. 1557 conscriptum esse manifestum est, item quaestiones illas Blandratae (in CR [XVII 169 sqq.] falso loco insertas).

tatem essentiae venire necesse est. Proinde nobis sacrilegium detestabile est, Filium vocari alium Deum a Patre[1]: quia simplex Dei nomen[a] relationem non admittit[2], nec potest Deus ad seipsum dici hoc vel illud esse. Iam[b] quod nomen Iehovae indefinite sumptum in Christum competat, ex Pauli etiam verbis patet[c], Propterea ter rogavi Dominum: quia ubi retulit Christi[d] responsum, Sufficit tibi[l] gratia mea[e], subiicit paulo post, Ut inhabitet in me virtus Christi [2. Cor. 12. c. 9]. Certum enim est nomen Domini pro Iehovah illic esse positum[f]: atque ita[g] restringere ad personam Mediatoris[3], frivolum esset[h] ac puerile: quando absoluta est oratio quae Filium cum Patre non comparat[i]. Et scimus ex recepta Graecorum consuetudine Apostolos passim nomen κυρίου substituere in locum Iehovah[k]. Et ne procul quaerendum sit exemplum, non alio sensu oravit Dominum Paulus, quam quo citatur locus Ioelis a Petro, Quisquis invocaverit nomen Domini, salvus erit [Act. 2. c. 16; Ioel. 2. g. 28].[4] Ubi nomen hoc peculiariter Filio ascribitur, aliam esse rationem constabit suo loco; nunc tenere satis est, quum absolute Paulus Deum rogasset, statim subiicere nomen Christi[1]. || Ita et totus Deus a Christo ipso Spiritus nuncupatur[m]. || Nihil enim obstat quominus tota spiritualis sit Dei essentia, in qua[n] Pater, Filius et Spiritus comprehendatur. Quod ipsum ex Scriptura planum fit; nam ut illic Deum audimus nominari Spiritum, ita et Spiritum sanctum, quatenus est hypostasis totius essentiae[o], audimus dici et Dei esse, et a Deo.

21. Quoniam autem Satan, ut fidem nostram ab ipsis radicibus convelleret, partim de divina Filii[p] et Spiritus essentia, partim de personali distinctione ingentes pugnas[q] semper movit: atque ut[r] omnibus prope seculis impios spiritus excitavit qui

---

a) *sic quoque exempl. manu scr.; CR secundum Bezam* nom. Dei
b) > *resp., CR IX 326*   c) *resp.* pat. etiam ex P. verb.   d) *VG 1560* de Dieu   e) ubi — mea > *resp.* hoc loco, *sed cf. CR IX 329*
f) Cert. — pos. > *resp.*   g) atque ita: *resp. (CR IX 329)* Porro vocem Domini   h) *resp.* est   i) quando — comp. > *resp.*   k) Et — Ieh.: *resp.* quum Apostoli passim usurpent nomen Domini pro Iehovah   l) Ubi — Chr. > *resp.*

m) Nec moveri quispiam debet, ut spiritum cum patre ac filio confundat, quoniam Deus ipse totus spiritus nuncupetur [Ioannis 4. d. 24.][5]   n) in qua: *1539-54* et in illa essentia   o) quat. — ess. > *1539-54*   p) *1539-54* Christi   q) *1539-54* controversias   r) > *1539-54*

1) cf. Blandratae quaestiones, CR XVII 169, 171.   2) cf. ibidem 170.
3) ibid.   4) Act. 2, 21; Ioel 3, 5 = vg. 2, 32.   5) cf. Serveti De Trin. Error., lib. II, f. 66b—67a.

doctores orthodoxos[a] hac in parte vexarent,[b] ‖ ita et hodie ex veteribus favillis novum ignem accendere conatur: hic perversis quorundam deliriis occurrere operaepretium est. ‖ Hactenus dociles manu ducere, non autem cum praefractis et contentiosis manum conserere maxime propositum fuit: nunc autem veritas quae placide ostensa fuit, ab omnibus improborum calumniis asserenda[c]. ‖ Etsi praecipuum studium in hoc incumbet, ut habeant qui faciles apertasque Dei verbo aures dederint, in quo certo pede consistant. ‖ Equidem hic, siquando alias in reconditis Scripturae mysteriis, sobrie multaque cum moderatione philosophandum: adhibita etiam multa cautione, ne aut cogitatio aut lingua ultra procedat quam verbi Dei fines se protendunt[d]. Quomodo enim immensam Dei essentiam ad suum modulum mens humana definiat, quae nondum statuere certo potuit quale sit Solis corpus, quod tamen oculis quotidie conspicitur? Imo vero, quomodo proprio ductu ad Dei usque substantiam excutiendam penetret, quae suam ipsius minime assequitur? Quare Deo libenter permittamus sui cognitionem. Ipse enim demum unus, ut inquit Hilarius, idoneus sibi testis est, qui nisi per se cognitus non est [Lib. 1. de Tri.].[1] Permittemus autem si et talem concipiemus ipsum qualem se nobis patefacit: nec de ipso aliunde sciscitabimur quam ex eius verbo. Extant in hoc argumentum homiliae Chry¦sostomi quinque adversus Anomoeos, quibus tamen cohiberi sophistarum audacia non potuit quin fraena garrulitati[e] laxarent[2]. Nihilo enim modestius hic se gesserunt quam ubique solent. Cuius temeritatis infelicissimo successu admoneri nos decet, ut docilitate magis

---

a) doct. orth.: *1539–54* orth. ac pios viros   b) *1539–54* + adeoque ipsis scripturae oraculis obstreperent: auspicatissime, puto, symboli explicationem ab isto argumento exordiemur.

c) Enimvero *(1536* Verum,*)* quia dociles manu ducere, non *(1536* + autem*)* cum pugnacibus et rebellibus manum conferre *(1536–43* conserere*)*, hic maxime *(> 1536–39)* propositum est: cum illis forte non tam instructis copiis nunc *(forte — nunc: 1536* nunc instr. cop. non*)* congrediar ‖, quam rei dignitas postularet; sed quid *(1545* quod*)* sequendum sit aut cavendum, non contentiosis *(1539* contentiose*)* indicare potissimum conabor. Sic tamen, ut ab omnibus improborum calumniis veritas asseratur   d) se prot.: *1539–54* protenduntur   e) *VG 1541–51* à leur langue, à babiller sans propoz de la maiesté de Dieu

1) Hilarius, De Trinitate I, 18 MSL 10, 38.   2) Chrysostomus, Homiliae quinque de Incomprehensibili contra Anomoeos, Ed. Paris. 1834 sqq. tom. I, 542 sqq.

quam[a] acumine in istam quaestionem incumbere curae sit[b]: nec in animum inducamus aut Deum usquam investigare[c] nisi in sacro[d] eius verbo, aut de ipso quicquam[e] cogitare nisi praeeunte[f] eius verbo, aut loqui nisi ex eodem verbo sumptum[g]. || Quod si quae subest in una divinitate Patris, Filii, et Spiritus distinctio (ut est cognitu difficilis) ingeniis quibusdam plus facessit negotii et molestiae quam expediat[h], || meminerint labyrinthum ingredi hominis mentes dum suae curiositati indulgent: atque ita regi se sustineant caelestibus oraculis, utcunque mysterii altitudinem non capiant.

22. Texere catalogum errorum quibus olim tentata fuit fidei synceritas in hoc doctrinae capite, nimis longum esset, plenumque inutili taedio: ac haereticorum plerique crassis deliriis totam Dei gloriam ita aggressi sunt obruere, ut satis esse duxerint concutere ac turbare imperitos. Statim vero a paucis hominibus ebullierunt plures sectae[i], quae partim lacerarent Dei essentiam, partim distinctionem quae inter Personas est confunderent. Porro si tenemus quod ante ex Scriptura satis ostensum est, simplicem et individuam esse essentiam unius Dei, quae ad Patrem, et Filium, et Spiritum pertineat: rursus Patrem proprietate aliqua differre a Filio, et Filium a Spiritu: non Arrio tantum et Sabellio, sed aliis vetustis errorum authoribus clausa erit ianua. Sed quia nostro tempore exorti sunt phrenetici quidam, ut Servetus et similes, qui novis praestigiis omnia involverunt, paucis eorum fallacias discutere operaepretium est. Serveto nomen Trinitatis ita fuit exosum, imo detestabile, ut Trinitarios omnes quos vocabat, diceret esse atheos[1]. Omitto insulsas voces quas ad convitiandum excogitavit[k]. Haec quidem speculationum eius fuit summa, tripartitum induci Deum ubi in eius essentia residere dicuntur tres Personae, Triademque hanc esse imaginariam, quia cum Dei unitate pugnet[2]. Interea

---

a) > *1553*   b) quaest. — sit: *1539-54* inquisitionem incumbamus
c) *1539-54* quaerere,   d) > *1539-54*   e) *1539-54* quidpiam
f) *1539-54* cum   g) ex — sump.: *1539-54* per illud idem verbum
h) At vero quae in una divinitate subest patris, filii, et spiritus distinctio, nec adeo est cognitu facilis, et ingeniis quibusdam plurimum negocii molestiaeque facessit.   i) *VG 1560* + comme un menu fretin   k) Om. — excog.: *VG 1560* Je laisse beaucoup de mots vilains, comme iniures de harengeres, dont ses livres sont farcis

1) Servetus, Christianismi Restitutio: De Trin. lib. I, p. 30 sq.; ad haec omnia cf. Defensionem orthodoxae fidei de sacra Trinitate, contra prodigiosos errores Michaelis Serveti Hispani ... Per Iohannem Calvinum. 1554, CR VIII 457 sqq.   2) cf. l. c. p. 29 sq.

Personas voluit esse externas quasdam ideas, quae vere non subsistant in essentia Dei, sed Deum nobis hac vel illa specie figurent[1]: ac initio quidem nihil in Deo fuisse distinctum, quia olim idem erat Verbum quod Spiritus[2]: sed ex quo emersit Christus Deus de Deo, Spiritum etiam alium ex ipso Deum fluxisse[3]. Etsi autem allegoriis interdum fucat suas naenias, ut quum dicit Sermonem aeternum Dei fuisse Spiritum Christi apud Deum, et relucentiam ideae[4]: item, Spiritum fuisse deitatis umbram[5]: postea tamen utriusque deitatem in nihilum redigit, asserens secundum dispensationis modum tam in Filio quam in Spiritu partem esse Dei, sicuti idem Spiritus substantialiter in nobis atque etiam in lignis et lapidibus, Dei portio est[6]. Quid de Mediatoris Per|sona blateret, suo loco videbimus[7]. [109] Prodigiosum vero hoc commentum, Personam nihil aliud esse quam visibilem gloriae Dei speciem[8], non longa refutatione indiget. Nam quum Iohannes nondum creato mundo λόγον fuisse Deum pronuntiet, longe ab idea[a] discernit [Iohan. 1. a. 1]. Si vero tunc quoque et ab ultima aeternitate λόγος ille qui Deus erat, fuit apud Patrem, et propria sua gloria apud Patrem insignis fuit [Iohan. 17. a. 5], non potuit certe externus esse aut figurativus splendor: sed necessario sequitur fuisse hypostasin, quae in Deo ipso intus resideret. Quanquam autem non fit Spiritus mentio nisi in historia creationis mundi, non tamen illic inducitur ut umbra, sed essentialis Dei virtus, quum narrat Moses informem quoque illam massam fuisse in eo suffultam [Gen. 1. a. 2]. Aeternum igitur Spiritum semper in Deo fuisse tunc apparuit, dum fovendo sustinuit confusam caeli et terrae materiam, donec accederet pulchritudo et series. Certe nondum potuit effigies vel repraesentatio Dei esse[9], uti somniat Servetus. Alibi vero suam impietatem apertius detegere cogitur, quod Deus aeterna sua ratione Filium sibi visibilem decernens, hoc modo visibilem se exhibuit[10]; nam si hoc verum sit, non alia relinquitur Christo divinitas, nisi quatenus aeterno Dei decreto Filius est ordinatus. Adde quod spectra illa quae in locum hypostaseon supponit, sic transformat, ut nova accidentia Deo

---

a) *VG 1560* de toutes idées ou visions

1) cf. l. c. lib. III, p. 92 sqq., 108. 2) cf. l. c. p. 105; lib. V, p. 189; De Trin. dial. I, p. 229. 3) cf. l. c. De Trin. lib. V, p. 185. 4) cf. l. c. De Trin. dial. I, p. 208. 5) cf. l. c. De Trin. dial. I, p. 217. 6) cf. l. c. De Trin. lib. III, p. 121. 7) lib. II 14, 5–8. 8) vide supra not. 1. 9) cf. l. c. De Trin. lib. III, p. 108. 10) l. c. De Trin. dial. I, p. 205 sq.

affingere non dubitet[1]. Illud vero omnium maxime execrandum,
quod tam Filium Dei quam Spiritum promiscue creaturis omnibus permiscet. Partes enim et partitiones palam asserit esse
in essentia Dei, quarum unaquaeque portio Deus est[2]: praesertim vero spiritus fidelium coaeternos dicit et consubstantiales
Deo[3]: quanvis alibi substantialem deitatem non tantum hominis animae, sed aliis rebus creatis assignet[4].

23. Ex hac lacuna prodiit aliud non dissimile monstrum.
Nebulones enim quidam[5], ut Serveticae impietatis invidiam ac

---

1) cf. l. c. epist. 6, p. 588 sq. (CR VIII 658 sq.).   2) cf. l. c. De Trin.
lib. III, p. 121.   3) l. c. De Trin. dial. I, p. 226.   4) cf. l. c. p. 213 sqq.
5) sic ex Antitrinitariis hic in primis Valentinum Gentilem
appellari vel inde apparet, quod sectiones 23 et 25—28 multis locis
ad verbum quamvis contractam responsionem ministrorum Genev.
ad epistolam eiusdem, quam ad Copum, Raymundum, Henocum
miserat, continent. Apographum huius reponsionis, quod exstat in
archivo Genev. (Procès criminels, 746; alterum, minus nitidum in
Biblioth. Genev., Cod. 145, fol. 69 sqq.), et autographum epistolae
V. Gentilis (in archivo Gen. l. c.) edidit H. Fazy in: Procès de Valentin Gentilis et de Nicolas Gallo (1558), publié d'après les documents originaux, Genève 1879 (Mémoires de l'Institut National Genevois, Tome 14), p. 64 sqq., quae primum typis excusa sunt in
Calvini libello: Impietas Valentini Gentilis ... 1561 (CR Calv. opp.
IX 389 sqq.). Cum Gentilis d. 18. Iul. 1558 epistolam in carcere con-
scribere coepisset (Fazy p. 51 sq.), responsionem ministrorum ad has
literas acceptas iam postridie (CR IX 399) a Calvino ipso diebus
mensis Iul., diem 18. Iul. sequentibus, conscriptam esse perspicuum
est. Epistolae suae Gentilis duas confessiones praeposuit, quarum
maiorem (Fazy p. 64 sq.; CR IX 389 sq.) talem, qualis in CR IX 410
exstat (autographum in archivo Genev. l. c.), d. 11. Iul. iussu senatus
Genev. exaravit (cf. Fazy p. 82 sq. [supplicationem Gentilis]; p. 48 sq.;
p. 46), quarum minorem, cuius prima forma ad nos non venit,
eandem fere, ac nunc in epistola exstat, eodem die paulo ante ab eo
conscriptam esse verisimile est. — Una autem cum Gentilis opinionibus
Calvinus similes Matthaei Gribaldi et Georgii Blandratae
(et Io. Pauli Alciati) sententias diluere in animo habet (cf.
infra p. 145, 37 sq. et sect. 24). Sed noli neglegere nullas Gribaldi
literas, ad quas Calvinus tum, cum hanc partem Institutionis conscribebat, spectare poterat, ad nos venisse nisi eius scriptum ad Ita-
licam ecclesiam Genevensem (CR XV 246 sqq.) et confessionem (CR
XV 856 sq.), item Blandratae nullas nisi illam seriem quaestionum
supra p. 134 not. 1 commemoratam. Praeterea exstat in Bibl.
Genev., Cod. 113, schediasma anonymum, quaestiones continens
quaestionibus Blandratae similes, sed alia manu scriptas, editum a
Trechselio (F. Trechsel, Die protest. Antitrinitarier, II, 1844, p. 469 sq.).
— Textus epistolae Gentilis a Fazy editus ex autographo sic corrigendus: confessioni minori (Fazy p. 64, 18–23) inscriptum est:

dedecus effugerent, tres quidem personas esse confessi sunt,
sed ratione addita, quod Pater qui vere et proprie unicus est
Deus[1], Filium et Spiritum formando, suam in eos deitatem
transfudit[2]. Nec vero abstinent ab horrendo loquendi genere,
Patrem hac nota distingui a Filio et Spiritu, quia sit solus 5
essentiator[3]. Colorem hunc primo obtendunt, passim Christum
vocari Dei Filium: unde colligunt non alium proprie Deum esse
nisi Patrem.[4] [a]Atqui non observant, quanvis Dei nomen Filio
quoque sit commune, tamen κατ' ἐξοχὴν Patri interdum adscribi, quia fons est ac principium deitatis: idque ut notetur 10
simplex essentiae unitas. Excipiunt, si vere est Dei Filius, absurdum esse censeri personae Filium[5]. Ego utrunque verum
esse respondeo, Dei nempe esse Filium, quia Sermo est a Patre
ante secula genitus (nondum enim de Mediatoris persona nobis
sermo est) et tamen explicandi causa habendam esse rationem 15
personae, ut nomen Dei non simpliciter sumatur, sed pro Patre;
nam[1b] si non alium censemus Deum quam Patrem, non obscure [110]
deiicitur Filius ab hoc gradu. Ergo quoties deitatis fit mentio,

---

a) *ad sqq. (lin. 8–16) cf. resp. ministr.*, Fazy p. 78 (CR IX 406). —
Lectiones discrepantes responsionis ministr. nonnullis exceptis ad sec- 20
tiones 23 et 25–28 cum exemplaribus resp. p. 139, 17 sq. commemoratis
collatas non adscripsimus; sed textus a Fazy editus ex exemplaribus manu
scriptis sic corrigendus: Fazy p. 71, lin. 12 lege perversi; *p. 72, l. 9* +
[Isa. 6. Ioan. 12.]; *l. 11* + [Isa. 8. Rom. 9.]; *l. 20 lege* solo; *p. 73, l. 8
dele* „Rom. cap. 8,; *ib.* + [Rom. 8.]; *p. 74, l. 8 l.* quanvis; l. 29 l. 25
aeternam; *p. 75, l. 26 l.* improbi; *p. 79, l. 15 dele* esse; *p. 81, l. 2 l.*
disp. myst.; *textus Corporis Ref. ex ed. princ. sic corrigendus: CR IX
400, l. 28 dele* Rom. 14; *l. 40 l.* solo; *p. 403, l. 9 l.* ut ad tuam; *p. 405,
l. 42 dele* 1. Cor. 15; *p. 408, l. 23 dele* Hab. 3; *l. 45 l.* disp. myst.; *ver-
siculorum numeri locorum biblicorum omnes sunt delendi.* b) *ad* 30
haec, quae usque ad fin. sect. sequuntur, verba cf. resp. min., Fazy
p. 72 sq. (CR IX 400 sq.).

Confessio Valentini Gentilis Illustrissimis dominis Genebensibus
oblata.; p. 64, lin. 19 lege: PATREM; confessioni maiori (p. 64, 24—
65, 12) inscriptum est: Altera Confessio eiusdem iussu Illustrium 35
dominorum exarata.; p. 65, 7 lege: subsistentiae; p. 67, 15 lege:
illis; in ultima pagina epistolae (p. 32) exstat: Consistorio Gallorum.
1) cf. epist. V. Gentilis, Fazy p. 66 sq. (CR IX 391). 2) cf. Dogmata ex Valentini verbis decerpta die 24 mensis junii 1558 (Fazy
p. 35); cf. quoque II. confessionem eiusdem, Fazy p. 65 (CR IX 390); 40
epist. CR IX 396 (Fazy sententias patrum, quas Gentilis epistolae suae
inseruit [CR IX 394—98] typis exprimendas non curavit). 3) II.
conf. V. Gentilis, Fazy p. 65 (CR IX 390). 4) cf. epist., Fazy
p. 67—69 (CR IX 392 sq.). 5) cf. epist., Fazy p. 67 sq. (CR IX
392 sq.). 45

minime admitti debet antithesis inter Filium et Patrem, quasi huic tantum conveniat nomen veri Dei. Nam sane Deus qui Iesaiae apparuit [Iesa. 6. a. 1], verus et unicus fuit: Deus: quem tamen Iohannes affirmat fuisse Christum [Iohan. 12. f. 41].
5 Qui etiam per os Iesaiae testatus est se fore in lapidem offendiculi Iudaeis [Iesa. 8. c. 14], unicus erat Deus: quem Paulus Christum fuisse pronuntiat [Rom. 9. g. 33]. Quum per Iesaiam clamat, Vivo ego: mihi flectetur omne genu [Iesa. 45. d. 23], unicus Deus est; atqui idem Paulus Christum interpretatur
10 [Rom. 14. b. 11]. Huc accedunt quae recitat Apostolus testimonia [Heb. 1. c. 10, et b. 6], Tu Deus fundasti caelum et terram [Psal. 102. d. 26]. Item, Adorent eum omnes Angeli Dei [Psal. 97. b. 7], quae nonnisi in unicum Deum competunt: quum tamen propria Christi elogia esse contendat. Nec valet cavillum
15 illud, transferri ad Christum quod Dei proprium est, quia sit relucentia gloriae ipsius[1]. Nam quum ubique ponatur nomen Iehovae, sequitur[a] deitatis respectu ex se ipso esse. Nam si est Iehovah, negari non potest quin idem sit ille Deus qui per Iesaiam alibi clamat, Ego ego sum, et praeter me non est
20 Deus [Iesa. 44. a. 6.]. Expendere etiam convenit illud Ieremiae, Dii qui non fecerunt caelum et terram, pereant de terra quae sub caelo est [Ierem. 10. b. 11]: quando ex opposito fateri necesse erit Filium Dei eum esse cuius deitas saepius apud Iesaiam probatur ex mundi creatione. Quomodo autem creator qui
25 omnibus esse dat, non erit ex seipso, sed essentiam aliunde mutuabitur? Nam quisquis essentiatum a Patre Filium esse dicit[b 2], a se ipso negat esse. Reclamat autem Spiritus sanctus, illum Iehovah nominans[c]. Iam si demus totam essentiam esse in solo Patre[3], vel fiet partibilis, vel eripietur Filio: atque ita
30 spoliatus sua essentia, titularis solum erit Deus. Essentia Dei, si creditur istis nugatoribus, soli Patri convenit, quatenus ipse solus est, et est Filii essentiator. Ita divinitas Filii quiddam erit abstractum[d] a Dei essentia, vel derivatio partis a toto[4].

---

a) *responsionis min. exemplaria manu scr. et „Impietas V. Gentilis"*,
35 *1561, p. 69 + solo; CR IX 400 et Fazy p. 72 secundum „V. Gentilis impietatum explicationem", 1567, p. 15 +* solius   b) *VG 1560 +* (puis que tels abuseurs forgent des noms contre nature)   c) *VG 1560 +* qui vaut autant à dire comme celuy qui est de soy et de sa propre vertu   d) quidd. — abstr.: *VG 1560* ne seroit qu'un ex-
40 trait ie ne say quel, tiré comme par un alambic

1) cf. II. conf., Fazy p. 65 (CR IX 390).   2) cf. ibidem.   3) cf. ibidem et epist., Fazy p. 67 (CR IX 391 sq.).   4) cf. epist., CR IX 396 ex Tert. Adv. Prax. c. 9 CSEL 47, 239.

Iam concedant ex suo principio necesse est, Spiritum esse solius
Patris: quia si derivatio est a prima essentia, quae nonnisi
Patri propria est, iure non censebitur Spiritus Filii; quod tamen
refellitur Pauli testimonio[a], ubi communem Christo et Patri
facit. Adhaec si expungitur e Trinitate Patris Persona, in quo
a Filio et Spiritu differet nisi quia solus est ipse Deus? Fatentur
Christum esse Deum, et tamen a Patre differre[1]. Vicissim
notam aliquam discretionis esse oportet, ne Pater sit Filius.
Qui in essentia eam ponunt[2], manifeste in nihilum redigunt
veram Christi deitatem: quae sine essentia esse non potest, et
quidem tota. Non differet certe Pater a Filio nisi proprium aliquid habeat in se quod Filio commune non sit. Quid iam reperient in quo eum distinguant? Si in essentia est discretio,
respondeant annon[1] cum Filio eam communicaverit. Hoc vero
non potuit esse ex parte: quia dimidium fabricare Deum nefas
esset. Adde quod hoc modo foede lacerarent Dei essentiam.
Restat ut tota et in solidum Patris et Filii sit communis. Quod
si verum est, iam sane quoad ipsam nulla erit alterius ab altero
discretio. Si excipiant, Patrem essentiando manere nihilominus
unicum Deum, penes quem sit essentia: Christus ergo figurativus erit Deus, ac specie tantum vel nomine, non re ipsa: quia
Deo nihil magis proprium quam esse, iuxta illud, Qui est,
misit me ad vos [Exod. 3.[b] d. 14].

24. Falsum quidem esse quod sumunt[c], quoties absolute fit
Dei mentio in Scriptura, nonnisi Patrem intelligi[3], ex multis
locis refellere promptum est: et in illis ipsis quos pro se citant,
turpiter produnt suam incogitantiam, quia illic Filii nomen
apponitur: unde apparet relative accipi Dei nomen, ideoque
restringi ad Patris personam; ac eorum obiectio uno verbo
diluitur, Nisi solus Pater, inquiunt, verus esset Deus, suus ipse
pater esset[4]. Neque enim absurdum est, propter gradum et
ordinem Deum peculiariter vocari qui non solum genuit ex se
suam sapientiam, sed Deus etiam est Mediatoris, sicuti plenius

---

a) *resp. min. (exempl. manu scr.)* a Paulo [Rom. 8. *(9)*]; *CR IX
401* a Paulo, Rom. cap. 8   b) *sic. resp. min., CR IX 401; 1559-61
falso 5.*   c) *ad sqq. (lin. 24-29, 31-p. 143, 4) cf. „Ad quaest. Blandr.
resp.", CR IX 325 sq.*

1) II. conf., Fazy p. 65 (CR IX 390); epist., Fazy p. 69 (CR IX 393).
2) vide supra p. 141 not. 2, 3, 4.   3) cf. quaestiones Blandratae, CR
XVII 169 sq.; hoc idem Calvinus Gentili crimini dedit (Fazy p. 46),
quod ad I. confess. eiusdem (Fazy p. 64; CR IX 389) pertinere
videtur.   4) cf. epist. Gentilis, Fazy p. 67 (CR IX 391): plures
deos Patres fateatur oportet.

DE COGNIT. DEI CREATORIS. CAP. XIII 143

suo loco disseram. Nam ex quo manifestatus est in carne Christus, Filius Dei vocatur, non tantum quatenus ante secula genitus ex Patre fuit aeternus Sermo, sed quia Mediatoris suscepit personam et munus, ut Deo nos coniungeret. Et quo-
5 niam Filium a Dei honore tam audacter excludunt, scire velim, ^aquum pronuntiat nullum esse bonum praeter unum Deum [Matt. 19. c. 17], an se bonitate privet. Non loquor de humana eius natura, ne forte excipiant, quicquid in ea boni fuit, ex gratuito dono fluxisse: quaero an Sermo aeternus Dei bonus
10 sit necne. Si negent, satis convicta tenetur eorum impietas: fatendo seipsos iugulant. Quod autem primo intuitu videtur Christus a se removere nomen boni, sententiam nostram magis confirmat: nempe quum singulare sit unius Dei elogium, quatenus ex vulgari more salutatus fuerat bonus, falsum honorem
15 repudians, bonitatem qua pollet divinam esse admonet. Quaero etiam, ubi affirmat Paulus solum Deum esse immortalem, sapientem et veracem [1. Tim. 1. d. 17], an his verbis in ordinem mortalium, stultorum et fallacium redigatur Christus. Non erit igitur immortalis, qui ab initio vita fuit ut Angelis im-
20 mortalitatem conferret? non erit sapiens, qui aeterna est Dei sapientia? non erit verax ipsa veritas?^b Quaero praeterea Christumne adorandum censeant. Si enim hoc iure sibi vendicat, ut flectatur coram ipso omne genu [Philip. 2. b. 10], sequitur illum esse Deum, qui in Lege vetuit quenquam alium praeter se
25 adorari. De solo Patre si accipi volunt quod apud Iesaiam dicitur, Ego sum, ac nemo praeter me [Iesa. 44. a. 6]¹, hoc testimonium in ipsos retorqueo, quando videmus Christo attribui quicquid Dei est. Nec locus est eorum cavillo, Christum in carne fuisse exaltatum in¹ qua exinanitus fuerat, et carnis respectu omne im-
30 perium illi datum esse in caelo et in terra²: quia etsi extenditur Regis et Iudicis maiestas ad totam Mediatoris personam, nisi tamen Deus manifestatus esset in carne, non potuit in tantam altitudinem extolli quin Deus secum ipse pugnaret. Atque hanc controversiam optime Paulus tollit, aequalem Deo fuisse docens,
35 antequam se exinaniret sub forma servi [Philip. 2. a. 6. 7]. Porro aequalitas ista quomodo staret nisi fuisset Deus ille cuius nomen

---

a) *ad sqq. (lin. 6 sq., 11–15) cf. „Ad quaest. Blandr. resp.", CR IX 327*   b) *VG 1560 + Et combien cela est-il detestable?*

1) Gentilem et Alciatum hoc Ies. loco usos esse ex Gentilis con-
40 fessione ad Simonem Wurstembergerum Gaii Praefectum (Trechsel, Die protestantischen Antitrinitarier II 474) apparet.   2) haec opinio Antitrinitariorum in scriptis supra p. 139 not. 5 commemoratis non exstat.

est Ia et Iehovah^a, qui equitat super Cherubim, qui Rex est totius terrae, et Rex seculorum? Iam utcunque obstrepant, non potest eripi Christo quod alibi dicit Iesaias, Hic, hic est Deus noster, expectavimus eum [Iesa. 25. c. 9]: quando his verbis adventum Dei Redemptoris describit qui non modo ab exilio Babylonico populum reduceret, sed Ecclesiam plene restitueret omnibus numeris. Altero etiam cavillo nihil proficiunt, Christum fuisse Deum in Patre suo[1]. Nam etsi fatemur ratione ordinis et gradus principium divinitatis esse in Patre, detestabile tamen esse dicimus commentum[b] illud, solius Patris essentiam esse propriam[2], quasi Filii deificator esset: quia hoc modo vel multiplex esset essentia, vel titulo et imaginatione tenus Christum appellant Deum. Si concedant Filium esse Deum, sed secundum a Patre[3]: iam in ipso genita et formata erit essentia, quae est in Patre ingenita et informis. ‖ Scio multis nasutis ludibrio esse quod ex verbis Mosis personarum distinctionem elicimus, ubi Deum sic loquentem inducit, Faciamus hominem ad imaginem nostram [Gene. 1. c. 26][4]; vident tamen pii lectores quam frigide atque inepte hoc velut colloquium induceret Moses, nisi subessent in uno Deo plures personae. Iam quos alloquitur Pater, certum est fuisse increatos: nihil vero increatum, excepto ipso Deo, et quidem uno. Nunc ergo nisi concedant Patris, Filii et Spiritus communem fuisse creandi potestatem, et commune iubendi imperium, sequetur Deum non intus secum ita loquutum esse, sed direxisse ad alios extraneos opifices sermonem[c]. ‖ Denique locus unus duo simul eorum obiecta facile

a) Ia et Ieh.: *VG 1560* souverain et eternel   b) *VG 1560* illusion
c) Sed enim ne quem perturbet, quod creati coeli et terrae gloria patri particulariter *(1539* peculiariter*)* hic assignatur, ac si ab ea sic excluderentur filius et spiritus: id accipiendum meminerimus, secundum eam, quam exposuimus, proprietatum distinctionem. Quoniam enim ad patrem refertur omnium principium, agere ipse proprie dicitur: sed in sapientia, et per spiritum. Quo mihi pertinere vox illa patris videtur (utcunque nasutiores quidam reclament[4]) faciamus hominem ad imaginem et similitudinem nostram [Gene. 1. c. 26.]: quia nec cum angelis deliberat[5]: nec coelum aut terram ad

1) vide p. 143 not. 2.   2) cf. conf. fidei ed. in Italica ecclesia Genevae 18. Maii anno 1558, Fazy p. 33 et 32, CR IX 387 et 388; II. conf. Gentilis, Fazy p. 65 (CR IX 390); ep. Gentilis, Fazy p. 67 sq. (CR IX 391—93).   3) cf. script. Gribaldi ad Italic. eccles. Genev., CR XV 247; quaestiones Blandratae, CR XVII 171; ep. Gentilis, CR IX 396.   4) ad Iudaeos infra commemoratos spectat; cf. Serveti quoque Christ. Rest.: De Trin. dial. I. p. 220 sq.; epist. 5. p. 585 (CR VIII 656); Dialog. de Trin. lib. I. A 6 a.   5) cf. comment. Raschii et Dav. Kimchii in Gen. 1, 26; cf. Tert., Adv. Prax. c. 12 CSEL 47, 245.

expediet. Nam^a quod pronuntiat Christus ipse, Deum esse Spiritum [Ioh. 4. d. 24], ad Patrem solum restringi consentaneum non esset, acsi Sermo ipse non esset spiritualis naturae. Quod si Filio similiter ut Patri convenit nomen Spiritus, sub indefinito Dei nomine Filium comprehendi colligo. Subiicit tamen continuo post, non alios probari cultores Patri nisi qui eum in spiritu et veritate adorant; unde alterum consequitur, quia sub capite fungitur Christus officio doctoris, Dei nomen Patri adscribere, non ut aboleat suam ipsius deitatem, sed ut gradatim nos ad eam attollat.

25.^b Sed in eo scilicet hallucinantur quod individua somniant, quorum singula partem obtineant essentiae[1]. Atqui ex Scripturis docemus unum essentialiter Deum esse, ideoque essentiam tam Filii quam Spiritus esse ingenitam; sed quatenus Pater ordine primus est, atque ex se genuit suam Sapientiam, merito,^I ut nuper dictum est[2], censetur principium et fons totius divinitatis. Ita Deus indefinite est ingenitus: et Pater etiam personae respectu ingenitus. Stulte etiam putant se ex nostra sententia colligere quaternitatem statui[3], quia falso et calumniose cerebri sui commentum nobis adscribunt^c, quasi derivative fingamus prodire ex una essentia tres personas^d: quum ex scriptis nostris liqueat non abstrahere nos personas ab essentia, sed quanvis in ipsa resideant, distinctionem interponere. Si separatae essent ab essentia personae, probabilis forte esset eorum ratio: sed hoc modo trinitas esset deorum, non personarum quas in se continet unus Deus. Ita solvitur futilis eorum quaestio, concurratne essentia ad conflandam Trinitatem[4]:

ferendas sibi suppetias accersit[5], ut iudaei quidam somniant, nec seipsum alloquitur, ut absurde interpretantur alii[6]: sed sapientiae suae consilium, et suam virtutem in operis consortium advocat.
a) *hinc usque ad fin. sect. cf. „Ad quaest. Blandr. resp.",* CR IX 326 *(fin.) - 327* b) *ad sqq. (lin. 11-p. 146, 19) cf. resp. min., Fazy p. 73-75 (CR IX 401-403)* c) Stulte — adscr.: *resp. min., Fazy p. 74 (CR IX 402)* Quod autem ex nostra sententia colligere te putas quaternitatem, hoc est cerebri tui commentum. Gloriaris quidem coelesti revelatione errorem tibi esse traditum[7]. Quasi vero ignotae sint nobis naeniae magistri vestri Gribaldi, quas tuus condiscipulus Georgius *(Blandrata)* sedulo huc illuc curavit spargendas. Nam ubi pinxit figuram, in qua patrem facit Deificatorem Filii et Spiritus, alteram nobis falso et perfide adscribit,   d) *VG 1560* + comme trois ruisseaux

1) II. conf. Gentilis, Fazy p. 64 sq. (CR IX 389 sq.).   2) supra sect. 18 sq. (p. 132 sq.).   3) epist. Gentilis, Fazy p. 66 (CR IX 391); cf. II. conf., Fazy p. 65 (CR IX 390). — Vide not. c.   4) epist. l. c.   5) cf. comment. Dav. Kimchii in Gen. 1, 26.   6) cf. comment. Raschii in Gen. 1, 26.   7) epist., l. c.

quasi tres deos ex illa descendere imaginemur[a]. Quod excipiunt, Trinitatem igitur fore sine Deo[1], ex eadem insulsitate nascitur: quia etsi ad distinctionem non concurrit ut pars vel membrum, non tamen personae sine ipsa, vel extra ipsam: quia et Pater, nisi Deus esset, non poterat esse Pater: et Filius non aliter Filius nisi quia Deus. Deitatem ergo absolute ex seipsa esse dicimus; unde et Filium, quatenus Deus est, fatemur ex seipso esse, sublato personae respectu: quatenus vero Filius est, dicimus esse ex Patre; ita essentia eius principio caret: personae vero principium est ipse Deus. Et quidem orthodoxi scriptores[b], quicunque olim de Trinitate loquuti sunt, ad personas tantum retulerunt hoc nomen: quando non modo absurdus esset error, in ipsa distinctione[c] complecti essentiam, sed nimis crassa impietas. Nam qui volunt tria concurrere, Essentiam, Filium, et Spiritum[2][d], eos Filii et Spiritus essentiam exinanire palam est; alioqui partes inter se commistae conciderent: quod est in omni distinctione vitiosum[e]. Denique si Pater et Deus synonyma[3] essent, sic deificator esset Pater, nihil in Filio residuum esset praeter umbram:[f] nec aliud esset Trinitas quam coniunctio Dei unius cum duabus rebus creatis.

26. Quod obiiciunt, Christum, si proprie sit Deus, Filium Dei perperam vocari[4], iam responsum est[5], quia fit unius personae ad alteram comparatio, nomen Dei non sumi indefinite, sed restringi ad Patrem, quatenus deitatis est principium, non essentiando, ut fanatici nugantur, sed ratione ordinis. Hoc sensu accipitur sermo ille Christi ad Patrem, Haec est vita aeterna ut credant te unum verum Deum, et quem misisti Iesum Christum [Iohan. 17. a. 3]. Nam in Mediatoris persona loquens, medium gradum tenet inter Deum et homines; neque tamen ideo imminuitur eius maiestas. Nam etsi seipsum exinanivit, gloriam tamen suam, quae abscondita fuit coram mundo, non perdidit apud Patrem. Sic Apostolus ad Hebraeos cap. 2, quanquam fatetur exiguo tempore fuisse imminutum infra Angelos[6],

---

a) *VG 1560* + or nous disons que Dieu estant entier en soy, a seulement ses proprietez distinctes   b) orth. script.: *VG 1560* anciens docteurs de l'Eglise   c) resp. min., *Fazy p. 75 (CR IX 403)* in Trinitate   d) *VG 1560* + comme si l'essence estoit au lieu de la personne du Pere   e) alioqui — vit.: *VG 1560* car le Fils a quelque estre, ou il n'en a point. S'il en a, voila deux essences pour iouster l'une contre l'autre: s'il n'en a point, ce ne seroit qu'une ombre   f) ad sqq. (lin. 19–p. 147, 20) cf. resp. min., *Fazy p. 77 (CR IX 405)*

1) ibid.   2) ibid.   3) cf. epist., Fazy p. 67 (CR IX 391).   4) cf. l. c. p. 67 sq. (CR IX 392 sq.).   5) vide supra sect. 20 et 23.   6) Hebr. 2, 7. 9.

non tamen dubitat simul asserere, aeternum esse Deum qui fundavit terram[1]. Tenendum igitur est, quoties Christus in persona Mediatoris Patrem compellat, sub hoc Dei nomine [114] divinitatem complecti, quae¹ ipsius quoque est. Sic quum Apostolis diceret, Expedit me ascendere ad Patrem, quia Pater maior est [Iohan. 16. a. 7.]², non secundam divinitatem tantum sibi tribuit ut sit quoad aeternam essentiam Patre inferior: sed quia caelesti gloria potitus, fideles colligit in eius participationem[a]. In superiore gradu Patrem locat, quatenus differt conspicua splendoris perfectio, quae in caelo apparet, ab ea gloriae mensura quae conspecta fuit in ipso carne vestito. Eadem ratione alibi Paulus Christum dicit redditurum Deo et Patri regnum, ut sit Deus omnia in omnibus [1. Cor. 15. c. 24]. Nihil absurdius quam auferre perpetuitatem Christi deitati. Quod si nunquam desinet esse Dei Filius, sed idem manebit semper qui fuit ab initio[b]: sequitur, sub Patris nomine unicam Dei essentiam, quae utriusque communis est, comprehendi. Et certe ideo ad nos descendit Christus ut ad Patrem attollendo, simul etiam ad seipsum attolleret, quatenus unum est cum Patre. Nomen[c] ergo Dei exclusive ad Patrem restringere ut Filio auferatur, neque fas neque rectum est. Nam et hac de causa verum esse Deum asserit Iohannes [Iohan. 1. a. 1][d], ne quis secundo deitatis gradu subsidere putet infra Patrem; ac miror quid sibi velint isti novorum deorum fabri, dum Christum verum Deum confessi, mox eum excludunt a Patris deitate: quasi possit esse verus Deus nisi qui unus est, aut transfusa divinitas non sit novum aliquod figmentum.

27.[e] Quod multos locos accumulant ex Irenaeo[3] ubi Patrem Christi asserit esse unicum et aeternum Deum Israel[4], vel pudenda inscitia est, vel summa improbitas. Animadvertere enim debuerant sancto viro negotium et certamen fuisse cum phreneticis, qui Patrem Christi negabant illum esse Deum qui per Mosen et Prophetas olim loquutus fuerat, sed nescio quod spectrum e labe mundi productum. Itaque in hoc totus est, ut palam faciat non alium praedicari in Scriptura Deum quam Christi Patrem, et per-

---

a) *resp. min. l. c.* in participationem Divinitatis   b) Nihil — initio: *resp. min. l. c.* Quaerimus abs te, an Christus quem cogeris Deum fateri, esse desinet; quod si perpetuitatem eius Deitati concedis   c) *hinc usque ad fin. sect. cf. resp. min., Fazy p. 79 (CR IX 406 sq.)*   d) *VG 1560* [1. Jean 5. d. 20]   e) *ad hanc sect. cf. resp. min., Fazy p. 79 sq. (CR IX 407 sq.)*

1) Hebr. 1, 10.   2) Ioh. 14, 28.   3) epist. Gentilis, CR IX 394 sq.
4) Irenaeus, Adv. haer. lib. III c. 6, 4 ed. Stieren p. 445.

peram alium excogitari, ac proinde nihil mirum si toties concludat non alium fuisse Deum Israelis quam qui celebratur a Christo et Apostolis. Sic etiam nunc, ubi diverso errori resistendum est, vere dicemus, Deum qui olim apparuit Patribus, non alium fuisse quam Christum. Porro siquis excipiat fuisse Patrem, in promptu erit responsio, dum pro Filii divinitate pugnamus, nos Patrem minime excludere. Ad hoc Irenaei consilium si attendant lectores, cessabit omnis contentio. Quinetiam ex sexto capite lib. 3 tota lis facile dirimitur, ubi in hoc unum insistit pius vir, qui absolute et indefinite vocatur in Scriptura Deus, illum esse vere unicum Deum: Christum vero absolute Deum vocari[1]. Meminerimus hunc fuisse disceptationis statum, sicuti ex toto progressu patet, ac praesertim libri secundi cap. 46 non vocari Patrem aenigmatice et¹ parabolice qui vere non sit Deus[2]. Adde quod alibi coniunctim tam Filium quam Patrem praedicatum fuisse Deum contendit a Prophetis et Apostolis [Lib. 3. cap. 9][3]. Postea vero definit quomodo Christus, qui Dominus est omnium et Rex, et Deus, et Iudex, ab eo qui est Deus omnium acceperit potestatem: nempe subiectionis respectu, quia humiliatus est usque ad mortem crucis [Cap. 12. eiusdem libri.][4]. Interea paulo post affirmat, Filium esse opificem caeli et terrae, qui Legem tulit per Mosis manum, et Patribus apparuit [Cap. 16. eiusdem libri.][5]. Iam siquis blateret, Irenaeo solum Patrem esse Deum Israel[6], regeram quod idem scriptor aperte tradit, Christum unum et eundem existere: sicuti etiam ad eum refert vaticinium Habacuc, Deus ab Austro veniet[7] [Cap. 18[8] et 23[9] eiusdem lib.]. Eodem pertinet quod legitur cap. 9. lib. 4. Ipse igitur Christus cum Patre vivorum est Deus[10]. Et eiusdem libri cap. 12 interpretatur Abraham credidisse Deo, quia factor caeli et terrae, et solus Deus sit Christus[11].

28ª. Tertullianum nihilo verius patronum sibi asciscunt[12]; quia etsi asper interdum et spinosus est in suo loquendi genere, summam tamen doctrinae quam tuemur, non ambigue tradit: nempe quum unus sit Deus, dispensatione tamen vel oeconomia esse eius Sermonem: unicum esse Deum substantiae unitate,

---

a) *ad hanc sect. cf. resp. min., Fazy p. 80–82 (CR IX 408–410)*

1) Ibidem III. 6, 1 p. 442.   2) II, 27, 2 p. 380 (lib. II cap. 46 in ed. Erasmi Basileae 1526).   3) III, 9, 1 p. 451.   4) III, 12, 13 p. 491.   5) III, 15, 3 p. 503.   6) vide epistolam V. Gentilis, CR IX 394 sqq.   7) Hab. 3, 3.   8) Iren. Adv. haer. III, 16, 2 Stieren p. 504.   9) III, 20, 4 p. 531.   10) IV, 5, 2 p. 571.   11) IV, 5, 3 p. 571.   12) epist. V. Gentilis, CR IX 396.

et nihilominus unitatem dispensationis mysterio in Trinitatem disponi: tres esse non statu, sed gradu: nec substantia, sed forma: nec potestate, sed specie[a][1]. Dicit quidem se defendere secundum a Patre Filium[2], sed non alium intelligit nisi distinctione[3]. Visibilem alicubi Filium dicit: sed postquam in utranque partem ratiocinatus est, definit invisibilem esse quatenus est Sermo[4]. Denique Patrem sua persona determinari affirmans[5], alienissimum se probat ab eo commento quod refellimus[b]. Et quanquam non alium Deum agnoscit quam Patrem[6], seipsum tamen proximo contextu explicans, se non exclusive loqui ostendit Filii respectu, quia negat alium esse a Patre Deum: ideoque non violari monarchiam personae distinctione[7]. Atque ex perpetuo eius consilio verborum sensum colligere promptum est. Contendit enim adversus Praxeam, quanvis in tres personas distinctus sit Deus, non tamen fieri plures deos, neque discerpi unitatem[8]. Et quia secundum Praxeae commentum Christus non poterat Deus esse quin idem esset Pater[9], ideo tantopere de distinctione laborat[10]. Quod vero Sermonem et Spiritum vocat portionem totius[11], etsi dura est locutio, excusabilis tamen est, quando ad substantiam non refertur[12], sed dispositionem tantum et oeconomiam notat[13] quae solis personis convenit, Tertulliano ipso teste. Inde etiam pendet illud, Quot personae tibi videntur perversissime Praxea, nisi quot sunt voces[14]? Sic etiam paulo post, Ut credant Patrem et Filium in suis quenque nomi|nibus et personis[15]. His arbitror satis refelli posse eorum impudentiam qui ex Tertulliani authoritate fucum tentant facere simplicibus.

29. Et certe quisquis diligenter veterum scripta inter se conferet, non aliud reperiet apud Irenaeum quam quod ab aliis qui deinde sequuti sunt, proditum fuit[16]. Iustinus unus est

---

a) *sic recte resp. min.*, *Fazy p. 81 (CR IX 408); 1559-61 falso serie*   b) *VG 1560* + car par cela il monstre qu'en l'essence il n'y a nulle diversité

1) Tertull., Adv. Praxeam c. 2 CSEL 47, 229 sq.   2) ibidem c. 7 p. 237.   3) c. 9 p. 239.   4) c. 14 p. 250 sq.   5) c. 18 p. 260.   6) ibidem.   7) c. 20 p. 263.   8) c. 3 p. 230 et passim.   9) c. 1. 2 p. 227. 229 et passim.   10) c. 11 p. 242 sq. 245 etc.   11) c. 9 et 26 p. 239. 277 sq.   12) c. 26 p. 278.   13) cf. c. 3 p. 230.   14) c. 23 p. 271.   15) c. 32 p. 272.   16) Antitrinitarios illos praeter Irenaei et Tertulliani scripta aliorum quoque veterum ad confirmandas suas opiniones attulisse constat; cf. quaest. Blandratae, CR XVII 171; schediasma, quo de Alciato certiores facti sumus (Trechsel II 311); cf. quoque V. Gentilis ... brevem historiam. Auctore D. Benedicto Aretio, Genevae, MDLXVII, p. 31 sqq. et Gentilis confessionem ad Sim. Wurstembergerum (Trechsel II 475).

ex vetustissimis: nobis autem per omnia suffragatur[1]. Obiectent[a] tam ab illo quam a reliquis Patrem Christi vocari unum Deum[2]. Idem Hilarius quoque docet, imo asperius loquitur, aeternitatem esse in Patre[3]. An ut Filio auferat Dei essentiam? Atqui in eius fidei quam sequimur defensione totus est. Nec tamen eos pudet mutila nescio quae dicta excerpere, ex quibus persuadeant Hilarium esse erroris sui patronum[4]. Ignatium quod obtendunt[5], si velint quicquam habere momenti, probent Apostolos legem tulisse de quadragesima[6] et similibus corruptelis; nihil naeniis illis quae sub Ignatii nomine editae sunt, putidius[7]. Quo minus tolerabilis est eorum impudentia, qui talibus larvis ad fallendum se instruunt. Porro hinc veterum consensus clare perspicitur, quod neque in concilio Niceno Arrius ex cuiusquam probati scriptoris authoritate fucum facere ausus est[b]: et nemo ex Graecis vel Latinis excusat a prioribus se dissentire. Augustinus, cui nebulones isti infestissimi sunt[8], quam sedulo excusserit omnium scripta, et quam reverenter amplexus sit, dicere nihil attinet. Certe in minimis quibusque scrupulis ostendere solet cur ab illis discedere cogatur. In hoc etiam argumento siquid ambiguum vel obscurum legerit apud alios, non dissimulat. Quam tamen isti oppugnant doctrinam pro confesso sumit ab ultima antiquitate sine controversia fuisse receptam. Neque tamen quid ante docuissent alii, ipsum la-

---

a) *VG 1560* Que ces brouillons qui auiourdhuy troublent l'Eglise alleguent   b) *VG 1560* + ce qu'il n'eust point oublié, s'il eust eu dequoy

1) cf. Iustini martyris Apologiam I c. 6, 13, 23 et passim. Corp. apol. Christ. saec. sec. ed. Otto vol. 1 p. 14 sqq., 32 sqq., 60 sqq. 2) vide supra p. 149 not. 16; cf. Serveti quoque Christ. Rest.: De Trin. lib. I, p. 33 sq. — Antitrinitarii illi et Servetus locos ut illum: Dial. c. Tryph. c. 11 (Corp. apol. Christ. saec. sec. ed. Otto vol. 2 p. 38 sq.) in suam opinionem detorquentes, Iustinum patronum suarum ineptiarum depravasse videntur.   3) Hilarius, De Trinitate I, 5. II, 6 MSL 10, 28. 55 sq.   4) vide p. 149 not. 16; cf. Serveti Christ. Rest.: De Trin. lib. I p. 24.   5) vide p. 149 not. 16; cf. Serveti Christ. Rest.: De Trin. lib. I p. 33 sq.; De mysterio Trin. et Veterum disciplina, ad Ph. Melanchthonem Apologiam, p. 678 sqq.   6) Epist. pseudoignatiana ad Philipp. c. 13, Corp. Ignatianum ed. W. Cureton p. 155.   7) Noli neglegere a. 1498 a Fabro Stapulensi corpus librorum, qui sub nomine Ignatii circumferebantur, continens 7 interpolatos et 4 falsos, a. 1536 a Symphorino Champerio Lugdunensi corpus continens 7 interpolatos et 8 falsos editum esse atque utroque corpore spuriam ad Philippenses epistolam contineri.   8) cf. Serveti Christ. Rest.: De Trin. lib. I p. 32, 40, 42, 44; lib. II p. 75 sq. etc.

tuisse, vel ex uno verbo constat, ubi dicit in Patre esse unitatem,
lib. de doctrina Christiana primo¹; an garrient sui tunc fuisse
oblitum? Atqui alibi ab hac calumnia se purgat, ubi Patrem
vocat principium totius deitatis², quia a nullo est: prudenter
5 scilicet expendens specialiter Patri adscribi Dei nomen, quod
nisi ab ipso fiat initium, concipi nequeat simplex Dei unitas.
His etiam demum, ut spero, agnoscet pius lector omnes calumnias discussas, quibus Satan hactenus puram doctrinae fidem
pervertere vel obtenebrare molitus est. Denique totam huius
10 doctrinae summam fideliter esse explicatam confido, si quidem
modum curiositati imponant lectores, nec molestas et perplexas
disputationes cupidius quam par sit sibi accersant. Nam quos
oblectat speculandi intemperies, minime placandos suscipio.
Certe nihil astute praeterii quod mihi adversum esse putarem:
15 sed dum Ecclesiae aedificationi studeo, multa non attingere
consultius visum est, quae et parum prodessent, et lectores
gravarent supervacua molestia. Quid enim disputare attinet
an semper generet Pater? quando stulte fingitur continuus
actus generandi, ex quo liquet ab aeterno tres in Deo personas
20 substitisse ᵃ³.

6, 10   a) *ad hoc cf. hanc sect., quae 1559 deleta est:*
   Sed quoniam ex divinitatis probatione reliqua consequuntur, in 1539
eam asserendam potissimum insistemus: si modo prius de appellatione filii nonnihil dictum fuerit. Veteres, qui aeterna filium gene-
25 ratione a patre extitisse sentiebant, eam ostendere ex Iesaiae testimonio conati sunt *(1539-45* conabantur*)*. Generationem eius quis
enarrabit [Iesaiae. 53. c. 8]⁴? In quo citando hallucinatos fuisse palam est. Non enim illic quomodo pater filium genuerit, sed quam
diuturno tempore *(*di. tem.*: 1539-45* numerosa posteritate*)* regnum
30 eius propagaturus *(1539-45* aucturus*)* esset, tractat propheta. Nec
valde etiam firmum est, quod subinde assumunt ex psalmis. Ex utero
ante luciferum genui te [Psal. 110. a. 3.]⁵: cum versio ista nequaquam hebraicae veritati consentiat, quae sic habet. Ab utero aurorae
tibi ros nativitatis tuae. Quod ergo praecipuam speciem habere videtur
35 argumentum, est ex verbis Apostoli: quibus docetur per filium
condita fuisse universa *(VG 1541* + [Colos. 1. *(16)*]*)*. Nisi enim iam
tum fuisset filius, virtutem suam non protulisset. Sed huic quoque
rationi parum inesse ponderis, ex similibus formulis liquet. Nemo
certe nostrum movebitur, siquis vocabulum Christi ad id tempus
40 trahere velit, quo Christum a Iudaeis tentatum fuisse dicit Paulus
[1. Corint. 10. b. 9.]. Notationem enim habet, quae ad humanitatem

1) Aug., De doctrina christ. I, 5 MSL 34, 21.   2) Aug., De Trin. IV
c. 20, 29 MSL 42, 908.   3) P. Lomb. Sent. I dist. 9, 10 sqq. MSL
192, 547 sqq.   4) Aug., Ep. 238, 4, 24 (ad Pascentium) MSL 33,
45 1047 sq.; CSEL 57, 552.   5) Aug., In Psal. 109, 16 MSL 34, 1453 sq.

In ipsa etiam mundi et rerum omnium creatione Scripturam certis notis discernere verum Deum a fictitiis. CAP. XIIII.

1. QUANQUAM falsorum deorum cultoribus socordiam merito exprobat Iesaias, quod ex terrae fundamentis et caelorum ambitu non didicerint quisnam esset verus Deus [Iesa. 40. e. 21]: quae tamen est ingenii nostri tarditas et hebetudo, necesse fuit, ne ad Gentium figmenta defluerent fideles, expressius illis depingi verum Deum. Nam quum evanida sit quae apud Philosophos maxime tolerabilis habetur descriptio, Deum mentem esse mundi[1]: ipsum familiarius a nobis cognosci operaepretium est, ne semper in ambiguo vacillemus. Itaque historiam creationis extare voluit, cui innixa Ecclesiae fides non alium Deum quaereret nisi qui propositus est a Mose opifex mundi et conditor. Illic primo notatum est tempus, ut continua annorum serie fideles ad primam humani generis et rerum omnium originem pervenirent; quae apprime utilis est cognitio, non tantum ut prodigiosis fabulis, quae in Aegypto et aliis terrae plagis olim grassatae sunt, obviam eatur, sed etiam ut cognito mundi exordio, clarius eluceat Dei aeternitas, nosque in sui admirationem magis rapiat. Neque vero movere nos debet profana illa subsannatio, mirum esse cur non citius venerit Deo in mentem, caelum et terram condere, sed otiosus immensum spatium praeterfluere siverit, quod ante plurima aetatum millia efficere posset: quum ad sex annorum millia nondum pervenerit mundi ad ultimum finem vergentis diuturnitas[2]. Nam cur tandiu distu-

---

proprie pertinet. Similiter cum dicitur Iesum Christum fuisse heri, esse hodie, et futurum in secula [Hebrae. 13. b. 8]: si quis ex eo contendat, nomen Christi semper ei convenisse [Vide Cyrillum de rect. fide ad Theodos.][3], nihil efficiet. Quid aliud quam haereticorum cavillis sancta et orthodoxa religionis dogmata exponuntur, dum ita contorquemus testimonia, quae germano sensu accepta, causae nostrae vel nihil vel certe parum serviunt? Mihi vero unum hoc argumentum, ad confirmandam de filii Dei aeternitate conscientiam, instar mille semper erit. Certum enim est, Deum non esse hominibus patrem, nisi intercedente illo unigenito filio, qui sibi hanc praerogativam iure solus vendicat, et cuius beneficio ad nos derivatur. Atqui Deus semper a populo suo patris nomine voluit invocari: Unde sequitur iam tum fuisse filium, per quem ista propinquitas conciliaretur.

1) Cic. nat. deor. I, 13, 33. 35 — Lact. inst. div. I 5, 18. 22 CSEL 19, 16 sq.   2) cf. Cic. nat. deor. I, 9, 21.   3) Cyrillus Alexandr., De recta fide ad Theodosium imperat. c. 39—41 MSG 76, 1191 sqq.

lerit Deus neque fas est nobis inquirere, neque expedit: quia
si eousque penetrare contendat mens humana, centies in itinere
deficiet: neque etiam cognitu utile esset quod Deus ipse, ut
fidei nostrae modestiam probaret, consulto voluit celatum esse.
5 Ac scite pius ille senex, quum protervus quispiam ex eo per
ludibrium quaereret quid ante creatum mundum egisset Deus:
respondit fabricasse inferos curiosis[1]. Haec non minus gravis
quam severa admonitio compescat lasciviam, quae multos
titillat, adeoque impellit ad pravas et noxias speculationes.
10 Denique meminerimus, Deum illum invisibilem et cuius incomprehensibilis est sapientia,[a] virtus et iustitia, Mosis historiam speculi loco nobis proponere, in quo viva eius effigies relucet. Sicuti enim nihil distincte cernunt oculi vel senio obtusi,
vel alio vitio hebetes, nisi specillis adiuventur: ita, quae nostra
15 est imbecillitas, nisi nos dirigat Scriptura in Deo quaerendo, statim evanescimus. Qui vero proterviae suae indulgent, quia nunc
frustra monentur,[1] sero horribili interitu sentient quanto satius
fuerit arcana Dei consilia reverenter suspicere, quam blasphemias evomere quibus caelum obscurent. Et recte Augu-
20 stinus iniuriam Deo fieri conqueritur ubi superior eius voluntate
flagitatur rerum causa [Lib. de Gene. contra Manich.][2]. Idem
alibi prudenter admonet, non minus perperam de immensis
temporum quam locorum spatiis quaestionem moveri [Lib. 11.
de Civitate Dei.][3]. Certe quantumvis late pateat caelorum cir-
25 cuitus, est tamen aliqua eius dimensio. Nunc siquis cum Deo
expostulet, quod centuplo superet vacuitas, annon piis omnibus
detestabilis erit petulantia? Eodem furoris prosiliunt qui exagitant Dei otium, quod eorum arbitrio mundum ante innumera
secula non condiderit[4]. Ut suae cupiditati morem gerant, extra
30 mundum egredi affectant; quasi vero in tam ampla caeli et
terrae circunferentia, non satis multa occurrant quae inaestimabili suo fulgore absorbeant sensus omnes nostros: quasi intra
sex annorum millia non satis multa documenta ediderit Deus,
in quorum assidua meditatione mentes nostrae se exerceant.
35 Ergo libenter maneamus inclusi his cancellis, quibus nos circun-
scribere Deus voluit, et quasi mentes nostras contrahere, ne
vagandi licentia diffluerent.

2. Eiusdem rationis est quod narrat Moses, non momento

---

a) *1561* + et

40 1) Aug., Conf. XI, 12, 4 MSL 32, 815; CSEL 33, 290.   2) Aug., De
Gen. ctr. Man. I, 2, 4 MSL 34, 175.   3) Aug., De civit. Dei XI, 5 MSL
41, 320 sq.; CSEL 40 I. 517.   4) Cic. nat. deor. I, 9, 21.

sed sex diebus absolutum fuisse Dei opus. Nam et hac circunstantia ab omnibus figmentis colligimur ad unicum Deum qui in sex dies opus suum digessit, ne molestum nobis esset in eius consideratione occupari toto vitae cursu. Quanvis enim oculi nostri, in quancunque partem se vertant, coguntur in operum Dei intuitu versari: videmus tamen quam fluxa sit attentio, et quam cito praetervolent siquae nos tangant piae cogitationes. Hic etiam obstrepit humana ratio, quasi a Dei potentia alieni fuerint tales progressus, donec subacta ad fidei obsequium quietem illam colere discit, ad quam nos invitat septimi diei sanctificatio. In ipso autem ordine rerum diligenter considerandus est paternus Dei amor erga humanum genus, quod non ante creavit Adam quam mundum omni bonorum copia locupletasset. Nam si eum in terra adhuc sterili et vacua locasset, si vitam dedisset ante lucem, visus fuisset eius utilitati parum consulere. Nunc ubi Solis et astrorum motus disposuit ad usus humanos, terram, aquas, aerem animalibus replevit, frugum omnium abundantiam protulit quae alimentis sufficeret: curam providi et seduli patrisfamilias suscipiens, mirificam erga nos suam bonitatem ostendit. Quae breviter tantum delibo si quisque attentius apud se expendat, constabit Mosen certum unius Dei creatoris testem ac praeconem fuisse. Omitto quae iam exposui[1], non de nuda tantum Dei essentia illic fieri sermonem, sed aeternam quoque eius sapientiam[1] et Spiritum nobis proponi; ne alium Deum somniemus quam qui in illa expressa imagine vult agnosci.

3. Sed antequam de hominis natura plenius dissere incipiam, aliquid de Angelis inserere oportet: quia etsi Moses vulgi ruditati se accommodans, non alia Dei opera commemorat in historia creationis nisi quae oculis nostris occurrunt: ubi tamen postea Angelos Dei ministros inducit, colligere facile licet eorum esse conditorem, cui suam operam et officia impendunt[a]. || Quanvis ergo Moses populariter loquens, non statim a primis rudimentis Angelos recensuerit inter Dei creaturas: nihil tamen

---

a) Primum ergo dicitur Deus coelum et quae in coelo continentur, creasse. In eo autem ordine sunt Spiritus coelestes, tam ii qui per obedientiam in sua integritate perstiterunt, quam qui defectione in ruinam collapsi sunt. Neque obstat quod inter Dei opera nihil de iis nominatim habetur apud Moysen. Videmus enim ut iis omnibus, quae captu nostro altiora erant, praetermissis, ea tantum commemorando quae sub oculis sunt, idque, quoad potest fieri, populariter, ruditati se nostrae accommodet.

1) I 13, 2. 24; supra p. 109 sqq. 144, 15 sqq.

vetat quominus diserte et explicate de illis tradamus quae alibi passim docet Scriptura; quia si Deum ex operibus suis agnoscere cupimus, minime omittendum est tam praeclarum et nobile specimen. Adde quod refutandis multis erroribus valde necessaria est haec pars doctrinae. Multorum mentes ita perstrinxit Angelicae naturae praestantia, ut putarent illis iniuriam fieri si unius Dei imperio subiecti quasi in ordinem cogerentur; hinc illis afficta divinitas. Emersit etiam Manichaeus cum sua secta, || qui sibi[a] duo principia fabricavit[b], Deum et diabolum; ac Deo quidem tribuebat[c] bonarum rerum originem[d]: malas autem naturas ad diabolum authorem referebat[e][1]. || Hoc delirium si mentes nostras teneret implicitas, non constaret Deo sua in mundi creatione gloria[f]. || Nam[g] quum nihil magis Dei proprium[h] sit quam aeternitas, et $αὐτουσία$, id est, a seipso existentia, ut ita loquar: qui diabolo hoc tribuunt, nonne quodammodo eum divinitatis ornant titulo? Iam ubi[i] omnipotentia Dei, si diabolo tale conceditur imperium, ut illo invito ac repugnante, quicquid voluerit exequatur?[k] || Quod autem[l] unicum habent fundamentum Manichaei, nefas esse ascribi bono[m] Deo ullius rei malae creationem, id orthodoxam fidem minime laedit[n], quae non admittit aliquam esse in mundi universitate malam naturam: quandoquidem nec pravitas et[o] malitia tum hominis, tum diaboli, aut quae inde nascuntur peccata, ex natura sunt, sed ex naturae corruptione[2]: nec quicquam omnino[p] ab initio extitit in quo[q] non et sapientiae et iustitiae suae specimen ediderit Deus. || His ergo perversis commentis ut obviam eatur, altius animos attollere necesse est quam

---

a) > 1543-54; — *quae his verbis 1543-54 praecedunt, infra p. 156, 28-33 exstant.* b) *1543-54* somniabant c) *1543-54* tribuebant d) *1543-54* creationem e) *1543-54* referebant
f) Hunc errorem, cum et ubique in scriptura damnetur, et Dei gloriae palam deroget, oportuit in communi confessionis formula repudiari ac confutari;— *quae 1543-54 hinc sequuntur, infra lin. 18-26 exstant:* Quod ... ediderit Deus. g) *1543-54* Iam vero h) *1543-54* prop. Dei i) *1543-54* Deinde ubi erit k) *1543-54* + Merito igitur ea insania, a qua pii omnes abhorrere debent, statim in principio symboli refellitur. l) *1543-54* Nam quod m) > *1543-54* n) orth. — laed.: *1543-54* cum orthodoxa religione nimium *(1550 minimum)* pugnat; *VG 1545, 1551* contrevient du tout à la verité de l'Escriture o) quand — et: *1543-54* Nam nec p) *1543-54* nec ulla omnino creatura q) *1543-54* qua

1) cf. Aug., De haeresibus c. 44 MSL 42, 34; De Genesi ad literam XI, 13, 17 MSL 34, 436, CSEL 28, 345; Contra Iulianum I, 115 sqq. MSL 44, 1124 sqq. 2) cf. Aug., Contra Iulianum I, 114 MSL 44, 1124.

1559*
(1543) oculi nostri penetrent. || Quo consilio verisimile est, ubi in symbolo Niceno vocatur Deus omnium conditor, res invisibles fuisse expressas[a]. || Modum tamen quem praescribit pietatis regula, tenere curae erit, ne altius quam expedit speculando, lectores a fidei simplicitate abducti vagentur. Et certe quum utiliter semper nos doceat Spiritus: in quibus vero parum est momenti ad aedificationem, vel subticeat prorsus vel leviter tantum et cursim attingat, nostri quoque officii est, libenter ignorare quae non conducunt[b].

1543 4. Angelos sane, quum Dei sint ministri ad iussa eius exequenda ordinati, esse quoque illius creaturas, extra controversiam esse debet. De tem|pore vel ordine quo creati fuerint, contentionem movere nonne pervicaciae magis quam diligentiae est[1]? Terram esse perfectam, et caelos perfectos, cum omni exercitu eorum, narrat Moses [Genes. 2. a. 1]: quid attinet anxie percontari quoto die praeter astra et planetas alii quoque magis reconditi[c] caelestes exercitus esse coeperint? Ne longior sim, meminerimus hic, ut in tota religionis doctrina, tenendam esse unam modestiae et sobrietatis regulam, ne de rebus obscuris aliud vel loquamur, vel sentiamus, vel scire etiam appetamus quam quod Dei verbo fuerit nobis traditum. Alterum[d], ut in[e] lectione Scripturae, iis continenter quaerendis ac meditandis immoremur quae ad aedificationem pertinent: non curiositati aut rerum inutilium studio indulgeamus. Et quia Dominus non in frivolis quaestionibus, sed in solida pietate, timore nominis sui, vera fiducia, sanctitatis officiis erudire nos voluit, in ea scientia acquiescamus. Quamobrem, si rite sapere volumus, re-

1543 a) Sub coeli et terrae nominibus coelestia omnia terrena hic comprehenduntur: acsi Deus sine exceptione diceretur rerum omnium creator. Quod explicatius in symbolo Niceno habetur, ubi omnium visibilium et invisibilium vocatur conditor. Idque factum esse propter Manichaeos verisimile est; — *hoc est initium sect. 28., cui inscriptum est: Creatorem coeli et terrae.*
1543 b) Deinde *(1543-50 +* id*)* in *(> 1550)* universum observare licet, Spiritum sanctum in sacris suis oraculis potissimum ac fere perpetuo iis docendis insistere, quae vere sint fructuosa, id est, ad pietatem, fidem, charitatem vel gignendam vel augendam vel confirmandam faciant: in quibus vero parum est momenti ad aedificationem, ea vel subticere prorsus, vel certe leviter et cursim attingere. Proinde officii quoque nostri est, in exigendis talium rerum testimoniis non nimis morosos nos exhibere, ac pertinaciter negare, quidquid in illa creationis historia non syllabatim enumeratur.
c) praet. — recon.: *1543-54* illi   d) *1543-45* Alteram   e) *> 1543*

1) Lomb., Sent. II. dist. 2, 1 sqq. MSL 192, 655.

linquenda sunt nobis illa ματαιώματα, quae et ab otiosis hominibus de Angelorum natura, ordinibus, multitudine absque Dei verbo traduntur¹. Scio haec cupidius a multis arripi, et maiori voluptati esse quam quae in usu quotidiano sunt posita. Verum, nisi Christi discipulos esse nos piget, eam quam ipse methodum praescripsit, sequi ne pigeat. Ita fiet ut eius magisterio contenti, a supervacuis speculationibus, a quibus nos revocat, non tantum abstineamus, sed etiam abhorreamus. Dionysium illum, quicunque fuerit, nemo negaverit multa subtiliter et argute in caelesti Hierarchia disputasse²: verum siquis propius excutiat, deprehendet maxima ex parte meram esse garrulitatem. Theologo autem non garriendo aures oblectare, sed vera, certa, utilia docendo, conscientias confirmare propositum est. Si librum illum legas, putes hominem de caelo delapsum referre non quae didicit, sed quae oculis vidit. Atqui Paulus, qui extra tertium caelum raptus fuerat [2. Cor. 12. a. 2], non modo nihil tale prodidit, sed testatus quoque est nefas esse homini loqui quae viderat arcana³. Illa ergo nugatoria sapientia valere iussa, ex simplici Scripturae doctrina consideremus quod de Angelis suis scire nos Dominus voluit.

5. Angelos esse caelestes Spiritus quorum ministerio et obsequio utitur Deus ad exequenda omnia quae decrevit, passim in Scriptura legitur: unde et hoc illis nomen attributum est quod illos veluti internuntios adhibet[a] Deus ad se hominibus manifestandum. Aliae etiam quibus insigniuntur appellationes, ex simili ratione sumptae sunt. Exercitus vocantur[b], quia ut satellites principem suum circundant, eius maiestatem exornant et conspicuam reddunt, et instar militum ad signum ducis sui semper intenti sunt, et ita parati sunt ac expediti ad capessenda illius iussa, ut simul ac annuerit, operi¹ se accingant, vel potius sint in opere. Talem imaginem throni Dei, ad declarandam eius magnificentiam, cum alii Prophetae describunt, tum praecipue Daniel: ubi mille millia[c], et decies mille myriadas astitisse dicit, quum Deus tribunal conscendisset [Dan. 7. c. 10]. Quoniam vero vim ac fortitudinem manus suae Dominus per ipsos mirabiliter exerit ac declarat, inde Virtutes nominantur. Quia vero imperium suum in mundo per eos exercet ac administrat, ideo dicuntur nunc Principatus, nunc Potestates, nunc Domi-

---

a) *1543-54* adhibeat   b) *VG 1545 sqq.* +[Luc. 2. b. 13.]   c) *1543-50* milia

1) Lomb., Sent. II. dist. 2—11 MSL 192, 655 sqq.   2) Pseudo-Dionysius Areopagita, Περὶ τῆς οὐρανίας ἱεραρχίας MSG 3.   3) 2. Cor. 12, 4.

nationes [Colos. 1. b. 16ᵃ; Ephes. 1. d. 21]. Postremo, quia in illis quodammodo residet gloria Dei, Throni quoque hac ratione appellantur. ‖ Quanquam de hoc postremo nihil velim asserere: quia diversa interpretatio vel aeque, vel magis etiam congruit. Verum hoc nomine omisso, prioribus ‖ illisᵇ saepe utitur Spiritus sanctus ad commendandam Angelici ministerii dignitatem. Neque enim aequum est, sine honore praeteriri ea instrumenta quibus numinis sui praesentiam specialiter Deus exhibet. Quinetiam ob id non semel Dii nuncupantur, quod in suo ministerio, velut in speculo, divinitatem aliqua ex parte nobis repraesentant. Tametsi enim mihi non displicet quod veteres scriptores, ubi Scriptura Angelum Dei Abrahae, Iacob, Mosi et aliis apparuisse commemorat [Gen. 18. a. 1, et 32. a. 1, et f. 28[1]. Ios. 5. d. 14, Iudic. 6. c. 14 et 13. d. 22], Christum fuisse Angelum illum interpretantur[2]: saepius tamen ubi de Angelis omnibus fit mentio, hoc nomen illis tribuitur. Neque id mirum videri debet; nam si principibus ac praefectis id honoris datur [Psal. 82. b. 6], quod Dei, qui summus est Rex et Iudex, vices gerunt in sua functione: longe maior causa est cur deferatur Angelis, in quibus divinae gloriae claritas multo abundantius elucet.

6. Quod autem ad consolationem nostram fideique confirmationem facere maxime poterat, in eo docendo plurimum insistit Scriptura: nempe Angelos divinae erga nos beneficentiae dispensatores esse et administros. Ideoque commemorat, pro salute nostra ipsos excubare, suscipere defensionem nostri, vias nostras dirigere, sollicitudinem gerere nequid adversi nobis accidat. Universales sunt sententiae quae in primis ad Christum, Ecclesiae caput, deinde ad omnes fideles pertinent. Angelis suis mandavit de te, ut custodiant te in omnibus viis tuis. In manibus portabunt te, ne forte offendas ad lapidem pedes tuos [Psal. 91. c. 11.][3]. Item, Manet Angelus Domini per circuitum eorum qui timent eum, et eruit eos [Psal. 34. b. 8.]. Quibus ostendit Deus, sese eorum quos custodiendos suscepit, tutelam Angelis suis delegare. Secundum hanc rationem Angelus Domini consolatur Agar fugitivam, et dominae suae reconciliari iubet [Genes. 16. c. 9.]. Pollicetur Abraham servo suo Angelum fore ducem itineris ipsius [Ibidem 24. a. 7.]. Iacob in benedictione

---

a) *sic 1553; 1559-61 falso* 10   b) *1543-45* Istis nominibus

1) Gen. 32, 2.29 = vg 32, 1.28.   2) Iustinus, Dial. c. Tryph. c. 56. 58 sq. 127 sq. Corp. apol. Christ. saec. sec. ed. Otto vol. II 176, 196, 200, 430 sq.; Tertull., Adv. Marc. III, 9 CSEL 47, 391; etc.   3) Ps. 91, 11 sq.

[122] Ephraim[1] et Manasse precatur ut Angelus Domini, per quem liberatus fuerat ab omni malo, prosperari eos faciat [Ibidem 48. c. 16]. Sic Angelus protegendis Israelitici populi castris praefectus fuit [Exo. 14. d. 19. et 23. d. 20.]: et quoties voluit Israelem Deus redimere e manu hostium, Angelorum ministerio vindices excitavit [Iudic. 2. a. 1, et 6. b. 11, et 13. a. 10.[1]]. Sic denique (ne plura commemorare necesse sit) Angeli Christo ministrarunt [Matth. 4. b. 11], et ei adfuerunt in omnibus angustiis [Luc. 22. e. 43]. Eius resurrectionem mulieribus, discipulis gloriosum adventum nuntiarunt [Mat. 28. b. 5. 7; Luc. 24. a. 5, Act. 1. b. 10]. Itaque quo istud protectionis nostrae munus impleant, contra Diabolum omnesque hostes nostros depugnant, et vindictam Dei adversus eos qui nobis infesti sunt exequuntur. Quemadmodum legimus Angelum Dei, ut Ierusalem obsidione liberaret, centum octoginta quinque millia[a] in castris regis Assyrii una nocte confecisse [2. Reg. 19. g. 35; Iesa. 37. g. 36].

6, 33 7. Caeterum an singulis fidelibus singuli Angeli sint attributi ad eorum defensionem, pro certo asserere non ausim. Certe quum Daniel Angelum Persarum et Graecorum Angelum inducit[b] [Daniel. 10. c. 13. d. 20, et 12. a. 1], significat certos Angelos regnis ac provinciis quasi praesides destinari. Christus etiam quum dicit Angelos puerorum semper videre faciem Patris [Matt. 18. b. 10], certos esse Angelos, quibus commendata sit eorum salus, innuit. Sed ex eo nescio an colligi debeat, unicuique praeesse suum Angelum. ǁ Hoc quidem pro certo habendum, 1550 non tantum uni Angelo unumquenque nostrum esse curae: sed omnes uno consensu vigilare pro salute nostra. ǁ Nam de om- 1543 nibus Angelis simul dicitur, quod plus gaudeant super uno peccatore ad resipiscentiam converso, quam super nonaginta novem iustis qui in iustitia perstiterint [Luc. 15. b. 7]. De pluribus etiam Angelis dicitur, quod Lazari animam in sinum Abrahae detulerint [Luc. 16. c. 23][2]. ǁ Nec vero frustra ministro suo mon- 1550 strat Elisaeus tot currus igneos qui peculiariter illi destinati erant [2. Reg. 6.[c] d. 17]. ǁ Unus est locus qui videtur ad id 1543 confirmandum aliis paulo clarior. Nam quum Petrus e carcere eductus pulsasset[d] fores domus in qua congregati erant fratres, quum suspicari non possent eum esse, dicebant[e] Angelum ip-

---

a) *1543–50* milia   b) Ang. P. — ind.: *VG 1545 sqq.* dit que l'Ange des Persiens *(1545* Peres*)* combatoit, et semblablement l'Ange des Grecz à l'encontre des ennemis   c) *sic 1553–54; 1559–61 falso* 16.
d) *1543–54* + ad   e) *1543* + esse

1) Iudic. 13, 3–20.   2) Luc. 16, 22.

160 INSTITUTIONIS LIB. I

sius [Act. 12. c. 15]. Videtur hoc illis in mentem venisse ex communi conceptione, quod singulis fidelibus praesides assignati sint sui Angeli. Quanquam hic quoque responderi potest, nihil obstare quominus unumquemlibet ex Angelis intelligamus, cui Dominus tunc Petri curam mandasset, neque tamen[a] propterea esset perpetuus eius custos: quemadmodum vulgo imaginantur duos Angelos, bonum et malum, tanquam diversos genios, singulis esse attributos[b]. Neque tamen operaepretium est anxie investigare quod scire nostra non multum refert. Nam sicui[1] hoc non satisfaciet, omnes caelestis militiae ordines pro salute sua excubias agere, non video quid proficere ex eo possit si intelligat Angelum unum peculiariter custodem sibi datum. || Qui vero ad unum Angelum restringunt quam de unoquoque nostrum curam Deus gerit, magnam sibi et omnibus Ecclesiae membris iniuriam faciunt: acsi de nihilo promissae essent illae auxiliares copiae, quibus undique cincti et muniti animosius certemus.

8. De multitudine vero et ordinibus qui definire audent[1], viderint quale habeant fundamentum. Michael, fateor, princeps magnus vocatur apud Danielem [Daniel. 12. a. 1], et Archangelus apud Iudam [Iudae b. 9]. Et Archangelum fore docet Paulus, qui tuba citabit homines ad iudicium [1. The. 4. d. 16]. Sed quis inde poterit honorum gradus inter Angelos statuere, distinguere singulos suis insignibus, locum et stationem cuique assignare? Nam et duo nomina quae in Scripturis extant, Michael et Gabriel, et tertium[c] si addere velis ex historia Tobiae[d], ex significatu videri possunt pro infirmitatis nostrae captu, Angelis indita[e]; etsi id in medio malo relinquere. Quantum ad numerum, audimus ex ore Christi multas legiones [Matt. 26. e. 53[f]], a Daniele multas myriadas [Daniel 7. c. 10]: || plenos currus vidit Elisaei minister: et ingentem multitudinem declarat, quod dicuntur castrametari in circuitu timentium Deum [Psal. 34. b. 8]. Forma spiritus carere certum est: et tamen Scriptura pro ingenii nostri modulo Angelos sub Cherubim et Seraphim non frustra nobis alatos pingit, ne dubitemus incredibili celeritate semper ad auxilium nobis ferendum praesentes fore simulac res tulerit: acsi fulgur e caelo emissum, qua solet perni-

---

a) *neque tam.: 1543–50 qui tamen non; 1553–54 cui tamen non*
b) *VG 1545 sqq.* + laquelle opinion a esté anciennement commune entre les Payens   c) *VG 1545 sqq.* le nom de Raphael   d) *1553–54* + [Tob. 12. c. 15.]   e) *1550–54* tradita   f) *sic 1561; 1553–59 falso* 55

1) cf. Lomb., Sent. II. dist. 9 MSL 192, 669; Thomam, S. Th. I q. 50, art. 3; q. 108.

DE COGNIT. DEI CREATORIS. CAP. XIIII

citate[a], ad nos volaret. ‖ Quicquid praeterea de utroque quaeri potest, credamus ex eo esse genere mysteriorum quorum plena revelatio in ultimum diem differtur. Proinde a nimia vel in quaerendo curiositate, vel in loquendo audacia cavendum meminerimus.

9. Hoc tamen, quod nonnulli inquieti homines in dubium vocant[1], pro certo est habendum, Angelos spiritus esse ministratorios[b], quorum obsequio utitur Deus ad suorum protectionem, et per quos tum sua beneficia inter homines dispensat, tum reliqua etiam opera exequitur. Fuit illa quidem olim Sadducaeorum opinio[c], per Angelos nihil designari quam vel motus quos Deus hominibus aspirat, vel ea quae edit virtutis suae specimina. Sed huic deliramento tot reclamant Scripturae testimonia ut mirum sit tam crassam ignorationem in illo populo ferri potuisse. Ut enim omittam quos superius locos citavi, ubi referuntur millia[d] et legiones Angelorum, ubi gaudium illis tribuitur, ubi narrantur fideles manibus sustinere, eorum animas deferre in quietem, videre faciem Patris, et similia: sunt alii, ex quibus clarissime evincitur revera esse spiritus naturae subsistentis. Nam quod Stephanus et Paulus dicunt[e], Legem esse latam in manu Angelorum [Act. 7. g. 53[f]; Gal. 3. c. 19]: et Christus, electos fore post resurrectionem Angelis similes: diem iudicii ne Angelis quidem esse cognitum [Matt. 22. c. 30, et 24. c. 36[g]]: se tunc venturum cum sanctis Angelis [Ibidem 25. c. 31; Luc. 9. d. 26]: ut maxime torqueatur, necesse erit ita intelligi. Similiter quum Paulus Timotheum coram Christo et electis ipsius Angelis attestatur ut praecepta sua custodiat [1. Tim. 5. d. 21[h]], non qualitates aut inspirationes sine substantia, sed veros spiritus denotat. Nec aliter subsistit quod in epistola ad Hebraeos legitur, Christum excellentiorem Angelis effectum, illis non esse subiectum orbem terrarum[2], Christum non ipsorum, sed hominum naturam assumpsisse [Hebr. 1. b. 4, et 2. d. 16]: nisi beatos[i] esse Spiritus intelligamus, in quos cadant istae comparationes[k]. Et ipse author epistolae seipsum declarat, ubi in regno Dei, fidelium animas et sanctos Angelos simul collocat [Ibidem 12. f. 22]. ‖ Prae-

---

a) qua — pern.: *VG 1560* et par dessus toute apprehension   b) *VG 1545 sqq.* +[Hebr. 1. d. 14]   c) *1553–54* +[Acto. 23. b. 8.]   d) *1543–50* milia   e) et — dic.: *1543–54* dicit   f) sic *1553, 1561; 1559 falso* 55   g) sic *1553; 1559–61 falso* 37   h) sic *1559 (Genev.);* 21 > *1559 (Scaph.)*   i) *VG 1545 sqq.* vrays   k) in — comp.: *VG 1545 sqq.* qui ayent leur substance propre

1) sc. Libertini (vide supra p. 82, not. 1.); cf. CR Calv. opp. VII, 179 (Contre la secte ... des Libertins).   2) Hebr. 2, 5.

terea quod iam citavimus, Angelos puerorum semper videre faciem Dei, eorum praesidio nos defendi, eos laetari de salute nostra, mirari multiplicem Dei gratiam in Ecclesia, subesse Christo capiti[1]. Eodem pertinet quod sanctis Patribus toties apparuerunt sub forma hominum, loquuti sunt, excepti etiam fuerunt hospitio. Et Christus ipse ob primatum quem obtinet in persona Mediatoris, Angelus vocatur [Malac. 3. a. 1]. || Hoc obiter attingere libuit, ad simplices praemuniendos adversus illas stultas et absurdas cogitationes quae ante multa secula a Satana excitatae, subinde repullulant.

10. Restat ut superstitioni occurramus, quae obrepere plerunque solet ubi dicitur Angelos nobis omnium bonorum ministros esse ac praebitores. Eo enim protinus delabitur hominis ratio, ut nihil non honoris deferendum illis putet. Ita fit ut quae solius Dei et Christi sunt, ad ipsos transferantur. Ita videmus Christi gloriam superioribus aliquot seculis fuisse multis modis obscuratam, quum immodicis elogiis Angeli praeter Dei verbum cumularentur. Neque ullum fere antiquius est vitium ex iis quae hodie impugnamus. Siquidem Paulo etiam fuisse magnum certamen cum nonnullis apparet, qui sic Angelos evehebant ut Christum propemodum in ordinem redigerent. Hinc tanta sollicitudine urget in Epistola ad Colossenses, Christum non modo Angelis omnibus esse anteferendum, sed ipsis quoque bonorum omnium esse authorem [Cap. 1. b. 16, et c. 20]: ne eo derelicto, ad illos convertamur qui nec sibi sufficere possunt, sed ex eodem, quo nos, fonte hauriunt. Certe quum in eis fulgor divini numinis refulgeat, nihil est magis proclive quam in eorum adorationem stupore quodam nos prosterni, et omnia deinde illis tribuere quae nonnisi Deo debentur. Quod etiam Iohannes in Apocalypsi fatetur sibi accidisse: sed simul addit fuisse sibi re¦sponsum, Vide ne feceris: conservus tuus sum, Deum adora [Apo. 19. b. 10].

11. Atqui hoc periculum bene cavebimus si expendamus cur per eos Deus[a] potius quam per se sine ipsorum opera potentiam suam declarare, fidelium salutem curare, suaeque beneficentiae dona ipsis communicare soleat. Non facit hoc certe necessitate, quasi carere illis nequeat: nam quoties libet, ipsis praeteritis, opus suum vel solo nutu peragit: tantum abest ut ad levandam difficultatem sint illi subsidio. Hoc ergo ad solatium nostrae imbecillitatis facit, nequid omnino quod animis nostris vel in bonam spem erigendis, vel in securitate confirmandis valeat,

a) > *1543*

1) cf. supra sect. 6 et 7, p. 158 sqq.

DE COGNIT. DEI CREATORIS. CAP. XIIII

desideremus. Illud quidem unum satis superque esse deberet, quod Dominus asserit se nostrum esse protectorem. Sed dum tot periculis, tot noxis, tot hostium generibus nos[a] videmus circunsideri: quae nostra est mollities ac fragilitas, fieri interdum poterit ut trepidatione impleamur, vel desperatione concidamus, nisi pro modulo nostro gratiae suae praesentiam apprehendere nos Dominus faciat. Hac ratione non modo nos sibi curae fore promittit, sed se innumeros habere satellites quibus procurandam salutem nostram mandaverit; horum praesidio ac tutela quandiu septi sumus, quicquid periculi immineat, nos extra omnem mali aleam esse positos. Perperam id quidem fieri a nobis fateor, quod post illam simplicem promissionem de unius Dei protectione, adhuc circunspectamus unde veniat nobis auxilium. Sed quia Dominus, pro immensa sua clementia et facilitate[b], vult huic nostro vitio subvenire, non est cur tantum eius beneficium negligamus. Eius rei exemplum in puero Elisaei habemus, qui quum montem obsidione cingi videret ab exercitu Syrorum, nec ullum effugium patere, pavore consternabatur quasi actum de se ac domino suo esset. Hic Elisaeus Deum precatus est ut illius aperiret oculos: ille protinus montem equis ac curribus igneis refertum conspicit, multitudine scilicet Angelorum, a quibus custodiendus erat cum Propheta [2. Reg. 6. d. 17]. Hac visione confirmatus se recepit, et hostes potuit intrepido animo despicere, quorum aspectu fuerat prope exanimatus.

12. Proinde quicquid de Angelorum ministerio dicitur, ad hunc finem dirigamus, ut expugnata omni diffidentia, spes in Deo nostra fortius stabiliatur. Siquidem haec praesidia ideo nobis a Domino sunt comparata ne hostium multitudine terreamur, quasi adversus opem eius praevaleret, sed ad illam Elisaei sententiam confugiamus, plures esse pro nobis quam contra nos. Quam igitur praeposterum est, ab Angelis nos abduci[c] a Deo, qui in hoc sunt constituti ut praesentiorem eius opem nobis testentur[d]? Abducunt autem, si non recta ad ipsum manu ducunt, ut solum auxiliatorem spectemus, in vocemus ac praedicemus: si non ut eius manus a nobis considerantur, quae nullum ad opus nisi ipso dirigente se moveant: si non in uno Mediatore Christo nos retinent, ut ab eo prorsus pendeamus, in eo recumbamus, ad eum feramur, et ipso acquiescamus. Quod enim in visione Iacob describitur, haerere ac penitus infixum esse animis nostris debet, Angelos in terram ad homines descen-

---
a) > *1543–50*   b) clem. — fac.: *1543–54* benignitate   c) ab — abd.: *1543–54* ut nos abducant Angeli   d) *VG 1545 sqq.* + qu'il la nous declaire selon nostre infirmité

dere, et ab hominibus in caelum ascendere per scalam, cui insidet Dominus exercituum [Gen. 28. c. 12]. Quo indicatur sola Christi intercessione fieri ut Angelorum ministeria ad nos perveniant, ǁ sicut ipse affirmat, Posthac videbitis caelos apertos et Angelos descendentes ad Filium hominis, Ioh. 1. g. 51. ǁ Itaque servus Abrahae, Angeli custodiae commendatus, non propterea ipsum invocat ut sibi adsit, sed ea commendatione fretus[a] preces fundit coram Domino, petitque ut misericordiam suam erga Abrahamum exerat [Gen. 24. a. 7]. Quemadmodum enim non ideo potentiae bonitatisque suae ministros facit eos Deus ut suam cum illis gloriam partiatur: ita non opem suam ideo in ipsorum ministerio nobis promittit, ut nostram inter ipsos et eum fiduciam dividamus. Valeat ergo Platonica illa[b] philosophia de quaerendo per Angelos ad Deum aditu, et ipsis in hunc finem colendis, quo Deum faciliorem nobis reddant [Vide Plat. in Epinomide et Cratylo.][1]: quam superstitiosi curiosique homines conati sunt in religionem nostram ab initio invehere, et ad hunc usque diem perseverant[c].

13. Quae de Diabolis Scriptura tradit, eo fere tendunt omnia ut solliciti simus ad praecavendas eorum insidias et molitiones: tum iis armis nos instruamus quae ad propulsandos potentissimos hostes satis firma sint ac valida. Nam quum deus[d] ac princeps[e] huius seculi vocatur Satan, quum fortis armatus[f], spiritus cui potestas est aeris[g], leo rugiens[2] dicitur: non alio respiciunt istae descriptiones nisi ut cautiores simus et vigilantiores, tum ad pugnam capessendam paratiores. Quod etiam expressis verbis interdum notatur. Nam Petrus postquam Diabolum dixit circuire instar leonis rugientis, quaerentem quos devoret [1. Pet. 5. b. 8]: mox adhortationem subiungit, ut fide fortiter resistamus.[3] Et Paulus, ubi monuit luctam non cum carne et sanguine nobis esse, sed cum principibus aeris, potestatibus tenebrarum, et nequitiis spiritualibus [Ephes. 6. b. 12], continuo arma induere iubet quae ad tantum tamque periculosum certamen sustinendum paria sint[4]. Quare nos quoque ad hunc finem omnia conferamus, ut hostem, et hostem audacia promptissimum, viribus robustissimum, artibus callidissimum, diligentia et celeritate infatigabilem, machinis om-

---

a) ea — fret. > *VG 1545 sqq.* b) *1553-54* illa Plat. c) *1543* perseverarunt d) *VG 1545 sqq.* + [2. Cor. 4. a. 4] e) *VG 1545 sqq.* + [Ieh. 12. e. 31] f) *VG 1545 sqq.* + [Luc. 11. c. 21] g) *VG 1545-51* + [Ephe. 2. *(2)*]

1) Plato, Epinomis 984 E; Cratylus 398 A. 2) 1. Petr. 5, 8.
3) 1. Petr. 5, 9. 4) Eph. 6, 13 sqq.

nibus refertissimum, pugnandi scientia expeditissimum nobis assidue imminere praemoniti: non socordia vel ignavia opprimi nos sinamus, sed ex adverso erectis excitatisque animis, pedem figamus ad resistendum; et quia haec militia non nisi morte finitur, ad perseverantiam nos hortemur. Praecipue vero imbecillitatis et ruditatis nostrae nobis conscii, Dei opem invocemus, nec quicquam tentemus nisi ipso freti: quando ipsius est solius et consilium et robur et animos et arma subministrare.

14. Quo autem ad id agendum magis excitemur ac urgeamur, non unum aut alterum aut paucos hostes, sed magnas esse copias denuntiat Scriptura, quae nobiscum bellum gerunt. Nam et Maria Magdalena dicitur liberata fuisse a septem daemoniis quibus occupabatur [Marc. 16. b. 9]: et illud esse ordinarium testatur Christus, quod si eiecto semel daemonio locum iterum patefacias, septem spiritus nequiores secum assumit, ac redit in possessionem vacuam [Matt. 12. d. 43ᵃ]. Imo legio tota dicitur hominem unum obsedisse [Luc. 8. d. 30]. His ergo docemur, cum infinita hostium multitudine bellandum nobis esse: ne paucitate contempta, simus ad praelium remissiores, vel intermissionem aliquam dari nobis interdum putantes, desidiae indulgeamus. Quod autem singulari numero saepe unus Satan velᵇ Diabolus proponitur, in eo denotatur principatus ille iniquitatis, qui adversatur regno iustitiae. Quemadmodum enim Ecclesia et sanctorum societas Christum habet caput: ita impiorum factio, et ipsa impietas cum suo principe nobis depingitur, qui summum imperium illic obtineat. Qua ratione dictum est illud, Ite maledicti in ignem aeternum, qui praeparatus est Diabolo et angelis eius [Matt. 25. d. 41].

15. Hoc quoque ad perpetuum cum Diabolo certamen accendere nos decet, quod adversarius Dei et noster ubique dicitur. Nam si cordi nobis est Dei gloria ut par est, totis viribus adversus eum enitendum est qui illius extinctionem molitur. Si ad regnum Christi asserendum animati sumus ut oportet, necesse est nobis irreconciliabile cum eo bellum esse qui inᶜ illius ruinam conspirat. Rursus siqua salutis nostrae cura nos tangit, nec pax nec induciae cum eo nobis esse debent qui in eius perniciem assidue insidias tendit. Talis autem describitur Geneseos cap. 3ᵈ, ubi hominem ab obedientia quam Deo debebat abducit, ut simul et Deum iusto honore spoliet, et hominem ipsum in ruinam praecipitet[1]. Talis etiam in Evangelistis, ubi inimicus

---

a) *sic 1553 (Matth. 12, 43–45); 1559–61 falso 42*   b) *1543–45 et > 1550*   c) *> 1550*   d) *cap. 3: 1543–45 tertio*

1) Gen. 3, 1–5.

vocatur [Matt. 13. d. 28]ᵃ, et spargere zizania ad corrumpendum vitae aeternae semen dicitur[1]. In summa, quod de ipso testatur Christus, ab initio fuisse homicidam et mendacem [Ioh. 8. f. 44], in omnibus eius factis experimur. Mendaciis enim veritatem' Dei oppugnat: lucem tenebris obscurat: hominum mentes implicat erroribus: odia suscitat: contentiones ac pugnas accendit: omnia in eum finem ut Dei regnum evertat, homines in aeternum interitum secum demergat. Unde constat, ipsum natura pravum, malignum ac malitiosum esse. Nam in eo ingenio quod ad gloriam Dei et hominum salutem impetendam factum est, summam pravitatem esse oportet. Hoc etiam significat Iohannes in epistola suaᵇ, quum scribit eum ab initio peccareᶜ. Siquidem intelligit, ipsum omnis malitiae et iniquitatis authorem, ducem, architectum.

16. Atqui quum a Deo conditus sit Diabolus, hanc malitiam quam eius naturae tribuimus, non ex creatione, sed ex depravatione esse meminerimus. Quicquid enim damnabile habet, defectione et lapsu sibi accersivit. Quod ideo nos admonet Scriptura, ne talem credentes a Deo prodiisse, Deo ipsi adscribamus quod est ab eo alienissimum. Hac ratione denuntiat Christus Satanam ex propriis loqui, quum mendacium loquitur [Iohan. 8. f. 44]: et rationem ponit, quia non stetit in veritate. Certe quum in veritate perstitisse negat, innuit aliquando in ea fuisse: et quum patrem facit mendacii, hoc illi adimit ne Deo vitium imputet, cuius ipse sibi causa fuit. Quanquam autem haec breviter sunt et minus clare dicta, ad id tamen abunde sufficiunt ut Dei maiestas ab omni calumnia vindicetur. Et quid nostra refert, vel plura, vel in alium finem de Diabolis scire? Fremunt nonnulli quod non ordine et distincte lapsum illum, eiusque causam, modum, tempus, speciem pluribus locisᵈ Scriptura exponatᵉ. Sed quia haec nihil ad nos, melius fuit, si non subticeri in totum, at certe leviter attingi: quiaᶠ nec Spiritu sancto dignum fuit, inanibus historiis sine fructu curiositatem pascere: et videmus hoc fuisse Domino propositum, nihil in sacris suis oraculis tradere quod non ad aedificationem disceremus. Ergo ne supervacuis ipsi immoremur, contenti simus hoc breviter habere de Diabolorum natura, fuisse prima creatione Angelos Dei: sed degenerando se perdidisse, et aliis factos esse instrumenta perditionis. Hoc quia utile cognitu erat, clare apud

---

a) *VG 1545 sqq.* + ce que porte aussi le mot de Sathan   b) *1543–54* sua Epist.   c) *1543–54* + [1. Ioan. 3. b. 8.]   d) *1543–45* + in   e) *1543–45* sit expositum   f) sic *1543–54;* *1559–61* Quia

1) Matth. 13, 25.

Petrum et Iudam docetur. Angelis, inquiunt, qui peccaverant nec servarant suam originem, sed reliquerant summ domicilium, non pepercit Deus [2. Pet. 2. a. 4; Judae a. 6]. || Et Paulus electos Angelos nominans [1. Tim. 5. d. 21], haud dubie reprobos tacite opponit.

17. Quantum vero ad discordiam et pugnam attinet quam Satanae cum Deo esse^a dicimus^b, sic accipere oportet, ut fixum interim illud maneat, illum, nisi volente et annuente Deo, nihil facere posse. Legimus enim in historia Iob, illum se sistere coram Deo ad excipienda mandata, nec pergere audere ad facinus aliquod obeundum nisi impetrata facultate [Iob. 1. b. 6, et 2. a. 1]. Sic et quum[1] decipiendus est Achab, recipit se fore spiritum mendacii in ore omnium Prophetarum: et a Domino amandatus, id praestat [1. Reg. 22. c. 20][1]. Hac ratione et spiritus Domini malus dicitur qui torquebat Saul, quod eo veluti flagello puniebantur impii regis peccata [1. Sam. 16. c. 14, et 18. c. 10]. Et alibi scribitur, plagas Aegyptiis fuisse a Deo inflictas per angelos malos [Psal. 78. e. 49]. Secundum haec particularia exempla Paulus generaliter testatur excaecationem incredulorum opus esse Dei, quum antea vocasset operationem Satanae [2. Thess. 2. c. 9. 11]^c. Constat ergo sub Dei potestate esse Satanam, et sic ipsius nutu regi ut obsequium reddere ei cogatur. Porro quum dicimus Satanam Deo resistere, et illius opera cum huius operibus dissidere, hanc repugnantiam et hoc certamen a Dei permissione pendere simul asserimus. De voluntate iam non loquor, nec etiam de conatu, sed de effectu tantum. Quando enim improbus est natura Diabolus, minime ad obedientiam divinae voluntatis propensus est, sed totus ad contumaciam et rebellionem fertur. Hoc igitur a seipso suaque nequitia habet, ut cupiditate et proposito, Deo adversetur. Hac improbitate extimulatur ad conatum earum rerum quas maxime adversarias esse Deo putat. Sed quia Deus illum potentiae suae fraeno vinctum constrictumque tenet, ea modo exequitur quae sibi divinitus concessa fuerint: atque ita creatori suo, velit nolit, obsequitur: quia cogitur ministerium praebere quocunque ille impulerit.

18. Iam vero quia Deus immundos spiritus, prout libitum est, huc illuc inflectit, hoc regimen ita temperat, ut fideles pugnando exerceant, adoriantur insidiis, incursionibus sollici-

---

a) *1543–54* esse cum D. b) *1543–45* diximus c) *1554* + [2. Cor. 4. a *(4)* Ephes. 2. a *(2)*]

1) 1. Reg. 22, 22.

tent, pugnando urgeant, fatigent etiam saepe, conturbent, pavefaciant, ac interdum vulnerent, sed nunquam vincant nec opprimant: impios autem subactos trahant, in eorum animis et corporibus imperium exerceant, ad omnia flagita velut mancipiis abutantur. Quantum ad fideles attinet, quia ab eiusmodi hostibus inquietantur: ideo has exhortationes audiunt, Nolite locum dare Diabolo [Ephes. 4. f. 27]. Diabolus hostis vester ut leo rugiens circuit, quaerens quem devoret: cui resistite fortes fide [1. Pet. 5. c. 8][1]; et similes[a]. Ab hoc genere certaminis se non fuisse immunem fatetur Paulus, quum scribit ad remedium domandae superbiae sibi datum Satanae angelum, a quo humiliaretur [2. Cor. 12. b. 7]. Omnibus ergo filiis Dei commune est id exercitium. Quia autem promissio illa de conterendo Satanae capite [Gen. 3. c. 15], ad Christum et omnia eius membra communiter pertinet, ideo nego vinci unquam vel opprimi ab eo fideles posse. Consternantur quidem saepe, sed non exanimantur quin se recolligant: concidunt violentia ictuum, sed postea eriguntur: vulnerantur, sed non lethaliter; denique sic laborant toto vitae curriculo, ut in fine victoriam obtineant; || quod tamen ad singulos actus non restringo. Scimus enim iusta Dei vindicta, Satanae permissum fuisse ad tempus Davidem ut eius impulsu populum numeraret [2. Sam. 24. a. 1]: nec frustra spem veniae relinquit Paulus, etiam siqui diaboli laqueis irretiti fuerint.[b] || Ideo alibi idem[c] Paulus promissionem superius citatam inchoari in hac vita, ubi luctandum est, ostendit: post luctam adimpleri, quum dicit, Deus autem pacis brevi Satanam conteret sub pedibus vestris [Rom. 16. c. 20]. In capite quidem nostro semper ad plenum extitit haec victoria: quia nihil in eo habuit princeps mundi[d]: in nobis autem, qui membra eius sumus, ex parte nunc apparet: perficietur autem, quum carne nostra exuti, secundum quam infirmitati obnoxii adhuc sumus, Spiritus sancti virtute pleni erimus. In hunc modum, ubi suscitatur erigiturque regnum Christi, Satan cum sua potestate concidit; quemadmodum ait Dominus ipse, videbam Satanam quasi fulgur de caelo cadentem [Luc. 10. c. 18]. Hoc enim responso confirmat quod de praedicationis suae potentia retulerant Apostoli. || Item, Quum princeps occupat atrium suum, in pace sunt omnia quae possidet; quum autem supervenit fortior, eiicitur, etc. [Luc. 11. c. 21][2]. Et in hunc finem[e] Christus mo-

---

a) *1543* Et similiter   b) *VG 1560* + [2. Tim. 2. d. 26.]   c) alibi id. > *1543–54*   d) *VG 1545 sqq.* + [Jean 14. d. 30.]   e) *VG 1560* + comme dit l'Apostre [Hebr. 2. d. 14.]

1) 1. Petr. 5, 8 sq.   2) Luc. 11, 21 sq.

riendo, vicit Satanam, qui habebat mortis imperium: et triumphum de omnibus eius copiis egit, ne Ecclesiae noceant; alioqui centies eam pessundaret singulis momentis. Nam (quae nostra est imbecillitas, et quae illius sunt furiosae vires) quomodo vel tantillum contra multiplices et assiduos eius impetus staremus, nisi freti ducis nostri victoria? ‖ Non ergo in animas fidelium permittit Deus regnum Satanae, sed impios duntaxat et incredulos illi gubernandos tradit, quos in suo grege censeri[a] non dignatur. Nam dicitur hunc mundum sine controversia occupare donec a Christo exturbetur[b]. Item, excaecare omnes qui non credunt Evangelio [2. Cor. 4. a. 4]. Item, peragere opus suum in filiis contumacibus [Ephes. 2. a. 2]; et merito: sunt enim impii omnes vasa irae. Ideo cui potius quam divinae ultionis ministro subiicerentur? Denique ex patre diabolo esse dicuntur [Iohan. 8. f. 44]: quia ut in eo filii Dei agnoscuntur fideles quod imaginem eius gerunt: ita illi ex Satanae imagine, in quam degenerarunt, eius filii proprie censentur [1. Iohan. 3. b. 8].

19. Quemadmodum autem superius[1] refutavimus nugatoriam illam de sanctis Angelis philosophiam, quae docet nihil esse quam inspirationes vel monitiones[c] bonas, quas in mentibus hominum Deus excitat: sic et hoc loco refellendi sunt qui diabolos nihil quam malos affectus aut perturbationes esse nugantur, quae nobis ingeruntur a carne nostra.[2] Id autem breviter facere licebit, quia extant non pauca in hanc rem et satis aperta Scripturae testimonia. Primum quum immundi spiritus vocantur[d] et Angeli apostatae, qui ab origine sua degenerarunt[e], ipsa nomina satis exprimunt, non motiones aut affectiones mentium, sed magis revera quod dicuntur, mentes vel spiritus sensu et intelligentia praeditos. Similiter ubi filii Dei cum diaboli filiis tam a Christo quam ab Iohanne conferuntur [Iohan. 8. f. 44; 1. Iohan. 3. b. 10][f], nonne inepta esset comparatio si nomen diaboli nihil quam malas inspirationes designaret? Et Iohannes aliquid etiamnum apertius addit, diabolum ab initio peccare [1. Iohan. 3. b. 8]. Similiter quum Michaelem archangelum inducit Iudas pugnantem cum diabolo[g] [Iudae b. 9]: certe

---

a) *1543–45* censere   b) *1543–54* + [Lucae. 11. c. 21.]   c) *1543–50* motiones; *VG 1545 sqq.* mouvemens; *cf. infra lin. 27.*   d) *VG 1545 sqq.* + [Matt. 12. d. 43.]   e) *VG 1545 sqq.* + [Iud. a. 6.]   f) *sic 1543–50; 1553–61 falso* [Iohan. 7. f. 44 Iohan. 3. b. 10]   g) *VG 1545 sqq.* + du corps de Moyse

1) sect. 9, p. 161 sq.; ad sqq. cf. ibid. not. 1.   2) sc. Libertini; cf. CR VII 181, 228, 239 (Contre la secte... des Libertins); ad sqq. cf. l. c. 181 (fin.) sqq.

angelo bono opponit malum et defectorem. Cui respondet id quod legitur in historia Iob, comparuisse Satanam cum sanctis angelis coram Deo [Iob. 1. b. 6, et 2. a. 1]. Clarissimi autem omnium sunt illi loci qui mentionem poenae faciunt, quam sentire incipiunt a Dei iudicio, et praecipue sensuri sunt in resurrectione. Fili David, cur venisti ante tempus ad torquendum nos [Matth. 8. d. 29]? Item, Ite maledicti in ignem aeternum, qui praeparatus est diabolo et angelis eius [Ibidem 25. d. 41]. Item, Si propriis angelis non pepercit: sed catenis detractos proiecit in caliginem ad aeternam damnationem servandos, etc. [2. Pet. 2. a. 4]. Quam ineptae locutiones forent, destinatos aeterno iudicio diabolos, ignem illis esse praeparatum[a], iam torqueri ipsos et cruciari a Christi gloria, si nulli essent omnino diaboli? Sed quoniam haec res disputatione non eget apud eos qui verbo Domini fidem habent, apud istos vero inanes speculatores, quibus nihil placet nisi novum, Scripturae testimoniis parum proficitur: videor mihi fecisse quod volui, ut scilicet instructae sint piae mentes adversus eiusmodi deliria, quibus inquieti homines se et alios simpliciores turbant. Fuit autem operaepretium hoc quoque attingere, nequi illo errore impliciti, dum putant nullum se habere hostem, fiant ad resistendum segniores et incautiores.

20. Interea ne pigeat in hoc pulcherrimo theatro piam oblectationem capere ex manifestis et obviis Dei operibus[b]. ||
Est enim hoc (ut alibi diximus)[1] etsi non praecipuum, naturae tamen ordine primum fidei documentum, quaquaversum oculos circunferamus[c], omnia quae occurrunt, meminisse Dei esse opera: et simul quem in finem a Deo condita sint, pia cogitatione reputare. Ergo ut vera fide apprehendamus quod de Deo scire refert, historiam creationis mundi operaepretium est in primis tenere, qualiter a Mose breviter exposita[d], et a sanctis deinde viris, Basilio[2] praesertim et Ambrosio[3], copiosius illustrata est. Ex ea discemus, Deum verbi ac Spiritus sui potentia ex nihilo creasse caelum et terram: hinc omne genus animalia resque inanimatas produxisse, mirabili serie distinxisse innumeram

---

a) *VG 1545 sqq.* + qu'ilz sont desia en prison attendans leur sentence derniere
b) Sequuntur deinde visibilia Dei opera, in quibus opificem ipsum recognoscere hic iubemur, ad fidei aedificationem: coelum, terra, mare, et quidquid in illis continetur   c) *1543–54* coniiciamus
d) *VG 1545 sqq.* + [Gene. 1.]

1) I 5, 1–5; p. 44 sqq.   2) Basilius, Homiliae IX in Hexaemeron MSG 29, 3 sqq.   3) Ambrosius, Hexaemeron libri sex CSEL 32 I.

rerum varietatem, suam unicuique generi naturam indidisse, assignasse officia,¹ loca attribuisse et stationes: et, quum omnia sint corruptioni obnoxia, providisse tamen ut singulae species ad diem extremum salvae conserventur. Proinde alias fovere arcanis modis, et novum subinde vigorem illis quasi instillare: aliis vim propagandi contulisse, ne suo interitu prorsus intereant. Itaque caelum et terram quam fieri potuit absolutissima rerum omnium copia, varietate, pulchritudine, non secus atque amplam ac splendidam domum, exquisitissima simul et copiosissima supellectile instructam ac refertam, mirabiliter exornasse. Demum hominem formando, eumque tam specioso decore, totque ac tantis dotibus insigniendo, praeclarissimum in eo suorum operum specimen edidisse. Verum quoniam mundi creationem enarrare mihi non est propositum, satis sit haec paucula iterum[a] in transitu[b] attigisse. Melius enim est, ut iam monui lectores ex Mose et aliis qui mundi historiam fideliter ac diligenter memoriae commendarunt, pleniorem huius loci intelligentiam petere.

21. Quorsum vero tendere, et quem in scopum referri debeat operum Dei consideratio, pluribus disputare nihil attinet[c]: ∥ quum et alibi magna[d] ex parte fuerit[e] expedita haec quaestio¹, et quantum praesentis instituti interest, paucis verbis absolvi queat. Sane si pro dignitate explicare libeat quam inaestimabilis Dei sapientia, potentia, iustitia, bonitas in mundi compositione reluceat, nullus orationis splendor, nullus ornatus tantae rei magnitudini par erit. Nec dubium quin velit nos Dominus in hac sancta meditatione continenter occupari: ut dum illas immensas sapientiae, iustitiae, bonitatis, potentiae suae divitias in omnibus creaturis, velut in speculis contemplamur, non tantum eas fugiente oculo percurramus, et evanido (sic loquar) intuitu: sed in ea cogitatione diu immoremur: eam serio ac fideliter animis revolvamus, memoriaque identidem repetamus. Verum quia nunc in didactico versamur genere[f], ab iis supersedere nos convenit quae longas declamationes requirunt. Ergo ut compendio studeam, tunc sciant lectores se[g] vera fide apprehendisse quid sit Deum caeli et terrae esse creatorem, si illam primum universalem regulam sequantur[h], ut

a) > *1543-54* b) *1543* + libenter
c) Ac ne de consideratione quidem, qualis esse, et quem in scopum referri debeat, necessaria est longior disputatio d) alibi mag.: *1543-54* primo capite e) sic *1543-54;* > *1559-61* f) Verum — genere: VG *1545 sqq.* Mais d'autant que ce livre est faict pour enseigner en brief g) sciant l. se: *1543-54* sciamus nos h) *1543-54* sequi meminerimus

1) I 5, 1 sqq., supra p. 44 sqq.

quas in suis creaturis Deus exhibet conspicuas virtutes, non ingrata vel incogitantia vel oblivione transeant[a]: deinde sic ad se[b] applicare discant[c] quo[d] penitus[e] afficiantur in suis cordibus[f]. Prioris exemplum est, dum reputamus quanti fuerit artificis, hanc stellarum multitudinem quae in caelo est, tam disposita serie ordinare et aptare ut nihil excogitari possit aspectu speciosius: alias ita inserere et affigere suis stationibus ut moveri nequeant: aliis liberiorem cursum concedere, sed ita ut errando non[i] ultra spatium vagentur: omnium motum ita temperare, ut dies et noctes, menses, annos et anni tempora metiatur: et hanc quoque, quam quotidie cernimus, inaequalitatem dierum ad tale temperamentum redigere ut nihil confusionis habeat. Sic quoque[g] dum potentiam observamus, in sustinenda tanta mole, in tam celeri caelestis machinae volutatione gubernanda[h], et similibus. Haec enim paucula exempla satis declarant quid sit Dei virtutes in mundi creatione recognoscere. Alioqui si totam rem, ut dixi, oratione persequi libeat, nullus erit modus; quando tot sunt divinae potentiae miracula, tot insignia bonitatis, tot sapientiae documenta, quot sunt in mundo rerum species, imo quot sunt res vel magnae vel exiguae.

22. Restat altera pars quae ad fidem propius accedit[1]: ut dum animadvertimus in bonum ac salutem nostram Deum omnia destinasse, simul in nobis ipsis, et tantis quae in nos contulit bonis, sentimus[k] ipsius potentiam et gratiam: inde nos ad ipsius fiduciam, invocationem, laudem, amorem excitemus. Porro omnia se hominis causa condere, ipso creandi ordine demonstravit ipse Dominus, ut paulo ante admonui[l 1]. Non enim abs re est quod mundi fabricam in sex dies distribuit:[m] quum nihilo difficilius esset, uno momento totum opus simul omnibus numeris complere, quam eiusmodi progressione sensim ad complementum pervenire. Verum in eo suam erga nos providentiam paternamque sollicitudinem commendare. voluit, quod antequam hominem fingeret, quicquid utile illi ac salutare

---

a) *1543–54* transeamus   b) *1543–54* nos   c) *1543–50* didicerimus; *1553–54* discamus   d) *1543–54* + nos   e) *1543* penitius   f) affic. — cord.: *1543–54* afficiant   g) > *1543–54*   h) in tam — gub.: *VG 1545 sqq.* qu'est celle du monde universel, et en faisant tourner le ciel si legierement, qu'il acheve son cours en vingt quatre heures   i) ad — acced.: *1543–54* fidei magis peculiaris est et propria   k) *1543–54* contemplamur   l) ut — adm. > *1543–54*   m) *VG 1545 sqq.* + [Gen. 1. d. 31.]

1) I 14, 2; p. 154, 11 sqq.

providebat fore, id totum praeparavit. Quantae nunc ingratitudinis foret, dubitare an huic optimo Patri curae simus, quem videmus de nobis, priusquam nasceremur, fuisse sollicitum? Quam impium esset diffidentia trepidare, ne aliquando nos in
5 necessitate destituat eius benignitas, quam videmus nondum natis cum summa bonorum omnium affluentia fuisse expositam? Adhaec audimus ex Mose, nobis eius liberalitate[a] subiectum quicquid omnino rerum est in toto orbe [Gen. 1. d. 28, et 9. a. 2]. Certum est, non ideo fecisse quo nos luderet inani titulo do-
10 nationis. Ergo nihil unquam nobis defuturum est quoad salutis nostrae referet. Denique ut semel finiam, quoties Deum nominamus caeli et terrae creatorem, simul in mentem nobis veniat, eorum omnium quae condidit, dispensationem in manu ac potestate ipsius esse, nos vero esse ipsius filios, quos alendos
15 et educandos in suam fidem custodiamque receperit: ut bonorum omnium summam ab eo uno expectemus, ac certo speremus illum nunquam passurum nos rebus ad salutem necessariis indigere, ne[b] aliunde spes nostra pendeat: ut quicquid desideramus, ad eum vota nostra respiciant: cuiuscunque rei fructum
20 percipimus, eius esse beneficium agnoscamus, et cum gratiarum actione profiteamur: ut[1] tanta bonitatis ac beneficentiae[c] suavitate illecti, ipsum toto pectore amare et colere studeamus.

Qualis homo sit creatus: ubi de animae facultatibus, de imagine Dei, libero arbitrio, et prima naturae integritate disseritur. CAP. XV.

1. IAM de hominis creatione dicendum: non modo quia inter omnia Dei opera nobilissimum ac maxime spectabile est iustitiae eius, et sapientiae, et bonitatis specimen[1]: sed quia, ut
30 initio diximus[2], non potest liquido et solide cognosci Deus a nobis nisi accedat mutua nostri cognitio. Etsi autem ea duplex est: nempe ut sciamus quales nos prima origine simus conditi, et qualis nostra conditio esse coeperit post Adae lapsum (nec vero multum prodesset creationem nostram tenere, nisi in
35 hac tristi ruina agnosceremus qualis sit naturae nostrae corruptela et deformitas) nunc tamen integrae naturae descriptione contenti erimus. || Et sane antequam ad miseram istam hominis conditionem, cui nunc addictus est, descendimus,

---

a) *1543–54* beneficentia   b) *1543* nec   c) *1543–54* benignitatis

40   1) vide I 5, 2. 3; p. 46 sq.   2) I 1, 1; p. 31 sq.

operaepretium est tenere qualis ab initio conditus fuerit[a]. ||
Cavendum est enim ne praecise tantum naturalia hominis mala demonstrando[b], ea videamur ad naturae authorem referre: quandoquidem[c] in hoc[d] praetextu se habere satis defensionis putat impietas si obtendere queat, quicquid habet vitii, a Deo quodammodo profectum esse: nec dubitat, si redarguitur, cum Deo ipso litigare, culpamque in eum transcribere cuius merito rea agitur. Et qui religiosius loqui de numine videri volunt, libenter tamen excusationem pravitatis suae[e] captant a natura[f], non cogitantes se Deum quoque (licet obscurius) sugillare: cuius in contumeliam recideret siquid vitii inesse naturae[g] probaretur. Quum ergo videamus carnem inhiare subterfugiis omnibus, quibus utcunque derivari alio[h] a se malorum suorum culpam existimat, huic malitiae diligenter obviandum est. Itaque sic tractanda est humani generis calamitas ut praecidatur[i] omnis tergiversatio, et iustitia Dei[k] ab omni insimulatione[l] vindicetur[m]. || Postea suo loco videbimus quam longe absint homines ab ea puritate qua donatus fuerat Adam[1]. Ac primo tenendum est, quum ex terra et luto sumptus fuit, iniectum fuisse superbiae fraenum: quia nihil magis absurdum est quam sua excellentia gloriari qui non solum habitant tugurium luteum, sed qui sunt ipsi ex parte terra et cinis[n].[1] Quod autem Deus vas testaceum non modo animare dignatus est, sed etiam domicilium esse voluit immortalis spiritus, iure in tanta fictoris sui liberalitate gloriari potuit Adam.

2. Porro hominem constare anima et corpore, extra controversiam esse debet; atque animae nomine essentiam immortalem, creatam tamen intelligo, quae nobilior eius pars est. Interdum spiritus vocatur; etsi enim dum simul iunguntur haec nomina, significatione inter se differunt: ubi tamen seorsum ponitur spiritus, tantundem valet atque anima; sicuti

---

a) Ante vero, quam ad miseram istam hominis conditionem describendam aggredimur *(1539–45 aggrediamur)*, operaeprecium est tenere, qualis, prima sua conditione, creatus fuerit homo   b) praec. — demon.: *1539–54* dum naturalia hominis mala demonstramus   c) > *1539–54*   d) *1539–54* + enim   e) prav. suae: *1539–54* pravae suae voluntatis   f) *1539–50, 1554* a naturae accusatione; *1553* a n. excusatione   g) *VG 1541–51* + entant quelle a esté formée de luy   h) > *1539*   i) *1539–54* + carnis malitiae   k) *1539–54* Domini   l) *1539–54* + nedum criminatione,
m) *1539–54* + sic tamen, ut a purissima veritate non deflectamus: quae adeo non suffragatur istiusmodi absurdis, ut, ad refellenda, per se abunde sufficiat, ubi primum intelligitur   n) *VG 1560* fange

1) II 1—3, infra p. 228 sqq.

quum Solomo de morte loquens, dicit tunc spiritum ad Deum
redire qui dedit illum [Eccles. 12. c. 7]. Et Christus spiritum
suum Patri commendans [Luc. 23. f. 46], Stephanus etiam Christo [Act. 7. g. 59][1], non aliud intelligunt, quam ubi solutæ est
a carnis ergastulo anima, Deum esse perpetuum eius custodem.
Qui vero animam imaginantur ideo spiritum dici quia flatus
sit, aut vis divinitus infusa corporibus[a], quae tamen essentia
careat[2]: eos nimis crasse desipere et res ipsa, et tota Scriptura
ostendit. Verum quidem est, dum terrae plus iusto affixi sunt
homines, hebetari, imo, quia a patre luminum alienati sunt,
tenebris esse obcaecatos, ut se a morte fore superstites non
cogitent; interim tamen non ita in tenebris extincta lux est,
quin immortalitatis suae sensu tangantur. Certe conscientia,
quae inter bonum et malum discernens, Dei iudicio respondet,
indubium est immortalis spiritus signum. Quomodo enim ad
Dei tribunal penetraret motus sine essentia, et terrorem sibi
ex reatu incuteret? Neque enim spiritualis poenae metu afficitur corpus, sed in solam animam cadit; unde sequitur, essentia
praeditam esse. Iam ipsa Dei cognitio satis coarguit, animas
quae mundum transcendunt, esse immortales, quia ad vitae
fontem non perveniret vigor evanidus[b]. Denique quum tot
praeclarae dotes quibus humana mens pollet, divinum aliquid
insculptum ei esse clamitent, totidem sunt immortalis essentiae testimonia. Nam qui brutis animalibus inest sensus, extra
corpus non egreditur: vel saltem non longius se extendit quam
ad res sibi obiectas[c]. Mentis vero humanae agilitas caelum et
terram, naturaeque arcana perlustrans, et ubi secula omnia
intellectu et memoria complexa est, singula digerens sua serie,
futuraque ex praeteritis colligens, clare demonstrat latere in
homine aliquid a corpore separatum[3]. Deum invisibilem et
Angelos intelligentia concipimus, quod minime in corpus competit. Recta, iusta, et honesta, quae sensus corporeos latent,
apprehendimus. Ergo huius intelligentiae sedem spiritum esse
oportet. Imo somnus ipse, qui hominem obstupefaciens, vita
etiam exuere videtur, non obscurus est immortalitatis testis:
quando non modo earum rerum quae nunquam factae sunt
cogitationes suggerit, sed etiam in futurum tempus praesagia.
Breviter haec attingo quae profani quoque scriptores splendidiore verborum ornatu magnifice extollunt: sed apud pios

---

a) vis—corp.: *VG 1560* quelque vigueur inspirée au corps   b) vig.
ev.: *VG 1560* une inspiration qui s'esvanouit   c) quam — obiec.:
VG 1560 qu'à ce qui se presente à leur sensualité

1) Act. 7, 58.   2) cf. Tert., Adv. Marc. II, 9 CSEL 47, 346.   3) Cic. Tusc. I, 27, 66.

lectores satis valebit simplex admonitio. Iam nisi anima essentiale quiddam esset a corpore separatum, non doceret Scriptura nos habitare domos luteas, et morte migrare ex tabernaculo carnis^a: exuere quod corruptibile est, ut tandem ultimo die reportemus mercedem, prout se quisque gesserit in corpore. Nam hi certe loci, et similes qui passim occurrunt, non solum manifeste distinguunt animam a corpore, sed hominis nomen ad eam transferendo, praecipuam esse partem indicant. Iam quum hortatur fideles Paulus ut se mundent ab omni inquinamento carnis et spiritus [2.^b Cor. 7. a. 1], duas partes in quibus resident sordes peccati constituit. Petrus quoque Christum vocans [1. Pet. 2. b. 25] animarum pastorem et episcopum, perperam loquutus esset nisi essent animae erga quas fungeretur hoc officio. Neque staret quod dicit de aeterna animarum salute [1. Pet. 1. b. 9]: et quod iubet animas purificare^c, et pravas cupiditates militare adversus animam [Ibid. 2. b. 11]: quod item author Epistolae ad Hebraeos pastores dicit excubias agere, ut rationem reddant pro animabus nostris [Heb. 13. c. 17]: nisi propriam essentiam animae haberent. Eodem spectat quod Paulus testem invocat Deum in animam suam[1]: quia rea coram Deo non fieret nisi poenae esset obnoxia. Quod etiam clarius exprimitur Christi verbis, dum timere eum iubet qui postquam occiderit corpus, animam potest mittere in gehennam ignis [Matt. 10. c. 28; Luc. 12. a. 5]. Iam dum author Epistolae ad Hebraeos patres carnis nostrae a Deo distinguit^d, qui unus est pater spirituum [Hebr. 12. c. 9], non potuit clarius animarum essentiam asserere. Adhaec, nisi animae corporum ergastulis solutae manerent superstites, absurde induceret Christus Lazari animam gaudio fruentem in sinu Abrahae: et rursum divitis animam horrendis tormentis addictam [Luc. 16. e. 22]. Hoc idem Paulus confirmat, nos a Deo peregrinari docens quandiu in carne habitamus: eius vero praesentia extra carnem frui [2. Cor. 5. b. 6. 8]. Ne longior sim in re parum obscura, hoc tantum ex Luca addam, inter Sadducaeorum errores referri quod spiritus et Angelos esse non crederent [Act. 23. b. 8].

3. Huius etiam rei probatio inde firma colligitur, quod dicitur homo creatus ad imaginem Dei [Gen. 1. d. 27]. Quanvis enim in homine externo refulgeat Dei gloria, propriam tamen imaginis sedem in anima esse dubium non est^e. Non inficior

---

a) ex — carn.: *VG 1560* d'une loge   b) *1559–61 falso* 1.   c) *VG 1560* + [Au mesme chap. d. 22.]   d) *1559–61 male* distinguens   e) propr. — est: *VG 1560* toutesfois il n'y a doute que le siege d'icelle ne soit l'ame

1) 2. Cor. 1, 23.

quidem, externam speciem, quatenus nos distinguit a brutis animalibus ac separat, simul Deo propius adiungere: nec vehementius contendam, siquis censeri velit sub imagine Dei, quod quum prona spectent animalia caetera terram, os homini sublime datum est, caelumque videre iussus, et erectos ad sydera tollere vultus[a][1]; modo fixum illud maneat, imaginem Dei, quae in his externis notis conspicitur vel emicat, spiritualem esse. Osiander enim (quem scripta eius testantur in futilibus commentis perverse fuisse ingeniosum)[b] imaginem Dei promiscue tam ad corpus quam ad animam extendens[2], caelum terrae miscet. Dicit Patrem, Filium, et Spiritum sanctum in homine locare suam imaginem, quia utcunque stetisset Adam integer, Christus tamen futurus fuerit homo[3]. Ita secundum eos corpus quod destinatum erat Christo, exemplar ac typus fuit corporeae illius figurae quae tunc formata fuit[4]. Sed ubi reperiet Christum Spiritus esse imaginem? Fateor certe in Mediatoris persona lucere totius divinitatis gloriam: sed quomodo Sermo aeternus[c] vocabitur Spiritus imago, quem ordine praecedit? Denique evertitur inter Filium et Spiritum distinctio, si hic illum nominet suam imaginem. Adhaec scire ex eo velim quomodo Christus in carne quam induit Spiritum sanctum referat, et quibus notis vel lineamentis exprimat eius similitudinem. Et quum Filii quoque personae sermo ille, Faciamus hominem, etc. [Ibidem c. 26] communis sit, eum suiipsius imaginem sequitur esse: quod ab omni ratione abhorret. Adde quod nonnisi ad Christi hominis typum vel exemplar formatus fuit homo, si recipitur Osiandri figmentum[5]; atque ita idea ex qua sumptus est Adam, fuit Christus, quatenus vestiendus carne erat[6]: quum Scriptura longe alio sensu doceat eum in imagine Dei creatum esse. Plus coloris habet eorum argutia, qui exponunt, Adam creatum fuisse in imagine Dei, quia Christo, qui unica Dei imago est, fuerit conformis[7]; sed in ea quoque nihil est

---

a) et — vult.: *VG 1560* pour contempler son origine   b) Os. — ingen.: *VG 1560* Car aucuns trop speculatifs, comme Osiander, c) *VG 1560* la Sagesse eternelle

1) cf. Ovid. Met. I, 84 sq. — Cic. nat. deor. II, 56, 140. — Lact. div. inst. II, 1, 15 CSEL 19, 98.   2) D. Andreae Osiandri ... An filius Dei fuerit incarnandus, si peccatum non introiuisset in mundum. Item. De Imagine Dei quid sit. Ex certis et evidentibus sacrae scripturae testimoniis, et non ex philosophicis et humanae rationis cogitationibus, deprompta explicatio. Monteregio Prussiae. 1550. E 2 a-b.   3) cf. l. c. E 1 a-b.   4) cf. E 3 b—4 a; D 1 b—2 a.   5) l. c. 6) l. c.   7) cf. M. Serveti Christ. Rest.: De Trin. lib. III, p. 102.

solidum. Disputatio etiam non parva est de imagine, et similitudine, dum interpretes differentiam quae nulla est, inter duas istas voces quaerunt[1]: nisi quod similitudo vice expositionis addita est. Primo scimus Hebraeis tritas esse repetitiones quibus rem unam bis explicant; deinde in re ipsa nulla est ambiguitas quin Dei imago nominetur homo, quia Deo similis est. Unde ridiculos esse apparet qui subtilius philosophantur in nominibus illis, sive Zelem, hoc est imaginem, statuant in substantia animae, et Demuth, hoc est similitudinem, in qualitatibus, sive aliud diversum afferant[2]; quia ubi Deus hominem creare decrevit in imagine sua, quod erat obscurius, exegetice repetit hac particula, Ad similitudinem; quasi diceret se hominem facturum, in quo seipsum velut in imagine repraesentaret, propter insculptas similitudinis notas. Itaque Moses paulo post idem recitans, imaginem Dei bis ponit, omissa similitudinis mentione. Frivolum autem est quod obiicit Osiander, non dici partem hominis, vel animam cum suis dotibus, imaginem Dei: sed totum Adam, cui nomen a terra unde sumptus est, impositum fuit[3]; frivolum inquam sani omnes lectores hoc iudicabunt. Nam dum mortalis vocatur totus homo, non ideo morti subiicitur anima: nec rursum ubi dicitur animal rationale, ideo in corpus ratio vel intelligentia competit. Quanvis ergo anima non sit homo, absurdum tamen non est, eum animae respectu vocari Dei imaginem: etsi principium quod nuper posui retineo, patere Dei effigiem ad totam praestantiam, qua eminet hominis natura inter omnes animantium species. Proinde hac voce notatur integritas qua praeditus fuit Adam quum recta intelligentia polleret, affectus haberet compositos ad rationem, sensus omnes recto ordine temperatos, vereque eximiis dotibus opificis sui excellentiam referret. Ac quanvis primaria sedes Divinae imaginis fuerit in mente et corde, vel in anima eiusque potentiis: nulla tamen pars fuit etiam usque ad corpus, in qua non scintillae aliquae micarent.[a] Certum est in singulis etiam mundi partibus fulgere lineamenta quaedam gloriae Dei: unde colligere licet, ubi in homine locatur eius imago, tacitam subesse antithesin quae hominem supra alias omnes creaturas extollat, et quasi separet a vulgo. Neque vero negandum est, Angelos ad Dei similitudinem creatos esse[4], quando summa nostra perfectio, teste Christo, erit similes illis fieri [Matth. 22. c. 30]. Sed non frustra peculiari hoc elogio, Dei erga nos gratiam commendat Moses:

---

1) cf. Bernardum Claravall., De grat. et lib. arb. c. 9, 28 MSL 182, 1016.   2) cf. Bernardum l. c.   3) A. Osiander, An filius . . . B 4 a; cf. E 2 b.   4) l. c. F 1 a.   a) *cf. Comm. in Gen., CR 23, 26.*

praesertim quum visibiles tantum creaturas homini comparet^a.

4. Nondum tamen data esse videtur plena imaginis definitio nisi clarius pateat quibus facultatibus praecellat homo, et quibus speculum censeri debeat gloriae Dei. Id vero non aliunde melius quam ex reparatione corruptae naturae cognosci potest. Quin Adam, ubi excidit e gradu suo, hac defectione a Deo alienatus sit, minime dubium est. Quare etsi demus non prorsus exinanitam ac deletam in eo fuisse Dei imaginem, sic tamen corrupta fuit, ut quicquid superest, horrenda sit deformitas. Ideoque recuperandae salutis nobis initium est in ea instauratione quam consequimur per Christum, qui etiam hac de causa vocatur secundus Adam: quia nos in veram et solidam integritatem restituit. Quanvis enim vivificantem spiritum quo donantur a Christo fideles, opponens Paulus animae viventi in qua creatus fuit Adam [1. Cor. 15. f. 45], uberiorem gratiae mensuram in regeneratione commendet^b: non tamen alterum illud caput tollit, hunc regenerationis esse finem, ut nos Christus ad imaginem Dei reformet. || Itaque alibi novum hominem renovari docet secundum imaginem eius qui creavit illum [Colos. 3. b. 10]. Cui respondet illud, Induite novum hominem, qui secundum Deum creatus est [Ephe. 4. e. 24]. Iam videndum est quid maxime sub hac renovatione comprehendat Paulus. Priore loco agnitionem ponit, altero autem synceram iustitiam, et sanctitatem; unde colligimus imaginem Dei initio in luce mentis, in cordis rectitudine, partiumque omnium sanitate conspicuam fuisse Dei imaginem. Quanquam enim fateor synecdochicas esse loquendi formas, non potest tamen principium hoc convelli, quod in renovatione imaginis Dei praecipuum est, in ipsa etiam creatione tenuisse summum gradum^c. ||

a) *huius sect. loco 1539–54 haec exstant:*
Nam parentem omnium nostrum Adam creatum esse constat ad imaginem, et similitudinem Dei *(1554 +* [Gen. 1. d. *(26)*]*).* Quo indicatur factum esse participem divinae tum sapientiae, tum iustitiae, tum virtutis, tum integritatis, tum veritatis, tum innocentiae. — *quae 1539–54 hinc sequuntur, infra p. 181 not. a exstant.* b) *VG 1560 +* qu'en l'estat premier de l'homme

c) Et Paulus omnem de ista re controversiam dirimit, cum ita loquitur. Renovamini spiritu mentis vestrae, et induite novum hominem qui secundum Deum creatus est in iustitia, et sanctitate veritatis [Ephe. 4. f. 23. *(23 sq.)*]. Item, nolite mentiri invicem, exuti veteri homine, cum actionibus suis, et induti novum, qui renovatur ad agnitionem, et imaginem eius, qui creavit illum [Coloss. 3. b. 9. *(9 sq.)*]. Vides ut imaginem Dei interpretatur, conformitatem, quam spiritus noster habet cum Domino, ubi terrena sorde repurgatus, nihil nisi coelestem puritatem spirat?

1559*
(1543) Eodem pertinet quod alibi tradit, nos revelata facie gloriam Christi speculantes, in eandem imaginem transformari [2. Cor. 3. d. 18]. Videmus nunc ut Christus perfectissima sit Dei imago,[1] ad quam formati sic instauramur, ut vera pietate, iustitia, [139]
1559 puritate, intelligentia imaginem Dei gestemus[a]. || Quo posito, 5 Osiandrica illa de figura corporis imaginatio per se facile evanescit. Quod autem vir solus imago et gloria Dei vocatur apud Paulum, et mulier excluditur ab hoc honoris gradu [1. Cor. 11. b. 7], ad ordinem politicum restringi ex contextu patet. At sub imagine cuius fit mentio, comprehendi quicquid 10 ad spiritualem et aeternam vitam spectat, iam satis probatum esse arbitror. Hoc idem aliis verbis confirmat Iohannes, asserens, vitam quae in aeterno Dei Sermone ab initio erat, fuisse lucem hominum [Iohan. 1. a. 4]. Nam quum propositum sit, singularem Dei gratiam qua homo reliquis animantibus prae- 15 cellit laudare, ut eum segreget ex communi numero, quia non vulgarem adeptus est vitam, sed coniunctam cum luce intelligentiae: simul ostendit quomodo ad imaginem Dei sit conditus. Ergo quum Dei imago sit integra naturae humanae praestantia, quae refulsit in Adam ante defectionem, postea sic vitiata et 20 prope deleta, ut nihil ex ruina nisi confusum, mutilum, labeque infectum supersit: nunc aliqua ex parte conspicitur in electis, quatenus spiritu regeniti sunt: plenum vero fulgorem obtinebit in caelo. Ut vero sciamus quibus partibus constet, de animae facultatibus disserere operaepretium est. Nam illa Augustini 25 speculatio minime firma est, animam trinitatis esse speculum, quia in ea resident intellectus, voluntas, et memoria [Lib. de
1559*
(1539) Trin. 10, et lib. De civitate Dei 11.][1]. || Neque etiam probabilis eorum opinio, qui Dei similitudinem in dominatu ei tradito

---

1543   a) Similiter cum alibi docet, Dei gloriam ita conspicuam nobis 30 repraesentari in Evangelio, ut in eius imaginem transformemur, Spiritus sancti virtute [2. Corin. 3. d. 18.], nihil ambiguitatis relinquit, quin imago ipsa interius sit animae bonum, et per spiritualem regenerationem in nobis instauretur. — *1539–54* +

1539   Ergo ad imaginem Dei conditus homo, iis dotibus praeditus fuit, 35 quae beneficentiam creatoris largissimam erga ipsum testarentur. ||
1539*
(1536 I 88) Bonorum enim omne genus participatione cum ipso adhaerebat, eorum nexu perpetuo cum eo victurus, si in ea modo, quam accepe-
1539 rat, integritate stetisset. Verum non diu stetit: || sed, sua protinus ingratitudine, tot sibi collatis beneficiis indignum se reddidit.   40

1) Aug., De Trin. lib. X, 11. 12 XIV, 4. 6. 8 XV, 21 MSL 42, 982. 1040. 1088. — De civit. Dei XI, 26. 28 MSL 41, 339. 342; CSEL 40 I, 550. 554.

locant¹: acsi Deum hac nota solum referret, quia constitutus sit omnium rerum herus ac possessor[a], ‖ quum penes ipsum non extra proprie quaerenda sit: imo ‖ interius sit animae bonum[b].

5. Caeterum antequam longius progrediar, Manichaeorum delirio occurrere necesse est, quod rursus hac aetate invehere tentavit Servetus. Quod dicitur inspirasse Deus in faciem hominis spiraculum vitae [Genes. 2. b. 7], putarunt animam traducem esse substantiae Dei: quasi aliqua immensae divinitatis portio in hominem fluxisset². Atqui hic diabolicus error quam crassas et foedas absurditates secum trahat, breviter ostendere facile est. Nam si ex Dei essentia per traducem sit anima hominis, sequetur, Dei naturam non solum mutationi esse obnoxiam et passionibus, sed ignorantiae quoque, pravis cupiditatibus, infirmitati et omne genus vitiis³. Nihil homine inconstantius, quia eius animam exagitant et varie distrahunt contrarii motus: subinde per inscitiam hallucinatur: minimis quibusque tentationibus victus succumbit: animam ipsam scimus sordium omnium lacunam ac receptaculum esse; quae omnia Dei naturae ascribere conveniet, si recipimus animam esse ex Dei essentia, vel¹ arcanum divinitatis influxum[c]. Quis ad hoc portentum non exhorreat? Vere quidem ex Arato⁴ Paulus nos dicit esse Dei progeniem [Act. 17. f. 28]: sed qualitate, non substantia, quatenus scilicet divinis nos dotibus ornavit. Interea Creatoris essentiam lacerare, ut partem quisque possideat, nimiae amentiae est. Animas ergo, quanvis illis insculpta sit imago Dei, creatas esse non minus quam Angelos, certo statuendum est. Creatio autem non transfusio est[d], sed essentiae ex nihilo exordium.

a) Neque enim probabilis est eorum error, qui similitudinem et imaginem Dei in dominatu illi tradito locant: ac si eo solo Deum referre diceretur, quia constitutus fuerit omnium animalium Dominus et arbiter. Nisi maius subesset huic sentenciae pondus, non toties repeteretur a Mose. — *quae 1539—54 hinc sequuntur, supra p. 179, 38 sqq. et 180, 30 sqq. exstant.* b) *haec verba supra p. 180, 33 exstant.* c) vel — infl.: *VG 1560* comme un sourgeon est de la substance de l'arbre d) *VG 1560* + comme si on tiroit le vin d'un vaisseau en une bouteille

1) Chrysostomus, In Genesin Hom. 8, 3 ed. Paris. 1834 sqq. t. IV, 74; Cyrillus Alex., Glaphyrae in Gen. I, 2 MSG 69, 19; opinio quoque est Pelagianorum, cf. Aug., De grat. et lib. arb. 13, 25 MSL 44, 896.
2) cf. M. Serveti Christ. Rest.: De Trin. lib. III, p. 121; V, 181; De Trin. dial. I, 220; cf. Libertinorum quoque opinionem: CR Calv. opp. VII 179 (Contre la secte furieuse des Libertins, 1545); cf. Aug. De Genesi ctr. Manich. II 8, 11 MSL 34, 202. 3) cf. CR VII 180.
4) Aratus, Phaenomena 5.

Nec vero si a Deo spiritus datus est, et ex carne migrando ad eum redit, protinus dicendum est, ex eius substantia decerptum esse[a]. Atque hac quoque in parte Osiander, dum suis illusionibus effertur, impio errore se implicuit, imaginem Dei in homine non agnoscens sine essentiali iustitia[b][1], quasi nos inaestimabili Spiritus sui virtute conformes sibi reddere nequeat Deus quin substantialiter Christus in nos se transfundat[c]. Quocunque colore has praestigias fucare conentur nonnulli, oculos sanis lectoribus nunquam ita perstringent quin videant resipere Manichaeorum errorem. Atque ubi de imaginis instauratione disserit Paulus, ex eius verbis elicere promptum est, non substantiae influxu, sed Spiritus gratia et virtute hominem fuisse Deo conformem. Dicit enim Christi gloriam speculando, in eandem imaginem nos transformari tanquam a Domini Spiritu [2. Cor. 3. d. 18]: qui certe ita in nobis operatur ut Deo consubstantiales nos non[d] reddat.

6. Animae definitionem a philosophis petere stultum esset, quorum nemo fere, excepto Platone, substantiam immortalem solide asseruit[2]. Eam quidem alii quoque Socratici attingunt: sed ita ut nemo aperte doceat de quo ipse persuasus non fuit. Inde autem Platoni rectior sententia, quod imaginem Dei in anima considerat[3]. Alii eius potentias ac facultates ita praesenti vitae affigunt, ut extra corpus nihil reliquum faciant[4]. Porro ex Scriptura ante docuimus esse substantiam incorpoream: nunc addendum est, quanvis proprie loco non comprehendatur, corpori tamen inditam illic quasi in domicilio habitare: non tantum ut omnes eius partes animet, et organa reddat apta et utilia suis actionibus, sed etiam ut primatum in regenda hominis vita teneat: nec solum quoad officia terrenae vitae, sed ut ad Deum colendum simul excitet. Hoc postremum tametsi in corruptione liquido non cernitur, eius tamen reliquiae in ipsis vitiis impressae manent. Unde enim tanta famae cura hominibus, nisi ex pudore? unde autem pudor, nisi ex honesti respectu? cuius principium et causa est, quod se ad colendam iustitiam natos

---

a) *VG 1560* + comme une branche d'arbre   b) imag. — iust.: *VG 1560* c'est qu'il a forgé une iustice essentielle de Dieu infuse en l'homme   c) *VG 1560* + voire tellement que la substance de sa divinité se mette en noz ames   d) > *falso 1559-61; VG 1560 recte* qu'il ne nous rend pas

1) cf. Osiandri: An filius F 4 b.   2) Plato, Phaedon 105. E. sqq.; Phaedr. 245. C. sqq.   3) Plato, Alcibiades I. 133. C. — cf. Cicer. Tusc. I, 27, 66.   4) Petr. Pomponatius, De immortalitate animae; vide supra p. 48, not. 7.

esse intelligunt: in quo inclusum est religionis semen. Sicut autem absque controversia ad caelestis vitae meditationem conditus fuit homo, ita eius notitiam animae fuisse insculptam certum est. Et sane praecipuo intelligentiae usu careret homo si sua eum lateret foelicitas: cuius perfectio est cum Deo coniunctum esse; unde et praecipua¹ animae actio est ut illuc aspiret; ac proinde quo quisque magis ad Deum accedere studet, eo se probat ratione esse praeditum. Qui plures volunt esse animas in homine, hoc est sensitivam et rationalem¹, etsi videntur aliquid afferre probabile, quia tamen in eorum rationibus nihil est firmum, repudiandi nobis sunt, nisi in rebus frivolis et inutilibus nos torquere libeat. Magnam repugnantiam esse dicunt inter organicos motus et rationalem animae partem². Quasi non ipsa quoque ratio secum dissideat, et eius consilia alia cum aliis non secus ac hostiles exercitus confligant. Sed quum haec perturbatio sit ex naturae depravatione, perperam inde colligitur, duas esse animas, quia facultates qua decet symmetria inter se non consentiant. ‖ Caeterum de ipsis facultatibus subtilius disserere philosophis permitto; nobis ad aedificandam pietatem simplex definitio sufficiet^a. ‖ Vera quidem esse, nec iucunda modo cogniti, sed etiam utilia esse fateor, dextreque ab illis collecta quae docent: nec vero ab eorum studio prohibeo qui discendi cupidi sunt. Admitto igitur ‖ primo loco esse^b quinque sensus, quos tamen Platoni organa magis vocari placet, quibus in sensum communem, ceu in receptaculum quoddam, obiecta omnia^c instillentur^d [In Theaeteto.]³: sequi phantasiam, quae a sensu communi apprehensa diiudicet: postea rationem, penes quam universale est iudicium: postremo mentem, quae defixo quietoque intuitu contempletur quae ratio discurrendo volutare solet⁴. Item menti, rationi, phantasiae, tribus animae facultatibus cognitivis tres etiam appetitivas respondere: voluntatem, cuius partes sint, quae mens et ratio proponunt, appetere: vim irascendi, quae a ratione et phantasia

---

a) In facultatibus hominum inspiciendis, quo scilicet melius a nobis aestimentur, incipiemus ab earum partitione, et ea quidem simplicissima. Non enim video quid opus sit illas argutiores philosophorum distinctiones recensere b) *1539–54* Esse pr. l. c) *VG 1560* + qui se presentent à la veue, au goust, ou au flair, ou à l'attouchement, d) *VG 1560* + comme en une cisterne qui reçoit d'un costé et d'autre

1) cf. Plat. Pol. IV. 439 C D; Tert., De anima c. 14. 16 CSEL 20, 318. 320. 2) cf. Plat. Pol. l. c. 3) Plat. Theaet. 184 D. 4) cf. Plat. Pol. VII. 534 A.

porrecta arripiat: vim concupiscendi, quae a phantasia sensuque obiecta apprehendat[1]. Haec ut vera sint, aut saltem probabilia: quoniam tamen vereor ne magis nos sua obscuritate involvant quam iuvent, omittenda censeo[a]. Sicui libet alio modo animae potentias distribuere, ut altera vocetur appetitiva: quae tametsi rationis expers, rationi tamen obtemperat, si aliunde dirigatur: altera dicatur intellectiva, quae sit per seipsam rationis particeps [Arist. lib. 1. Ethi. cap. ult.][2]: non valde reclamo. Nec istud refellere velim[b], tria esse agendi principia, sensum, intellectum, appetitum [Item lib. 6. cap. 2.][3]. Sed nos divisionem potius eligamus infra omnium captum positam, quae certe a philosophis peti non potest. Nam illi dum simplicissime loqui volunt, animam dividunt in appetitum et intellectum; sed utrunque faciunt duplicem. Hunc interdum contemplativum esse dicunt, qui sola cognitione contentus, nullum actionis motum habeat [Themist. in lib. 3. de Anima. cap. 49 De duplici intellectu.][c][4]: quam rem ingenii nomine[d] designari putat Cicero [De Fin. lib. 5][5];¹ interdum practicum, qui boni malive apprehensione voluntatem varie moveat. Sub quo genere bene iusteque vivendi scientia continetur[6]. Illum quoque (appetitum dico) in voluntatem, et concupiscentiam partiuntur, ac βούλησιν quidem esse quoties rationi appetitus, quem ὁρμὴν appellant, obtemperat: πάθος autem fieri ubi excusso rationis iugo, ad intemperiem excurrit[7]. Ita semper in homine rationem imaginantur qua se recte moderari queat.

7. Ab hac docendi ratione paulum discedere cogimur: quia philosophi, quibus incognita erat naturae corruptio quae ex defectionis poena provenit, duos hominis status valde diversos perperam confundunt[e]. || Sic ergo habeamus, subesse duas

---

a) quoniam — cens.: *VG 1541 sqq.* encores n'est il ia mestier de nous y amuser: pource qu'il y a danger quelles ne nous pourroient ayder de gueres, et nous pourroient beaucoup tormenter par leur obscurité   b) Nec — vel.: *VG 1541-51* Nous pourrions amener d'autres distinctions, comme celle que baille Aristote; *VG 1560* Je ne voudroye pas non plus repugner à ce que dit Aristote   c) *1539-54* [De — intell. Themist. — 49.]   d) ing. nom.: *VG 1541 sqq.* par le mot d'engin

e) Quamobrem nos, qui rationem quoque depravatam esse asserimus, cogimur paulum ab eiusmodi partitione discedere

1) Themistius, De anima lib. II ed. Heinze p. 36, 27 sqq.; cf. lib. VII p. 120 sqq. 122, 8-13.   2) Aristot., Eth. Nic. I 13, p. 1102 b. 30 sqq. 3) Aristot., Eth. Nic. VI 2, p. 1139 a. 17.   4) Themistius, De anima lib. VI p. 112 sqq. (in edd. saec. XVI „lib. III. cap. 49").   5) Cic., De fin. V, 13, 36.   6) Themistius, l. c. p. 114, 3.   7) ibidem p. 113.

humanae animae partes, quae quidem praesenti instituto conveniant, intellectum et voluntatem. Sit autem officium intellectus, inter obiecta discernere, prout unumquodque probandum aut improbandum visum fuerit: voluntatis autem,
5 eligere et sequi quod bonum intellectus dictaverit: aspernari ac fugere quod ille improbarit [Ita Plato in Phaedro][1]. Nihil hic nos remorentur illae Aristotelis minutiae, nullam esse menti per se motionem, sed electionem esse quae moveat[2]: quam eandem nuncupat intellectum appetitivum[3]; ne superfluis quae-
10 stionibus intricemur, satis sit nobis intellectum esse quasi animae ducem et gubernatorem: voluntatem in illius nutum semper respicere, et iudicium in suis desideriis expectare. Qua ratione vere tradidit ipse idem[a] Aristoteles, simile quiddam esse in appetitu fugam et persequutionem, quale est in mente affir-
15 matio aut negatio [Lib. Eth. 6. cap. 2][4]. Porro quam certa nunc[b] sit ad dirigendam voluntatem intellectus gubernatio, alibi[c] videbitur[5]; hic duntaxat volumus, nullam reperiri posse in anima potentiam, quae non rite ad alterutrum istorum membrorum referatur. Atque[d] hoc modo sensum sub intellectu com-
20 prehendimus: quem alii sic distinguunt, quod sensum ad voluptatem propendere dicunt, pro qua intellectum bonum sequatur; inde fieri ut appetitio sensus, concupiscentia fiat et libido: affectio intellectus, voluntas[6]. Rursum pro appetitus nomine, quod illi malunt, voluntatis nomen, quod usitatius est,
25 usurpo[e].

8. Ergo animam hominis Deus mente instruxit, qua bonum a malo, iustum ab iniusto discerneret: ac quid sequendum vel fugiendum sit, praeeunte rationis luce videret; unde partem hanc directricem τὸ ἡγεμονικὸν dixerunt philosophi[7]. Huic
30 adiunxit voluntatem, penes quam est electio. His praeclaris dotibus excelluit prima hominis conditio, ut ratio, intelligentia, prudentia, iudicium non modo ad terrenae vitae gubernationem suppeterent, sed quibus transcenderent usque ad Deum et aeternam foelicitatem. Deinde ut accederet[t] electio,
35 quae appetitus dirigeret, motusque omnes organicos temperaret: atque ita voluntas rationis moderationi esset prorsus

a) ipse id. > *1539* b) > *1539–54* c) *1539–54* mox d) *1539–54* Porro e) *1539–54* usurpamus

1) Plat., Phaedrus 253 D.   2) Arist., Eth. Nic. VI 2, p. 1139 a. 31.
40 3) ibidem p. 1139 b. 4.   4) ibidem p. 1139 a. 21.   5) infra lib. II 2, 12 sqq.; p. 254 sqq.   6) Themistius, De anima lib. VI p. 113, 23; p. 47, 19.   7) sc. Stoici. — Plut. De virtute morali c. 3; Diog. Laërt. VII, 159; Tert. De anima c. 14 sq. CSEL 20, 318 sq.; Eus., De praep. ev. XV, 20, 5 ed. Dindorf II. 376.

consentanea. In hac integritate libero arbitrio pollebat homo, quo si vellet, adipisci posset aeternam vitam. Hic enim intempestive quaestio ingeritur de occulta praedestinatione Dei: quia non agitur quid accidere potuerit necne, sed qualis fuerit hominis natura. Potuit igitur Adam stare si vellet, quando non nisi propria voluntate cecidit; sed quia in utranque partem flexibilis erat eius voluntas, nec data erat ad perseverandum constantia, ideo tam facile prolapsus est. Libera tamen fuit electio boni et mali: neque id modo, sed in mente et voluntate summa rectitudo, et omnes organicae partes rite in obsequium compositae, donec seipsum perdendo, bona sua corrupit. Hinc tanta philosophis obiecta caligo, quod in ruina aedificium, et in dissipatione aptas iuncturas quaerebant. Principium illud tenebant, non fore hominem rationale animal nisi inesset libera boni et mali electio[1]; veniebat etiam illis in mentem, alioqui tolli discrimen inter virtutes et vitia nisi proprio consilio vitam homo institueret[2]. Probe quidem hactenus, si nulla fuisset in homine mutatio, quae dum ipsos latuit, nihil mirum si caelum terrae misceant. Qui vero Christi se discipulos esse professi, in homine perdito et in spirituale exitium demerso liberum arbitrium adhuc quaerunt, inter philosophorum placita et caelestem doctrinam partiendo, plane desipiunt, ut nec caelum nec terram attingant. Sed haec suo loco melius[3]. Nunc duntaxat illud tenendum est, longe alium prima creatione fuisse hominem quam totam eius posteritatem, quae originem a corrupto trahens, haereditariam labem ab eo contraxit. Nam ad rectitudinem formatae erant singulae animae partes, et constabat mentis sanitas, et voluntas ad bonum eligendum libera [August. lib. 2ª. super Gen. cap. 7. 8. 9][4]. Siquis obiiciat, quasi in lubrico fuisse positam, quia imbecilla esset facultas: satis ad tollendam excusationem valuit ille gradus; neque enim aequum fuit hac lege Deum constringi, ut hominem faceret vel qui non posset vel nollet omnino peccare. Praestantior quidem fuisset talis natura; sed praecise expostulare cum Deo, quasi hoc debuerit conferre homini, plusquam iniquum est: quando in eius arbitrio fuit quantulumcunque vellet dare. Cur autem perseverantiae virtute eum non sustinuerit, in eius consilio latet: nostrum vero est ad sobrietatem sapere. Acceperat quidem posse, si

---

a) *1559-61 falso* 11

1) Arist., Eth. Nic. III 4, p. 1112 a. 1; VI 2, p. 1139 a. 19.   2) Arist., ib. VI 2, p. 1139 a. 34; Eth. Eud. III 7, p. 1234 a. 24.   3) II 2, infra p. 241 sqq.   4) Aug., De Genesi contra Manich. II, 7 sqq. MSL 34, 200 sqq.

vellet, sed non habuit velle quo posset: quia hoc velle sequuta
esset perseverantia [De correp. et grat. ad Valent. cap. 11][1].
Excusabilis tamen non est, qui tantum accepit ut sibi sponte
accerseret interitum: nulla vero imposita fuit Deo necessitas
quin mediam illi voluntatem daret[a], atque etiam caducam, ut
ex illius lapsu gloriae suae materiam eliceret.

Deum sua virtute mundum a se conditum fovere ac tueri, et singulas eius partes sua providentia regere. CAP. XVI.

1. PORRO Deum facere momentaneum creatorem, qui semel
duntaxat opus suum absolverit, frigidum esset ac ieiunum;
atque in hoc praecipue nos a profanis hominibus differre convenit, ut non minus in perpetuo mundi statu quam prima eius
origine praesentia divinae virtutis nobis illuceat. || Etsi enim[b]
impiorum quoque animi solo terrae caelique[c] aspectu ad creatorem surgere[d] coguntur, suum tamen peculiarem modum habet
fides, quo solidam creationis laudem Deo assignet[e]. Quo pertinet illud Apostoli quod ante citavimus[2], non nisi[f] fide nos intelligere concinnatum esse seculum verbo Dei[g]: quia nisi ad
providentiam eius usque transimus[h], nondum rite capimus[i]
quid hoc valeat, Deum esse[k] creatorem: utcunque et mente
comprehendere et lingua fateri videamur. Carnis sensus[l], ubi
Dei virtutem semel in ipsa creatione sibi proposuit, illic subsistit: et quum longissime procedit, nihil aliud quam in edendo
tali opificio, authoris sapientiam, et potentiam, et bonitatem[m]
(quae sponte sese proferunt, et nolentibus etiam ingerunt) expendit et considerat: in eo autem conservando[n] et moderando
generalem quandam actionem, unde vis motionis dependeat. ||
Denique ad res omnes sustinendas sufficere putat vigorem

---

a) nulla — dar.: *VG 1560* et nulle nécessité ne luy a esté imposée
de Dieu, qu'il ne luy eust auparavant donné une volonté moyenne
et flexible à bien et à mal   b) *1539–54* Tametsi vero *(> 1539);*
ad hanc sect. cf. *1536 I 75, 40–76, 6*   c) terr. cael.: *1539–54* mundi
huius   d) *1539–54* recognoscendum   e) solid. — assig.: *1539–54*
Deum coeli ac terrae creatorem contempletur   f) Quo — nisi:
1539–54 Unde Apostolus tradit   g) *1539–54* + [Hebr. 11. a. 3.]
h) *VG 1560* + par laquelle il continue à maintenir tout   i) nisi ad
— cap.: *1539–54* non aliter rite perspicimus   k) *1539–54* + omnium
l) *1539–54* enim cogitatio   m) et bon. > *1539–54*   n) in — cons.:
1539–54 in cons. autem

1) Aug., De correptione et gratia 11, 32 MSL 44, 936.   2) I 5, 14;
p. 59, 4 sq.

divinitus ab initio inditum. ‖ At vero fides altius penetrare debet, nempe ut[a] quem omnium creatorem esse didicit, statim quoque perpetuum[b] moderatorem et conservatorem esse colligat[c]: neque id universali quadam motione tam orbis machinam quam singulas eius partes agitando: sed singulari quadam providentia[d] unumquodque eorum quae condidit ad minimum usque passerem, sustinendo, fovendo, curando. ‖ Sic David breviter praefatus mundum fuisse a Deo conditum, statim ad continuum providentiae tenorem descendit, verbo Iehovae caeli firmati sunt, et spiritu oris eius omnis virtus eorum [Psal.[e] 33. a. 6]. Mox addit, Iehova respexit super filios hominum [Ibidem c. 13]; et quae in eandem sententiam attexit. Quanquam enim non tam scite ratiocinantur omnes, quia tamen credibile non esset curari a Deo res humanas nisi esset mundi opifex: nec quisquam serio credit fabricatum esse mundum a Deo, quin sibi persuadeat operum suorum curam habere: non abs re David optima serie ab uno ad alterum nos deducit. In genere quidem arcana Dei inspiratione vegetari omnes mundi partes et philosophi docent, et humanae mentes con|cipiunt. ‖ Interea eousque non pertingunt quo evehitur David, secumque pios omnes attollit, dicens[f], ‖ Omnia ad te respiciunt, ut illis escam tempore suo; te dante[g], colligunt: te manum aperiente, satiantur bonis; simulatque faciem averteris, consternantur: ubi reduxeris spiritum, intereunt, et in terram revertuntur. Si rursus emittis[h] spiritum, creantur, et renovas faciem terrae [Psal. 103[i]. d. 27. 28. 29. 30]. ‖ Imo quanvis Pauli sententiae subscribant, in Deo nos esse, et moveri, et vivere [Act. 17. f. 28][k]: longe tamen absunt a serio eius quam commendat gratiae sensu: quia specialem Dei curam, ex qua demum cognoscitur paternus eius favor, minime gustant[l].

2. Quo melius pateat hoc discrimen, sciendum est, providentiam Dei, qualis traditur in Scriptura, fortunae et casibus fortuitis opponi. Iam quum vulgo persuasum fuerit omnibus seculis, et eadem opinio cunctos fere mortales hodie quoque occupet, fortuito contingere omnia: quod de providentia tenendum

---

a) penet. — ut: *1539-54* penetrat, et   b) *1539-54* perp. quoque
c) esse coll.: *1539-54* cogitat   d) *1539-43* praerogativa,   e) > *1559 (Genev.)*
f) Et quanquam parum discriminis apparet, nunquam tamen ad istam meditationem pertingit humana prudentia: in quam David evehitur toto Psalmo 104. praesertim vero in conclusione eius, ubi ait
g) temp. — dante: *1539-54* in tempore. Dante te   h) *1539-54* em. rurs.   i) *1553-54* 104 = *vg 103*   k) *cf. infra sect. 5 not. b, p. 195.*
l) min. gust.: *VG 1560* le sens charnel ne gouste point

erat, non modo hac prava opinione obnubilari, sed fere sepeliri certum est. Siquis in latrones incidat, vel feras bestias, si vento repente exorto naufragium faciat in mari, si domus vel arboris ruina obruatur: si alius per deserta oberrans inveniat penuriae suae remedium, undis iactatus ad portum perveniat, mirabiliter a distantia tantum unius digiti evadat a morte: hos omnes tam prosperos quam adversos occursus fortunae carnis ratio adscribet. Quisquis vero edoctus est Christi ore, capillos omnes capitis sui esse numeratos [Matt. 10. c. 30], causam longius quaeret, ac statuet quoslibet eventus occulto Dei consilio gubernari. ǁ Ac de rebus quidem inanimatis sic habendum est, quamvis naturaliter singulis indita sit sua proprietas, vim tamen suam non exerere, nisi quatenus praesenti Dei manu diriguntur[a]. ǁ Sunt igitur[b] nihil aliud quam instrumenta quibus Deus ǁ assidue instillat quantum vult efficaciae, et pro suo arbitrio ad hanc vel illam actionem flectit ac convertit[c]. ǁ Nullius creaturae mirabilior vel illustrior vis est quam solis. Praeterquam enim quod totum orbem illuminat suo fulgore, quantum istud est quod animalia omnia suo calore fovet ac vegetat? terrae foecunditatem suis radiis inspirat? seminibus in eius gremio tepefactis, herbescentem inde viriditatem elicit, quam novis alimentis suffultam auget ac confirmat, donec in culmos assurgat? quod perpetuo vapore pascit, donec in florem, et ex flore in frugem adolescat? quod tunc etiam excoquendo ad maturitatem producit? quod arbores similiter et vites ab eo tepefactae gemmant primum ac frondescunt[d], deinde florem emittunt, et ex flore fructum generant? At Dominus, ut solidam horum omnium laudem sibi vendicaret, ante et lucem extare voluit, et terram omni herbarum et fructuum genere refertam esse quam solem crearet [Gen. 1. a. 3, et b. 11]. Non ergo solem faciet pius homo vel principalem[1] vel necessariam eorum causam quae ante solis creationem extiterunt, sed instrumentum dun-

---

a) Neque hoc praetereundum est, quod creaturis adscribere homines vulgo solent, isto elogio *(sc. Deum Creatorem coeli et terrae esse)* unius Dei virtuti tribui. Nam cum omnia ab ipso sint: tantum habent vigoris et efficaciae, quantum ille subministrat: et ad eas demum actiones vim suam exerunt, ad quas eius manu diriguntur. Utrumque diligenter notandum: ex se nihil habere virtutis ullam creaturam: et quae singulis indita est virtus ex naturae proprietate, eam gubernari Dei nutu et arbitrio, et in quem visum est usum huc illuc flecti b) *1543-54* + creaturae
c) naturalem potentiam pro arbitrii sui modo instillat, et eam ipsam regit et convertit ad eas actiones ad quas destinavit d) gem. — frond.: *1543-54* frondescunt primum

taxat quo utitur Deus, quia ita vult: quum possit, eo praeterito, per seipsum nihilo difficilius agere. || Deinde quum legimus, biduo solem substitisse in uno gradu ad preces Iosue [Iosue 10. c. 13], in gratiam regis Ezechiae umbram eius retrocessisse per decem gradus [2. Reg. 20. c. 11], paucis illis miraculis testatus est Deus, non sic quotidie caeco naturae instinctu solem oriri et occidere quin ipse ad renovandam paterni erga nos sui favoris memoriam cursum eius gubernet. Nihil magis naturale est quam ver hyemi, veri aestatem, aestati autumnum vicissim succedere. Atqui in hac serie tanta perspicitur ac tam inaequalis diversitas, ut facile appareat singulos annos, menses et dies nova et speciali Dei providentia temperari.

3. Et sane omnipotentiam sibi vendicat ac deferri a nobis vult Deus[a], non qualem sophistae[1] fingunt inanem, otiosam et fere sopitam[b]: sed vigilem, efficacem, operosam, || et quae in continuo actu versetur; neque etiam quae generale tantum sit principium confusi motus, acsi fluvium per alveos semel praefixos fluere iuberet: sed ad singulos et particulares motus intenta sit. || Ideo enim censetur omnipotens[c], non quod possit quidem facere, cesset tamen interim et desideat, || vel quem praefixit naturae ordinem generali instinctu continuet: sed quia sua providentia caelum et terram gubernans, sic omnia moderatur ut nihil nisi eius consilio accidat. Nam quum in Psalmo dicitur facere quaecunque vult [Psal. 115. a. 3], certa et deliberata notatur voluntas[d]. || Insipidum enim esset philosophico more interpretari Prophetae verba, Deum esse primum agens, quia principium et causa est omnis motus[2]: quum potius hoc solatio in rebus adversis se leniant fideles, nihil se perpeti nisi Dei ordinatione et mandato: quia sunt sub eius manu. Quod si Dei gubernatio sic extenditur ad omnia eius opera, puerile

---

a) Et — Deus: *1539–54* Omnipotentiam illi deferimus   b) ot. — sop.: *1539–54* sopitam, ociosam   c) cens. omn.: *1539–54* omn. est Deus
d) sed quia eius manu omnia continentur, eius providentia coelum et terra gubernantur, eius consilio et nutu res omnes geruntur et dispensantur. Nam si omnia quaecunque voluerit facit [Psal. 115. a. 3], curam autem et providentiam eius nihil effugit: sequitur, nihil eius voluntate virtuteque fieri *(cf. Catech. 1538, CR V 337 sq.).*
— *1539–54* + Sed haec leviter attigimus duntaxat, quoniam fusiorem eorum tractationem in alium locum *(sc. cap. VI, 49–53, XIV, 38–54)* differimus.

1) sc. theologi scholastici.   2) cf. Thomae Aquin. Summam theol. I. q. 19. art. 6.

cavillum est, eam includere in naturae influxu. Nec vero magis Deum sua gloria fraudant quam seipsos utilissima doctrina, qui Dei providentiam coarctant tam angustis finibus, acsi libero cursu secundum perpetuam naturae legem ferri omnia sineret[1]: quia nihil homine miserius, si ad quoslibet caeli, aeris, terrae, aquarum motus expositus foret. Adde quod hoc modo nimis indigne extenuatur singularis erga unumquenque Dei bonitas. Exclamat David infantes adhuc pendentes a matrum uberibus satis facundos esse ad celebrandam Dei gloriam [Psal. 8. a. 3]: quia scilicet statim ab utero egressi, caelesti cura paratam sibi alimoniam inveniunt. Est quidem hoc verum in genere, modo ne oculos et sensus nostros fugiat quod palam experientia demonstrat, aliis matribus plenas esse mammas et uberes, aliis fere aridas, prout liberalius hunc Deus alere vult, parcius vero alium. || Qui vero Dei omnipotentiae iustam laudem tribuunt, duplicem inde percipiunt fructum, quod satis ampla benefaciendi facultas penes ipsum sit, in cuius possessione sunt caelum et terra, et cuius nutum respiciunt omnes creaturae, ut se in obsequium addicant; deinde quod secure in eius protectione quiescere licet, cuius arbitrio omnes subiacent quae alicunde timeri possunt noxae, cuius imperio non secus ac fraeno coercetur Satan cum omnibus suis furiis totoque apparatu, a cuius nutu pendet quicquid saluti nostrae adversatur[a]: || nec aliter corrigi vel sedari possunt immodici et superstitiosi metus, quos subinde ex periculorum obiectu concipimus. Superstitiose nos esse timidos dico, si quoties minantur nobis creaturae, vel terrorem aliquem ingerunt, perinde expavescimus ac siquam ex se vim nocendi haberent ac potestatem[b], || vel temere laederent ac fortuitc, vel

a) Duplici autem consolatione se fides armat ex Dei omnipotentia. Quod satis amplam benefaciendi facultatem penes eum esse intelligit, cuius brachium ad omnia regenda, gerenda, dispensanda extendatur, cuius in possessione coelum sit et terra, cuius nutum omnes creaturae respiciant, ad salutem piorum promovendam: deinde, (> 1539–45) quod satis securitatis in eius esse protectione videt, cuius voluntati omnia subiacent, quae alicunde timeri possunt nocumenta, cuius imperio, ceu *(1554* seu*)* freno, coercetur Satan, cum suis omnibus machinamentis, et quidquid uspiam saluti nostrae adversatur.

b) Haec sola cogitatio liberare nos potest a superstitiosa formidine, quae nobis ingeritur ex creaturis, quas adversas nobis putamus: quemadmodum econverso e praepostera earum, quae utiles videntur ac salutares admiratione abstrahit, ut ad unum Deum authorem revocet; superstitiosum timorem voco, cum eas perinde expavescimus, acsi vel aliquam a se nocendi potestatem haberent

1) cf. Senecam De prov. 5, 8.

adversus earum noxas non satis esset in Deo[a] auxilii. Exempli gratia, vetat Propheta ne a stellis et signis caeli metuant filii Dei [Ierem. 10. a. 2], quemadmodum increduli solent. Non quemlibet certe timorem damnat. Sed quum mundi gubernationem a Deo ad astra transferant infideles, suam vel foelicitatem vel miseriam ab astrorum decretis et praesagiis, non autem a Dei voluntate pendere fingunt, ita fit ut timor eorum ab uno illo quem respicere debebant[b] ad stellas et cometas abstrahatur[1]. Ab hac igitur infidelitate qui cavere volet, memoria semper teneat, non erraticam vel[c] potentiam, vel[d] actionem, vel[d] motionem esse[e] in creaturis: ‖ sed arcano Dei consilio sic regi, ut nihil contingat nisi ab ipso sciente et volente decretum[f].

4. Principio igitur teneant lectores providentiam vocari, non qua Deus e caelo otiosus speculetur quae in mundo fiunt[2], sed qua veluti clavum tenens[g], eventus omnes moderatur. Ita non minus ad manus quam ad oculos pertinet[h]. Nec enim quum filio suo dicebat Abraham, Deus providebit [Gen. 22. b. 8], tantum volebat praescium futuri eventus asserere: sed curam rei incognitae in eius voluntatem reiicere qui rebus perplexis et confusis exitum dare solet. Unde sequitur, providentiam in actu locari; ‖ nimis enim inscite nugantur multi de nuda praescientia[13]. Non tam crassus est eorum error qui gubernationem Deo attribuunt[k], ‖ sed confusam[l] et promiscuam, ut dixi:

---

a) nox. — D.: *1543-54* noxam non ess. in D. satis   b) *1543-54* debebat   c) errat. vel: *1543-54* aliam esse aut   d) *1543-54* aut   e) > *1543-54*

f) quam quae a Deo emanat et ab eo gubernatur. — *1543-54* + Ergo hoc epitheton, creator coeli et terrae, vel interpretatio vel probatio est superioris sententiae de ipsius Dei omnipotentia.   g) sed — ten.: *VG 1560* mais plustost qu'il est comme un patron de navire, qui tient le gouvernail   h) *VG 1560* + c'est a dire que non seulement il voit, mais aussi ordonne ce qu'il veut estre fait   i) nud. praesc.: *VG 1560* une prescience nue et de nul effect

k) Iam et de providentia Dei in universa mundi administratione nonnihil attingendum, quae ut probe intellecta, fulciendae fidei mirum in modum conducit, a paucissimis vel percipitur, vel rite cogitatur. Maior pars nudam Dei praescientiam hic quoque imaginatur: nutu autem et moderatione eius cuncta geri nequaquam putat. Alii gubernationem quidem illi attribuunt   l) *1539-45* confusaneam

1) Quas superstitiones Calvinus fusius impugnat et respuit in libello cui inscripsit: Advertissement contre l'astrologie qu'on appelle iudiciaire ... 1549; CR VII 509 sqq.   2) cf. Cic., De nat. deor. I. 2, 3; 19, 51.   3) Aug., De lib. arb. III. 2, 4 sqq. MSL 32, 1272 sqq.; Pseudo-Aug., De praed. et grat. c. 5 MSL 45, 1668; Lomb., Sent. I dist. 38. MSL 192, 626 sqq.; Bonaventura, In Sent. I. dist. 38 (Quar. I. 668 sqq.), etc.; cf. Laur. Vallam, De libero arbitrio, Opp. p. 1002 sq.

nempe[a] quae orbis machinam cum singulis partibus generali motu[b] volvat atque impellat: cuiusque vero[c] creaturae actionem peculiariter non dirigat[1]. || Neque tamen hic etiam error tolerabilis est; || hac enim providentia quam[d] universalem ap- 5 pellant,[e] nihil impediri tradunt, vel creaturas omnes, quominus contingenter moveantur, vel hominem, quo minus libero voluntatis suae[f] arbitrio huc atque illuc se convertat; atque ita[g] inter Deum et hominem partiuntur: ut ille motionem huic sua virtute inspiret qua[h] agere possit pro naturae sibi[i] inditae 10 ratione: hic autem actiones suas voluntario consilio moderetur. Breviter Dei potentia sed non destinatione mundum, res hominum, ipsosque homines gubernari volunt. Taceo[l] Epicureos (qua peste refertus semper fuit mundus) qui Deum otiosum inertemque somniant[2]: aliosque nihilo saniores, qui olim com- 15 menti sunt Deum ita dominari[k] supra mediam aeris regionem, ut[l] inferiora fortunae relinqueret[m 3]; siquidem adversus tam

---

a) ut — nempe: *1539-54* utpote,   b) *1539-54* motione   c) > *1539-54*   d) hac — quam: *1539-54* Hanc ipsi providentiam   e) *1539-54* + qua   f) > *1539-54*   g) atque ita: *1539-54* Sic 20 enim praesertim   h) *1539-54* ut   i) *1539-54* ei   k) comm. — dom.: *1539-54* regendum illi attribuerunt, quod est   l) > *1539-54*   m) *1539-54* relinquebant

1) Ad quem scriptorem sui temporis Calvinus hic spectet, explorare ex sententia nobis non successit. Hanc doctrinam de providentia 25 universali, relicta providentia speciali, a Petro Pomponatio quoque impugnatam et reiectam esse cognosces ex libro eiusdem cui inscriptum est: De fato, libero arbitrio et de praedestinatione (a. 1520), lib. 2. c. 1 et 5. Sed similis doctrinae quos vocant Averroistas XIII. saeculi auctores fuisse et eam ut falsam et haereticam a theologis 30 ecclesiasticis repudiatam et a iudicio ecclesiastico damnatam esse ex nonnullis testimoniis constat: Bonaventura, In Hexaëmeron, Collatio VI, ed. Quaracchi t. V. p. 361a; Thomas Aquinas, Summa theol. I q. 22. a. 2; Incerti Tractatus de erroribus philosophorum cap. 4, 35. 37. 38; cap. 5, 47. 49. 50 (Mandonnet, Siger de Brabant, 35 Fribourg 1899, App. p. 10 sq.); Tredecim errores a Stephano episcopo Parisiensi condemnati, 10. Dec. 1270, No. 10—12 (Denifle-Châtelain, Chartularium Universitatis Parisiensis 1889 t. I. p. 486 sq.); Opiniones ducentae undeviginti Sigeri de Brabantia, Boetii de Dacia aliorumque, a Stephano episcopo Parisiensi de consilio doctorum 40 sacrae scripturae condemnatae, 7. Martii 1277, No. 3. 42. 195—199 (Chartul. I. p. 544 sqq.).   2) vide p. 192, not. 2.   3) cf. Pseudo-Aristot., Περὶ κόσμου c. 6 (inter opp. Arist. t. I. 397 sqq.); quam opinionem etiam refutat Petrus Pomponatius in libro supra allato: De fato ... lib. 2. c. 1. et 4.

evidentem insaniam satis clamant mutae ipsae creaturae. ‖ Nunc enim sententiam illam quae vulgo fere obtinuit refutare propositum est, quae caecam modo nescio quam et ambiguam motionem quum Deo concedat, quod praecipuum est illi adimit, ut incomprehensibili sapientia quaeque dirigat ac disponat ad suum finem[a]: ‖ atque ita verbo tantum non re Deum facit mundi rectorem[b], quia moderationem eripit[c]. Quid enim quaeso est moderari, nisi ita praeesse ut destinato ordine ea regas quibus praees? ‖ Neque tamen quod de universali providentia dicitur in totum repudio: modo vicissim hoc mihi concedant, mundum a Deo regi, non tantum quia positum a se naturae ordinem tuetur, sed quia peculiarem uniuscuiusque ex suis operibus curam gerit. Verum quidem est singulas rerum species arcano naturae instinctu moveri, acsi aeterno Dei mandato parerent, et quod semel statuit Deus, sponte fluere. ‖ Atque huc referri potest quod dicit Christus, se et Patrem ab initio usque semper fuisse in opere: et quod Paulus docet, in ipso nos vivere, moveri, et esse [Act. 17. f. 28]; quod etiam author epistolae ad Hebraeos Christi divinitatem probare volens, dicit potenti eius nutu sustineri omnia [Hebr. 1. a. 3]. Sed perperam hoc praetextu tegunt et obscurant quidam specialem providentiam, quae adeo certis clarisque Scripturae testimoniis asseritur, ut mirum sit potuisse de ea quempiam dubitare[d]. ‖ Et certe qui velum illud quod dixi obtendunt, coguntur ipsi quoque correctionis vice addere, multa fieri peculiari Dei cura: sed hoc perperam ad actus tantum particulares restringunt. Quare nobis probandum est, Deum sic attendere ad singulos eventus regendos, et sic omnes illos provenire a definito eius consilio, ut nihil fortuito contingat.

---

a) Atque illa quidem, quam de universali providentia retulimus, opinio vulgo fere obtinuit. Tametsi autem nonnihil accedit ad veri speciem, nec vera tamen est, nec toleratilis. Caecam enim nescio quam et ambiguam motionem cum Deo tantum concedat: adimit illi quod est praecipuum, ut sapientia dirigat ac disponat unumquodque ad suum finem   b) *1539–54* mundi rect. D.. facit *(1539 faciat)*   c) *1539–54* illi denegat

d) Enimvero adeo diligenter peculiarem Dei providentiam scriptura inculcat, ut mirum sit, potuisse quempiam haesitare. Quod ait Apostolus: In ipso nos esse, moveri et vivere *(1543–54* + [Acto. 17. f. 28.]*)*. Quod item Christus testatur, se cum patre perpetuo operari *(1543–54* + [Ioan. 5. c. 17.]*)*, quanquam probant Dominum in iis, quae fecit, continenter operari, ad universalem tamen illam actionem respiciunt *(1539* reiiciunt*)*; sed alia sunt apertiora testimonia, quam ut ita facile pateat effugium

DE COGNIT. DEI CREATORIS. CAP. XVI 195

5. Si demus, principium motus penes Deum esse, sponte vero vel casu omnia ferri quo impellit naturae inclinatio, mutuae dierum et noctium vices, hyemis etiam et aestatis, erunt Dei opus, quatenus suas quibusque partes attribuens, certam legem praefixit: nempe si aequabili tenore eundem semper modum servarent, dies qui noctibus succedunt, menses mensibus et anni annis. Quod autem nunc immodici calores cum siccitate coniuncti quicquid est frugum exurunt, nunc pluviae intempestivae segetes corrumpunt, quod ex grandinibus et procellis subita calamitas accidit: non erit hoc Dei opus: nisi forte quia ex astrorum occursu, et aliis naturalibus causis vel nebulae, vel serenitas, vel frigus vel calor originem trahunt. Atqui hoc modo nec paterno Dei favori, nec iudiciis locus relinquitur. Si Deum humano generi satis beneficum esse dicant, quia caelo et terrae vim ordinariam instillet[1] qua alimenta suppeditent, nimis dilutum est ac profanum figmentum: acsi foecunditas anni unius non esset singularis Dei benedictio: penuria autem et fames non esset maledictio et vindicta. Sed quia rationes omnes colligere nimis longum esset, sufficiat ipsius Dei authoritas. ‖ In Lege et in Prophetis saepius pronuntiat, quoties rore et pluvia terram irrigat, se gratiam suam testari, caelum obdurescere instar ferri suo imperio, uredine et aliis vitiis consumi segetes, grandinibus et procellis quoties agri[a] feriuntur, certae et specialis suae vindictae esse signum. Haec si recipimus, certum est non cadere pluviae guttam nisi certo Dei mandato[b]. ‖ Laudat quidem David generalem Dei providentiam, quod escam ministret pullis corvorum invocantibus eum [Psal. 146. b. 9][1]: sed quum animalibus Deus ipse famem minatur, nonne satis declarat nunc tenui, nunc ampliore demenso, prout visum est, se alere cuncta animantia? Puerile est, ut iam dixi, hoc ad particulares actus restringere, quum sine exceptione loquatur Christus, nullum ex passerculis nullius pretii cadere

---

a) *VG 1560* vignes, champs et prés
b) Et quae passim in scripturis occurrunt: quod in ipso sumus, movemur, et vivimus [Acto. 17. f. 28.]: quod eius manu ad irrigandas terras ros et pluvia distillantur *(1553-54 +* [Levit. 26. a. 4. Deut. 11. b. 14, et 28. b. 12.]*)*: quod eius imperio coelum instar ferri obdurescit *(1553-54 +* [Levit. 26. c. 19. Deut. 28. c. 23.]*)*: quod ab eo pax et bellum, vita et mors, lux et tenebrae, pestilentia et sanitas, abundantia et fames: aliaque eiusmodi [Passim in lege et prophetis.], prout, aut beneficentia declarare suam bonitatem voluerit, aut severitate iustam iudiciorum suorum ultionem

1) Ps. 147, 9 = vg. 146, 9.

1559 in terram sine Patris voluntate [Mat. 10. c. 29]ᵃ. ‖ Certe si avium volatus certo Dei consilio regitur, fateri necesse est cum Propheta, sic eum habitare in sublimi, ut se humiliet ad videndum quaecunque accidunt in caelo et in terra [Psal. 112. a. 5ᵇ].

6. Sed quia scimus humani praecipue generis causa mundum esse conditum, in eius etiam gubernatione hic nobis 1539 spectandus est finisᶜ. ‖ Exclamat propheta Ieremias, Scio Domine, quia non est hominis via eius, neque viri ut dirigat gressus suos [Ier. 10. d. 23]. Solomo autemᵈ, A Domino sunt gressusᵉ viri, et quomodo disponet homo viam suam [Prov. 20. d. 24]? Dicant nunc, hominem a Deo moveri secundum naturae suae inclinationem, ipsum autem convertere motum quo visum fuerit. At si id vere diceretur, penes hominem foret viarum suarum arbitrium. Negabunt forte, quia nihil sine Dei potentia valeat. At quum Prophetam et Solomonem constet non potentiam modoᶠ, sed electionem quoque ac destinationem Deo attribuere, nequaquam se expediuntᵍ. Atque hanc hominum temeritatem eleganter alibi carpit Solomo, qui scopum sibi praestituunt sine Dei respectu, acsi manu eius non ducerentur. Hominis, inquit, est dispositio cordis, et Domini est praeparatio linguae [Prov. 16. a. 1]. Ridicula sane insania, quod facere sine Deo instituunt miseri homines, qui ne profari quidem possunt nisi quod ille voluerit. Porro quo magis exprimeret Scriptura, nihil penitus in mundo geri nisi ex eius destinatione, quae maxime fortuita videntur, illi subiacere ostendit. Quid enim magis ad casum referas quam dum praetereuntem viatorem defractus ex arbore ramus interficit? At longe aliter Dominus, qui se fatetur eum tradidisse in manum occisoris [Exod. 21. c. 13]. Sortes similiter quis non fortunae caecitati permittat? Verum Dominus non patitur, qui sibiʰ vendicat earum iudicium. Non sua potentia fieri docet ut et in sinum coniiciantur lapilli et extrahantur: sed quod unum casui dari poterat, a seipso

---

1539 a) Inde vero pia conscientia ingentem consolationis materiam desumit. Si pullis corvorum opem suam implorantibus cibum suppeditat *(1553–54 +* [Iob 39. a. 3. *(l. 38, 41)* Psal. 145. *(l. 147.)* b. 9.]*)*, multo magis nobis, qui populus eius sumus, et oves pascuorum eius *(1553–54 +* [Psal. 100. a. 3.]*)*. Si passerculus in terram non cadit, nisi eo sciente et ita dispensante *(1553–54 +* [Matt. 10. c. 29.]*)*, multo magis in curam nostri excubabit, quos vult tueri, ut pupillam oculi *(1553–54 +* [Zach. 2. c. 8. *(2, 12 = vg 2, 8)*]*)* b) *1559–61 falso* 12. a. 5; *VG 1560* 113. a. 5 *(113, 5 sq. = vg 112, 5 sq.)* c) *VG 1560 +* c'est de savoir quel soin il a de nous d) S. autem > *1539*   e) *1539* egressus   f) *VG 1560 +* qu'ils nous forgent   g) *VG 1560 +* que l'Escriture ne leur soit contraire

esse testatur [Prov. 16. d. 33]. ‖ Eodem pertinet illud Solomonis, Pauper et foenerator occurrunt sibi: oculos amborum Deus illuminat[1]. Quanvis enim permixti sint pauperibus divites in mundo, dum singulis divinitus assignatur sua conditio, admonet, Deum, qui omnibus illucet, minime caecutire, atque ita pauperes ad tolerantiam hortatur: quia onus sibi a Deo impositum excutere conantur quicunque sua sorte contenti non sunt. Sic et alter Propheta profanos homines obiurgat, qui industriae hominum vel fortunae ascribunt quod alii iacent in sordibus, alii ad honores emergunt. Neque ab Oriente, neque ab Occasu, neque a deserto sunt exaltationes: quia Deus iudex est, hic humiliat et hic elevat [Psal. 75. 7]. Quia non potest Deus exuere iudicis munus: hinc ratiocinatur, arcano eius consilio alios excellere, alios manere contemptibiles.

7. Quinetiam particulares eventus testimonia esse dico in genere singularis Dei providentiae. Excitavit Deus in deserto ventum australem, qui populo adveheret copiam avium [Exod. 16ª. c. 13]. Quum Ionam voluit in mare proiici, ventum turbini excitando emisit [Ionae 1. b. 4]. Dicent qui non putant Deum mundi gubernacula tenere, hoc fuisse praeter communem usum. Atqui inde colligo nullum unquam ventum oriri, vel surgere, nisi speciali Dei iussu. Nec vero aliter verum esset illud, ventos facere suos nuntios, et ministros suos ignem flammeum, nubes facere vehicula sua, et equitare super alas venti [Psal. 104. a. 4]: nisi et nubes et ventos circumageret suo arbitrio, singularemque virtutis suae praesentiam in illis ostenderet. Sic etiam alibi docemur, quoties ventorum flatu mare ebullit [Psal. 107. c. 25. 29], impetus illos testari singularem Dei praesentiam. Praecipit, et excitat spiritum procellae, et in sublime attollit fluctus maris; deinde stare facit procellam in silentio, ut cessent fluctus navigantium; sicut alibi denuntiat, ventis urentibus se flagellasse populum[2]. Sic quum naturaliter vis generandi indita sit hominibus, Deus tamen speciali gratia vult ferri acceptum quod alios relinquit in orbitate, alios sobole dignatur; nam[b] donum eius, fructus ventris[3]. Ideo dicebat Iacob[c] uxori, An ego pro Deo sum, ut tibi dem liberos [Gen. 30. a. 2]? Ut semel finiam, nihil magis ordinarium in natura quam nos pane ali. ‖ Atqui pronuntiat Spiritus non modo terrae proventum Dei esse donum speciale, sed non vivere solo

---

a) *1559–61 falso* 19 *(melius Num. 11, 31)*   b) *VG 1560* comme aussi il est dit au Pseaume   c) *VG 1560* + à Rachel

1) Prov. 29, 13.   2) Amos 4, 9.   3) Ps. 127, 3.

pane homines [Deut. 8. a. 3ª]: quia non ipsa saturitas eos vegetat, sed arcana Dei benedictio^b; ‖ sicut e converso minatur se
fracturum panis fulturam [Iesa. 3. a. 1]. Nec vero aliter seria
posset concipi oratio de quotidiano pane[1], nisi Deus cibum
paterna manu nobis suggereret. Ideo Propheta, ut fidelibus
persuadeat, Deum in ipsis pascendis optimi patrisfamilias partes
implere, admonet, escam dare omni carni [Psal. 136. d. 25].
Denique^l ubi ab una parte audimus, Oculi Domini super iustos,
et aures eius ad preces eorum [Psal. 34. c. 16]: ab altera autem,
Oculus Domini super impios, ut perdat e terra memoriam
eorum [Ibidem 17], sciamus creaturas omnes sursum et deorsum
praesto ad obsequium adesse, ut eas in quencunque vult usum
accommodet. Unde colligitur, non tantum generalem eius providentiam vigere in creaturis, ut naturae ordinem continuet:
sed in certum et proprium finem aptari, admirabili eius consilio.

8. Qui huic doctrinae invidiam facere volunt, calumniantur
esse dogma Stoicorum, de fato: quod et Augustino exprobratum
aliquando fuit [Lib. ad Bonif. 2. cap. 6, et alibi.]^c[2]. Nos etsi
de verbis inviti litigamus, Fati tamen vocabulum non recipimus:
tum quia est ex eorum genere, quorum profanas novitates refugere nos Paulus docet: tum quia eius odio conantur gravare
Dei veritatem. Dogma vero ipsum falso nobis ac malitiose
obiectatur. Non enim cum Stoicis necessitatem comminiscimur
ex perpetuo causarum nexu et implicita^d quadam serie, quae
in natura contineatur: sed Deum constituimus arbitrum ac
moderatorem omnium, qui pro sua sapientia, ab ultima aeternitate decrevit^e quod facturus esset: et nunc sua potentia, quod

---

a) *1559–61 falso* 2
b) Si non in pane solo vivit homo, sed potius verbi eius vigore *(1553–54 +* [Deut. 8. a. 3. Matt. 4. a. 4.]*),* satis est nobis, quod suam nobis virtutem nunquam defuturam promittit: quando ea sola sufficit ad nos alendos et vegetandos. — *1539–54 +* Contra vero ex sterilitate, fame, pestilentia, dei indignationem aestimabit potius, quam fortunam arguet. Postremo ex quo creatorem nostrum, tutorem, et nutritium esse intelligit, inde colliget, nos illius esse, non nostros: nos illi oportere vivere, non nobis: vitam nostram, quae eius beneficio incolumis perstat, cum omnibus suis actionibus ad illum esse referendam.   c) > *1539*   d) *1539–54* implicata
e) *1539–50* decreverit

1) Matth. 6, 11.   2) Aug., Contra duas epistolas Pelagianorum ad Bonifacium, lib. II, 5 sq. MSL 44, 577 sqq.; CSEL 60, 468 sqq.; cf. De civit. Dei V, 9, 3 MSL 41, 150; CSEL 40 I 225 sq.

decrevit exequitur^a. Unde eius providentia non caelum modo ac terram, et creaturas inanimatas, sed hominum etiam consilia et voluntates gubernari sic asserimus, ut ad destinatum ab ea scopum recta ferantur^b. Quid ergo? inquies; nihilne fortuito, nihil contingenter accidit? Respondeo, vere a Basilio magno dictum esse, Fortunam et Casum Ethnicorum esse voces, quarum significatione piorum mentes occupari non debeant[1]. Nam si successus omnis, Dei benedictio est, calamitas et adversitas, eius maledictio: fortunae iam in rebus humanis aut casui nullus relinquitur locus. || Et movere^c nos quoque illud 1543 Augustini debet: In libris contra Academicos, inquit, non mihi placet toties me appellasse Fortunam; quanvis non aliquam deam voluerim hoc nomine intelligi, sed fortuitum rerum eventum in externis vel bonis vel malis [1. Retract.^d cap. 1.][2]. Unde et illa verba sunt quae nulla religio dicere prohibet, Forte, Forsan, Forsitan, Fortasse, Fortuito; quod tamen totum ad divinam revocandum est providentiam. Neque hoc tacui, dicens, etenim fortasse quae vulgo Fortuna nuncupatur, occulto quoque ordine regitur: nihilque aliud in rebus casum vocamus, nisi cuius ratio et causa secreta est. Dixi quidem hoc: verum poenitet me sic^e nominasse illic Fortunam: quum videam homines habere in pessima consuetudine, ut ubi dici debet, Hoc Deus voluit, dicant, Hoc voluit Fortuna. || Denique passim^f docet, sicuid 1559 Fortunae relinquitur, temere versari mundum. Et quanquam alicubi definit, partim libero^l hominis arbitrio, partim Dei providentia omnia geri, huic tamen subesse homines et ab ea regi, satis paulo post ostendit, principium illud sumens, nihil esse absurdius quam fieri quicquam nisi ordinante Deo: quia temere accideret. Qua ratione et contingentiam quae ab hominum arbitrio pendet excludit: mox vero clarius causam esse quaerendam negans voluntatis Dei. Quoties autem permissionis ab ipso mentio fit, quomodo hoc intelligi debeat ex uno loco optime patebit, ubi Dei voluntatem, summam esse probat et primam omnium causam, quia nihil nisi ex iussu eius vel permissione accidit [Lib. 83 Quaestionum[3]. Lib. de Trin. 3. cap. 4[4]].

---

a) *1539–54* exequatur   b) recta fer.: *1539–54* deducantur   c) *1543* monere   d) *1543–50* + 1.   e) *1543–54* + me   f) *VG 1560* par tout

1) Basilius, Homilia in Psalmum 32 v. 4. MSG 29, 329 sq.   2) Aug., Retract. I, 1, 2 MSL 32, 585; CSEL 36, 12. — cf. Contra Academicos I, 1 MSL 32, 905.   3) Aug., De diversis quaestionibus 83, quaestiones 24, 27, 28 MSL 40, 17 sq.   4) Aug., De Trin. III, 4, 9 MSL 42, 873.

Certe non fingit Deum in otiosa specula cessantem, dum aliquid vult permittere, ubi actualis (ut ita loquar) voluntas intercedit, quae alioqui non posset censeri causa.

9. Quoniam tamen longe infra providentiae Dei altitudinem subsidit mentis nostrae tarditas, adhibenda est quae eam sublevet distinctio[a]. || Dicam igitur, utcunque ordinentur omnia Dei consilio certa dispensatione[b], nobis tamen esse fortuita; non quod Fortunam reputemus mundo ac hominibus dominari, temereque omnia sursum deorsum volutare: (abesse enim a Christiano pectore decet hanc vecordiam;) sed quoniam eorum quae eveniunt, ordo, ratio, finis, necessitas, ut plurimum in Dei consilio latet, et[c] humana opinione non apprehenditur: quasi fortuita sunt quae certum est ex Dei voluntate provenire. Non enim aliam imaginem prae se ferunt, aut in natura sua consideratae, aut secundum notitiam nostram iudiciumque aestimatae. Fingamus, exempli gratia, mercatorem, qui sylvam ingressus cum comitatu fidorum hominum, imprudenter a sociis aberret, ipso errore feratur in spoliarium, incidat in latrones, iuguletur. Mors eius non tantum Dei oculo praevisa, sed decreto stabilita fuerat. Non enim dicitur praevidisse quantum cuiusque vita protenderetur, sed terminos constituisse ac fixisse qui praeteriri non poterunt [Iob 14. a. 5]. Quantum tamen mentis nostrae captus[d] apprehendit, omnia illic fortuita apparent. Quid hic sentiet Christianus? nempe quicquid in morte eiusmodi[e] intercessit, fortuitum natura, ut est, reputabit: providentiam tamen Dei praefuisse non dubitabit ad fortunam in suum finem dirigendam. Eadem est ratio futurorum contingentiae. Futura omnia ut incerta nobis sunt, ita in suspenso habemus, acsi utramvis in partem propensa forent. Manet tamen nihilominus cordibus nostris infixum, nihil eventurum quod non Dominus iam providerit. || Hoc sensu apud Ecclesiasten saepe repetitur nomen eventus: quia primo intuitu non penetrant homines ad primam causam, quae procul abscondita est. Et tamen nunquam ita deletum fuit ex hominum cordibus quod de occulta Dei pro-

---

a) Quoniam tamen imbecillitas nostra providentiae Dei altitudini succumbit, adhibita distinctione illam quoque sublevabo. — *1543–50* + [Vide cap. 1 lib. praedestina. Aug.], *1553–54* [Vide August. libr. de praedest. cap. 1.][1]   b) ordin. — disp.: *1539–54* Dei disp. omnia ordin.   c) > *1539–50*   d) *1539–54* conceptio   e) *1539–50* huiusmodi

1) Aug., De praedest. sanct. c. 1. MSL 44, 959 sqq. Sed hoc loco quaestio de providentia non tractatur. Fortasse ad Augustini modum argumentandi spectat.

[153] videntia proditum est in Scripturis, quin semper micarent in tenebris aliquae scintillae. Sic Philisthinorum augures, quanvis ambigui vacillent, Deo tamen partim adversum casum tribuunt[a], partim fortunae. Si arca, inquiunt, transierit per viam illam, sciemus Deum esse qui nos percussit: sin vero per alteram, casus fuit super nos [1. Sam. 6. b. 9]. Stulte quidem, ubi eos fallit divinatio, ad fortunam confugiunt: interea videmus eos constringi, ne audeant quod infoeliciter illis acciderat fortuitum putare. Caeterum quomodo providentiae suae fraeno eventus quoslibet in quancunque vult partem flectat Deus, insigni exemplo liquebit. Ecce eodem articulo temporis quo deprehensus fuerat David in deserto Mahon, irruptionem faciunt Philisthini in terram: cogitur Saul discedere [1. Samu. 23. d. 26. 27]. Si Deus, saluti servi sui consulere volens, impedimentum hoc Sauli obiecit, certe quanvis repente praeter hominum opinionem arma ceperint Philisthini, non tamen dicemus casu fuisse factum: sed quae nobis videtur contingentia, secretum Dei impulsum fuisse agnoscet fides. Non semper quidem apparet similis ratio; sed indubie sic habendum est, quaecunque cernuntur in mundo conversiones, ex secreta manus Dei agitatione prodire. Interea quod statuit Deus, sic necesse est evenire ut tamen neque praecise neque suapte natura necessarium sit. Exemplum in Christi ossibus familiare occurrit. Quum induerit corpus nostro simile, fragilia fuisse eius ossa nemo sanus negabit: quae tamen frangi fuit impossibile[1]. Unde[b] iterum videmus non temere in scholis inventas fuisse distinctiones de necessitate secundum quid, et absoluta: item consequentis et consequentiae[2]: quando ossa Filii sui Deus, quae a fractura exemerat, fragilitati subiecit, atque ita restrinxit ad consilii sui necessitatem quod naturaliter contingere potuit.

a) Deo — trib.: *VG 1560* ne pouvans bonnement determiner de ce qu'on leur demande: si est-ce qu'ils attribuent l'adversité partie à Dieu   b) *VG 1560* Voila comment ce qui en soy peut advenir ainsi, ou ainsi, est determiné en une sorte au conseil de Dieu; dont

1) Joh. 19, 33. 36.   2) Thomas, S. th. I q. 19. a. 3; Bonaventura, In Sent. I. dist. 38. art. 2. q. 1.; dist. 47. art. un. q. 1. (Quaracchi t. I p. 675. 840); J. Duns Scotus, In Sent. I dist. 39. q. un. 35. (Opp. t. 10, 656); Erasmus, De libero arbitrio, ed. v. Walter p. 52; Eck., Enchir. 1532 c. 31, L 8 a b. — Contradicit Lutherus, De servo arbitrio WA 18, 616 sq.; sed cf. Melanchthonem in Locis comm. a. 1543 CR Mel. opp. 21, 649 sq. et eiusdem Initia doctrinae physicae I., CR Mel. opp. 13, 207.

Quorsum et in quem scopum referenda sit haec doctrina, ut nobis constet eius utilitas. CAP. XVII.

1. PORRO (ut propensa sunt ad vanas argutias hominum ingenia) fieri vix potest quin se perplexis nodis impediant quicunque non tenent probum rectumque huius doctrinae usum. Itaque in quem finem omnia divinitus ordinari Scriptura doceat, breviter hic attingere expediet. Ac primo quidem notandum est, tam in futurum quam in praeteritum tempus considerandam esse providentiam Dei: deinde sic moderatricem esse rerum omnium, ut nunc mediis interpositis operetur, nunc sine mediis, nunc contra omnia media. Postremo huc tendere, ut totum humanum genus sibi esse curae Deus ostendat: praecipue vero in regenda Ecclesia (quam propiore intuitu dignatur) se excubias agere. Iam et hoc addendum est, quanvis aut paternus Dei favor et beneficentia, aut iudicii severitas saepe in toto providentiae cursu reluceat: interdum tamen eorum quae accidunt occultas esse causas, ut obrepat cogitatio, caeco fortunae impetu volvi et rotari res humanas: vel ad obloquendum nos caro sollicitet, acsi Deus homines quasi pilas iactando, ludum exerceret. Verum quidem est, si quietis et sedatis mentibus ad discendum parati essemus, exitu tandem patefieri, Deo constare optimam consilii sui rationem: vel ut suos erudiat ad tolerantiam, vel ut corrigat pravos eorum affectus, et lasciviam domet, vel ut ad sui abnegationem subigat, vel expergefaciat torporem: rursum ut prosternat superbos, ut impiorum astutiam discutiat, ut dissipet eorum machinationes. Utcunque tamen nos lateant ac fugiant causae, apud eum esse absconditas certo habendum est: ac proinde cum Davide exclamandum, Magna fecisti Deus mirabilia tua, et cogitationes tuas super nos non licet ordinare; si loqui tento, praevalent supra narrationem [Psal. 40. b. 6]. Etsi enim semper in aerumnis nostris occurrere debent peccata, ut poena ipsa nos ad poenitentiam sollicitet: videmus tamen ut Christus arcano Patris consilio[a] plus iuris asserat, quam ut quenque prout meritus est castiget. Nam de caeco nato ait, Neque hic peccavit, neque parentes: sed ut manifestetur gloria Dei in ipso [Iohan. 9. a. 3]. Hic enim obstrepit sensus, dum ipsos natales praevenit calamitas, acsi Deus parum clementer immeritos sic affligeret. Atqui in hoc spectaculo fulgere gloriam Patris sui testatur Christus, modo puri sint nobis oculi. Sed tenenda modestia est, ne ad causam reddendam Deum trahamus: sed ita revereamur occulta

---

a) arc. — cons.: *VG 1560* à Dieu son Pere

eius iudicia, ut nobis eius voluntas, iustissima sit rerum omnium causa. Quum caelum occupant densae nubes, exoriturque violenta tempestas, quia et tristis caligo oculis obiicitur, et tonitru aures percellit, et sensus omnes terrore obstupefiunt, videntur nobis omnia confundi et misceri: eadem interim semper manet in caelo quies et serenitas. Ita statuendum est, dum res in mundo turbulentae iudicium nobis eripiunt, Deum ex pura iustitiae et sapientiae suae luce hos ipsos motus optime composito ordine temperare ac digerere in rectum finem. Et certe prodigiosus in hac parte est multorum furor, qui maiore licentia Dei opera vocare audent ad suum calculum, et arcana* eius consilia excutere, tum etiam de incognitis praecipitem ferre sententiam[a], quam de mortalium hominum factis. Quid enim magis praeposterum, quam erga aequales nostros hac uti modestia, ut iudicium suspendere malimus quam notam temeritatis incurrere: obscuris autem Dei iudiciis, quae reverenter suspicere decebat, proterve insultare?

[155] 2. Ergo[b] Dei providentiam rite et utiliter nemo expendet nisi qui sibi cum fictore suo mundique opifice negotium esse reputans, ad metum et reverentiam, qua decet humilitate, se submiserit. Hinc fit ut tam multi hodie canes doctrinam hanc virulentis suis morsibus, vel saltem latratu impetant: quia non

---

a) tum — sent.: *VG 1560* mesmes se precipiter à en donner leur sentence   b) *ad sqq. et praecedentia cf. haec, quae 1536—54 exstant:*

Ergo si cum profectu fructuque aliquo Deum agnoscere coeli ac terrae creatorem libet, patremque omnipotentem: danda est opera[1], ut ab eius providentia tota expectatione pendeamus, ut paternam benignitatem ac clementiam gratitudine saltem prosequamur, eam cum animis nostris reputando, eam lingua depraedicando, eam quibus poterimus, laudibus tollendo: ‖ talem patrem ardenti amore ac pietate *(*ard. — piet.: *1536* grata piet. ardentique am.*)* sic colamus, ut nos *(1536* + totos eius*)* obsequio illius penitus *(*ill. pen. > *1536)* devoveamus, illum in omnibus honoremus; omnia, vel adversissima, nostra opinione *(*vel — opin.: *1536* adversa quoque*)*, aequis placidisque animis, quasi ex eius manu, suscipiamus: cogitantes eius providentiam sic quoque nobis *(1536* + ac saluti nostrae*)* prospicere, dum afflictionum asperitate exercet *(*affl. — exerc.: *1536* affligit et tribulat*)*. Itaque quicquid tandem accidat, nunquam ambigendum aut diffidendum fuerit *(1536* erit*)*, eum nos habere propitium ac benevolentem, salutique nostrae promovendae intentum *(*sal. — int.: *1536* salusque ab eo nihilominus expectanda.*)*: ‖ ad hanc enim fiduciam prima hac symboli parte instituimur. — *initium huius sect. 53. supra in cap.* 13, 24, *p.* 144, 28 *sqq., invenitur.*

1) ad sqq. cf. M. Lutheri Enchiridion piar. prec. I 8 b (Catechismi expositionem) WA XXX 1, 294.

plus Deo licere volunt quam ipsis dictat propria ratio¹. Nos etiam quanta possunt protervia exagitant ᵃ, quod non contenti Legis praeceptis, quibus comprehensa est Dei voluntas, arcanis etiam eius consiliis mundum regi dicamus². Quasi vero cerebri nostri figmentum sit quod docemus: ac non ubique idem diserte pronuntiet Spiritus, et innumeris loquendi formis repetat. Sed quia eos retinet aliquis pudor ne suas blasphemias audeant in caelum evomere: quo liberius insaniant, se nobiscum litigare fingunt. Verum nisi admittant, incomprehensibili Dei consilio quicquid in mundo accidit gubernari, respondeant quorsum dicat Scriptura, eius iudicia profundam esse abyssum [Psal. 36. a. 7]. Nam quum clamet Moses voluntatem Dei non procul in nubibus, vel in abyssis quaerendam esse, quia familiariter in Lege exposita sit³, sequitur profundae abysso conferri aliam voluntatem absconditam: de qua etiam Paulus, O profunditatem divitiarum et sapientiae et cognitionis Dei! quam inscrutabilia sunt iudicia eius, et impervestigabiles viae eius! Quis enim cognovit mentem Domini? aut consiliarius eius fuit [Rom. 11. d. 33]? Ac verum quidem est, in Lege et Evangelio comprehendi mysteria quae longe emineant supra sensus nostri modum: sed quoniam Deus ad capienda haec mysteria, quae verbo patefacere dignatus est, suorum mentes intelligentiae spiritu illuminat: nulla iam illic abyssus, sed via, in qua tuto ambulandum est, et lucerna pedibus regendis, et lux vitae, et certae conspicuaeque veritatis schola. At mundi gubernandi admirabilis ratio merito abyssus vocatur: quia dum nos latet, reverenter adoranda est. Pulchre utrunque paucis verbis expressit Moses. Occulta, inquit, Deo nostro: quae autem hic scripta sunt, ad vos et filios vestros pertinent [Deut. 29. d. 29]. Videmus enim ut non tantum ad Legem meditandam studium adiicere, sed arcanam Dei providentiam reverenter suspicere iubeat. Huius quoque altitudinis elogium ponitur in libro Iob, quod mentes nostras humiliet. Postquam enim orbis machinam sursum et deorsum lustrando, magnifice disseruit author de operibus Dei, subiicit tandem, En istae sunt ex-

---

a) *VG 1560* + pensans avoir belle couleur de nous blasmer

1) Hic et capite 18 ad anonymum quendam spectat, quem Castellionem vel discipulum eius quendam esse suspicabatur, refutatum libello cui inscriptum est: Calumniae nebulonis cuiusdam, quibus odio et invidia gravare conatus est doctrinam Ioh. Calvini de occulta Dei providentia. Iohannis Calvini ad easdem responsio. MDLVIII Ex officina Conradi Badii. CR Calv. opp. IX 269 sqq.
2) Ibidem IX 279. 3) Deut. 33, 11 sqq.

tremitates viarum eius, et quantulum quod auditur in eo^a [Iob 26. d. 14]? Qua ratione distinguit alio loco inter sapientiam quae penes Deum residet, et sapiendi modum quem hominibus praescripsit. Nam ubi de naturae arcanis concionatus est, sapientiam dicit soli Deo esse cognitam, fugere autem oculos omnium viventium [Iob 28][1]. Sed paulo post subiicit, vulgatam esse ut investigetur: quia dictum sit homini, Ecce timor Dei est sapientia[2]. Huc spectat Augustini dictum, Quia non omnia novimus quae de nobis optimo ordine Deus agit, in sola bona voluntate nos secundum Legem agere, in aliis vero secundum Legem agi: quia eius providentia Lex sit incommutabilis [Lib. 83. quaest. cap. 27][3]. Ergo quum sibi ius mundi regendi vendicet Deus nobis incognitum, haec sit sobrietatis ac modestiae lex, acquiescere summo eius imperio, ut eius voluntas nobis sit unica iustitiae regula, et iustissima causa rerum omnium. Non illa quidem absoluta voluntas de qua garriunt sophistae[4], impio profanoque dissidio separantes eius iustitiam a potentia[b]: sed illa moderatrix rerum omnium providentia, a qua nihil nisi rectum manat, quanvis nobis absconditae sint rationes.

3. Ad hanc modestiam quicunque erunt compositi, neque in praeteritum tempus de rebus adversis contra Deum frement, neque scelerum culpam in ipsum regerent: sicut Homericus Agamemnon, ἐγὼ δ'οὐκ αἴτιός εἰμι, ἀλλὰ Ζεὺς καὶ μοῖρα[5]; neque rursum, ut Plautinus ille adolescens, quasi fatis abrepti, desperatione se proiicient in exitium. Instabilis est sors rerum, pro libidine fata agunt homines: referam me ad scopulum, ut rem istic cum aetate perduam[6]. Neque alterius exemplo, Dei nomen suis flagitiis obtendent. Sic enim Lyconides in altera comoedia, Deus impulsor fuit: credo deos voluisse. Nam ni vellent, non fieret, scio[7]. Quin potius ex Scriptura, quid Deo placeat inquirent ac discent, ut Spiritu duce illuc nitantur; simul Deum quocunque vocat sequi[8] parati, re ipsa ostendent nihil huius

---

a) *VG 1560* + et qui comprendra le bruit de ses forces   b) *VG 1560* + comme s'il pouvoit faire ceci ou cela contre toute equité

1) Job. 28, 21.   2) Job. 28, 28.   3) Aug., De diversis quaestionibus 83, quaestio 27 MSL 40, 18.   4) Guil. de Ockam, In Sent. I. dist. 17. q. 2. D; Centilog., concl. 7 A. E. — Gabr. Biel, Collect. in Sent. I. dist. 17. q. 2. A. — cf. Duns Scot., In Sent. I. dist. 44. q. un. 1—4 (Opp. t. 10, 744 sqq.).   5) Hom. Iliad. *T* (19), 87.   6) Plautus, Bacchides I, 1 (vetus interpolatio).   7) Plautus, Aulularia 737, 742. 8) deum sequi: cf. Verg. Aen. XII, 677; V, 22; Senecam, Dial. VII, 15, 5; Benef. IV, 25, 1. 2; VII, 31, 2. Epist. XVI, 5.

doctrinae cognitione esse utilius[a]. ‖ Stulte cum suis ineptiis tumultuantur profani homines[b][1], ‖ ut pene caelum terrae, ut dicitur, permisceant[2]. Si mortis nostrae punctum signavit Dominus, effugere non licet: frustra igitur in cautionibus adhibendis laboratur. Quod ergo alius committere se viae non audet, quam periculosam audit, ne a latronibus trucidetur: alius medicos accersit, ac pharmacis se fatigat, ut vitae opituletur[3]: alius a crassioribus cibis abstinet, ne laedat imbecillam[c] valetudinem: alius ruinosas aedes inhabitare formidat: omnes denique vias[d] excogitant, et magna animi intentione excudunt, quibus id quod concupiscunt assequantur: aut haec omnia inania sunt remedia, quae captantur ad corrigendam Dei voluntatem: aut non certo eius decreto terminantur vita et mors, sanitas et morbus, pax et bellum, et alia quae homines prout vel appetunt vel oderunt, ita sua industria vel obtinere vel refugere student. Quinetiam orationes fidelium perversas, nedum supervacuas fore colligunt, quibus petitur ut Dominus prospiciat iis quae iam ab aeterno decrevit. In summa, omnia quae in posterum capiuntur consilia, tollunt, perinde ac Dei providentiae adversa,[l] quae, illis non advocatis, quid[e] fieri vellet decrevit. Deinde quicquid iam accidit, ita providentiae Dei imputant, ut conniveant ad hominem, quem idipsum designasse constet. Occidit sicarius probum civem? exequutus est, inquiunt, consilium Dei. Furatus est aliquis, aut scortatus? quia fecit quod provisum erat a Domino et ordinatum, minister est eius providentiae. Parentis mortem, neglectis remediis, securus filius expectavit? non potuit Deo obsistere, qui sic ab aeterno praestituerat. Ita flagitia omnia virtutes vocant, quia Dei ordinationi obsequantur[4].

a) *1561 +* quam immerito exagitant perversi homines, quod ea quidam perperam abutantur; *VG 1560 +* laquelle est iniustement blasmée par les malins, d'autant qu'aucuns la pratiquent mal
b) Quare in consideranda providentia cavendum est, ne in stultorum hominum ineptias incidamus, qui sic de ea balbutiunt
c) *1543 +* quamcunque   d) *1543–45* viam   e) *1539* quae; > *1543*

1) sc. Libertini, quos Calvinus his sect. 3—5 impugnat (vide supra p. 82, not. 1). Sed ex initio sect. 6. apparet sectionibus 6 sqq. quoque Calvinum eorum opiniones refellere in animo habere. — Cap. 13—16 libelli a. 1545 a Calvino editi: Contre la secte des Libertins, CR VII 183—198, saepius eadem fere verba praebent quae hae sectiones Institutionis; cf. exempli gratia sect. 7—8 et CR VII 187—189.   2) cf. CR Calv. opp. VII 162, 188 (Contre la secte furieuse des Libertins).   3) cf. l. c. 243, 245 sq.   4) cf. l. c. cap. 13, p. 183 sqq.; cap. 14, p. 191; cap. 23, p. 231 sq.

4. Atqui quod ad futura pertinet, humanas deliberationes facile cum Dei providentia conciliat Solomo. Sicut enim eorum stoliditatem ridet qui sine Domino quidvis audacter suscipiunt, acsi eius manu non regerentur: ita alibi sic loquitur, Cor hominis cogitat^a viam suam, et Dominus diriget gressus eius [Prov. 16. b. 9]: significans, aeternis Dei decretis nos minime impediri quominus sub eius voluntate et prospiciamus nobis, et omnia nostra dispensemus. Neque id manifesta caret ratione. Namque is qui vitam nostram suis terminis limitavit, eius simul^b curam apud nos deposuit: eius conservandae rationibus subsidiisque^c instruxit: periculorum quoque praescios fecit: ne incautos opprimerent, cautiones ac remedia suggessit. Nunc perspicuum est quid sit nostri officii: nempe^d, si vitam nobis nostram tutandam commisit Dominus, ut eam tueamur: si subsidia offert^e, ut iis utamur: si pericula praemonstrat, ne temere irruamus: si remedia suppeditat, ne negligamus. Atqui periculum nullum oberit, nisi fatale: quod ineluctabile est remediis omnibus. Quid autem si ideo fatalia non sunt discrimina, quia iis propulsandis ac superandis remedia tibi Dominus assignavit? Vide quomodo tuae ratiocinationi cum ordine divinae dispensationis conveniat. Tu cavendum non esse periculum colligis, quia fatale quum non sit, simus etiam citra cautionem evasuri: Dominus autem ideo ut caveas iniungit, quia fatale tibi esse nolit. Non expendunt insani isti quod est sub oculis, consultandi cavendique artes inspiratas hominibus^f esse a Domino, quibus^g providentiae eius^h subserviant, in vitae propriae conservatione. Quemadmodum contra neglectu et socordia, quae illis iniunxit mala, sibi accersunt. Qui fit enim utⁱ vir providus, dum sibi consulit, imminentibus etiam malis se explicet, stultus inconsulta temeritate pereat, nisi quod et stultitia et prudentia divinae sunt dispensationis instrumenta in utranque partem? Ideo nos celare futura omnia voluit Deus, ut tanquam dubiis occurramus, neque desinamus parata remedia opponere, donec aut superata fuerint, aut omnem curam superaverint. || Ideo ante admonui, providentiam Dei non semper nudam occurrere, sed prout adhibitis mediis eam Deus quodammodo vestit.

5. Iidem praeteriti temporis eventus perperam^l et inconsiderate ad nudam Dei providentiam trahunt^k. Nam quia ex

---

a) *1539–43* cogitare debet; *1545* cogitet   b) > *1539*   c) *1543* obsidiisque   d) > *1539*   e) *1539–45* suppeditat   f) > *1539*   g) *1539* + ipsius   h) > *1539–43*   i) > *1543*   k) Iidem — trah.: *VG 1541 sqq.* Quand est des choses advenues et passées, ces phantastiques considerent mal et perversement la Providence de Dieu.

ea pendent quaecunque contingunt^a, || Ergo, inquiunt^b, nec furta, nec adulteria, nec homicidia perpetrantur, quin^c Dei voluntas intercedat[1]. Cur ergo, inquiunt, fur punietur, qui eum expilavit quem Dominus paupertate voluit castigare? Cur punietur homicida, qui eum interfecit cui vitam Dominus finierat? Si Dei voluntati serviunt huiusmodi omnes, cur punientur? Sed enim eos Dei voluntati servire nego. Non enim qui malo animo fertur, praebere ministerium Deo iubenti dicemus, quum malignae cupiditati tantum obsequatur. Paret ille Deo, qui de eius voluntate edoctus, eo contendit quo ab ea vocatur. Unde autem edocemur, nisi ex eius verbo? Proinde in rebus agendis ea est nobis perspicienda Dei voluntas quam verbo suo declarat. Id requirit unum Deus a nobis, quod praecipit. Siquid adversus praeceptum designamus, non obedientia est, sed contumacia et transgressio. At, nisi vellet, non faceremus[2]. Fateor. Sed an facimus mala in hunc finem, ut ei obsequium praestemus? At nobis ea nequaquam mandat: quin potius irruimus, non quid ille velit cogitantes, sed libidinis nostrae intemperie sic furentes, ut contra ipsum destinato consilio nitamur. Atque hac ratione, male agendo, iustae eius ordinationi servimus: quia pro immensa suae sapientiae magnitudine, ad bene agendum malis instrumentis uti bene probeque novit. Ac vide quam insulsa sit eorum argumentatio: impunita esse authoribus suis scelera volunt, quia nonnisi Dei dispensatione^d patrantur. Ego plus concedo: fures et homicidas, et alios maleficos, divinae esse providentiae instrumenta, quibus Dominus ipse ad exequenda quae apud se constituit iudicia utitur. Atqui eorum malis ullam inde excusationem deberi nego. Quid enim? An vel eadem secum iniquitate Deum implicabunt, vel suam pravitatem illius iustitia operient? Neutrum possunt. Quo minus se purgent, propria conscientia redarguuntur; quo minus Deum insimulent, totum in se malum deprehendunt: penes ipsum, nonnisi legitimum malitiae suae usum. Sed enim per ipsos operatur. Et unde, quaeso, foetor in cadavere, quod calore solis tum putrefactum, tum reseratum fuerit? Radiis solis excitari omnes vident; nemo tamen illos foetere ideo dicit. Ita quum in homine

---

1539   a) In iis quae iam contigerunt pessime et indignissime Dei providentiam reputant. Omnia quae fiunt, in ordinem respiciunt divinae providentiae.   b) > *1539–54;* Nam — inqu.: *VG 1541 sqq.* Nous disons que toutes choses despendent d'icelle, comme de leur fondement: et pourtant   c) *1539* quoniam   d) *VG 1541 sqq.* la diposition de Dieu

1) vide supra p. 206, not. 4.   2) cf. l. c. cap. 15, p. 193 sq.

malo subsideat mali materia et culpa, quid est quod inquinamentum aliquod contrahere putetur Deus, si ad suum arbitrium utatur eius ministerio? Facessat igitur canina haec procacitas, quae allatrare quidem eminus Dei iustitiam potest, sed non attingere.

6. Verum has calumnias vel potius phreneticorum deliria facile discutiet pia sanctaque providentiae meditatio, quam nobis dictat pietatis regula, ut optimus et suavissimus inde fructus nobis proveniat[a]. || Ergo Christianum pectus, quum certo certius persuasum[1] sit, omnia Dei dispensatione evenire, nihil fortuito[b] contingere: ad illum, velut praecipuam rerum causam, oculos semper referet: causas tamen inferiores suo loco intuebitur. Deinde singularem Dei providentiam ad se conservandum excubare non dubitabit, quae nihil evenire passura sit, quam quod bono ac saluti sibi vertat. Quoniam autem cum hominibus primum, deinde cum reliquis creaturis illi negotium est, utrobique sibi pollicebitur Dei providentiam regnare. Quantum ad homines attinet, sive boni sint, sive mali, eorum consilia, voluntates, conatus, facultates sub eius manu esse agnoscet, ut flectere quo libuerit, ac quoties libuerit constringere, in eius arbitrio situm sit. Singularem Dei providentiam in salutem fidelium[c] excubare plurimae sunt et luculentissimae promissiones quae testentur: iacta super Dominum curam tuam, et ipse te enutriet, nec permittet unquam fluctuari iustum [Psal. 55. d. 23]. Quoniam illi curae sumus [1. Pet. 5. b. 7[d]]. Qui habitat in adiutorio Altissimi, in protectione Dei caeli commorabitur [Psal. 91. a. 1]. Qui tangit vos, tangit pupillam oculi mei [Zach. 2. c. 8][1]. Ero clypeus tuus[2], murus aheneus [Iesa. 26. a. 2][3]: adversantibus tibi adversabor[4]. Etiamsi mater obliviscatur filiorum, non tamen obliviscar tui [Iesa. 49[e]. d. 15]. Quinetiam[f] hic potissimus est scopus in historiis Biblicis, ut doceant tanta sedulitate vias sanctorum custodiri a Domino, ut ne ad lapidem quidem impingant. |† Ergo ut iure paulo ante[5] a nobis explosa fuit eorum opinio[g] || qui universalem Dei providentiam com-

---

a) Verum refutari, nec melius, nec brevius possunt istae absurditates, quam si demonstremus, quae in rite reputanda meditandaque providentia, retinenda sit regula pietatis   b) > *1539–50*   c) *1539–54* fid. sal.   d) sic *1553; 1559–61 falso* 9   e) sic *1543–54; 1559–61 falso* 29   f) *1539–45* Quoniam
g) Quanquam itaque *(> 1539–45)* merito supra mihi permisi explodere eorum opinionem

1) Sach. 2, 12 = vg. 2, 8.   2) Gen. 15, 1.   3) Ies. 26, 1; cf. Ier. 1, 18.   4) Ies. 49, 25.   5) cap. 16, 4 sqq.; p. 192 sqq.

miniscuntur, quae non speciatim ad curam uniuscuiusque creaturae se demittat: in primis tamen specialem hanc curam erga nos recognoscere operaepretium est. Unde Christus, ubi asseruit ne vilissimum quidem passerculum in terram decidere sine Patris voluntate [Mat. 10. c. 29], huc statim applicat, ut quo pluris sumus passeribus[1], eo propiore[a] cura reputemus Deum nobis prospicere; ac eousque ipsam extendit, ut confidamus capillos capitis nostri numeratos esse [Ibidem c. 30]. Quid nobis aliud optemus[b], si nec unus e capite pilus defluere potest nisi ex eius voluntate? || Non de genere humano tantum loquor: sed quia Deus Ecclesiam sibi in domicilium elegit, non dubium est quin paternam in ea regenda curam singularibus documentis ostendat.

7. His tum promissis, tum exemplis confirmatus Dei servus, adiunget testimonia quae docent sub eius[c] potestate esse omnes homines, sive eorum conciliandi sunt animi, sive cohibenda malitia, nequid noceat. Dominus enim est qui dat nobis gratiam, non apud eos modo qui nobis bene volunt, sed etiam in oculis Aegyptiorum: hostium vero nostrorum improbitatem frangere variis modis novit [Exod. 3. g. 21]. Interdum enim mentem illis adimit, nequid sani sobriive[d] capere queant: qualiter Satanam dimittit, qui mendacio impleat os omnium Prophetarum, ad[l] decipiendum Achab [1. Reg. 22. d. 22]: Rechabeam iuvenili consilio dementat, ut regno per suam stultitiam spolietur [Ibidem 12. b. 10, et d. 15]. Nonnunquam ubi mentem illis concedit, ita absterret et exanimat, ne id quod conceperunt velint aut machinentur. Interdum etiam, ubi conari permisit quod libido et rabies suadebat, impetus eorum opportune abrumpit, nec sinit ad finem usque procedere quod instituunt. Sic consilium Achitophel, quod exitiale Davidi futurum erat, ante tempus dissipavit [2. Sam. 17. b. 7, et c. 14.]. Sic et creaturas omnes in suorum bonum ac salutem moderari, ei curae est: ac[e] diabolum etiam ipsum, quem conspicimus, nihil ausum fuisse tentare adversum Iob, sine permissu eius ac mandato [Iob. 1. c. 12]. Hanc notitiam necessario sequitur tum animi gratitudo in prospero rerum successu, tum in adversitate patientia, tum etiam in posterum incredibilis securitas. Quicquid ergo prospere atque ex animi sententia eveniet[f], id totum ac-

---

a) *1539* intentiori; *1543–54* interiori   b) *1539–45* optamus
c) *1539–54* Domini   d) *1539–54* + consilii   e) est: ac: *1539* est, ad
f) *1539–43* eveniat

1) Matth. 10, 31.

ceptum Deo referet, sive per hominum ministerium senserit
eius beneficentiam, sive ab inanimatis creaturis adiutus fuerit.
Sic enim reputabit cum animo suo, Certe Dominus est qui ad
me istorum animos inclinavit, qui mihi adglutinavit, ut suae
erga me benignitatis instrumenta forent. In frugum abundantia
cogitabit, Dominum esse qui caelum exaudit, ut caelum exaudiat terram, ipsa quoque exaudiat suos foetus[a]: in aliis non
dubitabit benedictionem Domini solam esse qua omnia pros-
perentur: nec tot causis admonitus, ingratus esse sustinebit.
8. Si adversi quid contigerit, extemplo mentem hic quoque
extollet in Deum[b], cuius manus ad patientiam placidamque
animi moderationem nobis imprimendam valet plurimum. Si
Ioseph in recognoscenda fratrum perfidia immoratus esset[c],
nunquam fraternum potuisset in eos animum recipere. Sed quoniam mentem ad Dominum reflexit, oblitus iniuriae, ad man-
suetudinem ac clementiam inclinatus est, ut fratres etiam ultro
soletur, ac dicat[d], Non vos estis qui me vendidistis in Aegyp-
tum, sed Dei voluntate praemissus sum ante vos, ut vitam
vobis conservem[e] [Gen. 45. c. 8][1]. Vos quidem cogitastis de me
malum, sed Dominus convertit illud in bonum[f]. Si Iob ad Chaldaeos se convertisset, a quibus vexabatur, statim accensus esset
ad vindictam: sed quia opus Domini simul recognoscit, semet
pulcherrima illa sententia consolatur, Dominus dedit, Dominus
abstulit: sit nomen Domini benedictum [Iob 1. d. 21]. Sic
David convitiis et lapidibus a Semei impetitus, si in hominem
defixisset oculos, ad retaliandam iniuriam suos animasset:
verum quia non sine Domini motu illum agere intelligit, illos
potius mitigat. Sinite eum, inquit, quia Dominus ei praecepit
ut maledicat [2. Sam. 16. b. 10]. || Hoc eodem fraeno alibi do-
loris intemperiem cohibet, Tacui et obmutui, inquit, quia tu
fecisti Iehovah [Psal. 38. b. 10][2]. || Si nullum[l] efficacius est irae
atque impatientiae remedium, non parum certe profecit qui Dei
providentiam didicit in hac parte[g] meditari, ut possit[h] eo mentem
semper revocare, Dominus voluit, ideo ferendum est: non modo
quia reluctari non licet, sed quia nihil vult nisi quod et iustum

---

a) qui — foet.: *VG 1541 sqq.* qui a commendé au ciel de plouvoir
sur la terre: à fin quelle fructifiast   b) *1539-54* Dominum   c) in
— esset: *VG 1541 sqq.* se feust arresté à mediter la desloyauté de ses
freres, et le lasche tour qu'il luy avoient faict   d) *1539-54* solaretur,
ac diceret   e) *1539-54* conservarem   f) *VG 1560* + [et 50. d. 20
(sc. Gen.)]   g) *1539-54* + bene   h) *1539* possimus

1) Gen. 45, 7 sq.   2) Ps. 39, 10 = vg 38, 10.

sit et expediat. ‖ Summa huc redit, ut iniuste ab hominibus laesi, omissa eorum improbitate (quae nihil quam dolorem nostrum exasperaret, animosque acueret ad vindictam) meminerimus ad Deum conscendere, ac pro certo statuere discamus, iusta eius dispensatione fuisse et permissum et immissum quicquid hostis scelerate in nos admisit ᵃ. ‖ Paulus, ut a retaliandis iniuriis nos compescat, prudenter admonet, nobis non esse luctam cum carne et sanguine, sed cum hoste spirituali Diabolo [Ephes. 6. b. 12], ut nos ad certandum paremus. Sed haec ad sedandos omnes iracundiae impetus utilissima admonitio est, tam Diabolum quam improbos omnes Deum armare ad conflictum, et sedere quasi agonothetam ut patientiam nostram exerceat. ‖ Quod si absque hominum opera eveniant quae nos premunt clades et miseriae, in memoriam redeat Legis doctrina, Quicquid prosperi est, ex fonte benedictionis Dei fluere: adversa omnia esse eius maledictiones [Deut. 28]ᵇ: ‖ ac terreat nos illa horribilis denuntiatio, Si temere inceditis contra me, ego quoque temere incedam contra vos [Levit. 26. d. 23].¹ Quibus verbis coarguitur torpor noster, ubi pro communi carnis sensu fortuitum esse ducentes quicquid in utranque partem accidit, neque beneficiis Dei animamur ad eius cultum, neque flagellis ad resipiscentiam stimulamur. ‖ Haec eadem ratio est cur acerbe expostularent Ieremias et Amos cum Iudaeis, quia tam bona quam mala fieri putarent Deo non iubente [Thren. 3. e. 38; Amos 3. b. 6].ᶜ ‖ Eodem refertur illa Isaiae concio, Ego Deus creans lucem, et formans tenebras: faciens pacem, et creans malum; ego Deus facio haec omnia [Iesa. 45. a. 7].

a) Quae omnia huc indubie referuntur, ut quoties vel ab externa *(1539 extrema)* hominum improbitate aliquid mali nobis irrogatur, in Dominum tunc quoque respicere, ac pro certo statuere discamus *(> 1539)*, quod in nos illi scelerate admiserunt, iusta eius dispensatione fuisse et permissum, et immissum

b) Quod si absque *(1539-43* Sive nulla*)* hominum opera evenit, quae nos premit *(*quae —prem.*: 1539* prevenitque nos*)* adversitas: scriptura, Dei esse maledictiones, vel certe castigationes denunciat: et terrae sterilitatem, et famen, et omne morborum genus, et quidquid fortuitum, hominum opinione, ducitur [Levi. 26. b. 15. *(15 sqq.)* Deuto. 28. b. 20. *(20 sqq.)*]

c) Quae causa est cur tam sollicite ad hoc probandum scriptura incumbat; ut cum denunciat Amos, non fore malum in civitate, quod Deus non fecerit [Amos. 3. b. 6.]: ut cum acerbe redarguit Ieremias eos, qui evenire aliquid calamitatis putabant, Domino non iubente [Treno. 3. e. 37.]. — *1539-54 hoc est initium sect 48.*

1) Lev. 26, 23 sq.

9. Neque tamen interim ad causas inferiores vir pius conivebit. Neque enim quia ministros divinae bonitatis[a] arbitrabitur eos a quibus beneficio affectus fuerit, ideo illos[b] praeteribit: acsi nullam gratiam sua humanitate promeriti essent: sed illis obstrictum se ex animo sentiet,[c] et libenter fatebitur obligationem, et gratiam pro facultate et re nata referre studebit. Denique Deum[d] in acceptis[e] bonis reverebitur et praedicabit, ut praecipuum authorem: sed homines ut eius ministros honorabit: atque, ut res est, intelliget se Dei[f] voluntate iis esse devinctum per quorum manum beneficus esse voluerit. Siquid iacturae vel ob negligentiam vel ob imprudentiam fecerit, Domino quidem volente factum id apud se statuet, verum sibi quoque imputabit. Siquis morbo absumptus sit, quem, quum ex officio[l] curare debuisset, negligenter tractavit: tametsi non ignorabit ad terminum pervenisse quem praeterire non poterat, peccatum tamen suum inde non elevabit: sed quia non est defunctus erga eum fideliter suo munere, perinde accipiet acsi negligentiae suae culpa periisset. Multo minus, ubi in designando vel homicidio vel furto fraus et concepta animo malitia intercesserit, eam excusabit sub praetextu divinae providentiae: sed in eodem facinore, Dei iustitiam, hominis nequitiam, ut se utraque manifeste prodit, distincte contemplabitur. In futuris vero potissimum, inferiorum huiusmodi causarum rationem habebit. Nam inter Domini benedictiones reponet si non destituetur subsidiis humanis, quibus ad incolumitatem suam utatur; itaque nec in capiendis consiliis cessabit, nec torpebit in ope eorum imploranda, quibus suppetere conspiciet unde iuvetur: sed a Domino sibi in manum offerri reputans quaecunque commodare sibi[g] aliquid possunt creaturae, ipsas, tanquam legitima divinae providentiae instrumenta, ad usum applicabit. Ac, quum incertus sit quem sint exitum habitura quae negotia aggreditur (nisi quod in omnibus Dominum suo bono prospecturum novit) ad id studio aspirabit quod sibi expedire ducet, quantum intelligentia menteque assequi potest. Neque tamen in capiendis consiliis proprio sensu feretur: sed Dei sapientiae se commendabit ac permittet, ut eius ductu in rectum scopum dirigatur. Caeterum non externis subsidiis ita eius fiducia subnitetur, ut si adsint, in iis secure acquiescat: si desint, perinde ac destitutus trepidet. Mentem enim in sola Dei providentia semper habebit defixam, neque a firmo eius in-

---

a) *1539* benignitatis   b) *sic 1539-54; 1559-61 falso* nullos
c) *1539* + ita   d) *1539-54* Dominum   e) > *1539-54*   f) *1539-54* Domini   g) > *1539-43*

1559 tuitu, praesentium rerum consideratione, abduci patietur. || Sic Ioab tametsi praelii eventum in arbitrio manuque Dei esse agnoscit, non tamen inertiae se dedit: sed quod suae vocationis est sedulo exequitur: Domino autem permittit eventum moderari, Stabimus fortes, inquit, pro gente nostra et urbibus Dei nostri: Dominus autem faciat quod bonum est in oculis suis [2. Sam. 10. c. 12]. Eadem cognitio[a] temeritate et prava confidentia exutos ad continuam Dei invocationem nos impellet: tum etiam animos nostros bona spe fulciet, ut quae nos circunstant pericula, secure et fortiter despicere non dubitemus.

1539 10. Hac vero parte se prodit inaestimabilis piae mentis foelicitas[b]. Innumera sunt quae vitam humanam obsident[c] mala, quae totidem ostentant mortes[d]. Ut extra non exeamus: quum mille morborum receptaculum sit corpus, imo intus inclusas teneat ac foveat morborum causas, seipsum homo ferre non potest quin multas exitiorum suorum formas secum ferat, ac vitam quodammodo cum morte implicitam trahat. Quid enim aliud dicas, ubi nec frigetur, nec sudatur sine periculo? Iam, quocunque te vertas, quae circa te sunt omnia, non modo[1] ambiguae sunt fidei, sed aperte fere minantur, ac praesentem mortem videntur intentare. Conscende navem, pede uno a morte distas. Equo inside, in lapsu pedis unius vita tua periclitatur. Incede per vias urbis, quot sunt in tectis tegulae, tot discriminibus es obnoxius. Si ferramentum in tua aut amici manu sit, exerta est noxa. Quotquot animalia ferocia[e] vides, in tuam perniciem armata sunt. Quod si vel horto munito includere te studeas, ubi nihil quam amoenitas appareat, illic serpens interdum delitescet. Domus assidue incendio subiecta, interdiu tibi paupertatem, noctu etiam oppressionem minatur. Ager grandini, pruinae, siccitati, aliisque tempestatibus expositus quum sit, sterilitatem, atque ex ea famem tibi denuntiat. Omitto veneficia, insidias, latrocinia, vim apertam, quorum pars nos domi obsident, pars peregre consequuntur. Inter has angustias annon oportet miserrimum esse hominem, utpote qui in vita semivivus anxium et languidum spiritum aegre trahat, non secus acsi imminentem perpetuo cervicibus gladium haberet? Dices ista raro evenire, aut certe non semper, neque omnibus, nunquam vero simul omnia. Fateor; sed quum aliorum exemplis admoneamur, evenire etiam nobis posse: nec nostram magis,

---

a) *VG 1560* Telle pensée   b) se — foel.: *1539–54* agnoscere licet inaestimabilem p. m. foelicitatem   c) *1539–54* circunstant   d) quae — mort. > *1539–54*   e) *VG 1541 sqq.* + ou rebelles, ou difficiles à gouverner

quam eorum vitam excipi debere: fieri non potest ut non timeamus ac formidemus tanquam nobis eventura. Tali ergo trepidatione quid calamitosius fingas? Adde quod Dei contumelia non caret, si dicatur hominem, ex creaturis nobilissimam, prostituisse ad caecos et temerarios quoslibet Fortunae ictus. Sed hic de miseria hominis tantum loqui propositum est, quam sensurus sit si sub imperium Fortunae redigatur.

11. At ubi lux illa divinae providentiae semel homini pio affulsit: iam non extrema modo, qua ante premebatur, anxietate et formidine, sed omni cura[a] relevatur ac solvitur. Ut enim merito Fortunam horret, ita secure Deo[b] sese audet permittere. Hoc, inquam, solatium est, ut intelligat patrem caelestem[c] sic omnia sua potentia continere, sic imperio nutuque suo regere, sic sapientia moderari: ut nihil, nisi ex eius destinatione, cadat; in eius porro fidem se receptum, Angelorum curae demandatum, neque aquae, neque ignis, neque ferri noxa posse attingi, nisi quoad locum illis dare Deo moderatori libuerit. Sic enim canit Psalmus, Quoniam ipse liberabit te de laqueo venatoris, et a peste noxia. Sub ala sua proteget te, atque in pennis eius fiduciam habebis; pro scuto erit veritas eius. Non timebis a pavore nocturno, nec a sagitta volante per diem, a peste perambulante in caligine, a noxa grassante in meridie, etc. [Psal. 91. a. 3][1]. Unde et illa emergit in sanctis gloriandi fiducia, Dominus mihi adiutor, non timebo quid faciat mihi caro; Dominus protector meus, quid trepidabo? Si consistant adversum me castra, si ambulavero in medio umbrae mortis, non desinam bene sperare [Psal. 118. a. 6 et 27. a. 3. et 56. a. 5, et alibi.]. Unde ergo quaeso habent, quod illis nunquam excutitur sua securitas, nisi quia ubi temere mundus volutari in speciem videtur, Dominum ubique operari sciunt, cuius opus confidunt sibi fore salutare? Iam si vel a diabolo, vel a sceleratis hominibus impetitur eorum salus: hic vero, nisi providentiae recordatione ac meditatione confirmentur, protinus concidere necesse sit. Verum ubi in memoriam revocant, diabolum totamque improborum cohortem sic omnibus partibus manu Dei[d], tanquam fraeno, cohiberi, ut nec concipere ullum adversus nos maleficium, nec conceptum moliri, nec ad perpetrandum, si maxime moliantur, digitum movere queant, nisi quantum ille permiserit, imo nisi quantum mandarit: || nec compedibus[e]

---

a) *VG 1541 sqq.* de toute doubte   b) *1539–54* Domino   c) patr. cael.: *1539–54* Dominum   d) *1539–54* Dei manu   e) *VG 1560* en ses pieges ou manettes

1) Ps. 91, 3–6.

tantum eius teneri ligatos, sed etiam ad obsequia praestanda
fraeno cogi: ‖ habent unde se prolixe consolentur. Nam ut Domini est, eorum furorem armare, et convertere destinareque quo
libuerit: ita et modum finemque statuere, ne pro sua libidine
licentiose exultent. ‖ Qua persuasione suffultus Paulus, profectionem suam, quam uno in loco dixerat a Satana impeditam
fuisse, alibi in Dei permissione statuit [1. Thes. 2. d. 18; 1. Cor.
16. b. 7]. Si tantum dixisset obstaculum fuisse a Satana, nimium potestatis visus fuisset ei dare, acsi ipsa quoque Dei
consilia evertere esset in eius manu: nunc vero ubi Deum arbitrum statuit, a cuius permissione pendeant omnia itinera, simul
ostendit nihil nisi eius nutu consequi Satanam posse, quicquid
machinetur. Eadem ratione David, quia propter varias conversiones quibus assidue volvitur et quasi rotatur hominum
vita, in hoc asylum se recipit, Tempora sua[a] esse in manu Dei
[Psal. 31. c. 16]. Poterat aut vitae cursum, aut tempus in singulari numero ponere: sed temporum nomine exprimere voluit,
quantumvis instabilis sit hominum conditio, quaecunque subinde accidunt vices divinitus gubernari. ‖ Qua ratione Rasin
et Rex Israel, quum viribus in exitium Iuda copulatis, viderentur faces ad perdendam et absumendam terram accensae, vocantur a Propheta titiones fumigantes, qui nihil quam modicum fumum exhalare queant [Iesa. 7. a. 4]. ‖ Sic Pharao, quum
et opibus, et robore, et multitudine copiarum omnibus formidolosus esset, ipse belluae marinae, copiae eius piscibus comparantur [Ezech. 29. a. 4]. Ducem ergo et exercitum denuntiat
Deus se hamo suo capturum, et tracturum quo volet. ‖ Denique,
ne hic diutius immorer, facile, si animadvertas, perspicies, extremum esse omnium miseriarium, providentiae ignorationem:
summam beatitudinem in eiusdem cognitione esse sitam.

12. De[b] providentia Dei, quantum ad solidam fidelium et
eruditionem et consolationem conducit, (nam explendae vanorum hominum curiositati neque satis quicquam esse potest,
neque optandum est[1] ut satisfiat) satis dictum foret, nisi obstarent pauci quidam loci, qui innuere videntur, contra quam
supra expositum est, non firmum ac stabile constare Deo consilium, sed pro rerum inferiorum dispositione mutabile. Primum
aliquoties Dei poenitentia commemoratur, ut, quod illum
poenituerit hominis creati [Gen. 6. b. 6]: Saulis in regnum
evecti [1. Sam. 15. c. 11]: quod eum poenitebit mali quod infligere populo suo statuerat, simulac conversionem eius aliquam senserit [Ierem. 18. a. 8]. Deinde nonnullae decretorum

---

a) *VG 1560* les temps   b) *1539–54* + praedestinatione ac

eius abrogationes referuntur. Per Ionam edixerat Ninivitis, quadraginta diebus elapsis perituram Niniven, atqui mox eorum poenitentia ad clementiorem sententiam inflexus est [Ionae 3. b. 4. d. 10.]. Ezechiae mortem per os Iesaiae pro-
5 nuntiarat: ad quam differendam lachrymis eius et precibus commotus est [Iesa. 38. a. 1. 5; 2. Re. 20. a. 1. 5]ª. Hinc argumentantur multi, Deum non aeterno decreto res hominum constituisse: sed prout sunt cuiusque merita, velᵇ prout aequum ac iustum censet, singulosᶜ in annos, dies et horas, hoc vel
10 illud decernereᵈ¹. De poenitentia sic habendum, non magis illam in Deum cadere, quam vel ignorantiam, vel errorem, vel impotentiam. Si enim nemo sciens ac volens se in poenitentiae necessitatem coniicit, Deo poenitentiam non tribuemus quin aut ignorare dicamus quid futurum sit, aut effugere non posse,
15 aut praecipitanter et inconsiderate ruere in sententiamᵉ cuius statim poeniteat. Id autem tantum abest a sensu Spiritus sancti, ut in ipsa poenitentiae mentione, neget Deum poenitudine duci, quia homo non sit quem poenitere queat [1. Sam. 15. f. 29]. ‖ Ac notandum est in eodem capite sic utrumque 1559
20 coniungi ut comparatio speciem repugnantiae optime conciliet. Mutatio figurate traditur, quod Deum poeniteat Saulis in Regem creati. Paulo post additur, Non mentietur fortitudo Israel, nec poenitudine flectetur: quia homo non est, ut eum poeniteat. Quibus verbis palam absque figura immutabilitas
25 asseriturᶠ. ‖ Itaque Dei ordinationem in rebus humanis ad- 1539 ministrandis et perpetuam et omni poenitentia superiorem esse certum est. Ac ne dubia esset eius constantia, testimonium illi reddere sui quoque adversarii coacti sunt. Balaam enim, vel invitum, in hanc vocem prorumpere oportuit, non esse Deum
30 instar hominis ut mentiatur, nec quasi hominis filium ut mutetur: ac fieri non posse ut non faciat quicquid dixerit, ut non impleat quicquid loquutus sit [Num. 23. c. 19].

14,53   13. Quid ergo sibi vult poenitentiae nomen? Nempe quod aliae omnes loquendi formulae quae Deum humanitus nobis
35 describunt. Quia enim ad eius altitudinem non pertingit nostra infirmitas, quae nobis traditur eius descriptio, ad captum nostrum submittenda est, ut a nobis intelligatur. Haec estᵍ porro

---

a) *1539–50* + [2. Para. 32. *(24)*]   b) > *1539–54*   c) *1539–54* censet singulis,   d) hoc — dec.: *1539–54* dispensare   e) *1539–54* id,
40 f) pal. — ass.: *VG 1560* nous voyons que Dieu en soy ne varie point: mais que ce qu'il fait comme nouveau, il l'avoit auparavant establi g) > *1539–54*

1) cf. Orig., De princ. III. 1, 17. GCS 22, 228.

submittendi ratio, ut se talem nobis figuret, non qualis in se est, sed qualis a nobis sen|titur. Extra omnem perturbationis [166] affectum quum sit, irasci se peccatoribus testatur. Quemadmodum ergo quum^a audimus Deum iratum, imaginari non debemus aliquam in ipso motionem, sed reputare potius locutionem hanc a sensu sumptam, quia faciem excandescentis iratique prae se ferat Deus quoties iudicium exercet: ita nec aliud debemus concipere sub poenitentiae vocabulo, quam factorum mutationem: quia soleant homines, facta sua mutando, testari sibi displicere. Quoniam ergo mutatio quaelibet inter homines, correctio eius est quod displicet: correctio autem ex poenitentia provenit: ideo per poenitentiae nomen significatur quod Deus in suis operibus mutat: interim nec consilium illi, nec voluntas invertitur, nec affectus commutatur: sed quod ab aeterno providerat, probaverat, decreverat, perpetuo tenore prosequitur, utcunque appareat subita hominum oculis varietas.

14. Nec sacra historia, dum Ninivitis remissum narrat quod iam promulgatum fuerat excidium [Ionae 3. c. 10], et Ezechiae vitam, denuntiata morte, prorogatam: abrogata fuisse Dei decreta ostendit [Iesa. 38.^b a. 5]¹. Qui sic sentiunt, in denuntiationibus hallucinantur: quae tametsi simpliciter affirmant, tacitam in se nihilominus conditionem continere ex fine ipso intelligetur. Cur enim ad Ninivitas Ionam Dominus mittebat, qui ruinam urbis praediceret? Cur per Iesaiam mortem indicabat Ezechiae? Poterat enim et illos et hunc perdere, sine cladis nuntio. Aliud ergo spectavit quam ut mortis suae praescii venientem illam eminus cernerent. Nimirum non perditos voluit: sed, ne perderentur, emendatos. Quod ergo Ninivem post quadraginta dies ruituram Ionas vaticinatur, ideo fit ne ruat. Quod Ezechiae spes vitae longioris praeciditur, ideo fit ut longiorem vitam impetret. Quis iam non videt, Dominum eiusmodi comminationibus voluisse ad resipiscentiam expergefacere quos terrebat, ut effugerent quod peccatis suis meriti erant iudicium? Id si convenit, natura rerum eo nos ducit ut in simplici denuntiatione conditionem tacitam subaudiamus. Quod etiam confirmatur similibus exemplis, Abimelech regem corripiens Dominus, quod Abrahae suam uxorem sustulisset, his verbis utitur, Ecce tu morieris propter mulierem quam accepisti; est enim viro iuncta [Gen. 20. a. 3]. Postquam autem ille excusavit, in hunc modum loquitur, restitue uxorem viro: est enim Propheta, et orabit pro te ut vivas. Sin minus, scito

---

a) *1539–54* dum   b) *sic 1561 et VG 1560; 1559 falso* 35.

1) cf. Erasmum, De libero arbitrio p. 38. 79.

quod moriendo morieris tu, et omnia quae habes[1]. Vides ut primo edicto vehementius animum eius concutiat, quo satisfactioni reddat intentum: altero autem voluntatem liquide suam explicet? Quando similis est aliorum locorum ratio, ne ex illis inferas¹ quicquam fuisse priori Domini consilio derogatum, quia quod promulgaverat, irritum fecerit. Viam enim potius aeternae suae ordinationi sternit Dominus, quum poenam denuntiando, ad resipiscentiam monet eos quibus vult parcere, quam voluntate quicquam variet, ac ne sermone quidem: nisi quod syllabatim non exprimit quod intelligere tamen promptum est. Siquidem illud Iesaiae manere verum oportet, Dominus exercituum deliberavit, et quis poterit dissolvere? manus eius extenta, et quis avertet eam [Iesa. 14. f. 27]?

Deum ita impiorum opera uti, et animos flectere ad exequenda sua iudicia, ut purus ipse ab omni labe maneat. CAP. XVIII.

1559

1. EX aliis locis ubi Deus Satanam ipsum et omnes reprobos suo arbitrio flectere vel trahere dicitur, difficilior emergit quaestio. Quomodo enim per illos agens, nullam[a] ex eorum vitio labem contrahat, imo in opere communi ab omni culpa sit immunis, ministros autem suos iuste damnet, vix capit sensus carnis; hinc reperta distinctio inter agere et permittere[2]: quia hic nodus multis inexplicabilis visus est, sub Dei manu et imperio Satanam et impios omnes ita esse, ut eorum malitiam in quencunque visum est finem dirigat: et sceleribus utatur ad exequenda sua iudicia. Ac excusabilis forte esset eorum modestia quos terret absurditatis species, nisi quod perperam mendacii patrocinio asserere tentant Dei iustitiam ab omni sinistra nota. Absurdum videtur, volente ac iubente Deo excaecari hominem, qui mox caecitatis suae poenas daturus est. Tergiversando itaque effugiunt, Dei tantum permissu, non etiam voluntate hoc fieri[3]; ipse vero palam se facere pronuntians, effugium illud repudiat. Quod autem nihil efficiant homines nisi arcano Dei nutu, nec quicquam deliberando agitent nisi quod ipse iam apud se decreverit, et arcana sua directione constituat, innumeris et claris testimoniis probatur. Quod ante citavimus ex psalmo, Deum quaecunque vult facere,

---

a) *sic secundum VG 1560; 1559–61 falso* ullam

1) Gen. 20, 7. 2) Lomb., Sent. I. dist. 45, 11 MSL 192, 643.
3) vide p. 204, not. 1; CR Calv. opp. IX 276 sq.

ad omnes actiones hominum pertinere certum est. Si Deus bellorum et pacis certus est arbiter, ut illic dicitur, idque sine ulla exceptione, eo inscio aut quiescente homines caeco motu temere ferri quis dicere audebit? Sed in specialibus exemplis plus lucis erit. Ex primo capite Iob scimus Satanam se coram Deo sistere ad excipienda iussa, non minus quam Angelos, qui sponte obediunt: diverso quidem id modo et fine: sed tamen nequid aggredi possit, nisi volente Deo. Etsi autem nuda[a] permissio[b] deinde subiici videtur, ut sanctum virum affligat: quia tamen vera est illa sententia, Dominus dedit, Dominus abstulit: sicut Deo[1] placuit, ita factum est [Iob 1. d. 21]: colligimus, eius probationis cuius Satan et scelesti latrones ministri fuerunt, Deum fuisse authorem. Molitur Satan sanctum virum desperatione adigere in furorem[c]: Sabaei crudeliter et impie in aliena bona praedando involant. Agnoscit Iob divinitus se exutum esse omnibus fortunis, et se pauperem factum, quia sic placuerit Deo. Ergo quicquid agitent homines, vel Satan ipse, Deus tamen clavum tenet, ut ad exequenda sua iudicia convertat eorum conatus. Vult Deus perfidum regem Achab decipi: operam suam offert diabolus ad eam rem: mittitur cum certo mandato, ut sit spiritus mendax in ore omnium Prophetarum [1.[d] Reg. 22. c. 20]. Si Dei iudicium est excaecatio et amentia Achab, nudae permissionis figmentum evanescit: quia ridiculum esset, iudicem tantum permittere non etiam decernere quid fieri velit, et mandare executionem ministris. ‖ Iudaeis propositum est Christum extinguere: Pilatus et milites rabiosae eorum libidini morem gerunt; fatentur tamen in solenni precatione discipuli nihil fecisse omnes impios nisi quod manus et consilium Dei decreverant [Act. 4. f. 28]; sicuti iam ante concionatus fuerat Petrus, definito consilio et praescientia Dei traditum fuisse ut interficeretur [Ibidem 2. d. 23]; acsi diceret, Deum (quem nihil ab initio latuit) scientem et volentem statuisse quod Iudaei executi sunt; sicuti alibi repetit, Deus qui praenuntiavit per omnes suos Prophetas passurum esse Christum, ita implevit [Ibidem 3. c. 18][e]. ‖ Absalon incesto coitu,

a) autem nuda: sic 1561; 1559 falso au-|da   b) VG 1560 une permission nue et simple   c) VG 1560 + contre Dieu   d) 1559–61 falso 2.
e) Nam si (1539–43 sive) per homines infliguntur mala, dicuntur illi esse sanctificati ad opus Domini exequendum [Esaiae. 13. a. 3.]. Vocantur retia [Ezechi. 12. d. 13. et 17. f. 20.], (1539 + et) gladii [Psal. 17. d. 13.], et secures [Iesaiae. 10. d. 15.], quae manu eius dirigantur: organa item irae Domini [Iesaiae. 13. a. 5.], quae sibilo eius solo excitentur [Ieremie. 1. c. 15.] (ad hoc cf. totam sect. 1.).

patris torum polluens, detestabile scelus perpetrat [2. Sam. 16.
d. 22]: Deus tamen hoc opus suum esse pronuntiat; verba enim
sunt[a], Tu fecisti occulte: ego vero palam faciam, et coram sole
hoc [Ibid. 12. c. 12]. Quicquid saevitiae exercent Chaldaei in
5 Iudaea, opus Dei esse pronuntiat Ieremias [Ier. 50. d. 25][1] Qua
ratione Nabucadnezer vocatur Dei servus[b][2]. Clamat passim
Deus, suo sibilo[3], tubae suae clangore[4], imperio et iussu ex-
citari impios ad bellum[c][5]: Assyrium vocat virgam furoris sui,
et securim quam manu sua movet [Iesa. 10. a. 5]. Cladem urbis
10 sanctae et Templi ruinam vocat opus suum [Iesa. 5. f. 26, et
Iesa. 19. d. 25][6]. David non obstrepens Deo, sed iustum iudicem
agnoscens, ex illius tamen iussu provenire maledicta Semei
fatetur. Dominus, inquit, iussit eum maledicere [2. Sam 16[d].
b. 10]. Saepius in sacra historia occurrit, quicquid accidat, pro-
15 ficisci a Domino, sicuti decem tribuum defectionem [1. Reg.
11. f. 31], interitum filiorum Heli [1. Sam. 2. g. 34], et eiusdem generis permulta. Qui mediocriter exercitati sunt in
Scripturis, vident me ex multis pauca tantum proferre testimonia, ut brevitati consulam, ex quibus tamen satis superque
20 liquet nugari eos et ineptire qui in locum providentiae Dei
nudam permissionem substituunt, acsi in specula sedens[e] ex-
pectaret fortuitos eventus: atque ita eius iudicia penderent ab
hominum arbitrio.

2. Quantum ad arcanos motus spectat[f], quod de corde Regis
25 praedicat Solomo, flecti huc[1] vel illuc: prout Deo visum est
[Prove. 21. a. 1], ad totum certe humanum genus extenditur,
tantundemque valet acsi dixisset, quicquid animis concipimus,
arcana Dei inspiratione ad suum finem dirigi. Et certe nisi

Unde Pilatus et Herodes: cum ad Christum extinguendum coirent,
30 dicuntur convenisse, ad peragenda, quaecunque manus et consilium
Domini decreverat *(1539 decreverant)* [Acto. 4. f. 27. *(27 sq.)*]. Iudaei, Christum, definito eius consilio et scientia traditum, inter-
emisse [Acto. 2. d. 23.], atque ita consummasse, quae de Christo
scripta erant. Quemadmodum et de militibus toties repetitur, quod
35 omnia fecerint, quae pertinebant ad scripturae complementum. —
*haec omnia 1539-54 sect. 48. inseruntur post ea, quae supra p. 212,
not. c exstant.*   a) *VG 1560* + dont il use parlant à David   b) *VG
1560* + quelque tyran qu'il soit   c) *vide p. 220, not. e; VG 1560* +
sous son enseigne, comme s'il avoit des soldats à ses gages   d) *1559-61*
40 *falso 10*   e) *in — sed.: VG 1560* estant assis ou couché   f) Quant.
— spec.: *VG 1560* Quant est des affections et mouvemens que Dieu
inspire

1) rectius Ier. 1, 15 et passim.   2) Ier. 25, 9; 27, 6.   3) Ies. 7, 18.
4) Hos. 8, 1.   5) Zeph. 2, 1.   6) Ies. 28, 21.

intus operaretur in mentibus hominum, non recte dictum esset,
auferre labium a veracibus[a], et a senibus prudentiam [Ezech.
7. g. 26]: auferre cor principibus terrae, ut errent per devia[1].
Atque huc pertinet quod saepe legitur, homines esse pavidos,
prout eius terrore occupantur eorum corda [Levit. 26. f. 36].
Sic David e castris Saulis, nemine sciente, egressus est: quia
sopor Dei irruerat super omnes [1. Sam. 26.][2]. Sed nihil clarius
potest desiderari quam ubi toties pronuntiat se excaecare hominum mentes[3], ac vertigine percutere[4], spiritu soporis inebriare[5],
incutere amentiam[6], obdurare corda[7]. Haec etiam ad permissionem multi reiiciunt[8], acsi deserendo reprobos, a Satana
excaecari sineret. Sed quum diserte exprimat Spiritus, iusto Dei
iudicio infligi caecitatem et amentiam [Rom. 7. c. 21][9], nimis frivola
est illa solutio. Dicitur indurasse cor Pharaonis, item aggravasse
et roborasse[b] [Exod. 8. d. 15]. Eludunt insulso cavillo quidam
has loquendi formas: quia dum alibi dicitur Pharao ipse aggravasse cor suum[10], indurationis causa ponitur eius voluntas[11].
Quasi vero non optime conveniant haec duo inter se, licet
diversis modis, hominem, ubi agitur a Deo, simul tamen agere[c].
Ego autem, quod obiiciunt in eos retorqueo: quia si indurare
nudam permissionem sonat, ipse contumaciae motus non erit
proprie in Pharaone[d]. Porro quam dilutum esset ac insipidum
ita interpretari, acsi tantum Pharao se obdurari passus esset.
Adde quod ansam talibus cavillis praecidit Scriptura. Tenebo,
inquit Deus, cor illius [Ibid. 4. e. 21]. Sic et de incolis terrae
Chanaan dicit Moses progressos fuisse in pugnam, quia roborasset Deus eorum corda [Iosue 11. d. 20]. Quod idem ab alio
Propheta repetitur, Vertit cor eorum ut odio haberent populum suum [Psal. 105. c. 25]. Similiter apud Iesaiam contra
gentem fallacem missurum se Assyrios pronuntiat, ac praecepta daturum, ut auferant spolia, et diripiant praedam [Iesa.
10. b. 6e]; non quia impios et praefractos homines docere velit
ad sponte parendum, sed quia flexurus sit ad exequenda sua
iudicia, perinde acsi iussa eius animis insculpta gestarent; unde

---

a) *VG 1560* à ceux qui parlent bien   b) *VG 1560* + pour estre
obstiné   c) hom. — agere: *VG 1560* c'est que l'homme estant poussé
de Dieu, ne laisse pas aussi d'estre mené par sa volonté, et se mouvoir
çà et là   d) *VG 1560* + pource qu'il eust simplement permis
d'estre endurcy   e) *1559-61 falso 9*

1) Ps. 107, 40.   2) 1. Sam. 26, 12.   3) Ies. 29, 14.   4) Ps. 68, 22.
5) Ies. 29, 10.   6) Rom. 1, 28.   7) Exod. 4, 21 et passim.   8) CR
IX 279.   9) fortasse legendum: Rom. 1. c. 21, sc. 1, 20-24.   10) Exod.
8, 11.   11) CR IX 279.

apparet certa destinatione Dei fuisse impulsos. Fateor quidem interposita Satanae opera saepe Deum agere in reprobis: sed ut eius impulsu Satan ipse suas partes agat, et proficiat quatenus datum est. Spiritus malus turbat Saulem: sed dicitur esse a Deo [1. Sam. 16. c. 14]: ut sciamus furorem Saulis a iusta Dei vindicta prodire. Dicitur etiam idem Satan excaecare infidelium mentes [2. Cor. 4. a. 4]: sed unde hoc, nisi quod a Deo ipso manat efficacia erroris[a], ut mendaciis credant qui renuunt parere veritati? Secundum priorem rationem dicitur, Si Propheta quispiam loquutus fuerit mendaciter, ego[1] Deus illum decepi [Ezech. 14. c. 9]. Secundum alteram vero dicitur ipse dare homines in reprobum sensum, et proiicere in foedas cupiditates [Rom. 1. d. 28]: quia iustae suae vindictae praecipuus est author, Satan vero tantum minister. Sed quia, ubi secundo libro disputabimus de libero vel servo hominis arbitrio, iterum haec res tractanda erit[1], breviter mihi nunc dixisse videor quantum locus postulabat. Summa haec sit, quum Dei voluntas dicitur rerum omnium esse causa, providentiam eius statui moderatricem in cunctis hominum consiliis et operibus, ut non tantum vim suam exerat in electis, qui Spiritu sancto reguntur, sed etiam reprobos in obsequium cogat.

3. Quando autem hactenus recitavi solum quae aperte et non ambigue in Scriptura traduntur,[b] viderint qui caelestibus oraculis sinistras ignominiae notas inurere non dubitant, quodnam usurpent censurae genus. Nam si ex inscitiae simulatione laudem modestiae appetunt, quid superbius fingi potest, quam Dei authoritati verbulum unum opponere? Mihi secus videtur, vel, Hoc attingi non placet. Sin aperte maledicunt, quidnam proficient caelum sputis impetendo? Novum quidem huius petulantiae exemplum non est: quia fuerunt omnibus seculis impii et profani homines, qui adversus hanc doctrinae partem ore rabido latrarent. Sed quod olim pronuntiavit Spiritus per os Davidis, re ipsa sentient verum esse, ut vincat Deus quum iudicatur [Psal. 51. a. 6]. Oblique perstringit David hominum amentiam in hac tam effraeni licentia, quod[c] ex suo coeno non solum adversus Deum litigant, sed potestatem sibi arrogant eius damnandi. Interea breviter admonet, quas in caelum evomunt blasphemias, ad Deum non pertingere, quin iustitiam suam, discussis calumniarum nebulis illustret:

---

a) *VG 1560* + (comme dit sainct Paul)[2]   b) *VG 1560* + voire comme de mot à mot: c) *VG 1560* + comme grenouilles

1) II 4, 1 sqq., infra p. 291 sqq.   2) 2. Thess. 2, 11.

fides etiam nostra (quia in sacro Dei verbo fundata, superior est toto mundo [1. Iohan. 5. a. 4]) nebulas istas ex sua altitudine despiciat. Nam quod primo obiiciunt, si nihil eveniat nisi volente Deo, duas in eo contrarias esse voluntates, quia occulto consilio decernat quae Lege sua palam vetuit[1]: facile diluitur. Antequam tamen respondeam, monitos iterum volo lectores, cavillum hoc non in me sed in Spiritum sanctum torqueri, qui certe hanc sancto viro Iob confessionem dictavit, Sicut Deo placuit ita factum est [Iob 1. d. 21]; quum spoliatus esset a latronibus, in illorum iniuria et maleficio iustum Dei flagellum agnoscit. Quid alibi Scriptura? Non obtemperarunt patri suo filii Eli, quia voluit Deus occidere eos [1. Sam. 2. e. 25]. Clamat etiam alius Propheta [Psal. 115. a. 3], Deum, qui in caelo residet, quaecunque vult facere. Et iam satis aperte ostendi, Deum vocari eorum omnium authorem quae isti censores volunt otioso tantum eius permissu contingere. Testatur se creare lucem et tenebras, formare bonum et malum [Iesa. 45. a. 7]: nihil mali accidere quod ipse non fecerit [Amos 3. b. 6]. Dicant obsecro, volensne an nolens iudicia sua exerceat. Atqui sicuti docet Moses,[1] eum qui fortuito securis lapsu occiditur, divinitus traditum esse in manum percussoris[a] [Deut. 19. b. 5]: ita tota Ecclesia dicit apud Lucam, Herodem et Pilatum conspirasse, ut facerent quae Dei manus et consilium decreverat [Act. 4. f. 28][b]. Et sane, nisi Deo volente crucifixus esset Christus, unde nobis redemptio? Neque tamen ideo vel secum pugnat, vel mutatur Dei voluntas, vel quod vult se nolle simulat: sed quum una et simplex in ipso sit, nobis multiplex apparet: quia pro mentis nostrae imbecillitate, quomodo idem diverso modo nolit fieri et velit non capimus. Paulus ubi Gentium vocationem dixit mysterium esse absconditum[2], paulo post adiungit, in ea manifestatam fuisse πολυποίκιλον sapientiam Dei [Ephes. 3. b. 10]. An quia propter hebetudinem sensus nostri multiplex apparet Dei sapientia (vel multiformis, ut reddidit vetus interpres[3]) ideo somnianda nobis est in ipso Deo aliqua varietas, quasi vel consilium mutet, vel a seipso dissideat? Imo ubi non capimus quomodo fieri velit Deus quod facere vetat, veniat nobis in memoriam nostra imbecillitas, et simul reputemus, lucem quam inhabitat, non frustra vocari inaccessam, quia caligine obducta est [1. Tim. 6. d. 16]. Ergo huic Augustini sententiae pii omnes

---

a) eum — perc.: *VG 1560* que l'homme passant qui est tué d'une coignée, sans que celuy qui la laisse tomber y pensast, est livré à la mort par la main de Dieu   b) cf. supra p. *221*, *29 sqq.*

1) CR IX 278 sq.   2) Eph. 3, 9.   3) l. c. vers. vulg.

et modesti facile acquiescent, Interdum bona voluntate hominem velle aliquid quod Deus non vult; velut si bonus filius patrem vult vivere, quem Deus vult mori. Rursus fieri posse ut idem velit homo voluntate mala, quod Deus vult bona: velut si malus filius velit mori patrem, velit hoc etiam Deus; nempe ille vult quod non vult Deus, iste vero vult quod vult et Deus. Et tamen bonae voluntati Dei pietas illius potius consonat, quanvis aliud volentis, quam huius idem volentis impietas: tantum interest quid velle homini, quid Deo congruat, et ad quem finem referatur cuiusque voluntas, ut vel approbetur, vel improbetur. Nam Deus quae bene vult, per malas voluntates malorum hominum implet [Enchir. ad Laur. cap. 101][1].[a] Paulo vero ante dixerat, sua defectione Angelos apostatas, omnesque reprobos, quantum ad ipsos pertinet, fecisse quod Deus nolebat: quantum vero ad omnipotentiam Dei, nullo modo hoc potuisse: quia dum contra Dei voluntatem faciunt, de ipsis facta est eius voluntas; unde exclamat, Magna opera Dei, exquisita in omnes voluntates eius [Psa. 111. a. 2]: ut miro et ineffabili modo non fiat praeter eius voluntatem quod etiam contra eius fit voluntatem: quia non fieret si non sineret: nec utique nolens sinit, sed volens: nec sineret bonus fieri male, nisi omnipotens etiam de malo facere posset bene[2].

4. Hoc etiam modo solvitur, imo sponte liquescit altera obiectio, Si[b] non modo impiorum opera utitur Deus, sed etiam consilia et affectus gubernat, scelerum omnium esse authorem: ac proinde immerito damnari homines si exequuntur quod decrevit Deus, quia eius[c] voluntati obtemperent[3]. Perperam enim miscetur cum praecepto voluntas[c], quam longissime ab illo differre innumeris exemplis constat. Nam etsi dum stupravit Absalom patris uxores [2. Sam. 16. d. 22], voluit Deus hoc probro ulcisci Davidis adulterium: non ideo tamen praecepit scelerato filio incestum committere, nisi forte Davidis respectu[d], sicut loquitur de convitiis Semei. Nam illum Dei iussu maledicere dum fatetur [Ibidem c. 10], minime commendat obsequium, acsi Dei imperio pareret protervus ille canis: sed eius linguam flagellum Dei esse agnoscens, castigari patienter sustinet. Hoc quidem tenendum est, dum per impios peragit Deus

---

a) *VG 1560* + Ce sont les mots de sainct Augustin.   b) *VG 1560* Ces gaudisseurs qui gergonnent contre Dieu, alleguent que si   c) *VG 1560* vouloir secret   d) *VG 1560* + qui avoit bien merité cela

1) Aug., Enchir. c. 101. MSL 40, 279; ed. Scheel c. XXVI, 101 p. 63.
2) Aug., Enchir. c. 100. MSL 40, 279; ed. Scheel c. XXVI, 100 p. 62 sq.
3) CR IX 280.

quod occulto suo iudicio decrevit, non esse excusabiles, quasi obediant eius praecepto, quod data opera pro sua libidine violant. Iam quomodo ex Deo sit, et occulta eius providentia regatur quod perverse faciunt homines, illustre documentum est electio regis Iarobeam [1.Reg. 12. e. 20], in qua severe damnatur[a] populi temeritas et amentia, quod ordinem a Deo sancitum perverterit, ac perfide desciverit a familia Davidis; et tamen scimus voluisse ungi[b]: unde et in verbis Oseae quaedam apparet repugnantiae species, quod ubi conquestus est Deus regnum illud se nesciente et nolente fuisse erectum [Oseae 8. a. 4], alibi praedicat se dedisse regem Iarobeam in furore suo [Oseae 13. c. 11]. Quomodo haec convenient, Iarobeam non ex Deo regnasse, et ab eodem fuisse praefectum regem? Nempe quia nec desciscere a familia Davidis potuit populus quin iugum sibi divinitus impositum excuteret: neque tamen libertas ipsi Deo erepta fuit quominus Solomonis ingratitudinem ita puniret. Videmus ergo ut Deus, perfidiam nolendo, defectionem tamen alio fine iuste velit; unde et Iarobeam praeter spem sacra unctione[c] impellitur ad regnum[1]. Hac ratione dicit Sacra historia fuisse a Deo suscitatum hostem [1. Reg. 11. d. 23], qui Solomonis filium exueret regni parte. Diligenter utrunque expendant lectores, quia placuerat Deo sub manu unius Regis gubernari populum: ubi in duas partes scinditur, fieri contra illius voluntatem: et tamen ab eiusdem voluntate initium fuisse divortii. Nam certe quod Iarobeam nihil tale cogitantem Propheta et voce et unctionis tessera ad spem regni sollicitat, non fit hoc vel nescio vel invito Deo, qui ita fieri mandavit: et tamen iure damnatur populi rebellio, quod velut invito Deo a Davidis posteris desciverit. Hac ratione etiam subiicitur postea, quod Rehabeam superbe despexit populi preces[d], hoc a Deo factum esse, ut stabiliret verbum quod pronuntiaverat per manum Ahihae servi sui [1. Reg. 12. d. 15]. Ecce ut nolente Deo laceretur sacra unitas, et tamen ut eodem volente alienentur a filio Solomonis decem tribus. Accedat simile quoque aliud exemplum, ubi consentiente populo, imo manus suas praebente, iugulantur filii regis Achab, et exterminatur tota progenies [2. Reg. 10. b. 7]. Vere quidem refert Iehu nihil in terram cecidisse ex Dei sermonibus, sed ipsum fecisse quicquid loquutus fuerat per manum servi sui[l] Eliae[2].

---

a) *1561* damnantur   b) et — ungi: *VG 1560* toutesfois nous savons que Dieu l'avoit ia fait oindre à cest effect   c) *VG 1560* + du Prophete   d) *VG 1560* + qui demandoit estre soulagé

1) 1. Reg. 11, 29 sqq.   2) 2. Reg. 9, 36.

Et[a] tamen non abs re cives Samariae perstringit quod operam suam commodassent, Iustine estis, inquit? Si ego coniuravi contra dominum meum, quis hos omnes occidit[1]? Iam ante licuido, nisi fallor, explicui quomodo in eodem opere tam se prodat
5 hominis crimen, quam refulgeat Dei iustitia: et modestis ingeniis semper haec Augustini responsio sufficiet, Quum Pater tradiderit Filium, et Christus corpus suum, et Iudas Dominum, cur in hac traditione[b] Deus est iustus, et homo reus, nisi quia in re una quam fecerunt, causa non una est ob quam fecerunt
10 [Epist. 48 ad Vincentium.][2]? Siquos autem magis impediat quod nunc dicimus, nullum esse Dei cum homine consensum, ubi hic iusto illius impulsu agit quod sibi non licet: succurrat quod alibi admonet idem Augustinus, Quis non ad ista iudicia contremiscat, ubi agit Deus etiam[l] in cordibus malorum quic-
15 quid vult, reddens eis tamen secundum eorum merita [De gratia et lib. arbit. ad Valent. cap. 20][3]? Et certe in Iudae perfidia nihilo magis fas erit culpam sceleris Deo adscribere, quia Filium suum et tradi voluit ipse, et tradidit in mortem: quam redemptionis laudem ad Iudam transferre[c]. Itaque vere alibi idem
20 scriptor admonet, in hoc examine Deum non inquirere quid potuerint homines, vel quid fecerint, sed quid voluerint[4], ut in rationem veniat consilium et voluntas. Quibus hoc asperum videtur, quam tolerabilis sit sua morositas paulisper cogitent, dum rem claris Scripturae testimoniis testatam, quia excedat
25 eorum captum, respuunt, ac vitio vertunt in medium proferri quae Deus nisi scivisset utilia esse cognitu, nunquam per Prophetas suos et Apostolos doceri iussisset. Nam sapere nostrum nihil aliud esse debet quam mansueta docilitate amplecti, et quidem sine exceptione, quicquid in sacris Scripturis traditum
30 est. Qui vero protervius insultant, quum satis constet eos contra Deum blaterare, longiori refutatione digni non sunt.

---

a) *VG 1560* ce qui estoit bien vray: et   b) *VG 1560* en telle conformité   c) *VG 1560* + d'autant qu'il en a esté ministre et instrument

35 1) 2. Reg. 10, 9.   2) Aug., Ep. 93 c. 2, 7 (ad Vincentium) MSL 33, 324; CSEL 34, 451.   3) Aug., De gratia et libero arbitrio 21, 42 MSL 44, 907.   4) Aug., In Psal. 61, 22 MSL 36, 746; In ep. Ioannis ad Parthos tract. 7, 7 MSL 35, 2033.

Institutionis Christianae religionis
Lib. II.
DE COGNITIONE DEI REDEMPTORIS
in Christo, quae Patribus sub Lege primum, deinde
et nobis in Evangelio patefacta est.

**Adae lapsu et defectione totum humanum genus
maledictioni fuisse addictum, et a prima origine
degenerasse; ubi de peccato originali.   CAP. I.**

1. NON sine causa, proverbio veteri[a] tantopere homini commendata semper fuit cognitio suiipsius[1]. Nam si turpe ignorare ducitur quaecunque ad humanae vitae rationem pertinent: multo vero foedior ignorantia nostri est, qua fit ut in capiendo de re qualibet necessaria consilio misere hallucinemur, atque adeo caecutiamus. Verum quo utilior est praeceptio, eo diligentius videndum est nobis ne ipsa praepostere utamur[b]: quod philosophis quibusdam videmus accidisse. Illi enim dum hominem hortantur ut seipsum noverit, finem simul proponunt, ne dignitatem excellentiamque suam nesciat; neque aliud ipsum in se contemplari volunt, quam unde inani fiducia intumescat et superbia infletur [Gen. 1. d. 27]. ǁ Nostri autem cognitio primum in eo sita est, ut reputantes quid nobis in creatione datum sit, et quam benigne suam erga nos gratiam continuet Deus, sciamus quanta sit naturae nostrae excellentia, siquidem integra maneret: simul tamen cogitemus, nihil nobis inesse proprium, sed precario nos tenere quicquid in nos Deus contulit, ut semper ab ipso pendeamus.ǀ Deinde ut nobis occurrat misera post Adae lapsum nostra conditio, cuius sensus, prostrata omni gloria et fiducia, nos pudore obrutos vere humiliet. Nam sicuti Deus ad imaginem suam initio nos finxit, ut mentes nostras tum ad virtutis studium, tum ad aeternae vitae meditationem erigeret: ita, ne socordia nostra obruatur tanta generis nostri nobilitas quae nos a brutis animalibus discernit, cognoscere operaepretium est, ideo nos ratione et intelligentia praeditos esse, ut sanctam et honestam vitam colendo ad

---

a) *1539–54* vet. prov.   b) *1539–54* abutamur

1) Xenoph. Mem. IV, 24; Cicero, Tusc. I. 22, 52; Fin. V. 16, 44; Leges I. 22, 57.

DE COGNIT. DEI REDEMPTORIS. CAP. I

1,1 propositum beatae immortalitatis scopum tendamus. || Caeterum in mentem venire nequit prima illa dignitas, quin mox ex altera parte se offerat triste foeditatis et ignominiae nostrae spectaculum, ex quo in primi hominis persona ab origine nostra excidimus. Unde et nostri odium ac displicentia veraque humilitas oritur, et novum accenditur quaerendi Dei studium, in quo quisque ea bona recuperet quorum prorsus inanes et vacui deprehendimur[a].

2,2   2. Hoc sane[b] quaerendum in excutiendis nobis esse[c] praescribit Dei veritas; nempe talem exigit notitiam, quae nos et ab omni propriae facultatis confidentia procul avocet, et omni gloriandi materia destitutos, ad submissionem adducat. Quam regulam tenere convenit si ad rectam et sapiendi et agendi metam pertingere libet. Neque me latet quanto plausibilior sit illa sententia quae ad reputanda[d] nostra bona potius nos invitat, quam ad || inspiciendam, quae nos pudore obruere debet, miseram nostram inopiam una cum ignominia[e]. || Siquidem nihil est quod magis appetat humanum ingenium quam blanditiis demulceri; atque ideo, ubi dotes suas magni fieri audit, in hanc partem nimia cre|dulitate propendet. Quo minus mirum est, hic adeo perniciose fuisse a maxima hominum parte aberratum. Nam quum sit ingenitus universis mortalibus plusquam caecus sui amor, libentissime sibi persuadent nihil inesse sibi quod merito debeat esse odiosum. Ita sine alieno patrocinio vanissima haec opinio fidem passim obtinet, hominem sibi abunde sufficere ad bene beateque vivendum[1]. Quod siqui modestius sentire volunt, utcunque aliquid Deo concedant, ne sibi arrogare omnia videantur: sic tamen partiuntur ut potissima et gloriae et fiduciae materia semper apud se resideat[2]. || Iam si accedit oratio, quae sponte prurientem in hominis medullis

---

a) altera autem, quae nostram nobis imbecillitatem, miseriam, vanitatem, foeditatem ostendendo, primum nos in seriam humilitatem, deiectionem, diffidentiam, odiumque nostri adducat, deinde quaerendi Dei in nobis desiderium accendat. Nempe in quo repositum sit omne bonum, cuius ita inanes et vacui deprehendimur
b) Hoc sane: *1539–54* Nobis autem longe aliud   c) > *1539–54*
d) *1539–54* recognoscenda
e) pauperiem, ignominiam, turpitudinem, imbecillitatem inspiciendam

1) Cic., nat. deor. III 35, 86 sqq. — cf. Aug., Ep. 186. c. 11, 37 (ad Paulinum Nolanum) MSL 33, 830; CSEL 57, 77.   2) cf. Ps.-Aug. Hypomnesticon (vulgo Hypognosticon) III. 10,18; 11, 20; 15, 33 MSL 45, 1631 sqq. 1638; J. Cochlaei: De libero arbitrio I, E 1 b sq.; J. Eckii Enchiridion 1532 c. 31 L 7 a.

superbiam suis illecebris titillet, nihil est quod magis arrideat. Proinde ut unusquisque humanae naturae praestantiam benignissime suo praeconio extulit, ita magno seculorum prope omnium applausu fuit exceptus[a]. Sed enim quaecunque talis est humanae excellentiae commendatio, quae hominem in se acquiescere doceat, nihil aliud quam suavitate illa sua delicias facit: et sic quidem illudit, ut qui assentiuntur, eos pessimo exitio perdat. Quorsum enim pertinet, vana omni fiducia fretos deliberare, instituere, tentare, moliri quae putamus ad rem pertinere: et defici quidem ac destitui tum sana intelligentia, tum vera virtute inter primos conatus: pergere tamen secure, donec in exitium[b] corruamus? Atqui non aliter succedere iis potest qui se aliquid posse propria virtute confidunt. Talibus ergo magistris, qui reputandis tantum bonis nostris nos detinent, siquis auscultet, non in sui cognitionem proficiet, sed in pessimam ignorationem abripietur.

3. Ergo quum in hoc consentiat Dei veritas cum publico omnium mortalium sensu, secundam sapientiae partem in nostri cognitione repositam esse: in ipsa tamen cognoscendi ratione magnum est dissidium. Tunc enim homo, iudicio carnis, probe sibi exploratus videtur, quum et intelligentia et integritate sua confisus, audaciam sumit, ac sese incitat ad virtutis officia: et indicto vitiis bello[c], ad id quod pulchrum et honestum est toto studio incumbere conatur. Qui autem se ad amussim divini iudicii inspicit et examinat, nihil reperit quod animum ad bonam fiduciam erigat: ac quo penitius se excussit, eo magis[d] deiicitur: donec omni fiducia prorsus abdicatus, nihil sibi ad vitam recte instituendam relinquit. || Neque tamen vult nos oblivisci Deus primae nobilitatis, quam Adae patri nostro contulerat, nempe[e] || quae nos ad iustitiae bonitatisque[f] studium merito expergefacere debeat. Non enim possumus aut primam nostram originem, aut quorsum conditi sumus cogitare, quin ad meditandam immortalitatem, expetendumque Dei regnum pungamur. Sed tantum abest ut animos nobis faciat ista recognitio, ut potius submissis illis, ad humilitatem prosternat[g]. Quae enim illa est origo? Nempe[i] a qua excidimus. Quis ille creationis nostrae finis? A quo penitus aversi sumus, ut miserae nostrae

---

a) Proinde — exc.: *VG 1541 sqq.* Parquoy celuy qui a le plus exalté l'excellence de la nature humaine, a tousiours esté le mieux venu
b) *1539-50, 1554* ruinam   c) ind. — bello: *VG 1541 sqq.* renonceant à tous vices   d) *1539* + ac magis
e) Neque tamen hic negamus, esse inditam naturae nostrae aliquam nobilitatem,   f) *1539-54* honestatisque   g) *1539-54* modestiamque deducat

sortis pertaesi ingemiscamus: ingemiscendo, ad perditam illam dignitatem suspiremus. Nos autem, quum dicimus nihil in se oportere hominem intueri quod ipsum animosum reddat, intelligimus nihil esse penes ipsum cuius fiducia debeat superbire. Quare si libet, quam homo sui notitiam habere debet, ita partiamur, ut primo loco, quem in finem creatus sit, et donis non contemnendis praeditus, reputet[1]: qua cogitatione ad divini cultus vitaeque futurae meditationem excitetur: deinde suas facultates, vel certe facultatum inopiam expendat: qua perspecta, non secus atque in nihilum redactus, in extrema confusione iaceat. Huc tendit prior consideratio, ut quale sit officium suum agnoscat: altera, quid ad ipsum praestandum valeat. De utraque, prout series docendi poscet,[a] a nobis disseretur.

4. Quia vero non leve delictum, sed detestabile fuisse scelus oportet, quod tam severe ultus est Deus, species ipsa peccati in lapsu Adae consideranda nobis est, quae horribilem Dei vindictam accendit in totum humanum genus. Puerile est quod de gulae intemperie vulgo receptum fuit. Quasi vero summa et caput virtutum omnium in abstinentia unius tantum fructus fuerit, quum undique affluerent quaecunque expetibiles erant deliciae, atque in beata illa terrae foecunditate non tantum copia ad lautitias suppeteret, sed etiam varietas. Altius igitur spectandum, quia prohibitio ab arbore scientiae boni et mali, obedientiae examen fuit, ut parendo Adam se Dei imperio libenter subesse probaret. Nomen vero ipsum ostendit praecepti non alium fuisse finem, quam ut sua sorte contentus, se improba cupiditate altius non efferret. Promissio autem, qua vitam aeternam sperare iussus est quandiu ederet de arbore vitae: rursum horrenda mortis denuntiatio, simulac gustaret de arbore scientiae boni et mali, ad fidem eius probandam et exercendam spectabat. Hinc elicere non difficile est quibus modis in se provocaverit Adam iram Dei. Non male quidem Augustinus, dum superbiam dicit malorum omnium fuisse initium[2]: quia nisi hominem altius quam licebat et quam fas erat extulisset ambitio, manere poterat in suo gradu: plenior tamen definitio ex tentationis specie, quam describit Moses, sumenda est. Nam dum serpentis captione abducitur per infidelitatem mulier a verbo Dei, iam initium ruinae apparet fuisse inobedientiam. Quod etiam confirmat Paulus, unius hominis inobedientia omnes fuisse perditos docens [Rom. 5. d. 19]. Simul tamen notandum, descivisse

---

a) *1539–54* + sparsim

1) I 15, p. 173 sqq.   2) Aug., In Psal. 18. II, 15. MSL 36, 163.

primum hominem ab imperio Dei, quod non tantum Satanae illecebris captus fuerit, sed contempta veritate,¹ deflexerit ad mendacium. Et certe contempto Dei verbo, excutitur omnis eius reverentia: quia nec aliter consistit eius maiestas inter nos, nec integer manet eius cultus, nisi dum ab eius pendemus ore. Proinde infidelitas radix defectionis fuit. Hinc autem emersit ambitio, et superbia, quibus annexa fuit ingratitudo, quod Adam plus appetendo quam concessum erat, tantam Dei liberalitatem qua ditatus erat, indigne sprevit. Haec vero prodigiosa fuit impietas, terrae filio parum videri quod ad similitudinem Dei factus esset, nisi accedat aequalitas. Si foedum et exsecrabile scelus est apostasia, qua se homo conditoris sui imperio subducit, imo petulanter excutit eius iugum, frustra extenuatur peccatum Adae. Quanquam non simplex apostasia fuit, sed cum foedis in Deum probris coniuncta, dum Satanae calumniis subscribunt quibus Deum et mendacii et invidiae et malignitatis insimulat. Denique infidelitas ambitioni ianuam aperuit: ambitio vero contumaciae fuit mater, ut homines, abiecto Dei metu, sese proiicerent quo ferebat libido. Itaque recte Bernardus ianuam salutis aperiri nobis docet, quum hodie Evangelium auribus recipimus: sicuti illis fenestris, dum Satanae patuerunt, mors admissa fuit ᵃ¹. Nunquam enim repugnare Dei imperio ausus fuisset Adam nisi eius verbo incredulus. Optimum scilicet hoc erat fraenum ad omnes affectus rite temperandos, nihil melius esse quam Dei mandatis parendo, colere iustitiam: deinde ultimam foelicis vitae metam esse ab ipso diligi ᵇ. Diaboli ergo blasphemiis abreptus, quantum in se erat exinanivit totam Dei gloriam.

5. Sicut spiritualis Adae vita erat, manere opifici suo coniunctum et devinctum: ita alienatio ab eo fuit animae interitus. Nec mirum si genus suum pessundedit sua defectione qui totum naturae ordinem pervertit in caelo et in terra. Ingemiscunt omnes creaturae, inquit Paulus, corruptioni obnoxiae, non volentes [Rom. 8. d. 22]. Si causa quaeritur, non dubium est quin partem sustineant eius poenae quam promeritus est homo, in cuius usum conditae fuerant. Quum ergo sursum et deorsum ex eius culpa fluxerit maledictio, quae grassatur per omnes mundi plagas, nihil a ratione alienum si propagata fuerit ad totam eius sobolem. ‖ Postquam ergo in eo obliterata fuit caelestis

a) ianuam — fuit: *VG 1560* que la porte de salut est en noz oreilles quand nous recevons l'Evangile, comme c'ont esté les fenestres pour recevoir la mort   b) deinde — dil. > *VG 1560*

1) Bernardus Claravall., In Cantic. serm. 28. MSL 183, 923.

imago, non solus sustinuit hanc poenam ᵃ, ‖ utᵇ in locum sapientiae, virtutis, sanctitatis, veritatis, iustitiae (quibus ornamentis vestitus fueratᶜ) teterrimae cederentᵈ pestes, caecitasᵉ, impotentia, impuritas, vanitas, iniustitia: ‖ sed iisdem quoque
5 miseriis implicuit suam progeniem, ac immersitᶠ. ‖ Haec est
haereditaria corruptioᵍ, quam peccatum originale veteres nuncuparunt, Peccati voceʰ intelligentesⁱ naturae antea bonae
puraequeᵏ depravationem¹¹. ‖ Qua de re multa fuit illis con-
certatioᵐ, ‖ quum a communiⁿ sensu nihil magis sit remotum
10 quam ob unius culpam fieri omnes reos, et ita peccatum fieri
commune.¹ Quae videtur fuisse ratio vetustissimis Ecclesiae
doctoribus cur obscure tantum perstringerent hoc caput: saltem minus dilucide quam par erat explicarentᵒ. Neque tamen
haec timiditas efficere potuit quin surgeret Pelagius, cuius pro-
15 fanum commentum fuit, Adam suo tantum damno peccasse,
nihil nocuisse posteris²; hac scilicet astutia Satan morbum te-
gendo, incurabilem reddere tentavit. ‖ Caeterumᵖ quum evin-
cereturᑫ manifesto Scripturae testimonio, peccatum a primo
homine transiisse in totam posteritatemʳ: cavillabaturˢ trans-
20 iisse per imitationem, non propaginem³. Ergo boni viri in hoc
elaborarunt (ac prae aliis Augustinus), ut ostenderent nos non
ascita nequitia corrumpi, sed ingenitam vitiositatem ab utero

---

a) Hic illa coelestis imago inducta, et obliterata fuit: quia per
peccatum a Deo alienatus homo *(> 1539-45)*, simul a bonorum
25 omnium communione necessario excidit, quae non, nisi in ipso,
haberi possunt.   b) *1539-54* Ita   c) vest. fuer.: *1539-54* illum
vestiebat Dei similitudo   d) *1539-54* cesserunt tet.   e) *1539-54*
ignorantia
f) quibus miseriis immersus, et obvolutus, iisdem suam quoque
30 progeniem implicuit. ‖ Eius enim imaginem referunt, a quo ducunt
originem, et parentis sui pollutione contaminati nascuntur   g) *cf.
1536 I 38*   h) *1539-54* vocabulo   i) *> 1539-54*   k) *1539-54* et
purae   l) *1539-54 +* designantes
m) Qua de re multam cum Pelagianis concertationem habuerunt.
35 n) *> 1561*   o) *VG 1560 +* de peur d'estre assaillis par telles dis-
putes   p) *1539-54* Nam isti,   q) *1539-54* evincerentur   r) *1554
+* [Rom. 5. b *(12)*]   s) *1539-54* cavillabantur

1) Aug., Retract. I. 13, 5 MSL 32, 604; CSEL 36, 60 sq. (hic
cap. 12, 6); De civ. Dei XIII, 3. 13. 14 MSL 41, 378. 386; CSEL
40 40 I, 617 sq. 631 sq.; Contra Iulianum, III. 26, 59 sq. MSL 44,
732 sq.; Op. imperf. V, 30 MSL 45, 1469. — cf. Ambros., In Ps.
48, 8 CSEL 64, 365.   2) Aug., Ad Bonif. lib. II. c. 4, 6 MSL 44, 575;
CSEL 60, 466; cf. Ep. 186. c. 8, 27 (ad Paulinum Nolanum) MSL 33,
826; CSEL 57, 67.   3) Aug., De peccator. meritis et remissione
45 I. 9, 9. MSL 44, 114; CSEL 60, 10.

matris afferre¹. Quod inficiari summae impudentiae fuit. Sed Pelagianorum et Caelestianorum temeritatem non mirabitur qui ex illius sancti viri monumentis perspexerit quam fuerint in aliis omnibus[a] perditae frontis bestiae. Certe non ambiguum est quod confitetur David, se in iniquitatibus genitum, et in peccato conceptum a matre [Psal. 51. b. 7]. Non arguit illic patris aut matris delicta: sed, quo Dei erga se bonitatem melius commendet, propriae perversitatis confessionem ab ipsa genitura[b] repetit. Quum id Davidi peculiare non fuisse constet, sequitur communem humani[c] generis sortem sub eius exemplo notari. Omnes ergo qui ab impuro semine descendimus, peccati contagione nascimur infecti: imo, antequam lucem hanc vitae aspicimus, sumus in Dei conspectu foedati et inquinati. Quis enim daret mundum de immundo? Ne unus quidem, ut est in libro Iob [Iob. 14. a. 4].

1543 6. Audimus[d] ita in filios transmitti parentum immunditiem, ut omnes citra ullam exceptionem, sua origine sint inquinati. Huius autem pollutionis non reperietur exordium, nisi ad primum omnium parentem, tanquam ad fontem, 1539 ascendimus. ‖ Ita certe habendum est, fuisse Adamum humanae naturae non progenitorem modo, sed quasi radicem, atque ideo in illius corruptione merito vitiatum fuisse hominum genus. Quod ex illius et Christi comparatione planum[e] facit Apostolus. Quemadmodum (inquit) per unum hominem peccatum intravit in universum mundum, et per peccatum mors [Rom. 5. b. 12]: quae in omnes homines pervagata, quando omnes peccaverunt: ita per gratiam Christi[f] iustitia et vita nobis restituta est². Quid hic garrient[g] Pelagiani? peccatum Adae imitatione propagatum? Ergone ex Christi iustitia[h] nihil aliud proficimus, nisi quod exemplum nobis est ad imitationem propositum? Quis tantum sacrilegium ferat? Quod si extra controversiam est, Christi iustitiam[i] communicatione nostram esse, et ex ea vitam: simul conficitur, utranque ita in Adam fuisse perditam, ut in Christo recuperetur[k]: peccatum vero et mortem ita per Adam obrepsisse, ut per Chri-

---

a) in — omn. > *VG 1541 sqq.* b) ab — gen.: *1539–54* a prima nativitate c) *1539* summi d) *1545–50, 1554* Audivimus e) *1539–43* planius; *1545–50, 1554* plane *(1554 iub. correctore* planum*)* f) *1550, 1554* Christo *(1554 iub. correctore* Christi*)* g) *1539–50, 1554* garriant h) *VG 1541 sqq.* grace i) *VG 1541 sqq.* grace k) *1539–43* recuperatur

1) Aug., De civ. Dei XVI, 27 MSL 41, 506; CSEL 40 II, 175; De pecc. mer. I c. 35 sq. MSL 44, 147 sqq.; CSEL 60, 65 sqq. 2) Rom. 5, 17.

DE COGNIT. DEI REDEMPTORIS. CAP. I   235

[181]   stum¹ aboleantur ᵃ. ‖ Non sunt obscura verba, iustificari mul- 1543
tos per Christi obedientiam, quemadmodum per Adae inobedientiam peccatores fuerant constituti[1]. Ideoque inter eos
duos hanc esse relationem, quod hic nos suo exitio involutos
5 secum perdidit: ille nos sua gratia in salutem restituit. In tam
perspicua luce veritatis nihil longiori vel magis laboriosa probatione opus esse arbitror. Sic et in priore ad Corinthios, quum
in resurrectionis fiducia vult pios confirmare, ostendit recu-
perari in Christo vitam, quae in Adam perdita fuerat [Cap. 15.
10 c. 22]. Qui nos omnes in Adam mortuos esse pronuntiat, iam
simul aperte quoque testatur, peccati labe esse implicitos. Neque
enim ad eos perveniret damnatio qui nulla iniquitatis culpa
attingerentur. Sed clarius intelligi quid velit, quam ex alterius
membri relatione, non potest, ubi spem vitae restitutam in
15 Christo docet. Satis autem scitur, illud non aliter fieri quam
ubi mirifica illa communicatione iustitiae suae vim in nos Christus transfundit ᵇ; quemadmodum alibi scribitur, Spiritum nobis
vitam esse propter iustitiam [Rom. 8. b. 10]. Ergo neque aliter
interpretari licet quod dicitur, nos in Adam mortuos esse ᶜ,
20 quam quod ipse peccando, non sibi tantum cladem ac ruinam
ascivit, sed naturam quoque nostram in simile praecipitavit
exitium. Neque id suo unius vitio, quod nihil ad nos pertineat:
sed quoniam universum suum semen ea in quam lapsus erat
vitiositate infecit. ‖ Nec vero aliter staret illud Pauli, natura 1559
25 omnes esse irae filios, nisi iam in ipso utero maledicti essent
[Ephes. 2. a. 3]. Naturam vero illic notari, non qualis a Deo
condita est, sed ut in Adam vitiata fuit, facile colligitur: quia
minime consentaneum esset, Deum fieri mortis authorem. Sic
ergo se corrupit Adam, ut ab eo transierit in totam sobolem
30 contagio. Satis etiam clare pronuntiat caelestis ipse iudex
Christus omnes pravos et vitiosos nasci, ubi docet, quicquid
genitum est ex carne, carnem esse [Iohan. 3. a. 6], ideoque omnibus clausam esse vitae ianuam, donec regeniti fuerint².

2,10   7. Neque ad eius rei intelligentiam necessaria est anxia 1539
35 disputatio, quae veteres non parum torsit: an filii anima ex
traduce paternae animae oriatur³, quod in ea potissimum lues

a) *1543* abolentur   b) quam — transf.: *VG 1545 sqq.* que quand
JESUS CHRIST se communique à nous, pour mettre en nous —
c) *VG 1545–51* + [1. Cor. 15. *(22)*]

40 1) Rom. 5, 19.   2) Ioh. 3, 5.   3) cf. Aug., De natura et origine
animae (De anima et eius origine) II, 14, 20; 15, 21; IV, 2, 2; 24, 38
MSL 44, 507 sq. 524 sq.; CSEL 60, 354 sqq. 380 sq. 417 sq. 546 sq.;
De peccator. meritis et remiss. III, 10, 18 MSL 44, 196; CSEL 60,
144; etc.

resideat. Eo nos esse contentos oportet, Dominum, quas voluit humanae naturae collatas dotes, apud Adamum deposuisse. Ideo illum, quum acceptas perdidit, non tantum sibi perdidisse, sed nobis omnibus. Quis de animae traduce sit sollicitus, ubi audiat Adamum nobis non minus quam sibi ornamenta illa quae perdidit, accepisse? non uni homini data illa fuisse, sed universae hominis naturae attributa? Nihil ergo absurdi, si spoliato eo, natura nuda inopsque destituitur: si illo per peccatum inquinato, in naturam contagio serpit. Proinde a radice putrefacta rami putridi prodierunt, qui suam putredinem transmise¹runt ad alios ex se nascentes surculos. Sic enim vitiati sunt filii in parente, ut nepotibus essent tabifici: hoc est, ita corruptionis exordium in Adam fuit, ut perpetuo defluxu, a prioribus in posteros transfundatur. || Neque enim in substantia carnis aut animae causam habet contagio: sed quia a Deo ita fuit ordinatum, ut quae primo homini dona contulerat, ille tam sibi quam suis haberet simul ac perderet. || Quod autem cavillantur Pelagiani, verisimile non esse a parentibus piis corruptionem ducere liberos, quum magis eorum puritate sanctificari debeant¹, facile refutatur. Non enim ex eorum regeneratione^a spirituali descendunt, sed generatione carnali. || Proinde, ut ait Augustinus, sive reus infidelis, sive absolutus fidelis, non absolutos uterque generat, sed reos: quia ex vitiosa natura generat [Lib. 2.^b contra Pelag. et Caelest.]². || Porro quod eorum sanctitati quodammodo communicant, specialis est populi Dei benedictio^c, quae non facit quominus prima illa et universalis gentis humanae maledictio praecedat. || Ex natura enim, reatus: sanctificatio autem ex supernaturali gratia.

8. Atque^d ne haec de re incerta et incognita dicta fuerint, peccatum originale definiamus. Neque vero singulas, quae a scriptoribus positae sunt, definitiones excutere mihi propositum est^e: sed unam proferam duntaxat, quae veritati mihi videtur optime consentanea. Videtur ergo peccatum originale haereditaria naturae nostrae pravitas et corruptio, in omnes animae partes diffusa^f: quae primum facit reos irae Dei, tum

---

a) *VG 1541 sqq.* generation   b) 2. > *falso 1553, 1559—61*   c) Porro — bened.: *VG 1541 sqq.* Il est bien vray, que Dieu sanctifie les enfans des fideles à cause de leurs parens: mais cela n'est point par vertu de leur nature: mais de sa grace. C'est donc une benediction spirituelle   d) *1539—54* Atqui   e) *1539—43* prop. mihi est   f) in — diff. > *1539—54*

1) Aug., ibid. c. 8, 15 sq. MSL 44, 194 sq.; CSEL 60, 141 sqq.
2) Aug., De gratia Christi et pecc. orig. lib. II. c. 40, 45 MSL 44, 407; CSEL 42, 202.

etiam opera in nobis profert quae Scriptura vocat opera carnis
[Galat. 5. c. 19]. Atque id est proprie quod a Paulo saepius
peccatum nominatur[a]. || Quae vero inde emergunt opera, qua-
lia sunt adulteria, scortationes, furta, odia,[b] caedes, comessa-
tiones, fructus peccati[c] secundum hanc[d] rationem vocat[e]:
quanquam et peccata, cum[f] in Scripturis passim[g], tum etiam
ab ipso[h] nuncupantur. || Haec itaque duo distincte observanda:
nempe, quod sic omnibus naturae nostrae partibus vitiati per-
versique, iam ob talem duntaxat corruptionem damnati merito convictique coram Deo tenemur, cui nihil est acceptum nisi
iustitia, innocentia, puritas. Neque ista est alieni delicti ob-
ligatio[1]; quod enim dicitur, nos per Adae peccatum obnoxios
esse factos Dei iudicio: non ita est accipiendum, acsi insontes
ipsi et immerentes culpam delicti eius sustineremus: sed quia
per eius transgressionem maledictione[k] induti sumus omnes,
dicitur ille nos obstrinxisse. Ab illo tamen non sola in nos poena
grassata est[l], sed instillata ab ipso lues in nobis residet, cui
iure poena debetur. Quare Augustinus, utcunque alienum peccatum saepe vocet (quo clarius ostendat propa!gine in nos
derivari) simul tamen et proprium unicuique asserit [Cum alibi
saepe, tum vero 3 de peccatorum merit. et rem. cap. 8.][1]. Et
Apostolus ipse disertissime testatur, ideo mortem in omnes
pervagatam, quod omnes peccarint [Rom. 5. b. 12], id est, invo-
luti sint originali peccato, et eius maculis inquinati. Atque ideo
infantes quoque ipsi, dum suam secum damnationem a matris
utero[m] afferunt, non alieno, sed suo ipsorum vitio sunt obstricti.
Nam tametsi suae iniquitatis fructus nondum protulerint, habent tamen in se inclusum semen: imo tota eorum natura,
quoddam est peccati semen: ideo non odiosa et abominabilis
Deo esse non potest. || Unde sequitur, proprie coram Deo cen-
seri peccatum: quia non esset reatus absque culpa. || Alterum
deinde accedit[n], quod haec perversitas nunquam in nobis cessat,

---

a) *VG 1541 sqq.* + sans adiouster originel   b) *1536* + contentiones,
c) *1536* + magis,   d) *1536* eam   e) *1536* vocari debent   f) > *1536–39*
g) in Scr. pass.: *1536* saepe in scriptura   h) tum — ipso > *1536–39*
i) *VG 1541 sqq.* + comme si nous respondions pour le peché de
nostre premier pere, sans avoir rien merité   k) *1539–54* confusione
l) Ab — est: *VG 1541 sqq.* Toutesfois nous ne debvons entendre,
qu'il nous ait constitués seulement redebvables de la peine, sans nous
avoir communiqué son peché.   m) a — ut. > *VG 1541 sqq.*   n) dein.
acc. > *1539–54*

1) Aug., De pecc. mer. et rem. III. 8, 15. MSL 44, 194; CSEL 60,
141.

sed novos assidue fructus parit: ea scilicet, quae ante descripsimus, opera carnis: non secus atque incensa fornax flammam et scintillas efflat, aut scaturigo aquam sine fine egerit. ‖ Quare qui peccatum originale definierunt carentiam iustitiae originalis[1], quam inesse nobis oportebat[a], ‖ quanquam id totum complectuntur quod in re est, ‖ non tamen[b] satis significanter vim atque energiam[2] ipsius expresserunt. Non enim natura nostra boni tantum inops et vacua est: sed malorum omnium adeo fertilis et ferax, ut otiosa esse non possit. Qui dixerunt esse concupiscentiam[3], non nimis alieno verbo usi sunt, si modo adderetur[c] (quod minime conceditur a plaerisque[d])[4] quicquid in homine est, ab intellectu ad voluntatem, ab anima ad carnem usque, hac concupiscentia inquinatum refertumque esse; aut, ut brevius absolvatur, totum hominem non aliud ex seipso esse quam concupiscentiam[e].

9. Quamobrem dixi cunctas animae partes a peccato fuisse possessas, ex quo a fonte iustitiae descivit Adam. Neque enim appetitus tantum inferior eum illexit, sed arcem ipsam mentis occupavit nefanda impietas, et ad cor intimum penetravit superbia: ut frigidum sit ac stultum, corruptelam, quae inde manavit, ad sensuales tantum, ut vocant, motus restringere: aut fomitem vocare qui solam partem quae illis sensualitas est ad peccatum alliciat, excitet ac trahat[5]. In quo crassam inscitiam detexit Petrus Lombardus, qui sedem quaerens et vestigans dicit in carne esse, teste Paulo, non quidem proprie, sed quia in carne magis apparet[6]. Quasi vero[f] tantum partem animae

a) quam — op. > *1536-54* b) > *1536* c) modo add.: *1536* tamen adderent d) conc. — pl.: *1536* concedunt e) *VG 1541* corruption f) Qu. v.: *VG 1560* Or il est si sot, de prendre ce mot de Chair pour le corps: comme si

1) Anselmus, De conceptu virginali c. 6 MSL 158, 439; Duns Scotus, In sent. II. dist. 30. q. 2 (Opp. 13, 293); Ockam, In sent. II. q. 26 U; Quotl. III. q. 9; cf. Io. Cochlaei: De lib. arb. II. M 3 b; Philippicas quatuor II, 35. G 3 a. 2) cf. Melanchthonis Locos comm. 1521, ed. Kolde⁴ p. 81. 85. 3) Ambr., Expositio evang. Lucae VII, 148 CSEL 32 IV, 348; Aug., Contra Iul. I, 72. II, 56 MSL 45, 1097. 1274. Lomb., Sent. II dist. 30, 7 MSL 192, 722. — cf. Bonav., In Sent. II. dist. 30. art. 2. q. 1 (ed. Quar. II. p. 721 sq.); Thom. Aq., Summ. theol. II, 1 q. 82 art. 1 et 3; Gabr. Biel, In sent. II dist. 30. q. 2. art. 1., qui mediam definitionem peccati originalis afferunt. 4) cf. Lomb., Sent. II. dist. 31, 2—4 MSL 192, 724 sq., cui contradicit Thomas, Summa theol. II, 1. q. 83. art. 1. — cf. quoque Io. Cochl., De lib. arb. II. M 3 b sq.; O 7 a. 5) cf. Lomb., Sent. II. dist. 30, 7 MSL 192, 722; Ockam., Quotl. 3. q. 10. 6) Lomb., Sent. II. dist. 31, 2—4; cf. not. 4.

designet Paulus, ac non totam naturam quae supernaturali gratiae opponitur. Et Paulus omnem dubitationem tollit, corruptionem docens non in una tantum parte subsidere, sed nihil a mortifera eius tabe purum esse, aut syncerum. Nam de vitiosa natura disputans, non tantum inordinatos*, qui apparent, appetituum motus damnat, sed praecipue contendit men¹tem caecitati, et cor pravitati addictum esse; atque tertium illud ad Romanos caput nihil aliud est quam originalis peccati descriptio¹. Id ex renovatione clarius patet. Nam spiritus, qui veteri homini et carni opponitur, non modo gratiam notat qua corrigitur inferior pars animae vel sensualis, sed plenam omnium partium reformationem complectitur. Atque ideo Paulus non tantum crassos appetitus in nihilum redigi, sed nos spiritu mentis renovari iubet [Ephes. 4. e. 23]; sicut etiam alibi transformari nos iubet in novitate mentis [Rom. 12. a. 2]; unde sequitur, partem illam, in qua maxime refulget animae praestantia et nobilitas, non modo vulneratam esse, sed ita corruptam, ut non modo sanari, sed novam prope naturam induere opus habeat. Quatenus et mentem et cor occupet peccatum, mox videbimus. Hic tantum breviter attingere volui, totum hominem quasi diluvio a capite ad pedes sic fuisse obrutum, ut nulla pars a peccato sit immunis: ac proinde quicquid ab eo procedit in peccatum imputari; sicut dicit Paulus omnes affectus carnis, vel cogitationes, esse inimicitias adversus Deum [Rom. 8. b. 7], et ideo mortem².

10. Eant nunc qui Deum suis vitiis inscribere audent³, quia dicimus naturaliter vitiosos esse** homines⁴. Opus Dei perperam in sua pollutione scrutantur***, quod in illa integra adhuc et incorrupta Adae natura requirere debuerant. A carnis ergo nostrae culpa, non a Deo nostra perditio est; quando non alia ratione periimus, nisi quia degeneravimus a prima nostra conditione. Neque hic obstrepat quispiam, potuisse Deum nostrae

---

a) > *VG 1560*   b) quia — esse: *1539-45* quod dicantur naturaliter vitiosi,   c) *1539-54* contemplantur

1) Rom. 3, 1-20.   2) Rom. 8, 6.   3) sicut Libertini: cf. Quintini sententiam, CR Calv. opp. VII 184, et alterius Libertini, ib. 185 (Contre la secte des Libertins. 1545); cf. sententiam quoque Pocqueti, ib. p. 231, et Franciscani cuiusdam Rotomagensis (Farel, Le glaive de la parolle, p. 57 et 246 etc.; CR Calv. opp. VII 347 et 350 sqq. [Epistre contre un certain Cordelier. 1547]). — cf. Aug., Retract. I. 9, 2 MSL 32, 595; CSEL 36, 37 (hic cap. 8, 2).   4) vide Inst. 1536, Calv. op. sel. I, 130; Melanchthonis Locos comm. 1521, ed. Kolde⁴ p. 81; Confess. Aug. I. art. 2.

saluti melius prospicere si Adae lapsui occurrisset. Nam obiectio ista cum ob nimis audacem curiositatem piis mentibus abominanda est tum ad praedestinationis arcanum attinet, quod suo loco postea tractabitur[1]. Quare ruinam nostram naturae depravationi imputandam meminerimus, ne in Deum ipsum naturae authorem stringamus accusationem[a]. Haerere quidem exitiale illud vulnus in natura verum est: sed multum refert accesseritne aliunde, an ab origine insederit. Constat autem per peccatum inflictum fuisse. Non est igitur cur conqueramur nisi de nobis ipsis, quod diligenter annotavit scriptura. Dicit enim Ecclesiastes, Hoc scio, quod fecerit Deus hominem rectum: ipsi autem quaesierunt sibi adinventiones multas [Eccles. 7. d. 30]. Homini tantum suum exitium adscribendum apparet, quum Dei[b] benignitate rectitudinem adeptus, sua ipse dementia in vanitatem delapsus sit.

11. Dicimus ergo naturali[c] hominem vitiositate corruptum, sed quae a natura non fluxerit. A natura fluxisse negamus, ut significemus adventitiam magis esse qualitatem quae homini acciderit, quam substantialem proprietatem quae ab initio indita fuerit. Vocamus tamen naturalem, nequis ab unoquoque prava consuetudine comparari putet, quum[l] haereditario iure universos comprehensos teneat. Neque id sine authore facimus. Eadem enim causa nos omnes esse natura filios irae docet Apostolus [Ephes. 2. a. 3]. Quomodo creaturae omnium nobilissimae infensus esset Deus, cui placent infima quaeque[d] opera sua? Sed operis sui corruptioni magis infensus est quam operi suo. Ergo si ob vitiatam humanam naturam non inscite dicitur homo naturaliter esse Deo abominabilis, non etiam inepte dicetur naturaliter pravus et vitiosus: quemadmodum non veretur Augustinus, ratione corruptae naturae, naturalia dicere peccata quae in carne nostra necessario regnant, ubi abest Dei gratia[2]. Ita evanescit stultum Manichaeorum nugamentum, qui quum substantialem in homine malitiam imaginarentur, alterum illi conditorem affingere ausi sunt[e], ne iusto Deo viderentur mali causam et principium assignare.

---

a) ne — acc.: *VG 1541 sqq.* et non point à icelle nature, qui avoit esté donnée premierement à l'homme, afin de n'accuser Dieu: comme si nostre mal venoit de luy   b) *1539-54* divina   c) *1539* naturalem; *VG 1541 sqq.* naturellement   d) *1539-50, 1554* quoque   e) aff. — sunt: *1539-54* affingebant

1) vide infra lib. III 21 sqq.   2) Aug., De Genesi ad literam imperfectus liber 1, 3 MSL 34, 221, CSEL 28 I, 460; cf. Op. imp. contra Iul. V. 40 MSL 45, 1477.

Hominem arbitrii libertate nunc esse spoliatum, et miserae servituti addictum. CAP. II. 1559

2, 16 1. POSTQUAM visum est peccati dominatum, ex quo primum hominem sibi obligatum tenuit, non solum in toto genere grassari[a], ‖ sed in solidum etiam occupare singulas animas[b], nunc propius ‖ excutiendum[c] restat, ex quo in hanc servitutem redacti sumus, an omni spoliati simus libertate: et siqua particula adhuc viget, quousque vis eius procedat. Sed quo facilius nobis huius quaestionis veritas eluceat, scopum obiter praefigam[d], quo tota summa destinanda sit. Haec autem optima cavendi erroris erit ratio[e], si pericula considerentur quae utrinque imminent. Nam ubi omni rectitudine abdicatur homo, statim ex eo desidiae occasionem arripit: et quia nihil ad iustitiae studium valere per se dicitur, illud totum, quasi iam nihil ad se pertineat, susque deque habet. Rursum vel minutulum illi quippiam arrogari non potest quin et Deo praeripiatur suus honor, et[f] ipse temeraria confidentia labefactetur [Haec duo praecipitia notat Augustinus Epist. 47. et in Iohan. cap. 12.][g][1]. Ad hos ergo scopulos ne impingamus, tenendus hic cursus erit, ut homo nihil boni penes se reliquum sibi esse edoctus, et miserrima undique necessitate circunseptus, doceatur tamen ad bonum quo vacuus est, ad libertatem, qua privatus est, aspirare: et acrius ab ignavia excitetur quam si summa virtute fingeretur instructus. Hoc secundum quam necessarium sit, nemo non videt.[h] De priore[i] video a pluribus dubitari quam conveniebat. Nam hoc extra controversiam posito, nihil homini de suo adimendum esse, quantopere intersit ipsum falsa gloriatione deiici, palam constare debet. Nam si ne tum quidem hoc homini concessum fuit ut in se gloriaretur, quum Dei beneficentia summis ornamentis esset insignitus, quantum nunc humiliari convenit, ubi ob suam ingratitudinem ab eximia gloria in extremam ignominiam deturbatus est? Pro eo, inquam, tempore quo in summum honoris fastigium evectus erat, Scriptura nihil aliud ei tribuit quam quod creatus esset

---

a) non — grass.: *1539–54* totum genus invasisse b) sing. an.: *VG 1560* leurs ames c) *1539–54* exponendum d) *1539–54* praefigamus e) Haec — rat.: *1539–54* Patebit autem, quis debeat spectari scopus f) *1539* + homo g) > *1539* h) *VG 1541 sqq.* + A scavoir *(1545 sqq.* Assavoir*)* de resveiller l'homme de sa negligence et paresse. i) *VG 1541 sqq.* Quant au premier, de luy monstrer sa paouvreté

1) Aug., Ep. 215 (ad Valentinum) MSL 33, 971 sqq. CSEL 57, 387 sqq.; In Ioh. tract. 53, 8. MSL 35, 1778.

ad imaginem Dei[a]: quo scilicet insinuat, non propriis bonis[b] sed Dei participatione fuisse beatum. Quid ergo nunc superest nisi[c] ut Deum, (cuius beneficentiae gratus esse non potuit, quum divitiis gratiae eius afflueret) omni gloria nudus ac destitutus agnoscat? et quem bonorum suorum recognitione non glorificavit, nunc saltem[d] propriae paupertatis confessione glorificet? || Nihilo etiam minus e re nostra est, omnem sapientiae virtutisque laudem nobis derogari, quam ad Dei gloriam attinet: ut cum sacrilegio ruinam nostram coniungant qui aliquid ultra verum nobis largiuntur. Quid enim aliud fit, quum marte nostro docemur contendere, nisi quod baculo arundineo in sublime evehimur, quo mox confracto decidamus? Quanquam nimis etiamnum commendantur vires nostrae, dum baculo arrundineo comparantur. Fumus enim est quicquid de illis vani homines commenti sunt et garriunt[e]. Quare non abs re toties ab Augustino praeclara ista sententia repetitur, praecipitari magis a suis defensoribus liberum arbitrium, quam stabiliri[1]. Haec praefari necesse fuit propter nonnullos, qui, dum audiunt humanam virtutem funditus everti, ut Dei virtus in homine aedificetur, totam hanc disputationem pessime oderunt quasi periculosam, nedum supervacuam[2]: quam tamen et in religione necessariam, et nobis utilissimam esse apparet.

2. Nunc consideremus, || quum paulo ante dixerimus in mente et corde sitas esse animae facultates[3], || quid pars utraque polleat. Philosophi sane magno consensu rationem in mente considere fingunt, quae instar lampadis consiliis omnibus praeluceat, et instar[f] reginae voluntatem moderetur. Ita enim luce divina perfusam esse, ut optime consulere[g]: eo vigore praestare, ut optime imperare queat. Sensum contra torpere et lippitudine teneri, ut semper humi serpat, et in crassioribus obiectis volutetur, nec unquam se attollat ad veram perspicaciam. Appetitum, si rationi parere sustineat, nec sensui subigendum se permittat, ad studium virtutum ferri, rectam

---

a) *1554* + [Gene. 1. d. *(27)*]   b) *1539–45* + abundasse   c) *ad sqq.* *(lin. 3–5) cf. Catech. 1538, CR V 325*   d) *1559 falso* salutem e) comm. — garr.: *1539–54* commentantur   f) *1539–43* inst. et g) *VG 1541 sqq.* discerner entre le bien et le mal

1) Aug., In Ioh. tract. 81, 2 MSL 35, 1841; Ep. 217 (ad Vitalem) c. 3, 8 MSL 33, 981, CSEL 57, 409; ep. 194 (ad Sixtum Rom.) c. 2, 3 MSL 33, 875, CSEL 57, 178; Sermo 333. c. 6. MSL 38, 1467; Ad Bonif. lib. I. c. 4, 8. MSL 44, 554, CSEL 60, 429.   2) cf. Erasmum, De libero arbitrio p. 5 sqq.   3) I 15, 7 sq.; supra p. 184 sqq.

viam tenere, et in voluntatem formari[a]: quod si in servitutem
sensus se addicat, ab eo corrumpi et depravari, ut in libidinem
degeneret[1]. Atque omnino quum ex eorum opinione illae quas
supra dixi[b] animae facultates[2] insideant[c], intellectus, sensus[d],
et appetitus, seu voluntas: (quae appellatio iam vulgatiore usu
recepta est) intellectum ratione praeditum asserunt optima ad
bene beateque vivendum moderatrice, ipse modo se in sua praestantia sustineat, ac vim sibi naturaliter inditam exerat. Inferiorem autem eius motionem, quae sensus dicitur, qua ad
errorem et hallucinationem abstrahitur, talem esse ut rationis
ferula domari et paulatim profligari queat. Voluntatem porro
inter rationem et sensum mediam locant, sui scilicet iuris et
libertatis compotem, sive rationi obtemperare, sive sensui ra-
piendam se prostituere libeat.

3. Non inficiantur[e] quidem interdum, ipsa nimirum experientia convicti, quanta cum difficultate rationi apud se
regnum homo stabiliat: dum nunc titillatur voluptatum illecebris, nunc falsa bonorum imagine deluditur, nunc impotenter
percutitur immoderatis affectibus, et tanquam funibus vel
nervis (ut ait Plato) in diversum abripitur [Lib. 1. de leg.][3]. Qua
etiam ratione Cicero dicit illos a natura datos igniculos, pravis
opinionibus malisque moribus mox extingui [Lib. 3. Tusc.
Quaest.][4]. Ubi vero semel occuparunt in animis hominum[f]
eiusmodi morbi, impotentius grassari fatentur quam ut facile
coercere eos liceat: nec dubitant ferocibus equis comparare, qui
exturbata ratione, ceu auriga excusso, intemperanter ac sine
modo lasciviant[g][5]. Hoc tamen extra controversiam ponunt,
virtutes et vitia in nostra esse potestate; nam si nostrae (inquiunt) electionis est hoc aut illud agere: ergo et non agere.
Rursum si non agere: ergo et agere. Libera autem electione
agere videmur quae agimus, et ab iis abstinere, quibus absti-

a) ad — form.: *VG 1541 sqq.* (Que l'appetit —) a un mouvement
naturel, à chercher ce qui est bon et honneste: et ainsi peut tenir la
droicte voye   b) illae — dixi: *1539* duae   c) *1539-54* concedantur
d) > *1539*   e) *1553* inficientur   f) *1539-43* dominium; *1545 falso*
dominium, *unde 1550 sqq. ex coniect.* hominum   g) qui — lasc.: *VG
1541 sqq.* Car comme un cheval rebelle, disent-ilz, ayant ietté bas
son conducteur, regibe *(1545 sqq.* regimbe*)* sans mesure: ainsi l'ame
ayant reietté la raison, et s'estant adonnée à ses concupiscences, est
du tout desbordée.

1) Plato, Politia IV. c. 14 sqq. 439 A sqq.; Aristoteles, De anima
III 10, 433 a b; Themistius, De anima VI. 7. ed. Heinze p. 112 (25) sqq.
2) vide lib. I 15, 6; supra p. 184.   3) Plato, Leges I. 644 E.   4) Cicero,
Tusc. III. 1, 2.   5) Plato, Phaedr. c. 74 sq. 253 D—254 E.

nemus: ergo siquid boni agimus[a] ubi libeat, possumus[b] illud omittere: siquid mali perpetramus, possumus[c] id quoque fugere [Vide apud Arist. lib.[d] 3. Ethic. cap. 5.][1]. Quinetiam eo licentiae quidam eorum proruperunt, ut iactarint deorum quidem esse munus, quod vivimus: nostrum vero, quod bene sancteque vivimus [Seneca.][2]; ‖ unde et illud Ciceronis in persona Cottae, quia sibi quisque virtutem acquirit, neminem ex sapientibus unquam de ea gratias Deo egisse. Propter virtutem enim laudamur, inquit, et in virtute gloriamur; quod non fieret si donum esset Dei, non a nobis. Ac paulo post, Iudicium hoc omnium mortalium est, fortunam a Deo petendam, a seipso sumendam esse sapientiam [3. de Nat. deorum.][3]. ‖ Haec ergo philosophorum omnium sententiae summa est, humani intellectus rationem rectae gubernationi sufficere: voluntatem illi subiacentem, a sensu quidem ad mala sollicitari: sed, ut liberam electionem habet, impediri nequaquam posse quin rationem ducem per omnia sequatur.

4. Inter scriptores Ecclesiasticos[e] tametsi nemo[f] extitit qui non agnosceret et sanitatem rationis in homine graviter ex peccato vulneratam, et voluntatem pravis cupiditatibus valde implicitam esse: multi tamen eorum longe plus aequo philosophis accesserunt. Ex quibus veteres mihi videntur hoc consilio vires humanas sic extulisse, ne si impotentiam diserte essent confessi, primum philosophorum ipsorum cachinnos, quibuscum tunc certamen habebant[f], excuterent: deinde carni suapte sponte nimis ad bonum torpenti novam desidiae occasionem praeberent. Ergo nequid communi hominum iudicio absurdum traderent, Scripturae doctrinam cum philosophiae dogmatibus dimidia ex parte conciliare studium illis fuit[g]: praecipue tamen secundum illud spectasse, ne desidiae locum facerent, ex eorum verbis apparet. Habet Chrysostomus alicubi, Quoniam bona et mala in nostra Deus potestate posuit, electionis liberum donavit arbitrium: et invitos non retinet, sed volentes amplectitur [Homil. de prodit. Iudae.][4]. Item, Saepe[h] qui malus est, si voluerit, in bonum mutatur: et qui bonus, per ignaviam excidit, et fit malus; quia liberi arbitrii esse nostram

---

a) *1539-45* +, si,   b) *1539-45* possimus   c) *1539-43* possimus
d) *1559 falso* + lib.   e) *1539-54* Christianae professionis   f) quib.
— hab. > *VG 1541 sqq.*   g) stud. — fuit: *1539-54* studuerunt
h) > *VG 1541 sqq.*

1) Aristoteles, Ethica Nicomach. III 7, 1113b 6 sqq.   2) Seneca, Ep. Lucil. 90 in.; epp. 20 sq.; 53; 124; cf. Horat. ep. I. 18, 111 sq.; Iuvenal. Satir. X. 363 sqq.   3) Cic. nat. deor. III. 36, 86 sqq.   4) cf. Chrysost., Hom. 1. De prod. Judae, ed. Paris. 1834 sqq. t. II, 449.

naturam fecit Dominus: nec imponit necessitatem, sed congruis remediis appositis totum iacere in aegrotantis sententia sinit [Homil. 18. in Genesin.][1]. Item, Sicut nisi gratia Dei adiuti, nihil unquam possumus recte agere: ita nisi quod nostrum est attulerimus, non poterimus supernum acquirere favorem[2]. Dixerat autem prius, Ut non totum divini sit auxilii, simul nos aliquid afferre oportet [Homil. 52.][3]. Adeoque verbum hoc illi passim familiare est, Afferamus quod est nostrum, reliqua Deus supplebit[4]. Cui consentaneum quod ait Hieronymus, Nostrum esse incipere, Dei autem perficere: nostrum offerre quod possumus, illius implere quod non possumus [Dialog. 3. contra Pelag.][5]. Vides certe iis sententiis homini plus quam par erat ad virtutis studium illos esse largitos: quia putabant se non aliter torporem nobis ingenitum posse expergefacere, quam si solo ipso nos peccare arguerent; id autem quanta dexteritate ab illis factum sit, postea videbimus. Certe, quas retulimus sententias, esse falsissimas, paulo post constabit. Porro tametsi Graeci prae aliis, atque inter eos singulariter Chrysostomus, in extollenda humanae voluntatis facultate modum excesserunt, veteres tamen omnes, excepto Augustino, sic in hac re aut variant, aut vacillant, aut perplexe loquuntur, ut certi fere nihil ex eorum scriptis referre liceat. Itaque enumerandis singulorum sententiis exactius non insistemus: sed carptim ex unoquoque tantum delibabimus quantum argumenti explicatio exigere visa fuerit. Qui postea sequuti sunt (dum pro se quisque in humanae naturae de¹fensione[a] argutiae laudem captat) sensim alii post alios in deterius continuo delapsi sunt: donec eo ventum est ut vulgo putaretur homo, sensuali tantum parte corruptus, habere prorsus incolumem rationem, voluntatem etiam maiori ex parte[6]. || Interea volitavit 1559 illud[b] in ore omnium, naturalia dona in homine corrupta esse[7], supernaturalia[c] vero ablata[8]. Sed quorsum tenderet vix centesimus quisque leviter gustavit. Ego certe si dilucide tradere

---

a) *1539* defensionem   b) *VG 1560* ceste sentence de S. Augustin
c) *VG 1560* + (assavoir ceux qui concernoyent la vie celeste)

1) Chrysost., Hom. 19,1 in Gen. (in cap. 4.) ed. Paris 1834 sqq. t. IV. 191.   2) Chrysost., Hom. 25,7 in Gen. (in cap. 7) t. IV 282.   3) Chrysost., Hom. 53,2 in Gen. (in cap. 27) t. IV 596.   4) cf. Chrys., Hom. 25,7 in Gen. (in cap. 7) t. IV 282 et saepius.   5) Hieron., Adv. Pelag. lib. III,1. MSL 23, 569.   6) cf. Scot. In sent. II. dist. 29. q. un. Opp. 13, 267 sqq.   7) cf. Aug., De nat. et grat. c. 3, 3; 19, 21; 20, 22. MSL 44, 249. 256 sq.; CSEL 60, 235. 246 sqq.   8) Tota sententia non est Augustini, sed Lombardi: Sent. II. dist. 25. c. 8. MSL 192, 707; vide not. b et infra p. 254, 30 sqq. 259, 23 sqq. 319, 28 sqq.

velim qualis sit naturae corruptela, his verbis facile sim contentus. Sed magnopere interest attente expendi quid homo et in cunctis naturae suae partibus vitiatus, et donis supernaturalibus exutus valeat. Nimis ergo philosophice hac de re loquuti sunt qui se Christi iactabant esse discipulos. Nam quasi adhuc integer staret homo, || semper apud Latinos liberi arbitrii nomen[a] extitit. Graecos vero non puduit multo arrogantius usurpare[b] vocabulum; siquidem αὐτεξούσιον dixerunt[1], acsi potestas suiipsius penes hominem fuisset. Quoniam ergo ad vulgus etiam ipsum omnes hoc principio[c] imbuti sunt, praeditum esse libero arbitrio hominem, nonnulli autem eorum qui eximii volunt videri, quousque id extendatur nesciunt: nos vim vocis prius excutiamus, tum ex Scripturae simplicitate exequamur quid suapte natura homo ad bonum aut malum polleat. Liberum arbitrium quid esset, quum in omnium scriptis identidem occurrat, pauci definierunt. Videtur tamen Origines id de quo[d] passim inter eos conveniebat, posuisse, quum dixit, Facultatem esse rationis ad bonum malumve discernendum: voluntatis ad utrumvis eligendum [Lib. 3. περὶ ἀρχῶν.][2]. Nec ab eo variat Augustinus, quum docet facultatem esse rationis et voluntatis, qua bonum eligitur gratia assistente: malum, ea desistente[3]. Obscurius Bernardus, dum vult argute loqui, qui ait esse consensum, ob voluntatis inamissibilem libertatem, et rationis indeclinabile iudicium[4]. Nec satis popularis Anselmi definitio, qui tradit esse potestatem servandi rectitudinem propter seipsam[5]. Itaque Petrus Lombardus et Scholastici Augustini definitionem[e] magis amplexi sunt, quia et apertior erat, et gratiam Dei non excludebat: sine qua voluntatem sibi per se non sufficere videbant. Sua tamen et ipsi afferunt, sive quae meliora esse, sive quae facere putabant ad maiorem explicationem. Principio consentiunt, nomen arbitrii magis ad rationem re-

a) semp. — nom.: *1539-54* Apud — nomen semper   b) Graec. — usur.: *1539-54* Graeci vero m. arr. usurparunt   c) *1539-54* responso   d) id de quo: *1539-45* quod   e) *1550, 1554* falso defensionem

1) ex. gr. Clem. Alex., Paed. I, 6, 33, 3 GCS 12, 110. — Origenes, De princ. III, 1, 1. 20. 21 GCS 22, 195. 234 sq. — Chrysost., In ep. ad Hebr. cap. 7, Homil. 12, 3 ed. Paris. 1834 sqq. XII, 177. — Greg. Nazianz., Orat. 14, 25 MSG 35, 892; Orat. 45, 8 MSG 36, 632. 2) Origenes, De princ. III, 1, 3 GCS 22, 197.   3) haec definitio sine auctore exstat apud P. Lomb., Sent. II. dist. 24, 5 MSL 192, 702; sed non est Augustini, sed paene ad verbum Hugonis de Sto. Victore; vide eiusdem Summam sententiarum tract. III. c. 8. MSL 176, 101. 4) Bern. Clarav., De gratia et lib. arb. c. 2, 4. MSL 182, 1004.   5) Anselm., Dial. de lib. arb. c. 3. MSL 158, 494.

ferendum, cuius est discernere inter bona et mala: epithetum
liberi, ad voluntatem proprie pertinere, quae ad utrunque
flecti possit [Lib. 2. sent. distinct. 24]¹. Quare quum libertas
proprie voluntati conveniat, Thomas optime quadrare dicit
si liberum arbitrium dicatur vis electiva, quae mixta quidem
ex intelligentia et ap'petitu^a, magis tamen ad appetitum inclinet [Part. 1. quaest. 83. art. 3]². Iam habemus in quibus
sitam esse doceant vim^b liberi arbitrii, in ratione scilicet et
voluntate; ‖ nunc quantum utrique parti tribuant, breviter
videndum superest^c.

5. Communiter solent res medias^d, quae scilicet nihil ad
regnum Dei pertinent, sub libero hominis consilio ponere:
veram autem iustitiam ad specialem Dei gratiam et spiritualem
regenerationem referre. Quod dum vult ostendere author operis
De vocatione Gentium^e, triplicem voluntatem numerat: primam sensitivam, alteram animalem, tertiam spiritualem: quarum priores duas homini liberas esse tradit, ultimam opus esse
Spiritus sancti in homine [Lib. 1. cap. 2]³. Quod an verum sit,
suo loco tractabitur; nunc enim recensere breviter aliorum
sententias, non refellere^f propositum est. Hinc fit ut quum de
libero arbitrio agunt scriptores, non quid ad civiles seu externas actiones, sed quid ad divinae Legis obedientiam valeat,
in primis requirant. Quam posteriorem quaestionem sic praecipuam esse fateor, ut illam arbitrer non prorsus negligendam.
Cuius sententiae spero me optimam rationem redditurum.
Obtinuit autem in scholis distinctio, quae triplicem libertatem
numerat: a necessitate primam, secundam a peccato, tertiam
a miseria; quarum prima sic homini naturaliter inhaereat ut
nequeat ullo modo eripi, duae alterae per peccatum sint
amissae^g ⁴. Hanc distinctionem ego libenter recipio, nisi quod
illic necessitas cum coactione perperam confunditur: inter quas
quantum sit discriminis, et quam necessario considerandum,
alibi apparebit⁵.

a) *quae* — app.: *VG 1541 sqq.* laquelle estant moyenne entre intelligence et volunté   b) sit. — *vim: 1539-54* sita sit vis
c) nunc videre restat, quantum illi tribuendum sit
d) *VG 1541 sqq.* les choses externes   e) *VG 1560* + (qu'on attribue
à saincte Ambroise)   f) non ref. > *VG 1541 sqq.*   g) *1539-54* +
[L. 2. sentent. dist. 25.]⁴

1) Lomb., Sent. II. dist. 24. c. 5. MSL 192, 702.   2) Thomas,
Summa th. I. q. 83. art. 3.   3) Pseudo-Ambros., De vocat. gent. I.
c. 2. MSL 17, 1075.   4) Lomb., Sent. II. dist. 25. c. 9. MSL 192, 708;
cf. Bern. Clar., De grat. et lib. arb. c. 3, 7 MSL 182, 1005.   5) infra
cap. 3, 5; p. 276 sqq.

6. Hoc si recipitur a, extra controversiam erit b, non suppetere ad bona opera liberum arbitrium homini, nisi gratia c adiuvetur, et gratia quidem speciali, qua electi soli per regenerationem donantur d. || Nam phreneticos nihil moror, qui gratiam pariter et promiscue expositam esse garriunt[1]. || Sed nondum istud liquet sitne in totum privatus bene agendi facultate, an habeat adhuc nonnullam, sed pusillam et infirmam: quae per se quidem nihil possit, opitulante vero gratia, suas ipsa quoque partes agat. Id dum vult expedire Magister sententiarum, duplicem gratiam necessariam esse nobis docet, quo reddamur ad bonum opus idonei. Alteram vocat Operantem, qua fit ut efficaciter velimus bonum: Cooperantem alteram, quae bonam voluntatem sequitur adiuvando [Lib. 2. dist. 26][2]. In qua partitione hoc mihi e displicet, quod dum gratiae Dei tribuit efficacem boni appetitum, innuit hominem iam suapte natura, bonum quodammodo, licet inefficaciter, appetere; sicut Bernardus bonam quidem voluntatem opus Dei esse asserens, homini tamen hoc concedit, ut motu proprio bonam eiusmodi voluntatem appetat[3]. Sed istud¹ ab Augustini mente procul abest, a quo tamen sumpsisse partitionem videri vult Lombardus [De libero arbitrio.][4]. In secundo membro ambiguitas me offendit, quae perversam genuit interpretationem. Ideo enim putarunt nos secundae Dei gratiae cooperari, quod nostri iuris sit primam gratiam vel respuendo irritam facere, vel obedienter sequendo confirmare. Quod author operis De vocatione Gentium sic exprimit, Liberum esse iis qui rationis iudicio utuntur, a gratia discedere: ut non discessisse sit praemium, et ut quod non potest nisi Spiritu f cooperante fieri, eorum meritis deputetur quorum id potuit voluntate non fieri [Lib. 2. cap. 4][5]. Haec duo notare obiter libuit, ut videas iam lector quantum a sanioribus Scholasticis g dissentiam. Longiore enim intervallo a recentioribus Sophistis differo, quanto scilicet a ve-

---

a) Hoc—rec.: *1539–54* Iam ergo   b) *1539–54* est   c) *VG 1541 sqq.* + de Dieu   d) qua — don.: *1539–54* quam — consequuntur   e) *1539–54* mihi hoc   f) *VG 1541 sqq.* la grace de Dieu   g) a — Sch.: *VG 1541 sqq.* d'avec les docteurs scolastiques

1) ad Laelium Socinum spectat; vide ex Calvini ad L. Socini quaestiones responsione Nonis Jun. 1555 data responsionem ad 2.—4. quaestionem, CR Calv. opp. X 1, 163—165 (= Inst. III 2, 11 sq.). Quaestiones ipsae ad nos non venerunt.   2) Lomb., Sent. II. dist. 26. c. 1. MSL 192, 710.   3) Bern. Clar., De grat. et lib. arb. c. 16, 46 MSL 182, 1026.   4) Aug., De grat. et lib. arb. c. 17, 33. MSL 44, 901. 5) Pseudo-Ambros., De vocat. gent. II. c. 4. MSL 13, 1112.

tustate longius abscesserunt. Utcunque, ex hac tamen partitione intelligimus^a qua ratione liberum dederint arbitrium homini. Pronuntiat enim tandem Lombardus, non liberi arbitrii ideo nos esse quod ad bonum et malum vel agendum vel
5 cogitandum^b peraeque polleamus: sed duntaxat quod coactione soluti sumus. Quae libertas non impeditur, etiamsi pravi simus, et servi peccati, et nihil quam peccare possimus [Lib. 2. sent. distinct. 25][1].

7. Liberi ergo arbitrii hoc modo dicetur^c homo, non quia
10 liberam habeat boni aeque ac mali electionem: sed quia male voluntate^d agit, non coactione. Optime id quidem: sed quorsum attinebat rem tantulam adeo superbo titulo insignire? Egregia vero libertas, si homo quidem non cogitur ad serviendum peccato: sic tamen est ἐθελόδουλος, ut vincta teneatur
15 peccati compedibus eius voluntas. Equidem λογομαχίας abominor, quibus frustra Ecclesia fatigatur: sed religiose censeo cavendas eas voces quae absurdum aliquid sonant: praesertim ubi perniciose erratur. Quotus autem, quaeso, quisque est, qui dum assignari homini liberum arbitrium audit, non statim con-
20 cipit illum esse et mentis suae et voluntatis dominum, qui flectere se in utramvis partem a seipso possit? Atqui (dicet quispiam)^e sublatum erit huiusmodi periculum, si de significatione diligenter plebs admoneatur. Imo vero quum in falsitatem ultro humanum ingenium propendeat, citius errorem ex ver-
25 bulo uno hauriet quam veritatem ex prolixa oratione. Cuius rei certius habemus in hoc ipso vocabulo, quam optandum sit, experimentum. Illa enim veterum interpretatione praetermissa, tota fere posteritas in verbi etymo dum haeret^f, in exitialem confidentiam evecta est.

8. Quod si nos Patrum authoritas movet: illi quidem assidue in ore habent vocabulum, sed simul declarant quanti faciant illius usum. In pri[|]mis Augustinus, qui non dubitat servum appellare [Lib. 2.^g contra Iulianum.][2]. Alicubi succenset adversus eos qui liberum negant arbitrium: sed praecipuam
35 rationem declarat, quum ait, Tantum ne audeat quisquam sic negare voluntatis arbitrium, ut velit excusare peccatum [Homil.

---

a) *1539–50, 1554* intelligemus   b) *1539–45* vel cog., vel ag.,
c) hoc — dic.: *1539–54* dictus est   d) *1539–50, 1554* vol. male
e) (dic. qu.) > *1539–50, 1554*   f) in — haer. > *VG 1541 sqq.*
40 g) *1553, 1559–61 falso* 1.

1) Lomb., Sent. II. dist. 25. c. 8 MSL 192, 708.   2) Aug., Contra Iul. lib. II. c. 8, 23. MSL 44, 689.

53. in Iohan.]¹. At certe alibi fatetur sine Spiritu non esse liberam hominis voluntatem, quum cupiditatibus vincientibus ac vincentibus subdita sit[a] [Ad Anast. epist. 144[b]][c]². Item, victa vitio in quod cecidit voluntate, coepisse carere libertate naturam [De perf. iust.]³. Item, hominem libero arbitrio male usum, et se et arbitrium suum perdidisse [Ench. ad Laurent. cap. 30][d]⁴. Item, liberum arbitrium captivatum, nequid possit ad iustitiam [Lib. 3. ad Bonifac. cap. 8[e]][5f]. ‖ Item, liberum non fore, quod non Dei gratia liberaverit [Lib. 1. ad Bonifacium cap. 3[g]]⁶. Item, iustitiam Dei non impleri, quum Lex iubet, et homo quasi suis viribus facit: sed quum Spiritus adiuvat: et hominis non libera, sed[h] a Deo liberata voluntas obsequitur [Lib. 3. cap. 7]⁷. Atque horum omnium rationem breviter reddit, quum alibi scribit, hominem magnas liberi arbitrii vires, quum conderetur, accepisse: sed peccando amisisse [Lib. de verb. Apost. ser. 3]⁸. Itaque alibi, postquam ostendit liberum arbitrium constitui per gratiam, acriter in eos invehitur, qui sibi illud arrogant sine gratia. Ut quid ergo, inquit, miseri homines aut de libero arbitrio audent superbire, antequam liberentur: aut de suis viribus, si iam liberati sunt? Nec attendunt in ipso nomine liberi arbitrii utique libertatem sonare. Ubi autem Spiritus Domini, ibi libertas [2. Cor. 3. d. 17]. Si ergo servi sunt peccati, quid se iactant de libero arbitrio? A quo enim quis devictus est, huic et servus addictus est. Si autem liberati sunt, quid se iactant velut de opere proprio? An ita liberi sunt, ut nec servi eius esse velint qui dicit [Iohan. 15. a. 5], Sine me nihil potestis facere [Lib. de spiritu et litera, cap. 30]⁹? ‖
Quid, quod alio etiam loco videtur iocose eludere usum eius vocis, quum dicit, liberum quidem esse arbitrium, sed non

a) vincient. — sit: *1539* vincatur   b) ep. 144 > *1539; 1553, 1559-61 falso* 44   c) [Ad An. —] *1539-50, 1554 ante* [Homil. 53. —] exstat.   d) [Ench. —] *1539 infra post* [Lib. 3. ad B. —], *1543-50, 1554 post* [Lib. de spiritu —] *exstat.*   e) cap. 8 > *1539-50, 1554*   f) *1559-61 falso* + [Lib. 3. cap. 7]   g) *1543-50, 1554 falso* 1   h) > *1543*   i) *1543-61* [Lib. — cap. 30] *supra post* [Lib. — ser. 3] *exstat.*

1) Aug., In Ioh. tract. 53, 8. MSL 35, 1778.   2) Aug., Ep. 145, 2. (ad Anastasium) MSL 33, 593; CSEL 44, 267 sq.   3) Aug., De perfectione iustitiae hominis c. 4, 9. MSL 44, 296; CSEL 42, 8.   4) Aug., Enchir. ad Laur. c. 30. MSL 40, 246; ed. Scheel p. 20.   5) Aug., Contra duas ep. Pelag. ad Bonifacium lib. III. c. 8, 24 MSL 44, 607; CSEL 60, 516.   6) Aug., ibid. lib. I. c. 3, 6. MSL 44, 553; CSEL 60, 428.   7) Aug., ibid. lib. III. c. 7, 20. MSL 44, 603; CSEL 60, 510.   8) Aug., Serm. 131, 6. MSL 38, 732.   9) Aug., De spir. et lit. c. 30, 52 MSL 44, 234; CSEL 60, 208 sq.

liberatum: liberum iustitiae, servum peccati [De corrept. et grat. cap. 13]¹. || Quam sententiam alibi quoque repetit et ex- 1543 plicat, ubi docet liberum a iustitia non esse hominem, nisi arbitrio voluntatis: a peccato autem non fieri liberum nisi
5 gratia Salvatoris[a]². || Qui libertatem hominis nihil aliud esse 1539 sibi testatur quam emancipationem, vel manumissionem a iustitia, illius inane nomen videtur belle irridere. Itaque siquis vocis[b] huius usum non prava intelligentia sibi[c] permittat, per me quidem non vexabitur ob eam[d] rem: sed quia sine ingenti
10 periculo non posse retineri censeo, magno contra Ecclesiae bono futurum[f] si aboleatur: neque ipse usurpare velim, et alios, si me consulant, abstinere optarim.

9. Magnum mihi praeiudicium attulisse forsan videar, qui scriptores omnes Ecclesiasticos, excepto Augustino, ita ambigue
15 aut varie in hac re loquutos esse confessus sum, ut certum quippiam ex eorum scriptis haberi nequeat. Hoc enim perinde nonnulli interpretabuntur quasi a suffragii iure depellere ideo ipsos voluerim quia mihi sint omnes adversarii. Ego vero nihil aliud spectavi quam quod volui simpliciter ac bona fide con-
20 sultum piis ingeniis: quae si eorum sententiam hac in parte expectent, semper incerta fluctuabunt: adeo nunc hominem liberi arbitrii viribus[e] spoliatum, ad solam gratiam confugere docent: nunc propriis ipsum armis aut instruunt, aut videntur instruere. Difficile tamen factu non est, ut appareat eos in
25 huiusmodi loquendi ambiguitate, humana virtute nihil[f] aut quam minimo aestimata, totam Spiritui sancto bonorum omnium laudem detulisse: si quasdam eorum sententias huc inseram quibus id clare docetur. Quid enim sibi vult illud Cypriani, toties ab Augustino celebratum, De nullo gloriandum:
30 quia nihil nostrum est [Lib. de praedest. sanct. Item ad Bonifacium lib. 4, et alibi[g]]³, nisi ut homo prorsus apud se exinanitus, a Deo totus pendere discat. Quid illud Augustini et[h]

---

a) *1543-54* + [Li. 1. ad bonif. cap. 2]²   b) *1539-45* dictionis
c) > *1559-61*   d) *1539-45* hanc   e) lib. — vir.: *VG 1541 seq.* de
35 toute vertu   f) *1539-45* nihili   g) Item — al. > *1539*   h) Aug. et > *1539-45*

1) Aug., De correptione et gratia c. 13, 42. MSL 44, 942.   2) Aug., Ad Bonifacium lib. I. c. 2, 5. MSL 44, 552; CSEL 60, 426.   3) Cyprian., Testimon. ad Quirinum lib. III c. 4. CSEL 3 I, 116. — Aug.,
40 De praedest. sanct. c. 3, 7; 4, 8. MSL 44, 964. 966; Ad Bonif. lib. IV. c. 9, 26. MSL 44, 627, CSEL 60, 552; cf. Aug., De corrept. et grat. c. 7, 12. MSL 44, 924; De dono perseverantiae c. 14, 36. MSL 45, 1015, et saepius.

Eucherii[a], dum lignum vitae Christum esse exponunt[b], ad quem qui manum porrexerit, vivet: lignum scientiae boni et mali, voluntatis arbitrium, de quo, qui relicta gratia Dei[c] gustaverit, morietur [Lib. 1.[d] in Genesin.][1]? Quid illud Chrysostomi, Quod omnis homo non modo naturaliter peccator, sed totus peccatum est [Homil. 1. in adventu.][2]? Si nihil boni nostrum est, si homo a vertice ad calcem totus est peccatum, si ne tentare quidem licet quantum valeat arbitrii facultas: qui iam inter Deum et hominem laudem boni operis partiri liceat? Possem eiusmodi[e] formae permulta ex aliis referre: sed nequis cavilletur, me seligere sola ea quae causae meae serviunt, quae autem adversantur, callide praeterire, ab hac recitatione abstineo. Audeo tamen hoc affirmare, utcunque nimii interdum sint in libero arbitrio extollendo, hunc tamen illis propositum fuisse scopum, ut hominem a virtutis suae fiducia penitus aversum, in Deo uno fortitudinem suam repositam habere doceant. Nunc ad simplicem veritatis explicationem in consideranda hominis natura venio[f].

10. Quod tamen[g] initio huius capitis praefatus sum, cogor rursum hic repetere, Ut quisque maxime suae calamitatis, inopiae, nuditatis, ignominiae conscientia deiectus est et consternatus, ita optime in sui cognitione profecisse[3]. Non enim periculum[i] est ne sibi nimium adimat homo, dummodo recuperandum in Deo discat quod sibi deest. At sibi ne tantillum quidem sumere ultra ius suum potest, quin et inani confidentia se perdat, et divinum honorem ad se traducens[h], immanis sacrilegii reus fiat. Et sane quoties haec libido mentem nostram incessit ut aliquid nostrum habere expetamus, quod in nobis scilicet potius quam in Deo resideat, cogitationem hanc non ab alio consiliario sciamus nobis suggeri quam qui primos

---

a) *VG 1541 sqq.* + ancien Evesque de Lyon   b) *1539-45* exponit   c) rel.— Dei > *VG 1541 sqq.*   d) 1. > *falso 1553, 1559-61*   e) *1539-54* eiusdem   f) *1539-54* veniamus   g) > *1539-54*   h) *1539-54* traducendo

1) Aug., De Genesi ad lit. lib. VIII c. 4 sq. MSL 34, 375; CSEL 28. III. 1, 235 sqq. — Eucherius, Comment. in Gen. lib. I., in cap. 1 v. 9 MSL 50, 907.   2) Hoc dictum Calvino occurrit in editione Erasmiana operum Chrysostomi Basileae a. 1530, tom. II p. 124, in homilia cui inscriptum est: „Dominica I. Adventus Domini, incerto interprete, homilia 35.", quae incipit ab his verbis: „In illo tempore, cum appropinquasset Iesus...", quae autem in editionibus et Savilii et Morelli et Bernardi de Montfaucon et in eiusdem editionis editione nova Parisina a. 1834 sqq. praetermittitur neque in indice ne ut spuria quidem commemoratur.   3) supra c. 1, 2; p. 229.

parentes induxit ut diis^a esse similes vellent, scientes bonum et malum^b. Si verbum diabolicum est, quod hominem in seipso erigit, illi ne locum demus: nisi ab hoste consilium capere libet. Dulce quidem est, tantum habere propriae virtutis ut in teipso acquiescas: sed, ne ad inanem istam fiduciam illectemur, deterreant^c nos tot graves sententiae, quibus severe prosternimur: quales sunt, Maledictum esse qui confidit in homine, et ponit carnem brachium suum [Iere. 17. a. 5]. Item, Non delectari Deum robore equi: tibias viri illi non^d placere: sed affici erga timentes se, suspicientes bonitatem suam [Psal. 147. b. 10][1]. Item, Ipsum esse qui dat lasso vires, et virtute defecto robur auget: qui facit ut fatigentur et laborent adolescentes, iuvenes impingant: qui autem in ipso^e uno sperant^f, roborentur [Iesa. 40. g. 29][2]. Quae omnes eo spectant, ut ne quantulacunque fortitudinis nostrae opinione nitamur, si Deum volumus habere propitium, qui superbis resistit, humilibus autem dat gratiam [Iac. 4. b. 6][3 g]. Tum in memoriam rursum veniant istae promissiones, Effundam aquam super sitientem, et flumina super aridam [Iesa. 44. a. 3]. Item, Omnes sitientes venite ad aquas [Idem 55. a. 1^h][1]. Quae testantur, ad percipiendas Dei benedictiones nullos admitti nisi suae paupertatis sensu tabescentes. Nec praetereundae eiusmodi, qualis ista est Iesaiae, Non erit amplius tibi sol ad lucendum per diem, neque luna ad lucendum per noctem: sed erit tibi Dominus in lucem sempiternam [Iesa. 60. d. 19]. Solis certe aut lunae splendorem non aufert Dominus servis suis: sed quia vult in ipsis solus gloriosus^k apparere: ab iis etiam quae habentur eorum opinione excellentissima, fiduciam eorum procul avocat.

11. Semper sane mihi vehementer illud Chrysostomi placuit, Fundamentum nostrae philosophiae esse humilitatem [Homil. de perf. Evang.][4]; magis etiamnum illud Augustini, Quemadmodum, inquit, rhetor ille^l rogatus quid primum esset in eloquentiae praeceptis: respondit pronuntiationem: quid secundum, pronuntiationem: quid tertium, pronuntiationem[5]; ita si me interroges de religionis Christianae praeceptis, primo, secundo, et tertio et semper respondere liberet humilitatem

---

a) *VG 1541 sqq.* à Dieu   b) *1554* + [Gene. 3. a. *(5)*]   c) *1539–50, 1554* detineant   d) *1539–54* non illi   e) *1539–50, 1554* se   f) *1539–45* sperent   g) *1554* +[1. Pet. 5. b. *(5)*]   h) *sic recte 1553, 1559 (Genev.)*; > *1559 (Scaph.)*, *1561*   i) *VG 1541 sqq.* + et les autres semblables   k) *1545* + suis   l) rh. ille: *VG 1541 sqq.* Demostené orateur Grec

1) Ps. 147, 10 sq.   2) Ies. 40, 29. 31.   3) cf. Prov. 3, 34.   4) Chrysost., Homil. de profectu Evangelii, ed. Paris. 1834 sqq. III, 360.   5) Quintilian., Inst. or. XI 3, 6.

[Epist. 56. ad Diosco.]¹. ¹ Porro humilitatem non intelligit, ubi homo aliquantae virtutis sibi conscius a superbia fastuque abstinet: sed ubi talem se vere sentit qui nullum habeat nisi in humilitate refugium, quemadmodum alibi declarat. Nemo, inquit, se palpet: de suo Satanas est: id unde beatus est, a Deo tantum habet. Quid enim de tuo habes nisi peccatum? Tolle tibi peccatum, quod tuum est: nam iustitia Dei est [Homilia in Iohan. 49]². Item, Quid tantum de naturae possibilitate praesumitur? vulnerata, sauciata, vexata, perdita est. Vera confessione, non falsa defensione opus habet [Lib. de natura et gratia, cap. 52]³. || Item, Quando quisque cognoscit quod in seipso nihil est, et adiutorium de se nullum habet: arma in ipso confracta sunt, bella sedata sunt[a]. Necesse autem est ut conterantur omnia impietatis arma, confringantur, comburantur: remaneas inermis, nullum habeas in te adiutorium. Quanto magis in te infirmus es, tanto magis te suscipit Dominus [In Psal. 45]⁴. Sic in Psalmum septuagesimum, iustitiae nostrae reminisci nos vetat, quo Dei iustitiam agnoscamus: ac Deum ostendit sic nobis gratiam suam commendare, ut nos nihil esse sciamus. Stare tantum Dei misericordia, quum a nobisipsis nonnisi mali simus⁵. || Ne hic ergo de iure nostro cum Deo contendamus, acsi saluti nostrae decederet quod illi tribuitur. Siquidem ut nostra humilitas, eius est altitudo: ita confessio nostrae humilitatis, miserationem eius in remedium paratam habet. Neque vero exigo ut homo non convictus, ultro cedat: et siquas facultates habet, ab iis animum avertat, quo in veram humilitatem subigatur: sed ut seposito φιλαυτίας καὶ φιλονεικίας morbo (quo excaecatus, aequo altius de se sentit) in veraci Scripturae speculo seipsum probe recognoscat.

12. Ac illa quidem vulgaris sententia quam sumpserunt ex Augustino, mihi placet, naturalia dona fuisse corrupta in homine per peccatum, supernaturalibus autem exinanitum fuisse⁶. Nam hoc posteriore membro intelligunt tam fidei lucem quam iustitiam, quae ad caelestem vitam aeternamque foelicitatem adipiscendam sufficerent. Ergo se abdicans a regno Dei, simul privatus est spiritualibus donis, quibus in spem salutis aeternae instructus fuerat; unde sequitur, ita exulare a regno Dei, ut

---

a) bella — sunt > *VG 1545 sqq.*

1) Aug., Ep. 118, c. 3, 22 (ad Dioscorum) MSL 33, 442; CSEL 34, 685.
2) Aug., In Ioh. tract. 49, 8. MSL 35, 1750.   3) Aug., De natura et gratia c. 53, 62. MSL 44, 277; CSEL 60, 279.   4) Aug., In Psal. 45, 13. MSL 36, 523.   5) Aug., In Psal. 70. I, 2. MSL 36, 876.   6) vide supra p. 245 not. 7 et 8.

quaecunque ad beatam animae vitam spectant, in eo extincta
sint, donec per regenerationis gratiam ipsa recuperet. In his
sunt, fides, amor Dei, charitas erga proximos, sanctitatis et
iustitiae studium. Haec omnia quum nobis restituat Christus,
5 adventitia censentur, et praeter naturam: ideoque fuisse abo-
lita colligimus. Rursum sanitas mentis et cordis rectitudo simul
fuerunt ablata; atque haec est naturalium donorum corruptio.
Nam etsi aliquid intelligentiae et iudicii residuum manet una¹
cum voluntate, neque tamen mentem integram et sanam dice-
10 mus, quae et debilis est, et multis tenebris immersa; et pravitas
voluntatis plus satis nota est. Quum ergo ratio qua discernit
homo inter bonum et malum, qua intelligit et iudicat, naturale
donum sit, non potuit in totum deleri: sed partim debilitata,
partim vitiata fuit, ut deformes ruinae appareant. Hoc sensu
15 dicit Iohannes lucem adhuc in tenebris lucere, sed a tenebris non comprehendi [Iohan. 1. a. 5]: quibus verbis utrunque clare exprimitur, in perversa et degenere hominis natura
micare adhuc scintillas, quae ostendant rationale esse animal,
et a brutis differre, quia intelligentia praeditum sit: et tamen
20 hanc lucem multa ignorantiae densitate suffocari, ut efficaciter
emergere nequeat. Sic voluntas, quia inseparabilis est ab hominis
natura, non periit: sed pravis cupiditatibus devincta fuit, ut nihil
rectum appetere queat. Haec quidem plena est definitio, sed
quae pluribus explicanda est. Ergo, || ut secundum primam
25 illam distinctionem, qua hominis animam in intellectum et voluntatem partiti sumus¹, orationis ordo procedat: vim intellectus priore loco excutiamus. Perpetuae caecitatis ita eum damn-
nare, ut nihil intelligentiae ullo in genere rerum reliquum facias,
non modo verbo Dei, sed sensus etiam communis experimento
30 repugnat. Videmus enim insitum esse humano ingenio desiderium nescio quod indagandae veritatis, ad quam minime
aspiraret nisi aliquo eius odore ante percepto. Est ergo iam
haec nonnulla humani intellectus perspicientia, quod ᵃ veritatis
amore naturaliter rapitur: cuius neglectus in brutis animantibus
35 arguit crassum absque ratione sensum. Quanquam haec qualiscunque appetentia, antequam cursus sui stadium ingrediatur,
deficit: quia mox concidit in vanitatem. Siquidem mens hominis, prae hebetudine, rectam veri investigandi viam tenere
nequit: sed per varios errores vagatur, et tanquam in tenebris
40 palpando subinde impingit, donec tandem palata evanescat; ita

---

a) *1539* quae

1) I 15, 7; p. 184 sq.

veritatem quaerendo, quam sit ad ipsam quaerendam et inveniendam inepta prodit. Altera deinde vanitate graviter laborat: quod ᵃ in quarum rerum veram notitiam incumbere expediat, saepius non discernit. Itaque in disquirendis supervacuis ac nihili rebus ridicula curiositate se torquet: ad res maxime cognitu necessarias aut non advertit, aut contemptim et raro deflectit: studium certe suum vix unquam serio applicat. De qua pravitate quum passim conquerantur profani scriptores, omnes fere se ea implicuisse comperiuntur. Quare Solomo, in toto suo Ecclesiaste, ubi ea studia est persequutus in quibus sibi videntur homines valde sapere, inania tamen esse et frivola pronuntiat[1].

13. Neque tamen ita conatus eius semper in irritum cedunt, quin aliquid assequatur, praesertim ubi seipsam ad inferiora ista intendit. Quinetiam¹ non ita stupida est quin exiguum quiddam et de superioribus delibet, utcunque negligentius illis percontandis vacet: non id quidem aequa facultate. Nam quum supra vitae praesentis spatium evehitur, tum praecipue demum convincitur suae imbecillitatis. Quare, ut melius perspiciamus quousque pro gradibus suae facultatis in unaquaque re procedat, distinctionem nobis proponere operaepretium est. Sit ergo haec distinctio, esse aliam quidem rerum terrenarum intelligentiam, aliam vero caelestium. Res terrenas voco, quae ad Deum regnumque eius, ad veram iustitiam, ad futurae vitae beatitudinem ᵇ non pertingunt: sed cum vita praesenti rationem relationemque habent, et quodammodo intra eius fines continentur. Res caelestes, puram Dei notitiam ᶜ, verae iustitiae rationem, ac regni caelestis mysteria. In priore genere sunt politia, oeconomia, artes omnes mechanicae, ᵈ disciplinaeque liberales. In secundo, Dei ac divinae voluntatis cognitio, et vitae secundum eam formandae regula. De priori autem sic fatendum, Quoniam homo animal est natura sociale[2], naturali quoque instinctu, ad fovendam conservandamque eam societatem propendet: ideoque civilis cuiusdam et honestatis et ordinis universales impressiones inesse omnium hominum animis conspicimus. Hinc fit ut nemo reperiatur qui non intelligat, oportere quosvis hominum coetus legibus contineri, quique non earum legum principia mente complectatur. Hinc ille perpetuus tam Gentium omnium, quam singulorum mortalium in leges

a) *1539* quae,   b) *1539-54* immortalitatem   c) pur. — not. > *1539-54*   d) *VG 1541 sqq.* + la Philosophie

1) Eccl. 1, 2. 14 etc.   2) Seneca, De benef. VII. 1, 7. — Lact., Inst. V. 17, 34; VI. 10, 10; 17, 20; CSEL 19, 458. 515. 545.

consensus, quia insita sunt universis, absque magistro aut legislatore, ipsarum semina. ‖ Neque moror dissensiones et pugnas, quae mox emergunt, dum alii cupiunt ius et fas omne inversum, soluta legum[a] repagula, libidinem solam pro iure grassari, ut fures et latrones: alii (quod vitium plusquam vulgare est) iniquum esse putant quod pro aequo ab aliis sancitur: contra, laudabile contendunt quod ab aliis vetatur. Siquidem illi non ideo leges oderunt quod ignorent bonas et sanctas esse: sed praecipiti cupiditate furentes, cum manifesta ratione pugnant: et, quod mentis intelligentia probant, pro sua libidine abominantur. Posterius certamen tale est ut primam illam conceptionem aequitatis non dirimat[b]; siquidem de legum capitibus dum inter se disceptant homines, in quandam aequitatis summam consentiunt. In quo debilitas certe humanae mentis arguitur, quae, etiam dum viam sequi videtur, claudicat et vacillat. Manet tamen illud, inspersum esse universis semen aliquod ordinis politici. Atque hoc amplum argumentum est, in huius vitae constitutione, nullum destitui luce rationis hominem.

14. Sequuntur artes tum liberales, tum manuariae, quibus discendis, quia inest omnibus nobis quaedam aptitudo, in eis etiam apparet vis humani acuminis. Quanquam autem non sunt omnes omnibus discendis idonei, satis tamen communis energiae certum specimen est, quod nemo prope[c] reperitur cuius in arte aliqua perspicientia non se exerat. Neque sola suppetit ad discendum energia et facilitas, sed ad excogitandum in unaquaque arte novum aliquid, vel amplificandum et expoliendum quod alio praeeunte didiceris. Quod ut Platonem perperam impulit ut traderet comprehensionem eiusmodi nihil esse quam recordationem[d][1]: ita nos optima ratione cogit fateri, esse ingenitum humano ingenio eius principium. Haec ergo documenta aperte[e] testantur universalem rationis et intelligentiae comprehensionem esse hominibus naturaliter inditam. Sic tamen universale est bonum, ut in eo pro se quisque peculiarem Dei gratiam agnoscere debeat. Ad quam gratitudinem nos abunde

---

a) *1559 falso* regum   b) pro sua lib. — dir.: *VG 1541 sqq.* ilz le hayssent en leur cœur: auquel regne la mauvaistie. Les secondz au different qu'ilz ont, ne repugnent pas tellement ensemble qu'ilz n'ayent tous ceste premiere apprehention d'equité que nous avons dict   c) > *1539-54*   d) *VG 1541 sqq.* + de ce que l'ame scavoit devant qu'estre mise dedans *(1541-51* dedens*)* le corps   e) > *1539-54*

1) Plato, Meno 82 C., Phaedr. 249 C.; Cicero, Tusc. I. 24, 57, De senect. 21, 78.

expergefacit ipse naturae conditor^a, dum moriones creat, in quibus repraesentat quibus excellat dotibus hominis anima, nisi eius lumine perfusa: quod sic naturale inest omnibus, ut prorsus^b gratuitum sit erga singulos beneficentiae eius munus. Ipsarum porro artium^c inventio aut methodica traditio, aut interior et praestantior cognitio (quae propria est paucorum) non est quidem solidum argumentum communis perspicaciae: quia tamen promiscue contingit piis et impiis, iure inter naturales dotes numeratur.

15. Quoties ergo in profanos scriptores incidimus illa, quae admirabilis in iis affulget veritatis luce admoneamur, mentem^d hominis, quantumlibet ab integritate sua collapsam et perversam, eximiis tamen etiamnum Dei donis vestitam esse et exornatam. Si unicum veritatis fontem, Dei Spiritum esse reputamus, veritatem ipsam neque respuemus, neque contemnemus, ubicunque apparebit: nisi velimus in Spiritum Dei contumeliosi esse; non enim dona Spiritus, sine ipsius contemptu et opprobrio, vilipenduntur. Quid autem? Veritatem affulsisse antiquis iureconsultis negabimus, qui tanta aequitate civilem ordinem et disciplinam prodiderunt? Philosophos caecutisse dicemus cum in exquisita ista naturae contemplatione, tum artificiosa descriptione? Dicemus mentem illis defuisse, qui arte disserendi constituta, nos cum ratione loqui docuerunt? Dicemus eos insanisse, qui medicinam excudendo, suam industriam nobis impenderunt? Quid mathemata omnia?^e putabimusne amentium deliria? Imo ne sine ingenti quidem admiratione, veterum scripta legere de his rebus poterimus: admirabimur autem, quia praeclara, ut sunt, cogemur agnoscere. Porro laudabilene aliquid aut praeclarum censebimus, quod non recognoscamus a Deo provenire? Pudeat nos tantae ingratitudinis, in quam non inciderunt Ethnici poetae, qui et philosophiam, et leges, et bonas om|nes artes, deorum inventa esse^f confessi sunt[1]. Ergo quum homines istos, quos Scriptura ψυχικούς vocat[2], usque eo fuisse pateat in rerum inferiorum investigatione^g acutos et perspicaces, talibus exemplis discamus quot naturae humanae bona Dominus reliquerit, postquam vero bono spoliata est.

16. Neque tamen interim obliviscamur haec praestantissima

---

a) *ipse — cond.: 1539–54* Dominus   b) *> 1539–54*   c) *1539–54* + aut   d) *1539–54* naturam   e) Quid — ?: *VG 1541 sqq.* Des autres disciplines,   f) et bonas — esse: *VG 1541 sqq.* la Medicine, et autres doctrines estre dons de Dieu   g) *1539–43* vestig.

1) cf. Cic., Tusc. I, 26, 64.   2) 1. Cor. 2, 14.

divini Spiritus esse bona, quae in publicum generis humani bonum, quibus vult dispensat. Si enim Beseleel et Oliab intelligentiam et scientiam quae ad fabricam tabernaculi requirebatur, oportuit a Spiritu Dei instillari [Exod. 31. a. 2[1], et 35.
5 d. 30[2]]: non mirum est, si earum rerum quae sunt in vita humana praestantissimae, cognitio per Spiritum Dei communicari nobis dicatur. Neque est cur roget quispiam, Quidnam cum Spiritu commercii impiis, qui sunt a Deo prorsus alieni? Nam quod dicitur Spiritus Dei in solis fidelibus habitare[a], id intelligen-
10 dum de Spiritu sanctificationis, per quem Deo ipsi in templa consecramur[b]. Neque tamen ideo minus replet, movet, vegetat omnia eiusdem Spiritus virtute, idque secundum uniuscuiusque generis proprietatem, quam ei creationis lege attribuit. Quod si nos Dominus impiorum opera et ministerio, in physicis,
15 dialecticis, mathematicis[c] et reliquis id genus voluit adiutos, ea utamur: ne si Dei dona ultro in ipsis oblata negligamus, demus iustas ignaviae nostrae poenas. At vero, nequis hominem valde beatum putet quum sub elementis huius mundi tanta veritatis comprehendendae energia illi conceditur: simul
20 addendum est, totam istam et intelligendi vim, et intelligentiam quae inde consequitur, rem esse fluxam et evanidam coram Deo[d], ubi non subest solidum veritatis fundamentum. Verissime enim Augustinus (cui subscribere, ut diximus, coacti sunt Magister sententiarum [Lib. 2. Dist. 25][3] et scholastici[e][4]) ut
25 gratuita homini dona post lapsum detracta esse, ita naturalia haec quae restabant, corrupta fuisse docet[5]; non quod per se inquinari possint, quatenus a Deo proficiscuntur: sed quia polluto homini pura esse desierunt, nequam inde laudem consequatur.

17[f]. Haec summa sit, in universo genere humano perspici
30 naturae nostrae propriam esse rationem, quae[g] nos a brutis animalibus discernat, sicut ipsa sensu differunt a rebus inanimatis. Nam quod nascuntur moriones quidam, vel stupidi, defectus ille generalem Dei gratiam non obscurat: quin potius tali spectaculo monemur, quod nobis relictum est, Dei indulgen-
35 tiae merito debere ascribi: quia nisi nobis pepercisset, totius naturae interitum secum traxisset defectio. Quod autem alii praestant acumine, alii iudicio superant, aliis mens agilior est

---

a) *1554* +[Rom. 8. b. *(9)*]   b) *1554* +[1. Cor. 3. c. *(16)*]   c) > *VG 1541 sqq.*   d) *1539–54* Domino   e) ut — schol.: *1539–54* coactus est
40 mag. sent.   f) *1559 falso* 7   g) *1559 male* que

1) Exod. 31, 2–11.   2) Exod. 35, 30–35.   3) Lomb., Sent. II. dist. 25. c. 8 MSL 192, 707.   4) vide commentarios scholasticorum in sententias Lombardi.   5) vide supra p. 245 not. 7 et 8.

ad hanc vel illam artem discendam, in hac varietate gratiam suam nobis commendat[1] Deus, ne sibi quisquam velut proprium arroget quod ex mera illius liberalitate[a] fluit. Unde enim alius alio praestantior, nisi ut in natura communi emineat specialis Dei gratia, quae multos praeteriens, nemini se obstrictam esse clamat? Adde quod singulares motus pro cuiusque vocatione Deus instillat; cuius rei multa occurrunt exempla in libro Iudicum, ubi dicitur Spiritus Domini induisse quos ad regendum populum vocabat [Iudic. 6. g. 34]. Denique in eximiis quibusque factis specialis est instinctus. Qua ratione Saulem sequuti sunt fortes, quorum tetigerat Deus corda[1]. Et quum praedicitur inauguratio in regnum, ita loquitur Samuel, Transibit super te Spiritus Domini, et eris vir alius [1. Sam. 10. b. 6]. Atque hoc ad totum gubernationis cursum extenditur: sicuti postea narratur de Davide, quod transierit super eum Spiritus Domini a die illa in posterum [1. Sam. 16. c. 13]. Sed idem alibi traditur quoad particulares motus. Imo apud Homerum ingenio pollere dicuntur homines non modo prout cuique distribuit Iupiter, sed οἷον ἐπ᾽ ἦμαρ ἄγῃσι [Odyss. 6][2]. Et certe experientia ostendit, dum attoniti saepe haerent qui maxime ingeniosi erant ac solertes, in manu et arbitrio Dei esse mentes hominum, ut eas singulis momentis regat: qua ratione dicitur auferre sensum prudentibus, ut errent per invia [Psal. 107. d. 40]. Caeterum in hac diversitate conspicimus tamen aliquas imaginis Dei superstites notas, quae totum humanum genus ab aliis creaturis distinguant.

18. Nunc exponendum est quid cernat humana ratio, ubi ad regnum Dei venitur[b] et spiritualem illam perspicientiam: quae tribus potissimum rebus constat, Deum nosse, paternum erga nos eius favorem, in quo salus nostra consistit[c]: et formandae secundum legis regulam[d] vitae rationem. Cum in primis duobus, tum vero in secundo proprie, qui sunt hominum ingeniosissimi, talpis sunt caeciores. Equidem non inficior, sparsim quaedam apud philosophos de Deo legi[e] scite et apposite dicta: sed quae vertiginosam quandam imaginationem semper resipiant[f]. Praebuit quidem illis Dominus, ut supra dictum est, exiguum divinitatis suae gustum, ne ignorantiam im-

---

a) *sic 1561 (et VG 1560); 1559* libertate   b) *1539–54* ventum fuerit
c) patern. — cons.: *1539–54* eius erga nos voluntatem   d) leg. reg.: *1539–54* illam   e) *1539–54* haberi   f) quae — res.: *VG 1541 sqq.*
en icelles il y apparoist tousiours telle inconstance, qu'on voit bien qu'ilz en ont eu seulement des imaginations confuses

1) 1. Sam. 10, 26.   2) Hom. Od. σ (18) 137.

pietati obtenderent[1]: et eos interdum ad dicenda nonnulla impulit, quorum confessione ipsi convincerentur[a]: sed ita viderunt quae videbant, ut tali intuitu minime ad veritatem dirigerentur, nedum pertingerent;[b] qualiter nocturni fulgetri coruscationem, qui in medio agro est viator[c], longe lateque ad momentum videt: sed adeo evanido aspectu, ut ante noctis caligine resorbeatur, quam pedem movere queat: tantum abest ut in viam tali subsidio deducatur. Praeterea illae veritatis guttulae, quibus libros tanquam fortuito aspergunt, quot et quam portentosis mendaciis sunt inquinatae ? Denique[d] illam divinae erga nos[e] benevolentiae[f] certitudinem (sine qua hominis ingenium immensa confusione repleri necesse est) ne olfecerunt quidem unquam. Ad hanc ergo veritatem nec appropinquat, nec contendit, nec collimat[g] humana ratio, ut intelligat quis sit verus Deus, qualisve[h] erga nos esse velit.

19. Sed quia falsa perspicaciae nostrae opinione ebrii, aegerrime nobis persuaderi sinimus, illam in rebus divinis caecam prorsus esse et stupidam: satius, opinor, fuerit Scripturae testimoniis, quam rationibus id comprobare. Hoc pulcherrime docet Iohannes, eo quem nuper citavi loco[1], quum scribit in Deo ab initio fuisse vitam, et eam vitam quae esset lux hominum: lucem hanc in tenebris lucere, et a tenebris non comprehendi [Iohan. 1. a. 4][2]. Indicat quidem hominis animam fulgore divinae lucis irradiari, ut nunquam plane vel exigua saltem eius[k] flamma, vel saltem scintilla destituatur: sed ea tamen illuminatione Deum non comprehendere. Cur id? quia eius acumen[l], quantum ad Dei notitiam, mera est caligo. Quum enim Spiritus homines appellat tenebras, eos semel spoliat omni spiritualis intelligentiae facultate. Quare fideles, qui Christum amplectuntur, non ex sanguinibus, neque ex voluntate carnis aut viri, sed ex Deo natos asserit [Ibidem b. 13]. Quasi diceret, non esse tam sublimis sapientiae capacem carnem, ut Deum, et quod Dei est, suscipiat, nisi Dei Spiritu illuminetur. Quemadmodum testatus est[m] Christus, hanc specialem esse Patris revelationem, quod a Petro agnosceretur [Matt. 16. c. 17].

---

a) *1539–54* convincantur   b) *VG 1541 sqq.* + Nous pourrons expliquer cela par similitudes.   c) > *1539–45*   d) *VG 1541 sqq.* Mais, comme i'ay dict, au second article, leur ignorance est   e) erga nos > *VG 1541 sqq.*   f) *1539–54* voluntatis   g) *sic!*   h) *1539* qualis   i) eo — loc. > *1539–54*   k) vel — eius: *1539–45* aliqua eius vel   l) eius ac.: *VG 1541 sqq.* tout son engin   m) *1539–54* testabatur

1) I 3, 1; p. 37.   2) Joh. 1, 4 sq.

20. Si persuasum nobis foret (quod extra controversiam esse debet) naturae nostrae deesse quicquid caelestis Pater[a] electis suis per Spiritum regenerationis confert, hic nulla esset haesitandi materia. Sic enim loquitur populus fidelis apud Prophetam, Quoniam apud te est fons vitae, et in lumine tuo videbimus lumen [Psal. 36.[b] b. 10]. Idem[c] testatur Apostolus, quum ait neminem posse dicere Dominum Iesum, nisi in Spiritu sancto [1. Cor. 12. a. 3]. Et Iohannes Baptista, stuporem discipulorum videns, exclamat, neminem posse accipere quicquam, nisi datum illi fuerit desuper [Iohan. 3. d. 27]. Donum autem ab eo intelligi de speciali illuminatione, non communi naturae dote, inde constat, quod tot verbis, quibus Christum commendaverat[d] discipulis suis, nihil se profecisse conqueritur. Video, inquit, verba nihil esse ad mentes hominum de rebus divinis imbuendas, nisi Dominus per Spiritum suum intelligentiam dederit. Quinimo Moses, dum populo exprobrat suam oblivionem, simul tamen notat, non aliter ipsum posse in mysteriis Dei sapere, nisi ipsius beneficio. Viderunt, inquit, oculi tui signa illa portentaque ingentia: et non dedit tibi Dominus cor ad intelligendum, nec aures ad audiendum, nec oculos ad videndum [Deut. 29. a. 2][1]. Quid plus exprimeret, si nos[!] vocaret stipites in operibus Dei considerandis? Unde Dominus per Prophetam,[e] singularis gratiae loco, pollicetur se daturum Israelitis cor, ut ab illis cognoscatur [Ier. 24. c. 7]: nimirum innuens, tantum hominis mentem spiritualiter sapere, quantum abs se illustrata fuerit. ‖ Hoc quoque sua voce dilucide confirmavit Christus, quum diceret neminem venire ad se posse, nisi cui datum a Patre suo foret [Iohan. 6. e. 44]. Quid? annon ipse est viva Patris imago, in qua totus gloriae eius splendor[f] nobis exprimitur? Ergo non potuit melius ostendere qualis sit nostra[g] ad cognoscendum Deum facultas, dum ad cernendam eius imaginem, ubi[h] ita palam exhibetur, oculos nobis esse negat. Quid? annon ideo in terras descendit ut Patris voluntatem hominibus patefaceret[i]? Annon sua quoque legatione fideliter defunctus est? Ita est sane; sed nihil efficitur eius praedicatione, nisi interior magister Spiritus viam ad animos patefaciat. Ergo non veniunt ad eum, nisi qui a Patre audierunt et edocti sunt. Quae ista discendi et audiendi ratio? Nempe ubi aures ad audiendum,

---

a) cael. P.: *1539-54* Dominus   b) *1553, 1559 falso* 34.   c) *1539* Item   d) *1539-54* commendarat   e) *1539-54* + hoc   f) *1554* + [Heb. 1. a. *(3)*]   g) *1543* nostra sit   h) *1543* dum   i) *VG 1545 sqq.* + [Ieh. 1. c. 18]

1) Deut. 29, 2 sq.

et mentes ad intelligendum, Spiritus mira et singulari virtute format. Ac ne illud novum videatur, Iesaiae vaticinium citat, ubi dum Ecclesiae instaurationem promittit, eos Dei discipulos fore docet[1] qui in salutem colligentur [Iesa. 54. c. 7]. Si aliquid peculiare de electis suis illic praedicit Deus, constat non de eo doctrinae genere ipsum loqui quod impiis etiam et profanis commune est. Restat igitur ut intelligamus, nemini patere in regnum Dei ingressum nisi cui novam mentem Spiritus sanctus sua illuminatione fecerit. || Omnium vero clarissime Paulus, qui disputationem hanc ex professo[a] ingressus[b], || postquam stultitiae ac vanitatis damnavit universam hominum sapientiam, adeoque prorsus exinanivit[c], || ita concludit demum, animalem hominem non posse percipere quae sunt Spiritus Dei: stultitiam esse illi, nec posse intelligere, quia spiritualiter diiudicantur[d] [1. Cor. 2. d. 14]. Quem vocat animalem? nempe qui naturae lumine nititur. Ille, inquam, nihil in[e] spiritualibus mysteriis Dei comprehendit. Quid ita? an quia per ignaviam negligit? Imo, etiamsi enitatur, nihil potest: quia scilicet spiritualiter diiudicantur. Quid istud significat? quia humanae perspicaciae penitus abscondita, per solam Spiritus revelationem patefiunt: adeo ut pro stultitia ducantur, ubi Spiritus Dei[f] non illucet. Ante autem supra oculorum, aurium, mentium capacitatem extulerat quae praeparavit Deus diligentibus se[2];[g] quin sapientiam humanam, quasi velum quoddam esse testatus fuerat, quo mens a cernendo Deo impeditur[h]. Quid volumus? pronuntiat Apostolus, infatuatam a Deo sapientiam huius mundi [1. Cor. 1. c. 20]: et nos scilicet acumen illi tribuemus, quo ad Deum et caelestis regni adyta penetrare possit? Facessat[i] a nobis tanta vecordia.

21. Itaque quod hic detrahit hominibus, alibi soli[k] Deo tribuit in precatione. Deus, inquit, et Pater gloriae det vobis Spiritum sapientiae et revelationis [Ephes. 1. c. 17[1]]. Iam audis, omnem sapientiam et revelationem esse Dei donum. Quid tum praeterea? Illuminatos oculos mentis vestrae. Certe si nova revelatione indigent, a seipsis caecutiunt; sequitur deinde, Ut sciatis quae sit spes vocationis vestrae, etc.[3] Ergo tantae intelligentiae non esse capaces hominum mentes || ut vocationem suam

---

a) ex prof. > *VG 1541 sqq.*   b) *1539-50* + [1. Corinth. 1. *(18 sqq.)*]
c) adeo. — exin. > *VG 1545 sqq.*   d) quia — diiud. > *VG 1541 sqq.*
e) *1539-50, 1554* ex   f) *1539-54* Domini   g) *1539-50, 1554* + [Pri. Tract. de fide][4]   h) *1539-54* impediatur   i) *1545* Facessit
k) > *VG 1545 sqq.*   l) *sic recte 1553; 1559-61 falso* 15

1) Joh. 6, 45; Jes. 54, 13.   2) 1. Cor. 2, 9.   3) Eph. 1, 18.   4) ?

noverint, fatetur^a. ‖ Neque hic garriat Pelagianus quispiam, huic vel stupiditati, vel ruditati Deum succurrere, dum verbi sui doctrina eo dirigit hominis intellectum, quo, sine duce, pervenire non poterat¹. Habebat enim David Legem, in qua quicquid sapientiae desiderari potest, comprehensum erat: neque tamen eo contentus, oculos sibi retegi postulat^b, ut Legis ipsius mysteria consideret^c [Psal. 119. 18]. Qua certe locutione innuit, solem exoriri terris, ubi hominibus, Dei verbum elucet: verum eos non multum inde consequi, donec oculos vel dederit vel aperuerit ille ipse qui ideo pater luminum vocatur [Iac. 1. c. 17], quia ubicunque Spiritu suo non resplendet, omnia tenebris occupantur. Sic et Apostoli ab optimo quidem magistro rite et abunde edocti fuerant: nisi tamen indigerent Spiritu veritatis qui eorum mentes hac ipsa doctrina, quam ante audierant, erudiret [Iohan. 14. d. 26], non illum expectare iuberentur^d. Si quod petimus a Deo, deesse nobis confitemur, et ipse in eo quod promittit, nostram arguit inopiam: nemo iam fateri dubitet, se tantum ad intelligenda Dei mysteria valere, quantum eius gratia fuerit illuminatus. Qui sibi plus intelligentiae tribuit, eo caecior est, quod caecitatem suam non agnoscit.

22. Restat tertium illud membrum, de cognoscenda vitae probe instituendae^e regula, quam vere operum iustitiae notitiam nuncupamus: ubi videtur mens humana esse aliquanto quam in superioribus acutior. Siquidem testatur Apostolus, Gentes quae Legem non habent, dum Legis opera faciunt^f, sibi pro Lege esse, ac ostendere opus Legis scriptum in cordibus suis, testimonium illis reddente conscientia, et cogitationibus inter se accusantibus, aut excusantibus coram iudicio Dei [Rom. 2. b. 14]². Si Gentes naturaliter Legis iustitiam habent mentibus suis insculptam, certe non dicemus eas in vitae ratione prorsus caecutire. Et nihil est vulgatius, quam lege naturali (de qua istic Apostolus loquitur) hominem sufficienter ad rectam vitae normam institui³. Nos vero expendamus, quorsum indita hominibus haec Legis notitia fuerit: tum protinus apparebit quousque illos ad rationis veritatisque scopum deducat. Id

---

a) ut — fat.: *VG 1545 sqq.* il demonstre   b) *1543–54* postulabat   c) *1543–54* consideraret   d) *1554* + [Act. 1. a. *(4)*]   e) *1539–54* componendae   f) dum — fac. > *VG 1541 sqq.*

1) cf. Aug., De gratia Christi 41, 45 MSL 44, 380 sq., CSEL 42, 158; Ad Bonifacium, IV, 5, 11 MSL 44, 671, CSEL 60, 532; Ep. 188, 2, 8; 3, 11. 13 (ad Iulianam) MSL 33, 852 sq., CSEL 57, 126. 128. 129 sq.; Ep. 217, 2, 4 (ad Vitalem) MSL 33, 979, CSEL 57, 405.   2) Rom. 2, 14 sq.   3) cf. D. Scot., In sent. II. dist. 29. q. un. Opp. 13, 269 a.

quoque ex Pauli verbis liquet, siquis dispositionem observet.
Dixerat paulo ante, eos qui in Lege peccaverunt, per Legem iu-
dicari: qui sine Lege pec|caverunt, sine Lege perire⁴. Hoc quia
poterat absurdum videri, ut sine ullo iudicio praecedente Gentes pereant, continuo subiicit, suam illis conscientiam esse vice
Legis: ideoque ad iustam earum damnationem sufficere. Finis
ergo legis naturalis est, ut reddatur homo inexcusabilis. Nec male
hoc modo definietur, Quod sit conscientiae agnitio^a, inter iustum et iniustum sufficienter discernentis: ad tollendum hominibus ignorantiae praetextum, dum suo ipsorum testimonio
redarguuntur. Ea est hominis erga seipsum indulgentia, ut in
malis perpetrandis libenter mentem a peccati sensu, quoad licet,
semper avertat. Qua ratione videtur impulsus fuisse Plato, ut
existimaret non peccari nisi ignorantia [In Protagora]¹. Id quidem ab eo convenienter dictum foret, si humana hypocrisis
tantum in tegendis vitiis proficeret, ut mens non sibi male con-
scia esset coram Deo. Sed quum subterfugiens peccator impressum
sibi boni et mali iudicium^b, illuc identidem retrahatur, nec
connivere ita permittatur quin cogatur, velit nolit, aliquando
aperire oculos: falso dicitur, ipsum ignorantia sola peccare.

23. Verius Themistius^c, qui intellectum in definitione universali, seu rei essentia, rarissime falli docet: hallucinationem
esse, quum ultra progreditur: nempe quum ad hypothesin
descendit [Paraph. in 3. de anima, cap. 46.]². Homicidium esse
malum, si in genere quaeratur, nemo erit qui non affirmet: qui
autem conspirat in mortem inimici, tanquam de re bona deliberat. Adulterium in genere damnabit adulter: in suo privatim
sibi blandietur. Haec est ignorantia, dum homo, ubi ad hypothesin ventum est, eius regulae obliviscitur quam in thesi
nuper constituerat. De qua re elegantissime disserit Augustinus
in expositione primi versus Psalmi 57³. Quanquam^d ne
istud quidem est perpetuum; sic enim interdum flagitii
turpitudo conscientiam urget, ut non sibi imponens sub falsa
boni imagine, sed sciens et volens in malum ruat. Ex quo
affectu prodeunt istae voces^e, video meliora, proboque: De-

---

a) *1539–54* sensus   b) subt. — iud.: *VG 1541 sqq.* le pecheur de-
clinant de la discretion du bien et du mal qu'il ha en son cœur
c) *VG 1541 sqq.* + qui est un autre Philosophe   d) *1550, 1554* hic
incipit sect. 42   e) *VG 1541 sqq.* + que nous voyons es livres des
payens

1) Plato, Protagoras 357 DE; cf. 352 B sqq.   2) Themistius. De
anima VI. 6 ed. Heinze p. 112, 11–24.   3) Aug., In Psal. 57, 1 MSL
36, 673 sqq.   4) Rom. 2, 12.

teriora sequor [Medea apud Ovidium.]¹. Quare mihi scitissime Aristoteles inter incontinentiam et intemperantiam videtur distinxisse. Ubi incontinentia regnat, dicit per affectum perturbatum seu πάθος particularem notitiam menti eripi, ne malum observet in suo facinore, quod generaliter in similibus cernit: ubi deferbuit perturbatio, poenitentiam extemplo succedere[a]. Intemperantiam autem non extingui aut frangi peccati sensu, sed contra obstinate in suscepta mali electione persistere [Lib. Eth. 7. cap. 3.]².

24. Porro quum iudicium universale audis in boni et mali discrimine, ne sanum ubique et integrum esse putes. Nam si in hunc tantum finem, iusti et iniusti delectu imbuta sunt corda hominum! ne ignorantiae excusationem praetexant, minime necessarium est veritatem in singulis cernere: sed satis superque est, eatenus intelligere, ne tergiversari queant quin teste conscientia convicti iam nunc ad Dei tribunal horrere incipiant[b]. Et[c] si rationem nostram volumus ad Dei Legem exigere, quae perfectae est iustitiae exemplar, comperiemus quam multis partibus caecutiat. Certe quae in prima tabula praecipua sunt, minime assequitur: qualia sunt, de fiducia in Deum, de virtutis et iustitiae laude illi tribuenda, de nominis eius invocatione, de vero sabbathismo[d]. Quae unquam anima, naturali sensu freta, subodorata est in his et similibus positum esse legitimum Dei cultum? Nam quum volunt profani homines[e] Deum colere, etiam si centies revocentur ab inanibus suis nugis, semper tamen illuc relabuntur. ‖ Negant quidem placere Deo sacrificia, nisi accedat mentis synceritas³; ‖ quo testantur aliquid se concipere de spirituali Dei cultu, quem tamen falsis commentis statim pervertunt. Nam quicquid de eo Lex praescribit, verum esse nunquam illis persuaderi poterit[f]. ‖ Dicamne praestare ulla perspicacia mentem, quae nec per se sapere, nec monitionibus

---

a) quod — succ.: *VG 1541 sqq.* qu'il condemne generalement en tous autres, mais apres que sa cupidité ne l'aveugle plus, la penitence vient au lieu qui luy faict congnoistre   b) conv. — inc.: *1539-54* convincantur   c) *1550, 1554 hic incipit sect.* 43   d) de v. sabb.: *VG 1541 sqq.* et observer son repos; *1554* + [Exo. 20. a. *(2 sqq.)*]   e) prof. hom.: *1539-54* iniqui

f) Hunc spiritualem cultum unum esse qui Deo placeat, persuaderi nullo modo possunt

Nam quicquid — poterit > *VG 1560*

1) Ovid., Metamorph. VII, 20.   2) Aristoteles, Ethic. Nicom. VII 3, 1145 b sqq.   3) Cicero, leg. II 8, 19 et 24.

auscultare valet?ᵃ In secundae tabulae praeceptisᵇ aliquanto
plus habet intelligentiae: quo scilicet ad civilis inter homines
societatis conservationem propius accedunt. Quanquam et hic
deliquium interdum pati deprehenditur; excellentissimo enim
5 cuique ingenio absurdissimum est, iniquam ac nimis impericsam
dominationem ferre, siqua modo ratione depellere queat. Nec
aliud est iudicium humanae rationis, quam servilis esse abiectique
animi patienter eam ferre: rursum honesti ingenuique pectoris,
excutere. || Nec vero iniuriarum ultio pro vitio ducitur apud 1559
10 Philosophos¹. || Atqui Dominus nimia ista ingenuitate damnata, 1539
2,44 illam apud homines infamem patientiam suis praescribit. || Omnino autem in universa Legis observatione perspicientiam nostram fugit concupiscentiae animadversio. Non enim adduci
se sustinet animalis homo ut cupiditatum suarum morbos
15 recognoscat. Ante suffocatur naturae lumen quam ad primum
huius abyssi ingressum accedat. Nam dum Philosophi pro
vitiis notant immoderatos animi motusᶜ ², illos extantes et se
crassioribus signis exerentes intelligunt: quae autem placide
titillant animum prava desideria, nihili reputant.
20   25. Quare, ut supra merito reprehensus est Plato quod omnia
peccata ignorantiae imputarit³, ita et eorum est repudianda
opinio qui consultam malitiam et pravitatem in omnibus peccatis intercedere tradunt⁴. Nimium enim experimur quoties
labamur cum bona nostra intentione. Tot obruitur hallucina-
25 tionum formis nostra ratio, tot erroribus est obnoxia, in tot
impedimenta impingit, tot angustiis irretitur, ut plurimum a
certa directione absit. Quam vero nihili sit coram Domino in
[206] cunctis viᶦtae partibus, Paulus ostendit, dum negat nos idoneos
qui cogitemus ex nobis quippiam, tanquam ex nobis [2. Cor.
30 3. b. 5]. Non de voluntate loquitur aut affectu: sed hoc quoque
adimit nobis, ne putemus in mentem venire nobis posse quomodo
rite quippiam agendum sit. Itane depravata est omnis industria,
perspicientia, intelligentia, cura, ut rectum nihil coram Domino
excogitare aut meditari queat? Nobis nimirum qui rationis
35 acumine (quam pretiosissimam dotem reputamus) aegre pa-

a) *VG 1541 sqq.* + Or l'entendement humain a esté tel en cest
endroict. Nous appercevons donc qu'il est du tout stupide.   b) *1554*
+ [Ibidem c. *(Exod. 20, 12 sqq.)*]   c) Nam — mot.: *VG 1541 sqq.* Car
quand les Philosophes parlent des immoderes mouvemens de nostre
40 cœur

1) sc. Peripateticos secundum Ciceronem, cf. Cic., Tusc. IV, 19, 43 sq.
2) Cic., Tusc. IV, 15, 34 sqq.; Lact., Inst. VI, 15. CSEL 19, 536.
3) vide supra sect. 22; p. 265.   4) cf. vocem Medeae apud Ovidium
supra allatam, sect. 23 p. 265/66.

timur spoliari, durum id nimis videtur: Spiritui autem sancto aequissimum, qui novit omnes cogitationes sapientum vanas esse, et qui clare pronuntiat, omne figmentum humani cordis tantummodo malum [Psal. 94. b. 11; Genes. 6. a. 5c, et 8. d. 21]. Si quicquid ingenium nostrum concipit, agitat, instituit, moli- 5 tur, semper malum est, qui in mentem nobis veniat instituere quod Deo placeat, cui sola sanctitas et iustitia accepta est? Ita videre est, mentis nostrae rationem, quoquo se vertat, esse vanitati misere obnoxiam. Huius imbecillitatis sibi conscius erat David, quum petebat sibi dari intellectum ad mandata Domini 10 recte discenda [Psal. 119. 34]. Innuit enim, suum ingenium ne-
1543 quaquam sufficere, qui novum obtingere sibi cupit. ‖ Neque id semel facit: sed in uno Psalmo decies fere repetit eandem precationem[1]. Qua repetitione subindicat quanta ad petendum necessitate urgeatur. Et quod ille sibi uni petit, Paulus 15 communiter Ecclesiis precari solet. Non cessamus, inquit, orare pro vobis et postulare ut impleamini agnitione Dei in omni prudentia et intelligentia spirituali, ut ambuletis digne Deo, etc. [Philip. 1. a. 4[2]; Coloss. 1. a. 9]. Quoties autem eam rem Dei beneficium facit, meminerimus eum simul testari, non esse 20
1539 in hominis facultate positam. ‖ Adeo autem hunc rationis defectum ad intelligenda quae Dei sunt agnovit Augustinus, ut non minus necessariam mentibus illuminationis gratiam putet, quam oculis solis lucem. Nec eo contentus, correctionem subiicit[a], quod oculos ipsi aperimus ad cernendam lucem: mentis autem 25 oculi, nisi a Domino aperiantur, clausi manent [Lib. 2. de peccat.
1559 merit. remis. cap. 5.[b]][3]. ‖ Neque uno tantum die illuminari mentes nostras docet Scriptura, ut deinde per se videant: quia ad continuos progressus et incrementa pertinet quod nuper adduxi ex Paulo. Et hoc diserte exprimit David, his verbis, In toto 30 corde meo exquisivi te, ne errare me facias a mandatis tuis [Psal. 119. 10]. Nam quum regenitus esset, adeoque non vulgariter profecisset in vera pietate, fatetur tamen assidua directione se opus habere in singula momenta, ne a scientia qua praeditus est declinet. Itaque alibi rectum spiritum, quem sua 35 culpa perdiderat, innovari[l] petit [Psal. 51. c. 12.]: quia eiusdem [207] Dei est, quod initio dederat, ablatum nobis ad tempus restituere.

---

a) *1539–45* subiiciat   b) *1539 falso* 2.   c) *1559 falso* 3.

1) Ps. 119, 12. 18. 19. 26. 33. 64. 68. 73. 124. 125. 135. 169.   2) Phil. 1, 9. 3) Aug., De pecc. mer. et rem. II. c. 5, 5. MSL 44, 153 sq.; CSEL 60, 75.

2, 45 26. Examinanda nunc voluntas, in qua praecipue arbitrii 1539
libertas vertitur^a; quandoquidem magis huius^b esse electionem,
quam intellectus, ante visum est[1]. Principio, nequid ad humanae
voluntatis rectitudinem pertinere videatur quod a Philosophis
traditum, publico consensu receptum est, omnia naturali instinctu bonum appetere:[2] observemus, liberi arbitrii vim non
considerandam in eiusmodi appetitu qui magis ab essentiae inclinatione quam mentis deliberatione^c proficiscitur. Nam et
scholastici fatentur nullam esse liberi arbitrii actionem nisi
dum se ratio vertit ad opposita[3]; quo intelligunt, oportere
appetitus obiectum tale esse quod electioni subiaceat: et deliberationem praeire, quae electioni viam sternat. Et sane si
respicias quale sit istud naturale boni in homine desiderium,
invenies illi cum belluis esse commune. Siquidem et illae^d bene
sibi esse cupiunt: et ubi species boni, quae sensum moveat,
apparet, eo sequuntur. Homo vero, nec id quod vere sibi
bonum sit, pro naturae suae immortalis excellentia, ratione
deligit, ut id studio persequatur: nec rationem adhibet in consilium, nec mentem intendit: sed sine ratione, sine consilio, naturae inclinationem, instar pecudis, sequitur. Nihil ergo hoc ad
arbitrii libertatem, an homo sensu naturae ad bonum appeten-
dum feratur: sed hoc requiritur, ut bonum recta ratione diiudicet, cognitum eligat, electum persequatur. Ac necui scrupu-
lus inhaereat, advertendus est duplex paralogismus. Nam et
appetitus hic non proprius voluntatis motus^e, sed naturalis
inclinatio: et bonum, non virtutis aut iustitiae appellatur, sed
conditionis: ut scilicet homo bene habeat. || Denique ut maxime 1559
appetat homo assequi quod bonum est, non tamen sequitur;
sicuti nemo est cui non grata sit aeterna beatitudo, ad quam
tamen nemo nisi Spiritus impulsu aspirat. || Quando igitur nihil 1539
ad probandam arbitrii libertatem facit naturale hominibus bene
habendi desiderium, non magis scilicet quam in metallis et la-
pidibus^f, ad essentiae suae perfectionem inclinans affectio: in
aliis consideremus, sitne penitus ita omni ex parte vitiata corruptaque voluntas, ut nihil nisi malum generet: an particulam
aliquam illaesam retineat, unde nascantur bona desideria.

a) in — vert.: *VG 1541 sqq.* en laquelle gist la liberté, si aucune
y en a en l'homme   b) *1539* huius mag.   c) ab ess. — del.: *VG
1541 sqq.* d'inclination de nature que de certaine deliberation   d) *1539*
illa   e) *sic 1539–45 (et VG 1541 sqq.) et iub. correctore 1554; 1550–61
male* modus   f) met. — lap.: *VG 1541 sqq.* toutes creatures insensibles

1) supra sect. 4; p. 246 sq.   2) Origenes, De principiis III, 1, 2.
GCS 22, 197.   3) cf. Thomae Aq. Summam theol. I. q. 83. a. 3.

27. Qui primae Dei gratiae tribuunt ut efficaciter velimus, e converso innuere videntur, inesse facultatem animae ultro ad bonum aspirandi, sed imbecilliorem quam quae in solidum affectum aut conatum emergere excitare possit. Nec dubium quin hanc opinionem, ab Origene[1] et veterum quibusdam[2] sumptam, Scholastici communiter amplexi sint: quando solent hominem in puris, ut[a] loquuntur, naturalibus reputare[3] qualem describit Apostolus[b] his verbis, Non quod volo bonum, hoc facio: sed quod nolo malum, hoc ago. Velle adiacet mihi, perficere autem non invenio [Rom. 7. c. 15, et d. 19]. Sed perperam hoc modo invertitur tota, quam illic exequitur Paulus, disputatio. Tractat enim de lucta Christiana (quam brevius attingit ad Galatas [Gal. 5.[c] c. 17.]) quam fideles in conflictu carnis et spiritus in se perpetuo sentiunt. Porro Spiritus non a natura est, sed a regeneratione. Loqui autem Apostolum de regeneratis inde constat, quod ubi dixerat in se bonum nullum habitare, subnectit expositionem, quod intelligat de carne sua. Ideoque negat se esse qui malum faciat, sed peccatum in se inhabitans. Quid sibi vult ista correctio[d], In me, hoc est in carne mea? Nempe[e] acsi in hunc modum loqueretur, Non habitat in me bonum a me ipso: nam in carne mea nihil boni reperire est. Hinc sequitur illa species excusationis, Non facio malum ipse, sed quod habitat in me peccatum; quae solis regeneratis competit, qui praecipua animae parte ad bonum tendunt. Iam vero quae subiicitur conclusio totum hoc liquido declarat. Condelector, inquit, Legi[f] secundum interiorem hominem: video autem aliam legem in membris meis, repugnantem legi mentis meae [Rom. 7. d. 22][5]. Quis in se tale dissidium habeat, nisi qui Spiritu Dei regeneratus, reliquias carnis suae circunfert? Proinde Augustinus, quum sermonem illum[g] de hominis natura aliquando haberi putasset[h], interpretationem suam, tanquam falsam et male congruentem, retractavit [Lib. ad Boni. 1. cap. 10, et in retract.][4]. Et vero si illud recipimus, homines

a) > *1543–45*   b) *1539* + Roma 7.; *1543–45* + Romanorum 7.; *1550* + Rom. 7.; *1554* + Rom. 7. c,   c) *1553* + a. 8.   d) ista corr.: *1539–54* illud   e) *1543–45* Nam   f) *1539–45* + Dei   g) serm. ill.: *1539–54* orationem illam   h) hab. put.: *1539–54* accepisset   i) > *1539*

1) Origenes, De principiis III, 1, 20 GCS 22, 234 sq.   2) cf. ex. gr. Chrysost., In ep. ad Hebr. cap. 7 Homil. 12, 3 ed. Paris. 1834 sqq. t. XII, 177.   3) cf. Lomb., Sent. II. dist. 24, 5 MSL 192, 702; Thom. Aq., S. theol. II, 1. q. 109. a. 1 et 2; D. Scot., In sent. I. dist. 17. q. 2, 12 et q. 3, 19. Opp. 10, 51 b. 74 a. — vide p. 279 not. 3.   4) Aug., Ad Bonif. lib. I, 10, 22. MSL 44, 561, CSEL 60, 442 sq.; Retract. I, 23. II, 1 MSL 32, 620 sq. 629 sq., CSEL 36, 113. 131.   5) 7, 22 sq.

sine gratia habere quamlibet pusillos, aliquos tamen ad bonum
motus, quid respondebimus Apostolo, neganti vel ad cogitandum
aliquid nos esse idoneos [2. Cor. 3. b. 5]? Quid Domino per Mosen
pronuntianti, omne figmentum humani cordis tantummodo ma-
5 lum esse [Gen. 8. d. 21]? Quum ergo falsa loci unius sententia im-
pegerint, non est quod eorum sententiam moremur. Potius valeat
hoc Christi, Qui facit peccatum, servum esse peccati [Iohan. 8. d.
34]. Peccatores sumus omnes natura: itaque sub peccati iugo detinemur.
Quod si totus homo peccati imperio subiacet, ipsam certe
10 voluntatem, quae praecipua est eius sedes, arctissimis vinculis
constringi necesse est. ‖ Nec vero aliter constaret illud Pauli,
Deum esse qui velle in nobis operatur [Phil. 2. b. 13], siqua
voluntas praecederet Spiritus gratiam. Facessat igitur quicquid
de praeparatione multi nugati sunt[1]: quia etsi interdum
15 petunt fideles cor sibi formari ad Legis Dei obsequium (sicuti
David pluri'bus locis) notandum tamen est hoc quoque precandi
desiderium a Deo esse: quod ex eius verbis colligere licet; nam
quum optet in se cor mundum[a] creari [Psal. 51. c. 12], certe
creationis initium sibi non arrogat. Ideo apud nos potius valeat
20 illud Augustini, Praevenit[b] te Deus in omnibus: praeveni et
tu aliquando eius iram. Quomodo? Confitere ista omnia a Deo
te habere: quicquid boni habes esse ab ipso: a te, quicquid
est mali. Et paulo post, Nostrum nihil nisi peccatum [De verbis
Apost. serm. 10][2].

Ex corrupta hominis natura nihil nisi damnabile prodire. CAP. III.

1. SED melius homo utraque animae parte cognosci non
potest, quam si cum suis elogiis in medium prodeat, quibus
a Scriptura insignitur. Si[c] totus depingitur his Christi verbis,
30 Quod natum est ex carne, caro est [Iohan. 3. a. 6] (ut evincere
promptum est) valde miserum esse animal convincitur. Affectus
enim carnis, teste Apostolo, mors est: quandoquidem inimicitia
est adversus Deum, eoque Legi Dei nec subditur, nec
subdi potest [Rom. 8. b. 6][3]. Itane est perversa caro, ut toto
35 suo affectu simultatem adversus Deum exerceat? ut cum Legis

---

a) *VG 1560* nouveau   b) *sic recte 1561 secundum Augustinum;*
1559 Praeveniet   c) *iub. correctore 1550* Sic

1) Io. (Fisher) Roffensis, Refutatio, art. 36, p. 548 sq.; Io. Cochlaeus,
De libero arbitrio II. L 6b; Alf. de Castro, Adversus omnes haereses
40 1534 IX. fol. 150 F.   2) Aug., Serm. 176, 5. MSL 38, 952.   3) Rom.
8, 6 sq.

divinae iustitia[a] consentire nequeat? ut nihil denique parere queat, nisi mortis materiam? Nunc fac in hominis natura nihil esse nisi carnem: et inde quippiam, si potes, boni elice. At Carnis vocabulum ad sensualem pertinet tantum, non ad superiorem animae partem[1]. Id vero ex verbis et Christi et Apostoli abunde refellitur. Argumentum est Domini, oportere hominem renasci: quia caro est [Iohan. 3. a. 6]. Non secundum corpus renasci praecipit. Anima[b] autem non renascitur, si corrigatur aliqua eius portio: sed ubi tota renovatur. Idque confirmat utroque loco posita antithesis; sic enim carni comparatur Spiritus, ut nihil relinquatur medium. Ergo quicquid non est spirituale in homine, secundum eam rationem dicitur carneum. Nihil autem habemus Spiritus, nisi per regenerationem. Est igitur caro quicquid habemus a natura. ‖ Verum de ea re siqua alias posset esse dubitatio, ea nobis a Paulo tollitur[c]: ubi descripto veteri homine, quem dixerat corruptum esse concupiscentiis erroris[2], iubet nos renovari spiritu mentis nostrae [Ephes. 4. e. 23]. Vides eum non ponere illicitas ac pravas cupiditates in parte[1] sensitiva modo, sed in ipsa etiam mente: atque ideo eius exigere renovationem. Et sane eam humanae naturae imaginem paulo ante depinxerat, quae nulla in parte nos non corruptos ac perversos esse ostenderet. Nam quod Gentes omnes scribit ambulare in vanitate mentis suae, obtenebratas esse intelligentia, alienatas a vita Dei, propter ignorantiam quae in ipsis est, et caecitatem cordis sui [Ibidem d. 17. 18]: minime est dubium quin competat in eos omnes quos Dominus ad rectitudinem suae tum sapientiae, tum iustitiae nondum reformavit. Quod etiam clarius fit ex comparatione mox adiuncta: ubi fideles admonet quod non ita didicerint Christum[3]. Siquidem ex istis verbis colligimus, Christi gratiam unicum esse remedium quo ab illa caecitate et malis inde consequentibus liberemur. Nam et ita de regno Christi vaticinatus erat Iesaias, quum Dominum Ecclesiae suae fore in lucem sempiternam promitteret[4]: quum interim tenebrae obtegerent terram, et caligo populos [Iesa. 60. a. 2]. Quum in sola Ecclesia exorituram Dei lucem testetur: extra Ecclesiam certe nonnisi tenebras et caecitatem relinquit[5]. ‖ Non recensebo sigillatim quae in

a) Leg. — iust.: *VG 1541 sqq.* la iustice divine   b) *1553, 1559–61* falso Animo   c) *1543-50, 1554* + Ephesiorum. 4. *(1554* + e*)*

1) cf. Io. Roffensem, Refut., a. 36, p. 563. 568 sq.; Erasmum, De libero arbitrio, p. 63; Io. Cochlaeum, De lib. arb. I. E 2 b sqq.   2) Eph. 4, 22.   3) Eph. 4, 20.   4) Ies. 60, 19.   5) cf. Cypr., Ep. 73 (ad Iubaianum) c. 21. CSEL 3 II, 795.

hominis[a] vanitatem passim, in Psalmis praesertim et Prophetis, habentur. Magnum est quod scribit David, Si cum vanitate appendatur, ipsa fore vaniorem [Psal. 62. c. 10][1]. Gravi telo confoditur eius ingenium[b], quum omnes quae inde prodeunt cogitationes, ut stultae, frivolae, insanae, perversae, irridentur.

2. Nihilo levior est cordis condemnatio, quum fraudulentum dicitur prae omni re et perversum [Iere. 17. b. 9]. Sed quia brevitati studeo, contentus ero uno tantum loco: qui tamen lucidissimi speculi instar futurus sit, in quo totam naturae nostrae imaginem intueamur. Apostolus enim, dum humani generis arrogantiam vult deiicere, his testimoniis agit, Quod non est iustus quisquam, non est intelligens, aut requirens Deum. Omnes declinaverunt, simul inutiles facti sunt: non est qui faciat bonum, ne unus quidem. Sepulchrum patens est guttur eorum, linguis suis dolose agunt, venenum aspidum sub labiis eorum. Quorum os maledictione plenum, et amaritudine: quorum veloces pedes ad effundendum sanguinem: in viis quorum contritio et infoelicitas: quibus prae oculis non est timor Dei [Rom. 3. b. 10[2][c]; Iesa. 59. b. 7]. His fulminibus non in certos homines, sed in universam filiorum Adam nationem invehitur. Neque in unius aut alterius seculi depravatos mores declamat: sed accusat perpetuam naturae corruptionem. Siquidem propositum illi est eo loco non simpliciter homines obiurgare, quo resipiscant[d]: sed docere potius ineluctabili calamitate omnes[e] oppressos, e qua emergere non possint nisi misericordia Dei eruantur. Id quia probari non[f] poterat nisi de clade et exitio naturae constitisset: protulit haec testimonia, quibus plusquam perditam esse naturam[f] nostram convincitur. Maneat ergo hoc, non pravae duntaxat consuetudinis vitio tales esse homines quales hic describuntur, sed naturae quoque pravitate: quando non aliter stare potest Apostoli argumentatio, Nullam esse homini salutem nisi a Domini misericordia: quia in se perditus est et deploratus[3]. Non hic laborabo in approbanda testimoniorum applicatione, necui videantur intempestive usurpata[g]. Perinde agam acsi a Paulo primum haec dicta forent, non e Prophetis desumpta. Initio adimit homini iustitiam, id est integritatem et

a) *1539* eius   b) Gravi — ing.: *VG 1541 sqq.* C'est une grande condemnation contre son entendement   c) *VG 1560* + [Pseau. 14 *(1–3)* et 53 *(2–4)*]   d) *VG 1560* + de leur propre mouvement   e) *VG 1541 sqq.* + depuis le premier iusques au dernier   f) *1543–54* non prob.   g) ne. — usurp.: *VG 1541 sqq.* au propos de Sainct Paul

1) cf. vers. vulg. Ps. 61,10.   2) Rom. 3, 10–18.   3) Rom. 3, 23 sqq.

puritatem: deinde intelligentiam¹. Intelligentiae autem defectum arguit apostasia a Deo: quem requirere, primus est sapientiae gradus; illud autem ᵃ necesse est ᵇ iis evenire ᵇ qui a Deo defecerunt ᶜ. Subnectit, omnes declinasse et quasi putridos esse redditos: nullum esse qui faciat bonum: tum flagitia, quibus singula sua membra contaminant qui in nequitiam semel soluti sunt, adiungit. Postremo timore Dei vacuos testatur², ad cuius regulam gressus nostri dirigi debuerant. Si istae sunt haereditariae humani generis dotes, frustra in natura nostra aliquid boni ᵈ requiritur. Equidem fateor non omnia haec in unoquoque homine flagitia emergere: inficiari tamen non licet quin hydra ista in singulorum pectoribus lateat. Nam ut corpus, dum iam morbi causam et materiam inclusam in se fovet, etiamsi nondum ferveat dolor, non dicetur sanum: ita nec anima, dum talibus vitiorum morbis scatet, sana censebitur; quanquam non per omnia quadrat ᵉ similitudo. In corpore enim quamlibet morbido vigor vitae superest: anima vero isto exitiali gurgite immersa, non ex vitiis modo laborat, sed omni bono prorsus vacua est.

3. Eadem fere quae prius soluta est quaestio³, ex integro nobis surgit. Omnibus enim seculis extiterunt aliqui, qui natura duce ad virtutem tota vita intenti essent. Neque moror si multi lapsus in eorum moribus notari possint: ipso tamen honestatis studio documentum ediderunt nonnihil fuisse in natura sua puritatis. Quid pretii habeant coram Deo huiusmodi virtutes, tametsi plenius edisseremus ubi agetur de operum meritis, dicendum tamen est hoc quoque loco, quatenus ad praesentis argumenti explicationem necesse est. Exempla igitur ista monere nos videntur ᶠ ne hominis naturam in totum vitiosam putemus: quod eius instinctu quidam non modo eximiis facinoribus excelluerunt, sed perpetuo tenore vitae honestissime se gesserunt. Sed hic succurrere nobis debet, inter illam naturae corruptionem ᵍ esse nonnullum gratiae Dei ʰ locum, non quae illam purget, sed intus cohibeat. Nam si singulorum animos laxis habenis Dominus in libidines quaslibet exultare permitteret, nemo haud dubie esset qui non reipsa fidem faceret

a) ill. aut.: *1539–54* Quod   b) > *1539*   c) illud — def. > *VG 1541 sqq.*   d) > *1539–50, 1554; VG 1541 sqq.* quelque bien   e) non — quad.: *VG 1541 sqq.* ne soit point *(1541–51 pas)* du tout propre   f) mon. — vid.: *1539–54* nos monent   g) nat. corr.: *VG 1541 sqq.* corruption universelle   h) *1539–54* DEI gratiae

1) Rom. 3, 10 sq.   2) Rom. 3, 12–18.   3) vide supra c. 2, 12 sqq.; p. 254 sqq.

verissime in se competere omnia mala quibus universam naturam¹ damnat Paulus [Psal. 14. a. 3ᵃ]¹. Quid enim? Tene eorum numero eximas quorum pedes ad sanguinem effunderdum veloces, manus rapinis et homicidiis foedatae, guttura sepulchris patentibus similia, linguae fraudulentae, venenata labia [Rom. 3. b. 13], opera inutilia, iniqua, putrida, lethalia: quorum animus sine Deo, quorum intima pravitates, quorum oculi ad insidias, animi ad insultandum elati, omnes denique partes ad infinita flagitia concinnatae?² Si omnibus eiusmodi portentis obnoxia est unaquaeque anima (quemadmodum audacter pronuntiat Apostolus) videmus certe quid futurum sit si Dominus humanam libidinem pro sua inclinatione vagari sinat; nulla est rabiosa bellua quae tam praecipitanter feratur: nullum est quamlibet rapidum ac violentum flumen, cuius adeo impetuosa sit exundatio. In electis suis morbos istos curat Dominus, eo quem mox exponemus modo: in aliisᵇ, iniecto fraeno duntaxat coercet, tantum ne ebulliant, quatenus expedire providet ad conservandam rerum universitatem. Hinc alii pudore, alii legum metu retinentur ne in multa foeditatis genera prorumpant, utcunque suam magna ex parteᶜ impuritatem non dissimulent; alii, quia honestam vivendi rationem conducere ducant, ad eam utcunque aspirant; alii supra vulgarem sortem emergunt, quo sua maiestate alios contineant in officio. Ita sua providentia Deusᵈ naturae perversitatem refraenat, ne in actum erumpatᵉ: sed non purgat intusᶠ.

2, 50   4. Nondum tamen solutus est scrupulusᵍ. Aut enim Camillum³ parem Catilinae faciamus, convenit: aut in Camillo habebimus exemplum, naturam, si studio excolatur, bonitate non prorsus vacare. Ego vero fateor, quae in Camillo fuerunt speciosae dotesʰ, et Dei fuisse dona, et iure commendabiles videri, si in se aestimentur; sed quomodo naturalis probitatis erunt in ipso documenta? Annon ad animum redeundum erit, et haec ducenda ratiocinatio? [Haec disputat Augustinus lib. 4. contra Iulianum.⁴] Si homo animalis tali morum integritateⁱ

a) *1559-61 falso* 13   b) *VG 1541 sqq.* aux reprouvez   c) m. ex p.: *VG 1541 sqq.* en partie   d) *1539-54* Dominus   e) ne — er. > *1539-54*   f) > *1539-54*   g) *1539* scrupus   h) spec. dot.: *VG 1541 sqq.* les vertus   i) mor. int.: *VG 1541 sqq.* integrité de cœur

1) = Rom. 3,12.   2) Rom. 3,10-18.   3) Camillus a poetis et scriptoribus saepe inter exempla virtutis Romanae commemoratur; cf. Horat., carm. I.12,42; ep. I. 1, 64; Verg., Georg. I. 169; Iuvenal., sat. II. 153 sq.; Aug., De civ. Dei II, 17; III, 17; IV, 7; V, 18 MSL 41, 61 sq. 96 sq. 117. 162; CSEL 40 I, 82. 138. 170. 247.   4) Aug., Contra Iul. IV c. 3, 16 sqq. MSL 44, 744 sqq.

praestitit, non deesse utique naturae ad virtutis studium facultatem. Quid autem si animus pravus fuerit et contortus, qui aliud potius quidvis quam rectitudinem sectatus sit? Et talem fuisse non dubium est, si animalem illum hominem concedis. Quam mihi in hac parte praedicabis humanae naturae ad bonum potentiam, si in summa integritatis specie semper ad corruptionem ferri deprehenditur? Ergo ut hominem a virtute non commendaveris, cuius vitia sub virtutis imagine imponunt: ita humanae voluntati recti expetendi facultatem non tribuas, quantisper ipsa in sua perversitate defixa est. Quanquam haec certissima est et facillima huius quaestionis solutio: non esse istas communes naturae dotes, sed speciales Dei gratias, quas varie et ad certum mo!dum profanis alioqui hominibus dispensat. Qua ratione, non formidamus in vulgari sermone hunc bene natum, illum pravae naturae dicere. Nec tamen utrunque desinimus includere sub universali humanae pravitatis conditione: sed indicamus quid specialis gratiae in alterum Dominus contulerit, quo alterum non sit dignatus. || Saulem praeficere regno volens, quasi novum hominem formavit [1. Sam. 10. b. 6]; atque haec ratio est cur Plato, ad Homericam fabulam alludens, Regum filios creari dicat aliqua singulari nota insignes[a][1]: quia Deus humano generi consulere volens, saepe quos ad imperium destinat, heroica natura instruit; atque ex hac officina prodiit quicquid magnorum ducum celebrant historiae. Idem et de privatis hominibus censendum est. Sed quia ut praestantissimus quisque fuit, eum semper impulit sua ambitio (qua labe foedantur omnes virtutes, ut coram Deo gratiam omnem amittant) pro nihilo ducendum est quicquid laude dignum apparet in hominibus profanis. Adde quod praecipua pars rectitudinis deficit ubi nullum est illustrandae Dei gloriae studium, quo vacui sunt omnes quos Spiritu suo non regenuit. Nec vero frustra dicitur apud Iesaiam, super Christum requiescere spiritum timoris Dei [Iesa. 11. a. 3][2]: quo docemur quicunque a Christo alieni sunt, eosdem carere timore Dei; qui sapientiae initium est [Psal. 111. b. 10]. Quantum ad virtutes quae inani specie nos decipiunt, in foro quidem politico et in communi hominum fama habebunt laudem: apud caeleste vero tribunal nullius erunt pretii ad iustitiam promerendam.

5. Qua igitur peccati servitute vincta detinetur voluntas, ad

---

a) Reg. — ins.: *VG 1560* dit que les enfans des Rois sont composez d'une masse precieuse, pour estre separez du vulgaire

1) Plato, Cratylus 393 C, 394 A.   2) Ies. 11, 2.

bonum commovere se non potest, nedum applicare; eiusmodi
enim motus, conversionis ad Deum principium est, quae Dei
gratiae tota in Scripturis tribuitur. Quemadmodum precatur
a Domino Ieremias ut se convertat, si conversum velit [Iere.
31. c. 18]. Unde Propheta eodem capite, spiritualem populi
fidelis redemptionem describens, dicit redemptum de manu
fortioris[1]; nempe significans quam arctis compedibus alligatus
est peccator, quandiu a Domino desertus, sub iugo diaboli
agit. Manet nihilominus voluntas, quae propensissima[a] affectione ad peccandum et propendeat et festinet; siquidem non
voluntate privatus est homo, quum in hanc necessitatem se
addixit, sed voluntatis sanitate. Neque vero inepte Bernardus,
qui velle nobis omnibus inesse docet: sed velle bonum, profectus: velle malum, defectus. Ideo simpliciter velle, hominis:
male velle, corruptae naturae: bene velle, gratiae[2]. Porro
quod libertate abdicatam voluntatem dico necessitate in
malum vel trahi vel duci: mirum est sicui videatur aspera
locutio, quae nec absonum habet quippiam, nec a sanctorum usu aliena est. Offendit autem eos qui inter necessitatem et coactionem distinguere nesciunt[3]. At siquis eos interroget, Annon Deus necessario bonus! sit: annon diabolus
necessario malus: quid respondeant? Sic enim connexa est Dei
bonitas cum divinitate, ut non magis necessarium sit ipsum
esse Deum, quam bonum. Diabolus autem per lapsum sic a
boni communione alienatus est, ut nihil quam male agere possit.
Quod siquis sacrilegus obganniat, Deo parum laudis ex sua
bonitate deberi, ad quam servandam cogatur[4]: cui non erit
prompta responsio, Immensa eius bonitate fieri ne male agere
possit, non violenta impulsione? Ergo si liberam Dei voluntatem in bene agendo non impedit, quod necesse est illum bene

---

a) *VG 1541 sqq.* pure

1) Ier. 31, 11.   2) Bernardus Clar., De grat. et lib. arb. c. 6, 16.
MSL 182, 1040.   3) Ad omnes adversarios illius aetatis hac de re
disputantes spectat; cf. Erasmum, De lib. arb., Io. Cochlaeum De lib.
arb., Io. Eckium Enchir. 1532 cap. 31, Alf. de Castro, Adv. omnes
haer. (sub tit. „Libertas" fol. 149b sqq.), Io. Fabrum, Adversus
absolutam necessitatem rerum contingentium a Martino Luthero
temere assertam, in opusculis eiusdem a. 1538 editis no. 1, etc. — Vide
quomodo ab altera parte Lutherus in libro De servo arbitrio 1525
(WA 18, 634, 21-24), in hac disputatione Thomae Aquinati (Summ.
theol. II, 1. q. 112. a. 3) se comitem adiungens inter necessitatem et
coactionem diligenter distinguat.   4) cf. Aug., De nat. et. grat. 46, 54
MSL 44, 273; CSEL 60, 273.

agere: si Diabolus, qui nonnisi male agere potest, voluntate tamen peccat: quis hominem ideo minus voluntarie peccare dicet, quod sit peccandi necessitati obnoxius? Hanc necessitatem quum ubique praedicet Augustinus, dum etiam invidiose Caelestii cavillo urgeretur, ne tum quidem asserere dubitavit, in haec verba, Per libertatem factum est ut esset homo cum peccato: sed iam poenalis vitiositas^a subsequuta ex libertate fecit necessitatem [Lib. de perf. iustiti.]¹. || Ac quoties incidit eius rei mentio, non dubitat in hunc modum loqui de necessaria peccati servitute [De nat. et grat. et alibi]². || Haec igitur distinctionis summa observetur, hominem, ut vitiatus est ex lapsu, volentem quidem peccare, non invitum nec coactum: affectione animi propensissima, non violenta coactione: propriae libidinis motu, non extraria coactione: qua tamen est naturae pravitate, non posse nisi ad malum moveri et agi. Quod si verum est, peccandi certe necessitati subiacere, non obscure exprimitur. || Augustino subscribens Bernardus ita scribit, Solus homo inter animalia liber: et tamen interveniente peccato, patitur quandam vim et ipse: sed a voluntate, non a natura, ut ne sic quidem ingenita libertate privetur. Quod enim voluntarium, etiam liberum. Et paulo post, Ita nescio quo pravo et miro modo ipsa sibi voluntas peccato quidem in deterius mutata, necessitatem facit, ut nec necessitas (quum voluntaria sit) excusare valeat voluntatem, nec voluntas (quum sit illecta) excludere necessitatem. Est enim necessitas haec quodammodo voluntaria. Postea dicit nos premi iugo, non alio tamen quam voluntariae cuiusdam servitutis: ideo pro servitute esse miserabiles, pro voluntate inexcusabiles: quia voluntas, quum libera esset, servam se peccati fecit. Tandem concludit, Ita anima miro quodam et malo modo sub hac voluntaria quadam ac male libera necessitate et ancilla tenetur et libera: ancilla, propter necessitatem: libera propter voluntatem: et, quod magis mirum magisque miserum est, ideo rea, quod libera: eoque ancilla, quo rea: ac per hoc, eo ancilla, quo libera [Serm. super Cantica 81.]³. Hinc certe agnoscunt lectores nihil me novum afferre, quod olim ex piorum omnium consensu prodidit Augustinus, et mille fere annis postea in claustris monachorum retentum fuit. Lombardus autem, quum ne-

---

a) poen. vit.: *VG 1541 sqq.* la corruption

1) Aug., De perf. iust. hom. c. 4, 9. MSL 44, 295; CSEL 42, 8.
2) Aug., De nat. et grat. c. 66, 79. MSL 44, 286, CSEL 60, 293; cf. De lib. arb. I, 11 MSL 32, 1233 sq.; Op. imp. ctr. Iul. I, 88 MSL 45, 1107.
3) Bernardus, Serm. in Cant. 81, 7. 9. MSL 183, 1174 sq.

cessitatem a coactione distinguere nesciret[1], pernicioso errori materiam dedit[a].

2, 52   6. Ex opposito reputare operaepretium est quale sit divinae gratiae remedium, quo naturae vitiositas corrigitur ac sanatur[b]. ‖ Nam quum Dominus in ope ferenda, quod nobis deest largiatur, ubi constiterit quale sit in nobis illius opus, quae sit e converso nostra penuria, statim elucescet. Quum dicit Apostolus Philippensibus, se confidere quod qui coepit in ipsis opus bonum, perfecturus sit usque in diem Iesu Christi [Philipp. 1. a. 6]: non dubium quin per boni operis principium, ipsam conversionis originem, quae est in voluntate[c], designet. Bonum itaque opus inchoat in nobis Deus, iustitiae et amorem et desiderium et studium in cordibus nostris excitando: vel (ut magis proprie loquamur) corda nostra flectendo, formando, dirigendo in iustitiam: perficit autem, ad perseverantiam nos confirmando. Nequis a Domino bonum inchoari tergiversetur, quod voluntas, per se infirma, adiuvetur: alibi declarat Spiritus quid valeat voluntas sibi relicta. Dabo, inquit, vobis cor novum, spiritum novum ponam in medio vestri: et auferam cor lapideum de carne vestra, et dabo vobis cor carneum: et Spiritum meum ponam in medio vestri, et faciam ut in praeceptis meis ambuletis [Ezech. 36. f. 26][2]. Quis voluntatis humanae infirmitatem dicet subsidio roborari, quo ad boni electionem efficaciter aspiret, quum transformari renovarique totam oporteat[3]? Siqua est in lapide mollities, quae adminiculo tenerior facta flexum quemlibet recipiat: neque ductile esse cor hominis negabo in recti obedientiam, modo gratia Dei[d] quod in eo imperfectum est suppleatur[e]. Verum si hac similitudine ostendere voluit nihil unquam boni expressum iri a corde nostro, nisi penitus aliud fiat: ne inter ipsum et nos partiamur quod sibi uni vendicat. Si ergo lapis in carnem transformatur,

---

a) pern. — ded.: *VG 1560* a ouvert la porte à cest erreur, qui a esté une peste mortelle à l'Eglise, d'estimer que l'homme pouvoit eviter le peché, pource qu'il peche franchement
b) Sequitur, ut dicamus de divinae gratiae remedio, qua naturae vitiositas emendatur   c) quae — vol.: *VG 1541 sqq.* c'est quand leur volunté a esté tournée à Dieu   d) *1539-54* Domini,   e) neque duct. — suppl.: *VG 1541 sqq.* ie ne nye point, que le cœur de l'homme n'ayt quelque facilité et inclination pour obeyr à Dieu, moyennant que son infirmité soit confermée

1) Lomb., Sent. II. dist. 25. c. 5 et 9. MSL 192, 707 sq.   2) Ez. 36, 26 sq.   3) Lomb., Sent. II. dist. 24. c. 5; dist. 25. c. 16. MSL 192, 702. 709, et passim; cf. Erasm. De lib. arb. p. 6; Herborn, Enchir. c. 38. CC 12, 131.

quando nos Deus[a] ad recti studium convertit: aboletur quicquid est propriae nostrae voluntatis: quod in eius locum succedit, totum a Deo[b] est. ‖ Voluntatem dico aboleri, non quatenus est voluntas: quia in hominis conversione integrum manet quod primae est naturae: creari etiam novam dico, non ut voluntas esse incipiat, sed ut vertatur ex mala in bonam. Hoc in solidum a Deo fieri affirmo, quia ne ad cogitandum quidem idonei sumus, eodem Apostolo teste [2. Cor. 3. b. 5]. Itaque alibi tradit non modo Deum opitulari infirmae voluntati, vel pravam corrigere, sed operari in nobis velle [Philip. 2. b. 13]. Unde facile colligitur quod dixi, quicquid boni est in voluntate[c], esse unius gratiae opus. Quo sensu alibi dicit Deum esse qui omnia operatur in omnibus [1. Cor. 12. a. 6]. Neque enim illic de universali gubernatione disserit, sed bonorum omnium quibus pollent fideles, laudem asserit uni Deo. Omnia autem dicendo, certe ab initio ad finem usque Deum spiritualis vitae authorem facit: quod idem aliis verbis prius docuerat, fideles ex Deo esse dicens in Christo [Ephes. 1. a. 1][d]: ubi aperte novam creationem qua aboletur quod communis naturae est, commendat. Subaudienda enim est inter Adam et Christum antithesis, quam alibi clarius explicat, ubi docet nos esse Dei facturam, creatos in Christo ad bona opera quae praeparavit ut in illis ambulemus [Ephes. 2. b. 10]. Hac enim ratione probare vult gratuitam esse nostram salutem: quia initium omnis boni sit a secunda creatione quam in Christo consequimur. Atqui siqua esset vel minima ex nobis facultas, aliqua etiam esset meriti portio. Verum ut nos prorsus exinaniat, nihil promeritos esse ratiocinatur, quia in Christo conditi sumus ad bona opera quae praeparavit Deus: quibus verbis iterum significat omnes bonorum operum partes a primo motu[e], Dei esse proprias. Hac ratione Propheta postquam in Psalmo dixit nos Dei esse figmentum, nequa fiat partitio, mox adiungit, Non fecimus nos ipsi [Psal. 100. a. 3]; de regeneratione eum loqui, quae principium est spiritualis vitae, ex contextu patet, ubi continuo post sequitur nos esse populum eius, et gregem pascuorum eius. Videmus autem ut non contentus simpliciter salutis nostrae laudem Deo dedisse, diserte ab omni societate nos excludat: quasi diceret ne tantillum quidem restare homini in quo glorietur, quia totum a Deo est.

7. Sed erunt forte qui concedent[f] voluntatem a bono suopte

---

a) *1539–54* Dominus   b) *1539–54* Domino   c) *VG 1560* au cœur humain   d) *VG 1560* [1. Cor. 8. b. 6.]   e) *VG 1560* + iusques à la derniere perseverance   f) *1539–43* concedant

ingenio aversam, sola Domini virtute converti[a]: sic tamen ut praeparata, suas deinde in agendo partes habeat: quemadmodum docet Augustinus, omne bonum opus gratiam praecedere, non ducente: pedissequa, non praevia voluntate [Ad Bonif. Epist. 106.][1]; ‖ quod non male a sancto viro dictum praepostere huc detorquet Petrus Lombardus[2]. ‖ Ego autem tam in Prophetae verbis quae citavi, quam in aliis locis clare duo signari contendo[b]: ‖ quod et pravam nostram voluntatem corrigat Dominus, vel potius aboleat, et a seipso bonam submittat. Quatenus a gratia praevenitur, in eo ut pedissequam appelles tibi permitto: sed quia reformata, opus est Domini, hoc perperam homini tribuitur, quod gratiae praevenienti, pedissequa voluntate obsequatur. Ideo non recte a Chrysostomo scriptum est, Nec gratiam sine voluntate nec voluntatem sine gratia quicquam posse operari[c][3]; quasi vero non ipsam quoque voluntatem operetur gratia, sicuti ex Paulo nuper vidimus[d]. Neque vero Augustini consilium[1] fuit, dum pedissequam gratiae vocat humanam voluntatem, secundas quasdam a gratia partes illi assignare in bono opere: sed quia hoc illi[e] tantum propositum erat refellere pessimum Pelagii dogma, quod primam salutis causam in hominis merito ponebat: quod satis erat praesenti causae, contendit, gratiam omni merito esse priorem: altera interim quaestione omissa, de perpetuo gratiae effectu, quam[f] tamen alibi egregie tractat. Aliquoties enim dum dicit, Dominum praevenire nolentem ut velit: volentem subsequi ne frustra velit[4]: ipsum boni operis in solidum facit authorem. ‖ Quanquam clariores de hac re sunt eius sententiae quam ut longam argumentationem desiderent. Laborant, inquit, homines invenire in nostra voluntate quod nostrum sit, et non ex Deo: et quomodo inveniri possit ignoro [Lib. 2. de remis. peccatorum cap. 18.][5]. Libro autem contra Pelagium et Caelestium primo, ubi dictum illud Christi interpretatur, Omnis qui audierit a Patre meo, venit

---

a) *VG 1541 sqq.* + à iustice et à droicture
b) Ego autem duo in prophetae verbis signari animadverto 1539
c) > *VG 1541 sqq.; 1539–54, 1561* +[Sermone quodam de inventione sanctae crucis][3]   d) sic. — vid. >*1539–54*   e) *1539–45* illic   f) *1539* quem

1) Aug., Ep. 186 (ad Paulinum Nolanum), c. 3, 10. MSL 33. 819; CSEL 57, 53.   2) Lomb., Sent. II. dist. 26. c. 3. MSL 192. 711.
3) Chrys., In Matth. hom. 82, 4 ed. Paris. 1834 sqq. t. VII. 888.
4) Aug., Enchir. 32, 9. MSL 40, 248; ed. Scheel p. 22.   5) Aug., De pecc. mer. et rem. II. c. 18, 28. MSL 44, 168; CSEL 60, 100.

ad me [Iohan. 6. e. 45]: Arbitrium, inquit, sic adiuvatur ut non solum quid faciendum sit sciat: sed quod sciverit, etiam faciat. Atque ita quum Deus docet, non per Legis literam, sed per Spiritus gratiam, ita docet ut quod quisque didicerit, non tantum cognoscendo videat, sed etiam volendo appetat, agendoque perficiat¹.

8. Et quoniam in praecipuo cardine iam versamur: agedum, summam rei paucis ac apertissimis tantum Scripturae testimoniis probatam tradamus lectoribus ᵃ: tum deinde (nequis nos detortae perperam Scripturae insimulet)² ostendamus neque huius sancti viri (Augustinum dico)ᵇ testimonio destitui quam ex Scriptura desumptam asserimus veritatem. Nam neque expedire censeo, ut quae in sententiae nostrae confirmationem adduci ex Scripturis possunt, ordine singula recenseantur: modo ex selectissimis, quae proferentur, via sternatur ad reliqua omnia, quae sparsim leguntur, intelligenda; neque rursum intempestive factum iri si palam fecero mihi cum eo viro non male convenire cui plurimum authoritatis merito defert piorum consensusᶜ. || Certe boni exordium non aliunde quam a solo Deo esse facili et certa ratione liquet; neque enim voluntas reperietur ad bonum propensa nisi in electis. Atqui electionis causa extra homines quaerenda est: unde conficitur, rectam voluntatem non esse homini a seipso, sed ex eodem beneplacito, quo ante mundi creationem electi sumus, fluere. Accedit altera non absimilis ratio; nam quum bene volendi et agendi principium sit ex fide, videndum est unde sit ipsa fides. Quum vero gratuitum esse Dei donum clamet tota Scriptura, sequitur ex mera gratia esse ubi velle bonum incipimus, qui ad malum toto animo sumus naturaliter propensi. || Ergo Dominus, ubi in populi sui conversione duoˡ haec ponit, ut cor illi lapideum auferat, det carneum³, aperte testatur oportere aboleri quod ex nobis est, quo ad iustitiam convertamur: quicquid autem in eius locum subit, a seipso esse. Neque id uno loco pronuntiat; dicit enim apud Ieremiam, Dabo eis cor unum, et viam unam, ut timeant me universis diebus [Iere. 32. f. 39.]. Paulo post, Timorem nominis mei dabo in cor eorum, ut non recedant a me⁴. Rursum apud Ezechielem, Dabo eis cor unum, et Spiritum novum dabo in visceribus eorum. Cor lapideum auferam de carne

---

a) trad. lect.: *1539-54* complectamur   b) (Aug. dico) > *1539-54*
c) pior. cons.: *VG 1541 sqq.* l'Eglise

1) Aug., De grat. Christi et pecc. orig. I. c. 14, 15. MSL 44, 368; CSEL 42, 137 sq.   2) Omnes adversarii passim.   3) Ez. 36, 26.
4) Ier. 32, 40.

eorum, et dabo eis cor carneum [Ezech. 11. d. 19]. Non posset evidentius sibi vendicare, nobis adimere, quicquid est in voluntate nostra boni et recti, quam dum conversionem nostram, creationem novi Spiritus et novi cordis esse testatur; sequitur enim semper, et ex voluntate nostra nihil prodire boni donec reformata fuerit: et post reformationem, quatenus bona est, a Deo esse, non a nobis.

9. Sic et precationes sanctorum compositae leguntur. Inclinet cor nostrum ad se Dominus, dicebat Solomo, ut servemus mandata sua [1. Reg. 8. g. 58]. Pervicaciam cordis nostri ostendit quod in Legis divinae rebellionem naturaliter exultet, nisi flectatur. ‖ Idem et in Psalmo habetur, Inclina cor meum ad testimonia tua [Psal. 119. 36]. Semper enim notanda est antithesis inter perversum cordis motum quo fertur ad contumaciam, et correctionem hanc qua in obsequium cogitur. ‖ David autem quum se directrice gratia ad tempus orbatum fuisse sentiens[a], Deum[b] rogat ut cor mundum in se creet, Spiritum rectum innovet in suis visceribus [Psal. 51. c. 12], annon omnes cordis sui partes impuritate refertas agnoscit, et spiritum obliqua pravitate contortum? munditiem autem quam flagitat, Dei creaturam vocando, an non[c] totam illi acceptam refert? ‖ Siquis excipiat, precationem ipsam signum esse pii sanctique affectus[1], prompta est solutio, quanvis iam aliqua ex parte resipuisset David, conferre tamen priorem statum cum illa tristi ruina quam expertus erat. Personam ergo hominis a Deo alienati suscipiens, merito sibi dari petit quaecunque electis suis in regeneratione confert Deus. Itaque mortuo similis, optat se iterum creari, ut ex mancipio Satanae fiat Spiritus sancti organum. ‖ Mira sane et portentosa superbiae nostrae libido. Nihil severius Dominus exigit quam ut religiosissime suum sabbathum observemus[d], quiescendo scilicet ab operibus nostris: a nobis vero nihil magis aegre impetratur, quam ut operibus nostris valere iussis, Dei operibus iustum locum cedamus. Nisi[e] obstaret vecordia, satis luculentum testimonium reddidit gratiis suis Christus, ne maligne supprimerentur. Ego sum, inquit, vitis, vos palmites: Pater meus agricola est. Sicut palmes non potest fructum ferre a seipso, nisi manserit in vite: sic nec vos, nisi in me manseritis:¹ quia sine me nihil potestis facere

---

a) se dir. — sent. > *1539–54*   b) *1539–54* Dominum   c) an non > *1539–54*   d) *1554* + [Exod. 20. b. *(8 sqq.)* Deut. 5. b. *(12 sqq.)*]   e) *1539–45* + haec

1) cf. Io. Roffensis Refutationem, art. 36, p. 565 sq.

[Iohan. 15. a. 1][1]. Si non aliter per nos fructificamus, quam revulsus a terra palmes, et humore privatus, germinat: non est amplius quaerendum quae sit naturae nostrae ad bonum aptitudo. Nec ambigua est ista conclusio, Sine me nihil potestis facere. Non dicit nos esse infirmiores quam qui nobis sufficiamus: sed nos ad nihilum redigendo, omnem vel exiguae facultatulae opinionem excludit. Si in Christo insiti fructificamus instar vitis, quae tum a terrae humore, tum a rore caelesti, tum a solis fomento vegetationis ducit energiam: nihil in bono opere restare nobis video, si Deo[a] illibatum servamus quod suum est. || Nequicquam obtenditur frivola argutia, succum iam inclusum esse in palmite, et vim proferendi fructus: ideoque non omnia sumere a terra vel a prima radice, quia aliquid suum conferat[2]. Neque enim aliud vult Christus, quam nos aridum et nihili esse lignum ubi sumus ab eo separati: quia seorsum nulla sit in nobis bene agendi facultas, sicut alibi quoque, inquit, Omnis arbor quam non plantaverit Pater meus, eradicabitur [Matth. 15. b. 13]. || Quare Apostolus totam illi summam transcribit in loco iam citato[b], Deus est, inquit, qui in vobis operatur et velle et perficere [Philip. 2. b. 13]. Prior pars operis boni, est voluntas: altera, validus in exequendo conatus: utriusque author est Deus. Ergo Domino surripimus siquid nobis arrogamus aut in voluntate, aut in effectu. Si diceretur Deus opem ferre infirmae voluntati, nobis nonnihil relinqueretur: sed quum dicitur efficere voluntatem, iam extra nos, quicquid in ea bonum est locatur. Porro quoniam carnis nostrae pondere bona etiamnum voluntas obruitur, ne emergat[c]: subiunxit, eluctandis eius pugnae difficultatibus, conatus constantiam ad effectum usque administrari. Siquidem nec aliter constare posset quod alibi docet, unicum esse Deum qui efficit omnia in omnibus [1. Cor. 12. a. 6],|| ubi totum spiritualis vitae cursum comprehendi ante docuimus[3]. Qua ratione David postquam vias Dei sibi patefieri precatus est, ut ambulet in eius veritate, mox adiungit, Unias cor meum ad timendum nomen tuum [Psal. 86. b. 11]. Quibus verbis significat, etiam qui probe affecti sunt, tot esse distractionibus obnoxios ut facile evanescant vel effluant nisi ad constantiam firmentur. Qua ratione alibi, postquam gressus suos dirigi ad servandum Dei sermonem precatus est, robur

---

a) *1539-54* Domino b) in — cit. > *1539-54* c) obr. — em.: VG *1541 sqq.* est retardée et opprimée

1) Ioh. 15, 1. 4 sq. 2) Pighius, De libero hominis arb. et div. gratia 1542, VI fol. 97 a sqq. 3) supra sect. 6; p. 280, 13 sqq.

quoque ad bellandum sibi dari postulat: Ne dominetur, inquit, mihi ulla iniquitas [Psal. 119. 133]. || Hunc itaque in modum et inchoat et perficit Dominus bonum opus in nobis: ut illius sit, quod recti amorem concipit voluntas, quod in eius studium inclinatur, quod ad eius sectandi conatum incitatur et movetur: deinde quod electio, studium, conatus non fatiscunt, sed ad effectum usque procedunt: postremo, quod homo in illis constanter pergit, et in finem usque perseverat.

10.ª Ac voluntatem movet, non qualiter multis seculis traditum est et creditum, ut nostrae postea sit electionis, motioni aut obtemperare aut refragari[1]: sed illam efficaciter afficiendo. Illud ergo toties a Chrysostomo repetitum repudiari necesse est, Quem trahit, volentem trahit[2]: quo insinuat Dominum porrecta tantum manu expectare an suo auxilio iuvari nobis adlubescat. Talem fuisse hominis adhuc stantis conditionem concedimus ut potuerit ad alterutram partem inclinare: sed quum suo exemplo docuerit quam miserum sit liberum arbitrium nisi Deus in nobis et velit et possit: quid fiet nobis si ad eum modulum suam gratiam nobis[b] impertitur? Imo nos ipsi eam obscuramus et extenuamus nostra ingratitudine. Non enim docet Apostolus, offerri nobis bonae voluntatis gratiam si acceptemus: sed ipsum velle in nobis efficere[c]: quod non aliud est nisi Dominum suo Spiritu cor nostrum dirigere, flectere, moderari: et in eo, tanquam in possessione sua, regnare. || Nec vero per Ezechielem promittit se daturum electis Spiritum[d] novum hoc tantum fine ut in praeceptis suis ambulare possint, sed ut re ipsa ambulent [Ezech. 11. c. 19 et 36. f. 27.]. || Neque secus accipi sententia Christi potest, Omnis qui audivit a Patre meo venit ad me [Iohan. 6. e. 45], quam ut efficacem se seipsa Dei gratiam doceat: quemadmodum et Augustinus contendit [Lib. de praedest. sanct.][3]. Qua gratia non quoslibet promiscue dignatur Dominus, quemadmodum vulgo iactatur illud (nisi fallor) Occamicum[e], eam nemini denegari facienti quod in se est[4]. Docendi quidem sunt homines, expositam esse Dei be-

---

a) *1559 falso* 11   b) *1539-54* + Dominus   c) *1539-45 rectius* effici   d) *VG 1560* cœur   e) *1539 falso* Oticanicum *(iub. correctore* Okanicum*)*, *1543* Orcamicum

1) cf. Chrysost., In Ep. ad Hebr. c. 7, hom. 12, ed. Paris. 1534 sqq. t. XII, 177 sq.   2) Chrysostomus, Homil. de ferendis reprehensionibus c. 6; In Ioh. homil. 10, 1 ed. Paris. 1834 sqq. III, 155 et VIII, 65.   3) Aug., De praedest. sanct. 8, 13. MSL 44, 970.   4) Gabr. Biel, In sent. II. dist. 27. a. 2. concl. 4; a. 3. dub. 4; Io. Roffensis, Refut. art. 36 p. 549; Herborn, Enchir. c. 38. CC 12, p. 132; cf. Bonavent., In sent. II. dist. 28. a. 2. q. 1. (Quar. 2, 681 b, 683 a b).

nignitatem omnibus, sine exceptione, qui eam quaerunt: sed quum ii demum quaerere incipiant quibus caelestis[a] gratia aspiravit, nec haec saltem[b] portiuncula de eius laude decerpenda erat. Haec est sane electorum praerogativa, ut per Spiritum Dei regenerati, ipsius ductu agantur ac gubernentur. ‖ Quare merito Augustinus tam eos deridet qui aliquas volendi partes sibi arrogant[1], quam reprehendit alios qui putant promiscue dari omnibus quod speciale est, gratuitae electionis testimonium[2]: Communis (inquit) omnibus est natura, non gratia[3]: vitreum acumen appellans quod mera vanitate splendet ubi ad omnes generaliter extenditur, quod Deus quibus vult confert [De verbis Apost. Serm. 11][4]. Alibi autem, Quomodo venisti? credendo. Time ne dum tibi arrogas quod inventa sit a te via iusta, pereas de via iusta. Veni, inquis, libero arbitrio: voluntate propria veni. Quid turgescis? vis nosse quod et hoc praestitum est tibi? Ipsum audi vocantem, Nemo venit ad me, nisi Pater meus traxerit eum [Iohan. 6. e. 44][5]. Et citra controversiam elicitur ex Iohannis verbis, sic efficaciter gubernari divinitus piorum corda, ut inflexibili affectu[c] sequantur. Qui ex[f] Deo genitus est (inquit) non potest peccare: quia semen Dei in ipso manet [1. Iohan. 3. b. 9]. Nam medium quem sophistae imaginantur motum, cui obsequi vel quem repellere liberum sit, aperte excludi videmus ubi asseritur efficax ad perseverandum constantia.

11.[d] De perseverantia nihilo magis dubium futurum erat quin habenda esset pro gratuito Dei dono, nisi invaluisset pessimus error, pro hominum merito hanc dispensari, prout[e] se unusquisque non ingratum primae gratiae praebuerit. Sed enim quoniam inde natus est quod putabant in manu nostra esse respuere vel[f] accipere oblatam Dei gratiam[6], hac opinione explosa, ille quoque sponte sua corruit. Quanquam hic bifariam erratur; nam praeterquam quod nostram erga primam gratiam gratitudinem legitimumque usum posterioribus remunerari docent, addunt[g] etiam, non iam solam gratiam in nobis operari, sed

---

a) *1539–54* Domini   b) *1539–54* quidem   c) infl. aff.: *VG 1560* d'une affection, laquelle n'est point pour flechir çà et là, mais est arrestée à obeir   d) *1559 falso* 12   e) *1550, 1554* prout; *1553* provt   f) *1550, 1554* respuere, vel; *1553* respuere vel   g) *1550* docent: addunt; *1553–54* docent, addunt; *hinc inde 1554 non iam textum editionis 1550, sed 1553 reddit.*

1) Aug., Sermo 26. c. 3. MSL 38, 172.   2) ib. c. 12, p. 177.   3) ib. c. 4, p. 172 sq.   4) ib. c. 7, p. 174.   5) Aug., Sermo 30, 8, 10. MSL 38, 192.   6) vide p. 285, not. 1 sq.

esse tantum nobis cooperatricem¹. De priore sic habendum est, Dominum, dum in dies locupletat, et novis suae gratiae[a] dotibus cumulat servos suos, quia opus quod in illis coepit, gratum acceptumque habet, in illis invenire quod maioribus gratiis prosequatur. Atque huc pertinent sententiae illae, Habenti dabitur. Item, Euge serve bone: quia in paucis fuisti fidelis, super multa te constituam [Matth. 25. b. 21. 23, et c. 29; Luc. 19. c. 17, et d. 26]. Sed hic duo sunt cavenda, ne[b] aut remunerari dicatur posterioribus gratiis legitimus usus primae gratiae, acsi[c] homo sua ipsius industria redderet gratiam Dei efficacem: aut sic remuneratio censeatur ut desinat haberi gratuita Dei gratia. Fateor ergo expectandam[d] esse fidelibus hanc Dei[e] benedictionem,[f] quo melius usi fuerint superioribus[g] gratiis, u[h] eo maioribus posthac adaugeantur: sed illum quoque usum a Domino esse dico, et hanc remunerationem a gratuita eius benevolentia provenire; ‖ ac sinistre non minus quam infeliciter tritam illam distinctionem usurpant, operantis gratiae et cooperantis². Hac quidem usus est Augustinus, sed commoda definitione leniens, Deum cooperando perficere quod operando incipit¹: ac eandem esse gratiam, sed sortiri nomen pro diverso modo effectus³. Unde sequitur, eum non partiri inter Deum et nos acsi ex proprio utriusque motu esset mutua concurrentia: sed gratiae multiplicationem notare. Quo pertinet quod alibi dicit, multa Dei dona praecedere bonam hominis voluntatem, inter quae est et ipsa⁴. Unde sequitur, nihil reliquum facere quod ipsa sibi arroget. ‖ Quod et Paulus nominatim expressit. Nam quum[k] dixisset, Deum esse qui efficit in nobis et velle et perficere [Philip. 2. b. 13], continuo subdidit, utrunque facere pro bona voluntate: hac dictione gratuitam esse benignitatem indicans. Ad id autem quod dicere[l] solent, postquam primae gratiae locum dedimus, iam conatus nostros subsequenti gratiae cooperari⁵, respondeo: Si intelligant nos,

---

a) *1539–43* grat. suae   b) *1550* cavenda. Ne*; 1553–54* cavenda: Ne   c) *1550* gratiae, ac si*; 1553–54* gratiae: acsi   d) *1550* ergo, exp.*; 1553–54* ergo exp.   e) *1539–54* Domini   f) *1539* + ut   g) *1539–54* + Dei   h) > *1539*   i) *VG 1560* + c'est à dire, qu'il applique ce qu'il nous a desia donné, pour besongner avec ce qu'il y adiouste   k) *1550* cum*; 1553–54* quum

1) Lomb., Sent. II. dist. 26, 8. 9; dist. 27, 5 MSL 192, 713. 715.   2) Lomb., Sent. II. dist. 26, 1. MSL 192, 709 sq.   3) Aug., De grat. et lib. arb. c. 17, 33. MSL 44, 901.   4) Aug., Enchir. ad. Laur. c. 32. MSL 40, 248; ed. Scheel c. IX, 32, p. 22.   5) cf. Erasmum, De lib. arb. p. 75 sq.; Eckium, Enchir. 1532 L 7 b.

ex quo semel Domini virtute in iustitiae obsequium edomiti sumus, ultro pergere, et propensos esse ad sequendam gratiae actionem, nihil reclamo. Est enim certissimum, ubi gratia Dei regnat, talem esse obsequendi promptitudinem. Unde id tamen nisi quod Spiritus Dei ubique sibi consentiens, quam principio generavit obedientiae affectionem, ad perseverandi constantiam fovet et confirmat? At si hominem a seipso sumere volunt unde gratiae Dei collaboret, pestilentissime hallucinantur.

12. Atque huc falso per inscitiam torquetur illud Apostoli[a], ‖ Plus omnibus iis laboravi: non ego, sed gratia Dei mecum [1. Cor. 15. b. 10]. Sic enim accipiunt[b], quia paulo arrogantius dictum videri poterat quod se praeferret omnibus, id quidem corrigere, laudem ad Dei gratiam referendo[c]: sed ita ut se gratiae cooperarium vocet[1]. Ad hanc festucam mirum est tot non malos alioqui homines impegisse. Non enim gratiam Domini secum laborasse scribit Apostolus, ut se consortem laboris faciat: quin potius totam laboris laudem uni gratiae transcribit, ista correctione, Non ego, ait, sum is qui laboravi, sed gratia Dei quae mihi aderat. Fefellit autem eos locutionis ambiguitas: sed magis praepostera versio, in qua vis Graeci articuli praetermissa fuit[d][2]. ‖ Nam si ad verbum reddas, non dicit gratiam sibi fuisse cooperatricem: sed gratiam quae sibi aderat, omnium fuisse effectricem. Atque id non obscure, licet breviter, docet Augustinus, quum ita loquitur, Praecedit voluntas bona hominis multa Dei dona, sed non omnia. Quae autem praecedit ipsa, in eis et ipsa est. Sequitur deinde ratio: quia scriptum sit, Misericordia eius praevenit[e] me [Psal. 59. c. 11][3]. Et, Misericordia eius subsequetur me [Psal. 23. b. 6]: nolentem praevenit, ut velit: volentem subsequitur, ne frustra velit[4]. ‖ Cui consentit Bernardus, Ecclesiam ita loquentem inducens, Trahe quodammodo invitam, ut facias voluntariam: trahe torpentem ut reddas currentem [Serm. 2. in Can.][5].

---

a) Quid ergo sibi, aiunt, vult Apostolus, cum ita loquitur   b) Sic — acc. > *1539-45*   c) corrig. — ref.: *1539-45* corrigit, referens laud. ad. Dei grat.   d) Fefellit — fuit: *VG 1541 sqq.* Toute la faute *(1541 fable)* est venue, qu'ilz s'arrestent à la translation commune, laquelle est doubteuse, mais le texte grec de Sainct Paul, est si cler qu'on n'en peut doubter   e) *1543-54* praeveniet

1) Erasmus, De lib. arb. p. 72; De Castro, Adv. omn. haer. VII fol. 132 D, cf. IX. fol. 151 A.   2) cf. vers. vulg. et Calvinum in Comment. ad I Cor., CR XLIX 536 et 540 sq.   3) vide vers. vulg. Psal. 58, 11.   4) Aug., Enchir. c. 32. MSL 40, 248; ed. Scheel c. IX, 32, p. 22.   5) Bernard. Cl., Serm. in Cant. 21, 9. MSL 183, 876.

DE COGNIT. DEI REDEMPTORIS. CAP. III   289

2,59   13. Audiamus nunc Augustinum suis verbis loquentem, ne 1539
aetatis nostrae Pelagiani, hoc est sorbonici sophistae totam vetustatem nobis adversam pro suo more criminentur[1]; in quo
scilicet patrem suum Pelagium imitantur, a quo in eandem olim
arenam ipse Augustinus protractus est. Libro de correptione
et gratia ad Valentinum fusius exequitur, quod breviter, eius
tamen verbis referam, Gratiam persistendi in bono, Adae fuisse
datam si vellet: nobis dari ut velimus, ac voluntate concupiscentiam superemus[2]. Habuisse ergo illum posse si vellet: sed non
[223] velle ut posset: nobis et velle dari[l] et posse[3]. Primam fuisse
libertatem, posse non peccare: nostram multo maiorem, non posse
peccare [Cap. 12 a][4]. Ac ne de futura post immortalitatem perfectione loqui putetur (sicuti perperam Lombardus eo trahit)[b 5]
scrupulum hunc paulo post eximit[c]. Tantum quippe, inquit,
Spiritu sancto accenditur voluntas sanctorum: ut ideo possint
quia sic volunt: ideo velint, quia deus operatur ut sic velint.
Nam si in tanta infirmitate, in qua tamen ad reprimendam elationem perfici virtutem decet [2. Cor. 12. c. 9], ipsis relinquatur
voluntas sua, ut adiutorio Dei possint, si velint, nec Deus operetur in illis ut velint: inter tot tentationes infirmitate voluntas
ipsa succumberet, ideoque perseverare non possent. Subventum
est ergo[d] infirmitati voluntatis humanae, ut gratia divina indeclinabiliter et inseparabiliter ageretur, ideoque quantumvis
infirma non deficeret[6]. Tractat deinde copiosius[e] quomodo corda
nostra Dei afficientis necessario sequantur motum, ac dicit quidem Dominum homines suis voluntatibus trahere, sed quas ipse
operatus est [Cap. 14][7]. Habemus nunc Augustini ore testatum quod in primis obtinere volumus, non offerri tantum a
Domino gratiam, quae libera cuiusque electione aut recipiatur
aut respuatur: sed ipsam esse, quae in corde et electionem et
voluntatem formet[f]: ut quicquid deinde sequitur boni operis,

---

b) (sic. — trah.) > *1539–54 et VG 1541 sqq.*
c) Ac ne — exim.: *VG 1541 sqq.* Les Sorbonistes exposent cela de la
perfection qui sera en la vie future, mais c'est une moquerie, veu
que Sainct Augustin se declaire puis apres   d) Subv. — ergo: *VG
1541 sqq.* Dieu a donc survenu   e) > *VG 1541 sqq.*   f) quae in c. —
form.: *VG 1541 sqq.* laquelle induict noz cœurs à suyvre son mouvement,
et y produict, tant le chois *(1541–51* l'eslection*)* que la volunté

1) Cochlaeus, De lib. arb. II. I 1 a; K 2 b sq.; Eck., Enchir. 1532
L 6 a b; De Castro, Adv. omn. haer. IX. fol. 151 B—152 B.   2) Aug.,
De corrept. et grat. c. 11, 31 MSL 44, 935.   3) ibid. c. 11, 32, p. 936.
4) ibid. c. 12, 33, l. c.   5) Lomb., Sent. II. dist. 25. c. 5. MSL 192, 707.
6) Aug., De corrept. et grat. c. 12, 38. MSL 44, 939 sq.   7) Aug., De
corrept. et grat. c. 14, 45. MSL 44, 943.

19

fructus sit ipsius ac effectus: nec aliam habeat sibi obsequentem voluntatem nisi quam fecit[a]. Sunt enim eius quoque verba ex alio loco, Omne bonum in nobis opus nonnisi[b] gratiam facere [Epist. 105][c][1].

14. Quod autem alibi dicit, non tolli gratia voluntatem, sed ex mala mutari in bonam: et quum bona fuerit, adiuvari[2]: significat tantum, hominem non ita trahi ut sine motu cordis, quasi extraneo impulsu feratur: sed intus sic affici ut ex corde obsequatur. Specialiter gratuitoque electis dari, in hunc modum ad Bonifacium scribit, Scimus non omnibus hominibus dari Dei gratiam: et quibus datur, neque secundum merita operum dari, neque secundum merita voluntatis, sed gratuita gratia: quibus non datur, scimus iusto Dei iudicio non dari [Epist. 106][3]. Ac in eadem epistola fortiter eam opinionem impugnat[d], quae hominum meritis subsequentem gratiam reddi putat: quia primam gratiam non respuendo, se dignos praestiterint[4]. Vult enim Pelagium fateri, nobis gratiam necessariam esse ad singulas actiones, neque operibus retribui, quo sit vere gratia. Sed breviore summa comprehendi res non potest quam ex octavo capite libri ad Valentinum, de correptione et gratia: ubi primum docet, Quod humana voluntas non libertate[l] gratiam, sed gratia consequatur libertatem: Quod per eandem gratiam impresso delectationis affectu, ad perpetuitatem conformetur: Quod insuperabili fortitudine roboretur[e]: Quod illa gubernante, nunquam excidat: deserente, protinus corruat. Quod gratuita Domini misericordia, et ad bonum convertatur: et conversa, in ipso perseveret. Quod voluntatis humanae directio in bonum, et post directionem constantia, ex sola Dei voluntate pendeat, non ullo suo merito[5]. Ita homini tale relinquitur liberum arbitrium (si appellare ita libet)[f] quale alibi scribit[g], quod nec ad Deum converti, nec in Deo persistere, nisi per gratiam, possit: a gratia valeat quicquid valet [Epist. 46][6].

[224]

---

a) nec al. — fec.: *VG 1541 sqq.* et n'est point recevë d'homme vivant, sinon d'autant qu'elle a formé son cœur en obeissance b) *1543–45* nisi c) [Ep. —]: *1545–61 falso infra in initio sect. 14. exstat.* d) *VG 1541 sqq.* il condamne e) *VG 1541 sqq.* + pour resister au mal f) (si — lib.) > *VG 1541 sqq.* g) *1539–54* describit

1) Aug., Ep. 194. c. 5, 19 (ad Paulinum Nolanum) MSL 33, 880; CSEL 57, 190. 2) Aug., De grat. et lib. arb. c. 20, 41. MSL 44, 905. — cf. De spir. et lit. c. 30, 52. MSL 44, 233; CSEL 60, 208. 3) imo Aug., Ep. 217 [olim 107] (ad Vitalem Carthaginiensem) c. 5, 16. MSL 33, 984; CSEL 57, 415. 4) ibidem c. 6, 18 sq. MSL 33, 985; CSEL 57, 416 sq. 5) Aug., De corrept. et grat. c. 8, 17. MSL 44, 926. 6) Aug., Ep. 214, 7 (ad Valentinum) MSL 33, 970; CSEL 57, 386.

Quomodo operetur Deus in cordibus hominum. 1559
CAP. IIII.

1. HOMINEM peccati iugo ita captivum teneri, ne ad bonum aut voto aspirare, aut studio contendere suapte natura queat, sufficienter, nisi fallor, probatum est. Praeterea distinctio inter coactionem et necessitatem posita fuit, unde liqueret eum, dum necessario peccat, nihilo tamen minus voluntarie peccare[1]. Sed quoniam, dum in servitutem diabolo addicitur, illius arbitrio videtur magis agi quam suo, quale sit actionis utriusque genus, expediendum restat[a]: tum solvenda quaestio[b], an aliquid in malis operibus Deo sit tribuendum, in quibus nonnullam eius actionem intercedere Scriptura insinuat. Alicubi Augustinus humanam voluntatem equo comparat sessoris nutum expectanti: Deum ac Diabolum, sessoribus. Si Deus illi insidet, inquit, perinde ac moderatus et peritus sessor, composite illam regit: tarditatem incitat, nimiam celeritatem compescit: petulantiam luxuriamque coercet, pervicaciam retundit, in rectam viam deducit; quod si eam Diabolus occupavit, instar stolidi ac petulantis sessoris per invia rapit, impellit in foveas, per praecipitia devolvit, ad contumaciam ferociamque instigat[2]. Qua similitudine, quando melior non occurrit, in praesentia contenti erimus. Imperio igitur Diaboli quod animalis hominis voluntas dicitur subiacere ut inde agitetur, non significat ipsam reluctantem ac restitantem ad obsequia adigi (quemadmodum invita mancipia obire iussa nostra dominii iure cogimus) sed Satanae praestigiis fascinatam, illi se ad omnem ductum obsequentem necessario praebere[c]. Nam quos Spiritus sui regimine non dignatur Dominus, eos! ad Satanae actionem iusto iudicio[d] ablegat. Quare Apostolus deum huius seculi excaecasse mentes infidelibus exitio destinatis ait, ne cernant lumen Evangelii [2. Cor. 4. a. 4]. Et alio loco, ipsum operari in filiis contumacibus [Ephes. 2. a. 2]. Excaecatio impiorum, et quaecunque inde sequuntur flagitia, opera Satanae nuncupantur: quorum tamen causa extra humanam voluntatem quaerenda non est, ex qua radix mali surgit: in qua fundamentum regni Satanae (hoc est, peccatum) residet.

2. Longe est alia ratio divinae in talibus actionis. Quae ut certius nobis pateat, exemplo sit calamitas a Chaldaeis sancto

---

a) *ad sqq. usque ad fin. sect. 5 cf. 1536 I 73, 20–74, 5.*   b) *VG 1541 sqq.*
+ dont on doubte communement   c) *VG 1541 sqq.* + combien qu'elle le face sans contraincte   d) iust. iud. > *VG 1541 sqq.*

1) supra cap. 3, 5; p. 276 sqq.   2) cf. Aug., In Psal. 148, 2 MSL 37, 1938, et Pseudo-Aug., Hypognosticon, III, 9, 20 MSL 45, 1632.

Iob illata. Chaldaei, interemptis eius pastoribus, gregem hostiliter depraedantur[a]. Iam eorum improbum facinus palam extat; neque in eo opere cessat Satan, a quo totum id provenire narrat historia[b][1]. Ipse autem Iob Domini opus in eo recognoscit, quem dicit sibi abstulisse quae erepta erant per Chaldaeos[2]. Quomodo idem opus ad Deum, ad Satanam, ad hominem authorem referamus, quin vel Satanam excusemus Dei consortio, vel Deum mali authorem praedicemus? Facile, si finem agendi primum inspiciamus, deinde modum. Domini consilium est servi sui patientiam calamitate[c] exercere: Satan molitur eum ad desperationem adigere: Chaldaei ex re aliena praeter ius et fas lucrum quaerere affectant. Tanta in consiliis diversitas opus iam valde distinguit. In modo non minus est discriminis. Satanae affligendum servum suum Dominus permittit: Chaldaeos, quos ad id exequendum ministros delegit, illi permittit ac tradit impellendos: Satan alioqui pravos Chaldaeorum animos venenatis suis aculeis ad perpetrandum id flagitium instigat: illi ad iniustitiam furiose ruunt, omniaque membra scelere obstringunt ac contaminant. Proprie ergo agere dicitur Satan in reprobis: in quibus regnum suum, hoc est nequitiae, exercet. Dicitur et Deus suo modo agere, quod Satan ipse (instrumentum quum sit irae eius) pro eius nutu ac imperio huc atque illuc se[d] inflectit ad exequenda eius iusta iudicia. Omitto hic universalem Dei motionem, unde creaturae omnes ut sustinentur, ita efficaciam quidvis agendi ducunt. De illa speciali actione tantum loquor quae in unoquoque facinore apparet. Idem ergo facinus Deo, Satanae, homini assignari, videmus non esse absurdum: sed varietas in fine et modo facit ut illic inculpata Dei iustitia reluceat, Satanae hominisque nequitia cum suo opprobrio[e] se prodat.

3. Veteres religiosius interdum simplicem quoque veritatis confessionem in hac parte reformidant, quod verentur ne impietati fenestram de operibus Dei irreverenter obloquendi aperiant. Quam sobrietatem ut exosculor, ita minime periculosum iudico si simpliciter teneamus quod Scriptura tradit. Ne Augu-

---

a) *VG 1541 sqq.* +[Iob. 1. *(17)*]   b) Iam — hist.: *VG 1541 sqq.* Nous voyons desia à l'œil les autheurs de ceste meschanceté. Car quand nous voyons des volleurs, qui ont commis quelque meurtre ou larrecin, nous ne doubtons point, de leur imputer la faulte et de les condamner. Or est-il ainsi, que l'histoire recite, que cela provenoit du Diable. Nous voyons donc qu'il y a besongné *(1541–45* qu'il y besongne*)* de son costé   c) *1539* adversitate   d) > *1539–54*   e) *1539–54* sua confusione

1) Job. 1, 12.   2) Job. 1, 21.

[226] stinus quidem illa superstitione inter'dum solutus est: quemadmodum ubi dicit indurationem et excaecationem non ad operationem Dei sed ad^a praescientiam spectare [Lib. de Praedest. et gratia]¹. At istas argutias non recipiunt tot Scripturae lo-
5 cutiones, quae plus aliquid Dei quam praescientiam intervenire clare ostendunt. || Et Augustinus ipse libro contra Julia- 1543 num 5, longa oratione contendit^b, non permissionis tantum aut patientiae divinae esse peccata, sed etiam potentiae, ut sic priora peccata puniantur². || Similiter quod de permissione affe- 1539
10 runt³, dilutius est quam ut subsistat. Saepissime excaecare dicitur Deus et indurare reprobos, eorum corda vertere, inclinare, impellere, ut alibi fusius docui^c ⁴. Id quale sit, nequaquam explicatur, si confugitur ad praescientiam aut permissionem. Nos ergo duplici ratione respondemus id fieri. Siquidem
15 quum sublato eius lumine, nihil quam caligo et caecitas supersit: quum ablato eius Spiritu, corda nostra in lapides obdurescant: quum cessante eius directione, in obliquitatem contorqueantur: rite excaecare, indurare, inclinare dicitur quibus facultatem videndi, parendi, recte^d exequendi adimit. Secunda ratio, quae
20 multo propius accedit ad verborum proprietatem, quod ad exequenda sua iudicia per ministrum irae suae Satanam, et consilia eorum destinat quo visum est, et voluntates excitat, et conatus firmat. || Sic ubi recitat Moses Sehon regem^e transitum non 1559 dedisse populo, quia induraverat Deus spiritum^f eius, et cor
25 obfirmaverat, finem consilii mox subiungit, Ut daret eum in manus nostras, inquit [Deut. 2. f. 30]. Ergo quia perditum Deus volebat, obstinatio cordis, divina fuit ad ruinam praeparatio.

2, 71 4. Secundum priorem rationem istud videtur dictum^g, 1539 Aufert labium a veracibus, et rationem tollit a senioribus
30 [Iob. 12. d. 20^h; Ezech. 7. g. 26]. Aufert cor ab iis qui praesunt populo terrae, errare eos facit per invium [Psal. 107. d. 40].ⁱ Item, Quare dementasti nos Domine, indurasti cor nostrum, ne timeamus te [Iesa. 63. d. 17.]? Quandoquidem indicant potius quales Deus homines faciat deserendo, quam

---

35 a) > *1539–54*   b) *long. — cont.: VG 1545 sqq. se retractant de l'autre sentence, maintient fort et ferme*   c) *ut — doc.* > *1539–54*   d) *1539–43 recti*   e) *VG 1560* + *des Amorrhéens*   f) *1559–61 falso* Spir.   g) *VG 1541 sqq.* + *en Iob*   h) Iob. — 20: *1559–61 male infra post* [Psal. 107. —] *exstat.*   i) *1539–54 hic locum 2. Thess. 2, 11*
40 *inserunt, qui 1559–61 in sect. 5 positus est; vide infra p. 295,* 37 *sq.*

1) Pseudo-Aug., De praed. et grat. c. 5. MSL 45, 1668.   2) Aug., Contra Iul. V. c. 3. MSL 44, 786 sqq.   3) Eck., Enchir. 1532 c. 31. L 7 b.
4) supra I 18; p. 219 sqq.

qualiter opus in ipsis suum peragat. At sunt alia testimonia quae ultra procedunt: qualia sunt de Pharaonis induratione, Indurabo[a] cor Pharaonis, ne vos audiat, ac dimittat populum [Exod. 4. c. 21, et 7. a. 3]. Postea dicit se aggravasse cor illius, et roborasse [Exod. 10. a. 1]. An induravit non emolliendo? Id quidem verum est: sed plus aliquid fecit, quod obstinatione pectus eius[b] obfirmandum Satanae mandavit; unde prius dixerat, Tenebo cor illius[c]. Egreditur populus ex Aegypto: prodeunt obviam infesti[d] regionis incolae; unde excitati? Moses certe populo asserebat Dominum fuisse qui corda eorum roborasset [Deut. 2. f. 30]. Propheta vero eandem historiam recitans,[l] dicit ipsum vertisse corda eorum ut odio haberent populum suum [Psal. 105. c. 25]. Iam dicere non possis destitutos Domini consilio impegisse. Nam si roborantur et vertuntur, destinato inflectuntur ad idipsum[e]. Adhaec, quoties in populi transgressiones vindicare illi placuit, quomodo opus suum in reprobis adimplevit? ut videas efficaciam agendi penes ipsum fuisse, illos ministerium duntaxat praebuisse. Quare nunc sibilo suo evocaturum se illos minabatur [Iesa. 5. f. 26, et 7. c. 18]: nunc instar sagenae sibi fore ad irretiendos [Ezech. 12. d. 13 et 17. f. 20]: nunc mallei instar, ad feriendos Israelitas [Iere. 50. d. 23]. Sed praecipue tum declaravit quam[f] non sit otiosus in illis, dum Sennacherib[g] securim vocat [Iesa. 10. d. 15], quae ad secandum manu sua et destinata fuit et impacta[h]. Non male alicubi Augustinus ita definit, quod ipsi peccant, eorum esse: quod peccando hoc vel illud agant, ex virtute Dei esse, tenebras prout visum est dividentis [Aug. de praedest. sanct.][1].

5. Porro Satanae ministerium intercedere ad reprobos instigandos, quoties huc atque illuc Dominus providentia sua eos destinat, vel ex uno loco satis constiterit. Dicitur enim saepius in Samuele, quod Saulem aut raptaverit aut dimiserit spiritus Domini malus, et spiritus malus a Domino[i] [1. Sam. 16. c. 14 et 18. c. 10, et 19.[k] b. 9]. Ad Spiritum sanctum id referre nefas est. Spiritus ergo impurus, Dei[l] spiritus vocatur, quia ad eius nutum potentiamque respondet, instrumentum magis ipsius in agendo, quam a seipso author. || Simul addendum est

a) *1539–54* +, inquiebat Dominus, b) *1539–54* eius pect. c) *1539–50 falso* + [Exod. ca. *(1539* c.*)* 3.], *1553–61* [Exod. 3. f. 19] d) *VG 1541 sqq.* de mauvais courage e) dest. — idips.: *VG 1541 sqq.* le Seigneur aucunement les y incline et meine f) *1539* quod g) *VG 1541 sqq.* +, homme meschant et pervers, h) dest. — imp.: *1539–54* destinetur, et impingatur i) et sp. — Dom. > *1539–54* k) *sic recte 1539–54; 1559–61 falso* 29. l) *1539* illius

1) Aug., De praed. sanct. c. 16, 33. MSL 44, 984.

quod a Paulo traditur, divinitus efficaciam erroris ac seductionis
immitti, ut credant mendacio qui veritati non paruerunt
[2. Tes. 2. c. 11ᵃ]ᵇ. || Longo tamen discrimine semper distat in
eodem opere id quod agit Dominus, ab eo quod Satan et impii
5 moliuntur. Ille mala instrumenta, quae sub manu habet et
versare quolibet potest, servire iustitiae suae facit. Hi, prout
mali sunt, nequitiam ingenii pravitate conceptam effectu pa-
riunt. Reliqua quae ad vindicandam aᶜ calumnia Dei maiestatem, tum praecidendam impiis tergiversationem pertinent, in
10 capite De providentia iam exposita sunt ᵈ¹. Hic enim breviter
propositum modo fuit, quomodo in reprobo homine regnet
Satan, quomodo in utroque agat Dominus, indicare.

6. In actionibus autem quae nec iustae per se, nec vitiosae
sunt, et ad corpoream magis quam spiritualem vitam spectant,
15 quam libertatem obtineat homo, etsi supra attigimus ᵉ ², nondum
tamen ᶠ explicatum est. Nonnulli in talibus liberam ei electionem concesserunt³: magis, ut ᵍ arbitror, quod de re non magni
momenti disceptare nolebant, quam quod asserere ⁱ pro certo
vellent illud ipsum quod concedunt ʰ. Ego, etsi eos qui nullas
20 esse sibi ad iustitiam vires tenent⁴ quod in primis ad salutem
cognitu necessarium est tenere fateor, non tamen puto hanc
quoque partem negligendam, ut noverimus specialis esse gratiae Domini, quoties in mentem venit eligere quod e re nostra
est: quoties eo voluntas inclinat: rursum quoties et mens et
25 animus refugit quod alioqui erat nociturum. Atque huc se pro-
tendit divinae providentiae vis, non modo ut rerum eventus
succedant quemadmodum expedire prospexerit: sed ut voluntates quoque hominum eodem tendant. Equidem si sensu nostro
reputamus rerum externarum administrationem, nihil dubita-
30 bimus eatenus sub humano arbitrio sitas esse: verum si aures
tot testimoniis praebemus, quae Dominum in his quoque regere
animos hominum clamant, arbitrium ipsum ⁱ speciali Dei mo-
tioni subiicere nos cogent ᵏ. Quis Aegyptiorum voluntates Israelitis conciliavit ut pretiosissima quaeque vasa illis commodato
35 darent [Exod. 11. a. 3]? Nunquam eo animum ipsi suapte sponte

---

a) *sic recte 1553 (sc. 11 sq.); 1559–61 falso* 10
b) Item hoc: Mittet illis Deus efficaciam seductionis, ut credant
mendacio [2. Thessal. 2. c. 11.] c) > *1539–54* d) *iam — sunt:
1539–54 exponentur* e) *etsi — att.* > *1539–54* f) > *1539–54*
40 g) > *1539–43* h) *1539–45 concesserunt* i) *arb. ips.: VG 1541 sqq.
la puissance humaine* k) *subi. — cog.: 1539–54 subiiciemus*

1) supra I 17–18; p. 202 sqq. 2) cap. 2, 13–17; p. 256 sqq.
3) Confessio Aug. p. I art. 18; Melanchthon, Loci comm. 1535, CR
Mel. opp. XXI 374. 4) Conf. Aug. l. c.; Melanchth. l. c. p. 374 sq.

induxissent. Ergo eorum animi Domino magis suberant quam a seipsis regebantur. || Nec sane Iacob nisi persuasus esset Deum, prout visum est, hominibus induere diversos affectus, dixisset de filio Ioseph (quem profanum esse quempiam Aegyptium putabat) Det vobis Deus invenire misericordiam coram hoc viro [Gen. 43. c. 14]. Sicuti et tota Ecclesia in Psalmo fatetur, quum eius misereri voluit Deus, mansuefacta ad clementiam ab ipso fuisse crudelium Gentium corda [Psal. 106. f. 46]. Rursum quum exarsit in iram Saul ut se ad bellum accingeret, causa exprimitur, quod eum impulerit spiritus Dei [1. Sam. 11. b. 6]. || Quis animum Absolomi avertit ab amplexando consilio Achitophel, quod esse vice oraculi solebat [2. Sam. 17. c. 14]? Quis flexit Rehabeam, ut iuvenili consilio persuaderetur [1. Reg. 12 b. 10][1]? || Quis Gentes magnae prius audaciae perterruit ad Israelis adventum? Id quidem divinitus fieri confessa est meretrix Rahab [Iosue 2. b. 9]. Quis rursus metu et formidine deiecit Israelis corda, nisi qui in Lege minatus est se daturum illis cor pavidum [Levit. 26. f. 36; Deut. 28. g. 65[a]]?

7. Excipiet quispiam, esse haec singularia exempla, ad quorum regulam exigi nequaquam universa debeant[2]. Ego vero dico, sufficienter iis probari quod contendo, Deum, quoties viam facere vult suae providentiae, etiam in rebus externis hominum voluntates flectere et versare, nec ita esse liberam ipsorum electionem quin eius libertati Dei arbitrium dominetur. Velis nolis, animum tuum a motione Dei potius quam ab electionis tuae libertate pendere, haec quotidiana experientia reputare coget, quod te in rebus minime perplexis iudicium et mens saepe deficit: in rebus factu non arduis, animus flaccescit: rursum in rebus obscurissimis, expeditum statim offertur consilium: in magnis et[l] periculosis[b], animus omni difficultate superior suppetit.[c] Atque ita interpretor quod ait Solomo, Ut auris audiat, ut oculus videat, Dominus facit utrunque [Prov. 20. b. 12]. Non enim mihi de creatione loqui videtur, sed peculiari functionis gratia[d]. Quum vero scribit, Dominum cor Regis, quasi rivos aquarum, in manu sua tenere, et inclinare quocunque voluerit [Prov. 21. a. 1]: sub una profecto specie totum genus comprehendit. Sicuius enim voluntas omni subiectione soluta

---

a) *1559-61 falso* 63   b) in magn. — per. > *1539; VG 1541 sqq.* En choses de grande consequence et de grand danger   c) *VG 1541 sqq.* + D'où *(1541-45* Dont*)* procede cela; sinon que Dieu besongne, tant d'une part que d'autre?   d) pec. — grat.: *VG 1541 sqq.* de la grace speciale, que Dieu faict aux hommes de iour en iour

1) cf. 1. Reg. 12, 15.   2) cf. Erasm., De lib. arb. p. 66.

est, id iuris regiae voluntati maxime competit, quae in alias quodammodo regnum exercet; quod si illa Dei manu flectitur, neque nostra eximetur ea conditione. Hac de re insignis extat Augustini sententia, Scriptura, si diligenter inspiciatur, ostendit
5 non solum bonas hominum voluntates, quas ipse facit ex malis[a], et a se factas in actus bonos et vitam dirigit aeternam: verum illas quae conservant seculi creaturam, ita esse in Dei potestate, ut eas quo voluerit, quando voluerit faciat inclinari vel ad praestanda beneficia, vel ad poenas infligendas, occultissimo
10 quidem[b] iudicio, sed iustissimo[c] [De gratia et Lib. arbit. ad Valent. cap. 20.][d][1].

8. Hic meminerint lectores, ab eventu rerum non esse aestimandam humani arbitrii facultatem, quod imperiti quidam praepostere facere solent. Ex eo enim pulchre et ingeniose sibi videntur
15 humanam voluntatem convincere servitutis, quod ne summis quidem monarchis omnia ex sententia fluant[e]. Atqui facultas ista, de qua loquimur, intra hominem consideranda est, non ab extraneo successu metienda. Siquidem in liberi arbitrii disputatione non hoc quaeritur, an homini quaecunque animo deli-
20 berarit, perficere et exequi per externa impedimenta liceat: sed an in re qualibet liberam habeat et iudicii electionem, et voluntatis affectionem[f], quae utraque si hominibus suppetat, non minus liberi arbitrii Attilius Regulus erit, angustiis dolii aculeati inclusus[2], quam Augustus Caesar, magnam orbis terrarum par-
25 tem nutu suo gubernans[g].

Obiectionum refutatio quae pro defensione liberi arbitrii afferri solent.   CAP. V.   1559

1. DE humani arbitrii[h] servitute satis dictum videri posset, 1539 nisi qui falsa libertatis opinione praecipitare ipsum conantur,

---

30 a) ipse — mal.: *VG 1541 sqq*. *Dieu* a crées en leur cœur   b) *1539–54* quodam   c) *1539–43* + De gratia et libero arbitrio *(1539* arbitr.*)* ad Valent. Cap. 20.   d) > *1539–43*   e) *VG 1541 sqq*. + et que le plus souvent ilz ne peuvent venir à bout de leurs entreprises f) liberam — aff.: *VG 1541 sqq*. il ha libre eslection en son iugement
35 pour discerner le bien et le mal, et approuver l'un et reiecter l'autre: ou pareillement s'il ha libre affection en sa volunté, pour appeter, chercher, et suyvre le bien: hayr et eviter le mal   g) non minus — gub.: *VG 1541 sqq*. il ne seroit pas moins libre, estant enfermé en une prison, que dominant par toute la terre   h) *VG 1541 sqq*. de
40 l'ame humaine

1) Aug., De grat. et lib. arb. c. 20, 41. MSL 44, 906.   2) Seneca, Dial. I. 3, 9; Ep. 67, 7; cf. Cicer., In Pisonem 19; de offic. 1, 13; Aug., De civ. Dei I, 15. MSL 41, 28 sqq.; CSEL 40 I, 27 sqq.

suas ex adverso quasdam rationes obtenderent ad sententiam nostram oppugnandam. Congerunt primo absurda nonnulla, quibus eam in odium trahant, tanquam a sensu quoque communi abhorrentem: postea Scripturae testi¹moniis cum ea congrediuntur ª. Utrasque machinas ordine retundemus. Si peccatum, aiunt, necessitatis est, iam desinit esse peccatum: si voluntarium est, ergo vitari potest¹. Haec Pelagii quoque arma erant ad impetendum Augustinum²: cuius tamen nomine illos nolumus praegravari, donec de reipsa satisfactum a nobis fuerit. Nego igitur peccatum ideo minus debere imputari, quod necessarium est: nego rursum, consequi quod inferunt, evitabile esse, quia voluntarium sit. Siquis enim disceptare cum Deo velit, et hoc praetextu iudicium subterfugere, quoniam aliter non potuerit: habet paratam responsionem ‖ quam alibi attulimus³, non ex creatione esse, sed naturae corruptela: quod homines peccato mancipati nihil velle possunt nisi malum. Unde enim ista quam improbi libenter praetexerent impotentia, nisi quod Adam ultro se diaboli tyrannidi addixit? Hinc ergo vitiositas, cuius vinculis tenemur constricti, quod primus ᵇ ‖ homo defecit a suo opifice. Huius defectionis si merito rei tenentur universi homines, ne se necessitate excusatos putent, in qua ipsa luculentissimam habent damnationis suae causam. ‖ Atque hoc supra clare explicui: et in diabolo ipso exemplum proposui⁴, unde pateret non minus voluntarie peccare qui necessario peccat: sicuti rursum in electis Angelis quum voluntas indeclinabilis sit a bono, non desinit tamen voluntas esse: quod idem Bernardus quoque scite docet, nos ideo miseriores esse, quod voluntaria est necessitas: quae tamen nos sibi addictos ita constringit, ut servi simus peccati, sicuti ante retulimus [Ser. 81. in Cantica.]⁵. ‖ Secundum ratiocinationis membrum vitiosum est: quia a voluntario perperam transilit ᶜ ad liberum: nos autem supra evicimus⁶, voluntarie fieri quod liberae tamen electioni non subiaceat.

---

a) *1561* + [Infra sec. 6.]⁷
b) perditio tua Israel: in me tantummodo auxilium tuum [Oseae. 13. c. 9.]. Unde enim ista, quam causatur, impotentia, nisi ex naturae viciositate? Unde porro vitiositas, nisi quod   c) perp. trans.: *1539–54* deductionem habet

1) Erasmus, De lib. arb. p. 25; Eck., Enchir. 1532 c. 31 L 6 a.   2) cf. Aug., Op. imp. contr. Iul. I, c. 46. 60. 82. 84. 106, MSL 45, 1069. 1081. 1103 sq. 1119 sq., etc.   3) supra cap. 3, 5; p. 277 sq.   4) ib.   5) Bernardus Clar., Serm. in Cant. 81, 7. 9 MSL 183, 1174 sq.; vide supra p. 278, 17 sqq.   6) cap. 3, 5; p. 277 sq.   7) infra p. 303 sq.

2, 77   2. Subiiciunt, nisi ex libera arbitrii electione tum virtutes
tum vitia procedunt, non esse consentaneum ut homini vel
poena infligatur, vel praemium rependatur[1]. Hoc argumentum,
etsi Aristotelicum est[2], fateor tamen a Chrysostomo[3] et Hiero-
5 nymo alicubi usurpatum. Pelagianis tamen fuisse familiare nec
ipse Hieronymus dissimulat, ac ipsorum etiam verba refert:
Quod si gratia Dei in nobis agit, illa ergo, non nos qui non[a]
laboramus, coronabitur [In Epist. ad Ctesiphontem, et Dial. 1.][4].
De poenis respondeo illas iure nobis irrogari, a quibus peccati
10 culpa emanat. Quid enim refert, liberone iudicio an servili, modo
voluntaria cupiditate peccetur: praesertim quum inde peccator
arguatur homo, quia est sub servitute peccati? Quantum ad
iustitiae praemia, magna vero absurditas, si fateamur illa ex
Dei benignitate potius quam propriis meritis dependere. Quo-
15 ties hoc apud Augustinum recurrit, Non merita nostra Deum
coronare, sed sua dona: praemia autem vocari, non quae meritis
nostris debeantur, sed quae gratiis iam collatis retribuantur[5]?
Acute sane hoc animadvertunt, nullum iam superesse locum
meritis si non ex liberi arbitrii fonte[b] prodeunt[6]: sed quod istud
20 tantopere dissentaneum ducunt, longe aberrant. || Neque enim 1543
dubitat Augustinus passim pro necessario docere, quod ita
nefas confiteri putant: quemadmodum ubi dicit, Merita quorum-
libet hominum quae sunt? Quando ille non cum mercede debita,
sed cum gratuita gratia venit, omnes peccatores solus a peccatis
25 liber ac liberator invenit [Epist. 52][c][7]. Item, Si reddetur tibi
quod debetur, puniendus es. Quid ergo fit? non tibi reddidit[d]
Deus debitam poenam, sed donat indebitam gratiam. Si vis
esse alienus a gratia, iacta merita tua [In Psalmum 31.][8]. Item,
Nihil es per te: peccata sunt tua: merita autem, Dei. Sup-

30 a) > *1539*   b) ex — fon.: *VG 1541 sqq.* les bonnes œuvres procedent de la propre vertu de l'homme   c) *sic recte 1543; 1545-61*
[Epist. 52] *falso post* [In Psalmum 70]   d) *1543-50* reddit

1) Erasmus, De lib. arb. p. 59; Cochlaeus, De lib. arb. I. D 1 a; II. L 3 b;
Eck., Enchir. 1532 c. 31. L 6 a; Alf. de Castro, Adv. omn. haer. IX,
35 fol. 152 B; Io. Faber, De absoluta necessitate, opusc. 1538 E 5 a.
2) Aristoteles, Eth. Nicomach. III 7, 1113 b 21 sqq.   3) Chrysost.,
Homil. in illud: Domine, non est in homine via eius; ed. Paris. 1834 sqq.
VI, 183.   4) Hieronymus, Ep. 133, 5 (ad Ctesiph.) CSEL 56, 249;
Dial. adv. Pelag. lib. I, 6. MSL 23, 501.   5) ex. gr. Aug., Epist. 194
40 c. 5, 19 (ad Sixt. Rom.) MSL 33, 880, CSEL 57, 190 sq.; De grat. et
lib. arb. c. 6, 15. MSL 44, 890.   6) Erasm., De lib. arb. p. 50. 53. 59;
Cochl., De lib. arb. II, L 3 b.   7) Aug., Ep. 155 (ad Macedonium)
c. 2, 5. MSL 33, 669; CSEL 44, 436.   8) Aug., In Psal. 31. 2, 7.
MSL 36, 263.

plicium tibi debetur: et quum praemium venerit, sua dona coronabit, non merita tua [In Psalmum 70]¹. ‖ Eodem sensu alibi non gratiam ex merito, sed meritum ex gratia esse docet. Ac paulo post concludit Deum suis donis merita omnia praecedere, ut inde eliciat sua merita, et prorsus gratis dare, quia nihil invenit unde salvet [De verbis Apost. Serm. 15]². ‖ Sed quid longiorem catalogum texere necesse est, quum subinde tales sententiae in eius scriptis recurrant? ‖ Atqui melius etiamnum ᵃ hoc errore liberabit eos Apostolus, si audiant quo ex principio sanctorum gloriam ᵇ deducat. Quos elegit, eos vocavit: quos vocavit, eos iustificavit: quos iustificavit, eos glorificavit [Rom. 8. f. 29]³. Cur ergo, teste Apostolo, coronantur fideles [2. Tim. 4. b. 8]? Quia Domini misericordia, non sua industria et electi sunt et vocati et iustificati. Facessat ergo inanis hic timor, nulla fore amplius merita si liberum non stabit arbitrium. Stultissimum enim est ab eo absterreri ac refugere ᶜ quo nos Scriptura vocat. Si omnia accepisti, ait ᵈ, quid gloriaris, quasi non acceperis [1. Cor. 4. b. 7]? Vides ob idipsum libero arbitrio adimere eum omnia, ne quem meritis locum relinquat. Sed ‖ tamen, ut inexhausta et multiplex est Dei beneficentia ac liberalitas ᵉ, ‖ quas gratias in nos confert, quia nostras facit, perinde ac nostras virtutes remuneratur ᶠ.

3. Addunt quod ex Chrysostomo ᵍ sumptum videri potest, Quod si haec non sit voluntatis nostrae facultas, bonum aut malum eligere, aut omnes eiusdem naturae participes malos esse oporteret, aut omnes bonos [Homil. 22 in Genesin.] ʰ ⁴. Nec longe abest ab eo quicunque est scriptor ille operis De vocatione Gentium, qui sub Ambrosii nomine circunfertur, dum ⁱ ratiocinatur, neminem unquam a fide fuisse recessurum nisi mutabilitatis conditionem Dei gratia nobis ⁱ relinqueret [Lib. 2. cap. 4]⁵, in quo mirum est tantos viros sibi excidisse. Quomodo enim Chrysostomo in mentem non venit, electionem Dei esse quae inter homines sic discernat? Nos quidem concedere minime for-

---

a) mel. etiamn. > *1539*   b) sanct. gl.: *VG 1541 sqq.* nostre beatitude, et la gloire eternelle que nous attendons   c) ac ref. > *1539*
d) *1539* + Paulus
e) enim, ut dives Dominus est *(1539* est Dom.*)* benefaciendo
f) *iub. correctore 1543–45* remunerat   g) *1539–54* + (homil. 22. in Genesim)   h) [Hom. — G.] > *1539–54*   i) *1539–54* qui

1) Aug., In Psal. 70, 2, 5. MSL 36, 895.   2) Aug., Sermo 169 c. 2. MSL 38, 917.   3) Rom. 8, 29 sq.   4) Chrysost., Homil. 23, 5 in Gen., ed. Paris. 1834 sqq. IV, 252.   5) Pseudo-Ambros., De vocatione gent. II. c. 4. MSL 13, 1112.

midamus, quod Paulus magna contentione asserit, omnes simul
pravos esse et malitiae deditos[a]: sed cum illo subiicimus Dei
misericordia fieri ne omnes in pravitate permaneant. Ergo quum
pari morbo laboremus naturaliter omnes, soli illi convalescunt
quibus medicam manum admovere Domino placuit. Alii, quos
iusto iudicio praetermittit, in sua putredine tabescunt, donec
absumantur. Nec aliunde est quod alii ad finem perseverant,
alii in coepto cursu prolabuntur. Siquidem et ipsa perseverantia
donum Dei est, quod non omnibus promiscue largitur, sed quibus visum est impertit. Si causa differentiae requiritur, cur
alii constanter perseverent, alii instabilitate deficiant, non alia
nobis constat, nisi quod illos sua virtute roboratos sustinet
Dominus, ne pereant: his, quo sint[b] inconstantiae documenta,
non eandem virtutem administrat.

4. Instant praeterea, frustra exhortationes suscipi, supervacuum esse admonitionum usum, ridiculas esse obiurgationes,
nisi sit penes peccatorem parere[1]. Similia olim quum obiectarentur
Augustino, libellum De correptione et gratia scribere coactus
fuit. Ubi etsi copiose illa diluit, ad hanc tamen summam adversarios revocat, O homo, in praeceptione cognosce quid debeas
agere: in correctione cognosce tuo et vitio non habere: in oratione
cognosce unde accipias quod vis habere[2]. ‖ Eiusdem fere argumenti
est liber De Spiritu et litera, ubi Deum Legis suae praecepta non
humanis viribus metiri docet, verum ubi iussit quod rectum
est, gratis dare implendi facultatem suis electis[3]. Nec vero haec
res longae disceptationis est. ‖ Primum non soli sumus in hac
causa, sed Christus et omnes Apostoli. Viderint isti quomodo
superiores evadent in certamine, quod cum talibus antagonistis
suscipiunt. Christus, qui testatur nos sine se nihil posse [Iohan.
15. a. 5], an ideo minus reprehendit et castigat eos qui extra
seipsum male agebant? an ideo minus exhortatur ut quisque
bonis operibus incumbat? Paulus quam severe in Corinthios
invehitur ob charitatis neglectum[c]? Iisdem tamen demum charitatem a Domino dari flagitat. Testatur in Epistola ad Romanos, non esse volentis, neque currentis, sed miserentis[d] Dei

---

a) *VG 1545 sqq.* + [Rom. 3. b. 10]   b) *1539-54* + humanae
c) *1545-50* + [1. Cor. 16. *(14)*]; *VG 1560* + [1. Cor. 3. a. 3]   d) *1550-54*
miserantis

1) Schatzgeyer, Scrutin. c. 1. CC 5, 11; Erasmus, De lib. arb. p. 40 sq.
79; Cochlaeus, De lib. arb. I. F 2 b, G 8 b sq.; II O 1 a; Herborn, Enchir. c. 38. CC 12, 132; Eck., Enchir. 1532 c. 31. L 6 a; — cf. Origenem,
De principiis III, 1, 6 GCS 22, 204.   2) Aug., De corrept. et grat.
c. 3, 5. MSL 44, 918.   3) MSL 44, 199 sqq.; CSEL 60, 155 sqq.

[Rom. 9. d. 16]: non desinit tamen postea et admonere et hortari et corripere. Cur non ergo Dominum interpellant, ne ita ludat operam, ab hominibus ea exigendo quae solus ipse dare potest: ea castigando quae gratiae eius defectu admittuntur? Paulum cur non admonent ut parcat iis quorum in manu non est velle aut currere, nisi praeeunte Dei misericordia, quae nunc ipsos destituit? Quasi vero non optima doctrinae suae ratio Domino constet, quae^i in promptu se offert religiosius quaerentibus. Doctrina certe et exhortatio et obiurgatio quantum per se efficiant ad animum immutandum, indicat Paulus dum scribit, neque qui plantat esse aliquid, neque qui rigat: sed Dominum, qui incrementum dat, solum efficaciter agere [1. Cor. 3. b. 7]. ∥

1559 Sic Mosen, severe videmus Legis praecepta sancire, et Prophetas acriter instare, et minari transgressoribus: quum tamen fateantur tunc sapere demum homines, ubi cor illis datur ad intelligendum: proprium Dei opus esse, corda circuncidere, et pro lapideis dare carnea: Legem suam inscribere visceribus: denique animas innovando, facere ut efficax sit doctrina.

1539 5. Quorsum ergo exhortationes? nempe si ab impiis^a obstinato corde spernuntur^b, in testimonium illis^c futurae sunt, ubi ad Domini tribunal ventum fuerit: quinetiam iam nunc illorum^d conscientiam verberant ac feriunt: quia, utcunque irrideat protervissimus quisque^e, improbare tamen non potest. Sed quid faciat miser homuncio, inquies^f, quando cordis mollities, quae ad obedientiam necessaria erat, illi denegatur? Imo quid tergiversatur, quum duritiem nulli nisi sibiipsi imputare queat? Itaque impii, libenter eas eludere parati, si liceat, velint nolint, earum virtute prosternuntur^g. Praecipua autem utilitas erga fideles consideranda est: in quibus ut omnia per Spiritum suum agit Dominus, ita verbi sui instrumentum non praetermittit: et illud ipsum non sine efficacia usurpat. Stet ergo quod verum est, totam piorum virtutem in Dei gratia sitam esse, ∥

1559
1539 secundum illud Prophetae dictum, Dabo illis cor novum ut in illis ambulent [Eze. 11. d. 19. 20]. Atqui excipies, ∥ Cur iam admonentur officii sui, ac non potius sinuntur Spiritus directioni? cur hortationibus sollicitantur, quando festinare magis nequeunt^h quam fert Spiritus incitatio? cur castigantur siquando a via deflexerunt, quando necessaria carnis infirmitate lapsi sunt? O homo, quis es qui legem imponas Deo^i? Si ad

a) > *1539–54*   b) *1539–54* contemnuntur   c) *1539–54* illi
d) *1539–54* illius   e) prot. qu. > *1539–54*   f) miser — inqu. > *1539–54*   g) *1539–54* confunduntur   h) *1539–43* nequeant
i) *1539–54* Domino

recipiendam hanc ipsam gratiam, qua fit ut hortationi pareatur, per hortationem vult nos praeparari, quid habes quod in ea oeconomia mordeas vel sugilles? Si nihil exhortationes reprehensionesque apud pios aliud proficerent nisi ut peccati redarguerent, essent eo ipso reputandae non prorsus inutiles. Nunc, quum agente intus Spiritu, ad inflammandum boni desiderium, ad discutiendum torporem, ad eximendam iniquitatis voluptatem et venenatam dulcedinem, contra autem, ad odium taediumque generandum plurimum valeant[a]: quis audeat superfluas cavillari? Siquis clariorem desiderat responsionem, sic habeat, Bifariam Deus in electis suis[b] operatur: intus, per Spiritum: extra, per verbum. Spiritu, mentes illuminando, corda in iustitiae amorem cultumque formando, novam eos creaturam facit. Verbo, ad eandem renovationem expetendam, quaerendam, asse'quendam excitat. Utroque manus suae efficaciam pro dispensationis suae modo exerit. Verbum idem dum reprobis destinat, etsi non in eorum correctionem, in alium tamen usum valere facit: quo et in praesens conscientiae testimonio urgeantur, et in iudicii diem magis reddantur inexcusabiles. ‖ Sic Christus, quanvis pronuntiet neminem ad se venire nisi quem Pater traxerit, et electos venire postquam a Patre audierint, et didicerint [Ioh. 6. e. 44, et 45]: non tamen ipse doctoris munus negligit, sed voce sua sedulo invitat quos intus a Spiritu sancto doceri necesse est ut aliquid proficiant. Apud reprobos admonet Paulus non otiosam esse doctrinam, quia illis odor est mortis in mortem, suavis tamen odor Deo [2. Cor. 2. d. 16][1].

6. In congerendis Scripturae testimoniis valde sunt laboriosi: idque sedulo faciunt, ut quoniam pondere nequeunt, numero saltem nos adobruant[1]. Sed quemadmodum in praeliis, ubi ad manus ventum est, imbellis multitudo, quantumlibet pompae et ostentationis habeat, paucis ictibus protinus funditur ac fugatur: ita nobis facillimum erit illos cum sua turba disiicere. Quia enim in paucissimos scopos coeunt loci omnes quibus adversum nos abutuntur, ubi in suas classes distributi fuerint, compluribus una responsione satis fiet: singulis dissolvendis incumbere necesse non erit. Praecipuum robur locant in praeceptis: quae

---

a) Nunc — val.: *VG 1541 sqq.* Or maintenant, puis qu'elles profitent grandement à emflamber le cœur en amour de iustice: au contraire à haine et desplaisir de peché, entant que le Sainct Esprit besongne au dedans, quand il use de cest instrument exterieur, au salut de l'homme   b) *VG 1541 sqq.* en nous

1) cf. libros adversariorum quos citavimus.

putant facultatibus nostris sic attemperata esse, ut quicquid ab illis exigi probatum sit, his praestari posse necessario consequatur[1]. Ergo singula percurrunt, et ex illis virium nostrarum modum metiuntur. Aut enim (inquiunt) illudit nobis Deus[a], quum sanctitatem, pietatem, obedientiam, castitatem, dilectionem, mansuetudinem imperat: quum immunditiam, idololatriam, impudicitiam, iram, rapinam, superbiam et similia interdicit: aut ea tantum requirit quae sunt in nostra potestate[2]. Porro omnia fere quae accumulant praecepta, in tres species distinguere licet. Alia primam ad Deum[b] conversionem exigunt: alia simpliciter de Legis observatione loquuntur: alia perseverare in recepta Dei gratia iubent. De omnibus in genere disseramus, tum descendemus ad formas ipsas. Hominum facultates ad divinae Legis praecepta extendere, vulgare id quidem iamdiu esse coepit, et nonnullam speciem habet: sed a rudissima Legis ignorantia prodiit. Nam qui pro ingenti piaculo ducunt si dicatur Legis observationem esse impossibilem, validissimo scilicet[c] argumento insistunt, frustra alias datam esse Legem[3]. Perinde enim loquuntur acsi nusquam Paulus de Lege loquutus esset. Quid enim, quaeso, ista sibi volunt, Legem propter[d] transgressiones positam esse [Galat. 3. c. 19][e], Per Legem esse cognitionem peccati [Rom. 3. c. 20], Legem peccatum efficere [Ibidem 7. b. 7][4], Subingressam esse ut abundaret delictum [Rom. 5. d. 20]; an ad nostras vires limitandam fuisse, ne frustra daretur?[1] Quin potius longe supra nos positam, quo impotentiam nostram convinceret. || Certe ex eiusdem definitione finis Legis ac complementum est charitas [1. Timot. 1. a. 5]. Atqui dum ea Thessalonicensium animos repleri optat [1. Thes. 3. d. 12], satis fatetur sine profectu in auribus nostris sonare Legem, nisi totam eius summam cordibus nostris Deus inspiret.

7. Equidem si Scriptura nihil aliud doceret quam Legem esse vitae regulam, ad quam studia nostra componere debeamus, ego quoque citra moram pedibus in eorum sententiam descenderem; sed quum multiplicem Legis usum diligenter ac perspicue nobis explicet[5], ex illa potius interpretatione, quid Lex in ho-

---

a) *1539–54* Dominus   b) *1539–54* Dominum   c) val. sc.: *VG 1541 sqq.* trop infirme   d) *VG 1541 sqq.* pour augmenter   e) [Gal. —]: *1559–61 male infra post* [Ibid. —] *exstat*.

1) cf. Cochl., De lib. arb. I. F 7 b sq.   2) cf. Cochl., De lib. arb. II. N 1 a; De Castro, Adv. omn. haer. IX. fol. 152 B.   3) Cochl., De lib. arb. I. C 8 b; Eck., Enchir. 1532 c. 31. L 6 a; De Castro, l. c.; Io. Faber, De absoluta necessitate, opusc. 1538 B 8 b sqq.   4) Rom. 7, 7 sq.   5) infra cap. 7, 6 sqq. 10 sq. 12 sqq.; p. 332 sqq.

mine valeat considerare convenit[a]. Quantum praesentis causae refert, simulac quid agendum sit nobis praescripsit, obediendi virtutem a Dei bonitate esse docet: ideoque ad preces invitat quibus eam nobis dari postulemus. Si solum extaret imperium, nulla promissio, tentandae essent vires an ad respondendum imperio sufficerent: sed quum simul promissiones connectantur quae in divinae gratiae auxilio non modo subsidium, sed totam virtutem nobis esse sitam clamant, illae satis superque testantur nos prorsus ineptos, nedum impares observandae Legi esse. Quare ne amplius ista virium nostrarum cum Legis praeceptis proportio urgeatur, acsi Dominus quam in Lege daturus erat iustitiae regulam, ad modulum nostrae imbecillitatis exegisset. Magis ex promissionibus reputandum quam simus ipsi a nobis imparati, qui omni in parte tantopere eius gratia indigemus. Sed cui (aiunt) verisimile fiet, Dominum truncis ac lapidibus Legem destinasse[1]? Neque id quispiam persuadere molitur. Non enim aut impii saxa sunt aut stipites, dum adversari Deo suas libidines per Legem edocti, suo ipsorum testimonio rei fiunt: aut pii, dum suae impotentiae admoniti, ad gratiam confugiunt. Quo pertinent istae solennes Augustini sententiae, Iubet Deus quae non possumus, ut noverimus quid ab ipso petere debeamus [de gratia et lib. arbit. cap. 16][b][2]. Magna est praeceptorum utilitas, si libero arbitrio tantum detur, ut gratia Dei amplius honoretur [Epist. 29][c][3]. Fides impetrat quod Lex imperat [In Ench. ad Laurent.][4]: ‖ imo ideo Lex imperat, ut 1543 impetret fides quod imperatum erat per Legem: ‖ imo fidem 1539 ipsam exigit a nobis Deus, et non invenit quod exigat, nisi dederit quod inveniat [Homil. 29 in Iohan.][5]. Item, Det Deus quod iubet, et iubeat quod velit[6].

---

a) ex illa — conv.: *VG 1541 sqq.* nous debvons plustost nous arrester à ceste interpretation, qu'à noz phantasies   b) *1539-61* [de — cap. 16] *falso post* [In — Laurent.]   c) *1539-61 falso* [Epist. 24] *post* [Homil. — Iohan.]

1) Cochlaeus, De lib. arb. I. C 4 b; Eck., Enchir. 1532 c. 31. L 6 a; — cf. Orig., De princ. III. 1, 5. GCS 22, 200; Aug., Serm. 156, 12 MSL 38, 857; De pecc. mer. II. 5, 6 MSL 44, 154 sq., CSEL 60, 77.   2) Aug., De gratia et libero arbitrio c. 16, 32. MSL 44, 900.   3) Aug., Ep. 167. c. 4, 15 (ad Hieronymum) MSL 33, 739; CSEL 44, 603.   4) Aug., Enchir. c. 117. MSL 40, 287, ed. Scheel c. 31, 117, p. 72; cf. Ep. 157. c. 2, 8 (ad Hilar.) MSL 33, 677; CSEL 44, 454.   5) Aug., In Ioh. tract. 29, 6. MSL 35, 1631.   6) Aug., Confess. X 29, 40; 31, 45 etc. MSL 32, 796. 798, CSEL 33, 256. 261; De grat. et lib. arb. c. 15, 31 MSL 44, 899; De spir. et lit. c. 13, 22. MSL 44, 214, CSEL 60, 175.

8. Id, recensendis tribus praeceptorum formis quas superius attigimus[1], clarius cernetur. Iubet saepius Dominus tum in Lege, tum in Prophetis, ut ad se convertamur [Ioel 2. c. 12][a]. At succinit ex adverso Propheta, Converte me Domine, et convertar: postquam enim convertisti me, egi poeni¹tentiam, etc. [Iere. 31. c. 18]. Iubet ut praeputia cordis nostri circuncidamus [Deut. 10. d. 16]. At per Mosen denuntiat, istam circuncisionem manu sua fieri [Ibidem 30. b. 6]. Cordis novitatem passim requirit[2]: sed alibi a se dari testatur [Ezech.[b] 36. f. 26][c]. ∥ Quod autem promittit Deus, ut Augustinus ait, non facimus ipsi per arbitrium vel naturam: sed facit ipse per gratiam[3]. Atque haec observatio est quam idem ipse inter regulas Ticonii[d] quinto[e] loco enumerat, ut bene distinguamus inter Legem et promissiones, vel inter mandata et gratiam [Lib. de. doct. Christ. 3][f][4]. ∥ Eant nunc qui ex praeceptis colligunt ecquid homo valeat ad obedientiam, ut Dei gratiam perimant, per quam praecepta ipsa adimplentur. Secundi generis praecepta simplicia sunt, quibus Deum colere, eius voluntati servire et adhaerere, eius placita observare, eius doctrinam sequi iubemur. Sed innumeri sunt loci qui testificentur illius esse donum, quicquid iustitiae, sanctitatis, pietatis, puritatis haberi potest. Ex tertio genere erat illa quae a Luca refertur Pauli et Barnabae exhortatio ad fideles, ut in gratia Dei permanerent [Act. 13. f. 43]. Sed unde illa constantiae virtus petenda sit, alio loco idem Paulus tradit. Quod superest (inquit) fratres, sitis fortes per Dominum [Ephes. 6. b. 10]. Alibi vetat ne contristemus Spiritum Dei, quo obsignati sumus in diem redemptionis nostrae [Ibidem 4. g. 30]. Sed quod illic exigit, quia praestari ab hominibus non poterat, Thessalonicensibus a Domino imprecatur, nempe ut dignos habeat eos[g] vocatione sua sancta, et impleat bonum omne propositum bonitatis suae, opusque fidei in illis [2. Thess. 1. d. 11]. ∥ Eodem modo in secunda ad Corinthios epistola, de eleemosynis tractans, bonam et piam eorum voluntatem saepius commendat: paulo post tamen gratias agit Deo, qui posuit in corde Titi ut exhortationem susciperet

---

a) *VG 1545–51* + [Ezec. 18. *(30–32)* Osée 14. *(2 sq.)*]   b) *1539* + 11. *(19)*   c) *1539–61 male* + [Iere. 31. c. 18]   d) inter — Tic.: *VG 1545 sqq.* entre les reigles *(1545* en la reigle*)* de la doctrine Chrestienne   e) *1543–50 .5. (lege: 3.)*   f) > *1543–50*   g) *1539–54* + Dominus

1) sect. 6; p. 304.   2) Ez. 18, 31.   3) Aug., De gratia Christi et peccato originali I. c. 30, 31 MSL 44, 375; CSEL 42, 149.   4) Aug., De doctrina Christiana III. c. 33. MSL 34, 83.

[2. Cor. 8. b. 11. c. 16]. Si ne oris quidem officium ad alios hortandos praestare Titus potuit nisi quatenus suggessit Deus, quomodo alii ad agendum voluntarii fuissent, nisi Deo ipso corda eorum dirigente?

9. Cavillantur haec omnia testimonia astutiores: quia nihil impediat quominus ipsi conferamus nostras vires, et infirmis conatibus Deus suppetias ferat[1]. Afferunt etiam locos ex Prophetis, ubi conversionis nostrae effectus inter Deum et nos videtur dimidiari. Convertimini ad me, et ego convertar ad vos [Zach. 1. a. 3][2]. Quales nobis suppetias Dominus ferat, supra demonstratum est[3], neque hic opus est repetere. Unum[a] hoc duntaxat mihi concedi volo, frustra implendae Legis facultatem in nobis requiri, quia eius obedientiam nobis Dominus imperet: quando constat omnibus Dei praeceptis adimplendis et necessariam esse gratiam Legislatoris, et nobis promissam; || quia inde patet, saltem plus a nobis exigi quam simus solvendo. Nec vero ullis cavillis dilui potest illud Ieremiae, irritum fuisse pactum Dei percussum cum veteri populo, quia literale tantum erat: non aliter autem sanciri quam ubi accedit Spiritus, qui ad obediendum corda format [Iere. 31. f. 32][4]. || Neque eorum errori astipulatur sententia illa, Convertimini ad me et convertar ad vos. Siquidem illic Dei conversio notatur, non qua cor nostrum ad resipiscentiam renovat, sed qua se benevolum ac propitium, rerum prosperitate testatur: quemadmodum rebus adversis offensionem[b] interdum indicat. Quoniam igitur multis miseriarum et calamitatum formis vexatus populus, aversum a se Deum querebatur: respondet non defuturam illis suam benignitatem si ad vitae rectitudinem et ad seipsum, qui est iustitiae exemplar, redeant. Perperam ergo detorquetur locus, dum eo trahitur ut opus conversionis videatur inter Deum et homines partiri. Haec eo brevius perstrinximus, quod huic argumento proprius in Legis tractatione locus erit[5].

10.[c] Secundus argumentorum ordo superiori finitimus est. Allegant promissiones quibus Dominus cum voluntate nostra paciscitur: quales sunt, Quaerite bonitatem et non malitiam, et vivetis [Amos 5. d. 14.][6]. Si volueritis et audieritis, bona

a) rep. Un.: *1539* repetere, ubi unum   b) *1539–43* offensiones
c) > *falso 1559*

1) tenor est omnium scriptorum adversariorum.   2) Erasmus, De libero arbitrio, p. 34; Eck., Enchirid. 1532 c. 31. L 5 b; Io. Faber, De absoluta necessitate, opusc. 1538 E 5 a.   3) sect. 7 sq., p. 305 sqq.
4) Ier. 31, 32 sq.   5) infra cap. 7, 8 sq.; p. 334 sq.   6) Hic et infra in sectionibus 10—14 argumenta quaedam Catholicorum occurrunt, quae in libris allatis non invenimus.

terrae comedetis: quod si nolueritis, gladius devorabit vos:
quia os Domini loquutum est[a][1]. Item, Si abstuleris abominationes tuas a facie mea, non expelleris [Iere. 4. a. 1][2]: si
audieris vocem Iehovae[b] Dei tui, et[c] facias et custodias omnia
mandata eius, faciet te Dominus excelsiorem cunctis Gentibus
terrae [Deut. 28. a. 1][3]. Et reliquae similes [Levit. 26. a. 3][4]. Importune et per ludibrium, quae Dominus in promissionibus
offert beneficia, voluntati nostrae delegari putant, nisi nostrum
sit illa vel stabilire, vel irrita facere[5]. Et sane rem istam facundis
querimoniis amplificare promptum est: nos crudeliter a Domino
illudi, quum benignitatem suam a voluntate nostra pendere
denuntiat, si voluntas ipsa nostri iuris[d] non est. Egregiam vero
fore hanc liberalitatem Dei, si beneficia sua ita nobis exponat,
ne fruendi ulla sit facultas; miram promissionum certitudinem,
quae ut nunquam impleantur, a re impossibili dependeant[6].
De promissionibus eiusmodi quae conditionem[e] habent appositam, alibi dicemus[7]: ut palam futurum sit, in earum impossibili complemento nihil esse absurdi. Quantum ad hunc locum
attinet, nego Deum[f] inhumaniter illudere nobis, dum nos ad
beneficia sua demerenda invitat, quos novit esse prorsus impotentes. Siquidem quum fidelibus iuxta et impiis offerantur
promissiones, suum apud utrosque usum habent. Quemadmodum praeceptis impiorum conscientias pungit Deus, ne
suaviter nimium in peccatis delicientur, nulla iudiciorum suorum memoria; ita in promissionibus quodammodo[i] eos attestatur
quam indigni sint sua benignitate. Quis enim aequissimum et
convenientissimum esse neget, Dominum iis benefacere a quibus
colitur: maiestatis autem suae contemptores pro sua severitate ulcisci? Rite ergo et ordine agit Deus[g], dum impiis peccati
compedibus devinctis, hanc legem in promissionibus dicit, tum
demum sua beneficia percepturos si a pravitate discesserint:
vel ob hoc solum, ut intelligant se ab iis merito excludi quae
veris Dei cultoribus debentur. Rursum, quia modis omnibus

---

a) quia — est > *VG 1541 sqq.; 1539–54* + [Iesai. 1. e. 19. *(19 sq.)*]
b) *1539–54* domini c) *1539–54* ut d) nost. iur.: *1539–54* nostra
e) *1539* promissionem; *VG 1541 sqq.* + impossible f) *1539–54*
Dominum g) *1539–54* Dominus

1) Schatzgeyer, Scrutin. c. 1. CC 5, p. 11; Erasmus, De lib. arb. p. 33;
Cochl., De lib. arb. I. D 2 b; Eck., Enchir. 1532 c. 31. L 5 a; De Castro,
Adv. omn. haer. IX fol. 150 C; — cf. Orig., De princ. III. 1, 6. GCS 22,
201. 2) Cochl., De lib. arb. I. F 1 b. 3) Faber, De absol. necess.,
opusc. 1538 C 2 a. 4) ibidem C 1 b. 5) cf. Cochl., De lib. arb. I. C 8 b.
6) cf. ibid. E 7 a. 7) infra cap. 7, 4. 8, 4, p. 329 sq. 345 sq.; lib. III. 17,
1–3. 6 sq.

ad implorandam suam gratiam fideles exstimulare studet, nequaquam erit absonum, si quod illum multo cum fructu agere praeceptis erga eos ostendimus, id quoque promissionibus tentet. De voluntate Dei praeceptis edocti, miseriae nostrae admonemur, qui sic ab illa toto pectore dissidemus: simul instigamur ad invocandum eius Spiritum, per quem in rectam viam dirigamur; sed quia praeceptis ignavia nostra non satis acuitur, subduntur promissiones, quae dulcedine quadam ad eorum amorem nos alliciant. Quo autem maiore tenemur iustitiae desiderio, eo fimus ad quaerendam Dei gratiam ferventiores. En quomodo illis obtestationibus, Si volueritis, Si audieritis, neque volendi audiendive liberam facultatem nobis Dominus tribuat, neque tamen ob impotentiam nos[a] ludibrio habeat[b].

11. Habet et tertia classis multam cum illis affinitatem. Locos enim producunt quibus ingrato populo Deus exprobrat, per eum duntaxat stetisse quominus ab indulgentia sua omne genus bonorum receperit. Cuius generis sunt isti, Amalec et Chananaeus ante vos sunt, quorum gladio corruetis: eo quod nolueritis acquiescere Domino [Nu. 14. g. 43]. Quia vocavi vos, et non respondistis, faciam huic domui sicut feci Silo [Iere. 7. c. 13][c][1]. Item, Haec gens non audivit vocem Domini Dei sui, nec recepit disciplinam: ideo proiecta est a Domino [Ibidem 7. f. 28][2]. Item, Quia indurastis cor vestrum, et noluistis obedire Domino, haec omnia mala evenerunt vobis [Ibidem 32. e. 32][3]. Tales exprobrationes, inquiunt, quomodo adversus eos congruerent quibus exemplo respondere liceat, Nobis vero prosperitas cordi erat, adversa timebamus: quod autem illius adipiscendae, horum vitandorum causa, Domino non paruimus, nec vocem eius auscultavimus, eo factum est quia peccati dominationi obnoxiis liberum non fuit. Frustra igitur mala nobis exprobrantur, quae effugere non fuit nostrae potestatis. Sed omisso necessitatis obtentu, in quo infirmum est ac futile patrocinium, rogo possintne culpam deprecari. Nam si culpae alicuius tenentur convicti: non abs re Dominus exprobrat, eorum perversitate factum esse quominus suae clementiae fructum sentirent. Respondeant ergo, possintne infitiari causam contumaciae, pravam suam voluntatem fuisse. Si mali fontem[1] intra se reperiunt, quid vestigandis ex-

---

a) > *1539–54*   b) *VG 1541 sqq.* + veu qu'en cela il faict le proffit de ses serviteurs, et rend les iniques plus damnables *(*pl. damn.: *1541–51* inexcusables*)*   c) *1545–50* [Iere. 26. *(6)*]

1) Ier. 7, 13 sq.   2) Ier. 7,.28 sq.; praecedentes versus 23–26 obicit Cochlaeus, De lib. arb. I. F 2 b.   3) Ibi non exstat, sed ad Ier. 5, 3 in versione vulgata spectare videtur; cf. Cochl., De lib. arb. I. F 2 a.

traneis causis inhiant, ne sibiipsi fuisse exitii authores videantur? Quod si verum est suo non alieno vitio et divinis beneficiis privari peccatores, et ultionibus castigari, magna ratio est cur istas exprobrationes ex ore Dei[a] audiant: ut si obstinate in vitiis pergant, discant in calamitatibus suam potius nequitiam accusare et detestari, quam Deum iniquae saevitiae insimulare: si docilitatem non exuerunt, peccatorum taedio capti (quorum merito miseros se ac perditos vident) in viam redeant, ac idipsum seria confessione agnoscant quod Dominus obiurgando commemorat. In quem usum illas, quae citantur, Prophetarum obiurgationes apud pios profecisse, ex solenni Danielis oratione constat, quae habetur capite 9.[1] Prioris autem usus exemplum intuemur in Iudaeis, quibus suarum miseriarum causam enarrare Ieremias iubetur: quum tamen non aliter casurum esset quam Dominus praedixerat. Loqueris ad eos omnia verba haec, et non audient te: vocabis eos, et non respondebunt tibi [Iere. 7. f. 27]. Quorsum igitur canebatur surdis? ut nolentes ac inviti intelligerent verum esse quod audiebant: nefarium esse sacrilegium si malorum suorum culpam, quae in ipsis residebat, Deo[b] transcriberent. Paucis his solutionibus expedire te facillime possis ab immensa testimoniorum congerie, quam ad erigendum liberi arbitrii simulachrum hostes gratiae Dei struere solent tam ex praeceptis quam ex obtestationibus adversus Legis transgressores. ‖ Probrose de Iudaeis in Psalmo refertur, Generatio prava quae non direxit cor suum [Psal. 78. a. 8]; alio etiam Psalmo hortatur Propheta suae aetatis homines, ne obdurent corda sua [Psal. 95. b. 8]: nempe quia omnis contumaciae culpa in hominum pravitate haeret; sed stulte inde colligitur, cor in utranque partem esse flexibile, cuius praeparatio a Deo est. Dicit Propheta, Inclinavi cor meum ad observanda praecepta tua [Psal. 119. 112]: nempe quia libenter et hilari animi propensione Deo se addixerat: neque tamen se inclinationis authorem esse iactat, quam in eodem Psalmo fatetur Dei esse donum[2]. Itaque tenenda Pauli admonitio, dum fideles iubet operari salutem suam cum timore et tremore, quia Deus est qui operatur et velle et perficere [Philip. 2. b. 12][3]. Agendi quidem partes illis assignat, ne indulgeant carnis torpori: sed metum et sollicitudinem praecipiens, sic eos humiliat, ut meminerint hoc ipsum quod agere iubentur, proprium esse Dei opus; quo diserte exprimit, passive (ut ita loquar) agere fideles, quatenus e caelo

---

a) *1539-54* Domini b) *1539-54* Domino

1) Dan. 9, 4–19. 2) Ps. 119, 36. 3) Phil. 2, 12 sq.

suggeritur facultas, ut nihil sibi prorsus arrogent ᵃ. Proinde dum
nos hortatur Petrus ut subministremus in fide virtutem [2. Pet. 1.
b. 5], non concedit nobis secundas partes quasi separatim quicquam agamus, sed tantum carnis pigritiem expergefacit, qua
plerunque suffocatur ipsa fides. Eodem spectat illud Pauli, Spiritum ne exᵗtinguatis [1. Thes. 5. c. 19], quia subinde obrepit
fidelibus ignavia: nisi corrigatur. Siquis tamen inde inferat, in
eorum esse arbitrio fovere oblatam lucem, facile refutabitur
eius inscitia, quia haec ipsa sedulitas quam requirit Paulus
[2. Cor. 7. a. 1], nonnisi a Deo est. Nam et saepe iubemur ab
omni inquinamento nos purgare, quum Spiritus sibi uni con-
secrandi munus vendicet. Denique per concessionem ad nos
transferri quod in Deum competit, ex verbis Iohannis palam
est, Quisquis ex Deo est, servat seipsum [1. Ioh. 5. d. 18]. Vocem hanc arripiunt liberi arbitrii praecones, quasi partim Dei
virtute, partim nostra servemur; quasi vero hanc ipsam custodiam, cuius Apostolus meminit ᵇ, non habeamus e caelo.
Unde et Patrem rogat Christus ut nos a malo ᶜ servet [Iohan.
17. c. 15]; et scimus pios, dum adversus Satanam militant, non
aliis quam Dei armis victoriam consequi. Itaque Petrus ubi
animas purificare iussit in obedientia veritatis, mox correctionis vice addit, per Spiritum [1. Pet. 1. d. 22]. Denique quam
nihili sint omnes humanae vires in certamine spirituali, breviter
ostendit Iohannes, quum tradit non posse peccare qui ex Deo
geniti sunt, quia semen Dei in illis manet [1. Ioh. 3. b. 9]; ac
rationem alibi reddit, quod fides nostra sit victoria quae vin-
cit mundum [Ibidem 5. a. 4].

12. Citatur tamen de Lege Mosis testimonium, quod solu-
tioni nostrae valde adversari videtur. Nam ille populus, post
Legem promulgatam, hunc in modum contestatur ᵈ, Mandatum
hoc quod praecipio tibi hodie, non est occultum, neque procul
positum, neque in caelo situm, sed iuxta te est in ore tuo et in
corde tuo, ut facias illud [Deut. 30. c. 11]¹. Haec certe si de
nudis praeceptis dicta intelligantur, fateor ad causam praesentem habere non parum momenti. Nam etsi eludere levis
operae fuerit, quod hic non de observationis sed cognitionis
facilitate et proclivitate agatur, nonnullum tamen scrupulum

---

a) quat. — arr.: *VG 1560* c'est qu'ils s'esvertuent d'autant qu'ils sont
poussez, et que la faculté leur est donnée du ciel   b) cuius — mem.
> *VG 1560*   c) *VG 1560* + ou du malin   d) *1539-54* contestabatur

1) Deut. 30, 11. 12. 14; Erasmus, De lib. arb. p. 36. 37; Eck., Enchir.
1532 c. 31. L 4 b; Schatzgeyer, Scrutin. c. 1, CC 5, 10; Herborn, Enchir.
c. 38, CC 12, 130.

sic quoque forsan relinquerent. Verum omnem nobis dubitationem eximit Apostolus, non ambiguus interpres, qui de Evangelii doctrina Mosen hic loquutum esse affirmat [Rom. 10. b. 8]. Quod siquis refractarius contendat, violenter a Paulo detorta fuisse ut ad Evangelium trahi possent: quanquam impietate non carebit eius audacia, est tamen quo praeter Apostoli authoritatem redarguatur. Nam si de solis praeceptis loquebatur Moses, vanissima confidentia populum inflabat. Quid enim aliud quam se praecipitassent, si Legis observationem aggressi forent suis viribus tanquam sibi non difficilem? Ubi ergo Legis observandae ista tam obvia facilitas, quando nullus nisi per exitiale praecipitium patet accessus? Proinde nihil certius est quam Mosen his verbis misericordiae foedus comprehendisse, quod una cum Legis exactione[a] promulgaverat. || Nam et paucis ante versibus docuerat, circuncidi manu Dei oportere corda[1] nostra, ut ipsum diligamus [Deut. 30. b. 6[b]]. Ergo hanc, de qua mox loquitur, facilitatem non in hominis virtute, sed in ope ac praesidio Spiritus sancti posuit, qui opus suum potenter in nostra infirmitate peragit. Quanquam nec de praeceptis simpliciter intelligendus est locus, sed magis de promissionibus Evangelicis, quae adeo comparandae iustitiae facultatem in nobis non stabiliunt ut eam prorsus evertant. || Id reputans Paulus, non sub dura illa ardua et impossibili conditione salutem in Evangelio proponi, qua nobiscum Lex agit (nempe ut ipsam ii demum assequantur qui mandata omnia impleverint) sed facili, expedita, et expositi accessus[c] hoc testimonio confirmat[d]. Nihil ergo hoc testimonium ad vendicandam humano arbitrio libertatem.

13. Obiectari solent et alii quidam loci quibus ostenditur Deum interdum, reducto gratiae suae subsidio, explorare homines, et expectare quorsum convertant sua studia: qualiter est apud Oseam, Vadam ad locum meum, donec ponant in corde suo, et quaerant faciem meam [Oseae 5. d. 14][1]. Ridiculum (aiunt) erat, si consideraret Dominus an Israel faciem suam quaesiturus esset[e], nisi flexibiles fuissent animi, qui utrovis suopte ingenio inclinare possent. Quasi vero istud non sit in Prophetis usitatissimum Deo, speciem aspernantis ac

---

a) una — ex.: *VG 1541 sqq.* avec la Loy   b) *1559–61 falso* 8
c) et — acc. > *VG 1541 sqq.*   d) *VG 1541 sqq.* + combien la misericorde de Dieu nous est liberalement mise entre les mains *(1541 nous est exposée)*   e) an — esset: *VG 1541 sqq.* si les hommes suyvront sa voye

1) Os. 5, 15.

proiicientis populum prae se ferre, donec vitam in melius
emendarit. Sed quid tandem ex talibus minis adversarii eliciant?
Si volunt, populum a Deo derelictum conversionem a seipso
posse meditari, tota Scriptura reclamante id facient: si necessariam Dei gratiam ad conversionem fatentur, quid nobiscum
litigant? At necessariam ita concedunt ut suam homini velint
servatam facultatem[1]. Unde id probant? certe non ex loco illo,
neque similibus; aliud est enim secedere ab homine, et respicere
quid sibi permissus relictusque agat: aliud, vires eius aliquantu-
las pro modo imbecillitatis adiuvare. Quid ergo, dicet quispiam,
insinuant istae formulae? Respondeo, perinde valere acsi ita
loqueretur Deus, Quandoquidem monendo, hortando, incre-
pando nihil apud contumacem hunc populum proficitur, subdu-
cam me paulisper, et eum afflictari tacitus sinam. Videbo an
aliquando eum post longas calamitates capiat mei recordatio,
ut quaerat faciem meam. Abscedere autem Dominum procul,
signat prophetiam[a] submovere. Speculari ecquid facturi sint
homines[b], significat tacitum et quasi se dissimulantem afflictionibus variis eos ad tempus exercere. Utrunque facit quo nos
magis humiliet; citius enim contunderemur rerum adversarum
flagellis quam corrigeremur, nisi Spiritu suo nos ad eam docilitatem componeret. Porro ubi Dominus infracta nostra pervicacia offensus et tanquam fatigatus, nos paulisper omittit
(submoto scilicet verbo suo, in quo praesentiam quandam sui[c]
exhibere solet) et experimentum capit quid se absente facturi
simus: inde falso colligitur, aliquas esse liberi arbitrii vires
quas contempletur et exploret: quando non in alium id finem
facit quam ut ad recognoscendam nostram οὐδενίαν nos adigat.

14. Pugnant etiam ex perpetua loquendi ratione quae tum
in Scripturis, tum in hominum sermonibus observatur; siquidem
bona opera nuncupantur nostra, et quod sanctum placitumque
Domino est, non minus facere quam peccata perpetrare dicimur.
Quod si peccata iure nobis imputantur, veluti a nobis profecta:
certe et in iustitiis aliquid nobis assignandum eadem ratione erit.
Neque enim consentaneum esset rationi ut ea diceremur facere
quibus agendis proprio motu inhabiles, instar lapidum a Deo
moveremur. Ut ergo Dei gratiae primas demus, nostram tamen
operam vel secundarias tenere partes illae loquutiones indicant.
Si unum illud urgeretur, bona opera nostra nuncupari, ego

a) *VG 1541 sqq.* sa parole b) *VG 1541 sqq.* + en son absence
c) *1539–50* suam

1) Herborn, Enchiridion c. 38, CC 12, 129; — cf. Actes de Ratis-
bonne, 1541, CR Calv. opp. V 518.

vicissim obiicerem, panem nuncupari nostrum quem nobis dari
a Deo poscimus. Quid ex possessionis titulo percipient, quam
Dei benignitate ac gratuito munere nostrum fieri quod minime alias nobis debetur^a? Ergo aut eandem in oratione Dominica rideant absurditatem: aut ne pro ridiculo habeant quod
nostra vocantur bona opera in quibus nihil habemus proprium
nisi ex Dei largitate. Atqui istud aliquanto est validius, quod
nos ipsos Deum colere, servare iustitiam, obedire Legi, bonis
operibus studere Scriptura saepe affirmat. Haec quum sint
propria mentis et voluntatis officia, quomodo conveniret ad
Spiritum haec referri, et simul nobis tribui, nisi quaedam esset
studii nostri cum divina virtute communicatio? His tricis
nullo labore nos exolvemus, si rite modum reputemus quo in
sanctis agit Spiritus Domini. Extranea est illa similitudo qua
nos invidiose gravant; quis enim ita desipit ut hominis motionem
a iactu lapidis nihil differre autumet¹? Neque vero quicquam
simile consequitur ex nostra doctrina. In naturales hominis
facultates referimus, approbare, respuere: velle, nolle: eniti,
resistere: nempe^b approbare vanitatem, respuere solidum bonum: velle malum, nolle bonum: eniti ad nequitiam, resistere
iustitiae. Quid hic agit Dominus? Si eiusmodi pravitate uti
vult tanquam irae suae instrumento, dirigit ac destinat quo
libuerit, ut per vitiosam manum bonum suum opus exequatur.
Scelestum igitur hominem, qui Dei potentiae^c sic servit, dum
libidini tantum suae obsequi studet, an cum saxo conferemus,
quod alieno impetu vibratum^d, nec motu, nec sensu, nec voluntate propria fertur? Videmus quantum sit discriminis. Quid
vero in bonis, de quibus praecipua est quaestio? Ubi regnum
in illis suum erigit: voluntatem, ne vagis libidinibus sursum
deorsum raptetur, pro naturae inclinatione, per Spiri'tum suum
cohibet: quo in sanctitatem ac iustitiam propendeat, ad iustitiae
suae regulam flectit, componit, format, dirigit: ne titubet aut
concidat, Spiritus sui virtute stabilit ac confirmat. || Qua ratione
Augustinus, Dices mihi, inquit, ergo agimur, non agimus. Imo
agis, et ageris: et tunc bene agis, si a bono agaris. Spiritus Dei
qui te agit, agentibus adiutor est, nomen adiutoris praescribit,
quod et tu aliquid agas². Priore membro admonet actionem
hominis non tolli Spiritus sancti motu, quia a natura est voluntas,

---

a) *1539-54* debebatur   b) > *1539-54*   c) Dei pot.: *VG 1541 sqq.*
à Dieu   d) quod — vib.: *1539-54* qui — vibratus

1) cf. Cochl., De lib. arb. I. B 1 a; C 8 b sq.   2) Aug., Serm. 156,
c. 11, 11. MSL 38, 855 sq.

quae regitur ut ad bonum aspiret. Quod autem mox adiungit, ex nomine auxilii posse colligi nos etiam aliquid agere, non convenit ita accipere, quasi seorsum aliquid nobis tribuat: sed ne foveat in nobis ignaviam, sic Dei actionem cum nostra con-
5 ciliat ut velle sit a natura, bene autem velle a gratia[1]. Ideo paulo ante dixerat, Nisi Deus nos adiuvet, non modo vincere[a], sed neque pugnare poterimus[2].

15. Hinc apparet, gratiam Dei (ut hoc nomen sumitur ubi de regeneratione est sermo)[b] esse Spiritus regulam ad dirigen-
10 dam ac moderandam hominis voluntatem. Moderari non potest quin corrigat, quin reformet, quin renovet (unde dicimus principium regenerationis esse, ut quod nostrum est aboleatur) simul quin moveat[c], agat, impellat, ferat, teneat. Unde vere dicimus illius in solidum esse omnes[d] quae inde emanant actiones. Interim
15 non negamus verissimum esse quod Augustinus docet, non destrui gratia voluntatem, sed magis reparari[3]: quia utrunque optime constat: ut instaurari dicatur hominis voluntas, dum correcta vitiositate et perversitate ad veram iustitiae regulam dirigitur: et simul nova in homine voluntas dicatur creari, quia
20 sic vitiata corruptaque est, ut novum penitus ingenium induere necesse habeat[e]. Nihil iam obstat quominus rite agere dicamur quod agit Spiritus Dei in nobis, ‖ etiamsi nihil a seipsa conferat nostra voluntas quod ab eius gratia separetur[f]. ‖ Ideoque memoria tenendum quod alibi[4] ex Augustino citavimus,
25 frustra quosdam satagere ut in hominis voluntate quicquam boni proprium reperiant; quicquid enim mixturae ex liberi arbitrii virtute afferre student homines ad Dei gratiam, nihil aliud quam eius corruptio est: perinde ac siquis lutosa et amara aqua vinum dilueret. Etsi autem quicquid in voluntate boni
30 est, ex mero Spiritus instinctu provenit, quia tamen nobis naturaliter ingenitum est velle, non abs re ea agere dicimur quorum laudem sibi iure Deus vendicat; ‖ primum, quia nostrum est eius[g] benignitate quicquid operatur in nobis, modo non a nobis esse intelligamus: deinde quia nostra est mens,

---

35   a) *sic!* *VG 1560* non seulement nous ne pourrons vaincre   b) (ut — ser.) > *1539–54*   c) *1539* moneat   d) *VG 1560* toutes les bonnes e) ut — hab.: *VG 1541 sqq.* qu'il fault qu'elle soit du tout renouvellée
   f) citra propriae virtutis, cum illius gratia, communicationem *1539*
   g) *1539–54* Dei

40   1) vide ibid. c. 11, 12; sed haec verba (velle . . . gratia) eadem fere exstant apud Bernardum, De gratia et libero arbitrio 6, 16. MSL 44, 1010.   2) Aug., Serm. 156. c. 9, 9. MSL 38, 855.   3) Aug., De grat. et lib. arb. c. 20, 41. MSL 44, 905.   4) vide p. 254, 4 sqq.

nostra voluntas, nostrum studium, quae ab eo in bonum diriguntur[a].

16. Quae praeterea hinc inde testimonia cor׀radunt, mediocribus etiam ingeniis non multum facessent negotii, quae superiores modo solutiones probe imbiberint. Citant ex Genesi sententiam illam, Sub te erit appetitus eius, et tu dominaberis illi [Gen. 4. a. 7]: quam de peccato interpretantur, acsi Cain promitteret Dominus, non fore in animo eius vim superiorem peccati, si in eo perdomando laborare vellet[1]. Nos autem magis congruere dicimus ordini orationis, ut de Abele accipiatur hoc dictum; illic enim iniquitatem invidiae, quam in fratrem Cain conceperat, arguere propositum est Deo[b]; id facit duplici ratione: quod frustra meditabatur scelus quo fratrem praecelleret apud Deum[c], apud quem nullus est honor nisi iustitiae: deinde[d] quod nimium ingratus esset iam accepto Dei beneficio, qui ne subiectum quidem suo imperio fratrem ferre posset. Verum ne hanc interpretationem ideo videamur amplexari quod altera nobis contraria sit, demus sane de peccato loquutum fuisse Deum. Si ita est, aut promittit hoc Dominus quod denuntiat, aut iubet. Si iubet, nullam inde probationem facultatis humanae sequi iam demonstravimus: si promittit, ubi promissionis complementum, quando peccato, cui dominari ipsum oportebat, Cain succubuit? Promissioni inclusam dicent tacitam conditionem, acsi diceretur victoriam reportaturum fuisse si certaret: sed quis recipiat istas ambages? Nam si ad peccatum refertur ista dominatio, nemo ambigat imperativam esse orationem, in qua non definitur quid possimus, sed quid vel supra potestatem debeamus. || Quanquam et res ipsa et ratio Grammaticae postulant, comparationem fieri Cain et Abelis: quia primogenitus frater minori posthabitus non fuisset nisi proprio scelere deterior.

17. Utuntur et testimonio Apostoli, quia dicit non esse volentis, nec currentis, sed miserentis Dei [Rom. 9. d. 16]; ex quo eliciunt, aliquid esse in voluntate et conatu[e], quod per se licet imbecillum, misericordia Dei adiutum, prospero successu non careat[f][2]. Atqui si sobrie pensitarent quae illic causa trac-

---

a) *VG 1541 sqq.* + pour en faire sortir quelque chose de bon b) *1539–54* Domino   c) *1539–54* Dominum   d) > *1539–54*   e) con.: *VG 1541 sqq.* en la course de l'homme   f) adiut. — car.: *1539–54* prosperetur

1) Schatzgeyer, Scrutin. c. 1, CC 5, 11; Herborn, Enchir. c. 38, CC 12, 130; Erasmus, De lib. arb. p. 32; Cochlaeus, De lib. arb. I. B 7 a; Eck., Enchir. 1532 c. 31. L 4 b; De Castro, Adv. omn. haer. IX. fol. 149 F; Faber, De absoluta necessitate, opusc. 1538, C 3 b.   2) Erasmus, De lib. arb. p. 49; Faber, De absol. nec. E 2 a, 5 b.

DE COGNIT. DEI REDEMPTORIS. CAP. V   317

tetur a Paulo, ista sententia non adeo inconsiderate abuterentur.
Scio eos posse Origenem [Orige. lib. 7. in episto. ad Romanos.][1]
et Hieronymum [Hierony. dial. 1. in Pelag.][2] citare suae ex-
positionis suffragatores: || possem et illis vicissim Augustinum
opponere[3]: || sed quid illi opinati sint nostra nihil refert, si
constat quid voluerit Paulus. Illic docet, iis demum paratam
esse salutem quos sua misericordia Dominus dignetur: ruinam
et interitum[a] manere quoscunque non elegerit. Reproborum
sortem sub Pharaonis exemplo demonstraverat[4]: gratuitae quoque[b] electionis certitudinem Mosis testimonio confirmarat,
Miserebor cuius miserebor. Concludit, non esse volentis aut
currentis, sed miserentis Dei[c]. Quod[1] si in hunc modum intelligatur, non sufficere voluntatem aut conatum quia tantae moli
sint impares: parum convenienter a Paulo dictum foret. Proinde
apage istas argutiolas, Non est volentis neque currentis: ergo
est aliqua voluntas, est aliquis cursus. Simplicior enim est mens
Pauli, Non est voluntas, non est cursus quae nobis viam ad
salutem comparant: sola est hic Domini misericordia. Non
enim aliter hic loquitur quam ad Titum, ubi scribit apparuisse
Dei bonitatem et humanitatem, non ex operibus iustitiae quae
fecimus nos, sed pro immensa eius misericordia [Tit. 3. a. 4][5].
Ne illi quidem ipsi qui argutantur Paulum innuisse aliquam
esse voluntatem et aliquem cursum, quia negaverit esse volentis aut currentis, mihi ad eandem formam ratiocinari con-
cederent, aliqua nos bona opera fecisse, quia negat Paulus,
ex operibus quae fecerimus, Dei bonitatem nos assequutos.
Quod si vitium in hac argumentatione perspiciunt, aperiant
oculos, et suam non carere simili fallacia cernent. || Firma est
etiam ratio illa qua nititur Augustinus, Si ideo dictum foret
non esse volentis neque currentis[6] quia non sufficiat voluntas
nec cursus: posse in contrariam partem retorqueri, non esse
Dei misericordiae, quia neque sola illa ageret. Quum hoc secundum sit absurdum, merito concludit Augustinus, ideo esse
hoc dictum quia nulla sit hominis voluntas bona nisi prae-
paretur a Domino[7]: non quin velle debeamus et currere: sed
quia utrunque Deus efficit in nobis [Epist. 107. ad Vitalem.][8]. ||

a) *1539-54* confusionem   b) > *1539-54*   c) *1545-50* + [Roma. 9. (15. 16)]

1) Origenes, In ep. ad Rom. comment. lib. VII, 16 (ad Rom. 9, 16), ed. Lommatzsch t. VII, 163 sqq.   2) Hieron., Dial. adv. Pelagianos I, 5 MSL 23, 500 sq.   3) vide not. 7 sq.   4) Rom. 9, 17.   5) Tit. 3, 4 sq. 6) Rom. 9, 16.   7) Aug., Enchir. c. 32 MSL 40, 248; ed. Scheel c. 9, 32, p. 21 sq.   8) Aug., Ep. 217, 4, 12 (ad Vitalem) MSL 33, 983; CSEL 57, 412.

Non minus inscite torquetur a quibusdam illud Pauli, Dei cooperarii sumus [1. Cor. 3. b. 9]¹, quod ad solos ministros restringi minime dubium est: cooperarios autem vocari non qui ex se quicquam afferant, sed quoniam eorum opera utitur Deus postquam idoneos reddidit instruxitque necessariis dotibus.

18. Ecclesiasticum producunt, quem dubiae authoritatis scriptorem esse non ignoratur. At enim ut a nobis non repudietur (quod facere tamen iure nostro nobis licet) quid ille testatur pro libero arbitrio[a]? Dicit, hominem statim atque creatus fuit, relictum esse in manu consilii sui: data illi esse praecepta, quae si servaret, ab illis vicissim servaretur: ante hominem positam esse vitam et mortem, bonum et malum: quodcunque voluerit, ei datum iri[b] [Eccli. 15. c. 14]². Esto acceperit homo a sua creatione facultatem adipiscendae vitae aut mortis: quid si ex adverso respondeamus perdidisse? Certe animus non est contradicere Solomoni qui asserit hominem rectum ab initio creatum esse, ipsum sibi ascivisse multas adinventiones [Eccles. 7. d. 30]³: verum quia homo degenerando, et sui et bonorum omnium naufragium fecit, quicquid primae creationi tribuitur, non protinus sequitur in vitiatam ac degenerem naturam competere. Ergo non illis modo, sed ipsi quoque Ecclesiastico (quicunque tandem sit) respondeo. Si hominem vis instituere ut apud seipsum acquirendae salutis facultatem quaerat, tanti non est nobis tua authoritas ut vel minimi praeiudicii adversus indubitatum Dei verbum vicem obtineat: sin malignitatem carnis duntaxat coercere studes, quae sua mala in Deum transferendo, vanam defensionem captare solet: ideoque respondes rectitudinem homini inditam fuisse quo ipsum exitii sibi causam esse appareat, libenter assentio: modo mihi rursum tecum hoc conveniat, iis ornamentis quibus eum Dominus initio induerat, nunc sua culpa esse spoliatum: || atque ita pariter fateamur medico nunc opus esse, non patrono.

19. Nihil tamen frequentius in ore habent quam parabolam Christi de viatore, quem semivivum latrones in via proiecerunt [Luc. 10. e. 30]. Sub viatoris huius typo, calamitatem reprae-

---

a) quid — arb.: *VG 1541 sqq.* dequoy leur peut-il aider à leur cause
b) quodc. — iri: *VG 1541 sqq.* à fin qu'il choisist lequel bon *(> 1541)* luy sembleroit

1) Eck., Enchir. 1532 c. 31. L 5 a; De Castro, Adv. omn. haer. IX fol. 151 A.   2) Sirach 15, 14. 15. 17; Erasmus, De lib. arb. p. 19; Cochlaeus, De lib. arb. I. B 5 a; Eck., Enchir. 1532 c. 31. L 4 b; De Castro, Adv. omn. haer. IX. fol. 150 B.   3) Eccles. 7, 29 = vg. 7, 30.

sentari generis humani, scio vulgatissimum esse omnibus pene scriptoribus. Inde argumentum sumunt nostri adversarii, non ita peccati ac diaboli latrocinio mutilatum ᵃ esse hominem quin superstites retineat bonorum priorum reliquias: quandoquidem
5 dicitur relictus esse semivivus. Ubi enim est illud vitae dimidium nisi rectae et rationis et voluntatis portio aliqua maneret¹? Primum, si nolim locum dare ipsorum allegoriae, quid obsecro facturi sunt? nam praeter germanum orationis Domini sensum, a patribus excogitatum ᵇ fuisse nihil dubium est. Allegoriae
10 ultra procedere non debent quam praeeuntem habent Scripturae regulam: tantum abest ut fundandis ullis dogmatis per se sufficiant. Neque desunt rationes quibus possim, si lubeat, totum hoc commentum convellere: neque enim dimidiam homini vitam relinquit Dei verbum, sed penitus interiisse docet
15 quantum ad beatae vitae rationem. Non semivivos dicit sanatos Paulus, dum loquitur de nostra redemptione: sed quum mortui essemus, suscitatos [Ephes. 2. a. 5]; non semivivos inclamat ad recipiendam Christi illuminationem, sed dormientes et sepultos [Ibidem 5. c. 14]: nec secus Dominus ipse, dum horam venisse ait
20 qua mortui ad vocem suam resurgant [Iohan. 5. e. 25]. Qua fronte levem allusionem tot claris sententiis opponerent? Valeat tamen allegoria haec pro certo testimonio: quid tamen a nobis extorquebunt? Semivivus est homo: habet igitur aliquid salvum: nempe habet mentem intelligentiae capacem, etiamsi ad
25 caelestem spiritualemque sapientiam non penetret: habet nonnullum honestatis iudicium: habet aliquem divinitatis sensum, utcunque veram Dei rationem non assequatur. Sed quo ista

[247] recidunt? certe non efficiunt¹ ut nobis illud Augustini, communibus etiam scholarum suffragiis approbatum ᶜ, adimatur,
30 Adempta esse homini post lapsum gratuita bona unde salus dependet: naturalia vero ᵈ corrupta pollutaque esse². Stet ergo nobis indubia ista veritas, quae nullis machinamentis quatefieri potest, Mentem hominis sic alienatam prorsus a Dei iustitia, ut nihil non impium, contortum, foedum, impurum,
35 flagitiosum concipiat, concupiscat, moliatur: cor peccati veneno ita penitus delibutum, ut nihil quam corruptum foetorem efflare queat. Quod si quippiam interdum boni in speciem

a) *VG 1541 sqq.* occis   b) *1539–50* excogitatam   c) commun. — appr. > *VG 1541 sqq.*   d) *VG 1541 sqq.* qui ne le peuvent conduire
40 à salut

1) Cochlaeus, De lib. arb. II. I 2 b; Herborn, Enchir. c. 38, CC 12, 129; — cf. Pseudo-Aug., Hypognosticon III. 8, 11 sq. MSL 45, 1628 sq.
2) vide p. 245, not. 7 et 8.

ostentant, mentem tamen semper hypocrisi et fallaci obliquitate involutam, animum interiori perversitate illigatum manere.

Homini perdito quaerendam in Christo redemptionem esse.   CAP. VI.

1. QUUM in Adae persona perierit totum humanum genus, nobis adeo nihil prodesset illa quam memoravimus originis praestantia et nobilitas[1], ut magis cedat in maiorem ignominiam, donec in Filii sui unigeniti persona Redemptor appareat Deus, qui homines peccato foedatos et corruptos pro suo opere non agnoscit. Ergo postquam excidimus a vita in mortem, inutilis esset tota illa Dei creatoris, de qua disseruimus, cognitio[2] nisi succederet etiam fides, Deum in Christo Patrem nobis proponens. Erat quidem hic genuinus ordo ut mundi fabrica nobis schola esset ad pietatem discendam: unde ad aeternam vitam et perfectam foelicitatem[a] fieret transitus; sed post defectionem quocunque vertamus oculos, sursum et deorsum occurrit Dei maledictio, quae dum innoxias creaturas culpa nostra occupat et involvit[b], desperationem animas nostras obruat necesse est. Etsi enim multis adhuc modis paternum erga nos[c] favorem extare vult Deus, ex mundi tamen conspectu patrem colligere non licet, ubi nos intus urget conscientia, ostenditque iustam in peccato abdicationis causam esse, ne pro filiis nos censeat Deus vel reputet. Accedit et socordia et ingratitudo: quia nec mentes nostrae, ut sunt excaecatae, quid verum sit cernunt: et, ut pravi sunt omnes sensus nostri, Deum maligne sua gloria fraudamus. Itaque veniendum ad illud Pauli, Quoniam in sapientia Dei non cognovit mundus per sapientiam Deum, placuit Deo per stultitiam praedicationis salvos facere credentes [1. Cor. 1. c. 21]. Sapientiam Dei appellat magnificum hoc theatrum caeli et terrae, innumeris miraculis refertum, ex cuius intuitu sapienter Deum cognoscere decebat: sed quia tam male illic profecimus, revocat nos ad fidem Christi, quae ob stultitiae speciem incredulis fastidio est. Quanquam ergo humano ingenio non respondet praedicatio crucis, humiliter tamen eam amplecti oportet, si ad Deum opificem nostrum et fictorem, a quo sumus alienati, redire cupimus, ut nobis iterum pater esse incipiat. Certe post lapsum primi hominis nulla ad salutem valuit Dei

---

a) *VG 1560* + à laquelle nous sommes créez   b) Dei — invol.: *VG 1560* malediction: laquelle estant espandue sur toutes creatures, et tenant le ciel et la terre comme enveloppez   c) erga nos > *VG 1560*

1) I 15; p. 173 sqq.   2) I 1 sqq.; p. 31 sqq.

cognitio absque Mediatore: quia non de sua tantum aetate loquitur Christus, sed omnia secula comprehendit, quum dicit hanc esse vitam aeternam, cognoscere Patrem verum unum Deum, et quem ille misit Iesum Christum [Iohan. 17. a. 3]. Quo
5 foedior est eorum socordia, qui caelum profanis et incredulis quibuslibet patefaciunt, absque eius gratia¹ quem Scriptura passim docet unicam esse ianuam qua in salutem ingredimur². Quod siquis ad Evangelii promulgationem illud Christi dictum restringere velit, in promptu refutatio est, quia omnibus et
10 seculis et Gentibus communis fuit ratio illa, non posse absque reconciliatione placere Deo, qui alienati sunt ab eo, et maledicti pronuntiantur ac filii irae. Huc adde quod respondit Christus mulieri Samaritanae, Vos adoratis quod nescitis: nos autem adoramus quod scimus: quia salus ex Iudaeis est [Iohan. 4.
15 c. 22]. Quibus verbis et quaslibet Gentium religiones falsitatis damnat, et rationem assignat, quia soli electo populo fuerit promissus redemptor sub Lege; unde sequitur, nullum unquam Deo cultum placuisse nisi qui in Christum respiceret. Unde etiam affirmat Paulus Gentes omnes absque Deo fuisse, et spe vitae
20 orbatas [Ephes. 2. c. 12]. Iam quum doceat Iohannes, vitam ab initio fuisse in Christo [Iohan. 1. a. 4], et ab ea excidisse totum mundum³, ad fontem illum redire necesse est; atque ideo Christus, quatenus est propitiator, se vitam esse asserit⁴. Et sane non ad alios quam Dei filios pertinet caelorum haereditas.
25 Filiorum autem loco et ordine censeri minime consentaneum est qui non insiti sunt in corpus unigeniti Filii. Et clare testatur Iohannes, qui credunt in eius nomen, filios Dei fieri [Iohan. 1. b. 12]. Sed quia de fide in Christum ex professo disserere mihi nondum propositum est, in transcursu attigisse satis
30 fuerit.

2. Ac proinde veteri populo nunquam se Deus ostendit propitium, nec spem gratiae unquam fecit absque Mediatore. Omitto sacrificia Legis, quibus palam et aperte edocti fuerunt fideles, non alibi quam in expiatione quae a solo Christo peracta est,
35 quaerendam salutem esse. Hoc tantum dico, beatum et foelicem Ecclesiae statum semper in Christi persona fuisse fundatum. Nam etsi Deus totam Abrahae sobolem in foedere suo complexus est, prudenter tamen ratiocinatur Paulus, Christum

---

1) Des. Erasmus, Colloqu. (Convivium religiosum), Opp. 1540, I
40 573 sq.; epist. ad Io. Ulatten, Op. epist. ed. Allen V 339. — Zwinglius, Expositio fidei, c. 12, ed. Schul. et Schulth. IV 65. — Coel. Sec. Curio, De amplitudine beati regni dei, 1554, lib. 2, p. 196 sqq.   2) Ioh. 10, 9.
3) Ioh. 1, 10.   4) Ioh. 11, 25; 14, 6.

proprie esse semen illud in quo benedicendae erant omnes Gentes [Galat. 3. c. 16]: quando scimus non omnes qui secundum carnem ex eo geniti sunt, reputatos fuisse in semine. Nam ut de Ismaele et aliis taceam, qui factum est ut ex duobus filiis Isaac, nempe Esau et Iacob fratribus geminis, quum adhuc in utero matris coniuncti essent, uno electo alter repudiaretur[1]? Imo qui factum[1] est ut primogenito reiecto, minor natu solus gradum tenuerit? Unde etiam contigit ut maior pars abdicaretur? Patet igitur in uno praecipue capite censeri Abrahae semen: nec salutem promissam constare donec ad Christum ventum fuerit, cuius officium est quae dissipata erant colligere. Prima itaque electi populi adoptio a gratia Mediatoris pendebat. Quod etsi non adeo claris verbis exprimitur apud Mosen, vulgo tamen piis omnibus fuisse notum satis apparet. Nam antequam Rex in populo creatus esset, iam Hanna Samuelis mater de piorum[a] foelicitate disserens, in suo cantico sic loquitur, Dabit robur Regi suo Deus, et exaltabit cornu Messiae sui [1. Sam. 2. b. 10]. Quibus verbis intelligit Deum Ecclesiae suae benedicturum. Cui etiam respondet oraculum[b] quod paulo post subiicitur, Ambulabit Sacerdos quem constituam coram Christo meo[2]. Nec vero dubium est quin caelestis Pater in Davide eiusque posteris conspici voluerit vivam Christi imaginem. Ideo pios ad Dei timorem hortari volens, iubet osculari Filium[c] [Psal. 2. c. 12]: cui scilicet haec Evangelii sententia respondet, qui non honorat Filium, non honorat Patrem [Iohan. 5. d. 23]. Itaque licet decem tribuum defectione collapsum fuerit regnum, foedus tamen quod pepigerat Deus in Davide et eius successoribus, stare oportuit, sicut et per Prophetas loquutus est, Non scindam prorsus regnum propter David servum meum et propter Ierusalem quam elegi: sed filio tuo restabit tribus una; ubi secundo et tertio idem repetitur [1. Reg. 11. b. 12[3]. f. 34]. Diserte etiam adscribitur, Affligam semen Davidis: sed non cunctis diebus [Ibidem g. 39]. Aliquo postea temporis intervallo dictum est, Propter David servum suum dedit lucernam Deus in Ierusalem, ut suscitaret ei filium, et salvam tueretur Ierusalem [1. Reg. 15. a. 4]. Iam quum res ad interitum vergerent, rursus dictum fuit, Noluit Deus dispergere Iehudah propter David servum suum, quia loquutus erat ut daret ei lucernam et filiis eius in perpetuum [1. Reg. 11. f. 34][4]. Huc redit summa, praeteritis omnibus aliis,

---

a) *VG 1560* de l'Eglise   b) *VG 1560* la prophetie donnée à Ely
c) *VG 1560* + pour luy faire hommage

1) Rom. 9, 11.   2) 1. Sam. 2, 35.   3) 1. Reg. 11, 13.   4) recte 2. Reg. 8, 19.

Davidem unum fuisse electum, in quo beneplacitum Dei resideret: sicuti dicitur alibi, Repulit tabernaculum Silo, et tabernaculum Ioseph, et tribum Ephraim non elegit [Psal. 78. f. 60. g. 67]: sed elegit tribum Iehudah, montem Sion quem dilexit[1]: Elegit servum suum David, ut pasceret Iacob populum suum, haereditatem suam Israel[2]. Denique sic Ecclesiam suam servare voluit Deus, ut eius incolumitas[a] et salus a capite illo penderet. Ideoque exclamat David, Iehovah fortitudo populi sui, robur salutum Christi sui [Psal. 28. c. 8]. Et mox precationem addit, Serva populum tuum, et benedic haereditati tuae[3]: significans Ecclesiae statum individuo nexu cum Christi imperio coniunctum esse. Eodem sensu alibi, Serva Iehovah, Rex exaudiat nos quo die invocabimus [Psal. 20. b. 10]. Quibus verbis aperte docet, fideles non alia fiducia confugisse ad Dei opem, nisi quia delitescebant sub Regis praesidio, quod ex alio Psalmo colligitur, Serva Iehovah, benedictus qui venit in nomine Iehovae [Psal. 118. d. 25. 26]: ubi satis constat revocari ad Christum fideles, ut se Dei manu salvos fore sperent. Eodem respicit alia precatio, ubi tota Ecclesia Dei misericordiam implorat, Sit manus tua super virum dexterae tuae, super filium hominis quem conservasti (vel aptasti) tibi [Psal. 80. d. 18]. Nam etsi populi totius dissipationem deplorat author Psalmi, tamen instaurationem flagitat in solo capite. Ubi autem populo in exilium abducto, vastata terra, et rebus in speciem perditis, Ecclesiae cladem luget Ieremias, praecipue regni interitu spem fidelibus praecisam esse queritur. Christus, inquit, spiritus oris nostri captus est in peccatis nostris, cui diximus, In umbra tua vivemus inter Gentes [Thre. 4. d. 20]. Hinc iam satis liquet, quia non potest Deus propitius humano generi esse absque Mediatore, sanctis Patribus sub Lege Christum semper fuisse obiectum, ad quem fidem suam dirigerent.

3. Porro ubi rebus afflictis solatium promittitur, maxime ubi describitur Ecclesiae liberatio, fiduciae et spei vexillum in Christo ipso praefigitur, Egressus est Deus in salutem populi sui cum Messiah suo, inquit Habacuc [Habac. 3. c. 13]. Et quoties de instauratione Ecclesiae mentio fit apud Prophetas, populum revocant ad promissionem Davidi factam de regni perpetuitate. Nec mirum, quia nulla fuisset alioqui foederis stabilitas[b]. Quo pertinet insigne illud responsum Iesaiae. Quum enim videret ab incredulo rege Achaz repudiari quod de solvenda

---

a) *VG 1560* l'estat, bon heur,   b) *VG 1560* + sur laquelle ils estoyent appuyez

1) Ps. 78, 68.   2) Ps. 78, 70 sq.   3) Ps. 28, 9.

obsidione Hierosolymae et praesenti salute testatus fuerat, quasi ex abrupto transit ad Messiam, Ecce virgo concipiet ac pariet filium [Iesa. 7. c. 14], oblique significans quanvis Rex et populus sua pravitate reiicerent oblatam sibi promissionem, acsi data opera incumberent ad labefactandam Dei fidem, non fore tamen irritum foedus quin suo tempore veniret Redemptor. Denique Prophetis omnibus curae fuit, ut Deum placabilem ostenderent, semper in medium proferre illud Davidis regnum unde pendebat et redemptio et aeterna salus. Sic Iesaias, Statuam vobiscum foedus, misericordias Davidis fideles; ecce testem dedi eum populis [Iesa. 55. a. 3]. Nempe quia in rebus perditis non aliter sperare poterant fideles, nisi teste illo interposito, Deum sibi fore exorabilem. Eodem modo Ieremias ut desperatos erigat, Ecce (inquit) dies veniunt quibus suscitabo Davidi germen iustum, et tunc servabitur Iuda, et Israel tuto habitabit [Ierem. 23. a. 6][1]. Ezechiel autem, Suscitabo super oves meas pastorem unum, nempe Davidem servum meum. Ego Iehova illis in Deum ero, et servus meus David in pastorem: et percutiam cum iis foedus pacis [Ezec. 34. f. 23][2]. Item alibi, postquam de incredibili renovatione disseruit, Servus (inquit) meus David erit Rex eorum, et erit pastor unus super omnes, et foedus pacis aeternum percutiam cum ipsis [Ezech. 37. g. 25. 26]. Pauca ex multis delibo, quia tantum lectores volo admonitos, spem omnium[l] piorum non alibi unquam fuisse repositam quam in Christo. Succinunt etiam alii omnes Prophetae, sicuti apud Oseam dicitur, Congregabuntur filii Iuda et filii Israel pariter, et ponent sibi caput unum [Oseae 1. d. 11][3]; quod postea clarius explicat, Revertentur filii Israel, et inquirent Iehovam Deum suum et Davidem Regem suum [Oseae 3. b. 5]. Michaeas etiam, de populi reditu verba faciens, diserte exprimit, Transibit Rex ante ipsos, et Iehova in capite eorum [Mich. 2. d. 13]. Sic Amos populi renovationem[a] promittere volens, Suscitabo (inquit) in die illa tabernaculum David quod collapsum est, et sepiam interruptiones, et subversiones erigam [Amos 9. c. 11]; nempe quia unicum illud erat salutis vexillum, iterum in sublime emergere regiam gloriam in familia Davidis, quod in Christo impletum est. Itaque Zacharias, sicuti eius seculum Christi manifestationi propius erat, apertius exclamat, Laetare filia Sion, iubila filia Ierusalem, ecce Rex tuus venit tibi iustus et servatus[b] [Zach. 9. b. 9]. Quod loco Psalmi ante citato respondet,

[251]

---

a) pop. ren.: *VG 1560* le restablissement de l'Eglise   b) *VG 1560* sauveur

1) Ier. 23, 5 sq.   2) Ez. 34, 23–25.   3) Hos. 2, 2 = vg. 1, 11.

Iehova robur salutum Christi sui, serva Iehova [Psal. 28. c. 8]; ubi salus a capite ad totum corpus extenditur.

4. His vaticiniis ita imbui voluit Deus Iudaeos, ut liberationis petendae causa, recta oculos ad Christum converterent. Nec vero quanvis turpiter degenerassent, potuit tamen aboleri memoria generalis illius principii, Deum per manum Christi, sicuti Davidi pollicitus fuerat, fore Ecclesiae liberatorem: atque demum hoc modo firmum fore gratuitum foedus quo Deus electos suos adoptaverat. Hinc factum est ut in ore puerorum personaret canticum illud quum Christus Hierosolymam paulo ante mortem ingressus est, Hosianna filio David [Matth. 21. a. 9]. Vulgo enim notum ac celebre fuisse apparet atque ex communi usu petitum quod canebant unicum sibi restare misericordiae Dei pignus in adventu redemptoris. Hac ratione Christus ipse discipulos, ut distincte et perfecte credant Deo, iubet in se credere, Creditis in Deum, et in me credite, inquit^a [Iohan. 14. a. 1]. Etsi enim proprie loquendo, a Christo fides ad Patrem conscendit, significat tamen eam, etiamsi Deo innititur, paulatim evanescere nisi intercedat ipse medius qui eam in solida firmitate retineat: alioqui altior quoque est Dei maiestas quam ut ad eam penetrent mortales qui tanquam vermiculi super terram reptant. Quare illud vulgare dictum sic admitto, Deum esse fidei obiectum, ut tamen correctione opus habeat: quia non frustra vocatur Christus invisibilis Dei imago [Colos. 1. b. 15]: sed hoc elogio monemur, nisi occurrat nobis Deus in Christo, non posse in salutem nobis innotescere. Etsi autem apud Iudaeos falsis commentis obtenebraverant Scribae quod de Redemptore Prophetae tradiderant, sumpsit tamen pro confesso Christus, quasi publico consensu receptum, non aliud rebus perditis esse remedium, nec modum alium liberandae Ecclesiae, quam Mediatore exhibito. Non fuit quidem vulgo cognitum ut decebat, quod docet Paulus, Christum esse finem[1] Legis [Rom. 10. e. 4]: quam tamen verum sit ac certum, ex Lege ipsa et Prophetis liquido patet. De fide nondum dissero, quia alibi opportunior erit locus[1]: Hoc modo fixum lectoribus maneat, Primus ad pietatem gradus sit agnoscere Deum esse nobis patrem, ut nos tueatur, gubernet ac foveat, donec colligat in aeternam haereditatem regni sui: hinc palam fieri quod nuper diximus[2], salvificam[b] Dei cognitionem absque Christo non constare; ideoque ab exordio mundi ipsum fuisse propositum omnibus electis in quem respicerent, et in quo acquiesceret eorum fiducia. Hoc sensu

---

a) Cred. — inqu. > *VG 1560*   b) *VG 1560* la vraye

1) lib. III 2; vol. IV.   2) supra sect. 1, p. 320 sq.

scribit Irenaeus Patrem, qui immensus est, in Filio esse finitum, quia se ad modulum nostrum accommodavit, ne mentes nostras immensitate suae gloriae absorbeat[1]. Quod fanatici non reputantes, utilem sententiam ad impium phantasma detorquent, acsi portio tantum divinitatis a tota perfectione defluens in Christo esset[2]: quum nihil aliud velit quam Deum in Christo solo comprehendi. Omnino verum semper fuit illud Iohannis, Qui non habet Filium, neque Patrem habet [1. Iohan. 2. d. 23[a]]. Nam etsi olim gloriati sunt multi summum numen, caelique et terrae opificem se colere: quia tamen nullus illis erat Mediator, fieri non potuit ut Dei misericordiam vere gustarent, atque ita persuasi essent sibi patrem esse. Quia ergo caput non tenebant, hoc est Christum, evanida fuit apud eos Dei cognitio[b]: unde etiam factum est ut in crassas foedasque superstitiones demum prolapsi, ignorantiam suam proderent; sicuti hodie Turcae, quanvis plenis buccis praedicent caeli et terrae creatorem suum esse Deum, substituunt tamen in locum veri Dei idolum, dum a Christo abhorrent.

1559

Legem fuisse datam, non quae populum veterem in se retineret, sed quae foveret spem salutis in Christo usque ad eius adventum. CAP. VII.

1. EX continua illa, quam retulimus, serie colligere licet Legem non ideo post mortem Abrahae quadringentis circiter annis fuisse superadditam, ut electum populum a Christo abduceret: imo ut suspensos teneret animos usque ad eius adventum, accenderet etiam eius desiderium, et in expectatione confirmaret ne longiore mora deficerent. Legis nomine non solum decem praecepta, quae pie iusteque vivendi regulam praescribunt, intelligo, sed formam religionis per manum[l] Mosis a Deo traditam. Neque enim datus est Moses legislator qui benedictionem generi Abrahae promissam aboleret: imo videmus ut passim revocet in memoriam Iudaeis gratuitum illud foedus cum patribus eorum percussum, cuius haeredes erant: acsi illud renovandum missus foret. Id clarissime ex ceremoniis patefactum fuit. Quid enim magis inane aut frivolum quam homines, ut se Deo reconcilient, foetidum nidorem ex acipe pecudum offerre? ut sordes suas eluant, ad aquae vel sanguinis aspersionem confugere? Denique totus legalis cultus (si per se re-

[253]

---

a) *sic 1561; 1559 falso* 32 b) *VG 1560* + et qui n'a eu nul arrest

1) Irenaeus, Adv. haer. IV. 4, 2 ed. Stieren p. 568.   2) Val. Gentilis, qui refellitur lib. I 13, 23 sqq., p. 139 sqq.; ep. eiusdem, CR Calv. opp. IX, 395.

putetur, nec contineat umbras et figuras quibus respondeat veritas) res erit prorsus lusoria. Quare non abs re et in concione Stephani [Act. 7. f. 44], et in epistola ad Hebraeos [Heb. 8. b. 5] tam diligenter expenditur locus ille ubi Deus Mosen iubet quae-
5 cunque ad tabernaculum pertinent formare secundum exemplar quod ostensum illi fuerat in monte [Exo. 25. d. 40]. Nisi enim spirituale aliquid fuisset propositum quo tenderent, non secus in illis operam lusissent Iudaei atque Gentes in suis nugis.
ᵃProfani homines, qui nunquam serio in pietatis studium in-
10 cubuerant, non absque fastidio audire sustinent tam multiplices ritus: neque solum mirantur cur Deus veterem populum fatigaverit tanta ceremoniarum congerie, sed despiciunt illas ac rident tanquam pueriles lusus. Nempe quia ad finem non attendunt, a quo si legales figurae separentur, vanitatis dam-
15 nari necesse est. Atqui ostendit typus ille, Deum non ideo mandasse sacrificia ut cultores suos occuparet in terrenis exercitiis, sed potius ut altius erigeret eorum mentes. Quod etiam ex eius natura liquido constare potest: quia, ut spiritualis est, non alio quam spirituali cultu oblectatur. Testantur hoc tot Prophe-
20 tarum sententiae, quibus Iudaeos socordiae arguunt, quod putent ullius esse apud Deum momenti quaevis sacrificia. An quia Legi quicquam derogare consilium sit? Minime: sed (ut erant veri illius interpretes) hoc modo ad scopum oculos dirigi voluerunt, a quo vulgus errabat. Iam ex gratia Iudaeis oblata
25 certo colligitur legem Christo non fuisse vacuam; hunc enim adoptionis finem illis proposuit Moses, ut essent Deo in regnum sacerdotale [Exod. 19. a. 6]: quod assequi non poterant nisi maior et praestantior quam ex sanguine pecudum reconciliatio intercederet. Quid enim minus consentaneum, quam Adae filios,
30 qui haereditaria labe nascuntur omnes peccati mancipia, in regiam dignitatem attolli, et hoc modo fieri gloriae Dei consortes, nisi aliunde illis proveniret tam praeclarum bonum? Ius quoque sacerdotii quomodo apud eos vigere potuit qui vitiorum sordibus abominabiles Deo erant, nisi consecrati essent
35 in sancto capite? Quare eleganter Petrus illud Mosis dictum convertit, plenitudinem gratiae, cuius gustum sub Lege perceperant Iudaei, in Christo exhibitam esse docens, Vos estis genus electum, inquit, regale sacerdotium [1. Pet. 2. b. 9]. Huc enim tendit vocum inversio, plus adeptos esse quibus apparuit
40 Christus perˡ Evangelium, quam illorum patres: quia omnes praediti sint sacerdotali honore et regio, ut Mediatore suo freti, libere in Dei conspectum prodire audeant.

---

a) *VG 1560* + Les gaudisseurs et

2. Atque hic obiter notandum est, regnum quod tandem erectum fuit in familia Davidis, esse Legis partem, et contineri sub Mosis ministerio[a]; unde sequitur, tam in toto genere Levitico quam in posteris Davidis Christum oculis veteris populi quasi in duplici speculo fuisse obiectum. Quia, ut nuper dixi[1], non aliter coram Deo esse poterant vel reges vel[b] sacerdotes, qui et servi erant peccati ac mortis, et sua corruptione polluti. Hinc verissimum esse patet illud Pauli, Iudaeos quasi sub paedagogi custodia fuisse retentos [Galat. 3. d. 24], donec veniret semen in cuius gratiam data erat promissio. Nam quia nondum familiariter innotuerat Christus, similes fuerunt pueris, quorum imbecillitas nondum plenam rerum caelestium scientiam ferre poterat. Quomodo autem ceremoniis ad Christum fuerint manuducti, ante dictum est[2], et ex pluribus Prophetarum testimoniis melius intelligere licet. Nam etsi novis quotidie sacrificiis ad Deum placandum accedere ipsos oportuit, unico tamen sacrificio scelera omnia expiatum iri promittit Iesaias [Iesa. 53][3]; cui concinit Daniel [Dan. 9][4]. Sacerdotes ex tribu Levi designati sanctuarium ingrediebantur: at de unico sacerdote semel[c] dictum fuit, iureiurando divinitus electum esse qui sacerdos esset in perpetuum secundum ordinem Melchisedech [Psal. 110. b. 4]. Erat tunc visibilis olei unctio, aliam fore Daniel ex visione pronuntiat. Ac ne pluribus insistam, satis prolixe et dilucide author epistolae ad Hebraeos a quarto cap. ad undecimum usque demonstrat nihili et inanes esse ceremonias donec ad Christum ventum fuerit. Quod vero ad decem praecepta spectat, tenenda similiter est Pauli admonitio, Christum esse finem Legis in salutem omni credenti [Rom. 10. a. 4]: et altera, Christum esse spiritum qui literam per se mortiferam vivificat [2. Cor. 3. b. 6]. Nam priore quidem significat frustra doceri iustitiam praeceptis, donec eam Christus et gratuita imputatione et spiritu regenerationis conferat. Quare merito Christum vocat complementum Legis, vel finem: quia nihil prodesset quid exigat Deus a nobis scire, nisi sub iugo et onere intolerabili laborantibus et oppressis Christus succurreret. Alibi Legem propter transgressiones positam esse docet [Galat. 3. c. 19]: nempe ut homines damnationis suae convictos humiliaret. Porro quia haec ad Christum

---

a) esse — min.: *VG 1560* estoit une partie de la charge et commission qui avoit esté donnée à Moyse, et de la doctrine de laquelle il avoit esté ministre   b) vel — vel > *VG 1560*   c) *VG 1560* au Pseaume

1) supra sect. 1; p. 326 sq.   2) ibidem.   3) Ies. 53, 5.   4) Dan. 9, 26. 27.

quaerendum vera et unica est praeparatio, quaecunque diversis verbis tradit, probe inter se consentiunt. Sed quia disceptatio illi fuit cum perversis doctoribus, qui Legis operibus iustitiam nos mereri fingebant, ut eorum errorem refutaret, coactus est
5 interdum nudam Legem praecise accipere: quae tamen gratuitae adoptionis foedere alioqui vestita est[a].

3. Quomodo autem a lege morali edocti magis inexcusabiles reddamur, ut nos ad veniam expetendam reatus sollicitet, breviter cognoscere operaepretium est.¹ || Si verum est[b] perfec-
10 tionem iustitiae in Lege nos edoceri: istud etiam consequitur, absolutam eius observationem perfectam esse coram Deo iustitiam: qua scilicet homo iustus apud caeleste tribunal censeatur ac reputetur. Quare Moses, Lege promulgata, non dubitat contestari caelum et terram quod proposuisset Israeli vitam
15 et mortem, bonum et malum [Deut. 30. d. 19]. Nec refragari licet quin iustam Legis obedientiam maneat aeternae salutis remuneratio, quemadmodum a Domino promissa est. Rursum tamen operaepretium est recognoscere ecquid eam obedientiam praestemus, cuius merito concipienda sit illius re-
20 munerationis fiducia. Quantulum enim est, videre in Legis observantia positum vitae aeternae praemium, nisi praeterea constet an ea via pervenire ad vitam aeternam nobis liceat? Hac vero in parte, Legis imbecillitas se profert; nam quia in nullo nostrum illa Legis observantia deprehenditur, a vitae promis-
25 sionibus exclusi, in solam maledictionem[c] recidimus. Dico non quid fiat modo, sed quid necessarium sit; quum enim longe[d] supra humanam facultatem sit Legis doctrina, potest quidem homo eminus spectare appositas promissiones, non tamen fructum ex iis aliquem colligere. Hoc ergo unum restat ut ab earum
30 bono suam miseriam melius aestimet, dum cogitat praecisa spe salutis, mortem sibi certo imminere. Ex adverso instant horrificae sanctiones, quae non paucos nostrum, sed omnes ad unum irretitos constringunt; instant inquam, ac inexorabili asperitate nos persequuntur, ut praesentissimam in Lege mor-
35 tem[e] cernamus.

4. Itaque si Legem duntaxat intuemur, nihil[f] aliud possumus[g]

---

a) *quae — est: VG 1560* comme si elle commandoit simplement de bien vivre: ia soit que l'alliance d'adoption ne s'en doyve point separer, quand on parle de tout ce qu'elle contient   b) *Si — est:*
40 *1539-54* Ex eo quod supra constituimus; *ad sqq. (lin. 9-22) cf. Catech. 1538, CR V 331*   c) sol. mal.: *VG 1541 sqq.* malediction eternelle   d) *usque ad fin. sect. cf. 1536 I 55, 36-56, 1*   e) praes. — mort.: *VG 1541 sqq.* une certaine malediction en la Loy   f) *1536* non   g) poss.: *1536 infra post* desperare

quam animum despondere, confundi, ac desperare, quum ex
ea damnemur omnes, ac maledicamur: ‖ a beatitudine quam
suis cultoribus proponit, procul arceamur. Ergone, inquies, ita
nos ludificatur Dominus? Quantulum enim a ludibrio abest,
spem foelicitatis ostentare, ad eam invitare et hortari, illam
testari nobis expositam, quum interim praeclusus sit et inaccessus
ingressus? Respondeo, Etiamsi promissiones Legis, quatenus
conditionales sunt, a perfecta Legis obedientia dependeant,
quam nullibi reperire est: non tamen frustra datas esse.
Ubi enim didicimus irritas nobis fore et inefficaces nisi gratuita
sua bonitate, citra intuitum operum, nos Deus amplexetur, atque
adeo^a illam bonitatem, nobis per Evangelium exhibitam,
fide simus^b amplexati: ne ipsis quidem deest sua efficacia,
etiam cum annexa conditione. Sic enim tum omnia nobis gratuito
confert ut hoc quoque ad cumulum suae beneficentiae
adiungat quod semiplenam nostram[1] obedientiam non respuens,
et quod deest complemento, remittens, perinde atque a nobis
impleta conditione, legalium promissionum fructum percipere
nos facit. Sed hanc quaestionem, quia in tractanda fidei iustificatione
plenius disputanda erit[1], non ultra in praesens prosequemur.

5. Quod autem impossibilem Legis observationem diximus,
id est paucis verbis explicandum simul et confirmandum; solet
enim vulgo absurdissima sententia videri: ut Hieronymus non
dubitarit anathema illi denuntiare[c][2]. Quid visum sit Hieronymo,
nihil moror: nos quid verum sit inquiramus. Non
texam hic longas ambages de variis possibilitatis generibus.
Impossibile appello quod nec fuit unquam[d], et ne in posterum
sit, Dei ordinatione ac decreto[e] impeditur. Si ab ultima memoria
repetamus, neminem sanctorum extitisse dico qui corpore
mortis circundatus, ad eum dilectionis scopum pertigerit
ut ex toto corde, ex tota mente, ex tota anima, ex tota potentia
Deum amaret: neminem rursum qui non concupiscentia
laborarit. Quis reclamet? Video quidem quales nobis sanctos
imaginetur stulta superstitio, quorum scilicet puritati vix caelestes
Angeli respondeant: sed repugnante tum Scriptura, tum
experientiae ratione. Dico item, neminem posthac futurum, qui

---

a) *1539–54* ideo   b) *1539–45* sumus   c) an. — den.: *VG 1541 sqq.*
de la condamner pour meschante   d) nec. — unqu.: *VG 1541 sqq.*
n'a iamais esté veu   e) ord. — decr.: *1539–54* dispensatione

1) Lib. III 17, 6.   2) cf. Hieronymum, Adv. Pelag. lib. I, 10 et
III, 3 MSL 23, 503. 572.

ad verae[a] perfectionis metam perventurus sit nisi corporis mole solutus. In hanc rem primum suppetunt aperta Scripturae testimonia, Non est homo iustus super terram qui non peccet, dicebat Solomo[b] [1. Reg. 8. e. 46]. David autem, Non iustificabitur in conspectu tuo omnis vivens [Psal. 143. a. 2]. Iob plurimis locis idem affirmat[1]. Clarissime omnium Paulus, quod caro concupiscit adversus spiritum, et spiritus adversus carnem [Galat. 5. c. 17]. || Nec alia ratione probat, omnes qui sub Lege sunt, maledictioni subiectos, || nisi quia scriptum sit, maledictos omnes qui non permanserint in omnibus eius mandatis [Galat. 3. b. 10; Deut. 27. d. 26]: innuens scilicet, imo pro confesso assumens, neminem permanere posse. Quicquid autem Scripturis praedictum est, id pro perpetuo, adeoque pro necessario haberi decet. Eiusmodi argutia vexabant Augustinum Pelagiani, || iniuriam fieri Deo si plus iubeat quam per eius gratiam praestare queant fideles[2]. || Ille, ut effugeret calumniam, fatebatur posse quidem Dominum, si vellet, hominem mortalem in Angelicam puritatem evehere: sed neque fecisse unquam, nec facturum, quod aliter in Scripturis asseruisset[c][3]. Id neque ego inficior: sed addo tamen, importune de potentia Dei[d] disputari contra eius veritatem; ideo cavillis non esse obnoxiam sententiam, siquis[1] dicat fieri non posse quod non futurum[e] Scripturae pronuntiant. Verum si de verbo disputatur, Dominus rogantibus discipulis quis possit salvus esse, respondet, apud homines id quidem impossibile, apud Deum vero omnia possibilia [Matt. 19. d. 25][4]. Validissima etiam ratione id contendit Augustinus, nunquam in hac carne reddere nos quem debemus legitimum Deo amorem. Amor, inquit, notitiam ita sequitur, ut Deum amare nemo perfecte possit qui non cognitam prius ad plenum[f] habuerit eius bonitatem. Nos dum in mundo peregrinamur, cernimus per speculum et in aenigmate:[g] sequitur ergo imperfectum esse nostrum amorem [De spiritu et litera, in fine, et saepe alias.][h][5]. Sit ergo extra controversiam, impossibile esse in hac carne Legis implementum,

a) *1539–54* vitae   b) *VG 1541 sqq.* + en dediant le Temple   c) *1545–54 falso* + [Lib. de natur. et gra.]   d) *1539–54* Domini   e) *1539* facturum   f) *1539–45* plenam; ad pl. > *VG 1541 sqq.*   g) *VG 1541* + [1. Cor. 13 *(12)*]   h) [De — al.] > *1539*

1) cf. Iob. 9, 2; 25, 4.   2) cf. Aug., De perf. iust. hom. c. 3, 8. MSL 44, 295; CSEL 42, 7.   3) cf. Aug., De spir. et lit. c. 35, 66, MSL 44, 245 sq.; CSEL 60, 228.   4) Mtth. 19, 25 sq.   5) Non ipsa verba, sed eadem sententia occurrit apud Aug., De spir. et lit. c. 36, 64 sq. MSL 44, 242 sqq., CSEL 60, 223 sqq.; cf. De perf. iust. hom. c. 8, 17 sqq. MSL 44, 299 sqq., CSEL 42, 14 sqq.

si naturae nostrae impotentiam intuemur, quemadmodum et ex Paulo alibi [Rom. 8. a. 3] adhuc ostendetur.

6. Sed quo tota res melius patefiat, officium usumque Legis quam moralem vocant[a][1], succincto ordine recolligamus. Porro tribus istis[b] partibus, quantum intelligo, continetur[2]: Prima est, ut dum iustitiam Dei ostendit, id est, quae sola Deo accepta est, suae unumquenque iniustitiae admoneat, certiorem faciat, convincat denique ac condemnet. Sic enim opus est, caecum et ebrium amore sui hominem, ad notitiam simul et confessionem suae tum imbecillitatis tum impuritatis adigi: quando[c] nisi vanitas eius evidenter redarguatur, insana virium suarum confidentia inflatus est, ‖ nec adduci unquam potest ut de earum tenuitate sentiat, quantisper eas arbitrii sui modo metitur. Atqui[d] simulac eas comparare ad Legis difficultatem coepit, habet illic quod ferociam minuat. Utcunque enim ingentem de iis opinionem praesumpserit, mox tamen eas sub tanto pondere anhelare sentit: deinde titubare ac labascere, tandem concidere etiam ac deficere. Sic Legis magisterio eruditus, exuit illam, qua prius caecutiebat, arrogantiam. Similiter altero, quo ipsum laborare dictum est, superbiae morbo sanandus est. Quandiu iudicio suo stare permittitur, hypocrisin comminiscitur pro iustitia: qua contentus, factitiis nescio quibus iustitiis adversus Dei gratiam erigitur. Postquam vero ad Legis trutinam examinare vitam suam cogitur, omissa commentitiae illius iustitiae praesumptione, immenso spatio se abesse a sanctitate cernit: rursus infinitis vitiis se abundare, quibus purus antea videbatur. Tam profundis enim ac sinuosis recessibus absconduntur concupiscentiae mala, ut hominis aspectum facile fallant. Nec sine causa dicit Apostolus, se concupiscentiam ignorasse nisi Lex diceret, Non[1] concupisces [Rom. 7. b. 7]: quia nisi per illam retegatur ex latebris suis, occultius miserum hominem perdit quam id exitiale eius telum sentiatur.

7. Ita Lex instar est speculi cuiusdam, in quo nostram impotentiam, tum ex hac iniquitatem, postremo ex utraque maledictionem contemplamur: quemadmodum oris nostri maculas speculum nobis repraesentat. ‖ Quem enim ad sequendam iustitiam destituit facultas, hic in luto peccatorum haereat defixus

---

a) quam — voc. > 1539–54   b) 1539–43 illis   c) > 1539–54
d) sic 1539–43; 1545–61 male At qui

1) cf. Melanchthon., Loc. comm., 1521 (ed. Kolde[4] p. 117), 1535 (CR Mel. opp. XXI 390—392).   2) ad has tres partes cf. Melanchthoni Locos comm., 1535, CR Mel. opp. XXI 405 sq. — Ad has sectiones 6 et 7 cf. Melanchthonis Locos comm. (1521) ed. Kolde[4] p. 150—157.

necesse est. Peccatum continuo maledictio sequitur. Ideo quo
maioris transgressionis deprehensos convictosque Lex tenet,
eo gravioris simul iudicii reos agit. Huc pertinet Apostoli
dictum, quod per Legem est cognitio peccati [Rom. 3. c. 20].
5 Primum enim eius officium illic tantum notat, cuius experimentum est in peccatoribus nondum regeneratis. Huic coniuncta
sunt ista, Legem esse subingressam ut abundaret peccatum
[Rom. 5. d. 20], ac proinde esse administrationem mortis
[2. Cor. 3. b. 7], quae iram operetur [Rom. 4. c. 15], et occidat.
10 Eo enim magis haud dubie crescit iniquitas, quo liquidiore
peccati intelligentia conscientia feritur: quod ad praevaricationem tunc[a] adversus Legislatorem contumacia accedit.
Restat igitur ut iram Dei in peccatoris exitium armet: quia
nihil per se potest quam accusare, damnare, et perdere. Et
15 quemadmodum scribit Augustinus, si desit Spiritus gratiae,
in hoc tantum adest ut reos faciat et occidat [De corrept. et
gratia.][1]. ‖ Id autem quum dicitur, nec ignominia afficitur Lex,
nec eius quidem excellentiae quicquam derogatur. [b]Sane si
voluntas nostra tota in eius obedientiam[c] formata composi-
20 taque foret, plane iam[d] ad salutem sufficeret sola ipsius cognitio[e]: at quum natura nostra carnalis et corrupta cum spirituali
Dei Lege hostiliter pugnet, nec eius disciplina quicquam emen-
detur, superest[f] ut Lex[g] quae in salutem (si auditores idoneos
nacta fuisset) data erat[h], in peccati et mortis occasionem cedat
25 [Vide Ambr. cap. 1. de Iac. et vita beata, cap. 6.]][1][2]. Quandoquidem enim omnes eius transgressores esse convincimur, quo
iustitiam Dei[k] clarius reserat[l], eo nostram ex adverso iniquitatem magis detegit: quo vitae salutisque praemium iustitiae
repositum certius confirmat, eo certiorem iniquorum interitum[m]
30 reddit[n]. Tantum ergo abest quin Legi contumeliosa sint ista
elogia, ut ad illustriorem divinae[o] beneficentiae commendationem plurimum valeant. Nam inde profecto patet, nostra
nequitia et pravitate nos impediri quominus vitae beatitudine
per Legem in propatulo posita fruamur. Unde suavior redditur,

---

35 a) *1539* tum   b) *haec verba* Sane — detegit *(lin. 28) exstant in
Cat. 1538, CR V 331 sq.*   c) in — ob.: *Cat.* in ob. divinae voluntatis
d) > *Cat.*   e) ips. cog.: *Cat.* cog. legis   f) *Cat.* restat; *VG 1541 sqq.*
il s'ensuyt   g) *Cat.* + ipsa   h) *Cat. et 1539–43* in sal. data erat (si
— fuiss.)   i) > *Cat.*   k) *Cat.* Dei iust.   l) quo — res.: *VG 1541 sqq.*
40 d'autant plus qu'elle nous revele la iustice de Dieu   m) *1539–54*
confusionem   n) cf. *Cat. 1538, CR V 332*   o) > *1539*

1) Aug., De correptione et gratia c. 1, 2 MSL 44, 917.   2) Ambrosius, De Iacobo et vita beata, lib. I, 6. CSEL 32 II, 17 sqq.

quae sine Legis subsidio nobis succurrit Dei gratia: et amabilior, quae illam nobis confert, misericordia, qua[a] discimus, identidem bene'faciendo, et nova dona cumulando nunquam ipsum[b] fatigari. [259]

8. [c]Quod autem omnium nostrum iniquitas et dammatio, Legis testimonio consignatur, non ideo fit (si tamen rite in ea proficimus)[d] ut concidamus desperatione[e], ac desponsis animis in praecipitium corruamus. In hunc certe modum illinc exanimantur reprobi: sed ob animi obstinationem. Apud filios Dei alium esse eruditionis finem convenit. [f]Nos quidem iudicio Legis damnatos esse testatur Apostolus[g], quo omne os[h] obstruatur, et obnoxius reddatur omnis mundus Deo [Rom. 3. c. 19]. Idem tamen alibi docet, Deum omnes sub incredulitate conclusisse, non ut perdat, aut omnes[i] perire sinat, sed ut omnium misereatur [Rom. 11. d. 32]. Nempe ut || omissa suae virtutis stolida[k] opinione, sola Dei manu stare se et consistere intelligant, || ut nudi et vacui ad eius misericordiam[l] confugiant, in hanc se toti reclinent, in hanc penitus[m] se abdant, hanc unam pro iustitia et meritis arripiant, quae omnibus in Christo exposita est quicunque eam vera fide et expetunt et expectant. || Deus[n] enim in Legis praeceptis[o] nonnisi perfectae iustitiae, qua nos omnes destituti sumus, remunerator: contra autem severus scelerum iudex apparet. In Christo autem facies eius gratiae ac lenitatis[p] plena, erga miseros etiam ac indignos peccatores relucet.

9. De profectu ad implorandam auxilii gratiam[q] saepe Augustinus: ut quum scribit Hilario, Iubet Lex ut facere iussa conati, et in nostra infirmitate sub Lege fatigati, adiutorium gratiae poscere noverimus [Epist. 89.][1]. Item Asellio, Utilitas Legis est ut hominem de sua infirmitate convincat, et gratiae medicinam, quae in Christo est, implorare compellat [Epist. 200.][2].

---

a) *1539-50* quam   b) > *1539-54*   c) *haec verba* Quod — corruamus *(lin. 8) exstant in Cat. 1538, CR V 332*   d) (si — prof.) > *Cat.*
e) *Cat.* desp. conc.   f) *haec verba* Nos — misereatur *(lin. 15) exstant in Cat. 1538, CR V 332; ad sqq. cf. ib.*   g) *Cat.* ap. test.   h) *Cat.* os omne   i) *Cat.* etiam   k) *suae — stol.: 1536* hac stol. suae virt.
l) ad — mis.: *1536* ad mis. Dei   m) > *1536*   n) *1539-54* Dominus
o) in — praec.: *1539-54* in lege; *haec verba* In lege enim — relucet *(lin. 25) exstant in Cat. 1538, CR V 332*   p) *Cat.* benignitatis
q) De — grat.: *VG 1541 sqq.* Quant est de l'instruction, que nous devons prendre en la Loy, pour nous faire implorer l'ayde de Dieu

1) Aug., Ep. 157 c. 2, 9 (ad Hilarium Syracusanum) MSL 33, 677; CSEL 44, 455.   2) Aug., Ep. 196 c. 2, 6 (ad Asellicum) MSL 33, 893; CSEL 57, 220.

Item ad Innocentium Romanum, Iubet Lex: gratia vires agendi subministrat [Epist. 95.]¹. Item Valentino, Iubet Deus quae non possumus, ut noverimus quid ab illo petere debeamus [Lib. de corrept. et grat.]². || Item, Data est Lex ut vos reos faceret: 1543
rei facti, timeretis: timentes, indulgentiam peteretis: de viribus vestris non praesumeretis [In Psal. 70]³. Item, Ad hoc data est Lex, ut de magno parvulum faceret: ut te ad iustitiam vires de tuo non habere monstraret, ac sic ᵃ inops, indignus, ac egenus ad gratiam confugeres. Postea sermonem ad Deum dirigit, Ita fac Domine, ita fac misericors Domine: impera quod non possit impleri: imo impera quod nonnisi per gratiam tuam possit impleri: ut quum homines id implere per suas vires nequiverint, omne os obstruatur, et nemo sibi magnus videatur. Sint omnes parvuli, et reus fiat omnis mundus coram ᵇ Deo [In Psal. 118. Concione 27]⁴. Sed ego ineptus sum qui tot ˡ testimonia ᶜ congero, cuum proprium opus scripserit sanctus ille vir ᵈ, cui titulum fecit De spiritu et litera⁵. || Secundum profectum non tam significanter 1539 describit, vel quod dependere ex illo priore noverat, vel quod non ita probe tenebat, || vel quod verba non habebat quibus 1543 rectum alioqui sensum ita distincte et perspicue explicaret. || Neque tamen in reprobis quoque ipsis primum hoc Legis offi- 1539 cium cessat. Quanquam enim cum filiis Dei non hucusque pergunt ut post carnis deiectionem ᵉ interiore homine renoventur ac reflorescant, sed primo terrore attoniti in desperatione iacent: pertinet tamen ad manifestandam divini iudicii aequitatem, eiusmodi fluctibus eorum conscientias exagitari. Siquidem libenter semper cupiunt adversus Dei iudicium tergiversari: nunc illo nondum patefacto, Legis tamen ᶠ et conscientiae testimonio sic consternati, in seipsis produnt quid meriti sint.

10. Secundum Legis officium est || ut qui nulla iusti rectique cura, nisi coacti, tanguntur, dum audiunt diras in ea sanctiones ᵍ, coerceantur ʰ saltem poenarum formidine. Coercentur autem, non quod interior eorum animus permoveatur aut afficiatur: sed quia, tanquam iniecto fraeno, manus ab exteriori opere continent, et ˡ suam pravitatem intus cohibent, quam alioqui pe-

a) *sic 1543–50, 1554; 1553, 1559–61 male* acsi   b) > *1539–54*
c) *VG 1545 sqq.* + de sainct Augustin   d) sanct. — vir > *VG 1545 sqq.*
e) *1539–54* confusionem   f) > *1539–54*   g) dum — sanct. > *1536*
h) *VG 1541 sqq.* soient retirez   i) > *1536–54*

1) Aug., Ep. 177, 5 (ad Innocentium Romanum) MSL 33, 766; CSEL 44, 673.   2) imo Aug., De gratia et libero arbitrio c. 16, 32 MSL 44, 900.   3) Aug., In Psal. 70, sermo 1, 19 MSL 36, 889.
4) Aug., In Psal. 118, sermo 27, 3 MSL 37, 1581.   5) MSL 44, 199 sqq.; CSEL 60, 153 sqq.

336 INSTITUTIONIS LIB. II

tulanter effusuri erant. Ex eo nec meliores quidem sunt, nec apud Deum iustiores. Nam tametsi vel terrore vel pudore impediti exercere non audent quod animo conceperunt, nec suae libidinis furias palam efflare[a], cor tamen non habent compositum ad timorem et obedientiam Dei: imo quo magis sese retinent, eo fortius[b] intus accenduntur, fervent, bulliunt[c], parati quidvis facere, et quovis prorumpere nisi hic terror Legis obstaret. Nec id solum[d], sed Legem quoque ipsam pessime oderunt, et Deum Legislatorem execrantur, ut eum, si possent, maxime velint tollere[e], quem nec recta iubentem, nec suae maiestatis contemptores ulciscentem ferre possunt. ǁ Aliis quidem obscurius, aliis clarius, omnibus tamen nondum regeneratis hic sensus inest, ut non voluntaria submissione, sed inviti ac restitantes, tantum timoris violentia ad Legis studium trahantur. ǁ Sed tamen haec coacta expressaque iustitia, necessaria est publicae hominum communitati, cuius hic tranquillitati[f] consulitur, dum cavetur ne omnia permisceantur tumultu[g]: quod fieret si omnia omnibus licerent[h]. ǁ Quinetiam filiis Dei non est inutile hac paedagogia exerceri, quantisper ante vocationem, Spiritu sanctificationis destituti, insipientia carnis lasciviunt[1]. Dum enim divinae ultionis terrore vel ab externa petulantia retrahuntur, utcunque nondum animo domiti parum[i] in praesentia promoveant, aliqua tamen ex parte ferendo iustitiae iugo assuefiunt: ne quum vocati fuerint, sint ad disciplinam ceu ad rem incognitam, rudes prorsus ac novitii. Hoc officium videtur Apostolus proprie attigisse, quum tradit Legem non esse iusto positam, sed iniustis et immorigeris, impiis et peccatoribus, sceleratis et profanis, parricidis, homicidis, fornicariis, paederastis, plagiariis, mendacibus ac periuris: et siquid aliud sanae doctrinae adversatur [1. Tim. 1. b. 9][1]. Indicat enim esse exultantibus, et sine modo alioquin vagaturis carnis libidinibus, retinaculum.

11. Ad utrunque vero accommodari potest quod alibi dicit,

---

a) nec — effl.: *1536* nec pro sua libidine furere   b) eo fort.: *1536* hoc magis; *VG 1541 sqq.* d'autant plus   c) *1536* et ebulliunt   d) *VG 1541 sqq.* Et non seulement le cœur demeure tousiours mauvais   e) eum — toll.: *1536* si possent, eum tollere max. vel.   f) hic tranqu.: *1536* tranqu. sic   g) *1536* tum. perm.   h) tumultu — lic.: *1539* tumultu. Quid — licerent?   i) *VG 1541 sqq.* + comme aucune fois *(1541-51* aucunesfois*)* il advient, que nostre Seigneur ne se revele point du premier coup à ses fideles: mais les laisse cheminer quelque temps en ignorance, devant que les appeller

1) 1. Tim. 1, 9 sq.

Legem fuisse Iudaeis paedagogum ad Christum [Galat. 3. d. 24];
siquidem duo sunt hominum genera quos ad Christum sua
paedagogia manuducit. Alii (de quibus primo loco diximus)
quia propriae aut virtutis, aut iustitiae fiducia nimis pleni
sunt, recipiendae Christi gratiae non sunt idonei^a, nisi prius
sint exinaniti. Ergo eos miseriae suae agnitione Lex ad humilitatem subigit, quo ita praeparentur ad expetendum quod sibi
antea deesse non putabant. Alii opus habent fraeno quo retine-
antur, ne ita laxent fraena carnis suae lasciviae ut ab omni
iustitiae studio prorsus excidant^b. Ubi enim nondum regit
Spiritus Dei, illic sic ebulliunt interdum libidines, ut periculum
sit ne animam sibi obnoxiam in oblivionem contemptumque
Dei demergant: et fieret nisi Dominus hoc remedio obviam iret.
Itaque quos ad regni sui haereditatem destinavit, si non statim
regenerat, ad tempus suae visitationis conservat per^c Legis
opera sub timore, non illo quidem casto et puro qualis in eius
filiis esse debet, utili tamen ad hoc ut ad veram pietatem pro
suo captu erudiantur^d. Huius rei tot habemus documenta, ut
minime opus sit exemplo. Quicunque enim aliquandiu in ignoratione Dei versati sunt, hoc sibi accidisse fatebuntur ut Legis
fraeno retinerentur in qualicunque Dei metu et observantia,
donec Spiritu regenerati, ex animo ipsum amare inciperent.

12. Tertius usus, qui et praecipuus est, et in proprium Legis
finem propius spectat^e, ‖ erga fideles locum habet, quorum in
cordibus iam viget ac regnat Dei Spiritus¹. ‖ Nam tametsi digito
Dei Legem scriptam et insculptam habent in cordibus^f, hoc
est, sic affecti sunt et animati ‖ per Spiritus directionem ut
obtemperare Deo cupiant: bifariam tamen adhuc in Lege proficiunt. Est enim illis optimum organum quo melius in dies ac
certius discant qualis sit Domini voluntas, ad quam aspirant:
atque in eius intelligentia confirmentur. ‖ Ut siquis servus iam
ita sit toto animi studio comparatus ut domino suo se appro-
bet, ‖ necesse tamen habet mores domini explorare accuratius et
observare, ad quos se componat et accommodet. ‖ Nec se cuis-
piam nostrum ab hac^l necessitate eximat; nemo enim eo
sapientiae adhuc penetravit ut non possit ex quotidiana Legis
eruditione novos facere progressus in puriorem divinae volun-

---

a) *1539–54* capaces b) ut — exc. > *VG 1545 sqq.* c) > *1543–50;*
VG 1545 sqq. par le moyen de sa Loy d) ad hoc — erud.: *VG 1545 sqq.*
pour ce temps là à celuy qui doit estre amené de longue main à plus
parfaite doctrine (à cel. — doct. > *1545)* e) *1539* prospectat f) *1536*
+ [Iere. 31 *(33)* Hebr. 10 *(16)*]

1) cf. Melanchthonis Locos comm. (1521) ed. Kolde⁴, p. 220 sq.

tatis notitiam. Deinde quia non sola doctrina, sed exhortatione quoque indigemus, hanc quoque utilitatem ex Lege capiet servus Dei, ut frequenti eius meditatione excitetur ad obsequium, in eo roboretur, a delinquendi lubrico retrahatur. In hunc enim modum sanctos sibi instare oportet, qui secundum Spiritum quantalibet alacritate ad Dei iustitiam contendant, carnis tamen ignavia semper onerantur quominus legitima promptitudine pergant. || Huic carni Lex flagrum est, quo instar inertis tardique asini,[a] ad opus urgeatur[b]; || imo spirituali homini, quia nondum carnis mole expeditus est, assiduus aculeus erit qui desidere illum non permittat. Nimirum in hunc usum respiciebat David, quum insignibus illis encomiis Legem celebraret, Lex Domini immaculata, convertens animas: iustitiae Domini rectae, laetificantes corda: praeceptum Domini lucidum, illuminans oculos, etc. [Psal. 19. c. 8][1]. Item, Lucerna pedibus meis verbum tuum, et lumen semitis meis [Psal. 119. 105]; ac innumera quae toto illo Psalmo prosequitur. Neque vero repugnant ista Paulinis sententiis quibus ostenditur, non quem regeneratis usum Lex praestet, sed quid homini per se conferre queat. Hic autem canit Propheta quanta cum utilitate Legis suae lectione[c] erudiat Dominus eos quibus intus obsequendi promptitudinem aspirat[d]: || nec sola praecepta arripit, sed rebus annexam gratiae promissionem,[e] quae sola facit ut quod amarum est dulcescat. Quid enim Lege minus amabile, si flagitando tantum et minando metu sollicitet animas, et terrore angat? Praesertim vero ostendit David, se in Lege Mediatorem apprehendisse, sine quo nulla est oblectatio vel suavitas.

13. Quod discernere dum imperiti quidam nesciunt, totum[f] Mosen animose explodunt, duasque Legis tabulas[g] valere iubent: quia scilicet Christianis alienum esse arbitrantur adhaerere doctrinae quae mortis[h] administrationem continet[2]. Facessat longe ex animis nostris profana istaec opinio; pulchre enim

---

a) inert. — as.: *1536* ignavi inertisque asini stimuletur, incitetur, et b) quo — urg.: *VG 1541 sqq.* pour la chasser à l'œuvre: comme un asne lequel ne veult tirer avant, si on ne frappe assiduellement dessus c) Leg. — lect.: *VG 1541 sqq.* en la doctrine de sa Loy d) *1561* inspirat e) reb. — pr.: *VG 1560* il adiouste la promesse de grace, laquelle ne doit point estre separée quant aux fideles, et f) > *1539-54* g) duas. — tab.: *1539-54* legemque h) *1539* legis

1) Ps. 19, 8 sq. 2) Servetus, De iusticia regni Chr. cap. III, f. D 7 a sqq.; Libertini (cf. „Contre la secte des Lib." 1545, CR VII 206 sq. 229. 233); Io. Agricola, positiones a. 1537 a Luthero editae (Disput. Dr. Martin Luthers ed. P. Drews, p. 249 sqq.; WA XXXIX 1, 342 sq.).

docuit Moses, Legem, quae apud peccatores nihil quam mortem generare potest, in sanctis meliorem praestantioremque habere debere usum. Sic enim moriturus populo edixit[a], Ponite corda vestra in omnia verba quae ego testificor vobis hodie, ut mandetis ea filiis vestris, doceatisque custodire, facere et implere universa quae scripta sunt in volumine Legis huius, quia non incassum praecepta sunt vobis, sed ut singuli in eis viverent [Deut. 32. g. 46][1]. Quod si absolutum in ea iustitiae exemplar eminere nemo inficietur, aut nullam esse nobis recte iusteque vivendi regulam oportet, aut ab ea nefas est discedere. Siquidem non plures, sed una est perpetua et inflexibilis vivendi regula. Quamobrem quod iusti hominis vitam in Legis meditatione continuam facit David [Psal. 1. a. 2], id ne ad seculum unum referamus, quia singulis ad finem mundi aetatibus convenientissimum est: nec absterreamur ideo, aut refugiamus ab eius institutione quod exactiorem multo sanctitatem praescribat quam praestaturi sumus dum circunferemus carcerem corporis nostri. Non enim iam rigidi exactoris vicem erga nos fungitur, cui non satisfiat nisi soluto penso: sed in hac ad quam nos adhortatur perfectione, metam demonstrat ad quam[b] nobis tota vita contendere[c] ‖ non minus utile est quam officio nostro consentaneum. ‖ In qua contentione si non deficimus, bene est. Stadium nanque est tota haec vita, cuius decursu spatio, dabit Dominus ut metam illam, ad quam nunc eminus nitumur nostra studia, teneamus.

14. Nunc ergo quoniam vim exhortationis erga fideles habet Lex, non quae eorum conscientias maledictione liget, sed quae pigritiam, subinde instando excutiat, et imperfectionem vellicet: multi dum volunt significare hanc ab illius maledictione liberationem, dicunt abrogatam esse Legem fidelibus[2] (de morali adhuc loquor)[d] non quod amplius illis non iubeat quod rectum est, sed duntaxat ne sit illis quod antea erat, hoc est, ne eorum conscientias perterrendo et confundendo, damnet ac perdat. ‖ Et sane talem Legis abrogationem non obscure docet Paulus. A Domino quoque fuisse praedicatam ex eo apparet quod opinionem illam de Lege a se dissipanda non refutasset nisi invaluisset inter Iudaeos. Quum autem non potuerit temere, sine ullo praetextu, emergere: credibile est, ab eius doctrinae

---

a) *1539–54* testificabatur b) *1539–54* + est c) *1539–54* contendendum d) (de — loqu.) > *1539–54*

1) Deut. 32, 46 sq. 2) Melanchthon, Loci comm. (1521) ed. Kolde[4], p. 206, 208 fin., 210, 213, (217), 220, 222; Zwinglius, De vera et falsa religione commentarius 1525, CR Zw. opp. III 710, 22 sqq

falsa interpretatione fuisse natam: qualiter cuncti fere errores occasionem a veritate sumere consueverunt. Nos vero, ne ad eundem impingamus lapidem, accurate distinguamus quid in Lege sit abrogatum, quid firmum adhuc maneat. Quum testatur Dominus se non venisse ad Legem abolendam, sed ad implendam: nec praeteriturum, donec caelum ac terra transeant, apicem ex Lege quin omnia fiant [Matth. 5. b. 17][1]: nihil de observantia Legis per suum adventum detractum iri satis confirmat. Et merito: quando in hunc finem potius venit ut eius transgressionibus mederetur. Manet igitur per Christum inviolabilis Legis doctrina, quae nos docendo, admonendo, obiurgando, corrigendo, ad omne opus bonum formet ac comparet.

15. Quae vero de maledictione dicuntur a Paulo, non ad institutionem ipsam pertinere, sed solum constringendae conscientiae vigorem, constat. Non enim solum docet Lex[a], sed imperiose exigit quod mandat. Si non exhibeatur, imo siqua in parte ab officio cessetur[b], maledictionis fulmen stringit. Hac ratione dicit Apostolus,[1] omnes qui sunt ex operibus Legis[c], esse execrationi obnoxios, quia scriptum sit, Execrabilis omnis qui non complet omnia [Galat. 3. b. 10; Deut. 27. d. 26]. Eos autem sub operibus Legis[d] dicit qui in remissione peccatorum iustitiam non statuunt, per quam a Legis rigore solvimur. Solvi ergo nos a Legis vinculis oportere docet[e], nisi volumus sub illis misere perire. Sed quibus vinculis? illius austerae et infestae exactionis quae ex summo iure nihil remittit, nec transgressionem[f] ullam impunitam sinit. Ab hac, inquam, maledictione ut nos redimeret Christus, factus est pro nobis maledictio. Scriptum est enim, Maledictus omnis qui pendet in ligno. Capite quidem sequenti tradit, Christum Legi fuisse subiectum ut eos qui sub Lege erant redimeret: sed eodem sensu[g]; subdit enim continuo, Quo ius filiorum, adoptione reciperemus [Galat. 3. b. 13, et 4. a. 4[2]; Deut. 21. d. 23]. Quid istuc est? ne perpetua servitute premeremur, quae conscientias nostras anxietate mortis compressas teneret. Interim manet illud semper inconcussum, ex Legis authoritate nihil decessisse quin eadem semper veneratione obedientiaque ipsam suscipi a nobis conveniat.

---

a) *VG 1541 sqq.* + quant à sa nature   b) *1539* cessaret   c) ex — Leg.: *VG 1541 sqq.* soubz la Loy   d) sub — Leg.: *VG 1541 sqq.* soubz la Loy   e) *1539* decet   f) *1539–45* transactionem   g) sed — sens. > *VG 1541 sqq.*

1) Mtth. 5, 17 sq.   2) Gal. 4, 4 sq.

16. Alia ceremoniarum ratio, quae non effectu, sed usu solo fuerunt abrogatae. Quod autem illis finem adventu suo Christus imposuit, adeo nihil earum sanctitati derogat ut eam magis commendet ac illustret. Nam sicuti veteri populo inane praebuissent spectaculum^a nisi mortis et resurrectionis Christi virtus illic monstrata esset: ita nisi cessassent, discernere hodie non liceret quorsum fuissent institutae. Ideo Paulus, ut earum observationem non supervacuam modo, sed noxiam quoque esse probet, umbras fuisse docet, quarum nobis extat in Christo corpus [Coloss. 2. c. 17]. Videmus ergo ut in earum abolitione melius refulgeat veritas, quam si adhuc procul et quasi obtento velo Christum qui palam apparuit figurarent. Ideo et Christi morte velum templi in duas partes scissum cecidit [Matth. 27. f. 51]: quia iam viva et expressa caelestium bonorum imago in lucem prodierat, quae obscuris tantum lineamentis inchoata fuerat, sicuti loquitur author epistolae ad Hebraeos [Cap. 10. a. 1]. Huc pertinet dictum Christi, Legem et Prophetas fuisse usque ad Iohannem: ex eo regnum Dei coepisse evangelizari [Luc. 16. d. 16]; non quod praedicatione quae spem salutis et vitae aeternae continet, privati fuerint sancti Patres: sed quia procul et sub umbraculis intuiti sunt duntaxat quod hodie in plena luce conspicimus. Cur autem Ecclesiam Dei ab illis rudimentis altius transcendere oportuerit, explicat Iohannes Baptista, Quod Lex per Mosen data sit, gratia autem et veritas per Iesum facta [Iohan. 1. c. 17]. Quia etsi vere expiatio in veteribus sacrificiis promissa fuit, et arca foederis certum fuit paterni Dei favoris pignus: hoc totum umbratile fuisset, nisi in Christi gratia fundatum, ubi reperitur solida aeternaque stabilitas. Hoc quidem fixum maneat, quanvis servari desierint ritus legales, ipso tamen fine melius cognosci quanta fuerit eorum utilitas ante Christi adventum, qui usum tollendo, vim et effectum sua morte obsignavit.

17. Paulo plus difficultatis habet quae notatur a Paulo ratio^b, Et vos quum essetis mortui per delicta et praeputium carnis vestrae, convivificavit cum illo, donans vobis^c omnia delicta, delens quod adversus nos^d erat chirographum in decretis, quod erat nobis contrarium: et ipsum tulit e medio, affigens cruci, etc. [Coloss. 2. c. 13][1]. Videtur enim Legis abolitionem aliquan-

---

a) Nam — spec.: *VG 1560* car comme ce n'eust esté qu'une batterie anciennement ou un amuse fol (comme l'on dit)   b) diff. — rat.: *1539-54* est difficultatis in alio loco, ex Epistola ad Colossenses   c) *1539* nobis   d) *1539* vos

1) Col. 2, 13 sq.

tum ultra dilatare, ut nihil iam nobis sit cum illius decretis. Errant enim qui[a] simpliciter de Lege morali accipiunt, cuius tamen inexorabilem magis severitatem, quam doctrinam abolitam interpretantur[1]. Alii acutius pensiculantes Pauli verba, perspiciunt in Legem ceremonialem proprie competere: et ostendunt, id non semel apud Paulum sonare vocabulum Decreti: nam ad Ephesios quoque ita loquitur, Ipse est pax nostra, qui fecit utraque unum, Legem mandatorum in decretis sitam evacuans, ut duos conderet in seipso, in unum novum hominem [Ephes. 2. c. 14][2]. De ceremoniis illic agi, minime ambiguum: quia interstitium vocat, quo Iudaei a Gentibus dissidebant. Quare priores illos ab his[b][3] iure reprehendi fateor: sed ab his quoque nondum bene explicari mens Apostoli mihi videtur. Nam illos duos locos simul per omnia comparari, nullo modo placet. Ephesios quum de sua in societatem Israelis cooptione[c] certiores facere vellet, impedimentum quo arcebantur olim, sublatum docet: illud erat in ceremoniis. Ritus enim ablutionum et sacrificiorum quibus Iudaei Domino consecrabantur, eos a Gentibus segregabant. At in epistola ad Colossenses sublimius mysterium attingi quis non videat? Certamen est quidem illic de Mosaicis observationibus, ad quas pseudoapostoli Christianum populum adigere studebant: sed quemadmodum in Epistola ad Galatas controversiam illam altius ducit[d], et quodammodo ad fontem suum revocat: ita et hoc loco. Nam si in ritibus nihil aliud consideras quam defungendi necessitatem, quorsum attinebat vocari chirographum[e] contrarium nobis? praeterea in eo totam prope redemptionis nostrae summam ponere, ut induceretur? Quare res ipsa clamat, hic aliquid interius reputandum esse. Ego autem confido me germanam intelligentiam assequutum, si tamen mihi verum esse conceditur[f] quod alicubi verissime ab Augustino scriptum est, imo quod ex claris Apostoli verbis hausit[g], in ceremoniis Iudaicis confessionem magis delictorum extitisse quam expiationem[h] [Heb. 7. 9. 10][4]. Quid enim sacrificiis aliud agebant quam se mortis conscios fatebantur, qui in suum locum cathar-

---

a) Err. — qui: *1539–54* Quidam. b) *1539–50* iis c) *1539–45* cooptatione d) alt. duc.: *VG 1541 sqq.* tire plus loing e) *1539–54* + et chirographum f) *1539–54* concedatur g) imo — haus. > *1539–54* h) *1543–45* + [Lib. 1. de peccatorum merit. et remis. c. 27.][4]

1) Melanchthon, Commentar. in epist. ad Col., 1529, f. E 6 a—b.
2) Eph. 2, 14 sq. — Bucerus, Metaphras. et enarrat. in epist. ad Rom., 1536, p. 205 a—b. 3) sc. Melanchthonem a Bucero l. c.
4) Aug., De pecc. mer. et rem. I 27, 54 MSL 44, 139; CSEL 60, 51.

mata^a substituebant? Quid purificationibus, nisi quod se immundos testabantur? Ita renovabatur subinde^b ab¹ illis et piaculi et impuritatis suae chirographum^c: solutio in illa testificatione non erat. Qua ratione scribit Apostolus, morte demum Christi intercedente, redemptionem praevaricationum esse peractam, quae manebant sub veteri Testamento [Heb. 9. d. 15]^d. Merito ergo chirographa vocat Apostolus, suis cultoribus adversa: quando per illa suam damnationem ac immunditiem palam consignabant. Nec obest, quod illi quoque eiusdem nobiscum gratiae participes fuerunt. Id enim sunt assequuti in Christo, non in ceremoniis quas illic a Christo discernit Apostolus: quoniam Christi gloriam, tum usurpatae, obscurabant. Habemus ceremonias, si per se considerentur, eleganter et apposite vocari chirographa, hominum saluti contraria: quia velut solennia instrumenta erant, quae ipsorum obligationem testarentur. Illis quum vellent rursum Christianam Ecclesiam astringere pseudoapostoli, non sine causa Paulus altius repetita earum significatione^e, Colossenses admonuit, quo relaberentur, si subiugari se in eum modum ab ipsis^f passi essent[1]. Simul enim illis excutiebatur Christi beneficium: quatenus, peracta semel aeterna expiatione, quotidianas illas observationes abolevit: quae ad peccata consignanda tantum validae, ad eadem delenda nihil poterant.

Legis moralis explicatio.   CAP. VIII.

1. HIC decem Legis praecepta, cum brevi eorum explicatione, inserere non alienum fore arbitror: quia et inde melius patebit quod attigi[2], quem semel Deus praescripsit cultum adhuc vigere: deinde accedet secundi capitis confirmatio, non solum didicisse ex ea Iudaeos quaenam esset vera pietatis ratio, sed horrore iudicii, quum se observationi viderent impares, fuisse subactos ut vel inviti ad Mediatorem traherentur. Porro || inter explicandam eorum summam quae in vera Dei notitia requiruntur, docuimus non posse ipsum^g pro sua magnitudine a nobis concipi quin statim occurrat || eius maiestas quae nos ad eius cultum adstringat^{h 3}. || In cognitione nostri hoc praecipuum po-

---

a) *VG 1541 sqq.* la beste, pour estre tuée   b) ren. sub.: *1539–54* edebatur   c) *1539–54* debitum   d) *1539–50* [Heb. 9. 10.]   e) alt. — sig.: *VG 1541 sqq.* regardant l'origine premiere   f) *1539* illis   g) *1539* ipsam
h) eum unum esse, cuius maiestati summus cultus debeatur

1) Col. 2, 16 sqq.   2) supra cap. 7; p. 326 sqq.   3) cf. I 1. 2; p. 31 sqq.

suimus, ut propriae virtutis opinione vacui, et[a] propriae iustitiae fiducia exuti: contra, egestatis conscientia fracti et contusi, solidam humilitatem discamus, ac nostri deiectionem[1]. Utrunque in Lege sua Dominus exequitur, ubi primum vindicata sibi legitima imperandi potestate, ad numinis sui reverentiam nos vocat, atque in quo sita ea sit et constituta praescribit: deinde, promulgata iustitiae suae[l] regula (cuius rectitudini ingenium nostrum, ut pravum est et contortum, perpetuo adversatur: et[b] infra cuius perfectionem facultas nostra, ut imbecilla est et ad bonum enervata, procul iacet) tum impotentiae nos, tum iniustititae arguit.[c] || Porro haec ipsa quae ex duabus tabulis[d] discenda sunt, quodammodo nobis dictat lex illa interior, quam omnium cordibus inscriptam et quasi impressam superius dictum est[2]. Non enim sinit nos perpetuum somnum sine sensu dormire nostra conscientia, quin intus testis sit ac monitrix eorum quae Deo debemus, quin boni et mali discrimen nobis obiiciat, atque ita nos accuset dum ab officio discedimus. Verum, qua errorum caligine obvolutus est homo, per legem illam naturalem vix tenuiter degustat quis Deo acceptus sit cultus: certe a recta eius ratione longissimo intervallo distat. Ad hoc arrogantia et ambitione sic turgidus, suique amore excaecatus est, ut se prospicere nondum queat, et velut in se descendere, quo submittere se ac deiicere discat, suamque miseriam fateri. Proinde (quod tum hebetudini tum contumaciae nostrae necessarium erat) Dominus Legem scriptam nobis posuit: quae et certius testificaretur quod in lege naturali nimis obscurum erat, et mentem memoriamque nostram, excusso torpore, vividius feriret.

2. Nunc promptum est intelligere quid ex Lege discendum sit, nempe Deum, sicut Creator est noster, ita iure locum patris et domini erga nos obtinere: hac ratione gloriam, reverentiam, amorem, timorem illi a nobis deberi. || Quinetiam nos non esse nostri iuris, ut quocunque animi libido incitarit, sequamur, sed ab eius nutu suspensos, in eo solo debere consistere, quod ei placuerit. Deinde iustitiam ac rectitudinem illi cordi esse, iniquitatem vero abominationi: ideoque, nisi velimus impia ingratitudine a conditore nostro deficere, iustitiam tota vita nobis esse necessario[e] colendam. Nam si tum illi demum ex-

---

a) > *1539-54* b) > *1539-54*
c) *1539-54* + Quare ipsa argumenti ab initio instituti series huc nos ducit, ut de lege Domini nunc agamus   d) duab. tab.: *1539-54* lege   e) > *1539*

1) cf. II c. 1—5; p. 228 sqq.   2) cf. II 2, 22; p. 264 sq.

hibemus quam decet reverentiam dum voluntatem eius nostrae praeferimus: sequitur non alium esse legitimum eius cultum, quam iustitiae, sanctitatis, puritatis observationem. || Nec praetendere excusationem licet, quod facultas desit, et, velut exhausti debitores, solvendo non simus. || ªNon enim convenit ut Dei gloriam metiamur ex nostra facultate; qualescunque enim simus, manet ille sui similis semper, amicus iustitiae, iniquitati infensus. Quicquid a nobis exigat, (quia non potest nisi rectum exigere) ex naturae obligatione obsequendi necessitas nos manet: quod autem non possumus, id vitii nostri est. A propria enim cupiditate, in qua peccatum regnat, si vincti tenemur, ne soluti simus¹ in nostri Patris obsequium, non est cur necessitatem pro defensione causemur, cuius malum et intra nos est et nobis imputandum.

3. Ubi hucusque per Legis doctrinam profecerimus, tum ad nos, eadem docente, descendere oportet, unde tandem duo referamus: || Primum, iustitiam Legis cum vita nostra comparando, longe abesse quin Dei voluntati respondeamus: || ideoque indignos esse qui locum nostrum retineamus inter eius creaturas, nedum inter filios censeamur. Deinde vires nostras reputando, adimplendae Legi non impares modo eas esse, sed prorsus nullas. Hinc necessario sequitur tum propriae virtutis diffidentia, tum animi anxietas et trepidatio. Neque enim iniquitatis pondus sustinere potest conscientia, quin mox Dei iudicium obversetur. Sentiri vero Dei iudicium non potest quin mortis horrorem incutiat. Similiter impotentiae documentis coacta, facere nequit quin protinus in virium suarum desperationem concidat. Utraque affectio humilitatem ac deiectionem generat; || ita fit demum ut homo aeternae mortis (quam iniustitiae suae merito sibi imminere videtᵇ) sensu perterrefactus, ad unam Dei misericordiam, tanquam ad unicum salutis portum, sese convertat: ut suae non esse facultatis sentiens exolvere quod Legi debet, in seipso desperabundus, ad opem aliunde poscendam et expectandam respiret.

4. ᶜSedenim non contentus Dominus iustitiae suae reverentiam conciliasse: quo etiam eius amore, simul et iniquitatis odio, corda nostra imbueret, promissiones ac minas subiunxit. Quia enim magis caligat mentis nostrae oculus quam ut sola boni pulchritudine afficiatur, clementissimus Paterᵈ pro sua indulgentia nos ad ipsum amandum et expetendum illectare prae-

---

s) *usque ad fin. sect. cf. 1536 I 38, 30–43*   b) sibi — vid.: *VG 1541 sqq. il se voit prochaine*   c) *ad sqq. cf. 1536 I 39, 22–34*   d) cl. P.: *1539–54* Dominus

miorum dulcedine voluit. Denuntiat ergo, reposita virtutibus apud se praemia: nec operam frustra sumpturum qui praeceptis suis fuerit obsequutus. Edicit ex adverso, non tantum esse execrabilem sibi iniustitiam, sed nec impune evasuram: quod ipse contemptae suae maiestatis ultor sit futurus. Ac quo modis omnibus cohortetur, tam vitae praesentis benedictiones, quam aeternam beatitudinem pollicetur eorum obedientiae qui mandata sua servaverint: transgressoribus non minus praesentes calamitates, quam aeternae mortis supplicium minatur. Illa enim promissio, Qui fecerit haec, vivet in illis [Levit. 18. a. 5]: item comminatio illi respondens, Anima quae peccaverit, ipsa morietur [Ezech. 18. a. 4 et e. 20]: ad futuram proculdubio et nunquam finiendam vel immortalitatem vel mortem spectant. Quanquam ubicunque commemoratur benevolentia aut ira Dei[a], sub illa aeternitas vitae, sub hac aeternum exitium continetur. Praesentium autem benedictionum ac maledictionum longus in Lege catalogus recensetur [Levit. 26. a. 4[1]; Deut. 28. a. 1[2]]. Atque in sanctionibus quidem summa Dei puritas, quae iniquitatem ferre non potest: in promissionibus vero, praeter summum erga iustitiam amorem (quem praemio fraudare non sustinet) mira quoque eius benignitas approbatur. Nam quum eius maiestati cum nostris omnibus simus obaerati, iure optimo quicquid requirit a nobis, tanquam debitum reposcit; debiti autem solutio remuneratione digna non est. Iure igitur suo decedit quum praemium proponit nostris obsequiis, quae non ultro ceu indebita exhibentur. Quid autem ipsae nobis per se afferant partim dictum est[3], partim clarius iterum suo loco[b][4] apparebit; satis in praesentia est si tenemus ac reputamus esse in Legis promissionibus non vulgarem iustitiae commendationem: quo certius constet, quantopere Deo[c] placeat eius observatio: sanctiones in maiorem iniustitiae execrationem esse positas, ne vitiorum blanditiis delibutus peccator, iudicium Legislatoris[d] sibi paratum obliviscatur.

5. Porro quod Dominus, perfectae iustitiae regulam traditurus[e], omnes eius partes ad voluntatem suam revocavit, in eo indicatur nihil esse illi acceptius obedientia[f]. Quod eo diligentius observandum est quo proclivior est humanae mentis

---

a) *1539-54* Domini   b) part. dict. — loco: *1539-54* postea
c) *1539-54* domino   d) *1539-54* Dei   e) cf. Cat. 1538, CR V 327
f) cf. *1536 I 39, 17-20*

1) Lev. 26, 3-39.   2) Deut. 28, 1-68.   3) supra cap. 5, 10, p. 307 sqq.; 7, 4, p. 330.   4) lib. III 17, 1-3. 6 sq.

lascivia ad varios identidem excogitandos cultus quibus illum demereatur[1]. Omnibus enim seculis haec irreligiosa religionis affectatio (quia humano ingenio naturaliter insita est) se prodidit, ac etiamnum prodit: quod homines comparandae iustitiae rationem praeter Dei verbum semper comminisci gestiunt. Unde in bonis quae communiter censentur operibus angustiorem locum tenent Legis praecepta, innumera illa humanorum turba totum fere spatium occupante. At vero quid aliud Moses quam eiusmodi libidinem cohibere studuit, quum post Legis promulgationem sic populum compellaret? Observa et audi omnia quae praecipio tibi, ut bene sit tibi et filiis tuis post te in sempiternum, quum feceris quod bonum est et placitum coram Deo tuo [Deut. 12. d. 28]. Quod praecipio tibi, hoc tantum facito: non addas, nec minuas[2]. Atque antea, quum testatus esset, hanc esse eius sapientiam et intelligentiam coram reliquis nationibus, quod iudicia, iustititias et ceremonias accepisset a Domino, subiecerat, Custodi igitur teipsum et animam tuam sollicite, ne obliviscaris verborum quae viderunt oculi tui, et ne aliquando excidant e corde tuo [Deut. 4. b. 9]. Quia scilicet providebat Deus[a], non quieturos Israelitas quin recepta Lege, novas praeterea iustitias parturirent, nisi severe retinerentur: hic iustitiae perfectionem esse comprehensam pronuntiat: quod validissimum retinaculum esse debebat; nec tamen ab illa tantopere vetita audacia destiterunt. Quid nos? eodem certe dicto constringimur; non enim dubium quin perpetuo valeat illud quo[b] absolutam iustitiae doctrinam Legi suae Dominus vendicavit: illa tamen non contenti, bonis operibus[1] aliis super alia confingendis et cudendis prodigiose laboramus. Huic sanando vitio remedium optimum erit si constanter insederit haec cogitatio, Legem nobis esse divinitus[c] traditam, quae nos perfectam iustitiam edoceret: illic non aliam iustitiam doceri[d] nisi quae ad praescriptum divinae voluntatis exigatur: frustra igitur novas operum formas ad demerendum Deum tentari, cuius legitimus cultus sola constat obedientia. Quin potius quod extra Dei Legem evagetur bonorum operum studium, esse divinae veraeque iustitiae non tolerandam profanationem. || Verissime quoque Augustinus, qui nunc matrem custodemque virtutum omnium, nunc originem appellat, obedientiam quae Deo

---

a) *1539–54* Dominus   b) *1539* quod   c) *1539–54* a Domino
d) *1539–45* edoceri

1) cf. I 4, 3; p. 42 sq.   2) Deut. 13, 1.

praestatur [Lib. 4. de ci. Dei cap. 12. de bono coniugali. Contra adversarios Legis et Prophetarum.]¹.

6. Verum ubi Lex Domini explicata nobis fuerit, tum aptius demum et maiore cum fructu quod ᵃ de ipsius officio usuque ante disserui² confirmabitur ᵇ. Ante vero quam ad excutienda singula capita ingredimur, quae ad universalem eius notitiam faciunt, modo praecipere operaepretium est. Initio constitutum sit,ᶜ non ad externam honestatem modo, sed ad interiorem spiritualemque iustitiam, hominis vitam in Lege informari. Quod quum inficiari nemo queat, paucissimi tamen rite animadvertunt. Id fit quia in Legislatorem non respiciunt: a cuius ingenio natura quoque Legis aestimanda est. Siquis rex edicto scortari, occidere, furari prohibeat: sanctione, fateor, non tenebitur; siquis scortandi, occidendi, furandi cupiditatem animo conceperit tantum, nihil eorum perpetrarit. Nempe, quia mortalis Legislatoris providentia nonnisi ad externam civilitatem protenditur, non violantur eius interdicta nisi patratis flagitiis. Deus autem (cuius oculum nihil fugit, et qui externam speciem non tam moratur quam cordis puritatem) sub scortationis, homicidii, furti interdicto, libidinem, iram, odium, alieni appetentiam, dolum, et quicquid tale est, vetat. Nam quum sit spiritualis Legislator, animae non minus quam corpori loquitur. Homicidium autem animae, ira est ac odium: furtum, mala cupiditas et avaritia: scortatio, libido. Leges etiam humanae (dicet quispiam) consilia et voluntates spectant, non fortuitos eventus³. Fateor: sed quae extra emerserunt. Quo animo unumquodque facinus editum fuerit, expendunt: sed arcanas cogitationes non scrutantur. Proinde illis satisfactum fuerit ubi quis manum duntaxat continuerit a transgressione: contra autem, quia animis nostris lata est Lex caelestis ᵈ, eorum coercitio ad iustam eius observationem in primis necessaria est. || At vulgus hominum, etiam dum Legis contemptum fortiter dissimulat,ᵉ oculos, pedes, manus, et omnes corporis partes in aliquam Legis observationem componit ᶠ: cor ab ⁱ omni obedientia alienissimum interim retinet ᵍ, ac se defunctum putat ʰ si

---

a) > *1539–54*   b) ante — conf.: *1539–54* disseretur   c) *ad sqq. usque ad lin. 32 cf. 1536 I 54, 6–9*.   d) *1539–54* Domini   e) At — diss.: *1536* Sunt enim qui   f) *1536* componunt   g) *1536* retinent   h) *1536* defunctos putant

1) Aug., De civ. Dei XIV, 12 MSL 41, 420; CSEL 40 II, 30. — De bono coniugali c. 23, 30 MSL 40, 393; CSEL 41, 225. — Contra advers. legis et proph. I, 14, 19 MSL 42, 613.   2) supra cap. 7, p. 326 sqq.   3) Plato, Leges IX. 862 D E.

probe homines celaverit quod gerit in conspectu Dei[a]. Audiunt, non occides, non moechaberis, non furaberis: gladium ad caedem non exerunt: corpora sua meretricibus non commiscent: manus alienis bonis non iniiciunt. Haec omnia bene hactenus: sed caedes totis animis spirant, fervent in libidinem, omnia bona oculis retortis aspiciunt, et cupiditate devorant. Iam vero deest quod praecipuum erat Legis. || Unde quaeso tam crassus stupor, nisi quod omisso Legislatore, iustitiam suo magis ingenio accommodant? || His fortiter reclamat Paulus, affirmans Legem esse spiritualem[b] [Rom. 7. c. 14][1]: quo significat, non modo animae, mentis, voluntatis obsequium exigere[c], || sed requirere Angelicam puritatem, quae omnibus carnis sordibus abstersa, nihil quam spiritum sapiat.

7. Hunc quum esse Legis sensum dicimus, non novam ex nobis interpretationem ingerimus, sed Christum sequimur optimum Legis interpretem[d]. Quum enim Pharisaei perversa opinione populum imbuissent, Legem perficere qui externo opere nihil adversus Legem perpetrasset: hunc periculosissimum errorem arguit: et impudicum mulieris aspectum scortationem esse pronuntiat: homicidas testatur[e] quicunque fratrem oderint; facit enim reos iudicio, qui vel iram animo conceperint: reos consilio[f], qui murmurando aut fremendo aliquam offensi animi significationem dederint: reos gehennae ignis, qui conviciis et maledicentia[g] in apertam iram prosilierint [Matth. 5. c. 21[2], et d. 24[3], et g. 43[4]].
Haec qui non viderunt, finxerunt Christum alterum Mosen, Legis Evangelicae latorem, quae defectum Mosaicae illius suppleverit[5]. || Unde illud vulgatum axioma de perfectione Legis Evangelicae, quae Legem veterem longo intervallo superet[6]; quod multis modis est perniciosissimum. Nam ex ipso Mose, ubi postea praeceptorum summam colligemus, patebit quam indignam contumeliam divinae Legi inurat. Patrum certe sanctimoniam non procul ab hypocrisi abfuisse insinuat, nosque ab una illa et perpetua iustitiae regula[h] deducit. || Facillima

---

a) hom. — Dei: *1536* apud homines dissimulaverint, quod coram Deo in corde gerunt   b) *1536* spir. esse   c) quo — exig.: *1536* hoc est, quae totam mentem, totam animam, totam voluntatem obsequentem exigat   d) sequ.— interpr.: *1536* opt. leg. interpr. sequ. e) *1536* pronunciat   f) *VG 1541 sqq.* devant le consistoire   g) *1536* maledictis   h) *VG 1541 sqq.* + que Dieu a lors baillée

1) cf. Melanchthonis Locos comm. (1521) ed. Kolde[4], p. 153. 2) Mtth. 5, 21 sq.   3) Mtth. 5, 28.   4) Mtth. 5, 43 sqq.   5) similibus verbis Melanchthon utitur in Locis comm. (1522) ed. Kolde[4], p. 217 init.   6) cf. Thomae Aquin. Summam theol. II 1, qu. 91, art. 5.

autem est erroris confutatio: quod putarunt Christum Legi adiicere, ubi suae tantum integritati restituit, || dum*a* Pharisaeorum mendaciis obscuratam et fermento inquinatam asserit et repurgat*b*.

8. Haec nobis secunda sit observatio, plus inesse semper in praeceptis ac interdictis quam verbis exprimatur; quod tamen sic temperandum est, ne sit nobis instar Lesbiae regulae[1], qua freti, Scripturam licentiose contorquentes, quodlibet e quolibet faciamus. Faciunt enim quidam hac immoderata excurrendi libertate, ut apud alios vilescat Legis authoritas, aliis spes intelligentiae concidat. Igitur si fieri potest, ineunda est via aliqua quae nos ad Dei voluntatem recto ac solido gressu deducat.¹ Quaerendum, inquam, quatenus excedere verborum fines debeat interpretatio: ut appareat, non attextam esse Legi divinae ex humanis glossis appendicem, sed purum germanumque Legislatoris sensum fideliter redditum. Sane adeo in omnibus fere praeceptis manifestae sunt synecdochae*c*, ut derideculo iure sit futurus qui Legis sensum ad verborum angustias restringere velit. Ultra verba itaque progredi sobriam Legis interpretationem palam est: sed quousque, obscurum manet, nisi modus aliquis finiatur. Hunc ergo modum fore censeo, si ad praecepti rationem dirigatur: nempe ut in unoquoque praecepto expendatur cur datum nobis fuerit. Exempli gratia, Omne praeceptum aut imperativum est, aut prohibitorium. Utriusque generis veritas statim occurrit si rationem, ceu finem, intuemur; ut praecepti quinti finis est, honorem esse iis reddendum quibus eum attribuit Deus*d*. Haec igitur praecepti summa, rectum esse, Deoque placere*e* ut eos honoremus quibus aliquid excellentiae largitus est: contemptum et contumaciam adversus eos, abominationi esse. Primi praecepti ratio est, ut Deus solus colatur*f*. Summa igitur praecepti erit, veram pietatem, hoc est numinis*g* sui cultum Deo cordi esse: impietatem abominari. Sic in singulis praeceptis inspiciendum qua de re agatur: deinde quaerendus finis, donec reperiamus quid proprie illic testetur sibi placere Legislator*h*, vel displicere. Demum ab eo ipso ad contrarium ducenda ratiocinatio, in hunc modum, Si

---

a) *1536* sed   b) asser. — rep.: *1536* tantum asseruit et repurgavit   c) man. — syn.: *VG 1541 sqq.* il est si notoire, qu'une partie est mise pour le tout   d) *1539–54* Dominus   e) rect. — plac.: *1539–54* placere Domino,   f) *VG 1545–51* + [Exod. 20. *(2 sq.)* Deut. 6. *(4 sq.)*]   g) *1539* nominis   h) sibi — Leg.: *1539–54* Dominus sib. plac.

1) Aristoteles, Eth. Nic. V 14, 1137 b 29. — cf. CR Calv. opp. VIII 78.

placet hoc Deo[a], contrarium displicet: si hoc displicet, contrarium placet; si hoc praecipit, contrarium vetat: si hoc vetat, contrarium praecipit.

9. Quod nunc subobscure attingitur, inter exponenda praecepta clarissimum ipsa exercitatione[b] fiet. Quare sufficit attigisse, nisi quod postremum membrum (quod vel alioqui non intelligeretur, vel intellectum, forsan absonum initio videri posset) sua probatione breviter confirmandum erit. Probatione illud non eget, dum bonum iubetur, vetari quod cum eo pugnat malum; nemo est enim qui non concedat. Imperari quoque contraria officia, dum mala vetantur, non aegerrime recipiet[c] commune iudicium. Virtutes quidem commendari, dum adversa vitia damnantur, vulgare est. Sed nos plus aliquid postulamus quam vulgo significent istae formulae. Contrariam enim vitio virtutem, fere interpretantur vitii ipsius abstinentiam[1]: nos eam ultra procedere dicimus, ad officia scilicet factaque contraria. Itaque in hoc praecepto, Non occides, sensus hominum communis nihil aliud considerabit quam ab omni maleficio ac malefaciendi libidine abstinendum esse. Ego praeterea contineri dico, ut proximi vitam quibus possimus subsidiis adiuvemus. Ac ne sine ratione loquar, ita confirmo, Deus[d] vetat iniuria fratrem laedi aut violari, quia[1] vitam eius charam nobis esse vult ac pretiosam: simul ergo postulat quae ad illius conservationem conferri possunt officia charitatis. Atque ita videre est ut semper nobis finis praecepti reseret quicquid illic facere aut iubemur aut vetamur.

10. Cur autem Deus[e] ita, velut dimidiis praeceptis, per synecdochas significarit magis quid vellet quam expresserit, quum aliae quoque rationes reddi soleant, haec mihi in primis placet; quia peccatorum foeditatem (nisi ubi palpabilis est) diluere, et speciosis praetextibus inducere semper caro molitur, quod erat in unoquoque transgressionis genere deterrimum et scelestissimum, exemplaris loco proposuit, cuius ad auditum sensus quoque exhorresceret, quo maiorem peccati cuiuslibet detestationem animis nostris imprimeret. Hoc nobis imponit saepius in aestimandis vitiis: quod si tectiora sunt, elevamus. Has praestigias Dominus discutit quum nos assuefacit universam vitiorum multitudinem ad haec capita referre quae optime quantum sit in unoquoque genere abominationis repraesentant.

---

a) *1539–54* Domino   b) ipsa exerc.: *VG 1541 sqq.* par l'experience
c) *1539–50* recipiat   d) *1539–54* Dominus   e) *1539–54* Dominus

1) cf. Thomae Aquin. Summam theol. II 1, qu. 98, art. 1.

Exempli gratia, Ira et odium non usqueadeo execranda putantur mala quum suis nominibus appellantur: at quum interdicuntur sub homicidii nomine, melius intelligimus quanta sint in abominatione apud Deum[a], cuius voce in tam horrendi flagitii ordinem reiiciuntur: atque ipsi, iudicio eius[b] permoti, delictorum, quae prius levia videbantur, gravitatem assuescimus melius reputare.

11. Tertio loco considerandum quid sibi velit divinae Legis in duas tabulas partitio[c]: quarum non abs re nec temere solennem mentionem aliquoties factam esse omnes sani iudicabunt. Et in promptu causa est quae ambiguos nos de hac re manere[d] non sinit. In duas enim partes, quibus tota continetur iustitia, Legem suam sic divisit Deus[e], || ut priorem religionis[f] officiis, quae peculiariter ad numinis sui cultum pertinent, alteram officiis charitatis quae in homines respiciunt, assignaverit. || Primum sane iustitiae fundamentum, est Dei cultus[g]: quo everso, reliqua omnia iustitiae[h] membra, velut divulsi collapsique aedificii partes, lacera et dissipata sunt. Qualis enim iustitiae esse dices quod homines non vexas furtis ac rapinis, si per sceleratum sacrilegium interim Dei maiestatem sua gloria spolias? quod fornicatione corpus tuum non conspurcas, si blasphemiis tuis profanas nomen Dei sacrosanctum? quod hominem non trucidas, si memoriam Dei interimere et extinguere contendis? Frustra igitur sine religione venditatur iustitia: ac nihilo maiore specie quam si truncum abscisso capite corpus ad decorem obtendatur. Neque modo est praecipua ipsius pars, sed anima quoque, qua tota ipsa spirat et vegetatur; neque enim citra Dei timorem inter se homines aequitatem ac dilectionem servant. Principium ergo et fundamentum iustitiae vocamus[i] Dei cultum: quod eo sublato, quicquid inter se aequitatis, continentiae, temperantiae homines exercent, inane est ac frivolum coram Deo. Dicimus fontem et spiritum: quia ex eo discunt homines temperanter ac sine maleficio inter se vivere, si Deum venerantur, tanquam recti et iniqui iudicem. Proinde priore tabula ad pietatem et propria religionis officia, quibus maiestas sua colenda est, nos instituit: altera praescribit quomodo propter nominis sui timorem nos in hominum societate gerere debeamus. || Qua ratione Dominus noster (ut Evangelistae referunt) Legem totam summatim in duo capita collegit, ut Deum ex toto corde, ex tota anima, ex totis viribus diligamus: ut

---

a) *1539–54* Dominum   b) *1539–54* Dei   c) *cf. 1536 I 41, 24; VG 1545–51* +[Exo. 34. Deut. 10.]   d) > *1539–43*   e) *1539–54* Dominus   f) > *VG 1541 sqq.*   g) *VG 1541 sqq.* l'honneur   h) > *VG 1541 sqq.*

proximum amemus sicut nosmetipsos [Matt. 22. d. 37[1]; Luc. 10. e. 27]. ‖ Vides ut e duabus partibus quibus totam Legem concludit, alteram in Deum dirigat, alteram hominibus destinet.

3,14   12. Verum, quanquam universa Lex duobus capitibus con- tenta[a] est: Deus[b] tamen noster, quo omnem excusationis praetextum tolleret, voluit fusius et explicatius decem praeceptis enarrare tum quaecunque ad honorem, timorem, amorem sui spectant, tum quae ad charitatem pertinent, quam[c] propter seipsum[d] nobis erga homines[e] mandat. ‖ Nec in divisionem praeceptorum noscendam male studium intenditur: modo eius generis rem esse memineris in qua liberum cuique iudicium esse debeat, ob quam non sit contentiose cum dissentiente pugnandum. Nobis quidem hic locus necessario attingendus est, ne quam posituri sumus divisionem, ceu novam et nuper excogitatam lectores aut rideant aut mirentur[f]. Legem esse decem verbis distinctam, quia Dei ipsius[g] authoritate saepius comprobatur, extra controversiam est. Quare non de numero, sed secandi ratione ambigitur. ‖ Qui sic partiuntur ut tria praecepta dent primae tabulae, reliqua septem in secundam reiiciant, praeceptum de imaginibus numero expungunt, vel certe sub primo occultant[h][2]: quum mandati loco haud dubie a Domino distincte positum sit; ‖ decimum vero, de non concupiscendis proximi rebus, inepte in duo concerpunt. ‖ Accedit quod talem partiendi rationem puriore seculo[i] incognitam fuisse, mox intelligetur. ‖ Alii quatuor capita nobiscum in prima tabula numerant: sed primi vice, promissionem statuunt, sine praecepto[3]. Ego autem, quia nisi evidenti ratione convincar, decem verba apud Mosen pro decem praeceptis accipio, et totidem pulcherrimo ordine disposita videre mihi videor: permissa illis sua opinione, sequar quod magis mihi probatur, nempe ut quod illi praeceptum primum faciunt, locum praefationis in totam Legem teneat, sequantur deinde praecepta primae quatuor, secundae tabulae

---

a) *1536* conclusa   b) *1536–54* Dominus   c) char. — quam: *1536* amorem — quem   d) *1536* se   e) *1536* proximos nostros; *VG 1541 sqq.* nostre prochain   f) cf. *1536 I* 48,44–49,2   g) D. ips.: *1539–54* Domini   h) *VG 1541 sqq.* le mettent   i) pur. sec.: *VG 1541 sqq.* en l'Eglise primitive

1) Mtth. 22,37 sqq.   2) Petr. Lomb., Sent. III dist. 37,1.2. MSL 192, 830 sq.; Thomas Aq., Summa theol. III, qu. 100, art. 4; Luther, Enchiridion piar. prec., WA X 2, 377 sq.; Melanchthon, Loci comm. (1521) ed. Kolde[4], p. 117 sqq.   3) Cyrillus Alex., Pro sancta Christ. religione adv. Iulianum lib. V, MSG 76, 733 sq.; Hesychius, Comment. in Levit. lib. VII c. 26, MSG 93, 1150; Bucerus, Enarrationes in Evang. 1536, p. 385.

sex, eo quo recensebuntur ordine. || Hanc divisionem Origenes sine con¦troversia, perinde atque passim suo seculo receptam, tradidit [Orig. in Exo.]¹. || Suffragatur et Augustinus ad Bonifacium, qui in enumeratione hunc ordinem servat, Ut uni Deo religionis obsequio serviatur, ut idolum non colatur, ut nomen Domini non in vanum accipiatur: quum ante seorsum de umbratili Sabbathi praecepto loquutus foret[a] [lib. 3.[b]]². || Alibi quidem prima illa divisio illi arridet, sed ob nimium levem causam, quod in numero ternario (si tribus praeceptis conficiatur prima tabula) magis eluceat mysterium Trinitatis. Quanquam nec illic dissimulat in caeteris nostram sibi magis placere [Lib. 2. quaest. Vet. test.]³. Nobiscum praeter illos est author operis imperfecti in Matthaeum[c]⁴. || Iosephus, non dubium quin ex communi aetatis suae consensu, quina praecepta singulis tabulis assignat[d]⁵. Quod cum rationi adversatur in eo quod religionis et charitatis distinctionem confundit: tum refutatur Domini authoritate, qui apud Matthaeum in catalogo secundae tabulae, mandatum de parentibus honorandis reponit [Matt. 19. c. 19]. Nunc Deum ipsum[e] audiamus loquentem suis verbis[f].

PRAECEPTUM PRIMUM.

Ego sum IEHOVAH, Deus tuus, qui eduxi te de terra Aegypti, de domo servitutis: Non habebis deos alienos coram facie mea.

13. [g]Partemne mandati primi facias priorem sententiam, an separatim legas, mihi in medio est, modo ne vice prooemii

---

a) qui in enumeratione — foret > VG 1541 sqq.   b) 1539–43 + ad Bonifac.; 1543 [Lib. 3 ad Bonif.] ad [Orig. — Ex.], quod supra exstat, addit; 1545 superiore loco [Orige. in Exo. lib. 3.] falso legitur, solis verbis [ad Bonifa.] ad hunc inferiorem distractis; 1550 omnia rursum falso coniunguntur talia: [Orige. in exo. lib. 3. Ad Bonif.], unde 1553 verbis Ad Bonif. deletis ortum est [Orige. in Exod. libro 3.], ut falso 1554–61 quoque legitur.   c) 1539–45 + [Est inter opera Chrysostomi.]⁴   d) 1545–54 assignet   e) D. ips.: 1539–54 Dominum
f) suis verb. > 1539–54   g) ad lin. 24–p. 355, 1 cf. Cat. 1538, CR V 327

1) Origenes, In Exodum homiliae, hom. 8, 3. GCS 29, 221.   2) Aug., Contra duas epistolas Pelagianorum ad Bonifacium lib. III, 4, 10. MSL 44, 594; CSEL 60, 496.   3) Aug., Quaestiones in Heptateuchum, II, 71. MSL 34, 620 sq.; cf. Serm. 9, 6; 23, 3 MSL 38, 80. 208; Ep. 55, 11 (ad Ianuarium) MSL 33, 213, CSEL 34, 190; etc.   4) Opus imperfectum in Matth., inter opp. Chrysost. ed. Paris. 1834 sqq. VI p. 947 b.   5) Iosephus, Antiquitates Iud. III, 5, 8, 101. ed. Niese I, 178.

DE COGNIT. DEI REDEMPTORIS. CAP. VIII

cuiusdam esse in totam Legem mihi neges. Primum in legibus ferendis curandum est ne contemptu mox abrogentur. Providet ergo in primis Deus[a] ne Legis quam laturus est, maiestas aliquando in contemptum veniat: ad quam sanciendam triplici argumento utitur. ‖ Potestatem ac ius imperii sibi vendicat, quo electum populum[b] constringat parendi necessitate. ‖ Promissionem gratiae proponit, cuius suavitate eundem[c] alliciat ad sanctitatis studium. [d]Beneficium commemorat, quo Iudaeos[e] redarguat ingratitudinis, nisi benignitati suae respondeant[f]. Sub nomine Iehovah imperium et legitima dominatio designatur; quod si ab ipso sunt omnia, et in ipso consistunt, aequum est ut in ipsum referantur: quemadmodum ait Paulus [Rom. 11. d. 36]. Abunde itaque hoc solo verbo sub divinae maiestatis iugum redigimur, quia portentosum fuerit ab eius ditione velle nos submovere extra quem esse non possumus.

14. Postquam[g] se eum esse ostendit qui ius habeat praecipiendi, cui obedientia debeatur: ‖ ne sola necessitate videatur trahere, dulcedine quoque illectat, Deum se Ecclesiae[h] pronuntiando. Subest enim locutioni relatio mutua, quae in promissione continetur, Ero illis in Deum, ipsi erunt mihi in populum[i] [Iere. 31. f. 33]. Unde Abrahae, Isaac et Iacob immortalitatem ex eo Christus confirmat quod Dominus se eorum Deum testatus sit [Matth. 22. d. 32]. Quare perinde est acsi ita loqueretur, Ego vos mihi delegi in populum, cui non modo in praesenti vita benefacerem, sed vitae quoque futurae beatitudinem largirer. Quorsum autem istud spectet, variis locis in Lege annotatur; nam quum hac misericordia nos dignatur Dominus ut populo suo in[i] consortio accenseat, eligit nos, inquit Moses, ut simus sibi in populum peculiarem, in populum sanctum[k], ac custodiamus praecepta sua [Deut. 7. a. 6, et 14. a. 2, et 26. d. 18[1]]. Unde illa cohortatio[l], Sancti estote, quia sanctus sum [Levit. 19. a. 2]. Porro[m] ex his duobus illa quae est apud Prophetam obtestatio ducitur, Filius honorat patrem, et servus dominum. Si ego Dominus, ubi timor? si ego Pater, ubi amor [Malach. 1. b. 6]?

---

a) *1539–54* Dominus   b) el. pop.: *1539–54* nos   c) *1539–54* nos   d) *ad has lin. 8 sq. cf. Cat. 1538, CR V 327*   e) *1539–54* nos   f) *1539–54* respondeamus   g) *ad has lin. 16 sq. cf. Cat. 1538, CR V 327*   h) *1539–54* nostrum   i) pop. — in: *1539–54* populi sui   k) ut sim. — sanct.: *VG 1541 sqq.* pour nous sanctifier à sa gloire   l) *VG 1541 sqq.* + que fait le Seigneur à son peuple   m) *ad has lin. 32–35 cf. Cat. 1538, CR V 327*

1) Deut. 26, 18 sq.

15. ªSequitur commemoratio beneficii, quae eo validior esse debet ad nos commovendos, quo magis detestabile, etiam inter hominesᵇ, ingratitudinis flagitium. Recentis quidem beneficii tum Israelem admonebat, sed quod ob mirificam magnitudinem in aeternum memorabile, ad posteritatem quoque valeret. Ad haec convenientissimum est praesenti causae; innuit enim Dominus, eos e misera servituteᶜ ideo liberatos ut se libertatis authorem obedientia et obsequendi promptitudine colant. ||
Solet etiam (quo nos in vero sui unius cultu retineat) certis epithetis sese insignire, quibus sacrum suum numen ab omnibus idolis ac diis commentitiis discernit. Nam (ut antea dixi) quae nostra est ad vanitatem propensio cum temeritate coniuncta, simulac nominatur Deus, mens nostra sibi cavere nequit quin ad inane aliquod commentum delabatur[1]. Huic igitur malo remedium dum afferre vult Deusᵈ, ipse suam divinitatem certis titulis ornat, atque ita nos quibusdam veluti cancellis circunscribit, ne huc aut illuc evagemur, et temere nobis fingamus novum aliquem Deum, si derelicto Deo vivo, idolum erigamus. Hac ratione Prophetae, quoties eum proprie designare volunt, illum vestiunt et quasi includunt iis notis sub quibus se populo Israelitico manifestaverat. Neque enim, quum Deus Abrahae, vel Deus Israelis vocatur [Exod. 3. b. 6], quum in templo Hierosolymitano collocatur inter Cherubim [Amos 1. a. 2; Habac. 2. d. 20ᵉ; Psal. 80. a. 2, et 99. a. 1; Iesa. 37. c. 16], istae et similes loquendi formulae ipsum uni loco alligant, aut populo: sed in hoc duntaxat sunt positae ut cogitationes piorum in illo Deo sistant, qui suo foedere, quod cum Israele pepigit, sese ita repraesentavit ut ab eiusmodi idea deflectere nullo modo liceat. || Fixum tamen illud maneat, redemptionis fieri mentionem, quo alacrius Iudaei se Deo addicant qui sibi iure eos vendicat. || Nos autem (ne ad nos pertinere nihil id putemus) reputare convenit, Aegyptiacam Israelis servitutem typum esse spiritualis[1] captivitatis in qua omnes vincti detinemur, donec brachii sui virtute liberatos in regnum libertatis nos caelestis vindexᶠ traducit. Quemadmodum ergoᵍ, quum dissipatos olim Israelitas ad cultum nominis sui recolligere velletʰ, eos ab intolerabili, qua premebantur, Pharaonis dominatione eripuit: ita qui-

---

a) *ad has lin. 1-7 cf. 1536 I 42,4-7*   b) et. — hom. > *VG 1541 sqq.*
c) e — serv. > *VG 1541 sqq.*   d) *1539-54* Dominus   e) *1553, 1559-61 falso 28*   f) cael. vin.: *1539-54* Dominus   g) *1539-54* + Dominus
h) quum — vell.: *VG 1541 sqq.* que anciennement, voulant remettre son Eglise sus en Israël

1) cf. I 4, 3; p. 42 sq.

bus hodie se in Deum esse profitetur, eos omnes iam ab exitiali
Diaboli potestate asserit[a], quae illa corporali adumbrata fuit. ‖
Quamobrem nemo est cuius animus inflammari non debeat ad 1539
auscultandam Legem, quam a summo Rege[b] profectam audit:
5 a quo ut suam originem ducunt omnia, ita aequum est ut finem
suum vicissim in ipsum[c] destinent ac dirigant. Nemo, inquam,
est qui non rapi debeat ad amplexandum Legislatorem, ad
cuius observanda mandata peculiariter se delectum esse docetur: a cuius benignitate, cum bonorum omnium affluentiam,
10 tum immortalis vitae gloriam expectat: cuius mirabili virtute
ac misericordia e faucibus mortis se liberatum novit[d].

3, 19   16. Fundata et stabilita Legis suae authoritate, praeceptum
primum edit[e], Ne habeamus deos alienos coram facie sua. Finis
praecepti est quod Dominus in populo suo solus vult eminere,
15 et iure suo potiri in solidum[f]. Id ut fiat, impietatem ac superstitionem quamlibet, qua divinitatis suae gloria vel minuitur
vel obscuratur, a nobis abesse iubet; atque eadem ratione, vero
pietatis studio coli se a nobis atque adorari praecipit. Et verborum simplicitas id fere sonat; siquidem habere Deum non
20 possumus quin simul complectamur quae sunt ei propria. [g]Quod
ergo vetat habere alienos deos, eo significat ne quod sibi proprium est, alio transferamus. Etsi autem quae Deo debemus
innumera sunt, ad quatuor tamen capita non inepte referentur.
Adorationem, ‖ cui accedit tanquam appendix, spirituale con- 1550
25 scientiae obsequium: ‖ Fiduciam, Invocationem, Gratiarum ac- 1539
tionem. Adorationem voco venerationem ac cultum quem[h] illi
reddit quilibet nostrum[i], ubi se eius magnitudini submisit. ‖
Quare non immerito eius partem facio, quod nostras conscientias 1550
eius Legi subiicimus[k]. ‖ Fiducia est, ex virtutum eius recogni- 1539
30 tione, acquiescendi in eo securitas: quum in eo sapientiam,
iustitiam, potentiam, veritatem, bonitatem omnem reponentes,
sola eius communicatione nos beatos existimamus[l]. Invocatio,
sit mentis nostrae, quoties urget ulla necessitas, in eius fidem

---

a) *1539–43* asseruit   b) *1539–54* Domino   c) fin. — ips.: *1539* in
35 ipsum finem suum   d) cuius — nov.: *VG 1541 sqq.* Finalement cecy
(1541–45 cela*)* nous doibt bien aussi esmouvoir à obtemperer à nostre
Dieu: quand nous entendons, que par sa misericorde —   e) *1539–54*
+ Dominus   f) iure — sol.: *1539–54* haberi conspicuus   g) *ad has
lin. 20–26 cf. 1536 I 42,* 15–24; *ad has lin. 20–p. 358,* 4 *cf. Cat. 1538, CR
40 V 327*   h) vener. — quem: *1539–45* cult. ac ven., quam   i) quil.
nostr.: *1539–54* creatura   k) quod — subi.: *VG 1551 sqq.* l'honneur
que nous luy portons, nous assubietissans à sa Loy: car c'est un
hommage spirituel, qui se rend à luy comme souverain Roy, et
ayant toute superiorité sur noz ames   l) *1539–54* aestimamus

atque opem receptus, tanquam ad unicum praesidium. Gratiarum actio, est gratitudo, qua laus bonorum omnium illi tribuitur. Horum ut nihil patitur Dominus alio derivari, ita omnia sibi in solidum exhiberi mandat. Neque enim satis fuerit ab alieno abstinere deo, nisi in hoc ipso te contineas; quod nefarii quidam contemptores solent, quibus summum compendium est religiones omnes ludibrio habere. Atqui[a] praecedat oportet vera religio, qua[l] in Deum viventem animi referantur: cuius cognitione imbuti, ad suspiciendam, timendam, colendam ipsius maiestatem, ad amplexandam bonorum eius communicationem, ad opem ubique requirendam, ad recognoscendam laudisque confessione celebrandam operum magnificentiam, in omnibus vitae actionibus, tanquam ad unicum scopum, aspirent; tum caveatur prava superstitio, qua animi a vero Deo deflexi, huc atque illuc, ceu in varios diducuntur deos. ‖ Proinde si uno Deo simus contenti, memoria repetamus[b] ‖ quod ante dictum est, procul abigendos esse fictitios omnes deos, nec lacerandum esse cultum quem unus ille sibi vendicat. Quia ‖ ne tantillum quidem ex eius gloria delibare fas est[c], quin apud ipsum quaecunque ei[d] propria sunt resideant[e]. ‖ Particula quae sequitur, Coram facie mea[f], ‖ indignitatem auget: quod Deus ad zelotypiam provocatur quoties figmenta nostra substituimus in eius locum: quemadmodum si impudica mulier, producto palam ante oculos mariti adultero, eius animum magis ureret. ‖ Quum ergo praesenti sua virtute et gratia testatum faceret Deus se populum quem elegerat respicere, quo magis a scelere defectionis deterreat, non posse novos deos ascisci admonet, quin testis sit ac spectator sacrilegii[g]. Huic[h] ‖ enim audaciae plurimum impietatis[i] accrescit, quod in suis transfugiis Dei oculos ludificari se posse iudicat. Ex adverso reclamat Dominus, quicquid struimus, quicquid molimur, quicquid fabricamus, in conspectum suum venire. [k]Pura sit ergo conscientia vel ab occultissimis apostasiae cogitationibus, si religionem nostram

---

a) *VG 1541 sqq.* + si nous voulons bien observer ce commandement   b) Proinde, si volumus unum Deum habere, meminerimus; *haec verbo tenus exstant in lib. I 12, 3; p. 107, 40 sq.*   c) del. — est: *1539-54* delibandum   d) *1539-54* illi   e) ne tantillum — res.: *ad verbum fere exstant in lib. I 12, 3; p. 107, 41-108, 1.*
f) Et addit, coram facie sua; *haec exstant in Cat. 1538, CR V 327*   g) *VG 1560* + puis qu'il habite au milieu de ceux qu'il a prins en sa garde
h) quo nos admoneat, non posse nos ad defectionem respectare, nisi ut se testem habeamus, et spectatorem nostri sacrilegii; hinc   i) *1539-54* impietati   k) *usque ad fin. sect. cf. 1536 I 42, 24-30*

approbare Domino libet. ᵃSiquidem integram et incorruptam divinitatis suae gloriam non externa modo confessione requirit, sed in oculis suis, qui abditissimas cordium latebras intuentur.

PRAECEPTUM SECUNDUM.

1539*
(1536
I 42 sq.)

Non facies tibi sculptile, neque similitudinem ullam eorum quae in caelo sunt sursum, vel in terra deorsum, vel in aquis quae sub terra sunt. Non adorabis, neque coles.

3, 24   17. Quemadmodum proximo mandato Deum se unum esse pronuntiavitᵇ, praeter quem nulli alii dii cogitandi aut habendi sint: ita qualis sit, et quo cultus genere honorandus, apertius etiamnum edicit: nequid sibi carnale affingere audeamus. ‖ ᶜFinis ergo praecepti est, quodᵈ superstitiosis ritibus legitimum 1539 sui cultum non vult profanari. Quare in summa, nos a carnalibus
[279] observatiunculis, quas sto|lida mens nostra, ubi Deum pro sua crassitie concepit, comminisci solet, in totum revocat et abstrahit: ac proinde ad legitimum sui cultum, hoc est spiritualem et a se institutum, format. Quod autem est in hac transgressione crassissimum vitium notat: idololatriam externam. Ac duae quidem sunt mandati partes; prior licentiam nostram coercet, ne Deum, qui incomprehensibilis est, ‖ sub sensus nostros subiicere, aut ulla specie repraesentare ‖ audeamus. Secunda 1539 vetat ne imagines ullas adoremus, religionis causa. Porro formas omnes breviter enumerat, quibus solebat a profanis et superstitiosis gentibusᵉ figurari. Per ea quae in caelo sunt, solem, lunam, aliasque stellas et fortasse aves intelligit; quemadmodum Deuteronomii quartoᶠ exprimens suam mentem, tam aves quam astra nominat [Deut. 4. c. 15.]¹. Quod non annotassem, nisi quosdam viderem ad Angelos imperite referre². Itaque reliqua membra, quia per se nota sunt, praetermittoᵍ; ‖ ac iam lib. 1. satis aperte docuimus, quascunque excogitat 1559 homo visibiles Dei formas, pugnare ex diametro cum eius natura, ideoque, simulac in medium prodeunt idola, corrumpi veram religionem et adulterari³.

1536
(I 43)

---

a) *usque ad fin. sect. cf. Cat. 1538, CR V 327*   b) Quem. — pron. exstant in Cat. 1538, CR V 328; ad sqq. (lin. 9 sq.) cf. ib.   c) *ad hās lin. 12-20 cf. 1536 I 42, 38-43, 5; 43, 10 sq.*   d) *1539-54 + Dominus*
e) prof. — gent.: *1539-54 superstitiosa gentilitate*   f) *1550 4.*
g) Porro formas — praet.: *haec 1539-45 supra p. 93, 11 post: sic assimilatur, exstant*

1) Deut. 4, 17. 19.   2) cf. Aug., De civ. Dei XIX, 23, 4 MSL 41, 654; CSEL 40 II, 417.   3) I 11; p. 88 sqq.

18. Quae additur sanctio non parum ad excutiendam socordiam valere debet. Minatur[a] ‖

Se Iehovam[b] esse, Deum nostrum, Deum[c] [vel, fortem; nam hoc Dei nomen a fortitudine ductum est][d], aemulatorem, qui visitet iniquitatem patrum in filios, in tertiam et quartam generationem, in iis[e] qui oderunt nomen suum: faciat autem misericordiam in millia[f] iis[e] qui diligunt se, ac praecepta sua servant.

Hoc vero perinde est acsi diceret se solum esse in quo haerere debeamus[g]. ‖ Eo ut nos inducat, potentiam suam praedicat, quae se impune contemni vel[h] elevari non patiatur. ‖ Ponitur hic quidem nomen EL, quod Deum significat: sed quia a fortitudine ducitur, quo sensum melius exprimerem, ‖ hoc quoque reddere non dubitavi, vel contextui inserere[i]. ‖ Deinde aemulatorem se vocat, qui[k] consortem ferre nequeat. Tertio, vindicem se futurum asserit suae maiestatis ac gloriae, siqui eam ad creaturas aut sculptilia transferant: neque id brevi aut simplici vindicta, sed quae in filios, nepotes et pronepotes se protendat[l], qui scilicet paternae impietatis imitatores erunt. Quemadmodum perpetuam quoque in longam posteritatem iis ‖ misericordiam ac benignitatem suam[m] exhibet qui se diligunt, ac Legem suam custodiunt[n]. ‖ Personam mariti erga nos induere,[I] usitatissimum est Deo[o]; siquidem coniunctio qua nos sibi devincit dum in Ecclesiae sinum recipit, sacri[p] cuiusdam coniugii instar habet, quod mutua fide stare oportet. Ipse[q] ut omnibus fidelis ac veracis mariti officiis defungitur, ita vicissim a nobis stipulatur amorem ac castitatem coniugalem: hoc est, ne animas nostras Satanae, libidini, foedisque carnis cupiditatibus stuprandas prostituamus. Unde quum Iudaeorum apostasiam corripit, eos proiecta pudicitia adulteriis inquinatos conqueritur[r]. Ergo ut maritus, quo sanctior est ac castior, eo

---

a) Sed ut redeamus ad verba legis: Dominus, (Sed — D. > 1536–45) quo (1536–45 + vero) significantius declaret, quam graviter tam idololatriam quam superstitiosos omnes cultus (tam — cult.: 1536–45 omnem infidelitatem atque idololatriam) execretur: subiicit duobus istis mandatis, b) 1536–54 dominum c) 1536–54 fortem; 1536 + et d) > 1536–54 e) 1536 his f) 1536–54 milia g) Hoc — deb.: exstant in Cat. 1538, CR V 328 h) cont. vel. > 1539–54 i) 1550–54 Fortem reddere malui k) ad has lin. 15–17 cf. Cat. 1538, CR V 328 l) se prot.: 1539–45 et Cat. sit protendenda m) 1536 + iis n) neque id brevi — cust.: exstant in Cat. 1538, CR V 328 o) 1539–54 Domino p) VG 1541 sqq. spirituel q) 1539–54 Dominus, r) VG 1545 sqq. + [Iere. 3. Osée 2.]

gravius accenditur si uxoris animum ad rivalem inclinare videt: ita Dominus, qui nos sibi in veritate desponsavit, ardentissimam zelotypiam suam esse testatur, quoties, neglecta sancti sui coniugii puritate, scelestis libidinibus conspurcamur, tum vero praesertim, dum numinis sui cultum, quem maxime illibatum esse decuerat, alio derivamus, vel inficimus aliqua superstitione. Quandoquidem hoc modo non tantum violamus datam in coniugio fidem, sed ipsum nuptialem thorum inductis adulteris, polluimus[a].

19. In comminatione videndum est quid sibi velit, quum se visitaturum edicit iniquitatem patrum in filios, ad tertiam et quartam generationem. Nam praeterquam quod a divinae iustitiae aequitate alienum est poenam alieni delicti ab insonte expetere, Deus ipse[b] quoque hoc se non commissurum affirmat, ut filius portet iniquitatem patris [Ezec. 18. e. 20]. Atqui sententia tamen haec non semel repetitur, de poenis avitorum scelerum in futuras generationes prorogandis; sic enim saepius alloquitur eum Moses, Iehovah, Iehovah, qui reddis iniquitatem patrum filiis in tertiam et quartam generationem[c] [Nume. 14. e. 18[d]]. Ieremias similiter, Qui facis misericordiam in millibus[e], qui reddis iniquitatem patrum in sinum filiorum post eos [Iere. 32.[f] c. 18][g]. Nonnulli, dum in solvendo hoc nodo aegre desudant, de poenis duntaxat temporariis putant intelligendum: quas si filii sustinent pro parentum delictis, non est absurdum: quando saepe in salutem infliguntur. Quod verum quidem est; nam Ezechiae denuntiabat Iesaias, filios eius regno spoliandos, et in exilium deportandos, ob peccatum ab eo perpetratum [Iesa. 39. d. 7]. Domus Pharaonis et Abimelech ob laesum Abrahamum afflictantur [Gen. 12. d. 17, et 20. a. 3.], etc.[h]; sed || quum id ad quaestionis huius solutionem affertur, || effugium est magis quam vera interpretatio. Graviorem enim ultionem edicit hic et similibus locis quam ut intra vitae praesentis terminos limitetur. Sic igitur accipiendum est quod iusta Domini maledictio non modo in caput impii, sed in totam quoque familiam incumbat. Ubi incubuit, quid expectari potest, nisi ut pater, Spiritu Dei destitutus, flagitiosissime vivat? filius ob patris nequitiam similiter a Domino derelictus, eandem exitii sequa-

---

a) sed — poll.: *VG 1541 sqq.* mais aussi nous polluons nostre ame par paillardise   b) D. ipse: *1539–54* Dominus   c) in — gen. > *VG 1541 sqq.; 1539* + [Exo. 34. *(6 sq.)*]   d) *sic 1553; 1559 falso* e. 8, *1561* c. 8   e) *1543–50, 1554* milibus   f) *sic 1539–54; 1559–61 falso* 22.   g) *VG 1545–51* + [Deu. 5. *(9 sq.)*]   h) etc.: *VG 1541 sqq.* Et plusieurs autres exemples semblables.

tur viam? Nepos demum et pronepos, ho'minum detestabilium execrabile semen, praecipites post eos ruant?

20. Primum inspiciamus an talis vindicta divinam iustitiam dedeceat. Si universa hominum natura est damnabilis: quos Dominus gratiae suae communicatione non dignatur, iis paratum scimus esse interitum; nihilominus propria iniquitate, non iniquo Dei odio intereunt; nec ulla relinquitur expostulatio, cur non aliorum exemplo Dei gratia in salutem adiuventur. Quum ergo haec impiis et flagitiosis irrogatur ob scelera punitio, ut Dei gratia in multas generationes domus eorum priventur: quis ob iustissimam hanc vindictam Deo criminationem intendat? At Dominus contra pronuntiat, poenam peccati paterni in filium non transituram [Ezec. 18. e. 20]. Observa quid illic agatur. Israelitae, quum diu et assidue multis calamitatibus vexarentur, proverbium iactare coeperant, patres suos comedisse uvam acerbam, unde dentes filiorum obstupescerent: quo significabant, admissa fuisse a parentibus peccata, quorum poenas ipsi, iusti alioqui et immerentes, penderent: implacabili magis Dei iracundia quam moderata severitate. Iis denuntiat Propheta, non ita esse: quia ob propria flagitia plectantur: neque Dei iustitiae convenire ut filius iustus ob scelesti patris nequitiam supplicium luat; quod neque in praesenti sanctione habetur[a]. Nam si visitatio, de qua nunc sermo est, adimpletur quum ab impiorum familia gratiam, lumen suae veritatis, reliqua salutis adiumenta aufert Dominus, eo ipso quod excaecati et derelicti ab ipso[b] filii parentum vestigiis insistunt, maledictiones[c] ob paterna scelera sustinent. Quod vero[d] et temporariis miseriis subiiciuntur, et aeterno demum exitio, ita[e] iusto Dei iudicio, non ob aliena peccata, sed ob iniquitatem propriam puniuntur.

21. Altera ex parte offertur promissio de propaganda[f] in mille generationes Dei misericordia[g]: quae etiam frequenter in Scripturis occurrit[h], et in solenni Ecclesiae foedere inseritur, Ero Deus tuus, et seminis tui post te [Gen. 17. a. 7]. Quod respiciens Solomon scribit filios iustorum post mortem eorum beatos fore [Prove. 20. a. 7]: non tantum sanctae educationis[i] ratione (quae et ipsa certe momentum non minimum habet) sed ob istam in foedere promissam benedictionem, quod Dei[k]

---

a) *quod — hab.*: *VG 1541 sqq.* Ce qui n'est pas aussi dict en ce passage   b) *ab ipso*: *1539–54* a Domino   c) *1539–54* maledictionem   d) > *1539–54*   e) > *1539–43*   f) *1539–45* extendenda   g) *VG 1541 sqq.* + sur ceulx qui l'aymeront   h) *VG 1545–51* + [Deu. 5. *(10)* Hiere. 32. *(18)*]   i) *sanc. ed.*: *VG 1541 sqq.* de la bonne nourriture et instruction   k) *1539–54* Domini

gratia in familiis piorum aeterna resideat. Eximia hinc fidelibus consolatio, ingens impiis terror; nam si post mortem quoque memoria tum iustitiae tum iniquitatis tantum apud Deum valet, ut maledictio huius et illius benedictio in posteritatem redundet, multo magis in ipsis authorum capitibus residebit.

[282] Caeterum nihil obstat quod impiorum soboles inter¹dum ad bonam frugem se recipit, fidelium soboles degenerat: quia non perpetuam hic regulam figere voluit legislator[a], quae suae electioni derogaret. Nam ad consolationem iusti ac terrorem peccatoris sufficit non esse vanam ipsam aut inefficacem sanctionem, tametsi non semper locum habeat. Quemadmodum enim quae paucis sceleratis infliguntur temporales poenae, testimonia sunt divinae adversus peccata irae, et futuri olim in omnes peccatores iudicii, tametsi multi impune usque ad vitae finem evadant: ita quum exemplum unum edit Dominus istius benedictionis, ut filium in patris gratiam misericordia et benignitate sua prosequatur, documentum praebet constantis et perpetuae in suos cultores gratiae: quum patris iniquitatem semel in filio persequitur, docet quale reprobos omnes iudicium ob scelera propria maneat; quam certitudinem potissimum hic spectavit. Obiter etiam misericordiae suae amplitudinem nobis commendat, quam in mille generationes extendit, quum quatuor duntaxat generationes assignarit vindictae[b].

PRAECEPTUM TERTIUM.

1539*
(1536 I 45)

Non usurpabis nomen Iehovae[c] Dei tui in vanum.

3, 44   22. Finis praecepti est, Quod nominis sui maiestatem vult 1539 nobis esse sacrosanctam. Summa igitur erit, ne ipsam contemptim et irreverenter habendo[d] profanemus. Cui interdicto cohaeret ex ordine praeceptum, ut eam religiosa veneratione prosequi nobis studio et curae sit[e]. Itaque sic animis et linguis comparatos esse nos decet, [f]ut nihil de ipso Deo[g] eiusque mysteriis aut cogitemus aut loquamur nisi reverenter et multa cum sobrietate: ut in aestimandis eius operibus nihil nisi erga ipsum honorificum sapiamus. Haec, inquam, tria observare non oscitanter convenit, Ut quicquid mens de ipso concipit,

---

a) *1539–54* Domínus   b) misericordiae — vind.: *exstant ir. Cat. 1538, CR V 328;* quat. — vind.: *Cat.* gener. dunt. quat. vind. assig.
c) *1539–54* Domini   d) *1539–54* habitam   e) pros. — sit: *1539–54* prosequamur   f) *ad has lin. 31–p. 364, 17 cf. Cat. 1538, CR V 328*
g) ipso D.: *1539–54* Domino

quicquid lingua profatur, ipsius excellentiam resipiat, et sacrae nominis eius sublimitati respondeat: denique ad extollendam eius magnificentiam aptum sit. Sancto eius verbo et adorandis mysteriis ne temere praepostereque abutamur vel ad ambitionem, vel ad avaritiam, vel ad ludicra nostra: sed prout impressam 5 gerunt nominis eius dignitatem, suum inter nos honorem ac pretium semper habeant. Postremo, eius operibus ne obloquamur aut detrectemus, quemadmodum illi contumeliose solent obstrepere miseri homines: sed quicquid ab ipso memoramus factum, cum sapientiae, iustitiae, bonitatis elogiis prae- 10 dicemus. Id est nomen Dei sanctificare; ubi secus fit, vano pravoque abusu polluitur: quia rapitur extra legitimum usum, cui soli consecratum erat: atque ut nihil aliud, sua tamen dignitate exutum, contempti¦bile paulatim redditur[a]. Quod si in hac temeraria usurpandi importune divini nominis facilitate[b] 15 tantum est mali[c]: multo plus in eo, si in nefarios usus conferatur, || ut qui ipsum[d] necromantiae superstitionibus[e], diris devotionibus, illicitis exorcismis, aliisque impiis incantationibus[f] servire faciunt. || Iuramentum autem[g] in mandato potissimum assumitur, in quo perversus divini nominis abusus maxime 20 est detestabilis: quo inde melius absterreamur ab omni, in universum eius profanatione. || Hic autem de cultu Dei praecipi et reverentia nominis eius, non autem de aequitate quae inter homines colenda est, inde patet quod deinde in secunda tabula periurium et falsum testimonium damnabit, quo laeditur hu- 25 mana societas; supervacua autem esset repetitio si hoc praeceptum tractaret de officio charitatis. Iam ipsa quoque distinctio hoc postulat, quia non frustra Deus, ut dictum est, duas Legi suae tabulas attribuit. Unde colligitur hoc ius suum sibi vendicare, ac tueri nominis sui sanctitatem, non autem 30 docere quid homines hominibus debeant.

23. Primo loco habendum est quid sit iuramentum. Est autem Dei attestatio ad veritatem sermonis nostri confirmandam. Quae enim manifesta in Deum probra continent execrationes, indignae sunt quae inter iuramenta censeantur. Eiusmodi 35 attestationem, ubi rite peragitur, speciem esse cultus divini ostenditur multis locis Scripturae; ut quum Iesaias de Assyriis et Aegyptiis in foederis societatem cum Israele[h] vocandis vaticinatur, Loquentur, inquit, lingua Chanaan, et in nomine Do-

---

a) paul. red.: *VG 1541 sqq.* est rendu b) *1543–45 falso* facultate 40
c) *1539–45* delicti d) *1536* illud e) *1536–54* incantationibus
f) *1536–54* superstitionibus g) *cf. 1536 I 45, 24* h) in — Isr.: *VG 1541 sqq.* en l'Eglise de Dieu

mini iurabunt [Iesa. 19. c. 18]; hoc est, iurando per nomen Domini, confessionem religionis edent. Item quum de propagando eius regno^a loquitur, Quicunque benedicet sibi, in Deo fidelium benedicet: et qui iurabit in terra, iurabit in Deo vero [Iesa. 65. c. 16]. Ieremias^b, Si eruditi^c, inquit, docuerint iurare populum in nomine meo, sicut docuerunt iurare per Baal, aedificabuntur in medio domus meae [Iere. 12. d. 16]. Et merito nomen Domini in testimonium invocando, nostram in ipsum religionem dicimur testari. ‖ Sic enim ipsum, aeternam esse et immutabilem veritatem confitemur: quem appellamus non modo tanquam prae aliis idoneum veritatis testem, sed etiam ceu eius assertorem unicum, ‖ qui abscondita in lucem proferre queat: deinde ut cordium cognitorem^d. Ubi enim desunt hominum testimonia, ad Deum testem refugimus: ac praesertim ubi asserendum est quod in conscientia latet. Qua ratione amare succenset iis Dominus qui per alienos deos deierant: atque id iurisiurandi^e genus, argumentum manifestae defectionis interpretatur. Filii tui dereliquerunt me, et iurant in iis qui non sunt dii [Iere. 5. b. 7.]. Et sceleris huius gravitatem, poenarum comminatione declarat, Disperdam eos qui iurant per nomen Domini, et iurant per Melchom^f [Sopho. 1. b. 5].

24. ^gIam ubi intelligimus, sacramentis nostris^I Dominum inesse velle nominis sui cultum, eo maior adhibenda diligentia, ne pro cultu vel contumeliam vel contemptum et vilitatem contineant. Contumelia est non levis si per ipsum peieratur: unde et profanatio appellatur in Lege [Levit. 19. c. 12]. Quid enim restat Domino, ubi sua veritate fuerit spoliatus? iam Deus esse desinet. Sed enim spoliatur certe, dum falsi suffragator et approbator constituitur. Quare Iosuah, dum Achan ad confessionem veri adigere vult, Fili mi, ait, da gloriam Domino Israel [Iosue 7. c. 19.]: innuens scilicet, Dominum gravissime inhonorari si per eum peieratur. Neque mirum: non enim stat per nos quin mendacium sacro eius nomini quodammodo inuratur. Quam loquutionem usitatam inter Iudaeos fuisse, quoties ad sacramentum dicendum quispiam vocaretur, constat ex simili obtestatione qua utuntur in Evangelio Iohannis Pharisaei [Iohan. 9. e. 24]. Ad hanc cautionem nos instituunt formulae

---

a) de — reg.: *VG 1541 sqq.* comment *(1541* comme*)* le Royaume de Dieu sera multiplié   b) *1539–54* + autem   c) Si er.: *sic 1539–54, 1561; 1559 corrupte* ti   d) *VG 1545–51* + [Psal. 7. *(10)* Hiere. 17. *(10)*]
e) *1539* iusiurandi   f) per M.: *VG 1541 sqq.* au nom de leur Idole
g) *ad has lin. 23–30 cf. 1536 I 45, 24–27*

quae in Scripturis usurpantur, Vivit Dominus [1. Sam. 14. f. 39.]ᵃ: Haec faciat mihi Dominus et haec addat [2.ᵇ Sam. 3. b. 9.]ᶜ: Testis sit Deus in animam meam [2. Cor. 1. d. 23.]ᵈ: quae insinuant Deum advocare nos non posse orationis nostrae testem quin periurii ultorem nobis imprecemur si fallimus.

25. Vile et vulgare redditur Dei nomen, quum veris quidem, sed supervacuis iuramentis adhibeturᵉ: siquidem accipitur hic quoque in vanum. Quare non satis fuerit a periurio abstinere, niᶠ simul ‖ meminerimus, iusiurandumᵍ non libidinis aut voluptatisʰ, sed necessitatis causa permissum ‖ et institutum: ideoque extra licitum illius usum egrediⁱ qui rebus non necessariis accommodat. Porro non alia praetendi necessitas potest quam ubi vel religioni vel charitati est serviendum. Qua in re nimis licentiose hodie delinquitur, eoque intolerabilius quod assuetudine ipsa pro delicto imputari desiit: quod certe apud Dei tribunal non parvo aestimatur. Passim enim promiscue temeratur Dei nomen in nugacibus colloquiis: nec male fieri putatur, quia in tantae improbitatis possessionem longa et impunita audacia ventum est. Manet tamen ratum Domini mandatum: manet firma sanctio: et effectum olim suum obtinebit, qua peculiaris quaedam vindicta in eos edicitur qui frustra nomen ipsius usurparintᵏ. Peccatur et alia in parte, quod in Dei locum sanctos eius servos in iuramentis substituimus, manifesta impietate: quia sic divinitatis gloriam ad eos traducimus [Exod. 23. c. 13.]. Neque enim abs re est, quod speciali mandato praecepit Dominus iurare per nomen suum: speciali interdicto prohibuit ne per alienos deos iurantes audiamur [Deut. 6. c. 13 et 10. d. 20.]. Et Apostolus idem liquide testatur, quum scribit homines in iuramentis superiorem seipsis appellare: Deum, quia sua gloria maiorem non habebat, per seipsum iurasse [Hebr. 6. d. 16.¹]¹.

26. Hac iurisiurandiᵐ moderatione Anabaptistae non contenti, omnia sine exceptione execrantur: quoniam Christi generale sit interdictum, Ego dico vobis, ne iuretis omnino: sit autem sermo vester, est, est: non, non: quod ultra est, a malo

---

a) *1559 falso* [1. Reg. 14. 19. f. 39.]; > *1561* b) *1559 falso* 1. c) *1561* [1. Sam. 14. g. 44 2. Reg. 6. g. 31] d) *VG 1545–51* [Rom. 1. *(9)*] e) *cf. 1536 I 45*, 27 sq. f) *1539–54* nisi g) *1536* iuramentum h) *cf. Cat. 1538, CR V 328* i) *iub. correctore 1543* egreditur k) *cf. 1536 I 46*, 15 sq. l) *sic 1553; 1559–61 falso* 13 m) > *VG 1541 sqq.*

1) Hebr. 6, 16 sq.

est [Matth. 5. f. 34.]¹ª. Sed hoc modo inconsiderate in Christum impingunt: dum illum faciunt Patri adversarium, et qui ad decreta eius abroganda in terram descenderit. Siquidem Deus aeternusᵇ in Lege non modo iuramentum, ceu rem legitimam, permittit: (quod ipsum abunde foret) sed in necessitate imperat [Exod. 22. b. 11]. Christus autem se asserit unum esse cum Patre [Iohan. 10. f. 30.], se non aliud afferre quam quod Pater mandaverit [Ibidem, d. 18.], doctrinam suam non esse a seipso [Iohan. 7. c. 16.], etc. Quid ergo? Deumne sibi contrarium fa-

a) *cf. 1536 I 45, 31 sq.; VG 1545 sqq.* + [Iaq. 5 *(12)*]   b) D. aet.: *1539–54* dominus

1) Matth. 5, 34. 37. — In sectatores quosdam Anabaptistarum Calvinus iam anno 1534 libellum scripserat, qui Psychopannychia inscribitur, CR Calv. opp. V 169 sqq. Deinde mense Martio anni 1537 Genevae ei rem fuisse cum Hermanno quodam, Andrea (Andry) Benoit, Iohanne Bomeromeno, Iohanne Tordeur traditum est, de qua re confer Bezae vitam Calvini, CR Calv. opp. XXI 22 sq., 126; Colladonis vitam, CR l. c. p. 59; Farelli ad Capitonem epistulam et diarium senatus Genevensis: Herminjard V 438, CR X 2, 99, XXI 208 sqq.; Calvini ad Farellum epistulam Herminj. VI 166, CR XI 11. — Utrum haec cum Anabaptistis certamina, quorum vestigia hic et aliis locis Institutionis 1539 parent, ad disputationem cum illis Batavis Genevae habitam an ad tractatus Anabaptistarum pertineant, ignoramus. Ne id quidem negandum est fieri potuisse, ut Calvinus opiniones quasdam Anabaptistarum, quas in Institutione impugnat, relationibus aliorum aut viva voce aut per litteras acceptis cognosceret. Libellum quidem, qui Psychopannychia inscribitur, notitia opinionum adversariorum per alios communicatarum nisus scripsit (cf. CR V 169 sq.). Verisimillimum profecto est illos Institutionis anni 1539 locos imprimis ad illam cum Anabaptistis Batavis disputationem referendos esse, qua mense Martio anni 1537 Genevae cum iis disceptabat. — Postea Calvinus Argentorati iterum cum Anabaptistis congressus est multosque ab errore revocavit, in quibus nonnullos illorum Batavorum; cf. de hac re Bezae vitam Calvini, CR XXI 31 sq., 130; Colladonis vitam, CR l. c. p. 62; duas Calvini ad Farellum epistulas, Herminj. VI 166 sq. et 192 sq., CR XI 11 et 25. Id autem, quantum scimus, Institutione anni 1539 demum in lucem edita factum est, quam quidem iam maximam partem litteris mandatam fuisse scimus, cum Calvinus Argentoratum venit (cf. quae de hac re in praefatione disseruimus).

De iureiurando ab Anabaptistis recusato conferas, quaesumus, septimum articulorum Schlattensium a Zwinglio in libro, qui inscriptus est: In catabaptistarum strophas elenchus, 1527, in latinum conversorum (Zwinglii opera ed. Schul. et Schulth. III 406 sq.) et Calvini in hos articulos libellum, CR VII 92 sqq. (Brieve instruction contre les erreurs de la secte commune des anabaptistes, 1544).

cient, qui quod semel in moribus praecipiendo approbarit, postea prohibeat ac damnet? Sed quia in verbis Christi nonnihil est difficultatis, ea paulisper expendamus. Hic autem nunquam verum assequemur nisi oculos intendamus in Christi scopum, et ad id quod illic agit animum advertamus. Illi non est institutum, Legem aut laxare, aut restringere, sed ad veram ac germanam intelligentiam reducere, quae falsis Scribarum et Pharisaeorum commentis valde depravata fuerat. Id si tenemus, non putabimus Christum damnasse in totum iuramenta: sed ea tantum quae Legis regulam transgrediuntur. Ex ipsis[a] constat, populum nihil tunc cavere solitum praeter periuria, quum non iis solis, sed inanibus quoque ac supervacuis iuramentis Lex interdicat. Dominus ergo, certissimus Legis interpres, non modo peierare, sed etiam iurare, malum esse admonet[b]. Quomodo iurare? nempe in vanum. Quae autem in Lege commendantur iuramenta, salva et libera relinquit. Videntur sibi validius pugnare quum mordicus arripiunt particulam[c] Omnino[1]: quae tamen non ad iurandi[d] verbum refertur, sed subiectas sacramentorum formulas. Nam et ista erat erroris portio, quod dum per caelum et terram deierabant, Dei nomen se non putabant attingere. Ergo post praecipuum praevaricationis caput, omnia etiam subterfugia Dominus illis praecidit: ne se opinentur evasisse si suppresso Dei nomine caelum et terram appellarint. ‖ Nam hic quoque obiter notandum, quanvis non exprimatur nomen Dei, homines tamen obliquis formis per ipsum iurare: quemadmodum si per lumen vitale, per panem quo vescuntur, per baptismum suum, aut alia divinae erga se liberalitatis pignora quaelibet iurent. Neque vero Christus eo loco per caelum et terram et Ierosolymam iurare vetans, superstitionem corrigit, ut falso quidam putant: sed eorum potius sophisticam argutiam refellit qui pro nihilo ducebant indirecta iuramenta futiliter iactare, quasi sacro Dei nomini parcerent, quod tamen insculptum est singulis eius beneficiis. Alia est ratio[i] ubi vel mortalis quispiam, vel mortuus, vel Angelus in locum Dei substituitur: sicuti apud profanas gentes excogitavit adulatio putidam illam formam, per vitam aut genium[e] Regis: quia tunc falsa apotheosis unius Dei gloriam obscurat et minuit. Verum ubi nihil aliud est propositum quam ex sacro Dei nomine

---

a) *1539–45* + verbis b) *1561* + [Matth. 5. f. 34] c) Vid. — part.: VG 1541 sqq. Mais ilz s'arrestent à ceste diction d) > *1539–45* e) VG 1560 bonne fortune

1) articuli Schlattenses l. c. p. 406; Brieve instruction, CR VII 95 sq.

petere dictorum confirmationem, quanvis id oblique fiat, in frivolis omnibus iuramentis laeditur eius maiestas. Licentiam hanc vano praetextu spoliat Christus, omnino iurare prohibens. Eodem et Iacobus tendit, illa Christi verba quae citavi usurpans [Iacob. 5. c. 12.]: quia semper in mundo grassata est illa temeritas, quae tamen profanatio est nominis Dei. Nam si ad substantiam referas particulam Omnino, acsi nulla exceptione illicitum esset quodvis iusiurandum, quorsum explicatio quae mox additur, Neque per caelum, neque per terram, etc. Quibus satis patet, cavillis occurri unde levari suum vitium Iudaei putabant.

27. Itaque sanis iudiciis ambiguum iam esse[a] nequit, Dominum illic iuramenta modo ea improbasse quae per Legem vetita essent. Nam et ipse, qui perfectionis, quam docebat, exemplar in vita exhibuit, non abhorruit a iuramentis quoties res requirebat: et discipuli, quos magistro suo per omnia paruisse non dubitamus, idem exemplum secuti sunt. Quis audeat dicere iuraturum fuisse Paulum, si iusiurandum prorsus interdictum fuisset? Atqui ubi res ita tulit, sine ullo scrupulo iurat, etiam addita interdum imprecatione[1]. Nondum tamen finita est quaestio: quando nonnulli sola ab hoc interdicto publica iuramenta eximi arbitrantur[2]: || qualia sunt quae deferente exigenteque magistratu praestamus: qualia etiam in sanciendis foederibus usurpare principes solent: vel populus, quum in nomen principis iurat: || vel miles, quum sacramento militiae adigitur: et quae sunt huiusmodi. || In hunc quoque ordinem (et iure) referunt quae[b] extant apud Paulum ad asserendam Evangelii dignitatem[c]: quando Apostoli in sua functione privati homines non sunt, sed publici Dei ministri[3]. || Et sane non inficior illa esse tutissima, quod solidioribus Scripturae testimoniis defenduntur. Iubetur magistratus in re dubia adigere testem ad iuramentum, ille vicissim iuramento respondere; et Apostolus ait humanas controversias hoc remedio expediri [Heb. 6. d. 16]. In hoc praecepto habet uterque solidam officii sui approbationem. Quin etiam apud veteres ethnicos observare licet, publicum et solenne iusiurandum in magna religione habitum fuisse: vulgaria, quae promiscue faciebant, aut pro nihilo, aut non ita magno fuisse reputata, perinde ac[d] Dei numen in his non intercedere putarent. Verum privata

---

a) *1539* esse iam   b) *1539* qua   c) ad — dign. > *VG 1541 sqq.*
d) *1539-50* + si

1) Rom. 1, 9; 2. Cor. 1, 23.   2) sic Calvinus ipse in Institutione a. 1536 edita docuerat; cf. vol. I 45 sq. — Cf. Zwinglii quoque elenchum, l. c. p. 408 sqq.   3) sicut Calvinus ipse l. c.

iuramenta^a, quae sobrie, sancte, reverenter necessariis rebus adhibentur^b, damnare nimis periculosum fuerit: quae ipsa et ratione et exemplis fulciuntur. Nam si privatis in^l re gravi et seria Deum inter se iudicem appellare licet^c, multo magis testem. Insimulabit te frater tuus perfidiae: purgare te studebis, ex charitatis officio: ille nulla ratione satisfieri sibi patietur. Si in discrimen fama tua ob illius obstinatam malignitatem veniat, sine offensa ad Dei iudicium provocabis, ut tuam innocentiam tempore manifestet. Minus est testem advocare, si verba expenduntur. Non video igitur cur hic illicitam asseramus attestationem. Neque desunt plurima exempla. Si Abraham et Isaac sacramentum cum Abimelech publico nomine praetexitur [Gene. 21. c. 24; 26. g. 31^d]: at certe Iacob et Laban privati erant, qui mutuo iuramento foedus inter se sanciunt [Gene. 31. g. 53.]¹. Privatus erat Booz, qui promissum coniugium Ruth eodem modo confirmavit [Ruth 3. c. 13^e]. Privatus erat^f Abdias, vir iustus et timens Dei^g, qui iuramento asseverat quod Eliae vult persuadere [1. Reg. 18. b. 10]. Nullam itaque meliorem regulam habeo, nisi ut iuramenta sic moderemur^h ne temeraria sint, ne promiscua, ne libidinosa, ne frivola:¹ sed iustae necessitati serviant, ubi scilicet vel Domini gloria vindicanda, vel promovenda fratris aedificatio²; quo Legis mandatum spectat.

PRAECEPTUM QUARTUM.

Recordare ut diem sabbathi sanctifices. Sex diebus operaberis, et facies omnia opera tua: septimo autem die sabbathum Iehovae^k Dei tui est. Non facies ullum¹ opus in eo, etc.

28. Finis praecepti est ut propriis affectibus et operibus emortui, regnum Dei meditemur, atque ad eam meditationem institutis ab ipso^m rationibus exerceamur. Verum, quoniam habet peculiarem et divisam a reliquis considerationem, paulo diversam interpretationis seriem requirit. ‖ Umbratile veteres

---

a) *cf. 1536 I 45, 34*   b) *1539-50 adhibeantur*   c) *VG 1545-51* + [1. Sam. 24. *(14. 16)*]   d) *sic 1561; 1559 falso* 32   e) *1553-54 falso* +[et 4.c.3.]   f) Priv. er.: *VG 1541 sqq.* Pareillement   g) *VG 1541 sqq.* + (comme dit l'Escriture)   h) *ad has lin. 19-22 cf. 1536 I 45, 27—29*   i) *ad has lin. 20-22 cf. Cat. 1538, CR V 328*   k) *1539-54 domini*   l) *1539-54 omne*   m) ab ip.: *1539-54 a Domino*

1) Gen. 31, 53 sq.   2) cf. Buceri Enarrationes in Evang. 1530, f. 54b—55a (1536, p. 135—137).

nuncupare solent, quod externam diei observationem contineat
quae in Christi adventu cum reliquis figuris abolita fuerit[1], ||
quod vere quidem ab illis dicitur: sed dimidia tantum ex parte
rem attingunt[a]. Quare altius repetenda est expositio: et dis-
5 piciendae tres causae, quibus constare hoc mandatum observasse
mihi videor[b]. Voluit enim caelestis legislator[c] sub diei septimi
quiete populo Israel spiritualem requiem figurare, qua a propriis
operibus feriari debent fideles, ut Deum[d] in se operari sinant.
Deinde statum diem esse voluit, quo ad Legem audiendam et
10 ceremonias peragendas convenirent, || vel saltem quem operum
suorum meditationi peculiariter darent: ut hac recordatione
ad pietatem exercerentur. || Tertio, servis, et iis qui sub aliorum
degerent imperio[e], quietis diem indulgendum censuit, quo aliquam haberent a labore remissionem.
15 29. Illam tamen spiritualis quietis[2] adumbrationem primarium
in sabbatho locum tenuisse, multifariam docemur. || Nullius fere
siquidem praecepti obedientiam severius Dominus exegit
[Num. 15. d. 32[f]][3]. Quum subversam omnem religionem vult
apud Prophetas significare, polluta, violata, non custodita,
20 non sanctificata sua sabbatha conqueritur: quasi, omisso
hoc obsequio, nihil amplius restaret in quo posset honorari
[Ezech. 20. b. 12 et 22. b. 8, et 23. f. 38. Iere. 17. c. 21. 22, et
d. 27. Iesaiae 56. a. 2.[g]]. || Eius observantiam eximiis encomiis
prosequitur: unde et fideles, inter alia oracula, sabbathi reve-
25 lationem mirifice aestimabant. Sic enim loquuntur Levitae apud
Nehemiah, in solenni congregatione[h], Ostendisti patribus nostris
sabbathum tuum sanctum, mandata et ceremonias et Legem
dedisti eis per manum Mosis [Nehe. 9. c. 14]. Vides ut singulari
dignatione habeatur inter praecepta omnia Legis. Quae omnia
30 pertinent ad commendandam mysterii[i] dignitatem, quod a
Mose et Ezechiele pulcherrime exprimitur. Sic habes in Exodo,
Videte ut sabbathum meum custodiatis, quia signum est inter

---

a) *1539–43* attingit   b) obs. — vid.: *1539–43* observamus; cf.
Cat. *1538, CR V 328;* quae *1539–43* hinc inde usque ad fin. sect. sequuntur
35 verba, exstant l. c. *328 sq.*   c) cael. leg.: Cat. et *1539–54* Dominus
d) *Cat.* Dominum   e) *Cat.* imp. deg.   f) *1539–50* recte 15.; *1553–61*
falso 13. d. 22; *1539–54* + Exod. 31. c. *(13 sqq.)* 35. a. 2. *(35. a. 2. >
1554)*   g) Ies. — 2.: *1559* male infra post [Nehe. —] exstat.   h) in
— cong. > VG *1541 sqq.*   i) VG *1541 sqq.* du Sabbath

40 1) Aug., Contra duas ep. Pelag. III, 4, 10 MSL 44, 594, CSEL 60,
496; Sermo 136, 3 MSL 38, 752; etc.   2) cf. Aug., Ep. 55, 9, 17 sq.
(ad Ianuar.) MSL 33, 212 sq., CSEL 34, 187 sqq.; Sermo 9, 3; 23, 3
MSL 38, 77. 208; Contra duas epist. Pelagianorum III, 3, 10 MSL
44, 594, CSEL 60, 496.   3) Num. 15, 32–36.

me et vos, in generationibus vestris: ut sciatis quod ego sum Dominus qui sanctifico vos. Custodite sabbathum; sanctum est enim vobis [Exodi 31. c. 13¹, et 35. a. 2.]ᵃ. Custodiant filii Israel sabbathum, et celebrent illud in generationibus suis; pactum est sempiternum inter me et filios Israelᵇ, signumque perpetuum². Fusius etiamnum Ezechiel: cuius tamen summa huc redit, esse in signum quo Israel cognosceret, Deum esse suum sanctificatorem [Ezech. 20. b. 12.]. Si sanctificatio nostra propriae voluntatis mortificationeᶜ constat, iam se profert aptissima signi externi cum re ipsa interiori analogia. || Quiescendum omnino est, ut Deus in nobis operetur: cedendum voluntate nostra, resignandum cor, abdicandae cunctae carnis cupiditates. Denique feriandum est ab omnibus proprii ingenii muniis, ut Deum habentes in nobis operantem, in ipso acquiescamus, quemadmodum Apostolus quoque docet [Heb. 3. c. 13, et 4. c. 9.].

30. Perpetuam istam cessationem Iudaeis repraesentabat unius diei ex septenis observatio: quae ut maiori religione coleretur, eam exemplo suo Dominus commendavitᵈ. Non enim ad excitandum hominis studium mediocriter valet ut se ad Creatoris imitationem tendere noverit. Siquis arcanam aliquam in septenario numero significationem requirat, quando hic in Scriptura perfectionis est numerus, non sine causa delectus est ad notandam perpetuitatem³. || Cui et illud suffragatur, quod Moses in die quo narrat requievisse Dominum ab operibus suisᵉ, finem describendae dierum ac noctium successionis facit. Potest et altera probabilis afferri numeri notatio: quod scilicet designarit Dominus || nunquam absolutum fore sabbathum donec ventum ad ultimum diem fuerit. Nostram enim in illo beatamᶠ quietem hic inchoamus, in ea novos quotidie pro|gressus facimus: sed quia assidua est adhuc cum carne militia, non prius consummabitur quam implebitur illud Iesaiae de continuanda neomenia cum neomenia, sabbatho cum sabbatho [Iesa. 66. g. 23.], nempe quum erit Deus omnia in omnibus [1. Cor. 15. d. 28.]. Videri ergo possit Dominus per diem septimum populo suo delineasse futuram sui sabbathi in ultimo die perfectionem: quo continenti sabbathi meditatione ad hanc perfectionem tota vita aspiraret⁴.

---

a) *1559* + [Exod. 31. c. 13.]   b) inter — Isr > *VG 1541 sqq.*
c) *VG 1541 sqq.* au renoncement   d) *1539-54* confirmabat   e) ab — suis > *VG 1541 sqq.*   f) illo beat.: *1539-54* Domino

1) Exod. 31, 13 sq.   2) Exod. 31, 16.   3) Gregorius I, Moralia in Iob. 35, 8, 15—17 MSL 76, 757 sqq.   4) ad praecedentia cf. Buceri Enarrationes in Evang. 1530, f. 118 b (1536, p. 299 sq.).

31. Siquis hanc numeri observationem ceu nimis argutam fastidiat, nihil impedio quominus simplicius accipiat: ‖ Dominum certum diem ordinasse, quo ad meditandam spiritualis quietis assiduitatem populus sub Legis paedagogia exerceretur. ‖ Septimum assignasse, vel quia sufficere providebat, vel ut proposita exempli sui similitudine, melius populum extimularet: vel certe admoneret[a] non alio spectare sabbathum nisi ut suo Creatori conformis redderetur. Parum enim interest: modo mysterium, quod praecipue delineatur, maneat, de perpetua nostrorum operum quiete[b]. Ad quod contemplandum identidem revocabant Iudaeos Prophetae: ne carnali cessatione defunctos se putarent. Praeter allegatos iam locos sic habes apud Iesaiam, Si averteris a sabbatho pedem tuum ut non facias voluntatem tuam in die sancto meo, et vocaveris sabbathum delicatum et sanctum Domini gloriosi: et glorificaveris eum dum non facis vias tuas, et non[c] invenitur voluntas tua ut loquaris sermonem: tunc delectaberis super Domino, etc. [Iesa. 58. d. 13][1]. ‖ Caeterum non dubium quin Domini Christi adventu, quod ceremoniale hic erat, abolitum fuerit[d]. ‖ Ipse[e] enim veritas est[f], cuius praesentia figurae omnes evanescunt: corpus cuius aspectu[g], umbrae relinquuntur. Ipse, inquam, verum sabbathi complementum. Per baptismum illi consepulti, in consortium mortis eius insiti sumus, ut resurrectionis participes, in novitate vitae ambulemus [Rom. 6. a. 4][h]. Ideo sabbathum umbram fuisse rei futurae alibi scribit Apostolus[i]: corpus extare in Christo [Colos. 2. c. 16, et 17.], hoc est, solidam veritatis substantiam, quam illo loco bene explicavit. Ea non uno die contenta est[k], sed toto vitae nostrae cursu, donec penitus nobismetipsis mortui, Dei vita impleamur. A Christianis ergo abesse debet superstitiosa dierum[l] observatio.

32. Enimvero[m] quoniam duae posteriores causae veteribus umbris annumerari non debent, sed seculis omnibus peraeque conveniunt: abrogato sabbatho, inter nos tamen etiamnum locum istud habet, ‖ ut statis diebus ad audiendum verbum, ad mystici panis fractionem[n], ad publicas orationes conve-

a) *1539-45* erudiret   b) de — quiete: *VG 1541 sqq.* c'est que le peuple fust instruict: de se demettre de ses œuvres   c) > *1539-50*
d) cf. *Cat. 1538, CR V 329; sqq.*: Ipse — relinquuntur *ib. exstant*
e) *Cat.* Ille   f) *Cat.* est ver.   g) *Cat.* adventu   h) cf. l. c.; sqq.:
Ideo — Apost. *ib. exstant*   i) fuisse — Ap.: *Cat.* rei fut. fuis. affirmat Paulus   k) cf. *Cat. l. c.; sqq.*: sed toto — remissio *(p. 374, 1)* *ib. exstant*   l) *Cat.* dier. sup.   m) *Cat.* Sed   n) ad myst. — fract.: *VG 1541 sqq.* et celebrer les Sacremens

1) Ies. 58, 13 sq.

niamus: deinde ut servis et operariis sua detur a labore remissio[1]. Utranque in sabbathi praeceptione curae[1] fuisse Domino, procul- dubio est. ‖ Prior abunde testimonii, vel in solo Iudaeorum usu, habet. Secundam signavit Moses in Deuteronomio, his verbis, Ut requiescat servus tuus et ancilla tua, sicut et tu: memento quod et ipse servieris in Aegypto [Deut. 5. b. 14][2]. Item in Exodo, Ut requiescat bos et asinus tuus: et respiret filius ancillae tuae [Exod. 23. c. 12]. Utrunque[a] quis neget nobis perinde ac Iudaeis convenire? Conventus Ecclesiastici nobis Dei verbo praecipiuntur: et eorum necessitas, ipsa vitae experientia, nota satis est. Nisi stati sint, et suos habeant constitutos dies, quomodo haberi possunt? ‖ Omnia decenter et ordine gerenda inter nos sunt ex Apostoli sententia [1. Cor. 14. g. 40.]. ‖ Tantum vero[b] abest quin decorum et ordo, nisi ista politia et moderatione conservari possit, ut praesentissima impendeat Ecclesiae perturbatio et ruina si dissolvatur. Quod si eadem nobis necessitas incumbit, cuius in subsidium Iudaeis Dominus sabbathum constituerat: nemo causetur nihil illud[c] ad nos pertinere. Voluit enim providentissimus et indulgentissimus Pater noster, nostrae, non minus quam Iudaeorum necessitati prospicere. Cur non quotidie, inquies, potius convenimus[d], ut ita tollatur dierum discretio? Utinam illud quidem daretur: et sane digna erat spiritualis sapientia, cui quotidie decideretur particula aliqua temporis. Sed si a multorum infirmitate obtineri non potest ut quotidiani conventus agantur[e]: et charitatis ratio plus ab illis exigere non permittit: cur non pareamus rationi quam nobis videmus Dei voluntate impositam?

33. Paulo hic cogor esse longior, quod hodie ob diem Dominicum tumultuantur nonnulli inquieti spiritus: Plebem Christianam quiritantur in Iudaismo foveri, quia retinet aliquam dierum observationem[3]. Ego autem respondeo, citra Iudaismum dies istos a nobis observari: quia longo intervallo differimus in hac parte a Iudaeis. Non enim ut ceremoniam arctissima religione celebramus, qua putemus mysterium spirituale figurari: sed suscipimus ut remedium retinendo in Ecclesia

---

a) *1539–43* Utramque   b) > *1539*   c) sic *1539–43; 1545–61 falso* aliud   d) *1539–50* conveniamus   e) cf. Cat. *1538*, CR V *329*

1) cf. Bucerum l. c. f. 118b—119a (p. 300).   2) Deut. 5, 14 sq.
3) ad Anabaptistas spectat; nam ex epistola quadam Chr. Liberteti ad ministros Genevenses data cognoscimus Colinaeum, civem Genevensem, mense Iul. 1537 propter opinionem, quam „de Baptismo et Sabbatho" habebat, Genevae in carcere fuisse (Herminjard IV 271 sq.). Cf. Serveti quoque: De iusticia regni Chr. cap. III, E 7a.

ordini necessarium. Atqui Paulus docet, non esse in eius observatione iudicandos Christianos: quia sit umbra rei futurae [Coloss. 2. c. 16]. Ideo timet ne inter Galatas frustra laborarit, quod adhuc dies observarent [Gal. 4. b. 10. 11]. Et ad Romanos asserit || superstitiosum esse siquis iudicat inter diem et diem [Rom. 14. a. 5]. || At quis praeter istos duntaxat furiosos, non videat de qua observatione intelligat Apostolus? Non enim in finem istum politicum et Ecclesiasticum ordinem respiciebant: sed quum, tanquam rerum spiritualium umbras retinerent, tantundem obscurabant Christi gloriam et Evangelii lucem. || A manuariis operibus non ideo feriabantur quod essent a sacris studiis et meditationibus avocamenta: sed religione quadam, quod feriando, mysteria olim commendata recolere[a] se[l] somniabant. || In hanc inquam praeposteram dierum discretionem invehitur Apostolus: non in legitimum delectum, qui societatis Christianae paci serviat. Siquidem in Ecclesiis ab eo institutis sabbathum in hunc usum retinebatur. Illum enim diem praescribit Corinthiis, quo symbola ad sublevandos Hierosolymitanos fratres colligantur [1. Cor. 16. a. 2.]. Si timetur superstitio: plus erat periculi in Iudaicis feriis, quam in Dominicis (quos nunc habent Christiani) diebus. Nam[b] quod ad avertendam superstitionem expediebat, sublatus est Iudaeis religiosus[c] dies: quod decoro[d], ordini,[e] paci, in Ecclesia retinendis[f] necessarium erat, alter in eum usum destinatus est.

34. Quanquam non sine delectu Dominicum quem vocamus diem veteres in locum sabbathi subrogarunt. Nam quum verae illius quietis, quam vetus sabbathum adumbrabat, in resurrectione Domini finis sit ac complementum, ipso die, qui umbris finem attulit, admonentur Christiani ne umbratili ceremoniae inhaereant. || Neque sic tamen[g] septenarium numerum moror, ut eius servituti Ecclesiam astringam; neque enim Ecclesias damnavero, quae alios conventibus suis solennes dies habeant, modo a superstitione absint. Quod erit si ad solam observationem disciplinae et ordinis bene compositi[h] referantur. || Summa sit: ut[i] sub figura Iudaeis tradebatur[k] veritas, ita nobis sine umbris commendatur: primum[l], ut perpetuum tota vita sabbathismum meditemur a nostris operibus, quo Dominus in nobis per suum

---

a) myst. — rec.: *VG 1541 sqq.* faire service à Dieu   b) *quae usque ad fin. sect. sequuntur verba, in Cat. 1538, CR V 329 exstant; Cat.* Quamobrem   c) *Cat.* observatus   d) > *Cat.*   e) *Cat.* + ac   f) *Cat.* retinendae   g) Neque — tam.: *1539* Nec   h) observ. — comp.: *1539–54* disciplinae compositionem   i) *quae 1539–43 hinc inde usque ad:* premamus *(p. 376, 6), sequuntur verba, in Cat. 1538, CR V 329 exstant; Cat.* Ut ergo   k) *VG 1541 sqq.* estoit demonstrée   l) *Cat.* Primo

Spiritum operetur: deinde ut ‖ pia operum Dei recognitione privatim se quisque, quoties vacat, diligenter exerceat: tum etiam, ut omnes simul[a] ‖ legitimum Ecclesiae ordinem, ad verbum audiendum, ad sacramentorum administrationem, ad publicas orationes constitutum, observemus; tertio ne nobis subditos inhumaniter premamus [De hac libertate vide Socratem hist. tri. lib. 9. cap. 38][b][1]. ‖ Ita evanescunt nugae pseudoprophetarum[c] qui Iudaica opinione populum superioribus seculis[d] imbuerunt, nihil aliud afferentes nisi[e] abrogatum esse quod ceremoniale erat in hoc mandato (id[f] vocant sua lingua diei septimae taxationem), remanere autem quod morale est, nempe unius diei observationem in hebdomade[2]. Atqui id nihil aliud est quam in Iudaeorum contumeliam diem mutare, diei sanctitatem animo eandem[g] retinere[h]: ‖ siquidem manet nobis etiamnum par mysterii in diebus significatio quae apud Iudaeos locum habebat. ‖ Et sane videmus quid tali doctrina profecerint; qui enim eorum constitutionibus haerent, crassa carnalique sabbathismi superstitione Iudaeos ter superant: ut nihilo minus hodie ipsis conveniant obiurgationes quae apud Iesaiam leguntur [Iesa. 1. c. 13, et 58. d. 13], quam iis quos sua aetate Propheta increpabat. ‖ Caeterum generalis doctrina praecipue tenenda est: ne religio inter nos vel concidat vel languescat,[i] diligenter colendos esse sacros coetus, et externis subsidiis quae ad fovendum Dei cultum valeant operam dandam esse.

PRAECEPTUM QUINTUM.

Honora patrem tuum et matrem ut sis longaevus super terram quam Iehova[1] Deus tuus daturus est tibi.

35. Finis est, Quoniam Domino Deo suae dispositionis conservatio cordi est, ordinatos ab ipso eminentiae gradus oportere nobis esse inviolabiles. Summa igitur erit ut quos nobis praefecit Dominus, eos suspiciamus, eosque et honore et obedientia et gratitudine prosequamur[k]. Unde sequitur interdictum, ne-

---

a) pia op. — simul > VG 1545–51   b) > Cat. et 1539   c) 1536 sophistarum   d) pop. — sec.: 1536 orbem   e) nihil — nisi > 1536   f) 1536 + autem   g) sanct. — eand.: 1536 observationem   h) diei — ret.: VG 1541 sqq. et neantmoins demeurer en la superstition que Sainct Paul condamne   i) 1539–54 Dominus   k) 1539 honoremus; cf. 1536 I 49, 25–27; Cat. 1538, CR V 329

1) Cassiodor., Hist. trip. IX, 38 MSL 69, 1153.   2) cf. Albertum Magnum, Compendium veritatis theologicae V, 62; Thomam Aq., S. theol. II, 1. qu. 100. a. 3 ad 2; II, 2. qu. 122. a. 4 ad 1.

quid eorum dignitati, vel contemptu, vel contumacia, vel ingratitudine derogemus. Sic enim late patet vocabulum honoris in Scriptura; ut quum dicit Apostolus, Presbyteros qui bene praesunt, duplici honore dignos esse [1. Tim. 5. c. 17.], non modo reverentiam iis deberi intelligit, sed quam ministerium eorum remunerationem meretur. Quoniam autem hoc de subiectione praeceptum, cum humani ingenii pravitate valde pugnat (quod, ut est celsitudinis appetentia turgidum, aegre se subiici sustinet) quae natura maxime amabilis est ac[a] minime invidiosa superioritas, in exemplar proposita est: quia facilius animos nostros emollire et inflectere ad submissionis consuetudinem poterat. Ad omnem ergo legitimam subiectionem ab ea quae facillima est toleratu, nos paulatim assuefacit Dominus: quando est omnium eadem ratio. Siquidem quibus attribuit eminentiam, quatenus ad eam tuendam necesse est, suum cum illis nomen communicat. In unum ipsum ita conveniunt Patris, Dei ac Domini tituli, ut quoties unum aliquem ex iis audimus, maiestatis illius sensu animum nostrum feriri oporteat. Quos ergo istorum facit participes, eos quadam fulgoris sui scintilla illustrat, ut sint pro suo quisque loco spectabiles. Ita qui nobis est pater, in eo divinum aliquid reputare par est: quia divinum titulum non sine causa gerit. Qui princeps est, qui dominus, habet nonnullam honoris cum Deo communionem.

36. Quapropter ambiguum esse non debet quin hic universalem regulam Dominus statuat: nempe[b] prout quenque novimus esse nobis eius ordinatione[c] praefectum, ut ipsum[d] reverentia, obedientia, gratitudine, et quibus possumus officiis prosequamur. [e]Nec interest dignine an indigni sint quibus honor iste deferatur; nam qualescunque sint tandem, non tamen sine Dei providentia hunc locum assecuti sunt, cuius ratione ipse Legislator[f] eos honorari voluit. Nominatim tamen de parentum reverentia praecepit, qui nos in hanc vitam sustulerunt[g]: ad quam natura ipsa quodammodo instituere nos debet.¹ Monstra enim sunt, non homines, qui patriam[h] potestatem contumelia vel pervicacia infringunt. Ideo cunctos parentibus immorigeros trucidari iubet Dominus, ut beneficio lucis indignos, qui non recognoscunt quorum opera in eam pervenerint. Atque ex variis quidem Legis appendicibus apparet verum esse quod

---

a) > *1550–54* b) *1539–50* ut c) cf. *Cat. 1538, CR V 329* d) ut ips.: *1539* ips. ut; *1543–50* ipsum; sqq. (rev. — prosequ.) *exstant in Cat. l. c.* e) Nec — voluit *(lin. 31):* exstant in Cat. l. c. f) tandem — leg.: *Cat.* parentum loco nobis a Domino praefecti sunt, qui g) qui — sust.: *exstant in Cat. l. c.* h) *1539–43* primam; *VG 1541* sqq. paternelle

annotavimus, tres esse honoris de quo hic loquitur partes, reverentiam, obedientiam, gratitudinem ª. Primam Dominus sancit dum interfici praecipit qui maledixerit patri aut ᵇ matri [Exod. 21. c. 17; Levit. 20. b. 9; Prover. 20. c. 20]; quandoquidem illic ᶜ contemptum ac contumeliam vindicat. Secundam, dum adversus immorigeros et rebelles poenam mortis edicit [Deut. 21. d. 18]¹. Ad tertiam pertinet quod dicit Christus Matth. 15, ex praecepto Dei esse ut benefaciamus parentibus [Matth. 15. a. 4]². Et quoties mandati mentionem facit Paulus, obedientiam in eo requiri interpretatur [Ephe. 6. a. 1³. Coloss. 3. d. 20].

37. Subnectitur promissio, commendationis vice, quae magis admoneat quam grata Deo sit quae hic nobis imperatur submissio. Istum enim aculeum excitando torpori nostro admovet Paulus, quum dicit mandatum hoc esse primum cum promissione ᵈ. Siquidem quae in prima tabula praecessit, non specialis et propria unius mandati fuit, sed ad Legem universam extendebatur. Porro sic accipienda haec est, Peculiariter Israelitis loquebatur Dominus de terra quam illis promiserat in haereditatem. Si ergo divinae benignitatis arrhabo erat terrae possessio, non miremur si Dominus testari voluerit suam gratiam, vitae longitudinem largiendo: per quam fiebat ut diuturnus caperetur sui beneficii fructus. Sensus ergo est, Honora patrem et matrem, quo per longum vitae spatium frui tibi diu liceat ea terrae possessione quae tibi futura est in gratiae meae testimonium. Caeterum, quia tota terra fidelibus benedicta est, praesentem vitam inter Dei benedictiones merito reponimus. Quare ad nos similiter spectat isthaec promissio, quatenus scilicet divinae benevolentiae documentum nobis est praesentis vitae duratio. Non enim ea aut nobis promittitur, aut promissa fuit Iudaeis, quasi beatitudinem in se contineret: sed quia symbolum piis esse solet divinae indulgentiae. Quare si contingat ante maturam aetatem obsequentem parentibus filium e vita abripi (quod non raro cernitur) nihilo minus in suae promissionis complemento constanter Dominus perseverat, quam si eum centum terrae iugeribus muneretur cui unum modo ᵉ pollicitus erat. Totum in hoc situm est ut expendamus longam vitam eatenus promitti quatenus Dei benedictio est: benedictionem vero ᶠ esse quatenus divinae gratiae est documentum:

a) *cf. 1536 I 49,* 25–27   b) *1539-54* &   c) *1539-45* + in   d) *cf. Cat. CR V 329; idem* + [Eph. 6. *(2)*]   e) un. modo: *1539-54* duo   f) *1539-54* + Domini

1) Deut. 21, 18–21.   2) Mtth. 15, 4–6.   3) Eph. 6, 1–3.

quam ipse[a] per mortem infinito uberius et[b] solidius servis suis testificatur et re ipsa demonstrat[c].

38. Adhaec, [d]dum praesentis vitae benedictionem Dominus pollicetur filiis qui parentes qua de[l]cet observatione coluerint: simul innuit, omnibus immorigeris ac inobsequentibus certissimam imminere maledictionem[e], cui ne desit executio, eos per Legem suam mortis iudicio obnoxios pronuntiat, ac supplicium de ipsis sumi mandat[f]. Si iudicium effugiunt, ipse ultionem expetit quovis modo. Videmus enim quantus numerus ex hoc hominum genere vel in praeliis vel in rixis cadat: alii insolitis modis affliguntur; omnes prope comminationem hanc non esse vanam argumento sunt. Quod siqui evadunt ad ultimam senectutem: quia in hac vita, Dei benedictione privati, nihil aliud quam misere languent, et maioribus in posterum poenis reservantur, multum abest quin benedictionis piis filiis promissae fiant participes[g]. Sed istud etiam obiter annotandum, quod illis obedire nonnisi in Domino iubemur [Ephe. 6. a. 1]: neque id obscurum est ex iacto prius fundamento; praesident enim eo loco in quem evexit eos Dominus, communicata cum ipsis honoris sui portione. Quae ergo submissio illis exhibetur, ad suspiciendum summum illum Patrem gradus esse debet. Quare si in Legis transgressionem nos instigant, merito tum[h] non parentes nobis habendi sunt, sed extranei, qui nos a veri Patris[i] obedientia subducere conantur. Sic de principibus, dominis, et universo superiorum genere habendum. Indignum enim et absonum est ut ad deprimendam Dei celsitudinem eorum eminentia polleat, quae ut ab illa pendet, ita in illam deducere nos debet[k].

PRAECEPTUM SEXTUM.[l]
Non occides.

39. Finis praecepti est: Quoniam hominum genus unitate quadam Dominus devinxit, incolumitatem omnium unicuique debere esse commendatam. In summa ergo[m], violentia omnis

---

a) *1539-54* Dominus   b) ub. et > *1539-54*   c) et re — dem. > *1539-54*   d) dum — maledictionem *(lin. 6)*: *exstant in Cat. CR V 329 sq.*   e) *cf. 1536 I 49,* 34 sq.   f) eos per — mand.: *VG 1541 sqq.* il ordonne en sa Loy, qu'on en face iustice   g) *1559 falso* participes; sqq. *(Sed — iubemur) exstant in Cat. CR V 330*   h) Quare — tum: *cf. Cat. l. c.; sqq. (non — conantur) ib. exstant*   i) *Cat (ed. princeps)* + nostri   k) quae — deb.: *VG 1541 sqq.* veu qu'elle en despend, et la doibt plustost augmenter, que amoindrir: confermer, que violer   l) *1539* SEX. PRAEC.   m) In — ergo: *Cat. CR V 330* Quo nobis; sqq. *(viol. — interdic.) ib. exstant*

et^a iniuria, ac^b omnino quaevis noxa, qua proximi corpus laedatur, nobis interdicitur^c. Ac proinde iubemur, siquid in opera nostra ad tuendam proximorum vitam subsidii est, fideliter impendere, quae ad eorum tranquillitatem faciunt, procurare: depellendis noxis excubare: ‖ siquo in discrimine sunt, praebere manum auxiliarem. ‖ Si Deum Legislatorem sic loqui recordaris, simul cogita velle per hanc regulam animae tuae moderari. Ridiculum enim foret ut is qui cordis cogitationes speculatur, iisque praecipue immoratur, ad veram iustitiam nihil quam corpus erudiret. Ergo et homicidium cordis hac Lege prohibetur, et praecipitur interior affectus conservandae fratris vitae. Manus quidem homicidium parit, sed animus concipit, dum ira et odio inficitur. Vide an irasci adversus fratrem possis quin noxae libidine ardeas. Si non irasci, ergo nec odisse: quando odium nihil aliud est quam ira inveterata. Dissimules licet, et¹ vanis ambagibus extricare te coneris: ubi vel ira vel odium est, illic est maleficus affectus. Si tergiversari pergis, iam ore Spiritus pronuntiatum est, homicidam esse qui fratrem in corde suo oderit [1. Iohan. 3. c. 15.]: ore Domini Christi pronuntiatum est reum esse iudicio qui fratri suo irascitur: reum esse concilio^d qui dixerit racha: reum esse gehennae ignis qui dixerit fatue [Matth. 5. c. 22.].

40. Duplicem autem aequitatem Scriptura notat, qua nititur hoc praeceptum:^e quia et imago Dei est homo, et caro nostra. Quare, nisi imaginem Dei violare libeat, sacrosanctum habere illum: nisi omnem exuere humanitatem, ut carnem propriam fovere debemus. Quae a redemptione et Christi gratia ducenda est exhortatio, alibi tractabitur. Duo illa naturaliter in homine considerari Dominus voluit, quae nos ad conservationem eius inducerent: ut et suam imaginem in ipso impressam revereamur, et carnem nostram amplexemur. Non ergo evasit homicidii crimen qui a sanguinis effusione sibi temperarit. Siquid opere perpetras, si conatu machinaris, si voto et consilio concipis quod alterius saluti sit adversum, homicidii reus teneris. Nisi rursum illam pro facultate et opportunitate tueri studes, ea quoque immanitate Legem praevaricaris. Quod si tantopere de corporis incolumitate laboratur: hinc colligamus, quantum studii et operae saluti animae debeatur quae in immensum coram Domino praecellit.

---

a) *Cat.* ac   b) *Cat.* &   c) nob. int.: *Cat.* interdicta est   d) reum esse conc.: *VG 1541 sqq.* d'estre condamné par tout le Consistoire   e) *ad has lin. 24-26 cf. Cat. CR V 330*

PRAECEPTUM SEPTIMUM.ª
Non moechaberis.

41. Finis eius, Quia pudicitiam et puritatem Deus amat, facessere a nobis omnem immunditiem^b oportere^c. Summa igitur erit, ut nequa spurcitia, aut libidinosa intemperie carnis inquinemur. Cui respondet affirmativum praeceptum, || ut caste et continenter omnes vitae nostrae partes moderemur^d. || Scortationem autem nominatim vetat, ad quam tendit omnis libido: ut illius foeditate (quae crassior est et palpabilior, quatenus scilicet corpori etiam maculam inurit) in libidinis cuiusvis abominationem nos adducat. Quoniam hac lege conditus est homo ut solitariam vitam non agat, sed adiuncto sibi subsidio utatur: deinde ex peccati maledictione in hanc necessitatem magis addictus est: quantum satis erat, Dominus opitulatus est nobis in hac parte dum coniugium instituit, cuius^e societatem sua authoritate initam, sua quoque benedictione sanctificavit. Unde constat et aliam quamlibet, extra coniugium^{f,1} societatem, coram ipso maledictam esse: || et illam ipsam coniugalem in necessitatis remedium esse ordinatam, ne in effraenem libidinem proruamus. || Ne ergo nobis blandiamur, dum audimus non posse virum cum muliere, sine Dei maledictione, extra coniugium copulari.

42. Iam quum per naturae conditionem et accensa post lapsum libidine, mulieris consortio bis obnoxii simus, || nisi quos singulari gratia Deus^g inde exemit: videant singuli quid sibi datum sit. || Virginitas, fateor, virtus est non contemnenda: sed quoniam aliis negata est, aliis nonnisi ad tempus concessa, qui ab incontinentia vexantur, et superiores in certamine esse nequeunt, ad matrimonii subsidium se conferant, ut ita in suae vocationis gradu castitatem colant. || Nam qui non capiunt hoc verbum, si non proposito concessoque remedio intemperantiae suae succurrant^h, cum Deo pugnant, ac resistunt eius ordinationi. Neque mihi quispiam obstrepat (quod multi hodie faciunt) Dei se auxilio adiutum, omnia posse[1]. | Dei enim auxilium non nisi iis adest qui in viis suis ambulant: hoc

---

a) *1539* SEPT. MANDATUM; *1543–45* SEPT. PRAEC.   b) *1539–45* immundiciam   c) *cf. Cat. CR V 330*   d) *1539–54* componamus   e) *Cat. l. c.* Et eam; sqq. *(*soc. — maled. esse*)* ib. exstant   f) et — coni.: *Cat.* aliam, quam coniugii   g) *1539–54* dominus   h) *cf. Cat. CR V 330*

1) Iudocus Clichtoveus, Propugnaculum II, c. 25, fol. 110 b; Io. Eck., Enchir. 1532, c. 19, H 6 a.

est, in sua vocatione [Psal. 91. a. 1, et d. 14.], || a qua se omnes subducunt, qui praeteritis Dei subsidiis, necessitates suas superare eluctarique inani temeritate contendunt. Continentiam singulare esse Dei donum, || atque ex eorum genere quae non promiscue, nec in universum corpori Ecclesiae, sed paucis membris conferantur, Dominus affirmat. Primum enim certum hominum genus facit, quod se castraverit propter regnum caelorum [Matt. 19. b. 12], hoc est, ut solutius ac liberius vacare regni caelestis negotiis liceat. At[a] ne talem castrationem esse in hominis sitam potestate quis putet, paulo ante ostenderat non omnes esse capaces, sed quibus peculiariter e caelo datum sit[1]; unde concludit, Qui potest capere capiat[2]. Asserit etiamnum apertius Paulus, dum scribit unumquenque habere proprium donum a Deo: unum sic, alterum autem sic [1. Cor. 7. b. 7].

43. Quando aperta denuntiatione admonemur, non esse cuiuslibet servare castitatem in caelibatu, etiamsi studio et conatu ad id maxime aspiret: peculiarem esse gratiam quam Dominus nonnisi certis hominibus confert, quo ipsos habeat ad opus suum expeditiores: nonne Deo et naturae ab eo institutae repugnamus, si non vitae nostrae genus ad facultatis nostrae modum accommodamus? Hic scortationem Dominus prohibet: puritatem ergo et pudicitiam a nobis requirit. Eius servandae una est ratio, ut suo quisque modulo se metiatur[3]. Nemo temere matrimonium contemnat, veluti rem sibi aut inutilem aut supervacuam: nemo caelibatum aliter expetat quam si uxore carere possit. Neque in eo etiam carnis tranquillitati vel commoditati consulat, sed tantum ut vinculo hoc solutus ad omnia pietatis officia promptior sit ac paratior. Et quoniam multis hoc beneficium nonnisi ad tempus confertur, tandiu quisque a coniugio abstineat quandiu erit ad servandum caelibatum idoneus. Si ad domandam libidinem vires deficiant, intelligat iam sibi coniugii necessitatem a Domino impositam. Hoc demonstrat Apostolus quum praecipit ut ad fugiendam scortationem unusquisque uxorem suam habeat, et unaquaeque mulier virum. Item, Ut qui non potest se continere, matrimonium in Domino contrahat [1. Corin. 7. a. 2, et b. 9]. Primum significat maiorem hominum partem incontinentiae vitio esse obnoxiam: deinde ex iis qui obnoxii sunt neminem excipit quem non iubeat ad unicum illud remedium confugere quo impudicitiae obviam itur. Ergo qui sunt incontinentes, si hac ratione mederi negligunt suae infirmitati, eo ipso peccant

---

a) *1539-54* ac

1) Matth. 19, 11.   2) ib. 19, 12.   3) Horat. ep. I 7, 98.

quod huic Apostoli mandato non obtemperant. ‖ Neque sibi blandiatur qui mulierem non attingit, acsi impudicitiae argui non posset: quum interim animus libidine intus ardeat; pudicitiam enim definit Paulus, coniunctam cum castitate corporis, animi puritatem. Caelebs mulier, inquit, cogitat quae Domini sunt: quomodo sancta sit corpore et spiritu [1. Cori. 7. f. 34]. Itaque dum superius illud praeceptum[a] ratione confirmat: non tantum dicit melius esse uxorem ducere quam scorti societate se polluere, sed dicit melius esse nubere quam uri.

44. Porro, si coniuges recognoscunt suam societatem esse a Domino benedictam, eo admonentur non esse intemperata et dissoluta libidine conspurcandam. Non enim si incontinentiae turpitudinem velat matrimonii honestas, ideo eius irritamentum protinus esse debet. ‖ Quare non omnia sibi licere coniuges existiment: ‖ sed suam quisque uxorem sobrie habeat, et vicissim uxor virum: sic agentes nequid omnino indignum honestate ac temperantia matrimonii admittant. ‖ Sic enim ad modum et modestiam revocari decet coniugium in Domino contractum, non in extremam quanque lasciviam exundare. ‖ Hanc petulantiam Ambrosius gravi quidem, sed non indigna sententia notavit, quum uxoris adulterum vocavit qui in usu coniugali nullam verecundiae vel honestatis curam habet [Ambr. lib. de philosoph. quem citat Augustinus libro contra Iulianum 2.[1]]. ‖ Postremo reputemus quis hic legislator scortationem damnet; nempe is, qui quum nos totos possidere debeat, iure suo[b], animae, spiritus, et corporis integritatem requirit. Ergo dum scortari prohibet, simul vetat et lascivo corporis ornatu, et obscoenis gesticulationibus, et impuris sermonibus alienae pudicitiae insidiari. Non enim ratione caret Archelai sententia[c] ad adulescentem molliter et delicate ultra modum vestitum, non referre qua parte cinaedus esset[2]: siquidem Deum respicimus, qui omnem contaminationem abominatur, quacunque in parte vel animae vel corporis nostri appareat. Ac ne dubium sit, memineris hic pudicitiam a Deo commendari. Si pudicitiam requirit a nobis Dominus, quicquid illi adversum est damnat. Proinde si ad obedientiam adspiras, nec animus prava cupidine intus ardeat, nec oculi in corruptos affectus lasciviant, nec corpus

---

a) *VG 1545 sqq.* + que celuy qui ne se peut contenir, se doit marier
b) > *1539–45* c) Non — sent.: *VG 1541 sqq.* Car un Philosophe nommé Archelaus, —

1) Augustinus, Contra Iulianum II, 7, 20 MSL 44, 687; Ambrosii liber de philos. ad nos non venit. 2) Gellius III. 5, 2. — cf. Plutarch. De sanit. tuenda, 126 A.

ad lenocinium excolatur, nec lingua spurcis sermonibus mentem ad similes cogitationes illiciat, nec gula sua intemperie inflammet. Sunt enim omnia eiusmodi vitia veluti maculae quaedam quibus castitatis puritas conspurcatur.

PRAECEPTUM OCTAVUM.ª

Non furtum facies.

45. Finis, Quoniam abominationi est Deo iniustitia, ut reddatur unicuique quod suum est[b]. Summa igitur erit, nos vetari rebus alienis inhiare, ac proinde iuberi suis unicuique conservandis bonis fidelem operam impendere. Sic enim cogitandum est, unicuique evenisse quod possidet, non fortuita sorte, sed ex distributione summi rerum omnium[c] Domini: || non posse igitur praeverti malis artibus facultates cuiuspiam quin fraus divinae dispensationi fiat. Plurima autem sunt furtorum genera. Unum est in violentia: quum vi quacunque et praedatoria licentia aliena diripiuntur. Alterum in malitiosa impostura: ubi fraudulenter intercipiuntur. || Aliud in tectiori calliditate: ubi per speciem iuris excutiuntur. Aliud in blanditiis: ubi sub donationis praetextu emunguntur. Sed ne in generibus recensendis nimium insistamus, || artes omnes, quibus proximorum possessiones et pecuniae ad nos derivantur, ubi a synceritate dilectionis, ad fallendi aut quovis modo nocendi cupiditatem obliquant, pro furtis noverimus esse habendas. || In forensi certamine obtineant licet, a Deo tamen non secus aestimantur. Nempe videt longas captiones, quibus simpliciorem homo vafer animum incipit irretire, donec in suas tandem nassas attrahat: videt duras inhumanasque leges, quibus potentior tenuem urget ac praecipitat: videt illecebras quibus tanquam hamis imprudentem astutior inescat; quae omnia latent humanum iudicium, nec in cognitionem veniunt. Neque haec iniuria in pecunia modo, aut in mercibus, aut agris locum habet: sed in iure cuiusque; suo enim bono proximos fraudamus, si denegamus officia quibus erga eos obstringimur. Si procurator aut villicus otiosus vorat domini substantiam, nec ad rei familiaris curam intentus est: si commissas sibi facultates vel iniuria diisipat, vel luxuriose[l] profundit: si servus herum[d] ludibrio habet, si eius arcana divulgat, si ullo modo tum vitam, tum bona eius prodit: si dominus[e] rursum familiam

---

a) *1539* OCT. MANDATUM   b) *cf. 1536 I 51, 10. 52, 23; Cat. 1538, CR V 331*   c) sum. — omn. > *1539-54*   d) *1539-54* dominum   e) *1559 male* Dominus

immaniter vexat: furti apud Deum tenetur. Alienum enim et
retinet et praevertit qui non exequitur quod ex suae vocationis
munere aliis debet.

46. Rite ergo sic parebimus mandato, si nostra sorte contenti, nullum nisi honestum et legitimum lucrum facere studeamus: si non appetamus cum iniuria ditescere, nec fortunis diruere proximum moliamur, quo res nobis accrescat: si non crudeles opes, et ex aliorum sanguine expressas cumulare contendamus: si non intemperanter undecunque per fas et nefas corradamus, quo vel expleatur nostra avaritia, vel prodigentiae satisfiat. ‖ Verum e converso sit nobis perpetuus hic scopus, omnes quoad licet consilio atque ope fideliter in retinendis suis iuvare; quod si cum perfidis ac fallacibus negotium fuerit, ex nostro potius aliquid cedere parati simus, quam ut contendamus cum illis. Neque id modo: sed quos rerum difficultate viderimus premi, eorum necessitatibus communicemus, ac nostra copia sublevemus eorum inopiam. ‖ Postremo respiciat unusquisque quatenus ex officio aliis sit obligatus, ac quod debet, bona fide persolvat. ‖ Hac ratione populus omnes[a] sibi praefectos in honore habeat, eorum dominationem aequo animo ferat, legibus et iussis pareat, nihil detrectet quod propitio Deo ferre[b] possit[c]. Rursum illi plebis suae curam sustineant,[d] publicam pacem[e] conservent, bonis sint praesidio, malos coerceant: sic omnia administrent quasi supremo[f] iudici Deo functionis suae rationem redditurig[g]. Ecclesiarum ministri fideliter verbi ministerio incumbant, nec salutis doctrinam adulterent: sed puram et synceram populo Dei tradant. Nec doctrina solum, sed vitae exemplo[h] instituant: praesint denique, ut boni pastores ovibus[i]. Populus vicissim eos pro nuntiis et Apostolis Dei suscipiat[k], eum iis honorem reddat quo summus Magister[l] eos dignatus est: quae eorum vitae necessaria sunt praebeat[m]. Parentes liberos, ut sibi a Deo commissos, alendos, regendos, docendos[n] suscipiant: nec[o] saevitia eorum animos exasperent, et a se avertant[p]: sed lenitate ac indulgentia quae suam per-

---

a) *1536* suos reges, principes, magistratus, et alios   b) propit.
— ferre: *1536* sub Dei voluntate exequi   c) *1536* + [Rom. 13 *(1 sqq.)* 1. Pet. 2 *(13 sqq.)* Tit. 3 *(1)*]   d) *1536* + ius reddant,   e) *1536* + ac tranquilitatem   f) *1536* + regi ac   g) *1536* + [Deut. 17 *(19)* 2. Paral. 19 *(6 sq.)*]   h) *1536–54* + eum   i) *1536* + [1. Timot. 3 2. Tim. 2 et 4 Tit. 1 *(6 sqq.)* 1. Pet. 5.]   k) *1536* agnoscat   l) sum. Mag.: *1536–54* Dominus   m) *1536* +[Matth. 10 *(10 sqq.)* Rom. 10 *(15)* et 15 *(15 sqq.)* 1. Cor. 9 Galat. 6 *(6)* 1. Thes. 5 *(12 sq.)* 1. Timot. 5 *(27 sq.)*]   n) *1536–39* doc., reg.   o) *1536* + sua inhumanitate ac   p) et — av.: *VG 1541 sqq.* pour leur faire perdre courage; *1536* + [Ephes. 6 *(4)* Coloss. 3 *(21)*]

sonam deceat, eos foveant, et amplectantur. Quo modo et suam illis observantiam a liberis deberi ante dictum est. Iuniores senilem aetatem revereantur, ut eam aetatem honorabilem esse Dominus voluit. Senes quoque iuventutis imbecillitatem sua prudentia, et (quo magis quam illi pollent) rerum usu[a] moderentur, non asperis clamosisque insectationibus eos incessentes; sed temperantes comitate ac facilitate severitatem[b]. Servi se ad obsequium[c] sedulos et morigeros[d] dominis praestent: neque id[e] ad oculum, sed ex animo, tanquam Deo ipsi servientes[f]. Heri[g] quoque non morosos se et intractabiles erga servos gerant, non aspe!ritate nimia divexent[h], non contumeliose accipiant: sed potius agnoscant sibi fratres esse, suosque sub caelesti Domino[i] conservos, quos mutuo amare et humaniter tractare[k] debeant[l]. Ad hunc, inquam[m], modum quisque reputet quid in suo ordine ac loco proximis debeat, et quod debet solvat. ‖ Ad haec, referenda semper mens ad Legislatorem: ut animis, perinde ac manibus, regulam hanc noverimus constitui: quo aliorum commodis atque utilitatibus et tuendis et promovendis studeant.

PRAECEPTUM[n] NONUM.

Non eris adversus proximum tuum testis mendax.

47. Finis eius: Quoniam mendacium Deus (qui veritas est) execratur, veritatem sine fuco esse inter nos[o] colendam. Summa igitur erit, ne vel calumniis falsisque criminationibus violemus alicuius nomen, vel mendacio in suis fortunis gravemus: denique ne maledicentiae et procacitatis libidine quempiam laedamus[p]. Cui interdicto cohaeret imperium, ut unicuique fidelem operam, quoad licet, in asserenda veritate commodemus, ad[q] tuendam et nominis et rerum suarum integritatem. Sensum mandati sui videtur exponere voluisse Dominus Exodi. 23, his verbis, Non suscipies vocem mendacii: nec iunges manum tuam, ut pro impio dicas falsum testimonium [Exod. 23. a. 1.]. Item,

---

a) et — usu > *VG 1541 sqq.*   b) sed temperantes — sev.: *1536* sed — sev. temperantes   c) *1536* officium   d) *1536–54* obsequentes   e) neque id: *1536* non   f) Deo — serv.: *1536* obsequia sua Deo reddant   g) *1536–54* Domini   h) *1536* eos vexent   i) suosque — Dom.: *1536* eiusdemque Domini, qui in coelis est,   k) hum. trac.: *1536* tolerare in omni mansuetudine   l) quos — deb.: *VG 1541 sqq.* à fin de les entretenir humainement; *1536* + [Ephes. 6 *(5–9)* Coloss. 3 *(22–25)* Tit. 2 *(9 sq.)* 1. Pet. 2 *(18–20)* Coloss. 4 *(1)* et ad Phil. *(16)*]   m) > *1536*   n) *1539* MANDATUM   o) *1539–43* inter nos esse   p) cf. Cat. 1538, CR V 330   q) *1553–54* ac

Mendacium fugies[1]. Alio etiam loco, non ea modo parte a mendacio nos revocat, ne simus criminatores ac susurrones in populo [Levit. 19. c. 16]: sed nequis decipiat fratrem suum[2]; utrunque enim distinctis mandatis cavet. Sane dubium non est quin, ut praecedentibus mandatis cohibuit saevitiam, impudicitiam, avaritiam, ita hic falsitatem coerceat: cuius duo sunt membra, quae prius notavimus. Aut enim malignitate et obtrectandi pravitate delinquimus in famam proximorum: aut mentiendo, interdum etiam obloquendo, detrahimus eorum commodis. Nihil autem interest, solenne et iudiciarium testimonium hic nominari putes, an vulgare, quod in privatis sermonibus fertur. Semper enim eo recurrendum est, ex singulis vitiorum generibus speciem unam paradigmatis loco proponi, ad quam caeterae referantur: eam autem potissimum diligi, in qua vitii turpitudo maxime emineat. Quanquam generalius || extendere convenit ad calumnias et sinistras obtrectationes, quibus inique gravantur proximi: quia[a] || forensis testimonii falsitas nunquam periurio caret. Periuriis autem, quatenus Dei nomen profanant ac violant[b], in mandato tertio satis est obviatum. Proinde legitima praecepti observatio est, ut lingua in asserenda veritate, proximorum tum bonae famae, tum utilitatibus serviat. Aequitas plusquam manifesta est. [c]Nam si quibuslibet thesauris pretiosius est nomen bonum, nihilo minore[1] noxa, nominis integritate quam fortunis spoliatur homo[d]. In diripienda autem eius substantia, non minus interdum falso testimonio, quam manuum rapacitate proficitur.

48. Et tamen mirum est quam supina securitate passim in hac re peccetur, ut rarissimi reperiantur qui non hoc morbo notabiliter laborent: adeo venenata quadam dulcedine oblectamur[e] in alienis malis tum inquirendis, tum detegendis. Nec putemus idoneam esse excusationem si saepenumero[f] non mentimur. Nam qui prohibet mendacio fratris nomen deturpari, vult etiam illibatum conservari, quantum per veritatem licet. Siquidem utcunque illi adversus mendacium tantum caveat: eo ipso tamen innuit, sibi esse commendatum. Atqui id nobis sufficere debet ad famam proximo salvam custodiendam, Deo[g] eam curae esse. Quare damnatur proculdubio in universum maledicentia. Porro maledicentiam intelligimus, non obiur-

---

a) ideo accipere malo, quod   b) quat.— viol. > *1539-54*   c) Nam *1539* — proficitur *(lin. 26): exstant in Cat. CR V 330*   d) spol. homo: *Cat.* spoliamur   e) adeo — obl.: *VG 1541 sqq.* comme tout le monde est enclin   f) > *VG 1541 sqq.*   g) *1539-54* Domino

1) Exod. 23, 7.   2) Lev. 19, 11.

gationem, quae fit castigandi studio: non accusationem aut iudiciariam denuntiationem, qua remedium malo quaeritur: non publicam reprehensionem, quae ad incutiendum caeteris peccatoribus terrorem tendit: non manifestationem apud eos quorum salutis interest praemonitos fuisse, ne ignorantia periclitentur: sed odiosam criminationem quae ex malignitate et obtrectandi petulantia nascitur. || Quin huc quoque extenditur mandatum istud, ne scurrilem urbanitatem affectemus, || et amaris loedoriis intinctam, quibus aliorum vitia, sub imagine lusus, mordaciter perstringantur, qualiter solent nonnulli qui facetiarum laudem, cum aliorum rubore ac etiam gemitu captant:. quando ex eiusmodi procacitate non leviter interdum fratres sugillantur. Nunc si ad Legislatorem convertamus oculos, quem convenit non minus auribus atque animo, quam linguae, pro suo iure dominari: succurret certe et audiendarum obtrectationum aviditatem, et importunam ad sinistra iudicia propensionem, nihilominus interdici. Ridiculum enim est siquis putet Deum odisse maledicentiae in lingua morbum: malignitatis in animo, non improbare. || Quare si verus est timor atque amor Dei in nobis, demus operam quoad licet et expedit, et quantum fert charitas, ne maledictis et amaris salibus vel linguam vel aures praebeamus: ne obliquis suspicionibus temere mentem permittamus: sed aequi erga omnium dicta et facta interpretes, tum iudicio, tum auribus, tum lingua salvum illis suum honorem candide servemus.

PRAECEPTUM DECIMUM.[a]

Non concupisces domum proximi tui, etc.[b]

49. Finis est, Quoniam totam animam dilectionis affectu possideri vult Deus, omnem adversam[1] charitati cupiditatem ex animis excutiendam[c]. Summa igitur erit, nequa cogitatio nobis irrepat, quae noxia et in alterius detrimentum vergente concupiscentia, animos nostros commoveat. Cui respondet ex adverso praeceptum, ut quicquid concipimus, deliberamus, volumus, meditamur, id cum proximorum bono et commoditate sit coniunctum. Sed hic magna et perplexa, ut videtur, difficultas nobis occurrit. Si enim vere superius a nobis dictum est, sub scortationis et furti vocabulis, scortandi libidinem, et nocendi,

---

a) *1539* MANDATUM DEC; *1543-45* DEC. PRAEC. b) *VG 1541 sqq.* et ne desireras point sa femme, ne son serviteur, ne sa chambriere, ne son beuf, ne son asne, ne nulle des choses qui sont a luy. c) *cf. Cat. 1538, CR V 331*

fallendique consilium cohiberi: supervacuum fuisse videri queat, ut nobis postea seorsum alienorum bonorum concupiscentia interdiceretur. Sed nobis facile nodum istum expediet distinctio inter consilium et concupiscentiam. Consilium enim, qualiter de eo in superioribus praeceptis loquuti sumus, est^a deliberata voluntatis consensio, ubi animum libido subiugavit. Cupiditas citra talem et deliberationem et assensionem esse potest, quum animus vanis perversisque obiectis pungitur modo, et titillatur. Quemadmodum ergo voluntatibus, studiis, operibus, charitatis regulam praeesse hactenus Dominus iussit: ita ad eandem nunc dirigi animi conceptiones iubet, ne sint ullae pravae et contortae, quae animum aliorsum extimulent. Quemadmodum animum inflecti atque induci in iram, odium, scortationem, rapinam, mendacium, vetuit, ita nunc prohibet instigari.

50. Neque vero sine causa tantam rectitudinem exigit. Nam quis aequum esse neget, omnes animae potentias charitate occupari? Siqua autem a charitatis scopo aberret, quis morbosam esse inficietur? Iam vero unde fit ut animum tuum subeant cupiditates fratri tuo damnosae, nisi quod neglecto illo, tibi uni studes? Si enim charitate totus esset imbutus animus, nulla eius particula talibus imaginationibus pateret. Vacuum ergo eatenus charitate esse oportet, quatenus concupiscentiam recipit. Obiiciet quispiam non tamen consentaneum esse ut phantasiae, quae temere volutantur in mente, et tandem evanescunt, pro concupiscentiis, quarum sedes in corde est, damnentur. Respondeo, hic quaestionem esse de eius generis phantasiis quae dum mentibus obversantur, simul animum cupiditate mordent ac feriunt; quandoquidem nunquam in mentem venit optare aliquid quin cor excitatum saliat. Mirabilem ergo dilectionis ardorem Deus^b mandat, quem ne minimis quidem concupiscentiae tricis vult impediri^c. Animum mirifice compositum requirit, quem ne levibus quidem aculeis commoveri contra dilectionis legem patitur. Ad hanc intelligentiam mihi primum viam aperuit Augustinus, ne gravi suffragio destitui eam putes[1]. Etsi autem qualibet prava cupiditate interdicere consilium Domini fuit, ea tamen obiecta in exemplum proposuit quae falsa delectationis imagine nos ut plurimum¹ capiunt: nequid cupiditati prorsus relinqueret, ubi ab iis rebus retrahit in quas potissimum insanit et exultat. En

a) Cons.— est: *VG 1541 sqq.* Car nous appellons conseil   b) *1539—54* dominus   c) *cf. Cat. CR V 331*

1) Aug., De spiritu et litera, c. 36, 64 sqq. MSL 44, 242 sqq.; CSEL 60, 223 sqq.

secunda Legis tabula, in qua satis admonemur quid hominibus
debeamus propter Deum[a], a cuius consideratione pendet tota
charitatis ratio. Quare frustra inculcaveris quaecunque in hac
tabula docentur officia, nisi doctrina tua Dei timore et re-
verentia, tanquam fundamento, subnitatur. || Qui duo prae-
cepta quaerunt in concupiscentiae prohibitione[1], perversa sectione quod unum erat lacerare[b], prudens lector me tacente
iudicabit. Nec obstat quod secundo repetitur verbum Non
concupisces: quia ubi domum posuit, partes eius enumerat, ab
uxore incipiens. Unde clare patet, uno contextu, quod recte
Hebraei faciunt, legendum esse, ac Deum in summa praecipere,
ut quod possidet quisque, maneat salvum et intactum non modo
ab iniuria aut libidine fraudandi, sed a minima etiam cupiditate
quae animos sollicitet[c].

51. [d]Quorsum vero spectet Lex universa, non erit nunc
difficile iudicium, nempe in iustitiae complementum: ut hominis vitam ad divinae puritatis exemplar formet. Ita enim
suum ingenium Deus illic delineavit, ut siquis factis quicquid illic
praecipitur repraesentet, imaginem Dei quodammodo sit in vita
expressurus. Quamobrem Moses, quum summam illius reducere
Israelitis in memoriam vellet, Et nunc Israel (aiebat) quid petit
abs te Dominus Deus tuus, nisi ut timeas Dominum, et ambules
in viis eius: diligas eum, ac servias ei in toto corde, et in tota
anima, custodiasque mandata eius [Deut. 10. c. 12]? Nec ces-
sabat eadem occinere illis quoties indicandus erat Legis scopus.
Huc ita[e] respicit Legis doctrina, ut hominem vitae sanctitate
cum Deo suo coniungat, et (quemadmodum alibi Moses lo-
quitur) cohaerere faciat.[2] || Porro eius sanctitatis perfectio in
duobus iam recitatis capitibus sita est, Ut diligamus Dominum Deum ex toto corde, tota anima, totis viribus [Deut.
6. a. 5, et 11. b. 13], et Proximum, sicut nosipsos[3][f]. Ac primum
quidem est ut Dei dilectione anima nostra omni ex parte implea-
tur. Ex ea protinus ultro fluet proximi dilectio. || Quod ostendit
Apostolus, dum scribit finem praecepti esse charitatem ex[g]
conscientia pura, et fide non simulata [1. Tim. 1. a. 5]. Vides,
tanquam in capite collocari conscientiam, et fidem non simu-
latam: hoc est, uno verbo, veram pietatem: inde charitatem
deduci. || Fallitur ergo siquis autumat rudimenta quaedam et

---

a) *1539-54* dominum   b) perv. — lac.: *VG 1560* deschirent ce
que Dieu avoit uni   c) *VG 1560* + à porter nuisance à autruy
d) *ad has lin. 15-38 cf. 1536 I 53, 30-39; Cat. 1538, CR V 331*   e) *1539-54*
itaque   f) *VG 1541 sqq.* + [Mat. 22. d. 37 *(-39)*]   g) *1539-54* cum

1) vide p. 353 not. 2.   2) Lev. 19, 2.   3) Num. 19, 18.

primordia iustitiae duntaxat in Lege tradi, quibus homines ad tyrocinium inchoentur, non etiam dirigantur ad rectam bonorum operum metam[a][1]; quando ultra illam Mosis et hanc Pauli sententiam, ad supremam perfectionem nihil desiderare queas. Quo enim quaeso, procedere volet, qui ista institutione contentus non erit, qua homo ad timorem Dei, ad spiritualem cultum, ad mandatorum obedientiam, ad sequendam viae Domini rectitudinem, denique ad[1] puritatem conscientiae, synceram fidem et dilectionem eruditur? Unde confirmatur illa Legis interpretatio, quae omnia pietatis et dilectionis officia in eius praeceptis vestigat et reperit. Qui enim arida ieiunaque tantum elementa sectantur, acsi dimidia ex parte voluntatem Dei edoceret, finem illius, teste Apostolo, nequaquam tenent.

52. Enimvero quia in commemoranda Legis summa interdum Christus et Apostoli priorem tabulam praetermittunt, ea in re plurimi hallucinantur, dum eorum verba ad utranque tabulam trahere volunt. Vocat Christus apud Matthaeum praecipua Legis misericordiam, iudicium et fidem [Matt. 23. c. 23[b]]. Sub fidei vocabulo mihi non est ambiguum quin veritatem erga homines[c] designet. Atqui, ut sententia in totam Legem protendatur, quidam pro religione erga Deum[d] accipiunt[2]: frustra certe; nam Christus de his operibus disserit quibus homo se iustum approbare debet. Hanc rationem si observemus, desinemus etiam mirari cur alibi roganti adulescenti quae sint mandata quorum observatione ad vitam ingredimur, haec sola respondeat. Non occides, Non moechaberis, Non furaberis, Non falsum testimonium dices. Honora patrem et matrem, Dilige proximum tuum sicut teipsum [Matt. 19. d. 18[e]]. Siquidem prioris tabulae obedientia aut in cordis affectu, aut in ceremoniis erat. Cordis affectus non apparebat, ceremoniis hypocritae assidue incumbebant: at opera charitatis talia sunt ut solidam iustitiam per ea testemur. ‖ Hoc vero ita passim occurrit in 1559 Prophetis, ut lectori mediocriter exercitato familiare esse debeat. Nam fere quoties hortantur ad poenitentiam, omissa priore tabula, fidem, iudicium, misericordiam et aequitatem urgent. Neque hoc modo praetereunt Dei timorem, sed eius seriam probationem a signis exigunt. Hoc quidem notum est, ubi de

---

a) non — met.: *VG 1541 sqq. et nompas pour les conduire en parfaicte voye* b) *1553–61 falso* 24 c) erga hom. > *1539–45, VG 1551; VG 1560 contraire à feintise et tromperie* d) erga D. > *1539–45* e) *1553 rectius 18. 19.*

1) Thomas Aq., Summa theol. II 1, qu. 91, art. 5. 2) Melanchthon, Annotationes in Ev. Matth., 1523, f. 46 a.

392 INSTITUTIONIS LIB. II

Legis observatione disserunt, plaerunque insistere in secunda tabula: quia illic maxime perspicitur iustitiae et integritatis studium. Neque opus est recensere locos: quia per se quisque facile animadvertet quod dico[a].

1539   53. Ergone, inquies, pluris est ad iustitiae summam, cum hominibus innocenter vivere, quam pietate Deum honorare? Minime; sed quia non temere quis charitatem per omnia custodit, nisi Deum serio timeat, inde quoque pietatis approbatio sumitur. Huc accedit, quod Dominus quum probe noverit nihil beneficentiae a nobis pervenire ad seipsum posse (quod et per Prophetam testatur) non sibi officia nostra deposcit, sed erga proximum bonis operibus nos exercet [Psal. 16. a. 2.][1]. Itaque non sine causa Apostolus totam sanctorum perfectionem in charitate reponit [Ephe. 3. d. 19.][b]. Nec ipsam alibi absurde vocat Legis complementum: addens, Legem perfecisse qui diligit proximum [Rom. 13. b. 8.]. Item Totam Legem uno verbo comprehendi, Dilige proximum sicut teipsum [Gal. 5. c. 14.]. Non enim aliud docet[f] quam Christus ipse[c], dum ait, Quaecunque vultis ut faciant vobis homines, eadem facite illis; hoc est enim Lex et Prophetae [Matth. 7. b. 12]. Certum est, in Lege et Prophetis primum locum tenere fidem et quicquid ad legitimum Dei cultum pertinet[d], inferiore loco subsidere dilectionem: sed intelligit Dominus, in Lege nobis tantum praescribi iuris et aequitatis inter homines observantiam, qua ad testandum pium eius[e] timorem, siquis in nobis est, exerceamur.

54. Hic ergo haereamus, tum optime ad Dei voluntatem Legisque praescriptum compositam fore vitam nostram, quum fratribus omni ex parte fructuosissima fuerit. ‖ In tota vero Lege syllaba una non[f] legitur, quae regulam homini de iis statuat quae carnis suae[g] commodo facturus aut omissurus sit[2]. Et sane, quando ita nati sunt homines ut in amorem sui plus iusto[h] toti proni ferantur, ‖ et, quantumvis a veritate excidant, eum semper retineant[i]: ‖ nulla fuit opus Lege quae

---

a) quia — dico: *VG 1560* lesquels se presentent assez d'eux-mesmes par tout   b) *1539–50, 1561* [Ephe. 1. a. 5 *(lege: 4)*]; *1561* + [Colos. 3. c. 14]   c) Chr. ipse: *1539–54* quod Dominus   d) in Lege — pert.: *VG 1541 sqq.* que tant la Loy que les Prophetes, donnent le premier lieu à la Foy, et à la reverence du Nom de Dieu   e) pium eius: *1539–54* Dei   f) In — non: *1536* Neque enim in tota lege syl. una   g) car. suae: *1536* suo   h) plus iusto > *1536*   i) et — ret. > *VG 1545 sqq.*

1) cf. Ps. 15, 2 in vers. vulg.   2) ad hoc et ad sqq. usque ad p. 393, 4 cf. Lutheri Enchirid. piarum prec. C 5 a, WA X 2, 388.

amorem illum sponte sua immodicum, magis inflammaret [Vide Augustinum de Doctr. Christ. lib. 1. cap. 23. et sequentibus.]ª¹. Quo plane perspicuum est, non nostri ipsorum amorem, sed Dei et proximi, observationem mandatorum esse: optimeque
5 ac sanctissime eum vivere qui quam minimum fieri potest, sibi vivit ac studet: neminem vero eo peius nec iniquius vivere, qui sibi duntaxat vivit ac studet, suaque duntaxat cogitat ac quaerit². ‖ Quinetiam quo magis exprimeret Dominus quanta propensione nosᵇ in proximorum dilectionem agi oporteret,
10 ad nostri amorem (quia nullum habebat vehementiorem aut validiorem affectum)ᶜ tanquam ad regulam exegit. Ac diligenter quidem pensitanda est vis locutionis; non enim (quod stolide somniarunt sophistae quidam) priores partes τῇ φιλαυτίᾳ concedit, et secundas charitati assignatᵈ³: sed potius quem
15 naturaliter amoris affectum trahimus ad nos ipsos, eum ad alios transfert. Unde Apostolus asserit, charitatem non quaerere quae sua sunt [1. Cor. 13. b. 5.]. Nec pili aestimanda est eorum ratio, Regulatum semper esse inferius sua regula. Siquidem non regulam statuit in amore nostri Dominus, cui charitas erga alios
20 subesset: sed ubi naturali pravitate solebat amoris affectus in nobis residere, ostendit alio iam oportere diffundi: ut non minori alacritate, ardore, sollicitudine parati simus ad benefaciendum proximo quam nobisipsis.

55. Iam sub proximi vocabulo quum Christus in parabola
25 Samaritani demonstrarit alienissimum quenque contineri [Luc. 10. g. 36.], ‖ non est quod dilectionis praeceptum ad nostras necessitudines limitemus. Nego, ut quisque est nobis coniunctissimus, ita officiis nostris esse familiarius adiuvandum. Ita enim fert humanitatis ratio, ut eo pluraˡ homines inter se
30 officia communicent, quo arctioribus inter se aut cognationis, aut familiaritatis, aut viciniae vinculis connectuntur. Atque id nulla Dei offensione, cuius providentia huc quodammodo adigimur. Sed dico, universum hominum genus, nulla exceptione, uno charitatis affectu esse amplexandum: nullum hic esse

35 a) > *1536–39* b) > *1539–45* c) (—) > *VG 1541 sqq.* d) non
— assig.: *VG 1541 sqq.* Car il ne fault point prendre ceste similitude, comme *(1541-51 +* d'*)* aucuns Sophistes: qui ont pensé qu'il commendoit à chascun de s'aymer en premier lieu, puis apres son prochain

1) Aug., De doctrina Christiana I, 23—25 MSL 34, 27 sqq. 2) cf.
40 Lutheri Enchir. C 5 b, WA X 2, 388. 3) P. Lomb., Sent. III dist. 28, 1; 29, 1 MSL 192, 814 sqq.; Bonav., In sent. III, dist. 29, art. un., qu. 2. Quar. 3, 641 sq.; Thomas, Summa theol. II 2, qu. 26, art. 4. 5; D. Scotus, In sent. III, dist. 29, qu. un. Opp. 15, 389 sq.; Biel, In sent. III, dist. 29, art. 2, concl. 4.

discrimen barbari aut Graeci, digni vel indigni, amici vel inimici: quoniam in Deo, non in seipsis considerandi sunt: a quo intuitu dum deflectimus, non mirum est si multis erroribus implicamur. Quare si veram diligendi lineam tenere libet, non in hominem primum convertendi sunt oculi, cuius aspectus odium saepius quam amorem exprimeret: sed in Deum, qui amorem, quem sibi deferimus, ad universos homines diffundi iubet; ut sit hoc perpetuum fundamentum, Qualiscunque sit homo, diligendum tamen esse, quia diligitur Deus.

56. Quapropter pestilentissimae vel ignorantiae vel malitiae fuit, quod Scholastici[a] ex praeceptis de non appetenda vindicta, de diligendis inimicis, quae et omnibus olim Iudaeis tradita fuerunt, et tum omnibus in commune Christianis tradebantur, consilia fecerunt, quibus parere vel non parere liberum esset[1]. Eorum autem necessariam obedientiam ad monachos relegarunt: qui[b] vel hoc uno simplicibus[c] Christianis essent iustiores, quod ultro se servandis consiliis obstringerent[2]. Et rationem assignant cur ea non recipiant pro legibus[d]: quod[e] onerosa nimium et gravia videantur, Christianis praesertim, qui sunt sub Lege gratiae[3]. Itane Legem Dei aeternam de diligendo proximo refigere audent? ‖ An tale in aliqua Legis pagina discrimen extat: ac non magis passim illic occurrunt mandata quae inimicorum dilectionem a nobis severissime exigant? Quale enim est istud, quod esurientem iubemur inimicum pascere [Prov. 25. c. 21.]? eius boves et asinos errantes in viam dirigere, aut oneri succumbentes sublevare [Exod. 23. a. 4.][4]? Belluisne in eius gratiam benefaciemus, nulla in ipsum benevolentia? Quid? ‖ annon aeternum est[f] verbum Domini, Mihi vindictam, et ego rependam[g] [Deut. 32. c. 35.][h]? ‖ Quod alibi quoque explicatius habetur, Non quaeras ultionem, nec memor eris iniuriae civium tuorum [Levit. 19. d. 18]. Aut haec obliterent ex Lege, aut Dominum Legislatorem fuisse agnoscant, non consiliarium[i] fuisse mentiantur.

a) Quapr. — Schol.: *1536* Eadem vel ignorantia vel malitia b) *1536* ut   c) > *VG 1541 sqq.*   d) non — leg.: *1536* pro leg. non rec.   e) *1536* + sibi   f) *1536* est aet.   g) *1536* retribuam h) *1536* + [Hebr. 10 *(30)*]   i) Legisl. — cons.: *1539* consiliarium, non legisl.

1) cf. Thomae Aq. Summam theol. II 1, qu. 108, art. 4; — cf. Melanchth. Locos comm. (1521) ed. Kolde[4], p. 121 sqq.   2) cf. Thomae Summam theol. II 2, qu. 184 et 186.   3) cf. ibid. II 1, qu. 108, art. 4. — Determinatio Theologicae facultatis Parisiensis, super doctrina Lutheriana, hactenus per eam visa (1521) CR Mel. opp. I, 382 (EA op. lat. var. arg. 6, 50).   4) Exod. 23, 4 sq.

DE COGNIT. DEI REDEMPTORIS. CAP. VIII 395

57. Et quid haec, quaeso, sibi volunt quae ausi sunt insulso glossemate illudere? || Diligite inimicos vestros[a]: benefacite iis qui oderunt vos: orate pro persequentibus vos: || benedicite iis qui vos execrantur: ut sitis filii Patris vestri qui est in caelis [Matt. 5. g. 44.]. || Quis non hic cum Chrysostomo ratiocinetur, ex tam necessaria causa probe[1] constare non esse exhortationes, sed praeceptiones [Libro de compunctione cordis.][1]? Quid nobis amplius restat, ubi expungimur e numero filiorum Dei? || At secundum eos[b] filii Patris caelestis erunt soli monachi, soli Deum Patrem audebunt invocare. || Quid interim Ecclesia? Eodem iure relegabitur ad Gentiles et publicanos. Dicit enim Christus, Si amicis vestris estis benevoli, quam inde gratiam expectatis? annon Gentes et publicani idem faciunt [Matth. 5. g. 46]? Bene vero nobiscum agetur[c] si Christianorum titulus nobis relinquatur, caelestis regni adimatur haereditas. || Nec minus firmum est Augustini argumentum, Quum scortari, inquit ille, Dominus vetat, non inimici minus quam amici uxorem attingere prohibet: quum furtum interdicit, nihil omnino furari permittit, sive ab amico, sive ab inimico [Lib. de Doctrina Chri.[d]][2]. Haec autem duo, Non furari, et Non scortari, ad dilectionis regulam revocat Paulus: imo docet sub hoc mandato contineri, Diliges proximum tuum sicut teipsum [Rom. 13. c. 9]. Ergo aut falsum Legis interpretem fuisse Paulum oportet, aut necessario hinc conficitur, diligendos quoque esse inimicos ex praecepto, quemadmodum amicos.[e] || Vere itaque se filios Satanae esse produnt qui commune iugum filiorum Dei excutiunt adeo licentiose[f]. || Dubites autem maiorine stupiditate an impudentia istud dogma evulgarint. Nemo enim veterum est qui non tanquam de re certa pronuntiet haec esse mera praecepta. Ne Gregorii quidem aetate dubitatum de eo fuisse, ex secura eius asseveratione liquet; nam citra controversiam pro praeceptis habet[3]. || Et quam stolide[g] ratiocinantur? Onus, inquiunt[h], esset nimis[i] grave Christianis. Quasi vero gravius quicquam excogitari possit quam diligere

---

a) *VG 1541 sqq.* + dit nostre Seigneur   b) At — eos: *VG 1541 sqq.* Selon l'opinion de ces Rabbins   c) Bene — ag.: *exst. 1536 I 55, 18 sq.*   d) *1543-54* + 1. ca. 30   e) *VG 1545 sqq.* + Voila que dit sainct Augustin.   f) exc. — lic.: *1536* ita licenter exc.   g) Et — stol.: *1536* Sed quam insulse   h) > *1536*   i) *1536* nimium

1) Chrysostomus, De compunctione cordis I, 4 ed. Paris. 1834 sqq. I, 157; cf. eiusdem Adversus oppugnatores vitae monasticae III, 14; t. I, 125.   2) Aug., De doctrina Christiana I, 30, 32 MSL 34, 31.   3) Gregorius I, Homiliae in Evang. lib. II, hom. 27, 1. MSL 76, 1205.

Deum ex toto corde, ex tota anima, ex totis viribus. Prae ista Lege nihil non facile haberi debeat*a*, sive diligendus inimicus, sive omnis vindictae cupiditas ex animis deponenda. Omnia certe nostrae imbecillitati ardua sunt et difficilia, vel ad minimum usque Legis apicem. Dominus est in quo virtutem facimus; det ille quod iubet, et iubeat quod velit[1]. Sub Lege gratiae esse Christianos, non est effraenate sine Lege vagari, sed Christo insitos esse, cuius gratia a Legis maledictione liberi sint, et cuius spiritu Legem habeant in cordibus inscriptam*b*[2]. Hanc gratiam, Legem improprie vocavit Paulus*c*, alludens ad Legem Dei, cui per contentionem eam opponebat: isti in nomine Legis de nihilo philosophantur*d*.

58. Eiusdem est rationis quod peccatum veniale nuncuparunt, cum occultam impietatem*e*, quae primae tabulae adversatur, tum directam ultimi mandati praevaricationem[3]. Sic enim definiunt, esse cupiditatem sine deliberato assensu, quae non diu cordi insideat[4]. Ego autem ne subire quidem posse*l* dico, nisi ob defectum eorum quae in Lege requiruntur. Vetamur*f* alienos habere deos. Quum mens diffidentiae machinis perculsa, alio circumspectat, quum subita cupidine*g* alio transferendae suae beatitudinis incessitur*h*: unde isti quamlibet evanidi motus, nisi quia est aliquid in anima vacuum ad recipiendas eiusmodi tentationes? Ac ne longius argumentum protrahatur, praeceptum est de diligendo Deo ex toto corde, ex tota mente, ex tota anima; nisi ergo omnes animae potentiae in Dei amorem intenduntur, iam discessum est a Legis obedientia; quia Deo non bene stabilitum in conscientia nostra thronum arguunt qui illic insurgunt adversus regnum eius hostes, eiusque edicta interpellant[i]. Mandatum vero ultimum proprie huc pertinere demon-

---

a) *1536* possit   b) *1536* insc. in cord.   c) *1536* + [Rom. 8 *(2)*]
d) isti — phil.: *VG 1541 sqq.* Ces folastres, sans propoz, prennent un grand mystere en ce mot de Loy   e) *VG 1541 sqq.* + contre Dieu
f) *sic 1539–54; 1559–61 falso* Vetamus   g) sub. cup. > *VG 1541 sqq.*
h) *VG 1541 sqq.* + qu'en Dieu   i) quia Deo — interp.: *VG 1541 sqq.*
Car quand les tentations, qui sont ennemies et contraires au Regne de Dieu, ont quelque vigueur à nous esbranler, ou mettre le moindre empeschement du monde en nostre pensée, à ce que Dieu ne soit entierement obey, et sa volunté observée sans aucun contredict: C'est signe que son regne n'est pas bien conferme en nostre conscience

1) Aug., Confess. X, 29, 40; 31, 45. MSL 32, 796. 798; CSEL 33, 256. 261; et passim.   2) cf. Melanchthonis Locos comm. (1521) ed. Kolde[4], p. 212.   3) cf. Thomae Summam theol. II 1, qu. 74, art. 10.   4) ibidem art. 3. ad 3; cf. Bonaventuram, In sent. II, dist. 42, art. 2, qu. 1. ed. Quar. II. p. 966a.

stratum est[1]. Pupugit nos animi aliquod desiderium ? iam concupiscentiae rei tenemur, ac simul constituimur Legis transgressores: quia Dominus non tantum deliberare et machinari quod sit in iacturam alterius vetat, sed concupiscentia etiam stimulari et aestuare. Legis vero transgressioni maledictio Dei semper incumbit. Non est igitur quod vel levissimas cupiditates iudicio mortis eximamus. || In aestimandis peccatis, inquit Augustinus, non afferamus stateras dolosas, ubi appendamus quod volumus, et quomodo volumus, pro arbitrio nostro, dicentes, hoc grave, hoc leve est: sed afferamus stateram divinam de Scripturis sanctis, tanquam de thesauris Dominicis: et in illa quid sit gravius appendamus: imo non appendamus, sed a Domino appensa recognoscamus [Libro. 2. de Baptis. contra Donatist. cap. 6.][2]. || Quid autem Scriptura? certe dum Paulus stipendium peccati mortem vocat,[3] sibi putidam hanc distinctionem incognitam fuisse ostendit. Quum plus iusto proclives ad hypocrisin simus, fomentum hoc addi minime oportuit quod torpidas conscientias mulceret[a].

59. Utinam reputarent quid sibi velit illud Christi dictum, Qui transgressus fuerit unum ex mandatis istis minimis, et docuerit sic homines, nullus habebitur in regno caelorum [Matth. 5. c. 19]. An ex eo numero non sunt, dum Legis transgressionem ita extenuare audent acsi digna morte non esset? Atqui oportuerat considerare, non simpliciter quid praecipiatur, sed quisnam sit ille qui praecipit, quia in qualicunque mandatae ab eo Legis transgressiuncula eius authoritati derogatur. An illis parum est Dei maiestatem ulla in re violari? Deinde si suam in Lege voluntatem exposuit Deus, quicquid Legi contrarium est, illi displicet. An iram Dei sic exarmatam fingent ut non mortis vindicta[b] protinus consequatur? Neque ipse obscure pronuntiavit (si vocem eius exaudire in animum potius inducerent, quam claram veritatem insipidis suis argutationibus obturbare). Anima (inquit) quae peccaverit, ipsa morietur [Ezec. 18. e. 20]. Item quod nuper citavi[c][4], Stipendium peccati, mors [Rom. 6. d. 23]. Isti autem quod peccatum esse fatentur, quia negare nequeunt, mortale tamen non esse contendunt. Sedenim quia plus satis hactenus insaniae indulserunt, discant

---

a) quod — mul.: *VG 1560* ou bien nous faire crouppir en nos ordures en amadouant nostre paresse   b) mort. vind.: *VG 1541 sqq.* la vengeance   c) quod — cit. > *1539-54*

1) sect. 49 et 50; p. 388 sqq.   2) Aug., De baptismo contra Donatistas II. 6, 9 MSL 43, 132; CSEL 51, 184.   3) Rom. 6, 23.   4) supra lin. 15.

saltem aliquando resipiscere. Quod si delirare perseverant, illis valere iussis, habeant filii Dei, omne peccatum mortale esse: quia est adversus Dei voluntatem rebellio, quae eius iram necessario provocat: quia est Legis praevaricatio, in quam edictum est sine exceptione Dei iudicium: Sanctorum delicta venialia esse, non ex suapte natura, sed quia ex Dei misericordia veniam consequuntur.

Christum, quanvis sub Lege Iudaeis cognitus fuerit, tamen Evangelio demum exhibitum fuisse.
CAP. IX.

1. QUIA non frustra Deus iam olim per expiationes et sacrificia voluit se Patrem testari, nec frustra populum electum sibi consecravit: iam tunc haud dubie in eadem imagine cognitus est in qua nunc pleno fulgore nobis apparet. Ideo Malachias, postquam Iudaeos ad Legem Mosis iussit attendere, et in eius studio perseverare (quia post eius mortem futura erat aliqua muneris Prophetici interruptio) mox denuntiat[a] exoriturum esse solem iustitiae [Malach. 4. a. 2][1]. Quibus verbis admonet, Legem in hoc valere ut pios in expectatione venturi Christi contineat: eius tamen adventu longe plus lucis sperandum esse. Hac ratione Petrus Prophetas dicit fuisse sciscitatos et sedulo inquisivisse de salute quae nunc per Evangelium patefacta est: et fuisse illis revelatum quod non sibi vel suo seculo, sed nobis ministrarent ea quae per Evangelium annuntiantur [1. Pet. 1. b. 12][2]. Non quod inutilis fuerit veteri populo eorum doctrina, vel ipsis etiam nihil profuerit: sed quia thesauro potiti non sunt, quem nobis transmisit Deus per eorum manum. Nam hodie nobis ante oculos familiariter proponitur gratia de qua testificati sunt: et quum eam modice delibaverint, uberior nobis offertur eius fruitio. Ideo Christus, qui se testimonium a Mose habere asserit [Iohan. 5. g. 46], gratiae tamen mensuram qua Iudaeos superamus extollit. Nam discipulos alloquens, Beati (inquit) oculi qui vident quae videtis: et beatae aures quae audiunt quae vos auditis. Multi enim Reges et Prophetae hoc optarunt, nec adepti sunt [Matt. 13. b. 16[3]; Luc. 10. d. 23[4]]. Haec non parva est revelationis Evangelicae commendatio, quod sanctis Patribus, qui rara[1] pietate excelluerunt, nos Deus praetulit. Cui sententiae minime repugnat alter locus, ubi dicitur Abraham

---

a) *VG 1560* + s'ils ne defaillent point

1) Mal. 3, 20 = vg. 4, 2. 2) 1. Petr. 1, 10. 12. 3) Mtth. 13, 16 sq.
4) Lc. 10, 23 sq.

vidisse diem Christi, et gaudio exultasse [Iohan. 8. g. 56]. Quia etsi obscurior fuit intuitus rei procul remotae: nihil tamen ad bene sperandi certitudinem defuit: unde laetitia illa quae sanctum Patriarcham ad mortem usque comitata est. Neque vox illa Iohannis Baptistae, Deum nemo vidit unquam, unigenitus qui est in sinu Patris, enarravit nobis [Iohan. 1. c. 18], pios qui ante mortui fuerant excludit a societate intelligentiae et lucis quae refulget in Christi persona: sed illorum sortem cum nostra comparans, mysteria quae sub umbris obscure tantum speculati sunt, docet nobis manifesta esse: quemadmodum probe explicat author epistolae ad Hebraeos, multifariam et multis modis loquutum fuisse olim per Prophetas, nunc vero per dilectum[a] Filium [Heb. 1. a. 1][1]. Quanvis ergo unigenitus ille, qui nobis hodie est splendor gloriae et character substantiae Dei[b] Patris, olim Iudaeis[c] innotuerit, sicuti alibi citavimus ex Paulo[2], fuisse antiquae liberationis ducem, verum tamen est quod alibi tradit idem Paulus, Deum qui iussit e tenebris lumen splendescere, nunc illuxisse cordibus nostris, ad illustrandum notitiam gloriae Dei in facie Iesu Christi [2. Cor. 4. b. 6]; quia ubi apparuit in hac sua imagine, quodammodo se fecit visibilem, praeut obscura et umbratilis ante fuerat eius species. Quo turpior et magis detestabilis est eorum ingratitudo ac pravitas[d], qui hic in meridie caecutiunt. Et ideo mentes eorum a Satana obtenebratas esse dicit Paulus, ne cernant gloriam Christi, nullo velo interposito, in Evangelio refulgentem[3].

2. Porro Evangelium accipio pro clara mysterii Christi manifestatione[e]. Fateor certe, quatenus Evangelium vocatur a Paulo doctrina fidei [1. Tim. 4. b. 6][f], eius partes censeri quaecunque passim in Lege occurrunt promissiones de gratuita[g] peccatorum remissione, quibus sibi Deus reconciliat homines. Fidem enim terroribus illic opponit, quibus angitur et vexatur conscientia, si ex operibus petenda sit salus. Unde sequitur, vocem Evangelii large[h] sumendo, sub ea comprehendi quae olim testimonia Deus misericordiae suae paternique favoris Patribus[i] dedit; verum per excellentiam aptari dico ad promulgationem exhibitae in Christo gratiae; idque non modo communi usu re-

a) > *VG 1560*   b) char. — Dei: *VG 1560* vive pourtraicture de l'hypostase   c) *VG 1560* + qui estoyent son peuple   d) ac pr. > *VG 1560*   e) pro — man.: *VG 1560* pour ceste claire manifestation de Iesus Christ, qui a esté delayée iusques à sa venue   f) *1559 falso* [2. Tim. —]; > *1561*   g) > *VG 1560*   h) *VG 1560* generalement   i) > *VG 1560*

1) Hebr. 1, 1 sq.   2) II 6, 4; p. 325.   3) 2. Cor. 3, 14.

ceptum est, sed a Christi et Apostolorum authoritate pendet [Matth. 4 et 9][1]. Unde proprium hoc illi tribuitur, ipsum praedicasse Evangelium regni. Et Marcus praefatur hoc modo, Initium Evangelii Iesu Christi [Marc. 1. a. 1]. Nec vero opus est locos colligere quibus probetur res satis superque nota. Suo igitur adventu Christus vitam et immortalitatem illustravit per Evangelium [2. Tim. 1. c. 10]. Quibus verbis non intelligit Paulus demersos fuisse Patres in tenebris mortis, donec carnem indueret Filius Dei: sed hanc praerogativam honoris Evangelio vendicans, novum et insolitum legationis genus fuisse docet, qua Deus quae pollicitus fuerat praestitit: ut in Filii persona extaret promissionum veritas[a]. Nam etsi semper experti sunt fideles verum esse illud Pauli, In Christo omnes promissiones esse etiam et amen [2. Cor. 1. d. 20]: quia eorum cordibus fuerunt obsignatae: quia tamen omnes nostrae salutis numeros in carne sua implevit, viva ipsa rerum exhibitio[b] iure novum et singulare praeconium obtinuit. Ex quo illud Christi, Posthac videbitis caelos apertos, et Angelos Dei ascendentes ac descendentes super Filium hominis [Iohan. 1. f. 51]. Etsi enim alludere videtur ad scalam[c] in visione ostensam Patriarchae Iacob, praestantiam tamen adventus sui commendat hac nota, quod ianuam caelorum nobis aperuerit ut familiaris pateat ingressus.

3. Cavendum tamen est a diabolica imaginatione Serveti, qui dum magnitudinem gratiae Christi extollere vult, vel saltem se velle fingit, promissiones in totum abolet, quasi finem simul cum Lege[d] acceperint. Obtendit, fide Evangelii nobis afferri promissionum omnium complementum[2]. Quasi vero nulla sit inter nos et Christum distinctio. Admonui quidem nuper, Christum nihil reliquum fecisse ex tota salutis nostrae summa: sed ex eo perperam infertur, beneficiis ab ipso partis nos iam potiri: acsi falsum illud Pauli esset, salutem nostram in spe esse absconditam[3]. Fateor quidem nos, in Christum credendo, simul transire a morte in vitam; sed tenendum interea est illud Iohannis, quanvis sciamus nos esse filios Dei, sed nondum apparuisse, donec similes ei erimus: dum scilicet eum videbimus qualis est[4]. Quanvis ergo praesentem spiritualium bonorum

---

a) ut — ver.: *VG 1560* et nous represente evidemment la verité de ses promesses   b) viva — exh.: *VG 1560* une telle monstre de la chose presente   c) *VG 1560* + sur laquelle Dieu estoit assis   d) sim. — Lege: *VG 1560* avec les figures

1) Mtth. 4, 17; 9, 35.   2) Servetus, Christ. Restitutio: De fide et iustitia regni Christi, lib. II. cap. 2, p. 324; lib. I. cap. 1, p. 294 sq.; epist. 9, p. 601 (CR VIII 667 sq.).   3) Col. 3, 3.   4) 1. Joh. 3, 2.

plenitudinem nobis in Evangelio Christus offerat, fruitio tamen sub custodia[a] spei semper latet, donec corruptibili carne exuti, transfiguremur in eius qui nos praecedit gloriam. Interea in promissiones recumbere nos iubet Spiritus sanctus, cuius
5 authoritas compescere apud nos debet latratus omnes impuri illius canis[b]. Nam teste Paulo, pietas tam futurae quam praesentis vitae promissionem habet [1. Tim. 4. b. 8]: qua ratione iactat se Apostolum Christi secundum promissionem vitae quae in ipso est [2. Tim. 1. a. 1]. Et alibi nos easdem habere promis-
10 siones admonet [2. Cor. 7. a. 1], quibus olim donati fuerunt sancti. Denique hanc foelicitatis summam statuit, quod obsignati simus Spiritu promissionis sancto. Nec vero aliter Christo fruimur, nisi quatenus eum amplectimur promissionibus suis vestitum. Quo fit ut habitet ipse quidem in cordibus nostris, et tamen ab
15 ipso peregrinemur: quia per fidem ambulamus, et non per aspectum[1]. Nec male inter se conveniunt haec duo, nos possidere in Christo quicquid ad caelestis vitae perfectionem spectat, et tamen fidem esse visionem bonorum quae non videntur[2]. Tantum in natura promissionum vel qualitate notandum est
20 discrimen: quia Evangelium digito monstrat quod Lex sub typis adumbravit.

4. Hinc etiam convincitur eorum error, qui Legem nunquam aliter Evangelio conferunt, quam operum merita gratuitae imputationi iustitiae[3]. Est quidem haec antithesis minime repu-
25 dianda: quia saepe Paulus sub Legis nomine regulam iuste vivendi intelligit, qua Deus a nobis exigit quod suum est, nullam vitae spem faciens nisi omni ex parte obsequimur, ac vicissim maledictione addita si vel minimum deflectimus: nempe ubi disputat gratis nos placere Deo et per veniam iustos censeri,
30 quia nusquam invenitur Legis observatio, cui merces promissa est. Apte igitur Paulus iustitiam Legis et Evangelii facit inter se contrarias[4]. Sed non ita successit Evangelium toti Legi, ut diversam rationem salutis afferret: quin potius ut sanciret ratumque esse probaret quicquid illa promiserat, et corpus um-
35 bris adiungeret. Neque enim Christus, ubi dicit Legem et Prophetas fuisse usque ad Iohannem[5], Patres maledictioni addicit,

---

a) *VG 1560* + et comme sous le cachet   b) imp. — can.: *VG 1560* de ce chien mattin

1) 2. Cor. 5, 7.   2) cf. Hebr. 11, 1.   3) ad antinomos Germanicos
40 spectare videtur; cf. ex. gr. literas Andreae Poach de synodo Isenacensi d. 17. Aug. 1556 (J. Seehawer, Zur Lehre vom Brauch des Gesetzes, p. 94) et eiusdem sententiam apud Schlüsselburg. IV 268, 276 sqq.   4) Rom. 3, 21 sqq.; Gal. 3 etc.   5) Mtth. 11, 13; Lc. 16, 16.

quam effugere non possunt servi Legis: sed rudimentis tantum imbutos fuisse significat, ut longe subsisterent infra Evangelicae doctrinae altitudinem. Proinde Paulus, Evangelium appellans Dei potentiam in salutem omni credenti [Rom. 1. b. 16], mox addit habere testimonium a Lege et Prophetis[1]. In fine vero eiusdem epistolae quanquam praeconium Iesu Christi revelationem esse tradit mysterii temporibus aeternis taciti, sententiam hanc addita explicatione mitigat, manifestatum esse docens per Scripturas Propheticas[2]. Unde colligimus, ubi de tota Lege agitur, Evangelium respectu dilucidae manifestationis tantummodo ab ea differre: caeterum propter inaestimabilem gratiae affluentiam, quae nobis fuit in Christo exposita, non abs re eius adventu dicitur erectum fuisse in terris caeleste Dei regnum.

5. Iam inter Legem et Evangelium interpositus fuit Iohannes, qui medium obtinuit munus, et utrique affine. Etsi enim Christum vocans agnum Dei et victimam expiandis peccatis[a][3], summam Evangelii protulit: quia tamen incomparabilem illam virtutem et gloriam quae demum enituit in resurrectione, non explicuit: Christus Apostolis parem esse negat [Matth. 11. b. 11]. Hoc enim significant eius verba, quanvis inter filios mulierum excellat Iohannes, qui tamen minimus est in regno caelorum, maiorem illo esse. Quia non hominum personas illic commendat: sed postquam Iohannem praetulit omnibus Prophetis, Evangelii praedicationem in summum gradum attollit, quam alibi vidimus notari per regnum caelorum. Quod autem se vocem tantum esse Iohannes ipse respondet [Iohan. 1. c. 23], quasi Prophetis esset inferior, non facit hoc simulatae humilitatis causa, sed docere vult sibi non mandatam esse propriam legationem, sed officio apparitoris se defungi[b]: sicuti a Malachia praedictum erat, Ecce mitto Eliam Prophetam antequam veniat dies Iehovae magnus et terribilis [Malach. 4. a. 5][4]. Nec vero[1] aliud toto ministerii sui cursu egit quam ut Christo pararet discipulos. Sicuti etiam hoc sibi divinitus iniunctum esse ex Iesaia probat. Hoc sensu dictus est a Christo lucerna ardens et lucens [Iohan. 5. f. 35]: quia nondum illuxerat plenus dies. Nec tamen hoc obstat quominus numeretur inter Evangelii praecones, sicuti eodem usus est Baptismo, qui postea traditus fuit

---

a) exp. pec.: *VG 1560* pour effacer les pechez et nettoyer toutes macules   b) *VG 1560* + pour faire place au grand Roy, et preparer le peuple à le recevoir

1) Rom. 3, 21.   2) Rom. 16, 25. 26.   3) Joh. 1, 29.   4) Mal. 3, 23 = vg. 4, 5.

Apostolis. Sed quod exorsus est, nonnisi Christo in caelestem gloriam recepto liberiore progressu per Apostolos completum est.

De similitudine Veteris et Novi testamenti.
CAP. X.

1. EX superioribus liquere iam potest, quoscunque ab initio mundi homines Deus in populi sui sortem cooptavit, eadem lege[a] atque doctrinae eiusdem quae inter nos viget vinculo fuisse ei foederatos; sed quia non parum interest caput hoc stabiliri, vice appendicis annectam, quum Patres eiusdem nobiscum haereditatis fuerint consortes, et eiusdem Mediatoris gratia communem salutem speraverint, quatenus in societate hac diversa fuerit eorum conditio[b]. || Quanquam autem quae ex Lege ac Prophetis ad eius probationem collegimus testimonia, palam faciunt non aliam unquam fuisse in Dei populo religionis pietatisque regulam: quia tamen apud scriptores multa saepe de discrimine Veteris ac Novi testamenti disputantur[c], quae scrupulum parum acuto lectori iniicere possint, huic rei melius atque exactius discutiendae peculiarem locum iure destinabimus. Quinetiam quod utilissimum alioqui futurum erat, necessarium nobis fecerunt prodigiosus nebulo Servetus et[d] furiosi nonnulli ex Anabaptistarum secta, qui non aliter de Israelitico populo sentiunt quam de aliquo porcorum grege, utpote quem nugantur a Domino in hac terra saginatum[e], citra spem ullam caelestis immortalitatis[1]. Hunc ergo pestiferum errorem ut arceamus a piis animis, simul etiam ut difficultates omnes eximamus, quae, audita diversitatis mentione inter Vetus

---

a) ead. lege: *VG 1560* par mesme raison
b) SUMMAM doctrinae, qua ex vera Dei nostrique notitia, in salutis communionem pervenimus, supra, ut potui exequutus sum. Nunc, quod ad stabiliendam eius fidem non parum interest, vice appendicis subnectam: Quoscunque homines ab initio mundi deus in populi sui sortem cooptavit, eos hac lege, atque huius doctrinae vinculo fuisse illi foederatos   c) *VG 1560* + d'une façon rude et aspre   d) prod. — et > *1539-54*   e) *VG 1560* + comme en une ange

1) cf. Serveti: De iusticia regni Christi, 1532, cap. I, D 1 b; c. II, D 6 b; c. III, E 1 b—2 b; et Christ. Restitutionem, 1553: De Trin. dial. I, p. 233, 237 sqq., De fide et iust. regni Chr. lib. I c. III, p. 305, lib. II c. I, p. 314 sqq., c. II, p. 321 sqq. — De Anabaptistis vide supra p. 367, not. 1. Hos sic de Israelitico populo sensisse ex. gr. ex Andr. Carolostadii libello: „Von dem Newen und Alten Testament", 1525, f. B 1 a, apparet, ad quem Calvinus tamen hic et infra non spectat; cf. quoque Iac. Gethei opinionem, CR XV 463 (Alexander comiti Georgio d. 1. Mart. 1555).

ac Novum testamentum, suboriri protinus solent, obiter inspiciamus quid simile, quidve diversum habeant, quod olim cum Israelitis foedus ante Christi adventum Dominus pepigit, et quod nunc eo manifestato[a], percussit nobiscum.

2. Ac uno quidem verbo expediri utrunque potest. Patrum omnium foedus adeo substantia et re ipsa nihil a nostro differt, ut unum prorsus atque idem sit[1]: administratio tamen variat. Sed[i] quia ex tanta brevitate nemo certam intelligentiam assequeretur, longiorem explicationem, siquid prodesse volumus, persequi necesse est. Caeterum in similitudine vel potius unitate ostendenda, singulas particulas, quae iam expeditae sunt, ex integro retractare supervacuum fuerit: ‖ miscere vero quae adhuc alibi dicenda erunt, intempestivum. ‖ In tribus autem[b] maxime capitibus hic insistendum est, Primum ut teneamus, non carnalem opulentiam ac foelicitatem, metam fuisse Iudaeis propositam ad quam demum aspirarent, sed in spem immortalitatis fuisse cooptatos: atque huius adoptionis fidem[c] illis fuisse tum oraculis, tum Lege, tum Prophetiis certo factam[d]. Deinde, foedus quo conciliati Domino fuerunt, nullis eorum meritis, sed sola Dei vocantis misericordia fuisse suffultum. Tertium, et habuisse ipsos et cognovisse mediatorem Christum, per quem et Deo coniungerentur, et promissionum eius compotes forent. Ex quibus secundum, ‖ quia nondum forte satis innotuit, suo loco fuse demonstrabitur[2]. Plurimis enim ac[e] ‖ luculentis Prophetarum testimoniis confirmabimus, a mera fuisse bonitate ac indulgentia quicquid unquam Dominus populo suo benefecit ac promisit. Tertium quoque suas habuit sparsim non obscuras demonstrationes. Ac ne primum quidem intactum reliquimus.

3. In hoc ergo explicando (quia ad causam praesentem maxime pertinet[f], et de ipso plus controversiae nobis faciunt) intentiorem ponemus operam; sic tamen ut siquid aliorum explicationi adhuc[g] deest, obiter sufficiatur, vel opportuno deinde loco addatur[h]. Sane de omnibus[i] dubitationem eximit Apostolus, quum ait, Deum Patrem Evangelium, quod de Filio suo secundum tempus destinatum promulgavit, longe ante per Prophetas in Scripturis sanctis promisisse [Rom. 1. a. 2]. Item,

---

a) *1543* manifesto   b) > *1539-54*   c) *1539-54* revelationem
d) *1539-54* commendatam
e) notissimum esse nobis debet. Tot scilicet (> *1539-50*) ac tam
f) ad — pert.: *1539-54* et levius supra attactum est   g) > *1539-54*
h) vel — add. > *1539-54*   i) *1539-43* + simul

1) cf. Buceri Enarrationes in Evang. 1536, p. 120.   2) infra lib. III 17.

fidei iustitiam quae per Evangelium ipsum docetur, testimonium habere a Lege et Prophetis [Rom. 3. c. 21]. Evangelium siquidem hominum[a] corda non in praesentis vitae laetitia detinet, sed ad spem immortalitatis evehit: non terrenis deliciis affigit, sed spem in caelo repositam annuntians[b], illuc quodammodo transportat. Sic enim alibi definit, Posteaquam Evangelio credidistis, obsignati estis Spiritu promissionis sancto, qui est arrhabo haereditatis nostrae, in redemptionem acquisitae possessionis[c] [Ephes. 1. c. 13][1]. Item, Audivimus fidem vestram in Christo Iesu et charitatem erga sanctos: propter spem vobis repositam in caelis, de qua audistis per sermonem veracem Evangelii [Colos. 1. a. 4][2]. Item, Vocavit nos per Evangelium, in participationem gloriae Domini nostri Iesu Christi [2. Thes. 2. d. 14]. Unde et verbum salutis et potentia Dei ad salvandos fideles, et regnum caelorum nuncupatur. Quod si spiritualis est Evangelii doctrina, et ad vitae incorruptibilis possessionem aditum aperit, ne putemus eos quibus promissum ac denuntiatum fuit, praeterita neglectaque animae cura, in captandis corporis voluptatibus instar pecudum obstupuisse. Nec cavilletur hic quispiam, promissiones quae in Lege et Prophetis de Evangelio sunt consignatae, novo populo esse destinatas[3]. Nam paulo post quam illud posuit de Evangelio in Lege promisso, subiicit, quaecunque Lex continet, ad eos sine dubio proprie dirigi qui sub Lege sunt [Rom. 3. c. 19]. In alio[d] quidem argumento fateor; sed non adeo erat obliviosus, ut quum diceret ad Iudaeos vere pertinere quaecunque Lex docet, non cogitaret quid paucis ante versibus affirmasset de Evangelio in Lege promisso[4]. Clarissime ergo demonstrat Apostolus ad futuram vitam praecipue spectasse testamentum Vetus, quum sub eo dicit Evangelii promissiones contineri.

4. Eadem ratione sequitur et gratuita Dei misericordia constitisse, et Christi intercessione fuisse confirmatum[e]. Nam et Evangelica praedicatio nihil aliud quam paterna Dei indulgentia iustificari praeter suum meritum peccatores pronuntiat: et tota eius summa in Christo terminatur. Quis igitur expertes Christi Iudaeos facere ausit[5], quibuscum audimus fuisse per-

---

a) *1539 male* hominis   b) *VG 1541 sqq.* demonstrant   c) *1539–50* promissionis; in — poss.: *VG 1541 sqq.* etc.   d) *1539–50* + id   e) Chr. — conf.: *VG 1541 sqq.* avoit sa fermeté en Christ

1) Eph. 1, 13 sq.   2) Col. 1, 4 sq.   3) cf. Serveti: De iusticia regni Christi, cap. I, D 1 b—2 a; cap. III, E 2 b; vide supra p. 403, 39 sqq.
4) Rom. 1, 2; 3, 21.   5) cf. Servetum l. c. cap. I, C 7 a, D 1 b—2 a; vide supra p. 403, 39 sqq.

cussum Evangelii foedus, cuius unicum fundamentum Christus est? Quis alienos reddere a gratuitae salutis beneficio[1], quibus administratam fuisse audimus iustitiae fidei doctrinam? Ac ne diu de re liquida disceptemus, habemus insignem Domini sententiam: Abraham exultavit ut videret diem meum: vidit, et gavisus est [Iohan. 8. g. 56]. Et quod de Abraham testatur illic Christus, ostendit Apostolus in fideli populo fuisse universale, quum dicit Christum manere heri, hodie, et in secula [Heb. 13. b. 8]. Neque enim de Christi aeterna divinitate simpliciter illic loquitur: sed de eius virtute[a], quae perpetuo fidelibus fuit patefacta[b]. Quare et beata Virgo et Zacharias in suis canticis revelatam in Christo salutem exhibitionem esse dicunt promissionum, quas Abraham et Patriarchis olim fecerat Dominus [Luc. 1. e. 54, et g. 72]. Si Christum suum exhibendo, iurisiurandi sui veteris fidem solvit Dominus, dici non potest quin eius finis in Christo et vita aeterna semper fuerit.

5. Quin Apostolus non foederis tantum gratia pares nobis facit Israelitas, sed etiam sacramentorum significatione. Nam poenarum exemplis quibus castigatos olim fuisse illos Scriptura recitat, deterrere Corinthios volens, ne in similia flagitia incurrerent, a praefatione ista orditur, Non esse cur ullam praerogativam nobis vendicemus, quae nos a Dei vindicta eripiat quam illi subierunt[c]; quando[d] non iisdem modo beneficiis prosequutus sit illos Dominus, sed iisdem quoque symbolis illustrem inter eos gratiam suam reddiderit [1. Cor. 10. a. 1[2], et c. 11]; acsi diceret, Si confiditis vos extra periculum esse, quia et Baptismus quo insigniti estis, et Coena quam quotidie suscipitis[e], eximias habent promissiones: interim contempta Dei bonitate, licentiose lascivitis: scitote nec Iudaeos talibus symbolis caruisse, adversus quos tamen iudicia sua Dominus severissime exercuit. Baptizati sunt in transitu maris et nube, qua[f] protegebantur ab ardore solis. Transitum illum Baptismum carnalem fuisse aiunt, qui spirituali nostro secundum quandam proportionem respondeat[3]. Verum si id recipitur, non procederet[g] Apostoli argumentum, qui hic vult ademptum Christianis ne Baptismi praerogativa Iudaeos praecellere se putent. Nec obnoxium est huic cavillo quod protinus sequitur, Illos eandem nobiscum spiritualem escam manducasse, ac

---

a) *1539–50* manifestatione   b) *1539* dispensata; *1543–50* dispensanda   c) *1539–54* subierant   d) *1539–54* siquidem   e) quam — susc. > *VG 1541 sqq.*   f) *1539 male* qui   g) *1539* procedet

1) cf. Servetum l. c. cap. III, E 2 b sqq.; vide supra p. 403, 39 sqq.
2) 1. Cor. 10, 1–6.   3) vide supra p. 403, 39 sqq.

eundem bibisse spiritualem potum, quem Christum interpretatur[1].

11,6   6ª. Obiiciunt quidem ad frangendam hanc Pauli sententiam, quod ait Christus, Patres vestri manducaverunt manna in deserto, et mortui sunt: Qui manducat carnem meam, non morietur in aeternum [Iohan. 6. c. 31][2], quae duo inter se nullo negotio conciliantur. Dominus, quia sermonem habebat ad auditores qui tantum ventris alimento quaerebant saturari, verum animae cibum non curabant, ad eorum captum orationem aliquantum attemperat, praesertim vero comparationem mannae et corporis sui pro eorum sensu statuit. Postulabant ut acquirendae sibi authoritatis gratia suam virtutem miraculo aliquo approbaret quale ediderat Moses in deserto quum manna e caelo impetraverat[b]. In manna autem nihil apprehendebant nisi carnalis inediae, qua populus tunc afflictabatur, remedium: ad mysterium illud sublimius, quod Paulus respicit, non penetrabant. Christus ergo, ut demonstret quanto praestantius a se beneficium expectare debeant quam quod a Mose collatum patribus suis praedicarent, hanc comparationem format, Si magnum fuit opinione vestra, et[c] memorabile miraculum, quod Dominus per Mosen populo suo, ne in deserto fame periret, caelestem cibum subministravit, quo sustentaretur ad modicum tempus: hinc colligite quanto excellentior sit cibus qui immortalitatem largitur. Videmus cur quod in manna praecipuum erat, praetermiserit Dominus, infimam tantum eius utilitatem notarit. Nempe quoniam Iudaei, velut exprobrandi studio, Mosen illi obiecerant, qui populi necessitati mannae remedio opitulatus esset: respondet, se longe superioris gratiae esse administrum, prae qua vilescere merito debeat carnalis populi educatio, quam solam tanti aestimabant. Paulus quia noverat Dominum, quum manna[d] e caelo deplueret, non in ventris duntaxat pastum[e] effudisse, sed spiritualis quoque mysterii loco dispensasse ad figurandam quae in Christo habetur spiritualem[f] vivificationem, partem istam, quae consideratione dignissima erat, non negligit. Quare certo clareque conficitur, non easdem modo quibus nos dignatur nunc Dominus, vitae aeternae ac caelestis promissiones communicatas fuisse Iudaeis, sed etiam

---

a) > *1559*   b) man. — imp.: *VG 1541 sqq.* il avoit faict plouvoir du ciel la Manne   c) > *1553-54*   d) *1539-43* man   e) *VG 1541 sqq.* viande corporelle

1) 1. Cor. 10, 3 sq.   2) rectius: Joh. 6, 49. 54. — Servetus, l. c. cap. III, E 2 a; vide supra p. 403, 39 sqq.

sacramentis vere spiritualibus obsignatas. ‖ Qua de re copiose Augustinus adversus Faustum Manichaeum disputat[1].

7. Quod si testimonia ex Lege et Prophetis sibi recitari malint lectores, ex quibus perspiciant spirituale foedus fuisse Patribus etiam commune sicuti ex Christo et Apostolis audimus[a]: ‖ huic quoque voto obsequar[b], eoque libentius quod ita certius convincentur adversarii, nequid postea tergiversari queant. Atque ab ea quidem demonstratione incipiam, quam tametsi Anabaptistarum supercilio futilem et pene ridiculam fore scio, apud dociles tamen et sanos plurimum valebit: ‖ ac pro confesso sumo, eam verbo Dei inesse vitae efficaciam, ut quoscunque Deus participatione eius dignatur, eorum animas vivificet. Valuit enim semper illud Petri, semen esse incorruptibile quod in aeternum manet [1. Pet. 1. d. 23], sicuti etiam ex verbis Iesaiae colligit [Iesa. 40. b. 6]. Iam quum hoc sacro[c] vinculo Deus olim sibi devinxerit Iudaeos, non dubium est quin eos segregaverit in spem aeternae vitae. Nam quum verbum fuisse amplexos dico, quod illos Deo propius adiungeret, communicandi rationem[d] ‖ intelligo, non illam generalem quae per caelum et terram omnesque mundi creaturas diffunditur (quae licet universa vivificet pro suae unumquodque naturae modo, non tamen a corruptionis necessitate eruit) sed istam specialem qua[e] piorum animae et illuminantur in Dei notitiam, et illi quodammodo copulantur. Huiusmodi verbi illuminatione, quum adhaeserint Deo Adam, Abel, Noe, Abraham, et reliqui patres, dico minime dubium esse quin illis in regnum Dei immortale fuerit ingressus. Erat enim solida Dei participatio, quae extra vitae aeternae[f] bonum esse non potest.

8. Si tamen illud nonnihil implicitum videtur: age, ad ipsam foederis formulam transeamus: quae non placidis modo ingeniis satisfaciet, sed eorum inscitiam abunde coarguet qui contradicere nituntur. Sic enim semper pepigit cum servis suis

---

a) Quod si forsan malunt lectores, eam ipsam spiritualis testamenti revelationem in lege et prophetis perspicere, quam illic contineri ex Christo et Apostolis audiunt   b) *1539–54* obsequemur   c) *VG 1560* + et indissoluble

d) Quoniam enim quos in gratiam recepit Dominus, iis se per verbum vitae communicavit, inde colligo beneficium quoque vitae aeternae illis fuisse communicatum. Dico in verbo Dei eam inesse vitae efficaciam, ut eius communicatio, certissima sit animae vivificatio. Communicationem   e) *1545–54* quo   f) *1539–43* aet. vit.

1) Aug., Adv. Faustum Manichaeum XV, 11 et XIX, 16 MSL 42, 314. 356 sq.; CSEL 25, 438 sq. 512 sq.

Dominus, Ero vobis in Deum, et[a] vos eritis mihi in populum [Levit. 26. b. 12]: quibus verbis et vitam, et salutem, et omnem summam beatitudinis comprehendi Prophetae quoque exponere soliti sunt[b]. Non enim David sine causa saepius pronuntiat, beatum populum cuius Dominus est Deus [Psal. 144. d. 15]: beatam gentem quam in haereditatem sibi elegit [Psal. 33. c. 12]: nec terrenae quidem foelicitatis gratia, sed quoniam a morte eripit, perpetuo conservat, aeternaque misericordia prosequitur quos in populum assumpsit. Quemadmodum est apud alios Prophetas, Tu Deus noster, non moriemur [Habac. 1. c. 12]. Dominus,[l] Rex noster, Legislator noster: ipse salvabit nos [Iesa. 33. d. 21]. Beatus es Israel, quia in Domino Deo salvaris [Deut. 33. d. 29]. Sed ne in re supervacua multum laboremus, passim in Prophetis recurrit haec admonitio, nihil ad bonorum omnium affluentiam, adeoque salutis certitudinem deesse, modo nobis Dominus sit in Deum: et merito. Si enim facies eius, simul atque illuxit, praesentissimum est salutis pignus, cuinam[c] se homini in Deum[d] manifestet, cui non salutis quoque[e] thesauros aperiat? Hac enim conditione Deus noster est ut in medio nostri habitet: quemadmodum[f] per Mosen testabatur [Levit. 26. b. 12[g]]. Obtineri autem talis eius praesentia non potest, ut non simul vita possideatur. Atque ut nihil ultra exprimeretur[h], satis claram habebant vitae spiritualis promissionem in his verbis, Sum Deus vester [Exod. 6. a. 7]. Non enim solis utique corporibus Deum se fore[i] denuntiabat, sed animis praecipue; animae autem, nisi per iustitiam Deo coniunctae, ab ipso alienae in morte manent. Adsit rursum illa coniunctio: perpetuam salutem[k] secum ducet.

9. Accedit eo, quod non modo se illis Deum esse testabatur, sed se quoque semper fore promittebat: quo spes eorum praesentibus bonis non contenta, in aeternitatem protenderetur. Id porro valuisse apud eos temporis futuri notationem ostendunt multae voces, ubi se non in praesentibus tantum malis, sed in posterum consolantur fideles: quod sibi Deus nunquam defuturus esset. Iam vero (quae pars erat secunda promissionis) ipsos de Dei benedictione extra terrenae vitae limites erga se proroganda, clarius etiamnum confirmabat, Ero Deus seminis vestri post vos [Genes. 17. a. 7]. Nam si suam erga mortuos

---

a) > *1539–50*   b) exp. — sunt: *1539–54* exponebant   c) *1539* male quoniam, *sed iub. correctore* quomodo; *VG 1541 sqq.* comment   d) *1539* se in D. hom.   e) > *1539*   f) *1539* ut   g) *1553* 11. *(11 sq.)*   h) *1539* exprimeret   i) > *1539–43*   k) perp. sal.: *VG 1541 sqq.* la vie permanente *(> 1541–51)*

benevolentiam declaraturus erat, benefaciendo posteris: erga ipsos multo minus defuturus erat eius favor^a. Neque enim instar hominum est Deus, qui suum ideo amorem ad amicorum filios transferunt, quia morte interrumpitur eorum facultas, quo minus iis quibus bene volebant impendant sua officia; at Deus, cuius beneficentia morte non impeditur, suae profecto misericordiae fructum mortuis non tollit, quam eorum causa transfundit in mille generationes [Exod. 20. a. 6]. Praeclaro igitur documento magnitudinem atque affluentiam suae bonitatis, quam post mortem sensuri essent, volebat illis Dominus commendare, quum talem describebat quae in totam familiam exuberaret^b. Huius vero promissionis veritatem tum obsignavit Dominus, et quasi complementum protulit, quum Deum se Abraham, Isaac et Iacob longe post eorum mortem appellaret [Exod. 3. b. 6]. Quid enim? annon ridicula erat appellatio, si perierant? Perinde enim fuisset acsi ita foret loquutus, Ego sum Deus eorum qui non sunt. Proinde uno isto argumento Sadducaeos a Christo constrictos fuisse Evangelistae referunt[1] [Matt. 22. c. 23[1]; Luc. 20. e. 32 c[2]], ut ne inficiari quidem possent resurrectionem mortuorum a Mose esse testatam; nempe qui ex ipso Mose didicerant, omnes sanctos esse in manu illius^d [Deut. 33. a. 3]. Unde inferre promptum erat, ne morte quidem extingui quos in tutelam, custodiam, protectionemque suam recepisset qui mortis et vitae est arbiter.

10. Iam (qui praecipuus est cardo in hac controversia) dispiciamus annon ipsi quoque fideles sic instituti fuerint a Domino, ut meliorem alibi vitam sibi esse sentirent, ac neglecta terrena, illam meditarentur. Primum, quae divinitus iniuncta illis fuit vivendi conditio^e, assiduum erat exercitium, quo admonerentur se omnium esse miserrimos si in hac modo vita foelices essent. Adam, vel sola recordatione perditae foelicitatis infoelicissimus, anxiis laboribus egestatem suam aegre sustentat; ac ne in solis manuum laboribus Dei maledictione prematur^f [Gen. 3. c. 17], unde solatium illi restabat, extremum luctum percipit. Ex duobus filiis alter illi nefando fratris parricidio eripitur [Gen. 4. b. 8]: eum habet superstitem cuius aspectum merito detestetur ac horreat. Abel in ipso aetatis flore crude-

---

a) def. — fav.: *1539–54* defutura — benignitas   b) *VG 1541 sqq.* + mesmes après leur trespas   c) *1553–54* f. 32. *(legendum 37.?)*   d) *1539* + Deut. 33.   e) quae — cond.: *1539–54* quam illis dispensabat vivendi conditionem   f) ac — prem.: *VG 1541 sqq.* Et à fin de n'estre persecuté de ceste seule malediction de Dieu

1) Mtth. 22, 23–32.   2) Lc. 20, 27–38.

liter trucidatus, exemplum est humanae calamitatis. Noe bonam aetatis partem (dum totus orbis secure deliciatur) cum magna fatigatione in arca extruenda deterit [Gen. 6. d. 22]. Quod mortem effugit, id fit maioribus eius molestiis quam si centum mortes obeundae essent. Nam praeterquam quod arca illi est quasi sepulchrum decem mensium, insuavius nihil esse potest quam in animalium stercoribus pene immersum tandiu detineri. Postquam tantas difficultates eluctatus est, in novam moeroris materiam incidit: ludibrio se haberi a proprio filio videt: et ei[a] quem magno Dei beneficio salvum ex diluvio receperat, suo ipsius ore maledicere cogitur [Gen. 9. d. 24][1].

11. Abraham || quidem unus instar decem myriadum nobis esse debet[2], si spectatur eius fides, quae nobis in optimam credendi regulam proponitur: in cuius etiam genere, ut filii[b] Dei simus, censeri nos oportet [Gen. 12. a. 4][3]. Quid vero absurdius quam patrem omnium fidelium esse Abraham, et ne postremum quidem angulum inter illos tenere? Atqui ex numero, imo ex gradu apprime honorifico deiici non potest, quin aboleatur tota Ecclesia. Iam quod ad vitae experimenta attinet: || ubi primum vocatur Dei imperio[c], a patria, parentibus, amicis avellitur: in quibus praecipuam vitae dulcedinem esse putant: acsi illum destinato consilio omnibus vitae oblectamentis spoliare Dominus vellet. Simul ac terram ingressus est in qua iubetur habitare, fame inde exigitur[4]. Eo ad opem quaerendam refugit, ubi, quo se incolumem servet, necesse habet uxorem prostituere[d] [Gen. 12. c. 12][5]; quod incertum an multis mortibus fuerit acerbius. Ubi in terram habitaculi sui reversus est, inde rursum fame expellitur. Qualis est foelicitas, eam terram incolere ubi toties esuriendum, imo vero inedia pereundum, nisi au'fugias[e]? Simul eodem necessitatis redigitur apud Abimelech, ut caput redimere iactura uxoris[f] opus habeat[6]. Dum huc atque illuc multos annos incertus vagatur, assiduis servorum rixis compellitur nepotem, quem filii loco habebat, a se dimittere[7]. Quae discessio sine dubio non aliter ab eo accepta fuit, quam si membri unius sectionem passus foret. Paulo post captivum ab hostibus abripi audit[8]. || Quocunque pergat, vicinos reperit immanis barbariae, qui ne ex effossis quidem magno labore

---

a) > *1539–54* b) *1559 male* Filii c) D. imp.: *1539–54* a Domino d) *VG 1541 sqq.* d'abandonner e) *1539 male* confugias f) *1539–54* ux. iact.

1) Gen. 9, 24 sq. 2) cf. Cicer., Brut. 191. 3) Gen. 12, 3. 4) Gen. 12, 10. 5) Gen. 12, 11 sqq. 6) Gen. 20, 1 sqq. 7) Gen. 13, 5–9. 8) Gen. 14, 14–16.

puteis aquam bibere sinant. Neque enim usum redimeret a rege Gerar*a*, nisi ante fuisset prohibitus¹. || Iam ubi ad effoetam senectutem ventum est, quod habet ea aetas insuauissimum et acerbissimum, orbitate mulctatum se videt, donec praeter spem Ismaelem gignit: cuius tamen natiuitatem magno redimit, dum Sarae probris fatigatur, perinde acsi ancillae contumaciam fovendo, domesticae perturbationis ipse causa esset². Nascitur demum Isaac, sed ea mercede ut exturbetur primogenitus Ismael, ac pro derelicto pene hostiliter proiiciatur³. Ubi solus relictus est Isaac, in quo acquiescat defessa boni viri senectus, paulo post mactare ipsum iubetur*b*⁴. Quid calamitosius excogitet humana mens quam patrem fieri filii carnificem? Si morbo absumptus foret, quis non putasset miserrimum esse senem, cui in ludibrium datus esset filius, ob quem orbitatis dolor ei geminaretur? Si ab extraneo aliquo interfectus, indignitate multum esset aucta calamitas. Istud vero omnia calamitatis exempla superat, patris manu trucidari. Sic denique toto vitae curriculo iactatus ac vexatus fuit, ut siquis velut in tabula exemplar calamitosae vitae depingere velit, nihil reperiat magis appositum. Neque obiiciat quispiam eum non fuisse prorsus infoelicem, quod a tot tantisque tempestatibus prospere tandem emerserit. Non enim beatam vitam ducere illum dicemus, qui per infinitas difficultates ad longum spatium laboriose eluctetur: sed qui, sine malorum sensu, praesentibus bonis placide fruatur.

12. Isaac, qui minoribus malis afflictatur, vix tamen minimum suavitatis gustum percipit. Eas ipse quoque vexationes experitur quae beatum esse hominem in terra non sinant. Illum fames fugat e terra Chanaan: uxor e sinu illi eripitur⁵: vicini illum subinde exagitant, ac modis omnibus premunt, ut de aqua etiam cogatur decertare⁶: domi suae a nuribus multum molestiarum sustinet [Gen. 26. g. 35]⁷: filiorum dissidio angitur⁸: nec mederi tanto malo potest, nisi per exilium eius cui benedixerat [Gen. 28. a. 1; Gen. 28. a. 5]. At vero Iacob nihil quam extremae infoelicitatis insigne est exemplar. Pueritiam domi inquietissime transigit inter fratris primogeniti minas ac terrores, quibus demum cedere cogitur. Profugo a paren|tibus ac natali solo praeterquam quod acerbum est exulare, apud Laban avunculum nihilo mitius ac*c* humanius accipitur. Parum

---

a) a — Ger. > *VG 1560*   b) *1539—45* praecipitur   c) *1539—43* aut

1) Gen. 21, 25—31.   2) Gen. 16, 5.   3) Gen. 21, 2.9 sqq.   4) Gen. 22, 1 sqq.   5) Gen. 26, 1 sqq.   6) Gen. 26, 12 sqq.   7) Gen. 26, 34 sq.   8) Gen. 27, 41 sqq.

est durissimam atque austerissimam septem annis servire servitutem [Gen. 29. c. 20], nisi dolo malo in uxore eludatur. Alterius uxoris gratia in novam servitutem ingrediendum est, ubi totum diem solis aestu torreatur, noctu pervigil urgeatur gelu ac frigore, quemadmodum ipse conqueritur. Tantam vitae asperitatem dum annos viginti sustinet, quotidie novis soceri iniuriis affligitur. Nec domi suae quietus est, quam videt uxorum odiis, iurgiis, aemulationibus distractam ac pene dissipatam. Ubi in patriam[a] iubetur se recipere, abitum captare illi necesse est ignominiosae fugae similem: nec tamen soceri iniquitatem ita potest effugere quin eius probris ac contumeliis in medio itinere vexetur [Gen. 31. c. 23]. Excipit mox eum multo saevior difficultas. Nam dum ad fratrem accedit, tot mortes habet in conspectu, quot ab homine crudeli et inimico parari queant. Diris ergo terroribus supramodum discruciatur ac discerpitur quandiu adventum eius expectat [Gen. 32. c. 11][1]: ubi in conspectum eius prodit, tanquam semimortuus ad pedes procumbit, donec placatiorem sentit quam sperare ausus fuerat. Adhaec Rachele, unice dilecta coniuge, primo terrae ingressu privatur[b] [Gen. 35. c. 16][2]. Postea quem ab ea filium sustulerat, eoque prae aliis amabat, a fera laceratum audit [Gen. 37. g. 32]: cuius ex morte quantum moerorem ceperit, declarat ipse, quod post diuturnas lachrymas solatiis omnibus viam obstinate claudit, nihil sibi reliquum faciens nisi ut descendat ad filium lugens in sepulchrum. Interim raptus et defloratio filiae [Gen. 34. a. 2], in iis vindicandis filiorum audacia, quae illum non foetere modo fecerat apud omnes regionis incolas, sed praesentissimum internecionis periculum illi creaverat, quantae anxietatis, luctus, taedii causae erant? Sequitur horrendum illud flagitium Ruben primogeniti, quo nihil gravius accidere poterat [Gen. 35. d. 22]. Nam quum inter summa infortunia reponatur uxoris pollutio, quid dicendum sit ubi a proprio filio perpetratum est id scelus? Aliquanto post altero incestu contaminatur familia [Gen. 38. d. 18], ut constantissimum alioqui et infractum calamitatibus animum tot dedecora labefactare debeant. Sub extremum vitae, dum suae ac suorum inediae succurrere quaerit, novi infortunii nuntio percellitur, qui intelligit filium alterum in vinculis detineri, quem ut recipiat, Beniamin unicum suum desiderium, permittere aliis cogitur [Gen. 42. d. 32][3]. Quis putet in tanta malorum congerie momen-

---

a) in patr.: *1539–43* domum   b) *VG 1541 sqq.* + en travail d'enfant

1) Gen. 32, 12 = vg. 32, 11.   2) Gen. 35, 16–20.   3) Gen. 42, 32–34.

tum illi datum quo saltem secure respiraret? Itaque ipse optimus de se testis asseverat Pharaoni, dies suos breves ac malos fuisse super terram [Gen. 47. b. 9]. Qui per continuas miserias vitam se transegisse pronuntiat, negat profecto eam prosperitatem se sensisse quae illi a Domino promissa fuerat. Ergo aut malignus ingratusque Dei gratiae aestimator erat Iacob, aut vere se miserum fuisse super¹ terram profitebatur. Si vera fuit affirmatio, sequitur non habuisse ipsum spem in rebus terrenis defixam.

13. Si sancti isti Patres (quod utique indubitatum est) beatam vitam expectarunt e manu Dei[a], aliam quam terrestris vitae beatitudinem et cogitarunt et viderunt. Quod etiam pulcherrime ostendit Apostolus, Fide (inquit) demoratus est Abraham in terra promissionis, tanquam aliena, in casulis habitando, cum Isaac et Iacob consortibus eiusdem haereditatis. Expectabant[b] enim bene fundatam civitatem, cuius opifex ac conditor Deus. In fide defuncti sunt omnes isti, non acceptis promissionibus: sed procul eas inspicientes, ac credentes, confitentesque quod hospites et inquilini forent super terram. Quo significant se patriam inquirere; et[c] si desiderio eius quam reliquerant tacti fuissent, erat facultas revertendi: sed meliorem appetebant, nempe caelestem. Unde Deus non erubescit vocari Deus eorum: quando paravit illis civitatem [Hebr. 11. b. 9]¹. Stipitibus enim obtusiores fuissent, tam pertinaciter promissiones consectando, quarum[d] nulla spes in terris apparebat, nisi complementum earum alibi expectassent. Id vero in primis non sine ratione urget, quod[e] peregrinationem, hanc vitam nuncuparunt: qualiter et Moses refert [Gene. 47. b. 9]. Si enim peregrini et inquilini sunt in terra Chanaan, ubi promissio Domini qua illius constituti erant[f] haeredes? Manifeste ergo indicat longius spectare quod de possessione illis Dominus promiserat. Quare pedem in terra Chanaan non acquisierunt nisi in sepulchrum[g]; quo testabantur se sperare fructum promissionis nonnisi post mortem percepturos. Atque haec causa est cur tanti aestimaverit Iacob illic sepeliri, ut iureiurando adegerit filium Ioseph ad eam pollicitationem [Genes. 47. g. 29. 30]: cur Ioseph post aliquot secula transferri ossa sua, iam pridem in cinerem collapsa voluerit[h] [Gene. 50. g. 25].

a) *1539-54* Domini   b) *1539-54* Expectabat   c) *1539-50* ac; *1553-54* at   d) *1550-54* quorum   e) *1539* qui   f) *1539-54* constituuntur   g) *VG 1541 sqq.* + [Act. 7. a. 5]   h) cur Ios. — vol.: *VG 1541 sqq.* Ceste mesme raison suyvoit Ioseph, commendant que ses cendres y fussent portées environ trois *(1541-51* quatre*)* cens ans apres sa mort

1) Hebr. 11, 9. 10. 13–16.

DE COGNIT. DEI REDEMPTORIS. CAP. X

11, 14   14. Denique aperte constat, in omnibus vitae studiis[a] propositam futurae vitae beatitudinem habuisse. Quorsum enim primogenituram tantopere affectasset, tantoque periculo ambiisset Iacob, quae exilium et tantum non abdicationem illi
5 conflatura erat, boni vero nihil prorsus allatura[b]: nisi ad altiorem benedictionem respexisset? Atque eum sibi sensum fuisse declaravit ea voce quam inter ultimos spiritus edidit, Salutare tuum expectabo Domine [Gene. 49. c. 18]. Quam salutem expectasset, quum intelligeret se animam expirare: nisi
10 in morte initium novae vitae cerneret? Et quid[c] de sanctis ac[d] filiis Dei disceptamus, quum eiusmodi intelligentiae gustu ne is quidem caruerit qui veritatem oppugnare alioqui nitebatur? Quid enim sibi volebat Balaam, quum diceret, Moriatur anima mea morte iustorum, et fiant novissima mea similia
15 eorum [Num. 23. b. 10]: nisi quod sentiebat id quod postea David prodidit, Pretiosam esse mortem sanctorum in conspectu Domini [Psal. 116. a. 15]: mor'tem vero impiorum[e] pessimam [Psal. 34. d. 22]? Si ultima linea et meta in morte forent[1], nullum[f] in ea notari posset discrimen iusti et impii; sorte,
20 quae post mortem utrosque diversa manet, inter se distinguuntur.

11, 15   15. Nondum ultra Mosen progressi sumus, quem isti[g] nihil aliud officii habuisse dicunt[h], quam ut carnalem populum agri ubertate rerumque omnium copia ad colendum Deum induceret[2]:
25 et tamen (nisi quis sponte semet offerentem lucem refugiat) perspicua iam extat spiritualis foederis declaratio. Quod si ad Prophetas descendamus, illic plenissimo fulgore et vita aeterna et regnum Christi se profert. Ac primum David, qui ut tempore aliis fuit superior, ita pro ordine divinae dispensationis cae-
30 lestia mysteria obscurius quam illi adumbravit, quanta tamen perspicuitate ac certitudine ad eum scopum omnia sua[i] dirigit? Terrestrem habitationem qualiter aestimarit testatur haec sententia, Advena hic sum et peregrinus, quemadmodum omnes Patres mei [Psal. 39. c. 13]. Vanitas omnis homo vivens: velut
35 umbra quisque obambulat. Et nunc quae expectatio mea, Do-

---

a) omn. — stud.: *VG 1541 sqq.* toutes leurs œuvres   b) quae — all.: *VG 1541 sqq.* laquelle ne luy apportoit nul bien; et le chassoit hors de la maison de son pere   c) Et qu.: *1539* Ecquid   d) sanc. ac > *VG 1541 sqq.*   e) *1539-54* peccatorum   f) for. nul.: *1539 falso*
40 foretn: ullum   g) *VG 1541 sqq.* les resveurs, contre lesquelz nous parlons   h) *1539-54* ducunt   i) omn. sua: *VG 1541 sqq.* toute sa doctrine

1) cf. Horat. ep. I 16, 79.   2) vide supra p. 403, 39 sqq.

mine? spes mea ad te ipsa¹. Sane qui nihil esse in terra solidum aut stabile confessus, spei tamen in Deum firmitatem retinet, alibi repositam sibi foelicitatem contemplatur. Ad eam contemplationem fideles revocare solet, quoties vult eos vere consolari. Nam alibi, postquam de brevitate fluxaque et evanida imagine humanae vitae loquutus est, subiicit, Misericordia autem Domini usque in aeternum, super timentes eum [Psal. 103ᵃ. c. 17]. Cui simile est quod habeturᵇ etiam Psalmo centesimo secundoᶜ, Initio Domine tu fundasti terram, et opera manuum tuarum sunt caeli. Ipsi peribunt, tu autem permanes: velut vestis veterascent, et sicut indumentumᵈ mutabis eos. Tu autem idem ipse perstas, et anni tui non deficient. Filii servorum tuorum habitabunt, et posteri eorum coram te stabilientur [Psal. 102. d. 26. 27. 28. 29]. Si ob caeli ac terrae interitum non desinunt pii stabiliri coram Domino: sequitur eorum salutem cum Dei aeternitate esse coniunctam. Atquiᵉ omnino non potest stare spes ista, nisi in promissionem recumbat quae apud Iesaiam exponitur, Caeli (inquit Dominus) sicut fumus liquescent: terra sicut vestimentum atteretur, et habitatores eius sicut haec interibunt: salus autem mea in aeternum erit, et iustitia mea non deficiet [Iesa. 51. b. 6]. Ubi iustitiae ac saluti tribuitur perpetuitas, non quatenus penes Deum resident, sed quatenus ab hominibus sentiunturᶠ.

16. Neque vero aliter accipere liceat quae de fidelium prospero successu passim canit, nisi ut in caelestis gloriae manifestationem conferantur. Qualia sunt, Custodit Dominus animas sanctorum suorum: de manu peccatoris liberabit eos [Psal. 97. c. 10]. Lux orta est iusto, et rectis corde laetitia. Item, Iustitia pii manet in seculum seculi, cornu eius exaltabitur in gloria: desyderiumˡ peccatorum peribit [Psal. 112. b. 7. 9]². Item, Verumtamen iusti confitebuntur nomini tuo: habitabunt recti cum vultu tuo [Psal. 140. c. 14]. Item, In memoria aeterna erit iustus [Psal. 112. b. 6]. Item, Redimet Dominus animas servorum suorum [Psal. 34. d. 23]. Siquidem servos suos Dominus impiorum libidini non vexandos modo, sed lacerandos perdendosque saepe permittit; in tenebris et squallore languere patitur bonos, dum impii pene inter stellas refulgent: nec illos ita vultus sui serenitate exhilarat ut diuturna laetitia fruantur.

---

a) *sic recte 1539; 1543–50 falso* 105, *1553–61* 101.   b) *1539–45* habet   c) *1539–45 falso nono; etiam — secundo: VG 1541 sqq. autre part*   d) sic. ind. > *VG 1541 sqq.*   e) *1539–45* Atque   f) quat. ab — sent.: *VG 1541 sqq.* entant qu'il les communique aux hommes

1) Ps. 39, 6–8.   2) Ps. 112, 4. 9. 10.

Quamobrem ne ipse quidem dissimulat, si in praesentem rerum statum oculos defigant fideles, gravissima tentatione perculsum iri, acsi nulla esset innocentiae apud Deum gratia nec merces[a]. Adeo impietas ut plurimum prosperatur ac floret, dum piorum natio ignominia, paupertate, contemptu, omnique crucis genere premitur. Parum, inquit, abfuit quin lapsus pes meus, quin effusi fuerint gressus mei, dum urit me fortuna stultorum, dum improborum prosperitatem video[1]. Tandem post narrationem concludit, Instituebam cogitationem si possem haec cognoscere: sed tormentum est spiritui meo, donec ingrediar in sanctuarium Domini, et intelligam novissimum eorum [Psal. 73. c. 17[b]].

11, 17   17. Ergo vel ista Davidis confessione discamus, non ignorasse sanctos Patres sub veteri Testamento quam raro vel nunquam in hoc mundo repraesentet Deus quae servis suis pollicetur, atque ideo animos ad Dei sacrarium sustulisse, in quo reconditum habebant quod in praesentis vitae umbra non apparet. Hoc erat ultimum Dei iudicium[c], quod quum oculis minime cernerent, fide contenti erant intelligere. Qua fiducia freti, quicquid eveniret in mundo, venturum tamen aliquando tempus non dubitabant quo Dei promissiones implerentur. Qualiter istae voces testantur, Ego in iustitia contemplabor faciem tuam, satiabor specie tua [Psal. 17. d. 15]. Item[d], Ego sicut oliva viridis in domo Domini [Psal. 52. b. 10]. Item, Iustus ut palma florebit, sicut cedrus Libani frondescet. Plantati in domo Domini, in atriis Dei nostri florebunt. Adhuc fructificabunt: in senecta pingues ac virides erunt [Psal. 92. d. 13][2]. ‖ Quum 1559 paulo ante dixisset, Quam profundae sunt cogitationes tuae Iehova, dum florent impii, germinant quasi herba, ut pereant in perpetuum[3]. ‖ Ubi species ista et decor fidelium, nisi ubi 1539 mundi huius facies regni Dei manifestatione inversa fuerit? In illam aeternitatem quum oculos converterent, contempta praesentium calamitatum momentanea asperitate, secure in has voces erumpebant, Non dabis in aeternum ut moriatur iustus. Tu vero praecipitabis scelestos in puteum interitus [Psal. 55. d. 23. 24]. Ubi in hoc mundo puteus aeterni exitii qui sceleratos absorbeat, in quorum foelicitate hoc quoque alibi numeratur quod diem extremum in puncto[l] sine multo languore claudunt [Iob 21. b. 13]? Ubi tanta sanctorum stabilitas, quos[e] ipse David non modo concuti, sed opprimi et conteri prorsus

---

a) acsi — mer.: *VG 1541 sqq.* comme s'il n'y avoit nul loyer d'innocence envers Dieu   b) *1553* 16. *(16 sq.)*   c) *VG 1541 sqq.* + que nous esperons   d) > *1539–43*   e) *1539* + ubique

1) Ps. 73, 2 sq.   2) Ps. 92, 13–15.   3) Ps. 92, 6. 8.

27

ubique conqueritur? Nempe ob oculos sibi statuebat, non quid ferat instabilis et plusquam aestuaria mundi vicissitudo: sed quid facturus sit Dominus, quum ad aeternam caeli ac terrae constitutionem olim sedebit[a]. Quemadmodum alio loco eleganter describit, Nituntur stulti opulentia sua, ob divitias multas superbiunt [Psal. 49. b. 7]: et tamen nemo, quantalibet excellentia polleat, redimere fratrem suum a morte possit, nemo pretium redemptionis Deo solvere. Quum autem videant et sapientes mori, perversos pariter et stultos interire, et alienis relinquere divitias suas, cogitant domos sibi permansuras in sempiternum, habitationes in secula: et nomina sua in terra celebrant. At homo in honore non permanebit: similis erit pecudibus quae intereunt. Haec meditatio eorum, summa stultitia est: quam tamen posteri cupide aemulantur. Instar gregis apud inferos collocabuntur, mors praesidebit illis. Exorta luce recti dominabuntur illis[b]: forma ipsorum peribit: infernus, ipsorum domicilium[1]. Primum illa stultorum irrisio, quod in lubricis et volubilibus mundi bonis acquiescant, ostendit longe aliam sapientibus quaerendam esse foelicitatem. Sed illic resurrectionis mysterium evidentius reserat, ubi illis perditis et extinctis piorum regnum erigit. Quem enim, quaeso, dicemus esse illum lucis exortum, nisi novae vitae revelationem, quae finem praesentis sequitur?

18. Inde illa nascebatur cogitatio, quam in miseriarum solatium ac tolerantiae remedium fideles usurpabant, Momentum in indignatione Domini, vita in eius misericordia [Psal. 30. b. 6]. Quomodo afflictiones momento terminabant qui per totam fere vitam affligebantur? ubi tantam videbant divinae benignitatis durationem, cuius vix minimum gustum delibabant? Si in terra haesissent, nihil tale reperire poterant: sed quia caelum intuebantur, agnoscebant punctum esse temporis quo exercentur per crucem sancti a Domino[c]: miserationes seculi esse, quibus colliguntur; rursum impiorum, qui per somnium beati ad diem unum essent, aeternum ac nunquam finiendum exitium praevidebant. Unde illae voces, Memoria iusti in benedictione erit: nomen autem impiorum putrescet [Prov. 10. b. 7]. Pretiosa mors sanctorum in conspectu Domini: mors peccatorum pessima [Psal. 116. d. 15, et 34. d. 22]. Item apud Samuelem, Dominus pedes sanctorum servabit, et impii in tenebris conticescent

a) *1539-54* sederit   b) *1539-45* eorum   c) punct. — Dom.: *VG 1541 sqq.* que ce n'est qu'une bouffée de vent, que les Sainctz ont à endurer tribulation

1) Ps. 49, 8-15.

[1. Sam. 2. b. 9], quae significant, illos probe cognovisse, utcunque varie circunferrentur sancti, ultimum tamen eorum exitum, vitam ac salutem: impiorum foelicitatem amoenam esse viam qua[a] in mortis voraginem paulatim labuntur[b]. Ideo istorum mortem vocabant[1] exitium incircuncisorum [Ezech. 28. c. 10 et 31. g. 18, et alibi[c].], ut quibus resurrectionis spes praecisa esset. Quare nullam hac excogitare potuit David graviorem imprecationem, Deleantur de libro vitae, et cum iustis non scribantur [Psal. 69. d. 29].

19. Prae aliis vero insignis illa sententia Iob, Scio quia redemptor meus vivit, et in novissimo die de terra resurrecturus[d] sum: et in carne mea videbo Deum salvatorem meum. Reposita est haec spes mea in sinu meo [Iob 19. d. 25][1]. Qui volunt venditare suum acumen, cavillantur non esse haec intelligenda de ultima resurrectione, sed de primo quoque die quo sibi mitiorem fore Deum Iob expectabat[2]: quod ut illis ex parte demus, extorquebimus tamen, velint nolint, ad eam spei amplitudinem non potuisse pervenire Iob si cogitatione in terra resedisset. Necesse ergo est fateamur, oculos in futuram immortalitatem sustulisse, qui sibi vel in sepulchro iacenti redemptorem affore conspexerit. Siquidem de praesenti tantum vita cogitantibus mors extrema est desperatio, quae nec ipsa spem eius abscindere poterat. Etiam si me occiderit, dicebat, in ipso nihilominus sperabo[3] [Iob 13. c. 15]. Nec mihi obstrepat hic nugator quispiam paucorum fuisse istas voces, unde minime probetur talem fuisse inter Iudaeos doctrinam[4]. Responsum enim a me statim accipiet, paucos istos non prodidisse talibus sententiis arcanam aliquam sapientiam[e], ad quam seorsum ac privatim excellentia tantum ingenia admitterentur: sed, ut erant constituti a Spiritu sancto plebis doctores, quae communiter ediscenda essent Dei mysteria, et popularis religionis principia esse deberent[f], palam promulgasse. Quum ergo audiamus publica Spiritus sancti oracula, quibus de spirituali vita tam clare ac dilucide in Iudaeorum Ecclesia disseruit, intolerabilis pertinaciae fuerit eos ad carnale tantummodo foedus ablegare, ubi solius terrae ac terrestris opulentiae fiat mentio.

---

a) *1550* qui   b) paul. lab.: *1539–50* producantur   c) et al.: *1539* 32. *(19 sqq.)*   d) *1539–54* surrecturus   e) *1539* sententiam; *VG 1541 sqq.* sagesse   f) quae — deb.: *VG 1541 sqq.* la doctrine qui devoit estre tenue de tout le peuple

1) Iob. 19, 25–27.   2) vide supra p. 403, 39 sqq.; cf. CR V 229 sqq. (Psychopannych., 1534). Similia leguntur in lib. III 25, 4.   3) sic secundum vg.   4) vide supra p. 403, 39 sqq.

20. Si ad posteriores Prophetas descendam, illic vero liceat, quasi in campo nostro, libere spatiari. Nam si in Davide, Iob, Samuele fuit non difficilis victoria: illic multo est facilior. Hanc enim oeconomiam et[a] hunc ordinem in dispensando misericordiae suae foedere tenuit Dominus, ut quo propius temporis progressu ad plenam exhibitionem accedebatur, ita maioribus in dies revelationis incrementis illustraret. Proinde initio, quum prima salutis promissio Adae data fuit, quasi tenues scintillae emicarunt: postea facta accessione, maior lucis amplitudo coepit exeri, quae magis ac magis deinde emersit, latiusque fulgorem suum protulit: donec tandem nubibus omnibus discussis, sol iustitiae Christus universum terrarum orbem ad plenum illuminavit. Non est ergo metuendum ne si ad causam nostram comprobandam Prophetarum petamus suffragia, illa nos deficiant: sed quia ingentem materiae sylvam fore video, in qua diutius multo immorari necesse sit quam ferat instituti ratio (esset enim opus longi voluminis) simulque vel parum perspicaci lectori viam me stravisse ex superioribus arbitror, qua inoffenso cursu pergere queat, a prolixitate non adeo in praesens necessaria abstinebo: praemonitis tamen lectoribus, ut viam sibi ea clavi expedire meminerint, quam prius in manum illis dedimus: Nempe quoties fidelis populi beatitudinem Prophetae commemorant (cuius vix minima vestigia in praesenti vita cernuntur[b]) ad hanc distinctionem confugiant: Dei bonitatem quo melius Prophetae commendarent, temporariis beneficiis, velut lineamentis quibusdam, populo adumbrasse: sed talem eius pinxisse effigiem quae mentes extra terram, elementa mundi huius, et periturum seculum raperet, atque ad cogitandam futurae ac[c] spiritualis vitae foelicitatem necessario excitaret.

21. Exemplo uno contenti erimus. Quum Israelitae Babylonem deportati, suam dissipationem morti simillimam esse cernerent: dimoveri ab ea opinione vix poterant quin fabulosum putarent esse quod de sua restitutione vaticinabatur Ezechiel: quod perinde id aestimabant acsi denuntiasset suscitatum in vitam iri putrida cadavera. Dominus ut ostenderet nec ea ipsa difficultate se impediri quominus beneficio suo locum faceret, Prophetae campum aridis ossibus plenum per visionem ostendit: quibus, sola verbi sui virtute, spiritum vigoremque uno momento reddidit [Ezech. 37. a. 4.][1]. Serviebat quidem ad praesentem incredulitatem corrigendam visio: sed interim Iudaeos

---

a) Hanc — et > *VG 1541 sqq.*   b) *1539-50* conspiciantur   c) fut. ac. > *VG 1541 sqq.*

1) Ezech. 37, 1-14.

commonefaciebat quantum ultra populi reductionem virtus Domini protenderetur, quae arida et dispersa ossa solo nutu, adeo facile vegetaret. Quare sententiam illam cum altera Iesaiae rite comparabis: Vivent mortui, cadaver meum, resurgent[a]. Expergiscimini et exultate qui habitatis in pulvere, quia ros viridis campi, ros tuus: et terram gigantum detrahes in ruinam. Vade popule mi, intra in tabernacula tua: claude ostia tua super te, abscondere pauxillum, donec pertranseat indignatio. Ecce enim Dominus egredietur de loco suo, ut visitet iniquitatem habitatoris terrae contra eum: et revelabit terra sanguinem suum, nec operiet diutius interfectos suos [Iesa. 26. d. 19][1].

11, 22   22. Quanquam siquis ad eiusmodi canonem omnia redigere tentet, absurde[b] fecerit: sunt enim aliquot loci qui nullo integumento, futuram, quae in regno Dei fideles manet, immortalitatem demonstrant; quales nonnullos recitavimus, et quales sunt cum alii plerique, tum praecipue duo isti; alter apud Iesaiam, Sicut caeli novi et terra nova, quae facio stare coram me: sic stabit semen vestrum. Et erit mensis ex mense, sabbathum ex sabbatho: veniet omnis caro ut adoret coram facie mea, dicit Dominus. Et egredientur, et videbunt cadavera virorum qui praevaricati sunt in me, quod vermis eorum non morietur, et ignis non extinguetur [Iesa. 66. g. 22][2]; alter vero Danielis, In tempore illo consurget Michael princeps magnus, qui stat pro filiis populi sui: et veniet tempus angustiae quale non fuit ex quo gentes esse coeperunt. Et[c] tunc salvabitur populus tuus omnis qui inventus fuerit scriptus in libro. Et ex iis qui dormiunt in terrae pulvere, evigilabunt, alii in vitam aeternam, alii in opprobrium sempiternum [Dan. 12. a. 1][3].

11, 23   23. Iam in duobus reliquis probandis, Patres scilicet Christum in foederis sui pignus habuisse, atque in ipso omnem benedictionis fiduciam reposuisse: quia[d] minus controversiae et plus claritatis habent, non laborabo. Constituamus ergo secure quod nec ullis diaboli machinis revelli queat: vetus Testamentum seu foedus, quod cum[e] Israelitico populo percussit Dominus, non rebus terrenis fuisse limitatum, sed spiritualis aeternaeque vitae promissionem continuisse: cuius expectationem omnium animis impressam oportuit qui in foedus vere consentiebant[f].

a) cad. — res.: *1539–45* cum corporibus res.; *1550* cad. meum resurget   b) *1539–45* absurdum   c) *1539* Ex   d) *1539–50* + et   e) *1539–50* in   f) *1539–50* concedebant

1) Ies. 26, 19–21.   2) Ies. 66, 22–24.   3) Dan. 12, 1. 2.

Hanc vero insanam ac perniciosam opinionem procul summoveamus, aut Dominum nihil aliud proposuisse Iudaeis, aut illos nihil quaesivisse praeter ventris saturitatem, carnis delicias, florentes opes, externam potentiam, liberorum foecunditatem, et quicquid animalis homo in pretio habet. Non enim aliud caelorum regnum hodie promittit suis Christus Dominus, quam ubi recumbant cum Abraham, Isaac, et Iacob [Matth. 8. b. 11]; ac Iudaeos seculi sui Petrus haeredes esse Evangelicae gratiae asserebat, quod filii^a essent Prophetarum, comprehensi in foedere quod Dominus olim cum sua gente pepigisset [Act. 3. d. 25]. Ac ne id solis verbis testatum esset, Dominus facto quoque approbavit. Eo enim quo resurrexit momento multos sanctorum resurrectionis suae consortio dignatus est, ac visendos in civitate praebuit [Matt. 27. f. 52]: certo arrhabone sic dato, quicquid fecit ac passus est in aeternae salutis acquisitionem^b, ad veteris Testamenti fideles non secus quam ad nos pertinere. Nempe et eodem fidei^c Spiritu, quo in vitam regeneramur, teste Petro^d, praediti fuerunt [Act. 15. b. 8]^e. Quum Spiritum illum, qui est veluti quaedam immortalitatis in nobis scintilla (unde et arrhabo haereditatis nostrae alibi vocatur[1]) in illis similiter^f audimus habitasse, quomodo illis vitae haereditatem adimere audeamus? Quo magis mirum est eo stuporis olim recidisse Sadducaeos, ut tum resurrectionem, tum animarum substantiam^g negarent^h: quorum utrunque tam illustribus Scripturae testimoniis consignatum habebant. Nec minus prodigiosa hodie foret totius nationis stoliditas in expectando ter^lrestri Christi regno, nisi hanc repudiati Evangelii poenam daturos Scripturae multo ante praedixissent; sic enim iusto Dei iudicio conveniebat mentes caecitate percutere, quae oblatum caeliⁱ lumen respuendo, tenebras ultro sibi accersivissent. Mosen ergo legunt, et assidue revolvunt: sed opposito velamine impediuntur ne cernant lucem in eius vultu refulgentem [2. Cor. 3. d. 14]; atque ita manebit illis obtectus ac involutus^k, donec ad Christum convertatur^l, a quo illum nunc quantum possunt, abducere ac distrahere student.

---

a) *VG 1541 sqq.* successeurs   b) in — acqu.: *VG 1541 sqq.* pour acquerir salut au genre humain   c) > *VG 1541 sqq.*   d) *1539* Apostolo   e) *1539* [2. Corin. 4. *(13)*]   f) > *VG 1541 sqq.*   g) *VG 1541 sqq.* immortalité   h) *1539–50* abnegarent   i) *1539–54* Dei   k) at. — inv.: *VG 1541 sqq.* Lequel voyle leur demourera tousiours   l) *1545 male* convertantur

1) Eph. 1, 14.

De differentia unius Testamenti ab altero.
CAP. XI.

1. QUID ergo? (inquies) nullumne discrimen veteris et novi Testamenti relinquetur? et quid fiet tot Scripturae locis, ubi tanquam res diversissimae inter se conferuntur? Ego vero libenter recipio quae in Scriptura commemorantur differentias: sed ita ut nihil constitutae iam unitati derogent: quemadmodum videre erit ubi eas ordine tractaverimus. Sunt autem illae (quantum animadvertere mihi licuit, et meminisse possum) numero quatuor praecipuae. Quibus si quintam adiungere libeat, minime reclamo. Eas omnes sic esse dico, et ostensurum me profiteor, ut ad modum administrationis potius quam ad substantiam pertineant. Hac ratione nihil impediet quominus eaedem maneant veteris ac novi Testamenti promissiones, atque idem ipsarum promissionum fundamentum, Christus. || Porro prima est, Quod tametsi olim quoque Dominus populi sui mentes in caelestem haereditatem volebat collimare[a], arrectosque esse animos: quo tamen in spe illius melius alerentur, contemplandam sub beneficiis terrenis ac quodammodo degustandam exhibebat: nunc clarius liquidiusque revelata per Evangelium futurae vitae gratia, recta ad eius meditationem, omisso inferiori, quem[b] apud Israelitas adhibebat, exercitationis modo[c], mentes nostras dirigit[1]. Hoc consilium Dei[d] qui non animadvertunt, non putant veterem populum altius conscendisse quam ad illa quae corpori promittebantur bona[2]. Audiunt toties terram Chanaan nominari, velut insigne adeoque unicum Legis divinae cultoribus praemium. Audiunt nihil severius Dominum eiusdem Legis transgressoribus[e] interminari, quam ab eius terrae possessione expellendos, ac dispergendos in alienas regiones. Vident in hanc fere summam recidere quaecunque vel[f] benedictiones vel maledictiones a Mose denuntiantur. Ex iis minime dubitanter constituunt Iudaeos non sua causa, sed aliena fuisse a caeteris populis segregatos: nempe ut imaginem haberet Christiana Ecclesia, in cuius externa specie spiritualium rerum documenta cerneret[3]. Sed quum aliquoties Scripturæ demonstret, huc terrena quibus eos prosequebatur beneficia Deum

---

a) *sic!* b) *1553-54 male* quod c) omisso — modo: *1539-50* omissa inferiori, quam — adh., exercitatione d) *1539-54* Domini e) eiusd. — transg.: *VG 1541 sqq.* aux Iuifz

1) cf. Buceri Enarrationes in Evang. 1536, p. 121. 2) vide supra p. 403 not. 1. 3) vide supra p. 403, 39 sqq.; similis opinio invenitur in Sebastiani Franckii „Paradoxis" (1535, parad. 87 sq., fol. LI b).

ipsum ᵃ destinasse, ut ad spem caelestium ita ipsos manu duceret:
eiusmodi dispensationem non considerare, nimiae imperitiae,
ne dicam hebetudinis, fuit. Cum hoc hominum genere status
controversiae nobis est, quod illi possessionem terrae Chanaan
Israelitis pro summa atque ultima beatitudine habitam, nobis
post revelatum Christum ᵇ caelestem haereditatem figurare docent¹.
Nos contra contendimus, in terrena qua fruebantur
possessione, velut in speculo ᶜ, futuram, quam sibi in caelis
praeparatam crederent, haereditatem esse intuitos.

2. Id melius elucebit ex similitudine quam posuit Paulus
ad Galatas. Comparat Iudaeorum gentem haeredi parvulo, qui
ad se regendum nondum idoneus, tutoris aut ᵈ paedagogi,
cuius custodiae commissus est, ductum sequitur [Galat. 4. a. 1]².
Quod autem eam ad ceremonias similitudinem potissimum ᵉ
refert, nihil obstat quominus huc quoque aptissime applicetur.
Eadem ergo illis haereditas quae nobis destinata fuit: sed cuius
adeundae et tractandae nondum per aetatem ᶠ capaces forent.
Eadem inter illos Ecclesia: sed cuius aetas adhuc puerilis erat.
Sub hac ergo paedagogia illos continuit Dominus, ut spirituales
promissiones non ita nudas et apertas illis daret, sed terrenis
quodammodo adumbratas. Abraham ergo, Isaac et Iacob, eorumque
posteritatem quum in spem immortalitatis cooptaret,
terram Chanaan in haereditatem illis promisit: non in qua spes
suas terminarent, sed cuius aspectu in spem verae illius, quae
nondum apparebat, haereditatis se exercerent ac confirmarent.
Ac ne hallucinari possent, dabatur superior promissio quae
terram illam non supremum esse Dei beneficium testaretur.
Sic Abraham in accepta terrae promissione torpere non sinitur:
sed maiori promissione erigitur illius mens in Dominum ᵍ. Audit
enim, Abraham, ego protector tuus, et merces tua magna valde
[Gen. 15. a. 1]. Hic videmus Abrahamo proponi finem suae
mercedis in Domino, ne illam quaerat fluxam ac lubricam
in elementis huius mundi: sed immarcescibilem esse reputet ʰ.
Subiungit ⁱ deinde terrae promissionem ᵏ, non alia conditione

---

a) D. ips.: *1539–54* Dominum   b) post — Chr. > *VG 1541 sqq.*
c) *1539–45* specula; vel. — spec. > *VG 1541 sqq.*   d) tut. aut >
1539; VG 1541 sqq. de son tuteur   e) > *1539; VG 1541 sqq.* principalement
   f) per aet. > *VG 1541 sqq.*   g) ill. — Dom.: *VG 1541 sqq.*
en hault   h) ne — rep.: *VG 1541 sqq.* à fin qu'il n'attende point un
loyer transitoire de ce monde, mais incorruptible au ciel   i) reputet.
Subi.: *1539* rep.; subiungi; *1543–45* rep., subiungi; *1550* reputet.
Subiungi   k) *1539–54* possessionem

1) cf. Serveti: De iusticia regni Chr., 1532, cap. I, D 1 b—2 a; vide
supra p. 403, 39 sqq.   2) Gal. 4, 1–3.

quam ut sit divinae benevolentiae symbolum, ac caelestis haereditatis typus, || quem sanctis fuisse sensum, eorum voces declarant. Sic David a benedictionibus temporariis ad summam illam atque ultimam assurgit. Languet (inquit) tui desiderio cor meum et caro mea. Deus portio mea in sempiternum [Psal. 73. d. 26, et 84. a. 3][a]. Item, Dominus pars haereditatis meae et calicis mei: tu[l] es qui conservas haereditatem meam mihi[b] [Psal. 16. a. 5]. Item, Clamavi ad te Domine, dixi, Tu es spes mea, portio mea in terra vivorum [Psal. 142. b. 6]. Qui sic loqui audent, se profecto mundum et quicquid est bonorum praesentium spe sua transcendere profitentur. Hanc tamen futuri seculi beatitudinem Prophetae saepius sub typo quem a Domino acceperant, describunt: qualiter intelligendae sunt istae sententiae, Quod pii haereditate possidebunt[c] terram: scelerati autem ex ea disperdentur[d] [Iob 18. d. 17][e]. Quod Ierusalem omne genus divitiis abundabit, et Sion rerum omnium copia diffluet [Apud Iesaiam multis locis.][1]. Quae omnia videmus[f] non in terram peregrinationis nostrae, aut in terrestrem Ierusalem proprie competere, sed in veram patriam fidelium ac caelestem illam civitatem, in qua Dominus benedictionem et vitam mandavit in perpetuum [Psal. 133.[g] 3].

3. Haec ratio est cur maioris quam nunc deceat, aestimasse mortalem vitam eiusque benedictiones[h] sancti legantur sub Veteri testamento. Tametsi enim probe noverant non esse in ea tanquam in cursus sui meta consistendum: quia tamen recognoscebant, quae illic ad eos pro teneritudinis ipsorum modulo exercendos, gratiae suae lineamenta Dominus impresserat, maiori eius suavitate afficiebantur quam si ipsam per se considerassent. Quemadmodum autem Dominus, benevolentiam suam erga fideles praesentibus bonis testando, spiritualem foelicitatem eiusmodi typis ac symbolis tunc adumbrabat, ita e converso dabat in poenis corporeis, in reprobos iudicii sui documenta. Itaque ut Dei beneficia in rebus terrenis magis conspicua erant, ita poenae. Hanc inter poenas et praemia analogiam ac convenientiam (ut sic loquar) dum imperiti non expendunt, mirantur tantam in Deo varietatem, ut qui ad quaelibet hominis delicta saevis horrendisque suppliciis vindicanda

---

a) *1553–54 male* + [Psal. 142. b. 6]   b) calic. — mihi: *VG 1541 sqq.* tout mon bien   c) *1539–54* obtinebunt   d) *1539–50, VG 1541 sqq.* + [Psal. 37. b. 9]   e) *1539–50, VG 1541 sqq.* + [Prover. 2. d. 21 (21 sq.)]   f) > *1539; VG 1541 sqq.* Nous entendons   g) *1553–54* + a.   h) eiusque ben. > *VG 1541 sqq.*

1) Ies. 35, 10; 52, 1 sqq.; 60; 62.

olim subitus, nunc velut posito pristinae iracundiae affectu,
et mitius et rarius multo puniat: et parum abest quin ob id di-
versos Veteris et Novi testamenti deos imaginentur[1], quod etiam
Manichaeis accidit [a] [2]. Verum talibus scrupulis facile expediemur
si animum referemus ad istam quam notavi Dei[b] dispensationem,
quod tum futurae ac aeternae foelicitatis gratiam terrestribus
beneficiis, tum spiritualis mortis gravitatem corporeis poenis
significare et figurare pro eo tempore voluit, quo testamentum
suum quodammodo adhuc involutum Israelitico populo tradebat.

4. Alterum Veteris et Novi testamenti discrimen statuitur
in figuris, quod illud absente veritate, imaginem tantum et
pro corpore umbram ostentabat: hoc praesentem veritatem et
corpus solidum exhibet. Atque huius fere fit mentio ubicunque
Veteri testamento novum opponitur: fusior tamen est eius trac-
tatio in epistola ad Hebraeos quam alibi usquam[3]. Illic disputat
Apostolus adversus eos qui Legis Mo¹saicae observationes
aboleri posse non putabant nisi ut secum traherent religionis
totius ruinam. Quo hunc errorem refutet, assumit quod de
Christi sacerdotio praedictum apud Prophetam fuerat[4]; nam
quum aeternum illi deferatur sacerdotium, certum est aboleri
sacerdotium illud ubi alii aliis successores quotidie substitue-
bantur[5]. Praevalere autem novi istius sacerdotis institutionem
probat, quod iuramento stabilitur[6]. Subiungit postea, in ea
sacerdotii translatione verti etiam Testamenti mutationem[7].
Atque id necessarium fuisse ratione confirmat, quoniam ea
erat Legis imbecillitas quae nihil adducere ad perfectionem posset[8]. Tum deinde prosequitur quae illa fuerit[c] imbecillitas,
nempe[d] quod externas carnis iustitias habuerit quae cultores
suos non possent secundum conscientiam perfectos reddere[9],
quod pecudum victimis, nec peccata delere, nec veram sanctitatem conciliare poterat. Concludit ergo, umbram fuisse in
ipsa futurorum bonorum, non vivam rerum effigiem[e] [10]: ideoque
non aliud habuisse officii nisi ut introductio esset in spem
meliorem quae in Evangelio exhibetur[11] [Psal. 110. b. 4; Heb.

---

a) quod — acc. > *1539-54*   b) quam — Dei: *1539-54* Domini
c) *1539-43* fuerat   d) > *1539-54*   e) *1539-50* speciem; viv. —
eff.: *VG 1541 sqq.* une vive presence: laquelle nous est donnée en
l'Evangile

1) vide supra p. 403, 39 sqq.; cf. Serveti De iusticia regni Chr., cap. III,
D 8 a—b.   2) Aug., De moribus ecclesiae catholicae c. 10. MSL 32, 1317.
3) cf. Buceri Enarr. in Evang. 1536, p. 121.   4) Ps. 110, 4; Hebr. 7, 11.
5) Hebr. 7, 23.   6) Hebr. 7, 21.   7) Hebr. 8, 6–13.   8) Hebr. 7, 19.
9) Hebr. 9, 9.   10) Hebr. 10, 1.   11) Hebr. 7, 19.

7. b. 11. c. 19, et 9. c. 9, et 10. a. 1]. Hic videndum est qua parte foedus Legale cum foedere Evangelico, Christi ministerium cum Mosaico conferatur. Nam si ad promissionum substantiam pertineret comparatio, magnum extaret inter duo Testamenta dissidium: sed quum status quaestionis alio nos ducat, eo tendendum est ut verum reperiamus. Foedus ergo quod aeternum et nunquam interiturum semel sancivit, in medio statuamus. Illius complementum, unde tandem habet ut statum ratumque sit, Christus est. Talis confirmatio dum expectatur, ceremonias Dominus per Mosen praescribit, quae sunt velut solennia confirmationis symbola[a]. Id in contentionem veniebat, cederene oporteret Christo quae in Lege ordinatae erant ceremoniae. Hae vero tametsi foederis duntaxat accidentia erant, vel certe accessiones ac annexa, et (ut vulgus loquitur) accessoria: quia tamen instrumenta erant illius administrandi, foederis nomen habent; qualiter et aliis Sacramentis dari solet. Proinde, in summa, Vetus testamentum hoc loco appellatur solennis confirmandi foederis ratio, ceremoniis et sacrificiis comprehensa. In ea quoniam nihil solidum subest, nisi ulterius transeatur, oportuisse antiquari et abrogari contendit Apostolus, ut Christo potioris Testamenti sponsori ac mediatori locus daretur, per quem aeterna sanctificatio electis semel acquisita est: et transgressiones obliteratae, quae sub Lege manebant. Quod si malis, ita accipe: vetus fuisse Domini Testamentum, quod umbratili et inefficaci ceremoniarum observatione involutum tradebatur; ideoque temporarium fuisse, quia veluti in suspenso erat, donec firma et substantiali confirmatione subniteretur. Tum vero demum novum aeternumque factum fu'isse, postquam Christi sanguine consecratum stabilitumque fuit. Unde calicem, quem discipulis in Coena porrigit Christus, Novi testamenti calicem vocat in suo sanguine [Matt. 26. c. 28]: ut significet, tum vere Dei Testamento suam constare veritatem, per quam[b] novum fit et aeternum dum sanguine suo obsignatur[c].

5. Hinc liquet quo sensu dixerit Apostolus, Legis paedagogia deductos fuisse Iudaeos ad Christum antequam ipse in carne exhiberetur [Galat. 3. d. 24, et 4. a. 1]. Illos quoque filios et haeredes Dei fuisse fatetur: sed qui propter pueritiam sub paedagogi custodia habendi essent. Conveniebat enim, sole

---

a) sunt — symb.: *VG 1541 sqq.* en fussent signes et representations
b) *1553–54 male* quem   c) in suo sanguine — obs.: *VG 1541 sqq.* pour denoter que quand l'alliance de Dieu est scéellée en son sang, lors la verité en est accomplie. Et ainsi est faicte alliance nouvelle et eternelle

iustitiae nondum exorto, nec tantum esse revelationis fulgorem, nec tantam intelligendi perspicaciam. Sic ergo verbi sui lucem illis Dominus dispensavit, ut eam eminus adhuc et obscure cernerent. Ideo hanc intelligentiae tenuitatem pueritiae vocabulo Paulus notat, quam elementis huius mundi et externis observatiunculis, tanquam regulis puerilis disciplinae, voluit Dominus exerceri, donec effulgeret Christus: per quem fidelis populi cognitionem adolescere oportebat[a]. Hanc distinctionem signavit Christus ipse, quum diceret, Legem et Prophetas fuisse usque ad Iohannem [Matth. 11. b. 13]: ex eo evangelizari regnum Dei[1]. Quid Lex et Prophetae sui temporis hominibus prodiderunt? nempe gustum praebebant eius sapientiae quae olim ad liquidum manifestanda erat, et procul emicantem praemonstrabant. Ubi autem digito potest ostendi Christus, reseratum est regnum Dei. In ipso enim expositi sunt thesauri omnes sapientiae et intelligentiae [Coloss. 2. b. 9][2], quibus prope ad ipsa caeli adyta penetratur.

6. Nec obstat quod nemo fere in Christiana Ecclesia reperiri queat qui fidei praestantia sit cum Abraham componendus: quod ea vi Spiritus excelluerint Prophetae, qua hodieque orbem universum illuminant. Non enim quid in paucos gratiae contulerit Dominus, hic quaeritur: sed quam in populo docendo ordinariam[b] dispensationem sequutus sit[c]: qualis apud illos ipsos Prophetas, qui peculiari supra alios cognitione praediti fuerunt, habetur. Nam et obscura, ceu de rebus longinquis, et typis inclusa est eorum praedicatio. Ad haec, utcunque mirifica in illis notitia emineret, quum tamen ad communem populi paedagogiam submittere se necesse habuerint, in puerorum grege ipsi quoque censentur. Postremo nunquam tanta ullis tunc contigit perspicientia, quae non seculi obscuritatem aliqua ex parte resiperet[d]. Unde illud Christi, Multi Reges et Prophetae desiderarunt videre quae vos videtis, et non viderunt: et audire quae vos auditis, nec audierunt. Itaque vestri oculi beati, quia vident: et aures quia audiunt [Matt. 13. b. 17; Luc. 10. e. 24][3]. Et sane hac praerogativa Christi praesentiam pollere aequum fuit, ut ab ea dilucidior emergeret caelestium mysteriorum revelatio. || Quo etiam pertinet quod ante ci¹tavimus ex

---

a) per — opor.: *VG 1541 sqq.* pour accroistre la congnoissance des siens, les confermans en telle sorte, qu'il ne fussent plus en enfance b) *1543* ordinatam   c) quam — sit: *VG 1541 sqq.* quel ordre il a tenu pour lors   d) *1539* falso resipiceret; *VG 1541 sqq.* sentist

1) Lc. 16, 16.   2) Col. 2, 3.   3) Mtth. 13, 16. 17; Lc. 10, 23. 24.

priore Petri epistola, fuisse illis patefactum, nostro maxime
seculo utilem esse eorum operam [1. Pet. 1. b. 12][1].

7. Venio[a] ad tertium discrimen, quod ex Ieremia sumitur,
cuius sunt verba, Ecce dies venient, dicit Dominus, et feriam
domui Israel et domui Iuda foedus novum: non secundum pactum quod pepigi cum Patribus vestris, in die qua apprehendi
manum eorum ut educerem eos e terra Aegypti, pactum quod
irritum fecerunt, quanvis dominarer eis[b]: sed hoc erit pactum
quod feriam cum domo Israel, Ponam Legem meam in visceribus
eorum, cordibus eorum inscribam eam, et propitiabor iniquitati
eorum. Et non docebit unusquisque proximum suum, vir fratrem suum[c]. Omnes enim cognoscent me a minimo usque ad
maximum [Ierem. 31. f. 31][2]. Ex quibus occasionem accepit
Apostolus comparationis huius inter Legem et Evangelium
statuendae, ut illam vocaret literalem, hoc, spiritualem doctrinam: illam diceret fuisse deformatam in tabulis lapideis,
hoc fuisse cordibus inscriptum: illam esse praedicationem mortis, hoc vitae: illam damnationis, hoc iustitiae: illam evacuari,
hoc permanere[d] [2. Cor. 3. b. 6][3]. Quum Apostolo propositum
fuerit mentem Prophetae enarrare, verba unius expendere
satis fuerit, ut assequamur utriusque sensum. Quanquam est
aliquid inter eos dissimile. Odiosius enim loquitur de Lege
Apostolus quam Propheta; neque id simplici Legis respectu:
sed quod erant nebulones quidam Legis κακόζηλοι[e], qui perverso ceremoniarum studio, Evangelii claritatem obscurabant:
de Legis natura secundum eorum errorem ac stultam affectionem
disputat. Ergo id peculiare in Paulo observare operaepretium
erit. Uterque vero quia Vetus ac Novum testamentum per
contentionem inter se componit[f], nihil in Lege considerat nisi
quod proprium eius est. Exempli gratia: Lex, misericordiae
promissiones passim continet: sed quia sunt aliunde ascitae,
non veniunt in Legis rationem quum de pura eius natura sermo
habetur. Hoc illi tantum[g] tribuunt ut praecipiat quae recta
sunt, scelera prohibeat, praemium edicat[h] cultoribus iustitiae,

---

a) *1539-50* Nunc   b) *1539* eorum   c) vir — suum > *VG 1541 sqq.*
d) illam ev. — perm.: *VG 1541 sqq.* D'avantage que la Loy doibt
estre abolie: et que l'Evangile sera tousiours permanent   e) Leg.
κακ. > *VG 1541 sqq.*   f) *1539-54* componebat   g) *1539 male* tamen;
VG 1541 sqq. Seulement   h) *1539 falso* cum dat; *VG 1541 sqq.*
promettre

1) supra II 9,1, p. 398, 21 sqq.   2) Ier. 31, 31–34. — cf. Buceri Enarr.
in Evang. 1536, p. 121 et Melanchthonis Locos comm. 1535, CR Mel.
opp. XXI 456.   3) 2. Cor. 3, 6–11.

poenam transgressoribus minetur: cordis interim ᵃ pravitatem, quae cunctis hominibus naturalis inest, non immutet aut emendet.

8. Nunc membratim Apostoli collationem explicemus. Vetus testamentum literale est: quia ᵇ sine Spiritus efficacia promulgatum ᶜ: Novum, spirituale: quod Dominus hominum cordibus spiritualiter insculpsit. Ideo secunda antithesis est veluti primae declaratio. Vetus mortiferum est: quia nihil potest quam maledictione involvere universum hominum genus: Novum est vitae organum: quia a maledictione liberatos in gratiam cum Deo restituit ᵈ; illud damnationis ministerium est: quia reos peragit iniustitiae omnes filios Adam; hoc, iustitiae: quia Dei misericordiam revelat, per quam iustificamur. Postrema antithesis ad Legis ᵉ ceremonias referenda.ˡ Quia illud ᶠ rerum absentium imaginem habebat ᵍ, interire ac evanescere tempore oportuit. Evangelium, quia ipsum corpus exhibet, firmam perpetuamque retinet stabilitatem. Vocat quidem Ieremias et leges morales, infirmum ac fragile foedus: sed alia ratione, quod ʰ scilicet ingrati populi subita defectione mox abruptum fuerit¹; sed quia eiusmodi violatio est a culpa populi, in Testamentum proprie non conferetur. Ceremoniae vero, quoniam sua ipsarum infirmitate Christi adventu fuerunt dissolutae, causam infirmitatis ᵏ intra se habebant. Porro differentia illa Literae et Spiritus non sic accipienda est acsi nullo cum fructu Legem suam Iudaeis Dominus tulisset, nullo eorum ad se converso: sed per comparationem posita est, ad commendandam gratiae affluentiam, qua Evangelii praedicationem idem legislator, quasi novam personam induens¹, honoravit ᵐ. Nam si eorum multitudinem recensemus quos ex populis omnibus ⁿ per Evangelii praedicationem Spiritu suo regeneratos in Ecclesiae suae communionem ᵒ collegit, paucissimos ac pene nullos dicemus qui olim in Israele ᵖ cordis affectu atque ex animo foedus Domini amplexi

---

a) cord. int. > *VG 1541 sqq.* b) *1539-50* quod c) *1539-50* + est d) *1539-54* restituat e) > *VG 1541 sqq.* f) *1539-50* illae g) *1539-50* habebant; Quia — hab.: *VG 1541 sqq.* Car pource qu'elles estoient image des choses absentes h) *1539-50* quia i) *1539-50* fuit k) *VG 1541 sqq.* de leur abrogation l) idem leg. — ind.: *1539-54* Dominus m) qua — hon.: *VG 1541 sqq.* de *(> 1541-51)* laquelle il a pleu au mesme Legislateur, comme s'il se fust revestu d'une nouvelle personne, orner *(mesme — orn.: 1541-51* Seigneur de monstrer en*)* la predication de l'Evangile, pour honorer le regne de son Christ n) ex — omn.: *VG 1541 sqq.* de diverses nations o) in — comm. > *VG 1541 sqq.* p) olim — Isr.: *1539-43* prius

sint: qui tamen multi fuerunt, si suopte numero sine comparatione censeantur^a.

9. Ex tertio discrimine quartum emergit. Vetus enim testamentum Scriptura vocat servitutis, quod timorem in animis generet: novum autem, libertatis, quod in fiduciam ac securitatem eosdem erigat. Sic Paulus ad Romanos octavo^b, Non accepistis, inquit, Spiritum servitutis iterum ad timorem: sed Spiritum adoptionis, per quem clamamus, Abba, Pater [Rom. 8. c. 15]¹. Huc pertinet quod habetur ad Hebraeos, non accessisse nunc fideles ad corporeum montem, et incensum ignem, ac turbinem, et caliginem, et procellam, ubi nihil audiatur, aut videatur, nisi quod terrore mentes percellat: adeo ut ipse quoque Moses expavescat, ubi vox terribilis insonat, quam audire omnes deprecentur^c: sed accessisse ad montem Sion, et civitatem Dei viventis, Ierusalem caelestem,^d etc. [Heb. 12. e. 18]². Quod autem in sententia quam ex epist. ad Rom.^e adduximus, breviter tangit Paulus, fusius explanat ad Galatas, quum ad allegoriam trahit duos Abrahae filios, in hunc modum, Quod Agar serva typus sit montis Sinai, ubi Legem accepit populus Israel: Sara libera, figura sit caelestis Ierusalem, a^f qua fluit Evangelium. Quod quemadmodum semen Agar servum nascitur, quod ad haereditatem nunquam perveniat, Sarae liberum, cui haereditas debeatur: ita per Legem addicamur in servitutem, per solum Evangelium in libertatem regeneremur [Galat. 4. c. 22]³. Huc autem summa redit, Vetus testamentum pavorem ac trepidationem incussisse conscientiis: novi beneficio fieri ut in laetitiam solvantur. Illud iugo servitutis conscientias astrictas tenuisse, huius liberalitate in libertatem manumitti. ‖ Quod si ex populo Israelitico sancti Patres obiiciuntur, quos quum eodem fidei Spiritu nobiscum praeditos fuisse constet, sequitur eiusdem et libertatis et laetitiae fuisse participes: respondemus, neutrum a Lege fuisse^g: sed quum se per Legem et servili conditione premi, et conscientiae inquietudine fatigari sentirent, ad Evangelii subsidium confugisse: ideoque peculiarem novi Testamenti fructum fuisse,

---

a) qui tam. — cens.: *VG 1541 sqq.* Combien que à la verité, si on regarde le peuple d'Israël, sans considerer l'Eglise Chrestienne: il y a eu lors beaucoup *(1541-51* beauc. lors*)* de vrays fideles   b) ad — oct.: *1539* Rom. 8.   c) ubi — depr.: *VG 1541 sqq.* Et que Dieu ne parle point à eux d'une voix terrible, comme il faisoit lors   d) *VG 1541 sqq.* + pour estre en la compaignie des Anges,   e) epist. — Rom.: *1539-50* Romanis   f) *1539* e   g) *1539-54* habuisse

1) cf. Melanchthonem l. c.   2) Hebr. 12, 18-22.   3) Gal. 4, 22-31.

quod praeter communem Veteris testamenti legem^a illis malis exempti fuerunt. Deinde negabimus ita libertatis et securitatis spiritu fuisse donatos, ut non experti sint aliqua ex parte et timorem a Lege et servitutem. Utcunque enim illa quam per Evangelii gratiam assequuti erant, praerogativa fruerentur, erant tamen iisdem observationum vinculis et oneribus cum vulgo obnoxii. Quum ergo ad eas ceremonias sollicite observandas adigerentur, quae paedagogiae servituti similis symbola erant, et chirographa quibus se peccati reos faterentur, ab obligatione non solverent: iure prae nobis sub servitutis ac timoris Testamento fuisse dicuntur, dum respicitur communis illa dispensatio, qua tunc cum Israelitico populo Dominus agebat.

10. Tres quas posteriores retulimus comparationes sunt Legis et Evangelii; quare in illis Lex, Veteris testamenti, Evangelium, novi nomine signatur. Prima latius extenditur: comprehendit enim sub se et quae ante Legem editae sunt promissiones^b. Quod autem ipsas sub veteris Testamenti nomine censendas Augustinus negavit, optime in eo sensit; nec aliud voluit quam quod docemus: siquidem ad illas Ieremiae et Pauli sententias respiciebat, ubi Vetus testamentum a verbo gratiae et misericordiae discernitur. Istud quoque scitissime eodem loco subiungit, pertinere ab initio mundi ad Novum testamentum filios promissionis, regeneratos a Deo, qui fide per dilectionem operante obedierunt mandatis. Idque^c in spe non carnalium, terrenorum, temporalium, sed spiritualium, caelestium, aeternorum bonorum, praecipue credentes in Mediatorem: per quem non dubitarunt et Spiritum sibi administrari, ut benefacerent, et ignosci, quoties peccarent [Lib. 3 ad Bonif. cap. 4^d]¹. Id enim ipsum est quod asserere in animo fuit, Eiusdem nobiscum benedictionis in aeternam salutem consortes fuisse omnes sanctos, quos ab exordio mundi peculiariter a Deo selectos Scriptura commemorat. Inter nostram ergo et illius partitionem hoc interest, quod nostra (secundum illam Christi sententiam, Lex et Prophetae usque ad Iohannem [Mat. 11. b. 13], ex eo regnum Dei evangelizatur²) inter Evangelii claritatem, et obscuriorem quae praecesserat verbi dispensationem distinguit; altera simpliciter Legis debilitatem secernit ab Evangelii firmitudine. Atque hic quoque de sanctis^e Patribus annotandum est, ita sub veteri Testamento

---

a) praet. — leg. > *VG 1541 sqq.*   b) et — prom.: *VG 1541 sqq.* aussi bien l'estat des Peres anciens, qui a esté devant la Loy   c) > *1539-50*   d) cap. 4 > *1539-50*   e) *VG 1541 sqq.* anciens

1) Aug., Contra duas epistolas Pelagianorum ad Bonifac. III, 4. MSL 44, 591 sqq.; CSEL 60, 492 sqq.   2) Lc. 16, 16.

vixisse, ut non illic restiterint, sed aspirarint semper ad novum,
adeoque certam eius communionem amplexi sint. Qui enim
praesentibus ᵃ umbris contenti, mentem ad Christum non extenderunt, eos caecitatis ac maledictionis damnat Apostolus. Ut
enim reliqua taceamus, quaenam maior caecitas fingi possit,
quam a pecude mactata peccati expiationem sperare? quam in
externa aquae irrigatione, animae purgationem quaerere? quam
frigidis Deum ceremoniis, perinde atque illis valde oblectetur,
velle placare? Ad istas enim omnes absurditates delabuntur
qui sine Christi respectu in Legis observationibus haerent.

11, 38 11. Quintum, quod adiungere licet, discrimen, in eo iacet,
quod ad Christi usque adventum gentem unam segregaverat
Dominus, in qua foedus gratiae suae contineret[1]. Quando distribuebat Altissimus gentes, quando dividebat filios Adam, inquit
Moses, in possessionem illi cessit populus suus: Iacob funiculus
haereditatis eius [Deut. 32. b. 8][2]. Alibi sic populum alloquitur,
En Domini Dei tui est caelum et terra, et omnia quae in ea
sunt. Patribus tamen tuis tantummodo ᵇ adhaesit, amavit eos
ut eligeret semen eorum post eos: nempe vos ipsos ᶜ, e cunctis
gentibus [Ibid. 10. c. 14][3]. Populum ergo illum, veluti solus ad
se ex hominibus pertineret, nominis sui cognitione dignatus est
solum: foedus suum quasi in eius sinu deposuit: praesentiam
sui numinis illi manifestavit: omnibus praerogativis eum honoravit. Sed (ut reliqua omittamus beneficia) quod unum hic
agitur, illum verbi sui communione sibi devinxit, ut eius
appellaretur et haberetur Deus. Interea gentes alias, quasi nihil
secum haberent rei aut commercii, in vanitate ambulare sinebat
[Act. 14. c. 16]: nec ut earum exitio mederetur, quod unicum
erat remedium afferebat, verbi scilicet sui praedicationem.
Itaque Israel tunc filius Domino delicatus: alii extranei; ille
cognitus, et in fidem tutelamque susceptus: alii tenebris suis
relicti; ille a Deo sanctificatus: alii profani; ille Dei praesentia
honoratus: alii omni propinquitate exclusi. At ubi venit
plenitudo temporis [Galat. 4. a. 4], instaurandis omnibus destinata, exhibitusque est ille Dei et hominum ᵈ conciliator: diruta
maceria quae tandiu misericordiam Dei intra Israelis fines
conclusam tenuerat, annuntiata pax est iis qui procul erant,
non secus atque iis qui prope coniuncti, ut Deo simul recon-

---

a) *VG 1541 sqq.* exterieures   b) > *VG 1541 sqq.*   c) nempe — ips.
> *VG 1541 sqq.*   d) *1539-50* hominis

1) cf. Melanchthonis Locos comm. 1535, CR Mel. opp. XXI 454.
2) Deut. 32, 8. 9.   3) Deut. 10, 14. 15.

ciliati, in unum populum^a coalescerent [Ephes. 2. c. 14]¹.
Quare nulla iam Graeci aut Iudaei, circuncisionis vel praeputii
ratio: sed omnia in omnibus Christus [Galat. 6. d. 15]^b, cui
datae sunt gentes in haereditatem, et termini terrae in peculium
[Psal. 2. c. 8]: ut sine discrimine dominetur a mari usque ad
mare, et a fluminibus usque ad ultimos orbis fines^c [Psal.
72. b. 8, et alibi².].

12. Gentium igitur vocatio, insignis est tessera,¹ qua supra
Vetus testamentum Novi excellentia illustratur. Plurimis quidem et clarissimis Prophetarum oraculis testata ante fuerat:
sed ita ut in regnum Messiae eius complementum reiiceretur.
Ac ne Christus quidem statim a primo suae praedicationis
exordio ad eam progressus fecit: sed eo usque distulit donec
absolutis omnibus redemptionis nostrae numeris, ac finito
humiliationis suae tempore, acciperet a Patre nomen quod est
supra omne nomen, coram quo omne genu flecteretur [Philip.
2. b. 9]. Unde mulieri Chananaeae, hac opportunitate nondum
expleta^d, negat se missum nisi ad oves perditas domus Israel
[Matt. 15. c. 24]: nec Apostolos in prima missione patitur
eosdem limites superare. In viam Gentium, inquit, ne
abieritis, et in civitates Samaritanorum ne ingrediamini: sed
ite potius ad oves perditas domus Israel [Matth. 10. a. 5].
Utcunque autem tot testimoniis prodita foret, ubi tamen
Apostolis auspicanda fuit, sic nova et insolens illis visa est,
ut tanquam prodigium aliquod exhorrerent. Trepide sane nec
sine recusatione tandem aggressi sunt. Nec mirum: videbatur
enim rationi minime consentaneum, ut Dominus, qui tot
seculis Israelem a reliquis gentibus selegerat, quasi repente
mutato consilio delectum illum tolleret. Vaticiniis quidem id
praedictum erat: sed non poterant vaticiniis adeo attenti esse,
ut rei novitate, quae se oculis ingerebat^e, nihil moverentur.
Neque satis ad eos permovendos^f valebant quae iam olim
futurae Gentium vocationis specimina Deus ediderat. Siquidem
praeterquam quod paucissimos vocaverat, illos ipsos inserebat
quodammodo in familiam Abrahae, ut populo suo accederent:
ista vero publica vocatione non modo Iudaeis aequabantur
Gentes, sed velut in demortuorum^g locum subire eas appare-

---

a) *VG 1541 sqq.* corps   b) *1539-50* [sic alibi *(VG 1541-51* et
autre part*).*]   c) et a — fin.*: VG 1541 sqq.* depuis Orient iusques en
Occident   d) hac — expl. > *VG 1541 sqq.*   e) quae — ing. > *VG
1541 sqq.*   f) ad — perm.*: VG 1541 sqq.* pour les delivrer de scrupules
g) *VG 1541 sqq.* leur

1) Eph. 2, 14-17.   2) Zach. 9, 10.

bat. || Adde quod nunquam aequati fuerant Iudaeis extranei, quoscunque Deus ante in corpus Ecclesiae asciverat. Itaque non abs re Paulus mysterium hoc tantopere praedicat absconditum a seculis et generationibus, et quod etiam Angelis mirabile esse dicit [Colos. 1. d. 26][1].

13. His quatuor aut quinque membris totam Veteris et Novi testamenti differentiam, quantum ad simplicem docendi rationem sufficit, puto bene ac fideliter[a] explicatam. Verum quia nonnulli hanc in gubernanda Ecclesia varietatem, diversum in docendo modum, tantam rituum ac ceremoniarum conversionem pro magna absurditate iactant[2]: iis quoque respondendum est, antequam ad alia transeamus. Fieri autem id breviter potest, quia non tam firmae sunt obiectionis ut accuratâ refutatione opus habeant. Non est, inquiunt, consentaneum, ut Deus, qui perpetuo sibi constat, tantam mutationem passus sit, ut quod semel iusserat et commendaverat, postea improbaret. Respondeo, non propterea mutabilem iudicari Deum debere quod diversis seculis diversas formas accommodaverit, prout cuique ex|pedire noverat. Si alia hyeme officia, alia aestate familiae suae agricola praescribit, non propterea illum inconstantiae arguemus, aut deviare putabimus a recta agriculturae regula, quae cum perpetuo naturae ordine coniuncta est. Similiter siquis paterfamilias[b] aliter suos liberos in pueritia, aliter in adolescentia, aliter in iuventute erudiat, regat, tractet: non propterea dicemus ipsum levem esse, aut a sua sententia discedere. Quid ergo inconstantiae notam Deo inurimus, quod temporum diversitatem aptis et congruentibus notis distinxerit? Posterior similitudo penitus satisfacere nobis debet. Iudaeos pueris similes facit Paulus, Christianos adolescentibus[3]. Quid in hoc Dei regimine est inordinati, quod illos in rudimentis detinuit quae pro aetatis modulo ipsis congruebant: nos firmiore et quasi viriliore disciplina instituit? Ergo in eo elucet Dei constantia quod eandem omnibus seculis doctrinam tradidit: quem ab initio praecepit nominis sui cultum, in eo requirendo perseverat. Quod externam formam et modum mutavit, in

---

a) *1543* + esse b) quis pat.: *VG 1545 sqq.* un homme instruit

1) cf. 1. Petr. 1, 12. 2) Ad verba his et sequentibus similia Sebastianus Franck quoque in libello qui Paradoxa inscribitur (1535, parad. 86, fol. XLVII b sqq.), respondit. Cum saepe ea se audivisse dicat, verisimile est homines Franckio familiares, Anabaptistas, opinamur, sic locutos esse. Etiam sensus opinionum a Calvino impugnatarum documento est eas ab Anabaptistarum sectatoribus pronuntiatas esse.
3) Gal. 4, 1 sqq.

eo non se ostendit mutationi obnoxium: sed hominum captui, qui varius ac mutabilis est, eatenus se attemperavit.

14. Atqui unde (inquiunt) ista diversitas nisi quia talem esse Deus voluit? nonne tam bene ab initio quam post Christi adventum perspicuis verbis citra ullas figuras revelare potuit vitam aeternam, paucis et claris sacramentis suos erudire, Spiritum sanctum largiri, gratiam suam per orbem universum diffundere? Hoc vero perinde est acsi cum Deo litigarent quod mundum tam sero creaverit, quum posset ab initio: quod alternas vices inter hyemem et aestatem, inter diem et noctem esse voluerit. Nos vero (quod sentire omnes pii debent) quicquid a Deo factum est, sapienter et iuste factum ne dubitemus: etiamsi causam saepe nesciamus cur ita fieri oportuerit. Hoc enim esset nimium nobis arrogare, non concedere Deo ut consilii sui rationes habeat quae nos lateant. At mirum est (inquiunt) quod nunc pecudum victimas, et totum illum sacerdotii Levitici apparatum respuat et abominetur, quibus olim oblectabatur. Quasi vero Deum externa ista et caduca oblectent, aut ullo modo afficiant. Iam dictum est[1], nihil horum fecisse sua causa, sed omnia pro hominum salute dispensasse. Si medicus iuvenem optima ratione a morbo curet, in eodem postea iam sene alio curationis genere utatur: num ideo dicemus ipsum medendi rationem repudiare quae antea placuerat? Imo quum in illa constanter perstet, rationem aetatis habet. Sic Christum aliis signis et absentem figurari, et venturum praenuntiari[a] oportuit: aliis nunc exhibitum repraesentari[b] decet. Quod ad vocationem Dei latius per omnes populos in adventu Christi[c] sparsam quam ante fuerat, et gratias Spiritus largius effusas[d], quis,[f] obsecro, aequum esse neget ut in manu et arbitrio Dei sit libera gratiarum suarum dispensatio, ut quas velit nationes illuminet? quibus velit locis verbi sui praedicationem excitet? qualem et quantum velit doctrinae suae profectum et successum largiatur? nominis sui notitiam, quibus velit seculis, auferat e mundo, propter ipsius ingratitudinem: quando iterum velit, propter suam misericordiam restituat? Videmus ergo nimis indignas esse calumnias, quibus impii homines hac parte simplicium animos exagitant, ut vel Dei iustitiam vel Scripturae fidem in dubium vocent.

a) *1545–50* pronunciari   b) *1543* + et annunciari   c) in — Chr. > *VG 1545 sqq.*   d) grat. — eff.: *VG 1545 sqq.* que l'alliance de salut a esté faicte avec tout le monde, laquelle n'estoit donnée qu'au peuple d'Israel

1) supra sect. 5 et 13, p. 427 sq. 435 sq.

Christum, ut Mediatoris officium praestaret, oportuisse fieri hominem.   CAP. XII.

7,8   1. ªIAMᵇ magnopere nostra interfuitᶜ, verum esse et Deumᵈ et hominem qui Mediator noster futurus esset. || De necessitate si quaeritur, non simplex quidem (ut vulgo loquuntur) vel absoluta fuit: sed manavit ex caelesti decreto, unde pendebat hominum salus. Caeterum quod nobis optimum erat statuit clementissimus Pater. || Quum enim iniquitates nostrae quasiᵉ interiecta inter nos et ipsumᶠ nube nos a regno caelorum prorsus alienassent,ᵍ nemo, nisi qui ad eum pertingeret, pacis restituendae interpres esse poterat. Quis autem pertigisset? quispiamne ex filiis Adam? || Atqui omnes cum parente suoʰ ad conspectum Deiⁱ horrebantᵏ. Angelorum aliquis? Sedenim illi quoqueˡ opus habebant capite, per cuius nexum solide et indistracteᵐ Deo suo cohaererentⁿ. Quid igitur? Deplorata certeº res erat nisi maiestas ipsa Dei ad nos descenderet: quando ascendere nostrum non erat. Ita Filium Dei fieriᵖ nobis Immanuel oportuitᑫ, id est nobiscum Deumʳ: || et hac quidem lege, ut mutua coniunctione eius divinitas et hominum natura inter se coalescerentˢ; || alioqui nec satis propinqua vicinitas, nec affinitas satis firmaᵗ, unde nobis spes fieretᵘ Deum nobiscum habitareᵛ. || Tantum erat inter nostras sordes et summam Dei munditiem dissidiumʷ. || Quanvis ab omni

---

a) *1539-54 haec praemittunt:*
   Qui conceptus est e spiritu sancto, natus e Maria virgine.
Quoniam incarnationis mysterium, ut simpliciorum mentes suo fulgore perstringit, ita et animos vehementer conturbat, et discruciat, nisi rite intelligatur: necessario pauca in eius explicationem nobis praefanda sunt.
   b) *1539-54* Principio,   c) *1539-54* referebat   d) ver. — D.: *1539-54* D. esse ver.   e) > *1539-54*   f) *1539-54* Deum   g) *1539-54* + atque *(> 1539)* illum a nobis avertissent: h) *1536* + Adam
   i) *1536* Domini   k) *1536* + [Gen. 3 *(8)*]   l) Ang. — quoque: *1536* Angelus? Atqui etiam illi   m) per — ind.: *1536* in quo   n) *1536* + [Ephes. 1 *(21)* Coloss. 1 *(16-20)*]; *VG 1545-51* + [Coloss. 2 *(10)*]
   o) > *1536-54*   p) Fil. — fieri: *1536* Dei filius, factus est   q) > *1536* r) *1536* Deus; *1536*, *1553-54* + [Iesa. 7. c. 14.]; *1553-54* + [Matt. 1. d. 23.]
   s) Ac ea quidem conditione: ut quemadmodum suam nobis divinitatem adiungebat, ita nostram quoque humanitatem suae divinitati copularet   t) *1539-54* sat. firma aff.   u) unde — fier.: *1539-54* quae spem faceret   v) *1539-54* + ac nobis adesse
   w) Adeo *(1536* Rursum cum*)* modis omnibus nostra humilitas cum Dei maiestate dissidebat *(1536* dissideat, —*)*.

labe integer stetisset homo, humilior tamen erat eius conditio quam ut sine Mediatore[a] ad Deum penetraret. Quid ergo exitiali ruina in mortem et inferos demersus, foedatus tot maculis, corruptione sua foetidus, denique obrutus omni maledictione? ‖ Non ergo abs re Paulus Christum proponere Mediatorem volens, diserte commemorat esse hominem[b],[1] ‖ Unus[c], inquit, Mediator[d] Dei et hominum, homo Iesus Christus[e] [1. Tim. 2. b. 5]. Poterat Deum dicere: poterat saltem et[f] nomen hominis sicut Dei[g] omittere: sed quia Spiritus per os eius loquens[h], infirmitatem nostram noverat, ‖ ut tempestive occurreret, aptissimo remedio usus est, Filium Dei tanquam unum ex nobis familiariter in medio statuens. ‖ Nequis igitur[i] se torqueat[k] ubinam[l] ille quaerendus Mediator, aut qua via ad ipsum perveniendum[m], ‖ hominem nominans, propinquum, imo contiguum nobis esse admonet, quandoquidem caro nostra est. Idem certe designat[n] ‖ quod alibi pluribus verbis[o] explicatur, non esse nobis Pontificem qui non possit compati infirmitatibus nostris, quando sit more nostro[p], sola peccati exceptione, per omnia tentatus [Hebr. 4. d. 15].

2. Id etiam clarius fiet si reputemus quam non vulgare fuerit quod Mediatori praestandum erat, nempe sic in Dei gratiam nos restituere, ‖ ut faceret ex filiis hominum illius filios[q]: ex haeredibus gehennae, regni caelestis[r] haeredes. Quis hoc poterat, nisi Filius Dei fieret idem filius hominis[s], et sic nostrum acciperet ut transferret ad nos suum[t]? et[u] quod suum erat natura, nostrum faceret gratia? Hac ergo arrha freti nos esse filios Dei confidimus[v], quia naturalis Dei Filius sibi corpus de[w] corpore nostro, carnem ex[x] carne nostra, ossa

---

a) sine Med. > *VG 1560*
b) Ita Paulus, cum eum nobis mediatorem proponeret, nominatim dixit hominem. c) *1539–54* + enim d) Un. — Med.: *1536* Med., inquit, e) *1539–54* Chr. Ies. f) *1536–54* + hoc g) hom. — Dei: *1536–54* ut Dei nomen h) quia — loqu. > *1536–54* i) *1536* itaque k) *1536–54* torqueret l) nam > *1536* m) aut — perv.: *1536* quomodo ad ipsum perveniretur
n) continuo addidit, Homo est; ac si diceret, vobis propinquus est, imo contiguus, quandoquidem *(> 1536)* caro vestra est. Id scilicet designare volens, o) pl. v.: *1536–54* significantius p) *1536–54* more nost. sit q) faceret — fil.: *1536–54* ex fil. hom., fil. Dei fac. r) *1536* coel. reg. s) fier. — hom.: *1536–54* filius hominis fieret t) transf. — suum: *1536–54* suum ad nos transf. u) > *1536–54* v) Hac — conf.: *1536* Haec ergo spes nostra est, quod filii Dei sumus w) *1536* ex x) *1539–54* de

ex ossibus aptavit^a, ut idem nobiscum esset; quod nobis proprium erat, suscipere gravatus non est^b, ut vicissim ad nos pertineret quod proprium ipse habebat: atque^c ita in commune ipse nobiscum et filius Dei esset et filius hominis. ‖ Hinc sancta illa fraternitas, quam ore suo commendat, ubi dicit, Ascendo ad Patrem meum et Patrem vestrum, Deum meum et Deum vestrum [Iohan. 20. d. 17]. ‖ Hac ratione certa nobis est regni caelestis haereditas, quia unicus Dei Filius, cuius in solidum propria erat^d, ‖ nos sibi fratres adoptavit; quia^e si fratres, ergo et haereditatis consortes^f [Rom. 8. c. 17]. Adhaec apprime utile fuit hac etiam de causa^g verum esse Deum et hominem qui redemptor noster futurus esset. Eius erat mortem absorbere: quis hoc poterat nisi vita? Eius erat peccatum vincere: quis hoc poterat nisi ipsa iustitia? ‖ Eius erat mundi et aeris potestates profligare^h: quis hoc poterat nisi virtus et mundo et aere superior? ‖ Porro penes quem vita est, aut iustitia, aut caeli imperium etⁱ potestas, nisi penes solum Deum? ‖ Sese ergo clementissimus Deus in persona unigeniti^k Redemptorem nostrum fecit, dum nos redemptos voluit^l.

3. Alterum hoc nostrae cum Deo reconciliationis^m caput erat, ut homo, qui sua seⁿ inobedientia perdiderat, remedii loco obedientiam opponeret^o, iudicio^p Dei satisfaceret,^q poenas peccati persolveret. Prodiit ergo verus homo Dominus noster, Adae personam induit, nomen assumpsit, ut eius vices subiret Patri obediendo^r, ut carnem nostram in satisfactionis pretium^s iusto Dei iudicio^t sisteret: ac^u in eadem carne^{v l} poenam quam meriti eramus^w persolveret. ‖ Quum denique mortem nec solus Deus sentire, nec solus homo superare posset, humanam

---

a) *1536* nostris composuit; *1539–54* composuit   b) susc. — est.: *1536–54* ad se pertinere voluit   c) vicissim — atque: *1536* quod sibi proprium erat, ad nos pertineret; &
d) Hac ratione haereditatem regni coelestis nostram esse speramus, quia unicus Dei filius, cuius solida erat haereditas   e) *1536–54* quod   f) *1536* participes   g) Adh. — causa: *1536–54* Praeterea sic nostra referebat,   h) *1539–54* subigere   i) imp. et > *1539–54*
k) Deus — unig.: *1536–54* Dominus   l) *1536–54* + [Rom. 5. b. 8.]
m) nostrae — recon.: *1536–54* redemptionis nostrae   n) *1536* sese sua
o) remed. — oppon.: *1536–54* suam confusionem obedientia tolleret
p) *1536* ut iustitiae   q) *1536* + ut   r) eius — obed.: *1536–54* patri se obedientem pro eo exhiberet   s) satisf. pret.: *1536–54* satisfactionem   t) *1539–54* + statueret ac   u) *1539–54* ut   v) iusto — carne: *1536* iustitiae Dei statueret, ut in carne nostra; *1536–54* + peccati   w) quam — er. > *1536–54*

naturam^a cum divina^b sociavit, ut alterius imbecillitatem morti subiiceret, ad expianda peccata^c: alterius virtute luctam cum morte suscipiens, nobis victoriam acquireret^d. || Qui ergo Christum sua aut divinitate, aut humanitate spoliant, eius quidem vel imminuunt maiestatem et gloriam^e, vel bonitatem obscurant. Sed non minus altera ex parte hominibus sunt iniurii, quorum fidem ita^f labefactant et evertunt: quae nisi hoc fundamento nixa^g stare non potest. || Adde quod sperandus fuit redemptor ille Abrahae Davidisque filius, quem in Lege et Prophetis Deus promiserat; unde alterum fructum colligunt piae mentes, quod ipsa originis specie^h ad Davidem et Abraham perductae, certius agnoscunt hunc esse Christum qui tot oraculis celebratus fuit. Sed illud quod nuper exposui, praecipue tenendum est, communem naturam pignus esse nostrae cum Filio Dei societatis: carne nostra vestitum debellasse mortem cum peccato, ut nostra esset victoria et triumphus noster: carnem quam a nobis accepit, obtulisse in sacrificium, ut facta expiatione reatum nostrum deleret, et placaret iustam Patris iram.

4. His ut par est considerandis qui sedulo attentus erit, vagas speculationes facile negliget quae leves spiritus et novitatis cupidos ad se rapiunt: cuius generis est, Christum, etiamsi ad redimendum humanum genus non fuisset opus remedio, futurum tamen fuisse hominem[1]. Fateor equidem, in primo creationis ordine et integro naturae statu praefectum Angelis et hominibus fuisse caput; qua ratione dicitur a Paulo primogenitus omnis creaturae [Colos. 1. b. 15]; sed quum tota Scriptura clamet vestitum fuisse carne, ut fieret redemptor, aliam causam vel alium finem imaginari nimiae temeritatis est. Quorsum ab initio promissus fuerit Christus satis notum est: ut scilicet instauraret collapsum mundum, et perditis hominibus succurreret. Itaque sub Lege proposita fuit eius imago in sacrificiis, ut sperarent fideles Deum sibi propitium fore, postquam expiatis peccatis reconciliatus foret. Certe quum seculis omnibus,

---

a) hum. nat.: *1539–54* humanitatem   b) *1539–54* divinitate   c) subiic. — pecc.: *1539–54* in poenam subiiceret   d) luctam — acqu.: *1539–54* adversus mortem in victoriam luctaretur   e) eius — glor.: *1539–54* illius quidem vel blasphemant maiestatem *(1536* maiest. bl.)   f) altera ex — ita: *1536* fidem nostram   g) > *1536–54*   h) ipsa — spec.: *VG 1560* par le discours de l'origine

1) cf. Andr. Osiandri libellum: An filius ..., K 2 a—b, et Serveti Christianismi Restit.: De Regener. lib. I, p. 370 et 382; cf. Ambr. Blaureri quoque epistolas d. 3. Decemb. 1557 et 17. Febr. 1558 ad Calvinum datas, CR XVI 723. XVII 42.

DE COGNIT. DEI REDEMPTORIS. CAP. XII

etiam Lege nondum promulgata, nunquam sine sanguine promissus fuerit Mediator, colligimus, aeterno Dei consilio purgandis hominum sordibus fuisse destinatum: quia piaculi signum est sanguinem fundi. Sic de eo concionati sunt Prophetae, ut reconciliatorem Dei et hominum fore promitterent. Sufficiet pro omnibus unum illud in primis celebre Iesaiae testimonium, ubi praedicit percutiendum esse Dei manu propter scelera populi, ut castigatio pacis esset super eum: et Sacerdotem fore, qui se in victimam offeret: ex plagis eius fore aliis sanitatem: et quia omnes errarunt et instar ovium fuerunt dispersi, placuisse Deo illum affligere, ut omnium iniquitates ferret [Iesa. 53. b. 4. 5][1]. Ubi ad opem miseris peccatoribus ferendam Christum divinitus proprie ad'dici audimus, quisquis has metas transilit, stultae curiositati nimis indulget. Iam ubi prodiit ipse, hanc adventus sui causam esse asseruit, ut placato Deo nos a morte in vitam colligeret. Idem testati sunt de eo Apostoli. Sic Iohannes, antequam doceat Sermonem factum esse carnem[2], defectionem hominis narrat [Iohan. 1. c. 9ᵃ][3]. Sed ipse ante omnes audiendus est de officio suo disserens, Sic Deus dilexit mundum, inquit, ut Filium suum unigenitum daret[b]: ut quisquis credit in eum non pereat, sed habeat vitam aeternam [Ibidem 3. b 16]. Item, Venit hora ut mortui audiant vocem Filii Dei, et qui audierint vivant [Ibidem 5. d. 25]. Ego sum resurrectio et vita; qui credit in me, quanvis sit mortuus, vivet [Ibidem 11. c. 25]. Item, Filius hominis venit ad servandum quod perierat [Matth. 18. b. 11]. Item, Sanis non opus est medico [Ibidem 9. b. 12]. Nullus esset finis si omnia referre vellem. Uno quidem consensu ad hunc fontem nos revocant Apostoli, et certe nisi ad reconciliandum Deum venisset, concideret honor sacerdotii, quando ad deprecandum medius statuitur inter Deum et homines Sacerdos [Heb. 5. a. 1]; non esset iustitia nostra, quia pro nobis victima factus est, ut nobis peccata Deus non imputet [2. Cor. 5. d. 19]. Denique omnibus elogiis, quibus eum ornat Scriptura, spoliabitur. Concidet etiam illud Pauli, Quod impossibile erat Legi, Deum misisse Filium suum, ut in similitudine carnis peccati pro nobis satisfaceret[c] [Rom. 8. a. 3].

---

a) *1559–61 falso* + *Ibidem 10. b. 14, quod vel:* 10. *(ad praecedentia addendum, ut exstaret:* Iohan. 1. c. 9. 10.*)* *Ibidem b.* 14 *(Ioh. 1, 14; ad verba:* Sermonem factum esse carnem*), vel:* Ibidem 1. b. 14 *legendum esse verisimile est.* b) ut — dar.*: VG 1560* qu'il n'a point espargné son Fils unique: mais l'a livré à la mort c) pro — satisf.*: VG 1560* il portast nos pechez

1) Ies. 53, 4–6. 2) Ioh. 1, 14; vide not. a. 3) Ioh. 1, 9–11.

Nec stabit quod alibi docet, in hoc speculo apparuisse Dei bonitatem, et immensum amorem erga homines, dum Christus datus est redemptor [Tit. 2. c. 11]. Denique non alium finem ubique assignat Scriptura cur carnem nostram suscipere voluerit Dei Filius et hoc etiam mandatum a patre acceperit, nisi ut victima fieret ad Patrem nobis placandum. Ita scriptum est, atque ita oportuit Christum pati [Luc. 24. d. 26], et praedicari in nomine eius poenitentiam[a][1]. Propterea diligit me pater, quia animam meam pono pro ovibus: hoc mandatum dedit mihi [Iohan. 10. d. 17][2], Sicut exaltavit Moses serpentem in deserto, ita oportet exaltari Filium hominis [Ibidem 3. b. 14]. Alibi, Pater serva me ex hac hora: sed propterea veni in hanc horam. Pater glorifica filium [Ibidem 12. d. 27. 28]. Ubi clare finem assumptae carnis assignat, ut victima et piaculum fiat abolendis peccatis. Eadem ratione pronuntiat Zacharias, secundum promissionem datam patribus venisse: ut illuminet qui in umbra mortis sedebant [Luc. 1. g. 79]. Haec omnia meminerimus de Filio Dei praedicari, in quo alibi Paulus omnes scientiae et sapientiae thesauros absconditos esse testatur [Colos. 2. a. 3], et praeter quem nihil se scire gloriatur [1. Cor. 2. a. 2].

5. Siquis excipiat, horum nihil obstare quominus idem Christus, qui damnatos redemit, testari etiam potuerit suum erga salvos et incolumes amorem, eorum carnem induendo[3]: brevis responsio est, quum pronuntiet Spiritus, aeterno Dei decreto coniuncta simul haec duo fuisse, ut fieret nobis redemptor Christus, et eius¹dem naturae particeps, fas non esse longius inquirere. Nam quem titillat plus aliquid sciendi cupiditas, immutabili Dei ordinatione non contentus, ostendit etiam ne hoc quidem Christo, qui nobis in pretium redemptionis datus est, se contentum esse. Nec vero Paulus solum recitat quorsum missus fuerit, sed ad sublime praedestinationis mysterium conscendens, omnem humani ingenii lasciviam et pruritum opportune compescit. Elegit nos in Christo Pater ante mundi creationem ut adoptaret in filios secundum propositum voluntatis suae, et acceptos habuit in Filio dilecto, in quo habemus redemptionem per sanguinem eius [Ephes. 1. a. 4. 5][4]. Hic certe non praesupponitur Adae lapsus quasi tempore superior: sed quid ante secula statuerit Deus ostenditur, quum mederi vellet humani generis miseriae. Si rursum obiiciat adversarius, consilium hoc Dei pependisse ex hominis ruina quam

---

a) *VG 1560* + dit-il en sainct Luc: et en sainct Iean de mesme,

1) rectius Luc. 24, 46 sq. 2) Ioh. 10, 17 sq. 3) cf. Osiandri: An filius..., K 2 a. 4) Eph. 1, 4–7.

DE COGNIT. DEI REDEMPTORIS. CAP. XII 443

praevidebat: mihi satis superque est, impia audacia ad fingendum novum Christum prorumpere, quicunque sibi de Christo plus inquirere permittunt vel scire appetunt, quam Deus arcano suo decreto praedestinavit. Ac merito Paulus, ubi de
5 proprio Christi officio ita disseruit, precatur Ephesiis spiritum intelligentiae, ut comprehendant quae sit longitudo, sublimitas, latitudo et profunditas: nempe charitas Christi quae omnem scientiam supereminet [Ephes. 3. c. 16. 17. 18][1]: acsi data opera cancellos mentibus nostris circundaret, ne a gratia
10 reconciliationis tantillum declinent quoties fit Christi mentio. Quare quum fidelis hic sermo sit, teste Paulo, Christum venisse ut peccatores salvos faceret [1. Tim. 1. c. 15]: in eo libenter acquiesco. Et quum alibi doceat idem Apostolus gratiam quae nunc per Evangelium manifestata est, datam nobis fuisse in
15 Christo ante tempora secularia [2. Tim. 1. c. 9]: ad finem usque constanter in ea manendum statuo. Huic modestiae inique obstrepit Osiander, qui hanc quaestionem a paucis ante leviter motam[2], rursus hoc tempore infoeliciter agitavit. Confidentiae eos insimulat qui Filium Dei negant appariturum in
20 carne fuisse, si non cecidisset Adam: quia nullo Scripturae testimonio commentum hoc repudietur[3]. Quasi vero perversae curiositati frenum non iniiciat Paulus, ubi de redemptione per Christum parta loquutus, mox iubet stultas quaestiones fugere [Tit. 3. c. 9]. Eousque erupit quorundam vaesania, dum prae-
25 postere acuti videri appetunt, ut quaererent an naturam asini assumere potuerit Dei filius[4]. Hoc portentum, quod pii omnes tanquam detestabile merito exhorrent, hoc praetextu excuset Osiander quod nusquam diserte in scriptura refellitur. Quasi vero dum nihil pretiosum aut dignum cognitu Paulus ducit
30 praeter Christum crucifixum [1. Cor. 2. a. 2], asinum salutis authorem admittat. Ergo qui alibi Christum praedicat aeterno Patris consilio in caput fuisse ordinatum ut omnia colligeret [Ephes. 1. d. 22], nihilo magis alium agnoscet cui nullae redimendi partes iniunctae sint.
35 6. Quod autem iactat principium prorsus frivolum est. Hominem vult creatum esse ad imaginem Dei, quia formatus

---

1) Eph. 3, 16-19. 2) cf. Osiandri: An filius . . ., A 4 a—B 1 a, ubi ille Alexandrum Alesium et Duns Scotum et praecipue Ioh. Picum Mirandulanum patronos suae opinionis enumerat (Alexander Alesius,
40 Summa universae theologiae III qu. 2, membr. 13 [ed. Nurenberg. 1482]; D. Scotus, In sent. III dist. 7. q. 3, 3. Opp. 14, 354b sq.; Ioh. Picus Mirandulanus, Conclusiones in theologia num. XXIX, Concl. 15, Opp. 1557, p. 94). 3) Osiander, An filius . . ., B 1 b. 4) Guilh. de Ockam, Centilogium theol., concl. 7. A.

fuerit ad exemplar futuri Christi, ut illum referret quem iam
Pater carne vestire decreverat[1]. Unde colligit, si nunquam
excidisset Adam a prima sua et integra origine, Christum tamen
futurum fuisse hominem[2]. Quam istud et nugatorium sit et contortum, per se intelligunt omnes sano iudicio praediti; interea[a]
primum se vidisse putat quid esset imago Dei[3], quod scilicet
non solum in dotibus eximiis, quibus ornatus fuerat, relucebat
Dei gloria, sed essentialiter in eo habitabat Deus[4]. Ego vero
ut concedam imaginem Dei Adam gestasse quatenus Deo
coniunctus erat (quae vera est ac summa dignitatis perfectio)
Dei tamen similitudinem non alibi quaerendam esse contendo
quam in illis praestantiae notis quibus Adam Deus insigniverat
prae aliis animantibus[b]. Ac Christum quidem iam tunc fuisse
imaginem Dei uno consensu fatentur omnes: et proinde quicquid excellentiae insculptum ipsi Adae fuit, inde manasse quod
per unigenitum filium ad opificis sui gloriam accederet. Ad
imaginem ergo Dei conditus est homo [Gen. 1. d. 27], in quo
suam gloriam creator ipse conspici quasi in speculo voluit.
In hunc gradum honoris evectus fuit unigeniti filii beneficio,
sed addo filium ipsum tam Angelis quam hominibus commune
fuisse caput: ita ut quae in hominem collata fuerat dignitas,
ad Angelos quoque pertineret. Neque enim dum audimus vocari filios Dei [Psal. 82. a. 6], consentaneum esset negare inditum
illis fuisse aliquid quo patrem referrent. Quod si tam in Angelis
quam in hominibus repraesentari suam gloriam et in utraque
natura conspicuam esse voluit, inscite nugatur Osiander, Angelos
fuisse tunc posthabitos hominibus, quia non gestarent Christi
figuram[5]. Neque enim praesenti Dei intuitu assidue fruerentur,
nisi ei essent similes; nec aliter docet Paulus renovari homines
ad imaginem Dei [Colos. 3. b. 10], quam si Angelis socientur,
ut simul inter se cohaereant sub uno capite. Denique, si Christo
creditur, haec ultima erit nostra foelicitas, ubi in caelos erimus
recepti, conformes esse Angelis[6]. Quod si inferre Osiandro licet,
primarium imaginis Dei exemplar fuisse in Christo homine[7], eodem iure contendet quispiam Christum oportuisse fieri Angelicae
naturae consortem, quia ad illos quoque pertineat imago Dei.

7. Non est igitur cur metuat Osiander[c] Deum posse mendacem deprehendi nisi in eius mente prius fuisset de Filio incar-

---

a) *VG 1560* + ceste homme farcy d'orgueil   b) prae — anim.:
VG 1560 par dessus tous animaux   c) *VG 1560* + comme il pretend

1) Osiander, l. c. E 3 a—4 a. G 4 a.   2) l. c. G 4 b.   3) l. c. E 1 b—2 a.
4) cf. l. c. E 2 b; E 1 b.   5) l. c. F 1 a.   6) Mtth. 22, 30.   7) l. c. D 1 b;
C 3 a.

nando decretum fixum et immutabile¹: quia si non collapsa fuisset Adae integritas, similis fuisset Deo cum Angelis: neque tamen propterea necesse fuisset Filium Dei fieri vel hominem vel Angelum. Frustra etiam absurdum illud metuit, nisi immu-
5 tabili Dei consilio ante creatum hominem Christus fuisset nasciturus, non ut redemptor, sed ut primus homo, ne a sua praerogativa excideret: quando iam nonnisi per accidens natus esset, ut scilicet instauret perditum genus humanum: ut inde inferat,¹ creatum igitur fuisse ad imaginem Adae². Cur enim
10 horrebit quod tam aperte docet Scriptura, similem nobis fuisse factum per omnia, excepto peccato [Heb. 4. d. 15]? unde et Lucas filium Adae in genealogia censere non dubitat [Luc. 3. g. 38]. Scire etiam velim cur a Paulo Christus vocetur secundus Adam [1. Cor. 15. f. 47], nisi quia destinata ei fuit
15 humana conditio, ut ex ruina erigeret Adae posteros. Nam si creationem ordine illa praecessit, dicendus fuit primus Adam. Secure affirmat Osiander, quia iam Christus homo praecognitus erat in mente Dei, homines ad hoc exemplar fuisse formatos³. Paulus autem secundum Adam nominans, inter primam ho-
20 minis originem et restitutionem quam per Christum consequimur, mediam statuit defectionem, ex qua naturae in pristinum ordinem reformandae necessitas; unde sequitur, eandem Filio Dei nascendi fuisse causam, ut homo fieret. Interea male et insulse ratiocinatur Osiander, Adam, quandiu integer ste-
25 tisset, futurum imaginem fuisse suiipsius, non Christi⁴. Respondeo ex opposito, quia etsi nunquam induisset carnem Dei Filius, fulgebat nihilominus et in corpore et in anima eius ᵃ imago Dei: in cuius radiis semper apparuit, Christum esse vere caput, et primatum tenere in omnibus. Atque ita solvitur
30 futilis argutia, quam ventilat Osiander, carituros fuisse Angelos hoc capite nisi Deo propositum fuisset Filium suum carne vestire, etiam citra Adae culpam⁵. Nimis enim inconsiderate arripit quod nemo sanus concedet, Christo non competere primatum in Angelos, ut fruantur eo principe ᵇ, nisi quatenus est homo⁶.
35 Atqui facile elicitur ex Pauli verbis, quatenus aeternus est Dei sermo, primogenitum esse omnis creaturae [Colos. 1. b. 15], non quod creatus sit, vel numerari inter creaturas debeat: sed quia integer mundi status, qualis ab initio fuit summa pulchritudine insignis, non aliud principium habuit: deinde

40 a) et in corp. — eius: *VG 1560* en noz corps et en noz ames
b) ut — princ. > *VG 1560*

1) l. c. G 4 a.   2) l. c. G 4 b—H 1 a.   3) l. c. G 4 b.   4) l. c. H 1 b.
5) l. c. H 4 a.   6) l. c. H 3 b—4 b.

quatenus homo factus est, primogenitum esse ex mortuis [Colos. 1. c. 18]. Utrunque enim uno et brevi contextu considerandum proponit Apostolus, per Filium creata fuisse omnia, ut Angelis dominetur [Ibidem c. 16]: et hominem esse factum ut redemptor esse inciperet[1]. Eiusdem inscitiae est quod homines dicit carituros fuisse Christo rege, nisi homo fuisset[2]. Quasi vero non potuerit constare regnum Dei, si aeternus Dei Filius, licet non indutus humana carne, Angelis et hominibus in societatem caelestis gloriae suae et vitae collectis, primatum ipse tenuisset. Sed in hoc falso principio semper hallucinatur, vel sibi praestigias facit, Ecclesiam fuisse ἀκέφαλον futuram, nisi apparuisset in carne Christus[3]. Quasi vero, sicuti eo capite fruebantur Angeli, non etiam divina sua virtute praeesse hominibus potuerit, et arcana virtute Spiritus sui vegetare ipsos et fovere, instar corporis sui, donec in caelum collecti eadem cum Angelis vita fruerentur. Quas hactenus refutavi naenias, pro firmissimis oraculis ducit Osiander, nempe ut suarum speculationum dulcedine inebriatus, ridiculos paeanas de nihilo efflare[1] solet. Unum vero postea dicit[4] longe firmius se afferre, prophetiam Adae scilicet, qui uxore sua conspecta dixit, Hoc nunc os ex ossibus meis, et caro de carne mea [Gen. 2. d. 23]. Unde autem prophetiam esse evincit? nempe quia eundem sermonem Christus apud Matthaeum Deo tribuit. Quasi vero quicquid per homines loquutus est Deus, vaticinium aliquod contineat. Vaticinia in singulis Legis praeceptis quaerat Osiander, quae a Deo authore profecta esse constat[a]. Adde quod[b] rudis et terrenus fuisset Christus in literali sensu subsistens[5]. Quia non de mystica unione qua Ecclesiam dignatus est disserit, sed tantum de fide coniugali: ob hanc causam Deum pronuntiasse docet, virum et uxorem fore carnem unam, ne insolubile illud vinculum quisquam divortio violare tentet. Haec simplicitas si Osiandro sordet, Christum reprehendat, quia discipulos ad mysterium non traduxerit, Patris dictum subtilius interpretando[c]. Nec vero eius delirio suffragatur Paulus, qui ubi dixit

---

a) Vatic. — const.: *VG 1560* Par ce moyen il faudroit qu'en chacun precepte de la Loy il y eust prophetie, veu que tous ont esté donnez de Dieu   b) Ad. quod: *VG 1560* Mais il y auroit bien pis, si nous voulions croire ce fantastique: car   c) quia — interpr.: *VG 1560* de ce qu'il n'a point abreuvé ses disciples de ceste belle allegorie que luy nous met en avant: et par ainsi n'a pas interpreté assez subtilement le dire de son Pere

1) Col. 1, 14.   2) l. c. I 1 a.   3) l. c. I 1 b.   4) ad sqq. cf. l. c. I 2 b—3 a.   5) Mtth. 19, 4-6.

nos esse carnem de carne Christi, mox adiungit, magnum hoc esse mysterium [Ephes. 5. g. 30][1]. Neque enim quo sensu hoc protulerit Adam referre voluit, sed sub figura et similitudine coniugii sacram coniunctionem proponere, quae nos unum cum
5 Christo facit; et hoc verba sonant: quia se de Christo et Ecclesia hoc dicere admonens, correctionis loco a lege coniugii discernit spiritualem Christi et Ecclesiae coniunctionem. Quare facile evanescit haec futilitas. Nec vero mihi necesse arbitror similes quisquilias discutere: quia ex brevissima hac refutatione de-
10 prehendetur omnium vanitas. Haec quidem sobrietas filiis Dei solide pascendis[a] abunde sufficiet, quum venit plenitudo temporum, missum fuisse Filium Dei factum ex muliere, factum sub Lege, ut eos qui sub Lege erant redimeret [Galat. 4. a. 4].

Christum veram humanae carnis substantiam induisse. CAP. XIII.

1. DE Christi divinitate, quae alibi claris et firmis testimoniis probata est[2], nunc iterum disserere supervacuum, nisi fallor, esset[b]. || Videndum igitur restat quomodo carne nostra in-
20 dutus Mediatoris partes impleverit. || Ac humanae quidem naturae veritas olim tam[c] a Manichaeis quam[d] a Marcionitis impugnata est[e]: quorum hi quidem spectrum pro Christi corpore sibi fingebant[f 3], illi autem caelesti carne praeditum somniabant[4]. Sed utrisque Scripturae testimonia et multa et valida
25 resistunt. Non enim[1] vel in caelesti semine, vel in hominis larva benedictio promittitur, sed in semine Abrahae et Iacob [Gen. 17. a. 2. 22.[g] d. 18. 26. a. 4]; neque homini aereo promittitur thronus aeternus, sed Davidis filio, et fructui ventris eius [Psal. 45. b. 7][h]; unde et in carne exhibitus, filius vocatur Davidis
30 et Abrahae [Matth. 1. a. 1]: non ideo tantum quod ex Virginis

---

a) sol. pasc. > *VG 1560*
b) Divinitatem pluribus demonstrare, supervacuum, nisi fallor, iam esset;   c) Ac — tam: *1539–54* humanitatis veritas partim
d) *1539–54* partim   e) *VG 1541–51* + lesquelz ont tasché de la
35 renverser; Ac — est: *VG 1560* Or iadis les Manichéens et Marcionites ont tasché d'aneantir la verité de sa nature humaine   f) pro Chr. — fing.: *1539–54* Christo pro corpore affingebant   g) *sic recte 1553–54; 1559–61 falso* 12.   h) *1539–54* [Psal. 132. c. 11]

1) Eph. 5, 30–32.   2) lib. I 13, 7–13; p. 116 sqq.   3) cf. Aug., Serm.
40 75, 7, 8 MSL 38, 477; Confess. V, 9, 16 MSL 32, 713 CSEL 33, 103. etc.
4) cf. Tert., De carne Christi, c. 6. 8 ed. Oehler vol. 2, 436. 442 sq.; Pseudo-Tert., Adv. omnes haereses, 6. CSEL 47, 223.

utero natus sit, in aere autem creatus[a]: sed quia (Paulo interprete)[b] secundum carnem factus sit ex Davidis semine [Rom. 1. a. 3] ‖ : sicut alibi docet idem Apostolus eum descendisse ex Iudaeis[c] ‖ [Ibidem. 9. a. 5]. Quamobrem Dominus ipse non contentus hominis nomine, filium quoque hominis[d] subinde se appellat, clarius exprimere[e] volens se hominem esse ex hominis semine vere[f] progenitum. Quum Spiritus sanctus toties per tot organa, tantaque diligentia et simplicitate rem per se non[g] abstrusam enarraverit[h], quis cogitasset tanta ullos mortales[i] impudentia fore qui offucias adhuc spargere auderent? Et tamen alia etiamnum testimonia ad manum[k] se offerunt, si congerere plura libeat; quale est illud Pauli, Deum misisse Filium suum factum ex muliere [Galat. 4. a. 4]: et innumera, quibus fami, siti, frigori, aliisque naturae nostrae infirmitatibus obnoxium fuisse constat. At ex multis deligenda sunt ea potissime quae animis in vera fiducia aedificandis conducere queant: ut quum dicitur Angelis nequaquam tantum honoris detulisse, ut eorum naturam assumeret: sed nostram assumpsisse, ut in carne et sanguine per mortem destrueret[l] eum qui potiebatur[m] mortis imperio[n] [Heb. 2. d. 16)][1]. Item, eius communicationis beneficio nos fratres eius censeri: Item, debuisse fratribus similem fieri, ut misericors esset ac[o] fidelis intercessor [Ibidem. 2.[p] c. 11, et d. 17]: nos Pontificem non habere qui non possit compati infirmitatibus nostris[q] [Ibidem. 4. d. 15]: et similia. ‖ Eodem[r] [2]

a) in — creat.: *VG 1560* et qu'il n'eust pas esté procreé de sa semence   b) (P. int.) > *1539-54*
c) quemadmodum interpretatur Paulus: qui etiam alibi docet eum ex Iudaeis descendisse   d) fil. — hom.: *1539-54* hominis filium
e) clar. expr.: *1539-54* Indicare   f) > *1539-54*   g) *1539-54* + multum   h) *1539-54* enarrasset   i) *1539-54* homines   k) *1539-54* ad man. testim.   l) *1539-54* destr. per mort.   m) *1539-54* habebat
n) *1539-54* imperium   o) *1539-54* &   p) *sic recte 1553-54; 1559-61 falso* 1.   q) *1539-54* nostr. infir.; VG 1541 sqq.* + veu qu'il en a esté tenté   r) *(Eodem)* — asseritur: *exstant in epistola Calvini ad Micronium, CR X 1, 168. Textum Corporis Ref. contulimus cum eo, quem Beza primum typis exprimendum curavit in: Ioannis Calvini epistolae et responsa, Genevae, 1575.*

1) Hebr. 2, 16. 14.   2) A Calvino verbis sequentibus usque ad finem huius capitis ex Anabaptistarum numero Mennonem Simonis impugnari ex eo apparet, quod, quae sequuntur, ex epistola Calvini ad Micronium verbi divini ministrum deprompta sunt, in qua argumenta a Mennone ad doctrinam suam probandam prolata certo ordine digesta refutat (CR Calv. opp. X 1, 167 sqq.). Micronius, postquam cum Mennone disputavit et libellis ultro citroque missis disceptavit, Calvinum oraverat, ut, quid

DE COGNIT. DEI REDEMPTORIS. CAP. XIII   449

pertinet quod paulo ante attigimus[a][1], oportuisse in carne nostra expiari peccata mundi;[b] quod a Paulo clare[c] asseritur[d] [Rom. 8. a. 3]. Ac certe ideo[e] ad nos pertinet quicquid Christo contulit Pater, quia caput est ex quo totum corpus per iuncturas con-

---

a) Eod. — att.: *ep.* Quum dicimus   b) *ep.* + frustra hoc principium convellere nititur Menno   c) *ep.* clare a P.   d) *ep.* + 5. ad Rom. cap. *(5, 19); sqq. exstant in ep. l. c. p. 169*   e) Ac — id.: *ep.* Nam inde certe

de Mennonis doctrina sentiret, litteris consignaret (cf. CR X 1,167). Haec Micronii ad Calvinum epistula aetatem non tulit, sed e proxima Micronii epistula, cui „Nordae 1558 pridie Calendas Martii" subscriptum est, aliquid de ea cognoscimus. Ibi enim haec scripta sunt: „Miseram ad te superiori anno praecipua doctrinae Mennonis capita de Christi Domini incarnatione, ut consilio et ope tua ad respondendum Mennoni iuvarer. Scripsit is libellum nominatim adversum me, in quo ea argumenta omnia copiose tractat quae in compendium redacta pietati tuae transmiseram. Verum quod nihil ad ea mihi responderis, seriis et ecclesiae Christi longe utilioribus negotiis tuis id tribuo ... Quin precor ut nimiae audaciae meae ignoscas quod tibi hoc oneris imponere voluerim, qui lucubrationibus tuis doctissimis debueram esse contentus. In animo erat Mennoni quamprimum respondere: sed partim scriptione apologiae contra Westphalum, partim diuturno morbo autumnali impeditus, in hoc usque tempus differre coactus sum responsum meum, quod aggredi iam est constitutum. Cui labori meo si Dominus suo spiritu adesse dignabitur, eum spero non cariturum fructu apud nostrates ..." (CR XVII 68).

Ex eo efficitur Calvini de Mennone iudicium, quod litteris mandatum Micronio misit, sic natum esse: Menno anno 1556 libellum nominatim adversum Micronium scripserat, cui inscriptum est: „Een gants duytlijck ende bescheyden antwoort ... op Martini Microns Antichristische leere ... Met noch een hertgrondelijcke scherpe Sendtbrief", qua relationem a Micronio de disputatione editam impugnat. Mennoni insectanti responsurus Micronius argumentis a Mennone copiose tractatis anno 1557 („superiori anno") in compendium redactis et ad Calvinum transmissis ab eo petivit, ut se consilio suo adiuvaret, hac prece addita, ut quid ei placeret, rescriberet. Sed cum responsum non tulisset, alteram epistulam, quae ad tempora nostra mansit, ad Calvinum scripsit, qua eum perplexe oravit, ut, quid de Mennonis doctrina sentiret, secum communicaret. Sed ex epistula a Calvino die 23. Februarii 1559 ad Micronium scripta eum iam, cum primum rogatus esset, anno 1557, sententiam de Mennone litteris consignatam Micronio misisse, sed eam in itinere amissam esse cognoscimus (cf. CR XVII 444). Quod responsum nunquam in manus Micronii venisse videtur; nam ei iterum petenti transscriptum missum esse non putamus. Libellum autem in Mennonem, quem moliebatur, anno 1558 conscripsit („Een Apologie of verandtwoordinghe"; vide RE[3] XIII 57, 55 sq.). — Nostra interest scire Calvini de Mennone sententiam, quae magnam partem in Institutionem

nexum simul coalescit [Ephes. 4. d. 16]. Imo non aliter conveniet quod dicitur, Spiritum ei datum esse absque mensura[2], ut de plenitudine eius hauriamus omnes [Iohan. 1. b. 16]: quando nihil absurdius quam[a] Deum in sua essentia adventitio dono locupletari. Hac etiam ratione dicit alibi Christus ipse[b], Ego propter eos sanctifico meipsum [Iohan. 17. c. 19].

2. Quos vero in erroris sui confirmationem locos proferunt, nimis inepte contorquent: ‖ nec quicquam frivolis argutiis[c] proficiunt, ubi diluere conantur quae iam ex parte nostra adduxi. ‖ Marcion phantasma pro corpore Christum induisse imaginatur: quia[d] dicatur alicubi in similitudinem hominis factus, et figura compertus ut homo [Philip. 2. a. 7]. Sed ita[e] minime expendit[f] quid illic agat Paulus; non enim quale sibi corpus sumpserit Christus vult docere[g]: sed quum[1] iure divinitatem suam[h] exerere[i] posset, nihil prae se tulisse nisi quod erat abiecti contemptique[k] hominis. ‖ Nam, ut eius exemplo nos hortetur ad submissionem[1], ostendit, quum Deus[m] esset, potuisse mundo[n] gloriam suam conspicuam statim proponere[o]: cessisse tamen iure suo, et[p] sponte seipsum exinanisse: ‖ quia scilicet imaginem servi induit, et ea humilitate contentus, carnis velamine suam divinitatem abs-

a) quando — quam: *ep.* Nisi forte Mennoni absurdum non est,
b) al. — ipse: *ep.* Chr. ipse Ioan. 17   c) friv. arg. > *VG 1560*
d) *1539* qui   e) *1539* quia   f) Sed — exp.: *VG 1541-51* Mais il s'abusoit, en ce qu'il ne consideroit pas   g) *1539-54* explicare
h) div. suam: *1539-54* divinam suam maiestatem   i) *1543 male exercere*   k) abi. cont. > *1539-54*   l) hort. ad subm.: *1543-54* ad subm. instituat   m) *VG 1560* + immortel   n) *1543-54* hominibus
o) stat. prop.: *1543-54* exhibere   p) > *1543-54*

recepta est (sic Calvinus tandem aliquando Micronio opitulari potuit), anno 1557 litteris mandatam esse et illo Mennonis libello a Micronio excerpto niti. — Quod Calvinus initio responsi sui Mennonis doctrinam sibi non incognitam fuisse dicit (CR X 1,167), hoc sibi non vult eum illos Mennonis libros lingua Germaniae inferioris scriptos ipsos legisse. Sed iam mense Martio anni 1545 Hardenberg quidam mandatu Iohannis a Lasco „Defensionem verae semperque in ecclesia receptae doctrinae de Christi incarnatione adversum M. Simonis Anabaptistarum doctorem" ad Calvinum miserat (CR XII 50), quam Iohannes a Lasco anno 1545 in libellum Mennonis anno 1545 latine scriptum emiserat (qui in hollandicum translatus sub inscriptione „Een corte ende clare Belijdinghe" etc. in Operibus omnibus 1681, p. 517 sqq. invenitur). Hardenbergium etiam libellum Mennonis epistulae suae addidisse e verbis eius cum aliqua probabilitate conici non potest. Num Calvino anno 1557 sententiam de Mennonis doctrina ferenti libellus Iohannis a Lasco ad manum fuerit, incertum est. Vide infra p. 453, not. 2.

1) supra c. 12, 3; p. 439 sq.   2) Ioh. 3, 34.

condi passus est[a][1]. || Hic certe non docet quid fuerit Christus[b], sed qualiter se gesserit. || Quinetiam [c]ex toto contextu facile colligitur, in vera hominis natura exinanitum fuisse Christum[2]. Quid enim hoc sibi vult, figura repertum fuisse tanquam hominem, nisi quia ad tempus non resplenduit divina gloria, sed tantum in vili et abiecta conditione[d] apparuit humana species ? [e]Nec vero aliter constaret illud Petri, mortuum fuisse carne, vivificatum spiritu [1. Pet. 3. d. 18], nisi infirmus fuisset Filius Dei in hominis natura[3]. Quod Paulus clarius explicat, passum fuisse asserens pro carnis infirmitate [2. Cor. 13. b. 4]. [f]Atque huc pertinet exaltatio, quia diserte novam gloriam adeptus fuisse dicitur Christus, postquam seipsum exinanivit; quod apte non quadraret nisi in hominem carne et anima praeditum. || Manichaeus aereum fabricatur corpus, quia vocetur Christus secundus Adam de caelo caelestis [1. Cor. 15. f. 47]. At neque illic essentiam corporis caelestem inducit Apostolus, sed vim spiritualem, quae a Christo diffusa nos vivificat. || Porro eam, ut vidimus, Petrus et Paulus ab eius carne separant. || Quin potius ex eo loco egregie stabilitur quae inter orthodoxos[g] de Christi carne viget doctrina[h]. Nisi enim unam haberet nobiscum corporis naturam Christus, inanis esset ratiocinatio quam tanta vehementia Paulus prosequitur, Si Christus resurrexit, nos quoque resurrecturos: si non resurgimus[i], neque Christum resurrexisse [1. Cor. 15.[k] c. 16][1]. || Quibuscunque cavillis elabi conentur sive Manichaei veteres, sive recentes eorum discipuli, non se expediunt. [m]Putidum est effugium, quod nugantur Christum[n]

a) Induisse enim imaginem servi, et ea humilitate contentum, carnis velamine divinitatem abscondisse. Deinde ne crucis ignominiam refugisse, ut se Patri obsequentem redderet   b) Hic — Chr.: *VG 1545–51* Certes il n'est pas là question, de quelle substance il estoit; *VG 1560* Il ne deduit pas donc quel a esté Iesus Christ en sa substance   c) ex — species *(lin. 6): exstant in ep. p. 171*   d) in — cond. > *ep.*   e) *ad sqq.* — *lin. 10 cf. ep. p. 172*   f) Atque — exinanivit *(lin. 12): exstant in ep. p. 171*   g) *1539–54 ab orthodoxis*   h) vig. doct.: *1539–54 sententia tenetur;* Quin — doct.: *VG 1541–51* Plustost au contraire la sentence que tiennent les fideles de la vraye nature humaine de Iesus Christ, est tresbien confermée en ce passage là.; *VG 1560* mesmes par ce passage la doctrine que nous tenons avec tous Chrestiens, quant à la chair de Iesus Christ, est tresbien establie   i) *1539–54* resurgamus   k) > *1559*   l) *1553–54* [Ibidem b. 13.]   m) Putidum — fluxit *(p. 452, 10): exstant in ep. p. 168*   n) quod — Chr. > *ep.*

1) cf. Phil. 2, 5–7.   2) cf. Mennonis „Antwoort", 1556, f. 5 a—b (Mennonis Opera omnia, 1681, p. 552 b—553 a; cf. ib. p. 371 b—372 a [Eyne clare Bekentenisse]).   3) cf. l. c. f. 88 a—b (Op. p. 590 a).

dici Filium hominis quatenus[a] hominibus promissus est[1];[b] siquidem palam[c] est, Hebraico more vocari filium hominis verum hominem. Christus vero[d] haud dubie phrasin linguae suae retinuit[e]. Quid etiam[f] per filios Adam intelligi conveniat, extra controversiam esse debet. Ac (ne longius abeamus) locus Psalmi octavi, quem ad Christum Apostoli accommodant, abunde sufficiet[g], Quid est homo, quod memor es eius, aut filius hominis, quod[h] visitas eum?[2] Hac figura exprimitur vera Christi humanitas: quia etsi non fuerit ex patre mortali immediate genitus, origo tamen eius[i] ex Adam fluxit. Nec vero aliter staret quod iam citavimus[3], Christum participem factum carnis et sanguinis, ut pueros sibi aggregaret ad obsequium Dei[k] [Heb. 2. d. 14][4]; quibus verbis aperte Christus eiusdem nobiscum naturae socius et consors statuitur[l]. Quo etiam sensu dicit [m]ex uno esse[n] authorem sanctitatis, et eos qui sanctificantur[o].[l] Nam id referri ad naturae societatem[p] ex contextu evincitur: quia mox subiicit[q], Ideo non erubescit eos vocare fratres [Ibidem. 2. c. 11]. Si enim[r] prius dixisset fideles ex Deo esse, in tanta dignitate quaenam esset erubescentiae ratio? Sed[s] quia pro immensa[t] gratia ad sordidos et ignobiles se aggregat Christus, ideo dicitur non erubescere[u]. Frustra autem obiectant[v], impios hoc modo[w] fore Christi fratres[5]: quia scimus filios Dei non ex carne et sanguine, sed ex Spiritu nasci per fidem. Proinde fraternam coniunctionem[x] non facit sola caro[y]. Tametsi autem Apostolus hunc honorem assignat solis fidelibus, quod ex uno[z] sint cum Christo, non tamen sequitur quominus

[350]

a) *ep.* quia; *1559-61 falso* + ab   b) *ep.* + Secundum vero commentum adducens Menno, satis declarat effugia se quaerere. c) siqu. pal.: *ep.* Pal. vero   d) Chr. vero: *ep.* Nam Chr.   e) Chr. — ret. > *VG 1560*   f) *ep.* autem   g) ab. suff.: *ep.* omnem controversiam dirimit   h) *ep.* quia   i) Hac — eius: *ep.* Quod de masculino genere nugatur[6], colore prorsus caret: quia Filius hominis vocatur, cuius origo vere   k) ut — Dei: *VG 1560* pour assembler les enfans de Dieu en un   l) Nec — stat.: cf. *ep. p. 171 fin.*   m) ex — refertur *(p. 453, 9):* exstant in *ep. p. 171*   n) *ep.* + dicit   o) *ep.* + nempe ex Deo   p) Nam — soc.: *ep.* Atqui potius intelligi naturae communicationem   q) quia — subi.: *ep.* Continuo enim post subiicit Apostolus r) *ep.* autem   s) *ep.* + ideo non erubescere dicitur Christus   t) *ep.* + sua   u) Chr. — erub. > *ep.*   v) *ep.* obiectat Menno   w) hoc modo: *ep.* alioqui   x) *ep.* communicationem   y) *ep.* carnis societas; *ep. hic nonnulla inserit.*   z) *VG 1560* d'une substance

1) l. c. f. 36 b—37 a, 83 a (p. 566 b, 587 b).   2) Ps. 8, 5.   3) sect. 1, p. 448, not. 1.   4) cf. l. c. f. 6 a—b (p. 553 a—b; cf. ib. p. 376 b sqq.). 5) l. c. f. 6 b—7 a, 37 b (p. 553 a—b, 566 b).   6) l. c. f. 77 a (p. 584 b).

ex eodem fonte nascantur increduli^a; quemadmodum ubi dicimus Christum factum esse hominem ut nos faceret Dei filios, non extenditur haec loquutio ad quoslibet: quia fides media interponitur, quae nos in Christi corpus spiritualiter inserit.
De primogeniti etiam nomine rixam inscite movent. Causantur^b Christum debuisse ex Adam nasci statim ab initio, ut primogenitus esset^c inter fratres [Rom. 8. f. 29][1]. Primogenitura enim non ad aetatem, sed ad gradum honoris et virtutis eminentiam refertur^d. Nihilo etiam plus coloris habet quod garriunt Christum hominem assumpsisse, non Angelos [Heb. 2. d. 16], quia in gratiam receperit humanum genus^e[2]. Nam ut^f amplificet honorem quo nos Christus dignatus est, Angelos nobis comparat, qui posthabiti fuerunt hac in parte^g. Ac, ^hsi probe expenditur Mosis testimonium, ubi semen mulieris dicit contriturum caput serpentis [Gen. 3. c. 15], litem prorsus decidetⁱ. Neque enim de uno duntaxat Christo illic sermo habetur, sed de toto humano genere[3]. Quoniam acquirenda nobis erat a Christo victoria^k, generaliter pronuntiat Deus posteros mulieris superiores fore Diabolo. Unde sequitur, Christum ex humano genere esse progenitum:[1] quia^m consilium Dei est, Evam quam alloquitur, bona spe erigere, ne moerori succumbat.

a) quom. — incr.: *VG 1560* que les incredules n'ayent une mesme origine de chair   b) De — Caus.: *ep.* Nimis impie et scelerate obiicit   c) Christum — esset: *ep.* deb. Chr. stat. ab. in. ex Ad. nasci, quum pr. sit   d) *VG 1560* + que Iesus Christ a par dessus tous; sqq. Nihilo — parte *(lin. 13)* eadem fere exst. in ep. p. 172.
e) Nihilo — gen.: *ep.* Locus ex secundo ad Hebraeos, ubi dicit Apostolus, Christum sumpsisse semen Abrahae, impium Mennonis et Serveti commentum repudiat, quod receperit Christus in gratiam homines   f) Nam ut: *VG 1560* Car l'Apostre, pour   g) Nam — parte: cf. ep. p. 172   h) si — erigere *(lin. 21)*: exst. in ep. p. 169
i) si — dec.: cf. ep. l. c.   k) Quon. — vict.: *ep.* Verum quidem est partam esse a Christo victoriam, sed   l) *ep.* + Totum vero sensum pervertunt Cabalisticae Mennonis allegoriae, quod mulier dicatur Ecclesia,[4]   m) *VG 1560* veu qu'un tel bien est fondé en luy. Car

1) l. c. f. 37 b (p. 566 b).   2) Cum hoc commentum non in Mennonis libello, qui „Antwoort", sed in eo, qui „Eyne clare Bekentenisse" inscribitur, reperiatur (Op. p. 378 b), quem Menno in Iohannem a Lasco scripsit, sed anno demum 1554, cum Micronium impugnare coepisset, edidit, fortasse hoc quoque opusculum Micronio illud Mennonis anno 1556 scriptum latine in compendium redigenti ad manum erat. Sed eadem sententia in eo quoque Mennonis libello, qui „Een corte ende clare Belijdinghe" inscribitur, invenitur (Op. p. 529 b); qua de re vide supra p. 450, 31 sqq. — Servetus, Christ. Rest.: De Trin. lib. II, p. 90 sq.   3) cf. Mennonis „Antwoort" f. 75 a—b (p. 584 a).   4) l. c. f. 74 a—75 a (p. 583 b—584 a).

3. ªTestimonia ubi Christus semen Abrahae et fructus ventris Davidis vocatur, non minus stulte quam ᵇ improbe allegoriis involvunt ᶜ¹. Nam si allegorice positum esset nomen seminis, Paulus certe ᵈ hoc non tacuisset, ubi clare ᵉ et sine figura affirmat non esse plures Abrahae filios redemptores, sed unum Christum [Galat. 3. c. 16]. Eiusdem est farinae, quod obtendunt non aliter vocari Davidis filium nisi quia promissus fuerat, et suo demum tempore fuit exhibitus ᶠ [Rom. 1. a. 3]². Postquam enim ᵍ filium Davidis ʰ nominavit Paulus, continuo post subiiciens, Secundum carnem, naturam certe designat ⁱ. Sic et nono cap. Deum benedictum ᵏ praedicans, seorsum ponit, secundum carnem ex Iudaeis descendere³. Iam nisi vere genitus esset ex semine Davidis, quid valebit ista locutio, fructum esse ˡˡ ventris eius⁴? Quid promissio ista? Ex lumbis tuis descendet ᵐ qui manebit in solio tuo [Psal. 132. c. 11]⁵. Porro in Christi genealogia, qualis refertur a Matthaeo, sophistice ludunt ⁿ; etsi enim ᵒ non recenset Mariae parentes, sed Iosephi⁶: quia tamen de re tunc vulgo comperta verba facit, satis habet ostendere Iosephum ex Davidis semine ortum esse, quum satis constaret Mariam ex eadem esse familia. Magis etiam urget Lucas, salutem a Christo allatam toti generi humano communem esse docens: quia Christus author salutis ex Adam communi omnium patre sit progenitus⁷. ᵖFateor equidem ᑫ ex genealogia non aliter colligi Christum esse filium Davidis, nisi quatenus ʳ ex Virgine progenitus ˢ est: sed nimis superbe novi Marcionitae ᵗ fucandi erroris sui causa ᵘ, nempe ut Christum de nihilo corpus sumpsisse evincant ᵛ, mulieres contendunt esse ἀσπόρους⁸:

[351]

a) Test. — Christum *(lin. 6): exst. in ep. p. 169*   b) non — quam: *ep.* nimis   c) all. inv.: *ep.* corrumpit   d) *ep.* + 4. ad Gal. cap. e) ubi cl.: *ep.* Clare autem   f) Eiusdem — exh.: *cf. ep. p. 170; sqq.* Postqu. — descendet *(lin. 15) exst. ib.*   g) *ep.* Nam postqu.   h) *sic recte 1561 et VG 1560; ep. et 1559 falso* Dei   i) Sec. — desig.: *ep.* sec. carn. esse ex semine Davidis, distinctum certe aliquid a Divina essentia notat   k) *VG 1560* benit eternellement   l) ista — esse: *ep.* loc. illa, ut sit fructus   m) Quid — desc.: *ep.* et ex lumbis descenderit?   n) Porro — lud.: *cf. ep. p. 169; sqq.* etsi — progenitus *(lin. 23)* exst. ib.   o) *ep.* + Matthaeus   p) Fateor — elementa *(p. 455, 1) exst. in ep. p. 169*   q) > *ep.*   r) *ep.* quia   s) *ep.* genitus   t) nimis — Marc.: *VG 1560* les nouveaux Marcionites se monstrent bestes, et par trop orgueilleux tout ensemble   u) novi — causa: *ep.* ut impium suum errorem stabiliat Menno   v) nempe — evinc. > *ep.*

1) l. c. f. 80b—81a (p. 586b).   2) l. c. f. 36b—37a, 83a (p. 566b, 587b).   3) Rom 9, 5.   4) Lc. 1, 42.   5) cf. 2. Sam. 7, 12; Act. 2, 30. 6) Mtth. 1, 16; cf. Mennonis „Antwoort" f. 81b (p. 587a).   7) Lc. 3, 38. 8) l. c. f. 64a sqq. (p. 578b sqq.).

atque ita evertunt naturae elementa^a. Quoniam autem theologica non est haec disputatio, et rationum^b quas adducunt^c ea est futilitas quae nullo negotio refelli queat, quae philosophiae sunt et artis medicae non attingam^d: ac diluere satis erit
5 quae ex Scriptura obiiciunt, nempe^e Aaron et Ioiadah duxisse uxores ex tribu Iehudah^f, atque ita^g confusam tunc fuisse tribuum discretionem, si inesset mulieri generativum semen[h 1]. Atqui satisⁱ notum est, quantum ad politicum ordinem spectat, censeri progeniem ex virili semine: neque tamen praestantiam
10 sexus obstare^k quominus in generando coeat semen mulieris. Haec quoque solutio ad omnes genealogias extenditur. Saepe ubi catalogum hominum recenset Scriptura, solos viros nominat: an ideo dicendum est mulieres nihil esse? Imo pueris ipsis notum est eas^l sub viris comprehendi. Hac^m ratione dicuntur foeminae
15 parere suis maritis, quia familiae nomen penes masculos semper residet. Iam sicutiⁿ virilis sexus praestantiae hoc conceditur ut ex patrum conditione nobiles censeantur filii vel ignobiles^o: ita etiam in servitute partus ventrem sequitur, secundum iurisconsultos[2]. Unde colligere licebit^p ex materno semine foetum procreari;
20 ^qet communi gentium usu pridem receptum fuit matres vocari genitrices: cui et Lex Dei consentit, quae perperam alioqui coniugium avunculi cum nepte sua vetaret^r: quia nulla esset consanguinitas. Viro etiam fas esset^s sororem uterinam in coniugium accipere, modo ex altero patre esset genita.
25 ^tSicuti autem^u fateor vim passivam adscribi mulieribus[v 3], ita

---

a) mulieres — elem.: *ep.* evertit nat. elem., mulieres contendens esse ἀσπ.; *sqq.* Quoniam — residet *(lin. 16) exst. in. ep. p. 173.*
b) Quon. — rat.: *ep.* Atque hoc potius medicis relinquo tractandum. Rationum tamen   c) *ep.* adducit   d) quae phil. — atting. > *ep.*,
30 *quae hic nonnulla scripturae testimonia Mennonis inserit.*   e) ac dil.
— nempe: *ep.* Quod obiicit   f) *ep.* Iuda   g) atque ita: *ep.* ac inde colligit   h) *ep.* + nimis frigidum est   i) Atqui sat.: *ep.* Satis enim   k) neque — obst.: *ep.* Superior tamen sexus dignitas non facit   l) *ep.* mulieres   m) *ep.* + quoque   n) sicuti — procreari
35 *(lin. 19) exst. in ep. p. 174; ep.* + enim   o) ut — ign.: *ep.* Non minus etiam inepta est ratiocinatio, quum dicit liberos censeri ex patrum conditione vel nob. vel ign., *quae ib. ante:* Sicuti enim —, *exstant.*   p) *ep.* promptum esset   q) et — genita *(lin. 24) eadem fere exst. in ep. p. 173 sq.*   r) et comm. — vet.: *cf. ib.*   s) *ep.*
40 liceret   t) Sicuti — cogentur *(p. 456, 7) exst. in ep. p. 174*   u) *ep.* enim   v) *ep. mul. adscr.*

1) l. c. f. 66b (p. 580a).   2) cf. Institutiones Iustiniani I, 3, 4; Digesta I, 5, 5, 2 (Marcian.). — cf. Mennonem l. c. f. 71a (p. 582a).
3) cf. Mennonem l. c. f. 35b (p. 566a).

respondeo de illis promiscue[a] idem praedicari quod de viris. Neque enim Christus ipse dicitur factus[b] per mulierem, sed ex muliere [Galat. 4. a. 4]. Ac quidam ex eorum caterva, excusso pudore, nimis proterve quaerunt[c] an dicere velimus ex semine menstruali Virginis[d] procreatum esse Christum[1]; quia vicissim excipiam[e], annon coaluerit in matris sanguine[f], quod fateri cogentur[g]. Apte ergo[h] ex Matthaei verbis conficitur[i], quia ex Maria genitus est Christus, procreatum esse ex eius semine[2], sicuti[k] quum dicitur Booz genitus ex Rahab[l] [Matth. 1. a. 5], similis notatur generatio. Nec vero Matthaeus hic Virginem quasi canalem[l] describit, per quem[m] fluxerit Christus: sed hunc mirificum generandi morem a vulgari discernit, quod per eam ex semine Davidis genitus fuerit Christus. Eadem enim ratione qua Isaac ex Abraham, Solomo ex Davide, Ioseph ex Iacob, similiter Christus ex matre genitus esse dicitur. Sermonis enim seriem ita[n] Evangelista contexit: [o]et probare[p] volens Christum originem ducere a Davide,[q] hoc uno contentus est, ex Maria esse genitum. Unde sequitur, pro confesso sumpsisse[r], Mariam fuisse consanguineam Ioseph[s].

4. [t]Absurda quibus nos gravare volunt[u], puerilibus[v] calumniis sunt referta[w]. Turpe et probrosum Christo esse ducunt [x]si ex hominibus originem traxerit: quia non potuerit a communi lege eximi, quae totam Adae sobolem absque exceptione sub peccato

---

a) resp. — prom.: *ep.* dico prom. de mulieribus   b) *ep.* fact. dic.
c) Ac — quaer.: *ep.* Unde apparet quomodo sine ulla verecundia latret hic canis. Quod autem per ludibrium quaerit   d) menst. Virg.: *VG 1560* qui est suiette au mal qui advient aux femmes   e) quia — exc.: *ep.* scire rursum ex eo velim   f) coal. — sang.: *ep.* in sang. mat. coal. Christus   g) quod — cog.: *ep.* siquidem matris partibus functam esse Menno ipse alibi non negat; *sqq.* Apte — contexit *(lin. 16) exst. in ep. p. 169 sq.*   h) > *ep.*   i) *ep.* colligitur   k) *ep.* + etiam   l) *ep.* canale, *sed iubente correctore:* canalem   m) *ep.* quod   n) > *ep.*   o) *sqq. usque ad fin. sect. exst. in ep. p. 170*   p) et prob.: *ep.* Nugatorium etiam est quod repetit non posse doceri certo Mariam esse genitam ex semine Davidis[3]: quia Matthaeus prob.
q) orig. — Dav.: *ep.* esse genitum ex semine Davidis, dum   r) genitum — sumps.: *ep.* genitum, certe pro re confessa sumit   s) *VG 1560* + et par consequent de la race de David   t) Abs. — referta: *exst. in ep. p. 174*   u) *ep.* conatur   v) *ep.* improbis   w) *ep.* ref. sunt   x) si — gratia *(p. 457, 4) exst. in ep. p. 175.*

1) l. c. f. 71b, 38b (p. 582a, 567a).   2) cf. l. c. f. 64a sqq. (p. 578b sqq.).
3) l. c. f. 81b—82b (p. 587a—b).

includit[a][1]. Atqui hunc nodum[b] facile solvit antithesis quae apud Paulum legitur[c], Sicuti per unum hominem peccatum, et per peccatum mors: ita per iustitiam[d] unius hominis abundavit gratia [Rom. 5. b. 12][2]. Cui et altera respondet, Prior Adam e terra terrenus et animalis, secundus e caelo caelestis[e] [1. Cor. 15. f. 47]. Itaque alibi idem Apostolus Christum in similitudine carnis peccati missum fuisse docens, ut Legi satisfaceret [Rom. 8. a. 3], eum diserte a communi sorte separat, ut sit absque vitio et corruptela verus homo[f]. Pueriliter autem nugantur[g], si ab omni macula immunis est Christus, ac[h] per arcanam Spiritus operationem genitus fuit ex semine Mariae[i], non esse[k] igitur impurum semen mulieris, sed viri duntaxat[3]. Neque enim[l] immunem ab omni labe facimus Christum, quia tantum ex matre sit genitus absque viri concubitu[m], sed quia sanctificatus est a Spiritu, ut pura esset generatio et integra, qualis futura erat ante Adae[n] lapsum. [o]Ac omnino fixum hoc nobis maret[p], quoties de Christi puritate nos admonet Scriptura, notari veram hominis naturam[4]: quia supervacuum esset dicere purum esse Deum. Sanctificatio etiam de qua loquitur Iohannis 17,[q] in natura divina locum non haberet. Nec vero duplex fingitur Adae

---

a) si — incl.: *ep.* Quod postea subiicit, totam Adae sobolem absque exceptione sub peccato concludi, ideoque, Christum, si ex hom. orig. trax., non posse eximi a comm. lege   b) Atqui — nod. > *ep.*   c) quae — leg.: *ep.* qua utitur Paulus ad Rom. cap. 5. v. 12   d) per iust.: *ep.* in gratia   e) *VG 1560* + et en esprit vivifiant   f) Cui — homo: *cf. ep. p. 175; sqq.* Pueriliter — lapsum *(lin. 16) exst. ib.*   g) aut. nug.: *ep.* ratiocinatur   h) ab — ac > *ep.*   i) ex — Mar.: *ep.* Christus ex matris sem.   k) *ep.* fuisse   l) *ep.* + ideo   m) abs. — conc. > *ep.; ad sqq. cf. haec, quae 1559 expuncta sunt:*
7,17 30 Simul autem conceptus e spiritu sancto dicitur, quia non decebat   1539 eum, qui ad alios purificandos mittebatur, ex immunda nasci origine: deinde *(1539* inde*)* consentaneum non erat, quam sibi in templum essentia Dei peculiariter delegerat carnem, eam ex communi   1539* immunditia emergere. ∥ Hic ergo spiritus sanctus intercessit, et or-   (1536 I 82) dinariam naturae rationem, mirabili nobisque inenarrabili virtute, superavit *(cf. Catech. 1538, CR V 339).* ∥ Effecit enim, ne *(ne —   1539 nasc.: exst. in Cat. l. c.)* qua carnali corruptione inquinatus, sed summa puritate sanctificatus Christus *(> Cat.)* nasceretur. Hinc docetur fides, confidenter a Christo petendam esse sanctitatem; et ab eo quidem uno: quia solus humanae corruptionis lege per conceptionem eximitur.   n) > *ep.*   o) Ac — fuerit *(p. 458, 5): exst. in ep. p. 175*   p) Ac — man.: *ep.* Iam firmum etiam illud est, nec Mennonis cavillo eluditur   q) *ep.* + v. 19.

1) l. c. f. 39 b—40 a (p. 567 b).   2) Rom. 5, 12 sqq.   3) l. c. f. 40 a (p. 567 b—568 a).   4) cf. l. c. f. 40 a—b (p. 568 a).

semen, quanvis nulla ad Christum contagio pervenerit: quia hominis generatio per se immunda aut vitiosa non est, sed accidentalis ex lapsu[a]. Proinde[b] nihil mirum si Christus, per quem restituenda erat integritas, a vulgari corruptione exemptus fuerit[c]. Quod etiam pro absurdo nobis obtrudunt[d], si Sermo[e] Dei carnem induit, fuisse igitur angusto terreni corporis ergastulo inclusum[1], mera est procacitas; quia etsi in unam personam coaluit immensa Verbi essentia cum natura hominis, nullam tamen inclusionem fingimus. Mirabiliter enim[f] e caelo descendit Filius Dei, ut caelum tamen non relinqueret: mirabiliter in utero Virginis gestari, in terris versari, et in cruce pendere voluit, ut semper mundum impleret, sicut ab initio.

Quomodo duae naturae Mediatoris efficiant personam.   CAP. XIIII.

1. PORRO quod dicitur Verbum carnem esse factum [Iohan. 1. b. 14], non sic intelligendum est quasi vel in carnem versum, vel carni confuse permixtum fuerit: sed quia e Virginis utero templum sibi delegit in quo habitaret, et qui Filius erat Dei, filius hominis factus est: non confusione substantiae, sed unitate personae. || Siquidem ita coniunctam unitamque humanitati divinitatem asserimus, ut sua utrique naturae solida proprietas maneat, et tamen ex duabus illis unus Christus constituatur. || Siquid in rebus humanis tanto mysterio simile potest reperiri, hominis similitudo appositissima videtur, quem ex duabus substantiis[g] conspicimus constare: || quarum neutra tamen sic alteri permixta est, ut non retineat naturae suae proprietatem. Neque enim aut anima corpus, aut corpus anima est. Quare et de anima seorsum dicitur quod in corpus nullo modo cadere potest: et de corpore rursus, quod nulla ratione animae conveniat: de toto homine, quod nec de anima seorsum, nec de corpore, nisi inepte, accipi possit. Postremo animi[h] propria transferuntur ad corpus[i], et propria corporis[k] ad animam; qui tamen iis constat, unus homo est, non plures. Huiusmodi vero loquendi formulae et unam esse in homine personam[l]

---

a) ex lap.: *ep.* propter lapsum   b) *ep.* Itaque   c) a — fuerit: *VG 1560* a esté separé du reng commun pour n'estre point enveloppé en la condemnation; *sqq. usque ad fin. sect. exst. in ep. p. 176.*
d) *ep.* obtrudit   e) *VG 1560* le Fils   f) Mir. en: *ep.* quia mir.
g) *1539* personis   h) *1536* animae   i) *1536* ad corp. transf.
k) *1536* corp. propr.   l) *1536-50* naturam

1) l. c. f. 56 b (p. 575 a).

ex duabus^a connexis compositam significant, et duas subesse diversas^b naturas quae hanc constituant^c¹. Ita^d et de Christo Scripturae loquuntur; attribuunt illi interdum quae ad humanitatem singulariter referri oporteat: interdum quae divinitati peculiariter competant: nonnunquam quae utranque naturam complectantur, neutri seorsum satis conveniant. || Atque istam quidem duplicis naturae coniunctionem, quae in Christo subest, tanta religione exprimunt, ut eas quandoque inter se communicent; qui tropus veteribus ἰδιωμάτων κοινωνία dictus est².

2. Haec parum firma essent nisi plurimae et passim obviae Scripturae phrases probarent nihil eorum fuisse humanitus excogitatum^e. || Quod de se ipse dicebat Christus, Antequam Abraham fieret, ego sum [Ioh. 8. g. 58], longe ab humanitate^f alienum erat.^g || Nec me latet quo cavillo depravent locum hunc erronei spiritus, nempe superiorem fuisse omnibus seculis, quia iam tunc praecognitus fuit Redemptor tam in Patris consilio, quam in mentibus piorum³. Sed quum aperte^l diem manifestationis ab aeterna essentia distinguat, et ex professo ab antiquitate imperium sibi conciliet, quo excellat supra Abraham, sibi haud dubie vendicat quod divinitatis est proprium. || Quod primogenitum Paulus asserit universae creaturae^h, qui ante omnia extiterit, et per quem omnia consistant [Coloss. 1. b. 15¹]: || quod etiam se praedicat gloriosum fuisse apud Patrem ante mundum conditum [Iohan. 17. a. 5], seque^k una cum Patre operari [Iohan. 5. c. 17], || nihilo magis homini competit. || Haec igitur^l et similia peculiariter divinitati attribui certum est^m. Quod autemⁿ servus Patris vocatur [Iesa. 42. a. 1, et aliis locis.]^o, quod crevisse narratur aetate et sapientia apud

---

a) *1539* duobus   b) *1536* div. subesse   c) *1536* compenant
d) *1536* Sic
e) Horum nihil meum esse constabit, ubi firmis scripturae testimoniis comprobata singula fuerint   f) *1536* ab eius hum. longe
g) *1536–54* + Non enim homo factus, nisi multis post Abrahamum seculis.   h) prim. — creat.: *1539–54* primogenitus esse universae creaturae dicitur   i) *1553* + et c. 17.; *1554* + et c.   k) *VG 1560* + dés le commencement   l) *1539–54* ergo   m) pec. — est: *1539–54* peculiaria sunt divinitatis   n) > *1539–54*   o) *1539* [Iesa. 49.]; *1543–54 male* [Iesaiae. 45. a. 4.]

1) cf. Aug., Serm. 186,1 MSL 38, 999; Enchir. ad Laur. c. 36 MSL 40, 250, ed. Scheel c. XI, 36 p. 25.   2) Cyrill. Alex., De incarnat. unigeniti MSG 75, 1244. 1249; Leo I, Epist. 28, 5 MSL 54, 771/2; Ioh. Damascenus, Expositio fidei orthodoxae III, 3 sq. MSG 94, 993 sqq.
3) ad Servetum spectare videtur; cf. eius Christianismi Restitutionem: De Trin. Lib. III. p. 96; praeterea infra p. 470, not. 4. 6., p. 471, not. 2 sq.

460 INSTITUTIONIS LIB. II

Deum et homines [Luc. 2. g. 52],[a] quod gloriam suam non quaerere [Iohan. 8. f. 50], ‖ [b]nescire diem ultimum[c] [Marc. 13. d. 32],
[b]a seipso non loqui, [b]non facere voluntatem suam [Ioh. 14. b. 10,
et 6. d. 38], visus et palpatus fuisse[d] dicitur [Luc. 24. f. 39], ‖
solius humanitatis id totum est[e]. Siquidem quatenus Deus est,[f]
nec augeri ulla re potest, et omnia propter se[g] operatur, ‖ nec
quicquam eum latet:[h] agit omnia pro suae voluntatis arbitrio,
et est invisibilis[i] ac impalpabilis. ‖ Neque tamen haec humanae
tantum suae naturae seorsum adscribit, sed in seipsum recipit
quasi Mediatoris personae conveniant. ‖ Communicatio autem
idiomatum sive proprietatum est quod dicit Paulus[k] Deum
suo sanguine acquisivisse sibi Ecclesiam [Act. 20. f. 28], et
Dominum gloriae crucifixum [1. Cor. 2. b. 8[1]]. ‖ Item quod dicit
Iohannes, palpatum fuisse sermonem vitae [1. Iohan. 1. a. 1]. ‖
Deus certe nec sanguinem[m] habet, nec patitur, nec manibus
tangi potest[n]; sed quoniam is qui verus erat Deus et[o] homo
Christus sanguinem suum pro nobis crucifixus[p] fudit, quae
in humana eius natura[q] peracta sunt, ad divinitatem improprie, licet non sine ratione[r], transferuntur. ‖ Simile est exemplum, ubi Iohannes docet Deum posuisse animam suam pro
nobis [1. Iohan. 3. c. 16]. Ergo et illic humanitatis[s] proprietas
cum altera natura[t] communicatur. ‖ Rursum quum diceret
Christus[u] adhuc in terris agens[v], neminem in caelum ascendisse
nisi Filium hominis qui in caelo erat[w] [Iohan. 3. b. 13], certe
tunc secundum hominem et in carne quam induerat non erat
in caelo[x], sed quia ipse idem erat Deus et homo, propter duplicis
naturae[y] unionem[z] alteri[aa] dabat quod erat alterius[bb].

3. Sed omnium clarissime veram Christi substantiam enar-
rant loci qui utranque simul naturam comprehendunt, quales

---

a) *1539–54* + quod minor esse patre [Ioan. 14. d. 28.], b) *1539–54*
+ quod   c) *1543–54* + [Matth. 26. c. 36.]   d) vis. — fuis.: *1539–54*
quod videri palparique   e) id — *1536* fuit; solius — est: *1539–54*
id solius est humanitatis   f) *1536–54* + aequalis est patri: g) *1536*
semetipsum; *1539–54* seipsum   h) quicqu. — lat.: *1539–54* de re
quapiam celatur, et   i) *1539–54* invis. est   k) *1536–54* Paul. dic.
l) *sic 1553; 1559–61 falso* 6   m) certe — sang.: *1536* enim proprie
sang. non   n) nec man. — pot. > *1536–54* quon. — et: *1536*
quia verus Deus et verus   p) *1536–54* cruc. pro nob.   q) *1536–54*
in eius humanitate   r) impropr. — rat. > *1536*   s) *1539–54* divinitatis   t) alt. nat.: *1539–54* humanitate   u) *1536* Chr. dic.
v) adh. — ag. > *1536–54*   w) *1536–54* esset   x) tunc — cael.:
1536–54 tum in coelo non erat *(1536* non er. in coelo*)* corpore,
quod assumpserat   y) dupl. nat.: *1539–54* naturarum   z) *1536–43*
unitatem   aa) *1536* uni   bb) *1536* alt. erat

in Evangelio Iohannis extant quamplurimi; siquidem nec deitatis[a] singulare, nec humanitatis fuit, sed utriusque simul quod illic legitur[b], potestatem accepisse a ·Patre[c] remittendi peccata [Iohan. 1. d. 29][d], suscitandi quos velit, iustitiam, sanctitatem, salutem largiendi: praefectum esse iudicem vivis et mortuis[e], || ut honoretur quemadmodum et Pater [Ibidem 5. d. 21. 22. 23]. Denique[f] quod lux mundi [Ibidem 9. a. 5][g], pastor bonus, unicum ostium[h] [Ibidem 10. b. 9. 12[1]], vitis vera [Ibidem 15. a. 1] nuncupatur.[l] || Huiusmodi enim praerogativis Dei Filius, quum in carne manifestatus est, praeditus fuit[k]: quas etsi[l] ipse una cum Patre ante mundum conditum obtinebat[m], non tamen eodem modo vel respectu[n]: et quae homini qui nihil quam homo esset[o], dari non poterant. || In eundem quoque sensum accipere convenit[p] quod apud Paulum habetur, Christum peracto iudicio redditurum esse regnum Deo et Patri [1. Cor. 15. c. 24]. Regnum sane Filii Dei quod initium nullum habuit, neque finem habiturum est: sed quo modo sub carnis humilitate delituit, et[q] seipsum exinanivit accepta servi forma[r], depositaque[s] maiestatis specie[t], Patri se obedientem praestitit [Philip. 2. b. 8], ac eiusmodi subiectione defunctus, tandem[u] gloria et honore coronatus est [Heb. 2. c. 9[v]], || atque evectus in summum imperium, ut coram ipso flectatur omne genu [Phil. 2. b. 10][w]: || ita tunc[x] et nomen ipsum[y] et coronam gloriae[z], et quicquid a Patre accepit Patri subiiciet, ut sit Deus omnia in omnibus [1. Cor. 15. d. 28]. || Quorsum enim data ei potestas est, ac imperium, nisi ut per eius manum Pater

---

a) *1539–54* divinitatis   b) *1539–54* habetur   c) accep. — Pat.: *1539–54* eum a patre accep.   d) *VG 1545–51* [Matt. 9 *(6)*]   e) praef. — mort.: *1539–54* quod iudex constitutus est vivorum et mortuorum   f) > *1539–54*   g) *VG 1545–51* + [Ieh. 8. *(12)*]   h) *1559–61 falso* hostium   i) *1559–61 falso* 11; *1553* b. 7. c. 14, ; *1554* b. c.   k) *1536–54* praed. fuit Dei filius *(1536* fil. D.*)*, cum in —   l) *1536–54* et m) mund. — obt.: *1536–54* mundi constitutionem possidebat   n) non — resp. > *1536–54*   o) *1536* esset quam homo   p) *1539–54* accipiendum est   q) *1559–61* &; *1539–54* ac   r) *1553–54* hic exstat [Philip. 2. a. 7.] *loco* [Philip. 2. b. 8]   s) accepta — depos.: *1539–54* forma servi assumpta, et deposita   t) deposit. — spec.: *VG 1541–51* et s'estant exterieurement desmis de sa Maiesté; *VG 1560* et s'estant demis de sa maiesté en apparence   u) eiusm. — tand.: *1539–54* post eiusmodi subiectionem   v) *sic recte 1553–54; 1559 falso* a. 6; *1561* a. 7 *(lege:* b. 7*)*   w) ac exaltatus nomen accepit, omni nomine superius *(1553 hic exstat* [Philip. 2. b. 9.] *loco* [Phil. 2. b. 10]*)*, in quo genu omne flectatur   x) *1536–54* tum   y) nom. ips.: *VG 1560* ce haut nom d'Empire   z) et cor. gl. > *1536*

nos gubernet? Quo etiam sensu dicitur ad Patris dexteram sedere. Hoc vero temporale est, donec praesenti divinitatis aspectu fruamur. Atque hic excusari non potest veterum error, qui dum ad Mediatoris personam non attendunt, totius fere doctrinae quae in Evangelio Iohannis legitur, genuinum obscurant sensum, seque implicant multis laqueis[1]. Sit igitur nobis haec rectae intelligentiae clavis, neque de natura divina, neque de humana simpliciter dici quae ad Mediatoris officium spectant[2]. Regnabit ergo Christus donec prodierit mundi iudex, quatenus pro infirmitatis nostrae modulo Patri nos coniungit. Ubi autem consortes caelestis gloriae Deum videbimus qualis est, tunc perfunctus Mediatoris officio, desinet Patris legatus esse, et ea gloria contentus erit qua potiebatur ante mundum conditum. [a]Nec[3] alio respectu peculiariter in Christi personam competit Domini nomen, nisi[b] quatenus medium gradum statuit inter Deum et nos. Quo pertinet illud Pauli, Unus Deus ex quo omnia, et unus Dominus per quem omnia [1. Cor. 8. b. 6]: [c]nempe cui temporale imperium a Patre mandatum est, donec facie ad faciem conspicua sit divina eius maiestas; cui adeo nihil decedet, imperium Patri reddendo, ut longe clarior emineat. Nam et tunc desinet caput Christi esse Deus[4], quia Christi ipsius deitas ex se ipsa fulgebit, quum adhuc velo quodam sit obtecta.

4. Atque[d] haec observatio ad solvendos quam plurimos nodos non parvo usui[e] futura est, si eam scite accommodent lectores[f]. Mirum enim quantum ‖ rudes[5], imo quosdam etiam non prorsus indoctos[6] torqueant eiusmodi formulae, quas vident

a) *(Nec)* — omnia *(lin. 17)*: *exstant in Calvini responso ad quaestiones Blandratae 1557 dato, CR IX 326*   b) Nec — nisi: *resp. In hanc Mediatoris personam proprie competit nomen Domini*   c) *ad sqq. usque ad fin. sect. cf. l. c. p. 327 init.*   d) > *1539-54*   e) *1539-54 usui non parvo*   f) si — lect. > *1539-54*

1) vide Addenda   2) cf. Blandratae quaestiones, CR XVII 170 sq. et responsum Calvini CR IX 332 (vide supra p. 134 not. 1); Gentilis epist. ad ministr., Fazy p. 67 (CR IX 392) et respons. ministr., Fazy p. 76 (CR IX 404) (vide supra p. 139 not. 5).   3) Calvinum hic in primis ad G. Blandratam spectare inde apparet, quod haec ad verbum fere in eius responso ad Blandratae quaestiones, CR IX 326 sq. exstant. Cf. Blandratae quaestiones, CR XVII 170.   4) cf. Blandratae quaest., CR XVII 171.   5) vide p. 463 not. 2 sq. — Anabaptistae quoque supra p. 367, not. 1, commemorati falsas opiniones de divinitate et humanitate Christi habebant; vide in Calvini ad Farellum epistolis de Hermanno Anabaptista, Herminjard VI 166. 192, CR XI 11. 25.   6) fortasse Blandrata, quaest. CR XVII 170 sq.; Gentilis, epist. ad min., Fazy p. 67 (CR IX 392).

Christo attribui, neque divinitati eius, neque humanitati satis aptas[a]; || quia non considerant eius personae in qua Deus et homo manifestatus est, et Mediatoris officio[b] congruere. Ac omnino videre est, quam || pulchre! inter se haereant singula[c], si modo[d] sobrium habeant[e] interpretem, qui tanta mysteria qua decet religione examinet[f] [Aug. in Enchir. ad Laur. cap. 36][g][1]. Verum nihil est[h] quod furiosi et phrenetici spiritus non perturbent. Arripiunt attributa humanitatis, ad tollendam divinitatem[2]: divinitatis rursum[1], ad tollendam humanitatem[3]; quae vero de utraque natura sic coniuncte[k] dicta sunt ut neutri conveniant[l], ad tollendam utranque. Id[m] vero quid aliud est, quam contendere Christum non esse hominem, quia Deus est: non esse Deum, quia homo est: nec hominem nec Deum esse, quia et homo simul et Deus est? || Christum ergo, ut Deus est et homo, unitis, licet non confusis, naturis || constans, Dominum nostrum verumque Dei Filium esse constituimus, etiam secundum humanitatem: etsi non ratione humanitatis. Procul enim abigendus est a nobis Nestorii error[n], qui dum naturam distrahere potius quam distinguere volebat, duplicem Christum ita comminiscebatur[o]; quando Scripturam videmus clara voce reclamare, ubi et Filii Dei nomen incitur ei qui de virgine nascitur [Luc. 1. c. 32], et virgo ipsa, mater Domini nostri appellatur[p] [Ibidem d. 43]. || Cavendum et ab Eutychiana insania, ne dum volumus personae unitatem demonstrare, utranque naturam destruamus. Tot enim iam citavimus testimonia, ubi ab humanitate distinguitur divinitas, et tot alia passim extant, ut vel contentiosissimis possint os obstruere. || Et paulo post nonnulla subiiciam quae figmentum illud melius discutiant. Nobis in praesentia satis erit locus unus; neque enim templum Christus vocasset corpus suum [Iohan.

---

a) rudiores nonnulli torqueantur, quoties incidunt in eiusmodi formulas, quae Christo attribuuntur, nec humanitati eius, nec divinitati satis bene convenientes b) et M. off.: *1539-54* optime c) pulch. — sing.: *1536* Haec pulchre conveniunt d) > *1536* e) *1536* habent f) *1536* tractet g) > *1536-39* h) Ver. — est: *1536* Nihil est autem i) > *1536* k) *1536* coniunctim l) ut — conv. > *VG 1541 sqq.* m) *1536* Hoc n) Proc. — err.: *VG 1541 sqq.* Car il nous fault avoir en horreur l'heresie de N. o) cf. *1536 I 81, 3 sq.* p) *VG 1541 sqq.* est

1) Aug., Enchiridion ad Laurentium c. 36 MSL 40, 250; ed. Scheel c. XI, 36 p. 24 sq. 2) Servetus, De Trin. Erroribus, lib. I, f. 2b sqq. etc. — Claudius Sabaudus (vide Farelli epistolam d. 5. Maii 1537 ad Capitonem datam, Herminjard V 437, CR X 2, 98). 3) Servetus, ib. lib. II, f. 58a—b; Dialog. de Trin. lib. I, f. A 6b—7b; etc.

2. c. 19], nisi distincte in eo habitaret divinitas^a. || Quare ut merito in Ephesina synodo damnatus fuerat Nestorius[1], ita et postea in Constantinopolitana ac Chalcedonensi Eutyches[2]: quando non magis confundere duas in Christo naturas licet quam distrahere^b.

5.^c Verum nostro quoque seculo emersit non minus exitiale monstrum Michael Servetus, qui figmentum ex Dei essentia, spiritu, carne et tribus elementis increatis conflatum pro Filio Dei supposuit[3]. Ac primo quidem negat Christum alia ratione Dei Filium esse nisi quatenus in utero Virginis genitus est ex Spiritu sancto[4]. Huc autem tendit vafrities, ut eversa duplicis naturae distinctione, Christus aliquid sit ex Deo et homine permixtum[5], neque tamen Deus et homo censeatur. Toto enim progressu huc incumbit, antequam patefactus fuerit Christus in carne, umbratiles tantum fuisse in Deo figuras: quarum tunc demum extitit veritas aut effectus quum vere incepit esse Filius Dei Sermo ille qui ad hunc honorem destinatus fuerat[6]. Et nos quidem fatemur Mediatorem, qui ex Virgine natus est, proprie esse Dei Filium[7]. Nec vero speculum^l esset inaestimabilis

---

a) *VG 1560* + comme l'ame a son domicile au corps b) *VG 1545 sqq.* + mais les faut distinguer en les unissant c) *ad sqq. cf. haec, quae 1559 expuncta sunt:*

Natum (Nat.— prom. erat: exst. in Catech. 1538, CR V 338) ergo ex virgine confitemur (cf. 1536 I 82, 28 sq.), quo (Nat.— quo: Cat. Natus est autem ex virgine Maria [Matth. 1. (23)], ut) scilicet verus ille Abrahae Davidisque filius agnosceretur, qui in lege ac prophetis promissus erat (Cat. + [Gene. 15. (4) Psal. 132. (11)]). Unde geminum fructum colligit fides. Quoniam filium Dei, ad salutem hominum peragendam, assumpta carne, iam comparatum videt, ut supra exposuimus: tum quod naturae communione nobiscum inita, in societatem sui ipsius suorumque bonorum omnium nos recepit: tum quod diabolum et mortem debellaturus, personam nostram induit, in qua vinceret ac triumpharet: quo nostra esset victoria, triumphus noster. Et ipsa originis serie ad Davidem Abrahamumque ducta, inde magis confirmatur, hunc esse Christum, quem ex Abrahae Davidisque lumbis oracula legis et prophetarum tanto ante promiserant. — *Finis huius sect. supra p. 457, 30 sqq. exstat.*

1) Synodus Ephes. a. 431. Mansi IV. p. 1211.   2) Syn. Const. a. 449. Mansi VI. p. 747. — Syn. Chalced. a. 451. Mansi VII. p. 114.   3) Mich. Servetus, Christ. Restitutio: De Trin. lib. V. p. 193 sq.; De Trin., dial. II. p. 250 sq.   4) l. c. De Trin. lib. I. p. 11; epist. 1. p. 578 sq. (CR VIII 649 sqq.); ep. 2. p. 580 sq. (CR VIII 652); De Myst. Trin. Apol. p. 695.   5) l. c. De Trin. dial. II. p. 263 sq.   6) l. c. De Trin. lib. II. p. 56 sq. 74; dial. II. p. 265; De Myst. Trin. Apol. p. 694.   7) cf. l. c. De Myst. Trin. Apol. p. 689. 695.

Dei gratiae homo Christus nisi in eum collata esset haec dignitas
ut sit ac vocetur unigenitus Dei Filius. Fixa tamen interim
manet Ecclesiae definitio, censeri Dei Filium, quia Sermo ante
secula ex Patre genitus, unione hypostatica naturam humanam
susceperit[a]. Porro unio hypostatica veteribus dicta est, quae
personam unam constituit ex naturis duabus[b]; quae[c] loquutio
ad refellendum Nestorii delirium inventa fuit: quia Filium Dei
fingebat[d] ita habitasse in carne, ut non idem ille esset homo[e].
Duplicem nos facere Dei Filium calumniatur Servetus, quum
dicimus aeternum Sermonem, antequam carne vestitus esset,
iam fuisse Dei Filium[1]: acsi aliud diceremus quam[f] manifestatum fuisse in carne[g]. Neque enim si Deus fuit antequam homo
fieret, ideo novus esse Deus incepit. Nihilo absurdius est, in
carne apparuisse Dei Filium, qui tamen ab aeterna genitura
semper hoc habuit ut Filius esset. Quod subindicant Angeli
verba ad Mariam, Quod nascetur ex te sanctum, vocabitur Filius Dei[2], acsi diceret Filii nomen, quod obscurius fuerat sub
Lege, celebre fore et passim notum. Cui respondet illud Pauli,
quia nunc per Christum sumus filii Dei, libere et cum fiducia
clamare Abba, Pater [Rom. 8. c. 15]. Annon olim quoque sancti
Patres habiti fuerunt inter Dei filios? Imo hoc iure freti Deum
invocarunt Patrem. Sed quia ex quo in mundum productus
est unigenitus Dei Filius, clarius innotuit caelestis paternitas,
hoc quasi privilegium assignat Paulus Christi regno. Hoc tamen
constanter tenendum est, nunquam vel Angelis vel hominibus
Deum fuisse Patrem nisi unigeniti Filii respectu: praesertim
homines, quos propria iniquitas Deo exosos reddit, gratuita
adoptione esse filios: quia ille est natura. Nec est quod obstrepat Servetus, pendere hoc a filiatione quam Deus apud se decreverat[3]: quia hic non agitur de figuris, qualiter expiatio in
sanguine pecudum ostensa fuit: sed quum re ipsa filii Dei esse
non potuerint nisi in capite fundata esset eorum adoptio, detrahere capiti quod membris commune fuit, ratione caret. Ultra
progredior: quum Angelos vocet Scriptura Dei filios [Psal. 82.
a. 6], quorum tanta dignitas a futura redemptione non pendebat: Christum tamen ordine praeire necesse est qui Patrem

a) Fixa — susc.: *eadem fere exstant in Calvini libello: Defensio orth.
fidei contra errores Mich. Serveti, 1554, CR VIII 561; sqq.* Porro —
homo *(lin. 8) exst. ib.*   b) *def.* duab. nat.   c) *def.* Atque haec
d) quia — fing.: *def.* qui fing. Fil. D.   e) *def.* filius hominis   f) *VG
1560* que ce que l'Escriture porte: assavoir que celuy qui estoit
Fils de Dieu   g) Duplicem — carne: *cf. defens. l. c.*

1) l. c. De Trin. lib. I. p. 38 sq.; epist. 9. p. 602 (CR VIII 668 sq.).
2) Lc. 1, 35.   3) l. c. De Trin. lib. I. p. 14.

illis conciliet. Breviter iterum repetam, et idem addam de genere humano[a]. Quum a prima origine conditi hac lege fuerint tam Angeli quam homines ut Deus communis utrisque esset Pater, si verum est illud Pauli, semper Christum fuisse caput, et primogenitum omnis creaturae, ut primatum in omnibus teneret [Coloss. 1. b. 15]: rite mihi colligere videor, filium quoque Dei fuisse ante mundi creationem.

6. Quod si principium habuit eius filiatio (ut ita loquar) ex quo in carne patefactus est, sequetur Filium humanae quoque naturae respectu fuisse. Volunt Servetus et similes phrenetici Christum, qui in carne apparuit, esse Dei Filium: quia extra carnem non[l] potuit censeri hoc nomine[1]. Respondeant nunc mihi an secundum utranque naturam et utriusque respectu sit Filius[2]. Sic quidem garriunt: sed longe aliter docet Paulus. || Fatemur quidem Christum in carne humana filium dici[b], non ut fideles, adoptione duntaxat et gratia, sed verum et naturalem[c], ideoque unicum[d]: ut hac nota discernatur ab omnibus aliis[e]. || Nos enim[f] qui in novam vitam sumus regeniti[g], Deus filiorum nomine dignatur[h]: nomen veri et unigeniti uni Christo[i] defert[k]. Quomodo autem unicus[l] in tanto fratrum numero, nisi quod[m] natura possidet quod nos[n] dono accepimus[o]? || Atque hunc honorem extendimus ad totam Mediatoris personam, ut vere et proprie sit Filius Dei, qui et natus est ex Virgine, et se victimam Patri[p] in cruce obtulit[q]: || sed deitatis

a) Brev. — hum.: *VG 1560* Je repeteray derechef ce propos en bref, conioignant les hommes avec les Anges   b) Fat. — dici: *1539–54* Iam et filius Dei praedicatur; *Cat. 1538, CR V 338* Praeterea fil. D. praed.; sqq. non — aliis (lin. 18) exst. ib.   c) *1539–54* verus et naturalis; *Cat.* nat. et ver.   d) *1539–54 et Cat.* unicus   e) ut — aliis: *1539–54 et Cat.* quo (*Cat.* ut) a caeteris discernatur   f) *1539–54* + omnes   g) *1539–54* regenerati sumus   h) D. — dign.: *1539–54* fil. nom. dign. spiritus in scripturis   i) nom. — Chr.: *1539–54* et tamen hoc uni   k) *1539–54* + ut verus et unigenitus filius habeatur   l) aut. un.: *1539–54* verus et unigenitus   m) *1539–54* quia solus   n) *1539–54* alii   o) *1539–54* acceperunt; *quae 1536–54 hic sequuntur, infra p. 469, 20–26 exstant.*   p) vict. Pat.: *VG 1560* pour nous   q) Sed enim neque rursum negandum est, in assumpta etiam carne esse Dei filium. Quin eiusmodi appellatione, si quidem fructuosam esse fidei volumus, non est intelligendum sermonem illum aeternum Dei per se designari, sed humanitate nostra vestitum: quemadmodum mox suo loco plenius explicabitur.

1) l. c. De Trin. lib. I. p. 11; epist. 2. p. 580 sq. (CR VIII 652); De Myster. Trin. Apol. p. 689; Blandrata, quaestiones CR XVII 171; Alciatus (Trechsel, Antitrin. II 311, not. 2); Gentilis, epist., Fazy p. 67 sq. (CR IX 392 sq.).   2) Servetus l. c. epist. 2. p. 579 sqq. (CR VIII 651 sq.).

tamen respectu, sicuti Paulus docet*, ‖ dum se ait segregatum^b in Evangelium Dei, quod ante promiserat^c de Filio suo, qui genitus est^d ex semine David secundum carnem, declaratus Filius Dei in virtute [Rom. 1. a. 1. 2. 3.]¹. Cur secundum carnem
5 distincte nominans^e filium Davidis^f, seorsum^g diceret declaratum esse Dei Filium^h, nisi vellet innuere aliunde hoc pendere quam a carne ipsa^i ? ‖ Nam quo sensu alibi dicit passum fuisse ex infirmitate carnis, resurrexisse ex virtute Spiritus [2. Cor. 13. b. 4], ita nunc discrimen statuit utriusque naturae. Certe con-
10 cedant necesse est^k, sicuti a matre accepit cuius causa filius Davidis vocatur, ita a Patre habere cuius causa sit Filius Dei, idque ab humana natura aliud esse ac diversum. Duplici nomine eum insignit Scriptura, passim vocans nunc Dei, nunc hominis filium. De secundo lis moveri non potest quin ex com-
15 muni linguae Hebraicae usu hominis dicatur filius, quia est ex progenie Adae. Ex opposito contendo deitatis aeternaeque essentiae ratione vocari Dei filium: quia non minus consentaneum est ad divinam naturam referri quod vocatur Dei filius, quam ad humanam, quod vocatur filius hominis. Denique eo
20 quem citavi loco, non aliter intelligit Paulus eum qui secundum carnem genitus est ex semine Davidis, declaratum esse in virtute Filium Dei, quam alibi docet, Christum qui ex Iudaeis descendit secundum carnem, esse Deum benedictum in secula [Rom. 9. a. 5]. Quod si utroque loco geminae naturae
25 distinctio notatur, quo iure^l negabunt Filium Dei esse naturae divinae respectu, qui secundum carnem filius etiam est hominis?

7. Tumultuose quidem illi^m erroris sui patrocinium^n urgent, quod dicitur Deus proprio Filio non pepercisse [Rom. 8. f. 32],
30 quod illum ipsum, qui e Virgine nasceretur, Filium Altissimi^o

---

a) Sed has ineptias pulchre discutiet unus Pauli locus   b) *1536* + esse   c) *1536-54* + per prophetas   d) *1536-54* factus fuit   e) *1536-54* notaret esse   f) *1536-54* David   g) *1539-45* — esse   h) seorsum — Fil. > *1536*   i) aliunde — ipsa: *1536* filium Dei, non
35 secundum carnem; *1539-54* hanc declarationem esse ultra rationem carnis; *1539-54* + Adeo sane aperta sententia, ut iam refragari, non modo caecitatis, sed obstinationis fuerit *(eadem fere exstant 1536 I 81, 26-28). — quae 1539-54 hic sequuntur, supra p. 466, 37-41 exstant.*   k) Certe — est: *VG 1560* Certes il faut que ces fantastiques,
40 veuillent-ils ou non, confessent   l) *VG 1560* + Servet et ses complices   m) *1539-43* + in   n) Tum. — patr.: *1536* Atque in erroris sui patr. tumultuose   o) *VG 1560* du Souverain

1) Rom. 1, 1-4.

vocari Angelus praecepit [Luc. 1. d. 32][1]. || Verum (ne tam futili obiectione superbiant) expendant paulisper nobiscum quam valide ratiocinentur. Si enim rite concluditur, a conceptione[l] coepisse Dei filium, quia qui conceptus est, filius vocatur: || sequetur, esse coepisse Verbum[a] a sua manifestatione in carne, quia Iohannes tradit se de Verbo vitae[b] annuntiare, quod manus suae contrectaverunt [1. Iohan. 1. a. 1]. || Similiter quod apud Prophetam legitur, Tu[c] Bethlehem terra Iuda[d], parvula es in millibus[e] Iuda: ex te mihi nascetur dux qui regat populum meum Israel: et egressus eius ab initio, a diebus aeternitatis [Mich. 5. a. 2][2] || : quomodo cogentur interpretari, si talem argumentandi modum sequi volent[f] ? || Nos enim minime Nestorio suffragari testatus sum, qui duplicem Christum commentus est, quando ex doctrina nostra iure fraternae coniunctionis nos secum Dei filios Christus fecit: quia in carne quam a nobis sumpsit, ipse unigenitus est Dei filius. Ac prudenter admonet Augustinus, mirae et singularis Dei gratiae illustre esse speculum, quod honorem adeptus est, quatenus est homo, quem mereri non poterat[3]. Hac igitur praestantia etiam secundum carnem ab utero ornatus fuit Christus, ut Filius Dei esset. Neque tamen in personae unitate fingenda est permixtio quae deitati quod proprium est tollat. Nec vero magis absurdum est, aeternum Dei Sermonem, et Christum, unitis in unam personam duabus naturis, vocari diversis modis Dei Filium, quam secundum varios respectus nunc Filium Dei, nunc filium hominis dici[4]. Nihilo etiam magis nos gravat alia Serveti calumnia, antequam apparuit in carne Christus, nusquam vocari Dei Filium nisi sub figura[5]: quia etsi obscurior fuit tunc eius descriptio, quum tamen iam clare probatum sit, non aliter aeternum fuisse Deum, nisi quia Sermo fuit ab aeterno Patre genitus, neque aliter nomen hoc competere in Mediatoris per-

---

a) *VG 1541–51* + de vie; *VG 1560* + qui est Dieu   b) *VG 1541–51* de Dieu; > *VG 1560*   c) Simil. — Tu: *1536* discant rationem loquendi scripturae, ex uno prophetae loco, apud quem sic Dominus loquitur. Et tu   d) terra Iuda: *1536* Ephrata   e) *1536–50* milibus   f) quae *1536–54* hic sequuntur, supra p. 466, 24–467, 7 exstant.

1) Servetus, De Trin. Erroribus, lib. I, f. 6 a; cf. Claudii Sabaudi opinionem in Halleri ad Bullingerum epist. 7. Maii 1534 dato (Museum Helv. XXVIII 669) et in epist. Frechti ad Blaurerum (ib. 673).   2) Mich. 5, 1 = vg. 5, 2.   3) Aug., De civ. dei X. 29, 1 MSL 41, 308; CSEL 40 I, 496.   4) Servetus, Christ. Rest.: epist. 2. p. 580 (CR VIII 651 sq.).   5) l. c. epist. 1. p. 577 sqq. (CR VIII 649 sqq.); epist. 8. p. 596 sq. (CR VIII 664 sq.).

sonam quam suscepit, nisi quia Deus est in carne manifestatus:
neque Deum Patrem ita fuisse vocatum ab initio, nisi mutua
iam tunc fuisset ad filium relatio, per quem omnis cognatio
vel paternitas censetur in caelo et in terra [Ephes. 3. c. 15]:
hinc colligere promptum est, sub Lege quoque et Prophetis
fuisse Dei Filium, antequam celebre esset hoc nomen in Ecclesia. Quod si de sola voce certetur, Solomo de immensa Dei
altitudine disserens, tam filium eius, quam ipsum incomprehen-
sibilem affirmat: Dic nomen eius, si potes, inquit, aut filii eius
[Prov. 30. a. 4]. Nec me latet apud contentiosos non fore satis
ponderis in hoc testimonio[1]: neque etiam eo valde nitor, nisi
quod maligne eos cavillari ostendit qui Filium Dei negant esse
Christum, nisi quatenus homo factus est[2]. Adde quod uno ore
et consensu vetustissimi quique scriptores hoc idem tam aperte
testati sunt, ut non minus ridicula quam detestabilis sit eorum
impudentia qui Irenaeum et Tertullianum obiicere nobis audent[3], quorum uterque invisibilem[l] fatetur fuisse Dei Filium,
qui postea visibilis apparuit[4].

8. Etsi autem horrenda portenta cumulavit Servetus, quibus forte alii non subscriberent: ‖ quicunque tamen Filium
Dei non agnoscunt nisi in carne[a], ‖ si propius instes, ab illis
id concedi animadvertes[b], non alia ratione nisi[c] quia conceptus est in utero Virginis ex Spiritu sancto[d]: qualiter olim
nugati sunt Manichaei[e], hominem ex traduce Dei animam habere[5]: quia legebant Deum inspirasse Adae[f] vitae spiraculum[g]
[Gen. 2. a. 7].[h] ‖ Nam[i] ita mordicus arripiunt Filii nomen, ut
nullum inter naturas discrimen relinquant: sed confuse blate-
rent Christum hominem esse Dei Filium, quia secundum hu-

---

a) Neque vero iis assentiendum, qui filium Dei unicum ita fatentur: Ut   b) *1539–54* animadvertas id conc. ab illis   c) ab
illis — nisi: *1536* animadvertes non aliter Deum et Dei filium ab illis
dici, quam   d) *1536* ex — sancto, in — virg.   e) nug. — Man.:
1536–54 Manichaei nugabantur   f) insp. Ad.: *1536–54* illi inspirasse
g) *1536* spir. vit.   h) *1539–54* + Filium enim scriptura ostendit,
verbum illud aeternum ante secula omnia ex patre genitum. — *quae
1536–54 hic sequuntur, supra p. 467, 28–468, 12 exstant.*   i) *VG 1560*
+ ces brouillons

1) ad hoc cf. Serveti annotationes, CR VIII 522 init., 535 (Defens.
orth. fidei contra errores Serveti).   2) vide supra p. 466, not. 1.
3) Servetus, exempli gr.: respons. ad artic. Calvini, CR VIII 507 sqq.;
Blandrata, quaest. CR XVII 171; Gentilis, epist. CR IX 394 sqq.
4) Irenaeus, Adv. haer. III c. 16, 6 ed. Stieren p. 51; Tertullianus, Adv.
Praxeam c. 15 CSEL 47, 254. — cf. CR Calv. opp. VIII, 574.
5) cf. Aug., Op. imperf. ctr. Iul. II, 178 MSL 45, 1218.

manam naturam ex Deo genitus est[1]. Sic aeterna Sapientiae genitura, quam praedicat Solomo[a] [Eccl. 24. b. 14][2], aboletur, et nulla habetur deitatis ratio in Mediatore: vel in hominis locum spectrum supponitur. Crassiores Serveti praestigias, quibus se et quosdam fascinavit (ut hoc exemplo admoniti pii lectores se in sobrietate et modestia contineant) refellere utile quidem esset: tamen supervacuum fore duco, quia id peculiari libro a me factum est[3]. Huc summa redit, Filium Dei ab initio fuisse ideam[b], et iam tunc praeordinatum fuisse hominem qui esset essentialis Dei imago[4]. Nec alium Dei Sermonem agnoscit nisi in externo splendore[c][5]. Hanc fuisse genituram interpretatur, quod Filii generandi ab initio[d] genita fuit in Deo voluntas, quae etiam actu se extendit in ipsam creaturam[e][6]. Spiritum interea miscet cum ipso Sermone, quia Deus invisibile verbum et Spiritum dispensaverit in carnem et animam[7]. Denique figuratio Christi locum geniturae apud eum obtinet[f][8]: sed qui tunc per speciem umbratilis fuit Filius[9], [g] eum tandem esse genitum dicit per Sermonem[10], cui seminis partes attribuit[11]. Unde sequetur, porcos et canes non minus esse Dei filios, quia ex originali semine verbi Dei creati sunt. Etsi autem ex tribus increatis elementis Christum conflat, ut sit genitus ex essentia Dei[12]: sic tamen primogenitum esse fingit inter creaturas, ut eadem sit essentialis divinitas lapidibus secundum suum gradum[13]. Ne vero Christum videatur sua deitate exuere, asserit carnem eius Deo esse ὁμοούσιον[14], et Sermonem fuisse

---

a) aet. — Sol.: *VG 1560* la generation eternelle dont il est parlé ailleurs   b) *VG 1560* + ou figure   c) Nec — spl.: *VG 1560* Au lieu de la Parolle, qui a tousiours esté vray Dieu selon sainct Jean, ce miserable ne recognoit qu'une splendeur visible   d) ab init. > *VG 1560*   e) quae — creat.: *VG 1560* laquelle est venue en effect quand il a esté formé   f) Den. — obt.: *VG 1560* bref il met au lieu de generation, telles figures que bon luy a semblé d'imaginer   g) eum — essentia Dei *(lin. 22): cf. Defens. orth. fidei, CR VIII 567*

1) vide supra p. 466, not. 1.   2) Ecclesiasticus (sc. Iesus Sirach) 24, 14.
3) Defensio orthodoxae fidei de sacra Trinitate, contra prodigiosos errores Michaelis Serveti Hispani... Per Iohannem Calvinum MDLIIII. (CR Calv. opp. VIII 457 sqq.).   4) Christ. Rest.: epist. 1. p. 578 sq. (CR VIII 649 sqq.); De Trin. lib. III. p. 92 sq.; De Myster. Trin. Apol. p. 679 sq.   5) l. c. De Trin. dial. I. p. 205 sq.; epist. 6. p. 591 sq. (CR VIII 660 sq.).   6) l. c. Apol. p. 683.   7) l. c. De Trin. lib. V. p. 164.
8) l. c. epist. 1. p. 578 (CR VIII 650).   9) l. c. De Trin. dial. I. p. 202 sq.   10) l. c. De Regen. p. 355.   11) l. c. De Trin. lib. IIII. p. 145.   12) l. c. p. 159.   13) l. c. p. 162.   14) l. c. De Trin. dial. II. p. 269.

hominem factum, carnis in Deum conversione[a][1]. Ita dum Christum apprehendere non potest Filium Dei, nisi eius caro ex Dei essentia prodierit, et in deitatem fuerit conversa, aeternam Sermonis hypostasin[b] redigit in nihilum, et filium Davidis, qui
⁵ promissus fuit redemptor, nobis eripit. Saepius quidem hoc repetit, genitum fuisse Filium a Deo, scientia[2] et praedestinatione[3]: tandem vero hominem factum ex materia illa quae initio apud Deum fulgebat in tribus elementis[4], quae deinde apparuit in prima luce mundi, in nube et columna ignis[5]. Porro
¹⁰ quam turpiter secum ipse subinde pugnet nimis prolixum esset referre. Ex hoc compendio colligent sani lectores, versutis ambagibus impuri canis spem salutis prorsus fuisse ex^ltinctam. Nam si caro esset ipsa divinitas, desineret esse eius templum. Iam nec redemptor nobis esse potest nisi qui ex Abrahae Da-
¹⁵ vidisque semine progenitus, vere secundum carnem homo factus sit[c]. Ac perperam in verbis Iohannis insistit, Sermonem fuisse factum carnem[6]: quia sicut Nestorii errori occurrunt, ita impium hoc commentum, cuius author fuit Eutyches, minime adiuvant[d], quum Evangelistae non aliud fuerit propositum
²⁰ quam personae unitatem asserere in duabus naturis.

Ut sciamus quorsum missus fuerit Christus a Patre, 1559 et quid nobis attulerit, tria potissimum spectanda in eo esse, munus propheticum, regnum et sacerdotium. CAP. XV.

²⁵ 1. RECTE Augustinus, quanvis haeretici Christi nomen praedicent, commune tamen illis cum piis fundamentum esse negat, sed manere Ecclesiae proprium; quia si diligenter considerentur quae ad Christum pertinent, nomine tenus invenitur Christus apud eos: re ipsa non est [Ench. ad Laurent. cap. 5][7].
³⁰ Sic hodie Papistae, quanvis in ore ipsorum resonet Filius Dei,

---

a) *cf. ib. 568*   b) aet. — hyp.: *VG 1560* la seconde personne qui est en Dieu   c) nisi — sit: *VG 1560* sinon qu'il soit engendré vrayement selon la chair, pour estre vray homme   d) impium — adi.: *VG 1560* l'heresie d'Eutyches, laquelle Servet a renouvellée, n'y
³⁵ a ne support ne couleur

1) l. c. p. 263; epist. 6. p. 590 (CR VIII 659).   2) l. c. De Trin. lib. IIII. p. 150; Apol. p. 680, 683.   3) l. c. De Trin. dial. I. p. 205.
4) l. c. De Trin. dial. II. p. 250; lib. IIII. p. 159.   5) l. c. De Trin. lib. III. p. 119 sq.   6) l. c. De Trin. dial. II. p. 265 sq.   7) Aug.,
⁴⁰ Enchir. ad Laur. c. 5 MSL 40, 233; ed. Scheel c. I, 5 p. 3.

mundi redemptor: quia tamen inani nominis obtentu contenti, sua virtute et dignitate eum nudant, vere in eos competit illud Pauli, caput non tenere [Coloss. 2. d. 19]. Ergo ut in Christo reperiat fides solidam salutis materiam, atque ita in ipso acquiescat, statuendum hoc principium est, tribus partibus constare quod ei iniunctum a Patre munus fuit. Nam et Propheta datus est, et Rex et Sacerdos; quanquam nomina haec tenere parum prodesset, nisi accederet finis et usus cognitio. Nam et in Papatu quoque pronuntiantur, sed frigide nec magno cum fructu, ubi nescitur quid in se unumquodque elogium contineat. ªDiximus ante[1], quanvis Deus Prophetas continua serie alios aliis submittens populum nunquam destituerit utili doctrina, et quae ad salutem sufficeret: piorum tamen mentes hac persuasione semper fuisse imbutas, adventu Messiae demum plenam intelligentiae lucem sperandam esse; adeoque eius rei opinio pervenerat usque ad Samaritanos, quibus tamen nunquam innotuerat vera religio; quod patet ex voce illa mulieris[b], Messias quum venerit, docebit nos omnia [Iohan. 4. d. 25]. Neque vero hoc Iudaei temere praesumpserant animis: sed, ut erant certis oraculis edocti, ita credebant. Illustris inter alias est Iesaiae[1] sententia, Ecce posui eum testem populis, ducem et magistrum populis dedi eum [Iesa. 55. b. 4]: nempe quo modo iam alibi vocaverat angelum vel interpretem[c] magni consilii [Iesa. 9. b. 6][2]. Hac ratione Apostolus perfectionem doctrinae Evangelicae commendans, ubi dixit, varie olim et sub figuris multiplicibus Deum loquutum esse Patribus per Prophetas, adiungit, novissime nobis loquutum esse per dilectum Filium [Hebr. 1. a. 1]. Quia autem commune Prophetis officium fuit tenere suspensam Ecclesiam, et simul fulcire usque ad Mediatoris adventum, ideo conquestos in dissipatione fideles legimus, privari se ordinario illo bono, Signa nostra non videmus: non est inter nos Propheta: non est cognoscens amplius [Psal. 74. b. 9]. At vero quum iam non longe abesset Christus, praefixum

---

a) *ad sqq. usque ad fin. sect. 2. cf. haec, quae 1559 expuncta sunt:* Accedit tanquam auctarii vice prophetia. Nam sicut praedictum ab Iesaia fuerat, ipsum fore consiliarium, vel divini consilii interpretem *(1545-50* fore Angelum magni consilii*)* [Ies. 9. b. 6][2], ut *(1545-50* ita, ut*)* has partes impleret, unctione spirituali inauguratus quoque fuit in munus summi prophetae, ex cuius ore perfectam sapientiam disceremus   b) *ex — mul.: VG 1560* par ce que la femme Samaritaine respondit à nostre Seigneur Jesus   c) *VG 1560* ambassadeur

1) vide supra cap. 6, 2-4; p. 321 sqq.   2) Ies. 9, 5 = vg. 9, 6.

fuit Danieli tempus ad obsignandam[a] visionem et prophetam [Dan. 9. f. 24], non solum ut vaticinio de quo illic agitur, certa constaret authoritas: sed ut fideles aequo animo carerent ad tempus Prophetis, quia instaret omnium revelationum plenitudo et clausula.

7,2   2. Porro notandum est ad haec tria munera Christi pertinere elogium; scimus enim sub Lege sacro oleo[b] tam Prophetas quam sacerdotes ac reges fuisse unctos[c]. || Unde et celebre Messiae nomen[d] promisso Mediatori fuit impositum. Etsi autem fateor peculiari regni intuitu et ratione dictum fuisse Messiam (ut etiam alibi ostendi)[1] prophetica tamen et sacerdotalis unctio gradum suum obtinent, neque sunt a nobis negligendae. Prioris[e] expressa fit mentio apud Iesaiam, his verbis[f], Spiritus Domini Iehovae super me; ideo unxit me Iehova ut praedicarem mansuetis, medelam afferrem contritis corde, promulgarem captivis liberationem, publicarem annum beneplaciti, etc. [Iesa. 61.[g] a. 1]. Videmus unctum Spiritu fuisse ut praeco et testis esset gratiae Patris: neque id communi more: quia a reliquis doctoribus, quorum simile erat officium, discernitur. Atque hic rursus notandum est, non sibi modo unctionem accepisse, ut fungeretur docendi partibus: sed toti suo corpori, ut in continua[h] Evangelii praedicatione virtus Spiritus respondeat. Interea manet illud fixum, hac quam attulit perfectione doctrinae finem impositum fuisse omnibus prophetiis: ut authoritas eius

a) At — obs.: *VG 1560* Or quand le temps a esté determiné à Daniel de la venue de Jesus Christ, il luy est aussi ordonné de cachetter   b) sacro ol.: *VG 1560* d'huile, que Dieu avoit dedié à ceste usage

c) Christi elogium adnectitur *(cf. 1536 I 82, 11)*: quod tametsi aliis non absurde attribuitur, illi tamen peculiari quodam iure competit. Ungit enim omnes Dominus, quibus spiritus sui gratias instillat. Atqui nemo est fidelium, nec unquam fuit, quem non eiusmodi unctione irrigaverit. Omnes igitur fideles unctos esse conficitur. Habent suam quoque unctionem prophetae: habent et suam tum reges, tum sacerdotes: non illam modo ceremonialem et externam: sed spiritualem. Siquidem prophetam, qui interpres est Dei apud homines, peculiari spiritus dono praeditum instructumque esse, convenit. Similiter et sacerdotem, qui angelus Domini esse debet [Malac. 2. b. 7.]. Postremo etiam regem, qui divinae maiestatis imaginem in terris gerit,· *quae 1539–54 hic sequuntur, infra p. 477, 29 sqq.* exstant.   d) cel. — nom.: *VG 1560* ce nom de Messias, qui vaut autant comme Christ ou Oinct,   e) *VG 1560* Quant à la Prophetique   f) his verb.: *VG 1560* où Jesus Christ parle ainsi   g) *sic recte VG 1560; 1559–61 falso* 51.   h) *VG 1560* ordinaire

1) supra cap. 6, 3; p. 323 sqq.

derogent qui Evangelio non contenti extraneum aliquid assuunt[a]. Nam extra omnium ordinem singulari privilegio eum evexit vox illa quae detonuit e caelo, Hic est Filius meus dilectus: ipsum audite [Matth. 3. d. 17][1]. Ab ipso deinde capite ad membra diffusa est haec unctio: sicut a Ioele praedictum fuerat, Prophetabunt filii vestri, et filiae vestrae visiones videbunt, etc. [Ioel. 2. g. 28][2]. Quod autem dicit Paulus, datum esse nobis in sapientiam [1. Cor. 1. d. 30]: et alibi, in eo absconditos esse thesauros omnes scientiae et intelligentiae [Coloss. 2. a. 3], paulo diversum sensum habet: nempe extra ipsum nihil esse utile cognitu, et quicunque fide percipiunt qualis sit, totam bonorum caelestium immensitatem complexos esse. Qua ratione alibi scribit,[1] Nihil scire pretiosum duxi praeter Iesum Christum, et hunc crucifixum [1. Cor. 2. a. 2]. Quod verissimum est, quia ultra Evangelii simplicitatem progredi fas non est. Atque huc tendit prophetica dignitas in Christo, ut sciamus in summa doctrinae quam tradidit, inclusos esse omnes perfectae sapientiae numeros.

[363]

3. Venio ad regnum, de quo frustra verba fierent nisi prius admoniti essent lectores spiritualem esse eius naturam: quia inde ad quid valeat et quid nobis conferat, totaque eius vis et aeternitas colligitur. Aeternitas porro, quam apud Danielem Angelus Christi personae tribuit [Dani. 2. g. 44], merito Angelus item apud Lucam saluti populi accommodat [Luc. 1. d. 33]. Sed haec quoque[b] duplex, aut duobus modis statuenda est: altera enim ad totum Ecclesiae corpus pertinet, altera propria est cuiusque membri. Ad priorem referendum est quod in Psalmo dicitur, Semel iuravi per sanctitatem meam Davidi, non mentiar: semen eius in aeternum manebit: solium eius sicut sol in conspectu meo: sicut luna stabilietur in aeternum, et testis in caelo fidelis [Psal. 89. e. 36. 37. 38]. Neque enim dubium est quin illic promittat Deus se per manum Filii sui aeternum fore Ecclesiae praesidem ac defensorem. Neque enim alibi quam in Christo reperietur vaticinii huius veritas; quandoquidem statim post mortem Solomonis concidit maiori ex parte regni dignitas, et cum ignominia familiae Davidicae ad privatum hominem translata est: postea sensim diminuta fuit, usquedum prorsus tristi et pudendo interitu deficeret. Eundem habet sen-

---

a) ut — ass.: *VG 1560* tellement que tous ceux qui veulent rien adiouster, deroguent à son authorité   b) Sed — quoque: *VG 1560* Cependant sachons que l'eternité mesme de l'Eglise est

1) recte Mtth. 17, 5.   2) Joel 3, 1 = vg. 2, 28.

sum illa Iesaiae exclamatio, Generationem^a eius quis enarrabit
[Iesa. 53. c. 8]? Nam Christum ita a morte superstitem fore
pronuntiat ut eum coniungat cum suis membris. Ergo quoties
audimus armari Christum aeterna potestate, meminerimus hoc
praesidio fulciri Ecclesiae perpetuitatem: ut inter turbulentas
agitationes, quibus assidue vexatur, inter graves et formidabiles motus qui innumeras clades minantur, salva tamen maneat.
Sic ubi David hostium audaciam ridet qui iugum Dei et Christi
eius abrumpere conantur, dicitque reges et populos frustra tumultuari, quia ad frangendos eorum impetus satis fortis est
qui in caelis habitat [Psal. 2. a. 3. 4^b]: de perpetua Ecclesiae
conservatione pios certiores reddens^c, ad bene sperandum animat quoties illam opprimi contigerit^d. Sic alibi quum dicit in
persona Dei, Sede a dextris meis, donec ponam inimicos tuos
scabellum pedum tuorum [Psal. 110. a. 1]: admonet, utcunque
ad oppugnandam Ecclesiam multi et validi hostes conspirent,
non tamen suppetere illis vires quibus adversus decretum illud
immutabile Dei praevaleant, quo Filium suum constituit aeternum Regem. Unde sequitur fieri non posse ut Diabolus cum
toto mundi apparatu Ecclesiam unquam deleat, quae in aeterno
Christi solio fundata est. Iam quod ad specialem cuiusque usum
spectat, eadem illa aeternitas in spem beatae immortalitatis
erigere nos debet. Quicquid enim terrenum est atque ex mundo,
temporale, imo etiam caducum esse cernimus; ergo Christus ut
spem in caelos nostram attollat, regnum suum pronuntiat non
esse ex mundo [Iohan. 18. f. 36]. Denique ubi quisque nostrum
spirituale Christi regnum esse audit, hac voce excitatus penetret ad spem melioris vitae: et quod nunc protegitur Christi
manu, plenum huius gratiae fructum in futuro seculo expectet.
    4. Quod diximus vim et utilitatem regni Christi non posse
aliter a nobis percipi quam dum spirituale esse cognoscimus,
vel hinc satis liquet, quod dum toto vitae cursu militandum
sub cruce nobis est, aspera et misera est nostra conditio. Quid
igitur nobis prodesset, collectos esse sub regis caelestis imperium, nisi extra terrenae vitae statum constaret eius fructus?
Ideoque sciendum est quicquid nobis foelicitatis in Christo promittitur, non subsistere in externis commodis, ut laetam et
tranquillam vitam agamus, floreamus opibus, securi simus ab
omni noxa, et deliciis affluamus quas expetere solet caro: sed
caelestis vitae esse proprium. Sicut autem in mundo prosper

---

a) *VG 1560* aage   b) *1559–61 falso* d. 34   c) de perp. — redd.:
VG 1560 Par ces mots   d) *VG 1560* + pource qu'elle a un Roy qui
la gardera

et optabilis populi status partim bonorum omnium copia et
domestica pace, partim validis praesidiis continetur, quibus
tutus sit contra externam violentiam: ita et Christus suos omnibus ad aeternam animarum salutem necessariis locupletat,
et virtute munit qua stent inexpugnabiles contra quoslibet
hostium spiritualium impetus. ‖ Unde colligimus ipsum nobis
magis regnare quam sibi[a], ‖ idque intus et extra: ut scilicet
donis Spiritus, quibus naturaliter vacui sumus, quatenus expedire novit Deus, referti, ex iis primitiis sentiamus vere nos
Deo coniunctos esse ad perfectam beatitudinem. Deinde ut
eiusdem Spiritus virtute freti, non dubitemus contra Diabolum,
mundum, et quodvis noxae genus nos semper fore victores.
Huc tendit responsum Christi ad Pharisaeos, quia regnum Dei
intra nos est, cum observatione non venturum [Luc. 17. e. 21][1].
Probabile enim est, quia profitebatur se regem illum esse sub
quo speranda erat summa Dei benedictio, per ludibrium ro-
gasse ut proferret sua insignia. Ipse vero, ne stulte pompis im-
morentur[b] (qui alioqui plus aequo propensi sunt in terram)
eos in suas conscientias ingredi iubet, quia regnum Dei est
iustitia, pax et gaudium in Spiritu sancto [Rom. 14. c. 17]. His
breviter docemur quid nobis conferat Christi regnum; ‖ nam
quia non terrenum est vel carnale, quod corruptioni subiaceat,
sed spirituale, ad aeternam nos usque vitam attollit[c]: ‖ ut patienter hanc vitam sub aerumnis, inedia, frigore, contemptu,
probris, aliisque molestiis transigamus: hoc uno contenti quod
nunquam destituet nos Rex noster quin necessitatibus nostris
subveniat, donec militia nostra perfuncti vocemur ad triumphum; quia talis est regnandi ratio ut communicet nobiscum
quicquid accepit a Patre. ‖ Iam quia nos potentia sua[d] armat
et instruit, decore et magnificentia ornat, opibus locupletat: ‖
hinc nobis suppetit uberrima gloriandi materia, atque etiam
fiducia suggeritur, ut intrepide cer¹temus cum Diabolo, peccato
et morte. Denique ut iustitia eius vestiti, omnia mundi oppro-

---

a) Deinde talis illi est regnandi ratio, ut non tam sibi regnet,
quam nobis; *haec 1539–54 infra post not. c exstant.* b) Ipse —
immor.: *VG 1560 Or Jesus Christ voulant prevenir ceux*
c) Quorum utrunque in magnum fidei adiumentum praesidium-
que cedit *(vide infra p. 478 not. d).* Nam quantum ad regnum attinet,
non terrenum est aut carnale, quod corruptioni subiaceat: sed spirituale, quod in coelum magis futuramque et aeternam vitam respiciat
d) Iam — sua: *1539–54 Potentia enim sua nos*

1) Lc. 17, 20. 21.

bria fortiter superemus: et sicut ipse suis donis liberaliter nos replet, ita nos vicissim fructus in eius gloriam proferamus ᵃ.

5. Ideo regia eius unctio non ex oleo vel aromaticis unguentis confecta nobis proponitur sed Christus Dei vocatur, quia super eum requievit Spiritus sapientiae, intelligentiae, consilii, fortitudinis et timoris Dei [Iesa. 11. a. 2]. Hoc oleum est laetitiae, quo Psalmus praedicat eum fuisse unctum prae consortibus suis: quia nisi in ipso talis esset praestantia, inopes essemus omnes ac famelici [Psal. 45. b. 8]. Neque enim privatim (ut dictum est)¹ ipse sibi ditatus est: sed ut ieiunos et aridos sua abundantia perfunderet. Nam sicuti dicitur Pater non dedisse Filio Spiritum ad mensuram [Iohan. 3. d. 34]: ita exprimitur ratio, ut de plenitudine eius acciperemus omnes et gratiam pro gratia [Iohan. 1. b. 16]. Ex quo fonte manat largitio cuius meminit Paulus, qua varie distribuitur gratia fidelibus, secundum mensuram donationis Christi [Ephes. 4. b. 7]. His satis superque confirmatur quod dixi, Christi regnum in Spiritu, non terrenis deliciis vel pompis esse situm: ac proinde, ut simus eius participes, mundo renuntiandum esse. Huius sacrae unctionis visibile symbolum in Christi baptismo ostensum fuit, dum super eum requievit Spiritus in specie columbae [Iohan. 1. e. 32; Luc. 3. e. 22]ᵇ. ‖ Spiritum vero eiusque dona unctionis voce de-

a) Denique in regni participationem exaltat et evehit. ‖ Siquidem eius communionis, qua se nobis illigavit, beneficio, reges et ipsi constituimur, robore eius ad certamen cum diabolo, peccato, et morte depugnandum armati, ‖ iustitiae eius ornamentis ad spem immortalitatis vestiti, divitiis sanctitatis eius ad fructificandum Deo per bona opera locupletati.

b) Quare oleum illud, quo tam Prophetae quam sacerdotes et reges inaugurabantur, non inane erat symbolum: sed verae illius et unicae unctionis sacramentum. Sed omnia unctionis genera nihil ad hanc salvatoris unctionem. Aliis enim pro dispensationis suae modo varias gratiae portiones impartitur: ut nemo sibi per se sufficiat: ‖ at hic tota plenitudine perfunditur. Siquidem quod de eo praedictum fuerat: unxit te Deus Deus tuus oleo laetitiae prae consortibus tuis [Psal. 45. b. 8.] ‖ : Ioannes clarius explicans, dicit patrem non dedisse illi spiritum ad mensuram [Ioan. 3. d. 34.]. Nec rationem subticet. Nempe, ut de plenitudine eius omnes acciperemus, et gratiam pro gratia; ideoque et alter Propheta eum fore praedixerat, super quem requiesceret spiritus Domini: neque id ad speciem unam gratiae illi conferendam: sed qui eum sapientiae, intelligentiae, consilii, et fortitudinis, scientiae, et pietatis donis ornaret [Iesa. 11. a. 2.]. Et vaticinium illud evidenti spectaculo fuit confirmatum, cum Ioanni visus est spiritus in eum descendens, et apud

1) supra sect. 2; p. 473 sq.

478 INSTITUTIONIS LIB. II

signari[1], neque novum est, neque absurdum videri debet: quia non aliunde vegetamur: maxime vero quod ad caelestem vitam spectat, nulla est in nobis vigoris gutta, nisi quam nobis Spiritus sanctus instillat, qui sedem in Christo delegit, ut inde large ad nos scaturirent caelestes divitiae quarum adeo sumus egeni. Quod autem et regis sui fortitudine invicti stant fideles et spirituales eius divitiae in eos exuberant: non immerito dicuntur Christiani[a]. || Caeterum huic, de qua loquuti sumus[2], aeternitati nihil derogat Pauli sententia[b], Tunc regnum tradet Deo et Patri [1. Cor. 15. c. 24]. Item, Subiicietur Filius ipse, ut sit Deus omnia in omnibus [Ibidem. d. 28][c]; quia nihil aliud vult, quam in illa perfecta gloria non talem fore regni administrationem qualis nunc est. || Dedit enim Pater omnem potestatem Filio ut per eius manum nos gubernet, foveat, sustentet, sub eius tutela nos protegat, nobisque auxilietur. Ita quantisper a Deo peregrinamur, Christus intercedit medius, qui nos paulatim ad solidam cum Deo coniunctionem perducat[d]. || Et certe quod sedet ad Patris dexteram, tantundem valet acsi vocetur

eum manens [Matt. 3. d. 16. Ioan. 1. d. 32.]. Proinde merito Christi epitheton *(cf. Catech. 1538, CR V 338)*, per Antonomasiam, salvatori nostro defertur.

a) Principio, et spiritus sanctus, unctionis: et eius dona, olei nomine optima ratione designantur, quod nisi ab eo irrigati, tabescimus, aridi in nobis prorsus et steriles *(cf. Catech. 1538, CR V 338)*, et quasi vitae humore destituti. Porro hic plena omnigenaque ubertate in Iesum effusus, eius animam propriam sibi delegit sedem, ut inde, velut e fonte unico, ad nos scaturiret. Proinde quod spiritussancti oleo irrigantur pii omnes, id fit sola eius participatione: ac tantundem quisque accipit, quantum cum illo *(cum illo: 1539-50 illi)* communicat. Paucis verbis notatum habemus discrimen, inter unctionem salvatoris et nostram. Quod illum Dominus toto spiritualium opum thesauro citra mensuram locupletavit, cuius suam unicuique nostrum portionem demetitur: Quod spiritum, quantus quantus est, in illo residere voluit, ex illo velut ex scaturigine quadam ad nos exuberaret: ut ita de eius plenitudine hauriamus omnes [Iohan. 1. b. 16.]: et illius consortes facti, spiritussancti gratias in illo participemus.   b) Caet. — sent*.: VG 1560* Au reste, la sentence de S. Paul que nous avons touchée cy dessus, assavoir
c) *VG 1560* + ne derogue rien à ce que nous avons dit

d) Huiusmodi praeterea unctione constitutus a patre rex fuit, qui omnem sibi in coelo et in terra potestatem subiiceret; ut Psalmus secundus docet [Psal. 2. b. 6.]. Deinde et sacerdos consecratus, qui intercessionis munus apud patrem obiret. — *ad haec cf. Cat. 1538, CR V 338.*

1) 1. Ioh. 2, 20. 27.   2) supra sect. 3; p. 474 sq.

Patris legatus, penes quem tota sit imperii potestas: quia Deus mediate (ut ita loquar) vult in eius persona Ecclesiam regere ac tueri. Sicuti etiam interpretatur Paulus primo ad Ephesios, locatum fuisse ad dexteram Patris, ut sit Ecclesiae caput, quae est corpus eius[1]. Nec alio tendit quod alibi docet, datum illi fuisse nomen quod est super omne nomen:[1] ut in nomine Iesu omne genu flectatur, et omnis lingua confiteatur quod sit in gloriam Dei Patris [Philip. 2. b. 9][2]. Nam iis etiam verbis in Christi regno ordinem commendat praesenti nostrae infirmitati necessarium. Ita recte colligit Paulus, Deum per se tunc fore unicum Ecclesiae caput, quia impletae erunt Christi partes in Ecclesiae defensione[a]. ‖ Eadem ratione passim Scriptura Dominum vocat, quia hac lege eum nobis praefecit Pater ut suam dominationem per eum exerceat[b]. ‖ Licet enim multa dominia celebrentur in mundo, unus nobis Deus Pater, ex quo omnia et nos in ipso: et unus Dominus Christus, per quem omnia, et nos per ipsum, inquit Paulus [1. Cor. 8. b. 6 [c]]. Unde rite colligitur, eundem esse ipsum Deum, qui per os Iesaiae asseruit se regem esse ac legislatorem Ecclesiae [Iesa. 33. d. 22]. Nam etsi ubique beneficium et donum Patris vocat quicquid habet potestatis: non aliud tamen significat quam se divinitus[d] regnare: quia ideo Mediatoris induit personam ut e sinu Patris et incomprehensibili gloria descendens, ad nos appropinquaret. Quo iustius est nos omnes uno consensu ad parendum accingi, summaque alacritate obsequia nostra dirigere ad eius nutum. Nam sicuti regis et pastoris officia coniungit erga pios qui se morigeros ultro subiiciunt: ita ex opposito audimus sceptrum ferreum gestare, quo frangat ac conterat praefractos omnes, quasi vasa figuli [Psal. 2. c. 9]. Audimus etiam iudicem fore Gentium, ut terram operiat cadaveribus, et altitudinem sibi adversam prosternat [Psal. 110. b. 6]. Cuius rei quaedam hodie cernuntur exempla: plenum vero documentum extabit ultimo iudicio; quod etiam proprie censeri potest extremus regni eius actus[e].

---

a) in Eccl. def.: *VG 1560* de conserver son Eglise et l'amener à salut
b) Postremo illi, Domini elogium adscribitur: quoniam hac lege mundo praefectus est a patre, ut eius dominationem hic exerceat
c) *sic recte 1553; 1559-61 falso* 9   d) *VG 1560* en maiesté et vertu divine
e) Ut enim saepe apud Prophetas, se unum esse Dominum nostrum regem ac legislatorem pronunciat Deus, ita cum filium suum in carne exhibuit, eum esse declaravit, in quo regere et imperare vellet. Quare unus est, inquit Apostolus, nobis Deus, ex quo omnia,

1) Eph. 1, 20–23.   2) Phil. 2, 9. 10.

6. Iam de sacerdotio breviter sic habendum, finem et usum eius esse ut sit mediator purus omni macula, qui sanctitate sua Deum nobis conciliet. Sed quia aditum occupat iusta maledictio, et Deus pro iudicis officio nobis infensus est: ut nobis favorem comparet sacerdos ad placandam iram ipsius Dei, piaculum intervenire necesse est. Quare ut hoc munus impleret Christus, cum sacrificio in medium prodire oportuit; nam et sub Lege sacerdotii fas non erat sanctuarium ingredi absque sanguine: ut scirent fideles, quanvis sacerdos interpositus esset deprecator, non posse tamen Deum propitiari, nisi expiatis peccatis. Qua de re prolixe Apostolus disputat in epistola ad Hebraeos a septimo capite fere ad finem usque decimi. Summa tamen huc redit, nonnisi in Christum competere sacerdotii honorem, quia sacrificio mortis suae reatum nostrum delevit, et satisfecit pro peccatis. Quanti vero momenti res sit, ex solenni illo Dei iureiurando, quod absque poenitentia prolatum est, monemur, Tu es sacerdos in aeternum secundum ordinem Melchisedech [Psal. 110. b. 4]. Sancire enim haud dubie voluit caput illud, in quo praecipuum salutis nostrae cardinem verti sciebat. Neque enim, ut dictum est, nobis aut precibus nostris ad Deum patet accessus: nisi purgatis inqui¹namentis nos sacerdos sanctificet, gratiamque nobis obtineat, a qua nos scelerum nostrorum et vitiorum arcet immundities. Ita videmus a morte Christi incipiendum esse, ut ad nos perveniat sacerdotii eius efficacia et utilitas. Hinc sequitur aeternum esse deprecatorem, cuius patrocinio favorem consequimur. Unde rursus oritur non modo precandi fiducia, sed etiam tranquillitas piis conscientiis: dum in paternam Dei indulgentiam tuto recumbunt[a], certoque persuasae sunt ei placere quicquid per Mediatorem consecratum est. Quum vero sub Lege victimas ex pecudibus offerri sibi Deus iusserit, diversa et nova in Christo fuit ratio, ut idem esset hostia qui sacerdos; quia nec alia pro peccatis idonea satisfactio reperiri poterat nec quisquam tanto honore dignus qui Deo unigenitum Filium offerret. ‖ Iam sacerdotis personam sustinet Christus, non modo ut aeterna reconciliationis lege

et nos in ipso; et unus Dominus Iesus Christus per quem omnia, et nos per ipsum [1. Corint. 8. b. 6.]. Sic autem significatur, non tantum praeceptorem esse et magistrum, cui auscultandum sit docenti: sed caput ac principem, cuius imperio parendum sit, cuius nutui obtemperandum, cuius ad voluntatem obsequia nostra sint dirigenda. Ei enim primogenituram attribuit pater in sua familia: ut et fratribus suis praesit cum potestate, et facultates haereditatis administret atque dispenset   a) dum — recum.: *VG 1560* puis que Dieu nous appelle à soy tant humainemant

DE COGNIT. DEI REDEMPTORIS. CAP. XVI

patrem nobis faventem ac propitium reddat, sed etiam ut nos asciscat in societatem tanti honoris [Apoc. 1. b. 6]. Nam qui in nobis polluti sumus, in ipso tamen sacerdotes, offerimus nos et nostra omnia Deo, caelesteque sanctuarium libere ingre-
5 dimur, ut grata sint ac boni odoris in conspectu Dei quae a nobis proveniunt sacrificia precum et laudis ª. || Atque hucus- 1559* (1539) que se extendit illud Christi dictum, Propter eos sanctifico meipsum [Iohan. 17. c. 19]: quia sanctitate eius perfusi quatenus nos secum Patri dicavit (qui alioqui foetemus coram eo)
10 tanquam puri et mundi, imo etiam sacri, placemus ᵇ. || Huc 1559 pertinet unctio sanctuarii, cuius mentio fit apud Danielem [Dan. 9. f. 24]. Notanda enim est antithesis inter hanc unctionem et illam umbratilem, quae tunc in usu fuerat: acsi diceret Angelus, discussis umbris in Christi persona clarum fore sacer-
15 dotium. Quo magis detestabile est eorum commentum qui non contenti Christi sacerdotio, seipsos ad eum mactandum ingerere ausi sunt; quod tentatur quotidie in Papatu, ubi missa censetur immolatio Christi.

Quomodo redemptoris partes impleverit Christus, 1559
20 **ut nobis salutem acquireret: ubi de morte et resurrectione eius agitur, et in caelum ascensu.**
CAP. XVI.

7,1 1. ᶜQUAE hactenus de Christo diximus, ad unum hunc sco- 1559* (1539/36 pum referenda sunt ut in nobis damnati, mortui et perditi, I 82)

25 a) At sacerdotis functionem nihilo minore nostro bono sustinet: 1539* non ideo tantum, quod sua intercessione placatum patrem nobis, (1536 I 82) aeternae reconciliationis lege, propitium reddit: sed quod nos quoque in sacerdotii consortium adsciscit, ut || ipso freti *(> 1536)* inter- 1536 cessore ac mediatore [Iohan. 17. b. 9.], patri preces, gratiarum actio- (I 82)
30 nes, nosmetipsos, et nostra omnia offeramus *(1536 offerentes)*. || Itaque quod olim Dominus populo suo promittebat, illum sibi fore 1539 in sacerdotale regnum [Exod. 19. a. 6]: in salvatore nostro demum obtinetur, per quem solum fit, ut in regnum iustitiae, et ad sacrosanctum Dei tabernaculum accessus nobis pateat. — *1545-54 hic*
35 *nonnulla adduntur, quae supra p. 472 not. a exstant; quae 1539-54 deinde leguntur infra not. c et b inveniuntur.*
b) Christi vero cognomine, ad percipiendam spiritus communio- 1539 nem atque ex ea emanantem sanctificationis fructum nos praesertim invitari: quando ex *(> 1539-50)* eius ore audimus, quod propter
40 nos seipsum sanctificaverit [Ioan. 17. c. 19.]. c) *ad sqq. cf. haec quoque, quae 1539-54 supra ante not. b exstant:*
7,5 Summa haec sit. Nos Iesu quidem nomine, in redemptoris et 1539 salutis fiduciam confirmari [Matt. 1. d. 21.]:

31

iustitiam in ipso, liberationem, vitam et salutem quaeramus: quemadmodum docemur insigni illa Petri sententia, non esse aliud nomen sub caelo¹ datum hominibus in quo oporteat salvos fieri [Act. 4. b. 12]. Neque vero temere, vel fortuito casu, vel hominum arbitrio impositum illi fuit nomen Iesu, sed e caelis ab Angelo supremi decreti praecone allatum, ratione etiam addita: quia ad servandum a peccatis populum missus esset [Matth. 1. d. 21; Luc. 1. c. 31]. In quibus verbis notandum est quod alibi attigimus¹, redemptoris munus ei fuisse iniunctum ut nobis esset salvator^a. ǁ Interea tamen mutila esset redemptio, nisi per continuos progressus ad ultimam usque salutis metam nos perduceret. Itaque simulac vel minimum ab eo deflectimus, sensim^b evanescit salus, quae solida in eo residet: ut se ultro privent omni gratia quicunque in eo non acquiescunt. Et memoratu digna est illa Bernardi admonitio, non modo lucem sed cibum quoque esse nomen Iesu: oleum etiam esse, sine quo aridus est omnis animae^c cibus: salem esse, sine cuius conditura insipidum est quicquid proponitur^d: denique esse mel in ore, in aure melos, in corde iubilum, et simul medicinam: et quicquid disputatur insulsum esse, nisi ubi sonat

a)   Et in Iesum Christum, filium eius unicum,
Dominum nostrum.

Quod *(*Quod — recensentur: *exstant in Catech. 1538, CR V 338)* ante docuimus, Christum fidei nostrae esse scopum *(*esse sc.: *Cat.* proprium obiectum esse*)*, ex eo facile apparet: quod omnes salutis nostrae numeri in ipso hic recensentur *(*numeri — rec.: *Cat.* partes hic in ipso repraesentantur*)*. Egressus est enim Dominus, ut inquit Propheta, in salutem populi sui, in salutem cum Messiah suo [Habacu. 3. c. 13.]: quando per eius manum opus suae misericordiae, nempe populi electi redemptionem, peregit. ǁ Principio Iesus vocatur *(*Pr. — voc.: *Cat. l. c.* Iesum vocamus ipsum*;* haec: Ies. — faciat, *exst. in Cat. l. c.)*, quo titulo coeleste oraculum ipsum insignivit: quia missus est ut populum suum a peccatis suis *(> Cat.)* salvum faciat [Matthaei. 1. d. 21. Luc. 1. c. 31.]. In ipso ergo, nec alibi usquam, reperitur salus. Quia non fortuito casu, aut humana temeritate hoc illi nomen impositum est. Nec frustra Dei decreto per angelum Iesus pronunciatur, sed quo ab omni alia salutis opinione avocati, hunc teneamus unum pro salvatore. Unde et scriptura clamat, non aliud esse datum nomen sub coelo hominibus, in quo salvos fieri oporteat [Acto. 4. b. 12.] *(cf. Cat. l. c.)*. Hoc itaque nomine fidelibus indicatur, ut sibi in eo salutem quaerant, et paratam conspiciant. b) > *VG 1560* c) > *VG 1560* d) sine — prop.: *VG 1560* pour donner goust et saveur à toute doctrine, qui autrement seroit fade

1) supra cap. 6, 1; p. 320 sq.

hoc nomen [Bern. in Cant. Serm. 15]¹. Sed hic diligenter expendere convenit quomodo nobis ab ipso parta sit salus: ut non modo ipsum eius authorem persuasi simus, sed quae ad stabilem fidei nostrae fulturam sufficiunt amplexi, repudiemus quaecunque possent huc vel illuc nos abstrahere. Quum enim nemo possit in seipsum descendere ac serio reputare qualis sit, quin Deum sibi iratum infestumque sentiens, necesse habeat eius placandi modum ac rationem anxie[a] expetere, quod satisfactionem exigit, non vulgaris requiritur certitudo: quia peccatoribus, donec a reatu soluti fuerint, semper incumbit ira Dei et maledictio, qui, ut est iustus iudex, non sinit impune legem suam violari, quin ad vindictam armatus sit.

2. Verum, antequam longius progredimur, in transcursu[b] videndum est quomodo conveniat, Deum, qui nos misericordia sua praevenit, fuisse inimicum, donec per Christum nobis reconciliatus est. Nam quomodo in Filio unigenito singulare amoris sui pignus nobis dedisset, nisi iam ante fuisset gratuito favore complexus? Quoniam ergo hic emergit aliqua repugnantiae species, hunc nodum expediam. ‖ In hunc fere modum Spiritus in Scripturis loquitur, Deum fuisse hominibus inimicum, donec in gratiam, Christi morte sunt restituti [Rom. 5. b. 10]: fuisse maledictos, donec illius sacrificio expiata est eorum iniquitas [Gal. 3. b. 10. 13]: fuisse a Deo separatos, donec per ipsius corpus fuerunt in coniunctionem recepti [Col. 1. c. 21. 22]. Huius generis locutiones ad sensum nostrum sunt accommodatae, ut melius intelligamus quam misera sit et calamitosa extra Christum nostra conditio. Nisi enim claris verbis diceretur, iram ac vindictam Dei mortemque aeternam nobis incubuisse, minus agnosceremus quam miseri essemus sine Dei misericordia, et beneficium liberationis, minoris aestimaremus. Exempli gratia: audiat aliquis, Si te quo tempore adhuc peccator eras, odisset Deus, et te abiecisset[c], ut eras meritus, horribili exitium te manebat: sed quia sponte ac gratuita sua indulgentia te in gratia retinuit, nec alienari a se passus est, eo periculo sic te liberavit: afficietur quidem et sentiet aliqua ex parte quantum debeat misericordiae Dei. Verum audiat rursum quod Scriptura docet, se alienatum fuisse a Deo per peccatum, haeredem irae, mortis aeternae maledictioni obnoxium[d], exclusum ab omni spe salutis, extraneum ab omni benedictione Dei. Sa-

a) > VG 1560   b) in tr. > VG 1560   c) 1543–50 abiiceret   d) irae — obn.: VG 1545 sqq. de la mort eternelle, subiect à malediction

1) Bernardus, Sermones in Cantica 15, 6 MSL 183, 340 sq.

tanae mancipium, sub peccati iugo captivum, horribili denique exitio destinatum et iam implicitum: hic Christum deprecatorem[a] intercessisse, poenam in se recepisse ac luisse quae ex iusto Dei iudicio peccatoribus omnibus imminebat: mala, quae Deo exosos illos reddebant, sanguine suo expiasse: hoc piaculo satisfactum ac rite litatum Deo Patri esse: hoc intercessore[b] iram eius fuisse placatam: hoc fundamento pacem Dei cum hominibus esse subnixam: hoc vinculo benevolentiam illius erga ipsos contineri: his nonne eo magis permovebitur quo melius ad vivum repraesentatur quanta e calamitate ereptus fuerit? In summa, quoniam non potest animus noster vitam in Dei misericordia vel satis cupide apprehendere vel qua decet gratitudine excipere, nisi formidine irae Dei et aeternae mortis horrore ante perculsus et consternatus: sic instituimur sacra doctrina, ut sine Christo Deum nobis quodammodo infestum cernamus, et eius manum in exitium nostrum armatam, benevolentiam eius paternamque charitatem nonnisi in Christo amplexemur.

3. Atque hoc tametsi pro captus nostri infirmitate dicitur, non tamen falso. Deus enim, qui summa iustitia est, iniquitatem, quam in omnibus nobis conspicit, amare non potest. Habemus ergo omnes in nobis quod Dei odio dignum sit. Proinde secundum corruptae nostrae naturae, et deinde accedentis pravae vitae respectum[c], in offensione Dei revera sumus omnes in eius conspectu rei, et ad gehennae damnationem nati[d]. Verum quia Dominus quod suum est in nobis perdere non vult, adhuc aliquid invenit quod pro sua benignitate amet. Utcunque enim peccatores vitio nostro simus, manemus tamen eius creaturae: utcunque mortem nobis asciverimus, ipse tamen nos ad vitam condiderat. Sic mera et gratuita nostri dilectione excitatur ad nos in gratiam recipiendos. Atqui si perpetuum et irreconciliabile dissidium est inter iustitiam et iniquitatem: quandiu peccatores manemus, suscipere nos totos non potest. Itaque ut sublata omnis simultatis materia, nos sibi prorsus reconciliet, proposita in morte Christi expiatione, quicquid in[l] nobis mali est abolet, ut iusti in eius conspectu et sancti appareamus, qui antea immundi eramus ac impuri. Proinde sua dilectione praevenit ac antevertit Deus Pater nostram in Christo reconciliationem. Imo quia prius diligit [1. Iohan. 4. d. 19], postea nos sibi reconciliat. Sed quia in nobis, donec sua morte succurrit Chri-

---

a) > *VG 1545 sqq.*   b) hoc piac. — int.: *VG 1545 sqq.* et que par ce payement Dieu a esté satisfaict, et   c) *1543–54* considerationem   d) ad — nati: *VG 1545 sqq.* naiz en damnation

DE COGNIT. DEI REDEMPTORIS. CAP. XVI   485

stus, manet iniquitas quae Dei indignationem meretur, et est coram eo maledicta ac damnata: non ante plenam habemus firmamque cum Deo coniunctionem quam ubi Christus nos coniungit. Adeoque si Deum nobis pacatum ac propitium volumus polliceri, in Christum solum oculos mentesque defigere convenit: ut revera per ipsum solum consequimur ne imputentur nobis peccata, quorum imputatio iram Dei secum trahit.

7, 21   4. Atque hac ratione dicit Paulus, eam dilectionem, qua nos ante mundi creationem complexus est Deus, in Christo constitisse ac fuisse[a] fundatam [Ephes. 1. a. 4][1]. Haec perspicua sunt et Scripturae consentanea, locosque illos optime inter se conciliant, ubi dicitur, Deum suam erga nos dilectionem in eo declarasse quod unigenitum Filium in mortem dederit [Iohan. 3. b. 16]: et tamen fuisse inimicum, antequam morte Christi in gratiam reductus esset [Rom. 5. b. 10]. Verum quo firmiora sint apud eos qui veteris Ecclesiae testimonium requirunt, citabo locum[b] Augustini ubi id ipsum docetur. Incomprehensibilis (inquit) ac immutabilis est Dei dilectio. Non enim ex quo ei reconciliati sumus per sanguinem Filii eius, coepit nos diligere, sed ante mundi constitutionem dilexit nos, ut cum eius Unigenito etiam nos filii eius essemus, antequam omnino aliquid essemus. Quod ergo reconciliati sumus per mortem Christi, non sic accipiatur quasi ideo nos reconciliaverit ei Filius, ut iam amare inciperet quos oderat: sed iam nos diligenti reconciliati sumus, cum quo propter peccatum inimicitias habebamus. Quod utrum verum dicam, attestetur Apostolus. Commendat (inquit) dilectionem suam[c] erga nos, quoniam quum adhuc peccatores essemus, Christus pro nobis mortuus est [Rom. 5. b. 8]. Habebat itaque ille erga nos charitatem, etiam quum inimicitias adversus eum exercentes operaremur iniquitatem. Proinde miro et divino modo et quando nos oderat, diligebat. Oderat enim nos, quales ipse non fecerat: et quia iniquitas nostra opus eius non omni ex parte consumpserat, noverat simul in unoquoque nostrum et odisse quod feceramus, et amare quod fecerat [Tract. in Evang. Ioh. 110][d][2]. || Haec sunt 1550 Augustini verba.

7, 18   5. Iam ubi quaeritur quomodo abolitis peccatis dissidium 1559* (1539/36 Christus inter nos et Deum sustulerit, et iustitiam acquisierit I 82) quae eum nobis faventem ac benevolum redderet: generaliter

---

a) ac fuisse > *1561*   b) *1543-45* + unum   c) *1543-54* + Deus
d) [Tract. —]: *1553-61* supra ante [Rom. — 8] exstat.

1) Eph. 1, 4. 5.   2) Aug., In Ioh. tract. 110, 6. MSL 35, 1923 sq.

responderi potest, toto' obedientiae suae cursu hoc nobis prae- [371]
stitisse. Quod Pauli testimonio probatur, quemadmodum unius
transgressione peccatores multi sunt constituti: sic unius^a obedientia iusti constituimur [Rom. 5. d. 19]. Et sane alibi causam
veniae^b quae nos eximit a maledictione Legis, extendit ad to- 5
tam Christi vitam, Ubi venit plenitudo temporis, misit Deus
Filium suum factum ex muliere, subiectum Legi, ut eos qui sub
Lege erant redimeret [Galat. 4. a. 4]. Ita in ipso quoque Baptismo asseruit impleri iustitiae partem quod obedienter Patris
mandatum perageret [Matth. 3. d. 15]. Denique ex quo induit 10
personam servi, coepit ad nos redimendos pretium liberationis
solvere. Scriptura tamen, quo certius definiat modum salutis,
hoc morti Christi quasi peculiare ac proprium adscribit. Pronuntiat ipse animam se dare in redemptionem pro multis [Matt.
20. d. 28]. Paulus docet mortuum esse propter peccata nostra 15
[Rom. 4. d. 25]. Clamabat Iohannes Baptista, ipsum venisse
ad tollendum peccata mundi, quia agnus Dei esset [Iohan. 1.
d. 29]. Alibi Paulus nos iustificari gratis tradit per redemptionem quae est in Christo: quia propositus est reconciliator in
suo sanguine [Rom. 3. c. 25^c][1]. Item, nos iustificatos esse in 20
sanguine ipsius et reconciliatos per mortem [Ro. 5. b. 9. 10].
Rursum, Qui peccatum non noverat, pro nobis factus est peccatum, ut essemus iustitia Dei in illo [2. Cor. 5. d. 21]. Non
omnia persequar, quia immensus esset catalogus, et multa
deinde suo ordine citanda erunt. Quamobrem in symbolo fidei 25
quod Apostolicum vocant, optimo ordine statim a natalibus
Christi fit transitus ad mortem et resurrectionem, ubi perfectae
salutis summa consistit. Neque tamen excluditur reliqua pars
obedientiae qua defunctus est in vita: sicuti Paulus ab initio
ad finem usque totam comprehendit, quod seipsum exinanie- 30
rit, forma servi accepta, et Patri fuerit obediens usque ad mortem: nempe mortem crucis [Philip. 2. a. 7][2]. Et sane in ipsa
quoque primum gradum occupat voluntaria subiectio: quia ad
iustitiam nihil profuisset sacrificium nisi sponte oblatum. Itaque ubi testatus est Dominus se animam pro ovibus ponere 35
[Iohan. 10. c. 15], diserte addit, Nemo tollit eam a meipso[3].
Quo sensu Iesaias dicit obmutuisse instar agni coram tonsore
[Iesa. 53. b. 7]. Et historia Evangelica refert obviam prodiisse
militibus [Iohan. 18. a. 4]: et coram Pilato, omissa defensione,

---

a) *VG 1560* du second   b) *VG 1560* la grace d'absolution 40
c) *1559–61 falso* 15

1) Rom. 3, 24 sq.   2) Phil. 2, 7. 8.   3) Ioh. 10, 18.

stetisse ad subeundum iudicium [Matt. 27. b. 11]. Non id quidem absque certamine[a]: quia et infirmitates nostras susceperat: et hoc modo[b] probari oportuit quod Patri suo praestabat obsequium. Et hoc non vulgare fuit amoris erga nos incomparabilis specimen, luctari cum horribili formidine, et inter diros illos cruciatus abiicere sui curam, ut nobis consuleret. Illud quidem tenendum est, non potuisse rite Deo aliter litari quam dum proprio se affectu abdicans Christus illius se arbitrio subiecit, totumque addixit. Quam ad rem apposite testimonium illud Psalmi citat Apostolus, In libro Legis scriptum est de me[1] ut faciam voluntatem tuam Deus. Volo, et Lex tua in medio cordis mei. Tunc dixi, ecce venio [Hebr. 10. a. 5; Psal. 40. b. 9][1]. Caeterum quia nonnisi in sacrificio et ablutione, quibus expiantur peccata, quietem reperiunt trepidae conscientiae: illuc merito dirigimur, et in morte Christi statuitur nobis vitae materia[c]. || Porro quia nos maledictio ex

a) Non — cert.: *VG 1560* non pas qu'il n'ait senty en soy de grans combats et repugnances b) hoc modo: *VG 1560* en choses cures et aspres, et desquelles il se fust volontiers exempté
c) Sequitur postea, quomodo nostram redemptionem, cuius gratia natus homo mortalis erat, peregerit: Nam quia hominis inobedientia provocatus erat ad iram Deus, eam ipse sua obedientia delevit, patri se obedientem praebens usque ad mortem [Philip. 2. a. 8.]. || Ideo in salutis instauratione obedientiam hanc primo loco aestimandam esse indicat Paulus. Quemadmodum, inquit, unius transgressione peccatores multi sunt constituti, ita unius obedientia multi iusti constituuntur [Rom. 5. d. 19.]. Haec igitur salutis nostrae summa: quod filius Dei noster factus, sua voluntate valere iussa, non modo vitam patris voluntati et arbitrio consecravit, sed neque ad eius nutum mortis horrores subire recusavit, quo eius maiestatem nostra rebellione concitatam pacaret. Huius obedientiae merito factum est, ut reconciliaretur generi humano coelestis pater, quod ante toto animo aversabatur. Nam morte sua Christus sacrificium bonae fragrantiae patri obtulit: quo et iusto eius iudicio ad plenum satisfaceret et aeternam suis sanctificationem acquireret. || Sacrum suum sanguinem in precium redemptionis effudit, || quo et Dei furor extingueretur, adversum nos accensus, et nostra iniquitas purgaretur. Cum ergo salutis quaeritur securitas, ad istam redemptionem est veniendum: per quam et Deus nobis est propitius redditus, et aditus in coelum patefactus, et puritas iustitiae comparata. Nam Dei benevolentiam, in qua potissima vitae arrha fiduciaque consistit, Christum sacrificii sui virtute nobis esse promeritum toties scriptura docet, ut nihil frequentius. Sordes peccatorum et maculas, quibus evertitur *(1539-45* avertitur*)* et alienatur Dei voluntas a nobis,

1) Hebr. 10, 7. 9; Ps. 40, 8. 9.

reatu manebat ad caeleste Dei tribunal, primo loco refertur damnatio coram praeside Iudaeae Pontio Pilato: ut sciamus, poenam, cui eramus obstricti, fuisse iusto inflictam[a]. || Horribile Dei iudicium effugere non poteramus: ut inde nos eriperet Christus, coram homine mortali, imo etiam scelesto et profano damnari sustinuit. || Neque enim solum ad astruendam historiae fidem exprimitur nomen praefecti, sed ut discamus quod docet Iesaias, castigationem pacis nostrae fuisse super eum, eiusque livore nos fuisse sanatos [Iesa. 53. b. 5]. Neque enim tollendae damnationis nostrae causa satis erat quamlibet obire mortem: sed, quo redemptioni nostrae satisfaceret, genus mortis deligendum fuit, in quo et damnationem ad se traducens, et piaculum in se recipiens, utroque nos liberaret[b]. || Si a latronibus iugulatus fuisset, vel[c] tumultuarie caesus per seditionem vulgi[d], in eiusmodi morte nulla satisfactionis species extitisset. Verum ubi reus ad tribunal sistitur, testimoniis arguitur et premitur, ipsius iudicis ore morti addicitur[e]: his[f] documentis intelligimus ipsum personam sontis et malefici[g] sustinere. Atque hic duo notanda sunt[h] quae et Prophetarum vaticiniis praedicta erant, et eximiam fidei consolationem et confirmationem[i] afferunt[k]. Quum enim Christum audimus a

lavacro sanguinis eius abstersas et ablutas, cum saepe alias, tum in hac Ioannis sententia. Sanguis eius emundat nos a peccatis omnibus [1. Ioan. 1. c. 7.]. Haec sit igitur ut dictum est, *(ig. — est, > 1539)* redemptionis summa. Quod Christi satisfactione a peccatorum vinculis liberati, quod sanguine eius ab omni inquinamento emundati et repurgati, eo modo in iustitiam ac sanctitatem restituti sumus *(1539-45 simus)*, Deoque reconciliati, qui nihil in nobis nisi nostras iniquitates odit.

a) Primum ergo sub praeside provinciae damnatus est, iudicis scilicet sententia damnatus, quo eius damnatione apud summi iudicis tribunal absolveremur. — *haec 1539-54 infra post not. b exstant.*
b)   Passus sub Pontio Pilato, crucifixus.
Hic et praefecti nomen, a quo damnatus fuit, et genus mortis, non tantum ad adstruendam historiae fidem exprimitur: sed quia ad redemptionis mysterium hoc quoque pertinebat. Cum enim Christi morte oportuerit, et peccata expiari, et quae inde impendebat, damnationem tolli ac indui: non satis erat ipsum quamlibet obire mortem: sed quo rite omnibus redemptionis nostrae partibus defungeretur, genus mortis deligendum fuit: per quod, et condemnatione ad se traducta: et piaculo in se recepto, utroque nos liberaret
c) *1539-54* si   d) caes. — vulgi: *1539-54* privatorum manibus per seditionem trucidatus   e) *1539-54* adiudicatur   f) *1539-54* iis   g) pers. — mal.: *1539-54* miseri peccatoris personam   h) Atque — sunt: *1539-54* Ac duo quidem huc sunt observanda   i) et conf. > VG 1541 sqq.   k) *1539-54* addunt

iudicis solio ad mortem dimissum, inter latrones esse suspensum: habemus complementum eius prophetiae quae ab Evangelista citatur, Inter iniquos reputatus est [Iesa. 53. d. 11¹; Marc. 15. c. 28ᵃ]. Cur istud? nempe ut peccatoris, non iusti aut insontis vices obiret: quiaᵇ non innocentiae, sed peccati causa mortem oppetebat. Contra, ubi audimus eodem quo damnatus fuitᶜ ore absolutum (nam eius innocentiae non semel testimonium palam reddere coactus est Pilatus) in mentem veniat quod est apud alterum Prophetam, Quae non rapuerat exolvisse [Psal. 69. a. 5]. Atque ita et peccatoris sceleratique personam in Christo repraesentatam intuebimurᵈ, et relucente innocentia, conspicuum simul fieteᵉ alieno potius quam proprio scelere gravatumᶠ. Passus ergo est sub Pontio Pilato, solenni praesidis sententia in scelestorum numerum ita relatus: neque sic tamen quin iustus ab ipso simul pronuntietur, dum affirmat nullam se in eo invenireᵍ causam [Iohan. 18. g. 38]. ‖ Haec nostra absolutio est quod in caput Filii Dei translatus est reatus, qui nos tenebat poenae obnoxios. Nam haec compensatio in primis tenenda est, ne trepidemus atque anxii simus tota vita: acsi nobis instaret iusta Dei ultio, quam in se transtulit Dei Filius.

6. Iam et ipsa mortis species insigni mysterioᶦ non caret. ‖ Maledicta crux erat, non humana tantum opinione, sed divinae Legis decretoʰ. In eam ergo dum tollitur Christus, maledictioni se obnoxium facit. Atque ita factum oportuit, ut omni execratione, quae propter iniquitates nostras nos manebat, vel potius nobis incumbebat, eximeremur, dum in eum traducitur. ‖ Quod etiam in Lege adumbratum fuit. Siquidem¹ אשמות ᵏ (quo vocabuloˡ peccatum ipsum proprie designatur) vocabantur oblatae pro peccatis victimae et expiatrices. Qua nominis translatione innuere Spiritus voluit, instar καθαρμάτων ipsas esse: quaeᵐ debitam sceleribus execrationem susciperent ac sustinerent. Quod autem in Mosaicis sacrificiis figurate repraesentatum fuit, id in Christo figurarum archetypoⁿ exhibetur. Quare, ut iusta expiatione defungereturᵒ, animam suam אשם ᵖ

---

a) *sic recte 1553; 1559–61 falso* 18   b) *1539–50* ut   c) *1539–54* damnabatur   d) *1539–54* contemplabimur   e) consp. — fiet >   *1539–54*   f) *1539–54* + perspiciemus   g) *1539–54* se inv. in eo   h) *1539–54* + [Deut. 21. d. 23.]   i) *1561* + nomine   k) *1539* אשם;   *1550* Asmoth;   *1553* אֲשָׁמִי (lege: אֲשָׁמִים);   *1554* Aschamoth;   *1561* אשמה (אשמה?)   l) > *1561*   m) instar — quae: *VG 1541 sqq.* qu'elles   n) *1539–50* typo   o) *1539–54* defungatur   p) *1550* Asem; *1553* אָשָׁם; *1554* Ascham

1) Ies. 53, 12.

impendit, hoc est satisfactoriam peccati hostiam (ut inquit Propheta [Iesa. 53. b. 5, et d. 11¹]) in quam reiecta quodammodo macula et poena, nobis desinat imputari. Apertius id ipsum testatur Apostolus, quum docet, eum qui peccatum non noverat, peccatum pro nobis a Patre factum, quo iustitia Dei efficeremur in illo [2. Cor. 5. d. 21]. Nam Filius Dei, omni vitio purissimus, iniquitatum tamen nostrarum probrum[a] ac ignominiam induit, ac sua vicissim puritate nos operuit. Eodem videtur respexisse, quum tradit de peccato, damnatum fuisse peccatum in eius carne [Rom. 8. a. 3]. Siquidem peccati vim abolevit Pater, quum in Christi carnem translata fuit eius maledictio. || Indicatur itaque hac voce, Christum Patri fuisse in morte pro victima satisfactoria immolatum, ut peracta per eius sacrificium litatione, iram Dei iam horrere desinamus. || Nunc[b] liquidum est quid sibi velit illud Prophetae, positas fuisse in eo nostras omnium iniquitates [Iesa. 53. b. 6]: nempe quod sordes earum abstersurus, iisdem per translatitiam imputationem obtectus fuit[c]. Eius rei symbolum fuit crux, cui affixus est, teste Apostolo. Christus, inquit, redemit nos ab execratione Legis, dum pro nobis factus est execratio. Scriptum est enim, Execrabilis omnis qui pendet in ligno; ut in gentes benedictio Abrahae in Christo perveniret [Galat. 3. b. 13² ᵈ]. || Eodem respexit Petrus, ubi docet peccata nostra portasse in ligno [1. Pet. 2. d. 24]: quia ex ipso maledictionis symbolo clarius intelligimus, onus quo eramus oppressi, fuisse illi impositum. || Neque tamen eam subiisse maledictionem intelligendus est qua obrutus ipse[e] fuerit: quin subeundo potius, vim eius universam depressit, infregit, dissipavit. Proinde fides in Christi damnatione absolutionem, benedictionem in maledictione apprehendit. || Quare non abs re Paulus triumphum, quem sibi in cruce peperit Christus, magnifice praedicat, acsi crux, quae plena erat dedecoris, conversa esset in currum triumphalem. Dicit enim affixum fuisse cruci chirographum quod erat contrarium nobis, et expoliatos principatus, ac palam traductos[f] [Coloss. 2. c. 15ᵍ]³. Nec mirum, quia per Spiritum aeternum (teste altero Apostolo)

---

a) *1539–54* confusionem   b) *1539–54* Iam   c) iisdem — fuit: *VG 1541* sqq. il *(> 1541–45)* les a premierement receuës en sa personne: à fin qu'elles luy fussent imputées   d) *VG 1545–51 recte* + Deut. 21. *(23); 1559–61 falso* Deut. 27. d. 26   e) ipse: *1539–54* aut oppressus   f) expol. — trad.: *VG 1560* que les principautez de l'air ont esté despouillées, et que les diables en signe qu'ils estoyent vaincus ont esté mis en monstre   g) *1559–61 falso* d. 19

1) Ies. 53, 10.   2) Gal. 3, 13 sq.   3) Col. 2, 14 sq.

seipsum obtulit Christus [Heb. 9. d. 14ᵃ]; unde illa naturae rerum conversioᵇ. Sed haec ut firmam radicem agant in cordibus nostris, et penitus insideant, semper nobis in mentem veniant sacrificium et ablutio. Neque enim certo confidere possemus Christum esse ἀπολύτρωσιν καὶ ἀντίλυτρον καὶ ἱλαστήριον, nisi victima fuisset. Ideoque toties fit sanguinis mentio, ubi modum redemptionis ostendit Scriptura. Quanquam non modo ad litationem valuit effusus Christi sanguis, sed lavacri etiam vice fuit, ad sordes nostras purgandas.

7. Sequitur in symbolo, mortuum fuisse et sepultum; ∥ ᶜubi rursumᵈ videre est quomodo in vicem nostram ubique se supposuerit ad solvendum nostrae redemptionis pretium. Mors iugo suo nos obligatos tenebat, in illius se potestatem loco nostro tradidit, quo nos inde eximeret. Hoc intelligit Apostolus, quum scribit eum mortem gustasse pro omnibus [Heb. 2. c. 9]. Moriendo enim effecit ne moriamur, vel (quod idem est) morte sua vitam nobis redemit. Hoc autem a nobis diversum habuit, quod morti se velut deglutiendum permisit, non ut eius gurgitibus absorberetur, sed magis ∥ ut eam absorberet, a qua mox eramus absorbendi: quod subigendum eiᵉ se permisit, non ut eius potestate opprimeretur, sed magis ut eam prosterneretᶠ, quae nobis imminebat ac iam depressis insultabat. Denique ut per mortem destrueret eum qui habebat mortis imperium, id est Diabolum: et liberaret eos qui timore mortis per totam vitam obnoxii erant servituti [Ibidem, d. 15ᵍ]. ∥ Hunc primum fructum mors eius nobis protulit. Alterum vero, quod participatione sui membra nostra terrena mortificat, ne suas in posterum actiones exerceant: veteremque nostrum hominem enecat, ne posthac vigeat ac fructificet. ∥ Quo etiam sepultura eius pertinet: nempe cuius consortes, peccato et ipsi sepeliamur. ∥ Non enim dum nos in similitudinem mortis Christi insitos esse Apostolus docet, et cum eo sepultos in peccati mortemʰ, per eius crucem nobis crucifixum esse mundum, et nos mundo [Galat. 2. d. 19, et 6.ⁱ d. 14]: nos illi commortuos esse [Coloss. 3. a. 3], ad exprimendum mortis eius exemplum duntaxat nos adhortatur: sed hanc illi inesse efficaciam declarat quae in Christianis omnibus apparere debeat, nisi velint mortem ipsam inutilem reddere et infructuosam. Proinde duplex in morte sepulturaque

---

a) *1559 falso* 17, *1561* 19   b) unde — conv.: *VG 1560 dont vient un tel changement*   c) *sequentibus 1539–54 inscriptum est:* Mortuus et sepultus. *(cf. 1536 I 77)*   d) ubi rurs.: *1539–54* Hic   e) > *1539–50*   f) *1539–50* consterneret   g) *1553* d. 14 *(14 sq.)*   h) *1539–53, 1561* + [Rom. 6. a. 5 *(6, 5. 4.)*]   i) *sic recte 1539–50; 1553, 1559–61 falso* 9.

Christi beneficium nobis fruendum proponitur, liberatio a morte cui mancipati eramus^a, et carnis nostrae mortificatio.[1]

8. Nec vero descensum ad inferos omittere convenit, in quo ad redemptionis effectum non parum est momenti. || ^bQuanquam enim ex veterum scriptis, particulam quae legitur in symbolo^c apparet non adeo fuisse olim in Ecclesiis usitatam[1]: in tractanda tamen doctrinae summa locum ei dari necesse est: utpote quae rei maximae utile ac minime spernendum mysterium continet^d. || Sunt quidem et ex veteribus nonnulli qui eam non praetermittant^e[2]. Unde coniicere licet, post aliquantum temporis insertam, non protinus, sed sensim Ecclesiis insuevisse. Id certe extra controversiam est, ex communi piorum omnium sensu fuisse desumptam: quando nemo est Patrum qui non in suis scriptis Christi ad inferos commemoret, tametsi interpretatione diversa. Verum aut a quibus, aut quo primum tempore inserta fuerit, parum ad rem attinet. Potius hoc in symbolo animadvertendum ut plena et numeris omnibus absoluta fidei summa nobis constet^f, in quam nihil ingeratur nisi ex purissimo Dei verbo petitum. || Siquos porro impedit morositas ne in symbolum admittant[3], || mox tamen planum fiet tanti interesse ad redemptionis nostrae summam ut ea praeterita multum ex mortis Christi fructu depereat^g. || Sunt etiam rursum qui opinentur, non aliquid novum hic dici, sed aliis verbis repeti quod prius de sepultura dictum fuerat: quandoquidem inferni vocabulum saepius in Scriptu-

---

a) morte — er.: *1539–54 mortis servitute*   b) *sequentibus 1539–54 inscriptum est:* Descendit ad inferos. *(cf. 1536 I 77)*   c) quae — symb. > *VG 1560*

d) Quanquam ex veterum scriptis, qui symbolum enarrarunt, hanc particulam non adeo fuisse olim Ecclesiis usitatam apparet: ego tamen omittendam non censeo: utpote quae rei maximae non contemnendum mysterium continet   e) Sunt — praeterm. > *VG 1560*   f) *1539–54* proponatur

g) Tanti autem hoc membrum interesse, ad redemptionis nostrae complementum, posthac constabit, ut praetermitti nulla ratione debeat

1) cf. Erasmi Explanationem symboli quod Apostolorum dicitur ... 1533, Omnia opera D. Erasmi, Basileae 1540, t. V. p. 967 sq.   2) Primum articulus de descensu Christi ad inferos in symbolo exstat in iis formulis, quae a synodis Sirmiensi et Nicena (Thrac.) a. 359, Constantinopolitana a. 360 sancitae sunt, et paulo post in formula Aquileiensi, quam Rufinus in sua Expositione symboli Apostolici tradit. (Hahn, Bibliothek der Symbole und Glaubensregeln der alten Kirche[3], p. 204 sq. 208. 42.)   3) vide p. 517!

ris pro sepulchro ponatur a1. Quod de verbi significatione obtendunt, verum esse concedo, non raro pro sepulchro accipi infernum[1]: sed eorum opinioni rationes duae repugnant, quibus ego facile adducor ut ab illis dissentiam. Quantae enim oscitantiae fuisset, rem minime difficilem verbis expeditis et claris demonstratam, obscuriore deinde verborum complexu indicare magis quam declarare? Nam quoties locutiones duae rem eandem exprimentes simul connectuntur, posteriorem esse prioris exegesin convenit. At vero qualis erit ista b exegesis si quis ita loquatur, Quod Christus sepultus esse dicitur, significat ad inferos descendisse? Deinde non est verisimile, irrepere potuisse superfluam eiusmodi battologiam in compendium hoc, ubi summatim, quam fieri potest paucissimis verbis praecipua fidei capita notantur. Nec dubito quin mihi facile assentiantur c quicunque rem ipsam paulo diligentius expenderint.

9. Alii secus interpretantur, quod Christus descenderit ad animas Patrum qui sub Lege mortui erant d, ut nuntium peractae redemptionis perferret, ac erueret eas ex carcere, ubi inclusae tenebantur[2]: et huc perperam trahunt testimonia ex Psalmo, quod portas aereas et vectes ferreos fregerit [Psal. 107. e b. 16]. Item ex Zacha lria, quod redemerit vinctos e puteo in quo non erat aqua [Zach. 9. c. 11]. Verum quum Psalmus, eorum liberationes praedicet qui in longinquis regionibus capti in vincula coniiciuntur: Zacharias autem profundo et arido puteo vel abysso comparet cladem Babylonicam in qua demersus erat populus: et simul doceat, totius Ecclesiae salutem esse exitum a profundis inferis: nescio qui factum sit ut posteritas locum putaret esse subterraneum, cui affinxit nomen limbi f3; ||

a) *1539–54* usurpatur b) *1539–54* ista erit c) fac. ass.: *1539–54* accessuri sint d) sub — erant: *VG 1560* estoyent ia auparavant decedez e) sic recte *VG 1560*; *1559–61* falso 10.

f) Alii per infernum, locum aliquem subterraneum intelligunt, cui affingunt limbi nomen: || quo patres, qui sub veteri testamento vixerant, veluti carcere clausi tenerentur || . Ad quos liberandos Christum eo descendisse narrant, portasque aereas et vectes ferreos vi perfregisse. *(1536–54 hic ea inseruntur, quae infra p. 494, 1–3 exstant.)* Neque in eum sensum accipi debet, aut quod ex Zacharia, aut quod ex Petro solent obtrudere, qui eam tueri volunt. || Ille enim cum dicit, Dominum per sanguinem testamenti, quod cum Zion pepigerat, eruisse vinctos e lacu, in quo non est aqua [Zacha. 9. c. 11.]: nec de mortuis, nec de limbo loquitur; sed per lacum aqua defectum, profundissimam miseriae voraginem: per vinctos, populum extrema

1) Bucerus, Enarrationes in Evang., 1536, p. 511 sq., 792—794.
2) Thomas Aq., Summa theol. III. qu. 52. art. 5.   3) cf. Thomae Aq. Summam theol. III supplem. qu. 69. art. 4—7.

sed haec[a] fabula tametsi magnos authores habet[1], et hodie quoque a multis serio pro veritate defenditur[2], nihil tamen quam fabula est. || Nam concludere in carcere mortuorum animas puerile est: Christi autem animam illuc descendere ut eas manumitteret, quid opus fuit? || Libenter equidem fateor, Christum ipsis illuxisse virtute sui Spiritus: ut gratiam, quam spe[b] gustaverant duntaxat, mundo fuisse tunc exhibitam agnoscerent[3]. Et probabili ratione huc aptari potest Petri locus, ubi dicit Christum venisse, ac praedicasse spiritibus qui in specula erant [1. Pet. 3. d. 19] (carcerem vertunt communiter)[4]; nam et contextus eo nos ducit, fideles qui ante id tempus defuncti fuerant, consortes fuisse eiusdem nobiscum gratiae: quia vim mortis inde amplificat quod ad mortuos usque penetraverit, dum piae animae eius visitationis, quam sollicite expectaverant praesenti aspectu sunt potitae: contra, reprobis clarius[c] patuit se excludi ab omni salute. Quod autem Petrus non tam distincte loquitur, non ita accipiendum est quasi nullo discrimine pios simul et impios permisceat: sed tantum docere vult communem utrisque fuisse mortis Christi sensum[d].

calamitatis angustia constrictum designat.   a) sed haec: *1536* Haec enim   b) *1561 male* saepe   c) > *VG 1560*
d) Petrus autem, dum Christum in spiritu venisse ac praedicasse iis qui in carcere erant, spiritibus, docet [1. Petr. 3. d. 19.]: nihil aliud vult, quam || virtutem redemptionis per Christum partae, exhibitam et plane manifestatam eorum spiritibus, qui ante id tempus defuncti fuerant[3]. Fideles enim, qui suam ab illo salutem semper expectaverant, tunc plane et praesenti aspectu perspexerunt eius visitationem. Contra, reprobi in ipso *(*in ip.: *1536* ipsum; *VG 1541–51* que luy*)* unicam esse salutem sero percipientes, a qua exclusi iam *(> 1536; VG 1541–51)* essent, nullam sibi spem residuam tunc planius agnoverunt. Quod autem Petrus, nullo discrimine, pios simul et impios carcere concludit *(*carc. concl.: *1536* in carc. fuisse ait*)*: non ita accipiendum, quasi pii angustiis quibusdam vincti premerentur *(1536* clauderentur; *VG 1541–51* eussent esté enserrez*)*: verum quia obscure, et quasi sub umbrosis nubibus *(*quasi — nub.: *1536* sub nubium umbris, ; *VG 1541–51* en umbre obscure*)* Christum eminus conspicabantur *(1536* conspiciebant*)* nondum exhibitum. Hanc eorum anxiam et suspensam *(*et susp. > *1536)* expectationem non ineleganter *(*non inel.: *1536* quodam schemate*)* carcerem appellat. — *VG 1551* + Combien que le mot dont il use, signifie aussi bien une tour pour faire le guet lequel sens est tresconvenable au passage.

1) cf. Irenaeum, Adv. haer. IV, 2. V, 31 ed. Stieren p. 650 sq. 804 sq.; Tertull., De anima c. 7, c. 55 CSEL 20, 308. 387 sqq.   2) cf. ex. gr. Gabr. Biel, In sent. III dist. 22; Servet., Christ. Rest.: epist. 18. p. 621 sqq. (CR VIII 682 sq.).   .3) cf. Zwinglii Fidei expositionem, Zw. opp. ed. Schul. et Schulth. IV 49.   4) vide vg.

DE COGNIT. DEI REDEMPTORIS. CAP. XVI   495

10. Verum de Christi descensu ad inferos seposita ratione symboli, ‖ certior[a] expositio quaerenda est: et nobis ex Dei verbo constat non modo sancta et pia, sed plena quoque eximiae consolationis. Nihil actum erat si corporea tantum morte defunctus fuisset Christus: ‖ sed operae simul pretium erat ut divinae ultionis severitatem sentiret: quo et irae ipsius intercederet, et satisfaceret iusto iudicio. Unde etiam eum oportuit[b] cum inferorum copiis aeternaeque mortis horrore, quasi consertis manibus, luctari[c][1]. Correctionem pacis nostrae illi impositam fuisse ex Propheta nuper retulimus[d][2], fuisse propter scelera nostra a Patre[e] percussum, attritum propter nostras infirmitates [Jesa. 53. b. 5]. Quibus significat, in locum sceleratorum[f] sponsorem, vadem[g], adeoque instar rei submissum, qui dependeret ac persolveret[h] omnes, quae ab illis expetendae erant, poenas: uno hoc duntaxat excepto, quod doloribus mortis non poterat detineri [Act. 2. d. 24]. Ergo si ad inferos descendisse dicitur, nihil mirum est, quum eam mortem pertulerit quae sceleratis ab irato Deo infligitur. ‖ Ac nimis frivola, adeoque ridicula est eorum exceptio, qui dicunt hoc modo perverti ordinem: quia absurdum est sepulturae subiici quod praecessit[3]; ubi enim quae in hominum conspectu passus est Christus exposita fuerunt, opportune subiicitur invisibile illud et incomprehensibile iudicium quod coram Deo sustinuit: ut sciamus non modo corpus Christi in pretium redemptionis fuisse traditum: sed aliud maius et excellentius pretium fuisse quod diros in anima cruciatus damnati ac perditi hominis pertulerit.

11. Hoc sensu dicit Petrus Christum resurrexisse solutis mortis doloribus, a quibus impossibile erat ipsum teneri, vel superari [Act. 2. d. 24]. Non simpliciter nominat mortem: sed Filium Dei implicitum fuisse doloribus exprimit, quos parit maledictio et ira Dei: quae origo mortis est. Quantulum enim fuisset, secure et quasi per lusum prodire ad subeundam mortem? Hoc vero immensae misericordiae verum fuit specimen, mortem quam tantopere horrebat, non refugere. Nec dubium

---

a) *1539–54* + ergo   b) Unde — oport.: *1539–50* Ut   c) *1539–50* luctaretur   d) ex — ret.: *1539–54* propheta docet   e) a P. > *VG 1560*   f) *1539–54* peccatorum   g) *1539* vad., spons.   h) qui — pers.: *1539–54* ad dependendas persolvendasque

1) vide, quae Calvinus iam in Psychopannychia (1534), CR V 224, de descensu Chr. ad inf. disserat.   2) sect. 5; p. 488, 8 sq.   3) ad Seb. Castellionem spectare videtur; cf. Calvini epistolam ad Viretum m. Mart. 1544 datam, Herminjard IX 185, CR Calv. opp. XI 688, et ministrorum Genevensium de Castellione iudicium, Herminj. IX 158, CR XI 675.

est quin idem docere velit Apostolus in Epist. ad Hebraeos, ubi scribit, Christum a suo metu fuisse exauditum [Heb. 5. c. 7] (reverentiam alii vertunt vel pietatem[1], sed quam parum apte, res ipsa evincit, et ipsa etiam loquendi forma). Christus ergo cum lachrymis et clamore valido orans, a metu suo exauditur: non ut a morte sit immunis, sed ne absorbeatur ut peccator: quia illic personam nostram gerebat. || Et certe nulla fingi potest magis formidabilis[a] abyssus, quam[b] sentire te a Deo derelictum et alienatum: et quum invocaveris non exaudiri: perinde acsi in tuam perniciem ipse conspirasset. Eo Christum videmus fuisse deiectum || ut coactus fuerit, urgente angustia, exclamare, Deus meus, Deus meus[c], ut quid me dereliquisti[d] [Psal. 22. a. 2; Matt. 27. e. 46]? || Quod enim nonnulli volunt, ex aliorum potius opinione quam ex suo sensu sic loquutum fuisse [Vide Cy. l. alter. de re. fide ad Regin.[2]], nequaquam probabile est: quum ex intimi animi angore[e] deductam fuisse vocem constet. || Neque tamen innuimus Deum fuisse unquam illi vel adversarium vel iratum. || Quomodo enim dilecto Filio, in quo animus eius acquievit[f], irasceretur? aut quomodo Christus[g] Patrem aliis[h] sua intercessione placaret, quem infensum haberet ipse sibi[i]? Sed hoc nos dicimus[k], divinae severitatis gravitatem eum[l] sustinuisse: quoniam manu Dei percussus et afflictus, omnia irati et punientis Dei signa expertus est. || Proinde Hilarius eo descensu hoc nos esse consequutos ratiocinatur, ut mors perempta sit [Lib. 4. de Trin.][3]. Nec aliis locis a nostra sententia abludit: ut quum ait, Crux, mors, inferi, nostra vita sunt [Lib. 2][4]. Item alibi, Filius Dei in infernis est: sed homo refertur ad caelum [Lib. 3][5]. || Et quid privati hominis testimonium cito, quum idem Apostolus asserat, hunc victoriae fructum commemorans, quod liberati fuerint qui metu mortis per totam vitam[m] obnoxii erant servituti[6]? Vincere ergo metum

---

a) Et — form.: *1539–54* Quo autem id verius agnoscatur, haec valde est terribilis longeque miserrima inferorum   b) > *1539–54*   c) Deus meus, D. m.: *1536* Pater: pater   d) ut coactus — dereliqu.: *exst. in Cat. 1538, CR V 339*   e) *1539* amarore; *VG 1541 sqq.* amertume; *1543 falso* amore   f) anim. — acqu.: *1536* illi complacitum est [Matth. 3 *(17)*]   g) *1536* ipse   h) > *1536*   i) ipse sibi > *1536*   k) nos dic.: *1536* sensu dicitur   l) > *1536*   m) per — vit. > *VG 1560*

---

1) vide vg.   2) Cyrillus, Ad reginas de recta fide oratio altera, c. 18 MSG 76, 1555 sqq.   3) Hilarius, De Trinitate lib. 4, 42 MSL 10, 128.   4) ibidem lib. 2, 24 MSL 10, 24.   5) ibid. lib. 3, 15 MSL 10, 84.   6) Hebr. 2, 15.

oportuit qui naturaliter cunctos mortales assidue angit ac urget: quod fieri non potuit nisi pugnando. Porro fuisse non vulgarem aut levi de causa conceptum moerorem, mox clarius patebit. ‖ Ita cum diaboli potestate, cum mortis horrore, cum inferorum doloribus manum conserendo, factum est ut et referret de illis victoriam, et triumphum ageret, ne iam in morte ea formidemus quae Princeps noster deglutivit.

12ª. Hic nebulones quidam, licet indocti, malitia tamen magis quam inscitia impulsi, clamitant me atrocem facere Christo iniuriam: quia minime consentaneum fuerit eum de animae salute timere. Deinde calumniam durius exagitant, me desperationem adscribere Filio Dei, quae fidei contraria sit[1]. Primum de metu pavoreque Christi, quem tam aperte praedicant Evangelistae, controversia ab his[b] improbe movetur. Nam antequam instaret tempus mortis, turbatus est spiritu, et affectus moerore: in ipso vero congressu coepit expavescere vehementius. Simulationem si fuisse dicant, nimis putidum est effugium. Confidenter ergo (ut vere docet Ambrosius) profiteri Christi tristitiam convenit, nisi nos crucis pudeat[2]. Et sane nisi poenae fuisset particeps anima, corporibus tantum fuisset redemptor. Luctari autem oportuit ut erigeret qui prostrati iacebant: adeoque nihil inde coelesti eius gloriae decedit, ut hac in parte refulgeat bonitas nunquam satis laudata[c], quod infirmitates nostras in se suscipere gravatus non est. Unde etiam solatium illud anxietatum et dolorum, quod nobis proponit Apostolus, Mediatorem hunc expertum esse[d] nostras infirmitates, ut ad succurrendum miseris propensior sit [Heb. 4. d. 15]. Obtendunt, quod vitiosum per se est indigne Christo tribui. Quasi vero supra Spiritum Dei sapiant, qui haec duo simul conciliat, Christum fuisse tentatum per omnia sicut nos, et tamen absque peccato. Non est igitur cur nos terreat infirmitas Christi, cui ut se subiiceret, non violentia aut necessitate coactus, sed mero amore nostri, misericordiaque inductus est. Quicquid autem

---

a) *1559 falso* 13   b) *VG 1560* + canailles   c) nunqu. — laud. > *VG 1560*   d) *1561* esse exp.

1) Calvinum hac sectione ea refellere, quae Castellio contra eius de descensu Christi sententiam dicebat, secundum ministrorum Genevensium de Castellione iudicium verisimile non est (Herminjard IX 158, 14 sq.; CR XI 675, 17 sq.). Quamquam neminem nisi Castellionem hanc Calvini sententiam tum impugnavisse nobis traditum est, tamen hic fortasse Lutherani cuiusdam crimina defendi non omnino negamus.
2) Ambrosius, Expositio Evang. sec. Lucam X, 56—62 CSEL 32 IV, 476 sqq.

sponte passus est pro nobis, nihil ex eius minuit virtute. In uno autem falluntur isti obtrectatores, quod infirmitatem in Christo omni vitio labeque puram et vacuam non agnoscunt: quia se intra obedientiae fines continuit. Nam quia moderatio in naturae nostrae depravatione conspici non potest, ubi omnes affectus turbido impetu modum excedunt, hac ulna perperam metiuntur Filium Dei. At quum integer esset[a], in cunctis eius affectibus viguit moderatio, quae excessum cohiberet. Unde nobis in dolore, metu et formidine similis esse potuit, ut tamen hac nota differret. Convicti ad aliud tandem cavillum transiliunt, quamvis mortem timuerit Christus, maledictionem et iram Dei, a qua se tutum esse noverat, non timuisse. Sed expendant pii lectores quam honorificum hoc sit Christo, molliorem ac magis meticulosum fuisse quam plerosque gregarios homines[b]. Contumaciter ad mortem properant latrones aliique malefici: eam multi alto animo despiciunt: alii placide eam obeunt. Eius horrore Filium Dei fuisse perculsum et[1] prope attonitum, cuius fuisset constantiae vel magnitudinis? Quod enim prodigiosum censeri vulgo posset, de eo refertur, prae vehementia cruciatus guttas sanguinis ex eius facie fluxisse. Neque vero spectaculum hoc praebuit aliorum oculis, quum in arcano recessu gemitus suos ad Patrem dirigeret. Et dubitationem eximit, quod Angelos, qui insolita consolatione eum erigerent, e caelo descendere necesse fuit[1]. Quam pudenda, ut dixi, fuisset haec mollities, eousque torqueri ob communis mortis formidinem, ut sanguineo sudore difflueret, neque posset recreari nisi Angelorum conspectu? Quid? illa precatio ter repetita, Pater, si fieri potest, transeat a me calix iste [Matt. 26. d. 39], annon ex incredibili amaritudine animi profecta, ostendit asperius et magis arduum fuisse Christo certamen quam cum morte communi? Unde apparet nugatores istos, cum quibus disputo, audacter garrire de rebus incognitis: quia nunquam serio reputarunt, quid sit aut valeat nos redemptos esse a Dei iudicio. Atqui haec nostra sapientia est, probe sentire quanti constiterit Dei Filio nostra salus. Si nunc roget quispiam an tunc descenderit Christus ad inferos quum mortem deprecatus est[2]: respondeo hoc fuisse exordium, unde colligi

---

a) At — esset: *VG 1560* Or il y a grande diversité: car luy estant entier et sans aucune tache d'imperfection   b) greg. hom.: *VG 1560* gens de cœur failly

1) Luc. 22, 43.   2) Calvinum hic ad Seb. Castellionem spectare veri similius est quam in priore parte sectionis; vide supra p. 495, not. 3.

DE COGNIT. DEI REDEMPTORIS. CAP. XVI

potest quam diros et horribiles cruciatus perpessus fuerit, quum se ad tribunal Dei reum stare cognosceret nostra causa. Quanquam autem sese ad momentum occultavit divina vis spiritus^a, ut locum infirmitati carnis cederet^b: sciendum tamen est talem fuisse tentationem ex doloris et metus sensu quae cum fide non pugnaret. Et hoc modo impletum est quod habetur in concione Petri, non potuisse eum teneri a doloribus mortis [Act. 2. d. 24]: quia se quasi derelictum a Deo sentiens, ne tantillum quidem deflexit a bonitatis eius fiducia. Quod docet celebris illa invocatio, in qua prae doloris vehementia clamavit, Deus meus, Deus meus, ut quid dereliquisti me [Matt. 27. f. 46^c]? Nam etsi supra modum angitur, non tamen desinit vocare Deum suum, a quo se derelictum exclamat. Porro hinc refellitur tam Apollinaris^d error, quam eorum qui monothelitae dicti sunt. Ille Christo fingebat spiritum aeternum fuisse animae vice, ut tantum esset dimidius homo[1]. Quasi^e vero expiare peccata nostra potuerit nisi Patri obediendo. Ubi autem affectus aut voluntas obedientiae nisi in anima? quam ideo turbatam fuisse scimus ut nostrae, trepidatione discussa, pacem et quietem obtineant. Adhaec contra monothelitas^f[2], videmus ut nunc secundum hominem noluerit quod volebat secundum divinam naturam. Omitto quod metum, de quo loquuti sumus, contrario affectu subigat; neque enim obscura est illa repugnantiae species, Pater libera me ex hac hora: sed propterea veni in horam hanc. Pater clarifica nomen tuum [Johan. 12. d. 27][3]. In qua tamen perplexitate nulla fuit intemperies, qualis in nobis cernitur dum maxime nitimur ad nos domandos.

13. Sequitur a mortuis resurrectio, sine quaⁱ mutilum esset quod hactenus diximus. || ^gQuando enim^h in cruce, morte, et sepultura Christi nonnisi infirmitas apparet, transilienda sunt illa omnia fidei, ut pleno robore instruatur. Proinde tametsi in eius morte habemus solidum salutis complementum, quia per

---

a) *VG 1560* de son Esprit   b) *VG 1560* + iusqu'à ce que Jesus Christ se fust acquité de nostre salut   c) *1559–61 falso 47*   d) *VG 1560* + ancien heretique   e) *VG 1560* Et c'a esté une absurdité trop lourde: comme si   f) *VG 1560* + qui ont voulu faire accroire que Jesus Christ n'avoit qu'une volonté   g) *sequentibus 1539–54 inscriptum est:* Resurrexit tertia die a mortuis *(cf. 1536 I 77).*   h) > *1539–54*

1) cf. Conc. Rom. III. a. 373. Mansi III 477 sqq. — Conc. Rom. IV. a. 378. Mansi III 486. — Synod. Constantinop. oecum. a. 381 can. 1. Mansi III 559.   2) cf. Synod. Constantinop. oecum. a. 680. Mansi XI 619.   3) Ioh. 12, 27. 28.

eam et Deo reconciliati sumus, et iusto eius iudicio satisfactum,
et maledictio sublata, et persoluta est poena: dicimur tamen
non per mortem, sed per resurrectionem regenerati in spem
vivam [1. Pet. 1. a. 3]; quia ut ille resurgendo victor mortis
emersit, ita fidei nostrae victoria in ipsa demum consistit resurrectione. Quale hoc sit, melius Pauli verbis exprimitur; mortuum enim dicit propter peccata nostra, suscitatum propter
nostram iustificationem [Rom. 4. d. 25]; acsi diceret, morte
eius sublatum peccatum, resurrectione instauratam restitu-
tamque iustitiam. Quomodo enim moriendo liberare nos a
morte poterat, si morti ipse succubuisset? quomodo compa-
rasset nobis victoriam, si in certamine defecisset? Quare sic
salutis nostrae materiam inter Christi mortem et resurrectionem
partimur, quod per illam peccatum abolitum, et mors extincta:
per hanc, iustitia reparata, et erecta vita: sic tamen ut huius
beneficio vim efficaciamque suam illa nobis proferat. || Itaque
Paulus in ipsa resurrectione declaratum fuisse Filium Dei asserit[1]:
quia tunc demum exeruit caelestem potentiam, quae et clarum
divinitatis eius speculum est, et stabilis fidei nostrae fultura;
sicuti etiam alibi docet passum fuisse pro infirmitate carnis,
resurrexisse autem ex virtute spiritus[a] [2. Cor. 13. b. 4]. Eodem
sensu alibi de perfectione disserens, Ut cognoscam illum (inquit)
et potentiam resurrectionis illius. Continuo tamen post societatem cum morte annectit [Philip. 3. c. 10]. Cui aptissime congruit
illud Petri, Deum suscitasse eum a mortuis, et dedisse illi gloriam: ut fides et spes nostra esset in Deo [1. Pet. 1. d. 21]; non
quod fides morte suffulta vacillet, sed quia virtus Dei quae sub
fide nos custodit, in ipsa maxime resurrectione sese aperit.
Proinde meminerimus, quoties solius mortis fit mentio, simul
comprehendi quod proprium est resurrectionis: parem quoque
synecdochen esse in voce resurrectionis, quoties seorsum a
morte ponitur: ut secum trahat quod peculiariter morti convenit. Sed quia resurgendo palmam adeptus est, ut fieret resurrectio et vita: merito contendit Paulus abolitam esse fidem, et
inane fallaxque Evangelium, nisi Christi resurrectio cordibus
nostris sit infixa [1. Cor. 15. c. 17]. Ideo alibi, postquam in
Christi morte adversus damnationis terrores gloriatus est, ampli-
ficandi causa addit, Imo idem qui mortuus est resurrexit, et
nunc coram Deo pro nobis apparet mediator [Rom. 8. f. 34]. ||
Deinde, quemadmodum antea exposuimus ex communicatione

---

a) *VG 1560* de son Esprit

1) Rom. 1, 4.

crucis pendere carnis nostrae mortificationem[1]: sic et alterum ex eius resurrectione fructum nos obtinere illi respondentem intelligendum¹ est. ‖ Ideo enim, inquit Apostolus, similitudini mortis eius insiti sumus, ut participes resurrectionis, in vitae novitate ambulemus [Rom. 6. a. 4ª]. ‖ Itaque alibi, ut argumentum ex eo quod Christo sumus commortui[2], deducit, mortificanda esse membra nostra super terram [Coloss. 3. a. 5]: ita etiam, quia cum Christo surreximus, ex eo infert, quae sursum sunt nobis esse quaerenda, non quae super terram [Colos. 3. a. 1][3]. Quibus verbis non invitamur duntaxat, exemplo suscitati Christi, ad sectandam vitae novitatem: sed ‖ eius fieri virtute docemur ut regeneremur in iustitiam. Tertium quoque ex ea fructum consequimur, quod veluti accepta arrha, securi reddimur de nostra ipsorum resurrectione, cuius illam esse certissimam hypostasin[b] constat, ‖ qua de re prolixius disputat 1. Corinth. 15[4]. ‖ Obiter autem annotandum est, quod dicitur ex mortuis resurrexisse: qua voce et mortis et resurrectionis veritas exprimitur, acsi diceretur, et eandem[c] qua caeteri homines naturaliter[d] defunguntur, mortem obiisse, et in eadem quam mortalem susceperat carne, immortalitatem recepisse.

14. Resurrectioni non abs re annectitur in caelum ascensus. ‖ [e]Etsi enim[f] gloriam virtutemque suam Christus resurgendo plenius[g] illustrare coepit, deposita iam scilicet abiecta et ignobili conditione mortalis vitae[h] et crucis ignominia: sua tamen demum in caelum ascensione regnum suum vere auspicatus est. Quod Apostolus ostendit quum docet illum ascendisse ut impleret omnia [Ephes. 4. b. 10], ‖ ubi in specie repugnantiae admonet pulchrum esse consensum: quia sic a nobis discessit, ut praesentia esset utilior, quae in humili carnis domicilio se continebat quantisper in terris versatus est[i]. Itaque Iohannes, ubi praeclaram illam invitationem retulit, siquis sitit, veniat ad me, etc. [Iohan. 7. f. 37], subiicit nondum fuisse tunc fidelibus datum Spiritum: quia nondum glorificatus erat Iesus.[5] Quod etiam testatus est discipulis ipse Dominus, Expedit vobis ut abeam:

---

a) *1553* 5. *(4 sq.)* b) cert. hyp.: *VG 1541 sqq.* le fondement et la substance c) *1539–43 falso* eadem; *cf. 1536 I 83, 43* d) *1539–54* naturae lege e) *sequentibus 1539–54 inscriptum est:* Ascendit in coelum: sedet ad dexteram Dei Patris omnipotentis *(cf. 1536 I 77)*. f) Etsi enim: *1539–54* Quanquam g) > *VG 1541 sqq.* h) abiecta — vit.: *1539–54* et mortalitatis humilitate i) ut — est: *VG 1560* qu'il nous est present d'une façon plus utile que quand il a conversé en terre, estant logé comme en un domicile estroit

1) sect. 7; p. 491 sq. 2) Col. 3, 3. 3) Col. 3, 1. 2. 4) 1. Cor. 15, 12–26. 5) Joh. 7, 39.

nisi enim abiero, Spiritus sanctus non veniet [Iohan. 16. a. 7].
Corporalis vero absentiae solatium proponit, quod non deseret
pupillos, sed iterum ad eos veniet, invisibili quidem modo, sed
magis optabili: quia tunc certiore experientia edocti sunt, imperium quo potitur, et quam exercet potentiam non modo ad
beate vivendum, sed foeliciter quoque moriendum fidelibus
sufficere. || Et sane videmus[a] quanto maiorem Spiritus sui
abundantiam tum effuderit, quanto magnificentius regnum
suum promoverit[b], quanto maiorem potentiam tum in adiuvandis suis, tum in hostibus deiiciendis, extulerit. || In caelum
ergo sublatus, corporis sui praesentiam e conspectu nostro
sustulit[c]: non ut adesse fidelibus desineret[1] qui adhuc in terris
peregrinarentur, sed ut praesentiore virtute et caelum et terram
regeret. Quin! potius quod pollicitus est, se futurum nobiscum
usque ad consummationem seculi, id sua hac ascensione praestitit: || qua ut corpus supra omnes caelos elevatum est, ita
virtus et efficacia ultra omnes caeli ac terrae fines diffusa propagataque est. || Hoc Augustini verbis malo quam meis explicare.
Iturus (inquit) per mortem erat Christus ad dexteram Patris,
unde venturus est ad vivos et mortuos iudicandos: praesentia
itidem corporali, secundum sanam doctrinam fideique regulam[d]. Nam praesentia spirituali cum eis erat venturus post
ascensionem suam [Tract. in Evang. Iohan. 109][2]. Et alibi fusius
ac clarius, Secundum ineffabilem et invisibilem gratiam impletur quod ab eo dictum est, Ecce vobiscum sum omnibus diebus
usque ad consummationem seculi [Matt. 28. d. 20]. Secundum
carnem vero quam Verbum assumpsit, secundum id quod de
Virgine natus est, secundum id quod a Iudaeis comprehensus
est, quod ligno confixus, quod de cruce depositus, quod linteis
involutus, quod in sepulchro conditus, quod in resurrectione
manifestatus, non semper habebitis me vobiscum[e]. Quare?
Quoniam conversatus est secundum corporis praesentiam quadraginta diebus cum discipulis suis, et eis deducentibus videndo,
non sequendo, ascendit in caelum [Act. 1. a. 3, et b. 9], et non
est hic: ibi enim sedet ad dexteram Patris [Marc. 16. d. 19], et
hic est: non enim recessit praesentia maiestatis [Hebr. 1. a. 3].
Ergo secundum praesentiam maiestatis, semper habemus Chri-

---

a) Et — vid.: *1539-54* Videmus enim   b) quanto magn. — prom.:
VG 1541 sqq. combien il a plus amplifié sa Maiesté   c) *VG 1545 sqq.*
+ [Act. 1. b. 9.]   d) secundum — reg. > *VG 1545 sqq.*   e) *VG
1545 sqq.* + [Mat. 26. b. 11.]

1) cf. Lutheri Ench. piar. prec., D 4b; WA X 2, 393.   2) hoc Augustini hic non invenitur; sed cf. Aug., In Ioh. tract. 78, 1 MSL 35,
1835 et Serm. 361, 7 MSL 39, 1602.

stum: secundum praesentiam carnis, recte dictum est discipulis,
Me autem non semper habebitis[1]. Habuit enim illum Ecclesia
secundum praesentiam carnis paucis diebus: modo fide tenet,
oculis non videt[a][2].

15. Quare mox subiicitur, consedisse ad Patris dexteram:
similitudine scilicet a principibus sumpta, qui suos habent
assessores, quibus regendi imperandique vices demandant. ||
Ita Christus, in quo exaltari, et per cuius manum regnare
vult Pater, in eius dexteram receptus dicitur, acsi diceretur
caeli ac terrae dominio inauguratus, commissae sibi admini-
strationis possessionem solenniter adiisse: || nec semel adiisse
tantum, sed in ea perstare, donec ad iudicium descendat.
Sic enim Apostolus interpretatur quum ita loquitur, Constituit illum Pater ad dexteram suam supra omnem principatum, et potestatem, et virtutem, et dominationem, et omne
nomen quod nominatur non solum in hoc seculo, sed[b] in
futuro [Ephes. 1. d. 20; Philip. 2. b. 9]; || et, Omnia subiecit
sub pedibus[c] eius [1. Cor. 15. d. 27], et ipsum dedit caput Ecclesiae supra omnia, etc. [Ephes. 4. c. 15][3]. Vides quorsum pertineat illa sessio, nempe ut eius maiestatem tum caelestes tum
terrenae creaturae suspiciant, manu eius regantur, nutum in-
tueantur, virtuti subiectae sint. Ne[i]que aliud volunt Apostoli,
quum illam toties commemorant, quam ut eius arbitrio permissa
esse universa doceant [Act. 2. e. 30[4], et 3. d. 21[d]; Hebr. 1. a. 8[e]]. ||
Quare non recte illi qui beatitudinem simpliciter designari putant. Porro nihil refert quod in Actis Stephanus eum stantem
se videre testatur [Act. 7. g. 55[f]], quia non de corporis constitutione, sed imperii maiestate hic agitur: ut sedere nihil aliud sit
quam caelesti tribunali praesidere [Aug. de fide et symb. ca. 7[g]][5].

16. Hinc multiplicem fructum colligit fides. Siquidem intelligit, Dominum[h] suo in caelum ascensu aditum regni caelestis,
qui per Adam praeclusus fuerat, aperuisse[i]. Quando enim in
carne nostra quasi nostro nomine eo ingressus est, inde sequitur
quod ait Apostolus, nos quodammodo in caelestibus iam in ipso

---

a) *1543–50 supra post* [Tract. — 109] *exstat:* [Tract. 50][a]   b) *1539
+ etiam*   c) *1539–43* pedes   d) *1539–45 + 4 (Act. 4)*   e) *1553,
1559–61 falso* 7   f) *1553, 1559–61 falso* 56   g) *sic recte 1539–50;
1553–61 falso* 8; [Aug. — ca. 8] *1559–61 falso in initio sect. 16 exst.*
h) *sqq. (lin. 31-p. 504, 3) eadem fere exst. in Cat. 1538, CR V 340*
i) *1539–54 +* [Ioan. 14. a. 3.]

1) Mtth. 26, 11.   2) Aug., In Ioh. tract. 50, 13 MSL 35, 1763.
3) rectius Eph. 1, 22.   4) Act. 2, 30–36.   5) Aug., De fide et symbolo
c. 7 MSL 40, 188; CSEL 41, 16.

considere [Ephes. 2. b. 5]¹, utpote qui caelum non spe nuda expectemus, sed in capite nostro possideamus. Deinde agnoscit illum non sine magno nostro bono apud Patrem residere. Sanctuarium enim non manufactum ingressus, coram facie Patris assiduus pro nobis advocatus et intercessor apparet [Hebr. 7. d. 25, et 9. c. 11²; Rom. 8. f. 34]: eius oculos in suam iustitiam ita convertit ut a peccatis nostris avertat: eius animum ita nobis reconciliat, ut viam et accessum nobis sternat ad eius thronum sua intercessione, ipsum gratia et clementia[a] replens, qui alioqui miseris peccatoribus plenus horroris futurus erat. Tertio potentiam eius apprehendit, in qua situm est nostrum robur, virtus, opes, et adversus inferos gloriatio[b]. Nam ascendens in caelum, captivam duxit captivitatem [Ephes. 4. b. 8[c]]: et spoliatis hostibus, locupletavit populum suum, ac quotidie spiritualibus divitiis cumulat. In excelsis ergo sedet, ut transfusa inde ad nos sua virtute, in vitam spiritualem nos vivificet, ut Spiritu suo sanctificet, ut variis gratiarum dotibus Ecclesiam suam exornet, ut protectione sua tutam adversus omnes noxas conservet, ut ferocientes crucis suae ac nostrae salutis hostes manus suae[d] fortitudine coerceat, denique ut omnem teneat potestatem in caelo et in terra: donec inimicos omnes suos, qui etiam nostri sunt, prostraverit, ac Ecclesiae suae aedificationem consummarit [Psal. 110. a. 1]. ‖ Atque hic verus est regni eius status, haec potestas quam in eum contulit Pater, donec ultimum actum ad vivorum et mortuorum iudicium adveniens compleat.

17.[e] Non obscura quidem praesentissimae virtutis documenta praebet suis Christus: sed quia sub carnis humilitate quodammodo in terris delitescit eius regnum, optimo iure vocatur fides ad cogitandam visibilem illam praesentiam quam supremo die manifestabit. ‖ Visibili enim forma e caelo descendet qualis ascendere visus est [Act. 1. b. 11;¹ Matt. 24. c. 30]: ac omnibus apparebit cum ineffabili regni sui maiestate, cum immortalitatis fulgore, cum immensa divinitatis potentia, cum Angelorum satellitio. Inde igitur illum iubemur redemptorem expectare ad diem illum quo agnos segregabit ab hoedis, electos a reprobis [Matth. 25. c. 31]³: nec erit quisquam aut vivorum aut mortuorum qui iudicium eius effugiat. Ab extremis enim

---

a) *1539 gr. et cl., ipsum*   b) *cf. Cat. l. c.*   c) *sic recte 1553; 1559–61 falso 6*   d) *1561 sua*   e) *sequentibus 1539–54 inscriptum est:* Inde venturus ad iudicandos vivos et mortuos *(cf. 1536 I 77)*.

1) Eph. 2, 5. 6.   2) Hebr. 9, 11. 12.   3) Mtth. 25, 31–33.

DE COGNIT. DEI REDEMPTORIS. CAP. XVI

orbis angulis exaudietur tubae clangor, quo ad ipsius tribunal accersentur omnes, tum^a quos dies ille superstites deprehendet, tum quos iam antea e vivorum consortio mors sustulerit [1. Thes. 4. d. 16]¹. || Sunt qui secus Vivorum et mortuorum vocabula 1539
5 hic accipiant^b: et sane videmus quosdam veterum in particulae istius expositione haesitasse²: sed ille sensus, ut planus est et dilucidus, ita symbolo longe convenientior est, quod populariter
7, 35 scriptum esse constat^c. || Neque repugnat quod Apostolus asserit, omnibus hominibus constitutum semel mori [Hebr. 9. g. 27].
10 Nam etsi non morientur naturali modo et ordine qui ad iudicium ultimum in vita mortali supererunt, mutatio tamen illa quam patientur, quia instar mortis erit, non improprie mors appellatur. Non omnes quidem dormituros certum est, sed immutabuntur omnes [1. Cor. 15. g. 51^d]. Quid istud est? Interibit et absor-
15 bebitur uno momento mortalis eorum vita, et in novam penitus naturam transformabitur [Ibidem g. 52^e]. Interitum istum carnis nemo negaverit mortem esse: manet tamen interim verum, quod vivi et mortui ad iudicium citabuntur: quia mortui, qui in Christo sunt, resurgent primi: deinde qui reliqui erunt et superstites,
20 obviam Domino cum illis rapientur in aera [1. The. 4. d. 16]³. Et certe verisimile est hanc particulam ex concione Petri quam refert Lucas^f [Act. 10. g. 42] desumptam fuisse, et solenni Pauli ad Timotheum obtestatione^g [2. Tim. 4. a. 1].
7, 36   18. ^hHinc egregia exoritur consolatio, quod penes eum iudi-
25 cium audimus esse qui nos sibi in iudicando honoris consortes iam destinavitⁱ: tantum abest ut in condemnationem nostram tribunal sit conscensurus. Quomodo enim perderet populum suum clementissimus princeps? quomodo membra sua caput dissiparet? quomodo suos clientes patronus condemnaret? Nam
30 si audet exclamare Apostolus, Christo intercedente nullum prodire posse qui condemnet [Rom. 8.^k f. 33], multo verius est,

---

a) > *1539–43*   b) *secus — acc.: VG 1541 sqq.* exposent, par les vivans et les mortz, les bons et les mauvais   c) *sed — const.: VG 1541 sqq.* Mais le premier sens est beaucoup plus convenable: d'autant
35 qu'il est plus simple, et moins contreinct: et *(1541 + est)* prins de la maniere accoustumée de l'Escriture   d) *1559–61 falso 5*   e) *1559–61 falso 51*   f) quam — Luc. > *1539–54*   g) *VG 1541 sqq. +* ou il est nommement parlé des vivans et des mortz   h) *hae lin. 24 sq. ad verbum fere exst. in Cat. 1538, CR V 340; ad sqq. cf. ib.*   i) *VG 1560*
40 *+* [Matt. 19. d. 28]   k) *sic recte 1543–54; 1559–61 falso 5.*

1) 1. Thess. 4, 16. 17.   2) Aug., De fide et symbolo 8, 15 MSL 40, 188, CSEL 41, 17; Enchir. ad Laur. c. 55 MSL 40, 258, ed. Scheel c. XIV. 55 p. 35.   3) 1. Thess. 4, 16 sq.

Christum ipsum intercessorem non condemnaturum eos quos in fidem clientelamque suam recepit. Non modica certe securitas quod non ad aliud tribunal sistemur quam redemptoris nostri, a quo salus sit expectanda [Vide Ambr. lib. 1. de Iac. cap. 6.]¹: praeterea, quod ille qui per Evangelium nunc aeternam beatitudinem promittit, tunc ratam promissionem iudicando facturus est. Ergo¹ in hunc finem ᵃ Pater Filium honoravit, omne iudicium illi deferendo [Iohan. 5. d. 22], ut ita conscientiis suorum, terrore iudicii trepidis, consuluerit. ‖ Hactenus symboli Apostolici ordinem sequutus sum: quia dum paucis verbis capita redemptionis perstringit, vice tabulae nobis esse potest, in qua distincte et sigillatim perspicimus quae in Christo attentione digna sunt. ‖ ᵇApostolicum autem nuncupo, de authore interim minime sollicitus. Apostolis certe magno veterum scriptorum consensu adscribitur: sive quod ab illis in commune conscriptum ac editum existimabant, sive quod compendium istud ex doctrina per eorum manus tradita, bona fide collectum tali elogio confirmandum censuerunt. Neque vero mihi dubium est quin a prima statim Ecclesiae origine adeoque ab ipso Apostolorum seculo, instar publicae et omnium calculis receptae confessionis obtinuerit, ‖ undecunque tandem initio fuerit profectumᶜ. Nec ab uno aliquo privatim fuisse conscriptum verisimile est quum ab ultima usque memoria sacrosanctae inter pios omnes authoritatis fuisse constet. Quod unice curandum est id extra controversiam positum habemus, totam in eoᵈ fidei nostrae historiam succincte distinctoque ordineᵉ recenseri, nihil autem contineri quod solidis Scripturae testimoniis non sit consignatum. Quo intellecto, de authore vel anxie laborare, vel cum aliquo digladiari, nihil attinet: nisi cui forte non sufficiat certam habere Spiritus sancti veritatemᶠ, ut nonᵍ simul intelligat aut cuius ore enuntiata, aut cuius manu descripta fuerit². ʰ

---

a) Ergo — fin.: *1539–54* Sic ergo   b) *usque ad fin. sect. cf. Cat. 1538, CR V 337*   c) undec. — prof. > *VG 1560*   d) in eo > *1539–54*   e) *1539–54* + hic   f) nisi — verit.: *VG 1560* sinon que nous soyons si difficiles à contenter, que ce ne nous soit point asses d'estre enseignez par l'Esprit de Dieu en la verité infaillible   g) ut non: *1539–45* nisi   h) *1539–54 hae duae sectiones sequuntur, quae 1559 expunctae sunt:*

Prius tamen quam *(1539–45 + ad)* symboli ipsius enarrationem ingrediamur, duo sunt nobis animadvertenda. Primum, historiam in eo proponi, non in cuius simplici cognitione defigamur: sed cuius

1) Ambrosius, De Iacobo et vita beata I, 6 CSEL 32 II, 18.
2) Laurentius Valla et Desiderius Erasmus symbolum per apostolos compositum esse negaverant. — Laur. Valla, Contra calumniatores ad Eugen. IV Pontificem maximum Apologia, Opera Basileae 1540,

19. Quando autem ᵃ totam salutis nostrae summam ac singulas etiam partes videmus in Christo comprehensas ᵇ [Act. 4. b. 12], intuitu, ad sublimiorum rerum intelligentiam evehamur; duplici enim cum narrationis genere constet, rerum visibilium, et invisibilium, in utroque id videre est. Omnipotentia Dei, spiritussanctus, peccatorum remissio, et similia, res sunt spirituales et oculis minime expositae. Cum nobis referuntur, earum vel certissimam induere persuasionem quam minimum profuerit, nisi inde fiduciae materiam nobis comparemus. Ut non simpliciter omnipotens habeatur Deus: sed qui nos sua potentia conservet: non ociosa imaginatione apprehendatur spiritussanctus, sed cum efficaci virtutis suae fiducia. Quae regula in reliquis valere debet: quae quoniam particulatim suo loco explicanda erunt, gustum duntaxat in praesentia praebere voluimus. Christi nativitas, mors, resurrectio, ascensio in coelum, res sunt sub oculis hominum gestae: quae dum exponuntur, pia mens non in externo earum spectaculo haeret: sed quia operibus Dei sapientiam subesse novit, causam expendit ac aestimat. Ita illi obiectus scopus est, res gesta, finis et ratio, res invisibilis et incomprehensibilis: in cuius contemplationem inde errigitur. Quemadmodum ex Christi morte satisfactionis, ex resurrectione immortalitatis fiduciam concipit.

Alterum eorum quae nobis observanda diximus, est symboli partitio: cuius tria membra, patris, filii, et spiritus, descriptionem, unde totum redemptionis nostrae mysterium dependet, comprehendunt: quartum quibus in rebus sita sit nostra salus, commemorat: || id quidem non negligenda dispositione. Siquidem ut in salutis notitiam veniamus, haec primum tria, in quibus totum negotium vertitur, consideranda sunt. Patris indulgentissima bonitas, et effusissima in humanum genus dilectio, quae in hoc apparuit, dum proprio filio non pepercit, quin pro nobis omnibus illum traderet in mortem, quo nos in vitam restitueret [Ioannis 3. b. 16. Rom. 8. f. 32.]. Filii obedientia, quae est divinae misericordiae, in peragenda nostra salute, complementum. Spiritus potentia, per quam fructus divinae in Christo bonitatis nobis communicatur. Atque huc respicit illud Pauli, dum Corinthiis Dei charitatem, Christi gratiam, et spiritus communionem comprecatur [2. Cor. 13. d. 13.]. Nam a Dei charitate quidquid boni est nobis profluit: in Christo, ceu universae gratiae fonte, exhibetur: per spiritus virtutem eorum quae a Dei clementia nobis offeruntur fimus participes. Hinc illa de ecclesia, peccatorum remissione, mortuorum resurrectione, vita aeterna, sequitur fides, quibus quarta pars symboli destinata est.

a) *1536* itaque   b) *1536* in Chr. compr. videmus

p. 800; Antidoton in Pogium ad Nicolaum quintum Pontificem lib. IV, Opp. p. 357—362. — Des. Erasmus, Ratio verae theologiae 1518, Opera Basileae 1540 t. V, p. 77; Declarationes ad Censuras Lutetiae vulgatas sub nomine Facultatis Theologicae Parisiensis, t. IX, p. 700 sqq.; Apologia brevis ad vigintiquatuor libros Alberti Pii, t. IX, p. 958; Explanatio symboli quod Apostolorum dicitur 1533 t. V, p. 946. 950 sq.

cavendum ne vel minimam* portiunculam alio derivemus b. || Si salus quaeritur, ipso nomine Iesu c docemur penes eum esse [1. Cor. 1. d. 30]: si Spiritus alia quaelibet dona, in eius unctione reperientur: si fortitudo, in eius dominio: si puritas, in eius conceptione d: si indulgentia, in eius nativitate se profert, qua factus est nobis per omnia similis, ut condolescere disceret [Heb. 2. d. 17 e]: si redemptio, in eius passione: si absolutio, in eius damnatione: si maledictionis remissio, in eius cruce [Gal. 3. b. 13]: si satisfactio, in eius sacrificio: si purgatio, in eius sanguine: si reconciliatio, in descensu ad inferos: si mortificatio carnis, in eius sepulchro: si vitae novitas, in eius resurrectione: si immortalitas, in eadem: si haereditas regni caelestis, in caeli ingressu: si praesidium, si securitas, si bonorum omnium copia et facultas, in eius regno: si secura iudicii expectatio, in potestate iudicandi illi tradita. || Denique in ipso thesauri omne genus bonorum quum sint, inde f ad satietatem hauriantur, non aliunde. || Nam qui uno ipso non contenti fe⌊runtur huc atque illuc in spes varias, etiamsi in illum praecipue respiciunt, eo tamen ipso rectam viam non tenent quod aliquam suae cogitationis g partem alio deflectunt. Quanquam irrepere diffidentia ista non potest ubi semel abundantia bonorum eius probe cognita fuerit.

Recte et proprie dici Christum nobis promeritum esse gratiam Dei et salutem.   CAP. XVII.

1. HAEC etiam quaestio vice auctarii expedienda est. Sunt enim homines quidam perperam arguti[1], qui etsi fatentur salutem nos per Christum consequi, nomen tamen meriti audire non sustinent, quo putant obscurari Dei gratiam: atque ita Christum volunt instrumentum esse duntaxat vel ministrum, non authorem vitae vel ducem et principem, sicuti a Petro vocatur [Act. 3. b. 15 h]. Equidem fateor, siquis simpliciter et per se Christum opponere vellet iudicio Dei, non fore merito locum: quia non reperietur in homine dignitas quae possit Deum promereri: imo, ut verissime Augustinus scribit, Clarissi-

---

a) *1536* + salutis nostrae   b) al. deriv.: *1536* alibi repositam arbitremur   c) > *1539–54*   d) si pur. — conc. > *VG 1560*   e) *1554* + et 5. a *(2)*   f) *1539* unde   g) sic *1539–43, 1554; 1545–53, 1559–61* male cognitionis; *VG 1541 sqq.* de leurs pensées   h) *1559–61 falso c.* 11

1) Laelius Socinus; vide p. 509, not. c. Quaestiones eiusdem ad nos non venerunt.

mum lumen praedestinationis et gratiae ipse est salvator homo
Christus Iesus, qui ut hoc esset, nullis operum vel fidei praece-
dentibus meritis natura humana quae in illo est comparavit.
Respondeatur quaeso, ille homo ut a Verbo Patri coaeterno
in unitatem personae assumptus, Filius Dei unigenitus esset,
unde hoc meruerit? Appareat igitur in nostro capite ipse fons
gratiae, unde secundum uniuscuiusque mensuram per cuncta
eius membra se diffundit. Ea gratia quisque ab initio fidei suae
fit Christianus, qua homo ille ab initio suo factus est Christus
[Lib. primo de praed. San. cap. 15][1]. Item alibi, Nullum illustrius
est praedestinationis exemplum quam ipse mediator. Qui enim
hunc fecit ex semine David hominem iustum qui nunquam
esset iniustus, sine ullo merito praecedentis voluntatis eius,
ipse ex iniustis facit iustos qui membra sunt illius capitis; et
quae sequuntur[a] [De bono persever. cap. ultimo][2]. Quum ergo
de Christi merito agitur, non statuitur in eo principium: sed
conscendimus ad Dei ordinationem, quae prima[b] causa est:
quia mero beneplacito Mediatorem statuit qui nobis salutem
acquireret. Atque ita inscite opponitur Christi meritum misericordiae Dei. Regula[c] enim[d] vulgaris est, quae subalterna sunt,
non pugnare; ideoque[e] nihil ob|stat quominus gratuita sit
hominum iustificatio ex mera Dei misericordia, et simul inter-
veniat Christi meritum, quod Dei misericordiae subiicitur[f].
Nostris autem[g] operibus apte opponitur[h] tam gratuitus Dei
favor quam Christi obedientia: suo ordine utrunque[i]. Nam
Christus nonnisi ex Dei beneplacito quicquam mereri potuit:
sed quia ad hoc destinatus erat[k] ut iram Dei sacrificio suo
placaret, suaque obedientia deleret transgressiones nostras.
In summa quando ex sola Dei gratia[l] (quae hunc nobis constituit salutis modum) dependet meritum Christi, non minus
apte quam illa humanis omnibus iustitiis opponitur[m].

---

a) et quae sequ. > *VG 1560*   b) > *VG 1560*   c) *hinc usque ad
fin. sect. 5. ex scripto:* Calvini ad Laelii Socini quaestiones Responsio
Nonis Iun. 1555, *(CR Calv. Opp. X 1, 160 sqq.) responsio ad primam
quaestionem invenitur. Textum contulimus cum apographo, quod exstat
in Bibl. Genev. cod. 145, f. 59 sqq. — Sequentibus inscriptum est in
resp.:* Responsio ad primam quaestionem.   d) > *resp. l. c. p. 160*
e) *resp.* Ergo   f) quod — subi. > *resp.*   g) Nostr. aut.: *resp.* Atque
ideo nostris   h) > *resp.*   i) obed. — utr.: *resp.* opponitur, utr. suo
ord.   k) dest. er.: *resp.* ordinatus est   l) *resp.* misericordia   m) *VG
1560* + aussi bien que la cause dont il procede

1) Aug., De praedest. sanct. 15, 30 MSL 44, 981.   2) Aug., De dono
perseverantiae 24, 67 MSL 45, 1034.

2. Haec distinctio colligitur ex plurimis Scripturae locis[a]. Ita Deus dilexit mundum ut Filium suum[b] unigenitum daret, ut quisquis credit in eum non pereat [Iohan. 3. b. 16]. Videmus ut priorem locum teneat Dei dilectio, tanquam summa causa vel origo: sequatur fides in Christum, tanquam causa secunda et propior. Siquis excipiat, Christum nonnisi formalem esse causam[c], magis[d] extenuat eius virtutem quam ferant verba[e]. Nam si fide quae in ipsum recumbit iustitiam consequimur, salutis nostrae materia in eo quaerenda, quod pluribus locis clare probatur. Non quod priores dilexerimus eum, sed ipse nos prior dilexit, ac Filium suum misit ἱλασμὸν pro peccatis nostris [1.[f] Iohan. 4. b. 10]. Clare his verbis demonstratur[g], Deum, nequid suo erga nos amori obstaret, reconciliandi modum statuisse in Christo. Ac magnum pondus habet nomen placationis: quia Deus ineffabili quodam modo, quo tempore nos amabat, simul tamen erat infensus nobis, donec reconciliatus est in Christo. Quo pertinent omnes istae sententiae, Ipse expiatio est pro peccatis nostris [1. Iohan. 2. a. 2]. Item, Placuit Deo reconciliare per ipsum omnia erga se, pacificans per sanguinem crucis eius per ipsum, etc. [Colos. 1. c. 20]. Item, Erat Deus in Christo, mundum sibi reconcilians, non imputans hominibus peccata [2. Cor. 5. d. 19]. Item, Gratos nos habuit in dilecto Filio [Ephes. 1. b. 6]. Item, Ut ambos in unum hominem reconciliaret Deo per crucem [Ephes. 2. d. 16][h]. Ratio huius mysterii ex primo ad Ephesios capite petenda est, ubi postquam docuit Paulus nos in Christo fuisse electos, simul addit, nos in eodem gratiam esse adeptos[1]. Quomodo coepit Deus favore suo complecti quos ante conditum mundum dilexerat, nisi quia amorem suum exeruit ubi reconciliatus est Christi sanguine? Nam quia Deus fons est omnis iustitiae, necesse est ut homo, quandiu peccator est, illum habeat hostem et iudicem. Quare principium amoris est iustitia, qualis a Paulo describitur, Eum qui peccatum non fecerat[1], pro nobis peccatum fecit, ut essemus iustitia Dei in ipso [2. Cor. 5. d. 21]. Significat enim, gratuitam iustitiam adeptos Christi sacrificio, ut

---

a) Haec — loc. > resp.; sequentibus in resp. inscriptum est: PROBATIONES.   b) > resp.   c) *VG 1560* + c'est à dire, qui n'emporte point en soy vray effect   d) *resp.* nimium   e) quam — verba > *resp.*   f) *sic recte resp.;* > *1559-61*   g) *resp.* monstratur   h) [Ephes. —]: *1559-61 male supra ante* [Ephes. 1. —] *exstat.*   i) *resp.* *l. c. p. 161* noverat

1) Eph. 1, 4 sq.

Deo placeamus, qui natura sumus filii irae[a], et per peccatum alienati. Caeterum haec distinctio etiam notatur, quoties Dei charitati adiungitur Christi gratia, unde sequitur, eum de suo quod acquisivit,[1] nobis largiri: quia non aliter quadraret seorsum a Patre ei adscribi hanc laudem, quod gratia eius sit, et ab ipso proveniat[b].

3. Quod autem vere Christus sua obedientia nobis gratiam apud Patrem acquisierit ac promeritus sit, ex pluribus scripturae locis certo et solide colligitur. Nam hoc pro confesso sumo, si pro peccatis nostris Christus satisfecit, si poenam nobis debitam persolvit, si obedientia sua Deum placavit, denique si iustus pro iniustis passus est: iustitia eius partam nobis salutem: quod tantundem valet ac promereri[c]. Atqui[d] teste Paulo, reconciliati sumus, et reconciliationem accepimus per eius mortem [Rom. 5. b. 11][1]. Atqui reconciliatio locum non habet nisi ubi offensio[e] praecessit. Sensus ergo est, Deum cui propter peccatum eramus exosi, morte Filii sui placatum fuisse, ut nobis sit propitius. Ac diligenter notanda est quae paulo post sequitur antithesis. Sicut per transgressionem unius peccatores constituti sunt multi: sic et[f] per obedientiam iusti constituuntur [Rom. 5. d. 19]. Sensus enim est, Sicut Adae peccato alienati a Deo sumus et destinati ad interitum, ita Christi obedientia, nos in favorem recipi tanquam iustos. Nec futurum verbi tempus praesentem iustitiam excludit: sicuti ex contextu apparet. Nam et prius dixerat χάρισμα ex multis delictis esse in iustificationem.[g]

4. Caeterum quum dicimus[h] Christi merito partam nobis esse gratiam, hoc intelligimus, sanguine eius nos fuisse mundatos, et eius mortem expiationem fuisse pro peccatis. Sanguis eius emundat nos a peccato [1. Iohan. 1. c. 7[1]]. Hic sanguis est qui effunditur in remissionem peccatorum [Luc. 22. b. 20][2]. Si hic effectus est fusi sanguinis ut non imputentur nobis peccata, sequitur eo pretio[k] satisfactum esse iudicio Dei. Quo pertinet illud Baptistae, Ecce agnus Dei qui tollit peccatum[l] mundi [Iohan. 1. d. 29]. Nam omnibus Legis sacrificiis Christum opponit, ut impletum in eo solo doceat quod figurae

---

a) *resp.* + [Ephes. 2. *(3)*]   b) Caeterum — prov. > *resp.*   c) Nam — prom. > *resp.*   d) *resp.* Nam   e) *VG 1560* + haine et divorce   f) > *resp.*   g) *VG 1560* + [Rom. 5. c. 16]   h) *resp.* diximus   i) *1559–61 falso* 5   k) *VG 1560* par ce pris pour recompense   l) *resp.* peccata

1) Rom. 5, 10 sq.   2) rectius: Mtth. 26, 28.

illae monstrarunt. Scimus autem quid passim dicat Moses, Expiabitur iniquitas, peccatum delebitur ac remittetur[a][1]. Denique in veteribus figuris optime docemur quae sit mortis Christi vis et efficacia. Et hanc rem Apostolus, dextre sumpto hoc principio, in Epistola ad Hebraeos explicat, quod remissio absque sanguinis effusione non fiat [Heb. 9. f. 22]. Unde colligit, Christum in abolitionem peccati per suum sacrificium semel[b] apparuisse. Item, Oblatum esse ut multorum tolleret peccata[2]. Dixerat autem prius, non per sanguinem hircorum aut vitulorum, sed per sanguinem proprium semel[b] intrasse in sancta, aeterna redemptione inventa [Ibidem, c. 12]. Iam dum in hunc modum ratiocinatur, Si sanguis vitulae sanctificat secundum carnis puritatem, multo magis sanguine Christi purificari conscientias ab operibus mortuis [Ibidem, d. 13][3]: facile patet, nimis extenuari Christi gratiam[c] nisi eius sacrificio vim expiandi, placandi, et satisfaciendi concedimus: quemadmodum paulo post addit, Mediator hic est Novi testamenti, ut morte in¹terveniente in redemptionem praecedentium delictorum quae manebant sub Lege, promissionem aeternae haereditatis accipiant qui vocati sunt [Ibidem. d. 15]. Praesertim vero expendere convenit analogiam quae a Paulo describitur, quod pro nobis factus sit maledictio, etc. [Galat. 3. b. 13]. Supervacuum enim, adeoque absurdum fuit, onerari Christum maledictione, nisi ut quod alii debebant persolvens, iustitiam illis acquireret. Clarum est etiam Iesaiae testimonium, Quod castigatio pacis nostrae Christo imposita fuit, et livore eius nobis obtigit sanitas [Iesa. 53. b. 5]. Nisi enim satisfecisset pro peccatis nostris Christus, non diceretur placasse Deum poena cui eramus obnoxii, in se recepta, cui respondet quod ibidem sequitur, Propter scelus populi mei percussi eum. Accedat etiam Petri interpretatio, quae nihil ambiguum relinquet, quod peccata nostra[d] portaverit super lignum [1. Pet. 2. d. 24]. Onus enim damnationis, quo levati sumus, dicit in Christum esse reiectum.

5. Nec obscure pronuntiant Apostoli pretium solvisse quo nos a reatu mortis redimeret. Iustificati gratia ipsius per redemptionem quae est in Christo, quem posuit Deus ἱλαστήριον per fidem quae est in sanguine eius. Gratiam Dei in hoc commendat Paulus, quia redemptionis pretium dedit in Christi

---

a) *VG 1560* + par les offrandes   b) > *VG 1560*   c) *VG 1560* + qui a esté figurée par les ombres de la Loy   d) > *resp. l. c. p. 162*

1) Exod. 34, 7; Lev. 16, 34.   2) Hebr. 9, 28.   3) Hebr. 9, 13 sq.

morte [Rom. 3. c. 24]: deinde iubet nos confugere ad eius sanguinem, ut iustitiam adepti coram Dei iudicio securi[a] stemus[1]. Idem valet istud Petri, Redempti non auro et argento, sed pretioso sanguine agni immaculati [1. Pet. 1. d. 18]. Neque enim congrueret antithesis nisi pro peccatis satisfactum esset hoc pretio, qua ratione Paulus dicit nos pretiose emptos esse [1. Cor. 6. d. 20]. Non staret etiam alterum eius[b] dictum, Unus mediator qui se dedit ἀντίλυτρον[c], nisi reiecta in eum esset poena quam meriti eramus. Ideo idem Apostolus[d] redemptionem in sanguine Christi definit remissionem peccatorum [Coloss. 1. b. 14], acsi diceret, iustificari nos vel absolvi coram Deo, quia sanguis ille in satisfactionem respondet. Cui et alter locus consonat, deletum fuisse in cruce[e] chirographum quod erat contrarium nobis [Coloss. 2. c. 14]. Solutio enim vel compensatio notatur quae nos a reatu absolvit. Magnum et his verbis Pauli subest pondus, Si iustificamur ex operibus Legis, ergo gratis Christus mortuus est [Galat. 2. d. 21]. Nam hinc colligimus, a Christo petendum esse quod lex conferret siquis eam impleat: vel (quod idem est) nos consequi per Christi gratiam quod Deus operibus nostris in Lege promisit, Qui fecerit haec, vivet in ipsis [Levit. 18. a. 5]. Quod non minus clare in concione Antiochiae habita confirmat[f], credendo in Christum iustificari nos asserens ab omnibus a quibus non potuimus in lege Mosis iustificari [Act. 13. f. 38]. Nam si observatio Legis iustitia est, quis neget Christum, dum hoc onere in se suscepto nos Deo perinde conciliat acsi essemus Legis observatores, favorem nobis promeritum[g]? Eodem spec'tat quod postea ad Galatas[h] tradit, Deus Filium suum misit Legi subiectum, ut eos qui sub Lege erant redimeret [Galat. 4. a. 4][2]. Quorsum enim subiectio ista[i], nisi quod iustitiam nobis peperit, suscipiens praestandum cui nos solvendo non eramus? Hinc illa iustitiae imputatio sine operibus, de qua Paulus disserit[k] [Rom. 4]: quia scilicet accepta nobis fertur quae in solo Christo reperta fuit iustitia. Nec certe alia de[l] causa vocatur caro Christi cibus noster [Iohan. 6. f. 55], nisi quia in eo[m] reperimus vitae substantiam. Ea porro vis non aliunde provenit nisi quia in iustitiae nostrae

---

a) > *resp.*   b) *resp.* Pauli   c) *resp.* + [1. Timo. 2. *(5 sq.)*]
d) idem Ap.: *resp.* Paulus   e) *resp. l. c. p. 163* carne   f) *VG 1560*
+ selon qu'il est recité par S. Luc   g) Quod *(lin. 21)* — prom.
> *resp.*   h) ad Gal. > *resp.*   i) *resp.* haec   k) de — diss.: *VG 1560* dont il est si souvent parlé   l) > *resp.*   m) *resp.* ea

1) Rom. 3, 25.   2) Gal. 4, 4 sq.

pretium crucifixus fuit Dei Filius[a]. Sicut dicit Paulus quod
seipsum tradiderit sacrificium in odorem bonae fragrantiae
[Ephes. 5. a. 2]. Et alibi, Mortuus est propter peccata nostra:[b]
resurrexit propter iustificationem nostram [Rom. 4. d. 25].
Inde conficitur, non modo per Christum salutem nobis datam esse,
sed Patrem nobis eius gratia nunc esse propitium. Nam solide
in eo impleri non dubium est, quod per Iesaiam sub figura
pronuntiat Deus, Propter me faciam, et propter Davidem[c]
servum meum [Iesa. 37. g. 35]. Cuius rei optimus testis est
Apostolus quum dicit, Remittuntur vobis[d] peccata propter
nomen eius [1. Iohan. 2. b. 12]. Nam etsi non exprimitur Christi
nomen, Iohannes tamen suo more sub pronomine αὐτὸς eum
designat[e]. Quo etiam sensu pronuntiat Dominus. Sicuti ego
vivo propter Patrem ita et vos vivetis propter me [Iohan. 6.
f. 57]. Cui respondet quod dicit Paulus, Vobis datum est propter Christum, ὑπὲρ Χριστοῦ, non solum ut in eum credatis, sed
etiam ut pro eo patiamini [Phil. 1. d. 29].

6. Quaerere vero an sibi ipse meruerit (quod faciunt Lombardus [Lib. 3. Sent. dist. 18][1] et scholastici[2]) non minus stulta
est curiositas quam temeraria definitio ubi hoc idem asserunt.
Quid enim opus fuit descendere unicum Dei Filium ut sibi
acquireret quicquam novi? Et consilium suum exponens Deus
omnem dubitationem eximit. Non enim Filii utilitati con-
suluisse dicitur Pater in eius meritis, sed eum tradidisse in
mortem, neque ei pepercisse: quia mundum diligeret [Rom. 8.
f. 32][3]. Et notandae sunt loquutiones propheticae, Puer natus
est nobis[f] [Iesa. 9. b. 6]. Item, Exulta filia Sion: ecce rex
tuus venit tibi [Zach. 9. b. 9]. Frigeret etiam alioqui confirmatio
illa amoris, quam Paulus commendat, quod Christus pro inimicis mortem subierit [Rom. 5. b. 10]. Inde enim colligimus
rationem sui non habuisse: idque clare affirmat, dicens, Pro
illis sanctifico meipsum [Iohan. 17. c. 19]. Se enim sibi nihil
acquirere testatur qui fructum sanctitatis suae in alios transfert. Et certe hoc maxime dignum observatu quod Christus,
ut se totum addiceret[i] in salutem nostram, quodammodo sui
oblitus est. Praepostere vero huc trahunt Pauli testimonium[g],

a) *resp.* fil. Dei   b) nostra.: *resp.* nostra, et   c) *resp.* David
d) *resp.* nobis   e) Ioh. — des.: *VG 1560* le sens est asses notoire
f) *VG 1560* + le Fils nous est donné   g) Praep. — test.: *VG 1560*
Les Sorbonistes pervertissent le passage de sainct Paul, l'appliquans
à ce propos

1) Lomb., Sent. III. dist. 18 MSL 192, 792 sqq.   2) cf. Bonavent.,
In sent. III. dist. 18 ed. Quar. III, p. 379 sqq.; Thom., S. theol. III
qu. 59. art. 3.   3) Rom. 8, 32. 35. 37.

Propterea exaltavit illum Pater, et dedit illi nomen, etc. [Philip. 2. b. 9]¹. Quibus enim meritis assequi potuit homo, ut iudex esset mundi, caput Angelorum, atque ut potiretur summo Dei imperio, atque in eo resideret maiestas illa cuius millesimam partem¹ cunctae hominum et Angelorum virtutes attingere nequeunt? Sed facilis et plena solutio est, Paulum illic non disserere de causa exaltationis Christi: sed consequentiam duntaxat ostendere ut nobis esset exemplo ᵃ; nec omnino aliud voluit quam quod alibi dicitur, oportuisse Christum pati, et ita intrare in gloriam Patris [Luc. 24. d. 26].

a) sed — exemplo: *VG 1560* mais seulement monstre un ordre qui nous doit estre en exemple: c'est que la hautesse a suyvi l'aneantissement

1) Lomb., l. c. dist. 18, 3; Bonav., l. c. quaest. 2, p. 382.

Addenda.

ad p. VI—XLVIII: In titulis et paginis singularum editionum maxime notabilibus describendis, quia certi quidam typi antiqui nobis non suppetebant neque eos propter pecuniae angustias exsculpere poteramus, tam exactam et expressam imaginem formae originalis quam mallemus exhibere non potuimus. Velut ligaturae inter litteras ſ et l, aut rursum c et t, i et s, s et t, ſ et p, u et s in archetypis adhibitae typis nostris exprimi non poterant. Pro archetypi compendio, quod vulgo in usu erat, p. IX, 15. XVIII, 26. 34. XXII, 21. 29 „q[ue]" posuimus. Pag. XLIII, 30 in archetypo legitur: *Excudebat*, p. XLV, 8: *VELLEMENT*, ib. 12: *CHEZ*. Compendium & a nobis adhibitum siglis in archetypo usurpatis non omnibus numeris respondet. Denique litterae maiusculae tantum et minusculae a nobis typorum forma distinguuntur, non magnitudinis discrepantiae, quae in singulis litterarum formis occurrunt.

ad p. VII 3: Edinburgh (New College); Bibl. Goeters; Princeton USA (Theol. Sem.).
ad p. X 12: Emden (Bibl. d. Gr. Kirche; Ostfries. Landesmus.); Webster Groves, Miss. USA (Eden. Sem.).
ad p. X 30: Edinb. (New Coll.).
ad p. XVI 29: Bordeaux (Bibl. municipale); Paris (Bibl. nat.).
ad p. XIX 46: Edinb. (New Coll.); New York (Union Theol. Sem.); Webster Groves, Miss. USA (Eden Sem.).
ad p. XXVIII 10: Aberdeen (Univ.); Edinb. (New Coll.); Princeton USA (Theol. Sem.).
ad p. XXXI 6: Edinb. (New Coll.); Webster Groves, Miss. USA (Eden Sem.).
ad p. XXXV, 17: Velut lineae:
Abraham an obedientia sua benedictionem promeritus sit. 419. 78.
abraham foedus Dei edocetur, prius quam circuncidatur. 573. 44.
etc.
in Indice gallico sic retractatae sunt:
Abraham
S'il a merité benediction de Dieu par son obeissance 10. 78. reçoit l'alliance de Dieu avant qu'estre circonsis 17. 21. 44. etc.
ad p. XXXV 25. 36: Edinb. (New Coll.).
ad p. XXXV 31: Paris (Bibl. de la Soc. de l'Hist.).
ad p. XXXVIII 7: Edinb. (New Coll. 2 ×); Bibl. W. Niesel.
ad p. XLIV 29: Edinb. (New Coll.); Webster Groves, Miss. USA (Eden Sem.).
p. 14, 29–15, 4 ad G. Budaeum, Transitum Hellenismi ad Christianismum (Op. omnia, t. I, Basileae 1557) spectat; cf. Josef Bohatec, Budé und Calvin. Graz 1950, p. 127 sqq.
ad p. 22 not. 4: Ad „Extravagantem" (Ioannis XXII) „De consuetudine" spectare videtur; Corpus iuris canonici II (Decretalium collectiones) ed. Friedberg p. 1237.
ad p. 26 not. 4: cf. quoque Ioannis Roffensis Assertionis Lutheranae

refutationem, 1523, art. 36. p. 609 sq.
  ad p. 53, 21: cf. Melanchthon. Loc. comm. 1521 ed. Kolde, p. 60.
  ad p. 73, 40: H. Bullinger, Sermonum Decades duae. 1549. I ⁻ (in: W. Hollweg, H. Bullingers Hausbuch, 1956, p. 363 sqq.).
  ad p. 83, 3-7: Verba a Chrysostomo deprompta (cf. vol. I 465).
  p. 175 not. 2: ad Anabaptistas (vide. p. 367, 12 sqq.) spectar; cf. CR Calv. opp. V 177 sqq. 201 sqq. 220 sqq. (Psychopannych.) et CR VII 111 sqq. 127 sq. 135 (Brieve instruction contre les anabaptistes).– cf. Tert., . . .
  ad p. 193, annot. 1: cf. Henri Busson, Les sources et le développement du rationalisme dans la littérature française de la renaissance. Paris 1922, p. 134–169.
  ad p. 240, 1 (. . . occurrisset.): cf. Aug., De Gen. ad lit. XI c. 4 sqq. MSL 34, 431 sqq.; Tert., Adv. Marc. II, 5 CSEL 47, 339.
  p. 307, 36: hunc locum opponit Bartholomaeus Camerarius, De gratia et libero arbitrio, 1556, III, 7 p. 271.
  ad p. 312, 29 sqq.: cf. Camerarium, ibid. III, 9 p. 276.
  ad p. 356, 9–29: Haec verba anno 1543 non hoc loco, sed p. 355, 35 inserenda fuisse verisimile est.
  p. 401, 11–12: ad Eph. 1, 13 spectat.
  ad p. 462 not. 1: Calvinus ad doctores quosdam Graecos, ad doctrinam de persona Christi monophysiticam, ut vocant, prope appropinquantes, spectare videtur; cf. Cyrillum Alex., Expos. in Ev. Ioh., ad Ioh. 5, 19; 5, 30; 8, 28 sq. et similia. MSG 73, 357 sq. 386 sqq. 832 sqq.; ad doctrinam Calvini cf. Aug., De Trin. I, 10, 20 MSL 42, 834.
  p. 472, 9: ad Thomam Aqu., Summ. theol. III 22, 1 spectat
  p. 492, not. 3: Gualterus Deloenus, unus e verbi ministris in Germanorum ecclesia Londinensi, ,,articulum in symbolo ,de desc. Chr. ad inf.' plantationem a Domino non plantatam et proinde eradicandum esse docuit" (I. a Lasco Bullingero, 7. Iunii 1553; I. a Lasc. opera 2, 677).

www.ingramcontent.com/pod-product-compliance
Lightning Source LLC
Chambersburg PA
CBHW052013040526
R18239600001BA/R182396PG44108CBX00009BA/17